D1731391

Martin Hauff

Theophil Askani

Prediger und Seelsorger aus Passion

Für Cornelia
und Markus Theophil

Martin Hauff

THEOPHIL ASKANI

Prediger und Seelsorger aus Passion

Quell

ISBN 3-7918-1722-1

Lektorat: Hans-Joachim Pagel
Umschlaggestaltung: Barbara Hanke, Hamburg
Umschlagfoto: Foto Riedel, Reutlingen
Gesetzt aus der Aldus 9,5 / 12 pt
Gesamtherstellung: Maisch & Queck, Gerlingen

Inhalt

»Prälat Theophil Askani wirkt über den Tod hinaus.«[1]

Eine persönliche Annäherung

»Der unvergessene Reutlinger Prälat Theophil Askani – das war ein wahrhaft seelsorglicher Prediger!« Dieser Ruf geht bis heute durch Württemberg und darüber hinaus. Wer es, wie der Verfasser, unternimmt, anderthalb Jahrzehnte nach dem Ende seines Wirkens nach Spuren des Predigers zu suchen, ist erstaunt und beglückt zugleich, wie lebendig die Erinnerung an den Prediger vor allem an den Orten seiner unmittelbaren Wirksamkeit, in Stuttgart, Ulm und Reutlingen, geblieben ist und wie tief sich der Mensch und Kirchenmann Theophil Askani all denen ins Gedächtnis eingeprägt hat, die ihm in einem seiner zahlreichen Ehrenämter in kirchlichen Werken und Verbänden begegnet sind. Von einer dreifachen Art der Begegnung mit Theophil Askani anhand dreier persönlicher Erfahrungen möchte ich jetzt eingangs erzählen und auf diese Weise etwas von meiner inneren Beziehung zu der von mir dargestellten Persönlichkeit sichtbar werden lassen.

Erste Erfahrung: Ich habe als junger Kinderkirchhelfer Prälat Theophil Askani auf der Landeskonferenz in Stuttgart im Oktober 1981 erlebt. Nach zwanzigjähriger Mitarbeit im Ausschuß und dann auch im Vorsitz des Landesverbandes für Kindergottesdienst verabschiedete er sich in der Schlußveranstaltung der Konferenz in der Liederhalle vor den etwa zweitausend Mitarbeiterinnen und Mitarbeitern. Mir ist bis heute unauslöschlich in Erinnerung, wie der damals von seiner Krankheit sichtlich gezeichnete Askani nur mit Mühe ans Rednerpult gelangte, in der rechten Hand den Stock, auf der linken Seite gestützt von Kinderkirchpfarrer Eberhard Dieterich. Aber dann sprach er mit einem Leuchten im Gesicht und in unvergeßlichen Worten von der Hoffnung, die ihre Quelle in Gottes Liebe habe, die ein Menschenleben umfange und trage. Dabei erzählte er die kleine schwäbische Geschichte, die sich wohl im Schwarzwald zugetragen hat:

Da steht der Herr Pfarrer vor dem litzebembrigen Kirschenbäumlein; und er wiegt ungläubig den Kopf hin und her angesichts des mehr als kümmerlich aussehenden Gewächses. Und er fragt den dabeistehenden Bauern: »Meinet Se denn au, daß der no Kirsche kriegt?« Daraufhin gibt der Bauer zur Antwort: »Ha no, Herr Pfarrer! Blüht hat'r net, aber mr hofft halt!«[2]

Ich spürte schon damals, das war nicht so obenhin dahergesagt. Viel später entdeckte ich in Askanis letztem Prälatenbrief – auch aus dem Jahr 1981 –, wie er diese amüsante Begebenheit auf eine tiefgründige Glaubenserfahrung hin zu deuten verstand. Er schrieb in jenem Brief: »*Schon oft habe ich mich an der fröhlichen Unlogik des schwäbischen Bauern gefreut. Es ist gewiß ein wenig Trotz darin, ein wenig Verschmitztheit, aber gerade in der Unlogik weist doch die Antwort, wenn man einen Hintergrund aufsuchen möchte, hin auf eine Grundstruktur auch christlicher Hoffnung. ›In spem contra spem‹ … auf Hoffnung hin gegen alle Hoffnung – ein, wenn man so will, widersinniger Satz. Aber so sieht unser Leben aus, liebe Freunde, so sieht gelegentlich auch unser Ringen aus … – so ist die Bewegung sichtbar, die das Neue Testament durchzieht. Liebe Freunde, es wird alles darauf ankommen, in unserem eigenen Leben und im Umgang mit unseren Gemeinden, daß diese Bewegung nicht eine Bewegung des Trotzes ist und der Resignation, sondern eine Bewegung des Zutrauens, in das einer sich fallen läßt gegen alles Rechnen, gegen seinen Verstand. Ohne diese Bewegung wären wir alle längst am Ende, mit dieser Bewegung kommen wir nicht zum Ende, aber zum Ziel, wenn nicht alle Worte des Neuen Testaments trügen, die uns Gott in Jesu Namen sagt.*«[3]

Zweite persönliche Erfahrung: Kurz nach meinem Dienstantritt als Pfarrvikar in Reutlingen 1993 kam mein Vater auf die Intensivstation der Universitätsklinik Freiburg. Der Tod kam in Sicht. Auf einer Fahrt von Reutlingen nach Freiburg hörten meine Frau und ich eine Kassette mit der Predigt Askanis vom Ewigkeitssonntag 1980 über Offenbarung 21, jene kostbare Vision des Sehers Johannes vom himmlischen Jerusalem, da Gott alle Tränen abwischen wird und der Tod nicht mehr sein wird.

Askani beginnt diese Predigt mit einer Schilderung des Fangelsbachfriedhofes bei der Stuttgarter Markuskirche. Dieser Friedhof sei sein erster Kinderspielplatz gewesen; in den großen Wassertonnen habe man die Schiffe schwimmen lassen können, man habe auf den kleinen Wegen zwischen den alten Bäumen und bunten Beeten sich einbilden können, man sei die Eisenbahn, die durch das Land fährt. Dieser alte Friedhof sei auch der Treffpunkt mit dem Vater gewesen, wenn er abends vom Geschäft nach Hause gekommen sei. Wenn sie miteinander Zeit gehabt hätten, seien sie zwischen den Gräbern hin und her gewandert, vor dem großen Adler des Kriegerdenkmals stehen geblieben und hätten die Vielfalt der steinernen Engelsgestalten bewundert.

Askani erzählt: »*Ein Grabstein war mir immer besonders eindrucksvoll. Es war eine Säule mit schön verziertem Sockel, fest und solide, aber in der*

Mitte war sie abgebrochen, als hätte eine gewaltige Hand sie zerschmettert. ›Was ist das?‹ fragte ich den Vater. ›Da hat ein Mensch‹, sagte mein Vater, ›früh sterben müssen, und die, die ihm den Grabstein setzten, dachten, sein Leben sei abgebrochen wie diese Säule. Aber Christen wissen mehr!‹ Aber Christen wissen mehr! Immer noch denke ich an dieses Wort, das mein Vater damals offenbar nicht mehr erläutert hat.«[4]

Askani gesteht seinen Predigthörern ein, daß auch Christenleute die Angst vor der Vergänglichkeit kennen. Und doch, so führt er aus, kann die Schau des Sehers Johannes vom neuen Jerusalem einen Horizont der Hoffnung aufreißen, der in der Konfrontation mit dem Tod Trost zu geben vermag. Um solchen Trostes und solcher Hoffnung willen wissen Christen mehr, wie Askanis Vater sagte.

Diese Predigt vom Ewigkeitssonntag 1980 markierte für Askani selbst einen biographischen Wendepunkt: Seine Krankheit war damals so weit fortgeschritten, daß nun die Ergebung die Oberhand über den Widerstand errungen hatte. Im Bild von der abgebrochenen Säule auf dem Fangelsbachfriedhof sah er seine eigene Situation treffend umrissen.

Und ebendiese Predigt war mir in jener angedeuteten persönlichen Situation ein vollmächtiger Zuspruch des Trostes, der mir innere Ruhe gab. Denn was Askani zu Beginn jener Predigt von der abgebrochenen Säule auf dem Fangelsbachfriedhof erzählte, faßte in seiner Bildhaftigkeit zugleich auch das in Worte, was ich im Blick auf meine familiäre Situation sich abzeichnen sah; die abgebrochene Säule war ein Bild, das für mich transparent wurde auf die Situation hin, mit der ich in der Universitätsklinik angesichts abbrechenden Lebens konfrontiert war, und rührte mich wohl deshalb so in der Tiefe meiner Seele an. Und dann der seelsorgliche Zuspruch: *»Ein Christ freilich weiß mehr. Was er weiß, ist, daß Gottes Treue über die Grenzen geht und daß er hier wie dort in seinen Händen bleibt.«*[5] Diese Predigt ist mir ein Beispiel dafür, wie Askanis Predigten auch über seinen Tod hinaus noch wirken.

Dritte Erfahrung: Dieses Buch enthält – in überarbeiteter Fassung – hauptsächlich den biographischen Teil meiner Dissertation »Prälat D. Theophil Askani (1923–1982) als Paradigma eines seelsorglichen Predigers«, die im Oktober 1996 von der Ruprecht-Karls-Universität Heidelberg angenommen wurde. Mein Doktorvater, Professor Dr. Christian Möller in Heidelberg, hatte mich dazu ermutigt, eine kleine Hausarbeit über Theophil Askani und die seelsorgliche Predigt, die ich für die II. Evangelisch-theologische Dienstprüfung 1992 angefertigt hatte[6], zu dieser Dissertation auszuarbeiten. Vor dem Hintergrund der von Christian Möller in der Praktischen Theologie mit neuer Dringlichkeit gestellten Frage nach seelsorglichem Predigen untersucht die Dissertation Askanis Predigerbiographie und seine Predigten als konkreten Modellfall seelsorglichen Predigens und will damit einen Gesprächsbeitrag in die gegenwärtige homiletische, das heißt die Predigtlehre bewegende Frage nach der seelsorglichen Predigt einbringen.

Meine Dissertation, aus der heraus dieses Buch erwachsen ist, ist am letzten Wirkungsort Theophil Askanis, der Reutlinger Marienkirchengemeinde, entstanden, in der ich dreieinhalb Jahre als Pfarrvikar tätig war. So hatte ich das gemeindliche Umfeld und den gottesdienstlichen Raum, in dem der Prediger wirkte, und die Marienkirchen-Kanzel, von der aus er predigte, ständig vor Augen. Und ich hatte beständig auch zwei Äußerungen des Predigers im Ohr, die mir deutlich machten, daß Askanis Wirkungsgeschichte den historischen Prediger nicht verklärt, sondern an dem ihren Ausgangspunkt nimmt, was dem Prediger selber wichtig war und wie er sich selber verstand.

So sagte Askani in seiner Predigt zum Auftakt des Reutlinger Confessio-Augustana-Jubiläums 1980: »*In jedem Gottesdienst geht es auch um das Du, um die ungeheure Behauptung, daß wir Du sagen dürfen zu Gott, und um die ungeheure Gabe, daß er Du sagt zu uns. Jedem Prediger wird es so gehen, daß er mit der Bitte auf die Kanzel tritt, daß die Worte das Du erreichen, daß sie nicht ins Allgemeine über die Bänke gehen, wie man sie von hier aufgereiht sieht, sondern daß sie halt machen bei dir und mir, so wie ein Freund vor uns inne hält, uns in die Augen schaut und uns die Hand reicht: Du.*«[7] Und in der Sprengelkonferenz der Dekane verabschiedete sich Askani 1981 mit den Worten: »*Wahrscheinlich ist der eigentliche innere Vorgang beim Ringen um die rechte Übersetzung des Textes verbunden mit der Frage: wo ist sein Trost? ... Dabei wissen Sie, was ich mit Trost meine: nicht die billige Vertröstung, aber Halt und Grund für den nächsten Schritt, und einen Horizont der Hoffnung, an dem Auge und Herz sich orientieren können.*«[8] Der Prediger möchte das Du erreichen, indem er Lebenssituationen aufgreift und mit dem Trost, den er, wie es das zweite Zitat deutlich macht, in seinem umfassenden Sinn versteht und den er aus dem Text vernommen hat, erhellend zusammenbringt. Diese Bewegung wurde für mich im Verlaufe einer dreijährigen, hochinteressanten Forschungsarbeit, beim Lesen von Predigtmanuskripten, beim Abhören von Predigtkassetten oder im Gespräch mit Predigthörerinnen und -hörern Askanis, immer wieder spürbar und erfahrbar.

Als ich im März 1993 als Pfarrvikar an die Reutlinger Marienkirche kam, waren es zwölf Jahre her, seit Prälat Theophil Askani hier am 14. Juni 1981 seine Abschiedspredigt gehalten hatte. Auch anderthalb Jahrzehnte nach Askanis Weggang ist an seiner letzten Wirkungsstätte die Erinnerung an den begnadeten Prediger, der seelsorglich zu predigen, Trost zu geben wußte, lebendig. So lebendig, daß ich immer wieder mit Gemeindegliedern ins Gespräch kam über persönliche Reminiszenzen an Begegnungen mit Askani oder Passagen aus seinen Predigten, die der Lauf der Jahre nicht zu verschütten vermochte. Die Predigten Askanis hatten, durch die Glaubwürdigkeit seiner Person bewahrheitet, eine »seelsorgerliche Langzeitwirkung«[9].

Im Gespräch sagte Christian Möller einmal schmunzelnd zu mir: »Den Askani lieben Sie doch alle. Wenn von ihm die Rede ist, bekommen die Württemberger ganz verklärte Gesichter.«[10] In der Tat, die beiden weißgrünen Bände mit Predigten Askanis – »Da es aber jetzt Morgen war, stand Jesus am Ufer« und »Denn Du hältst mich bei meiner rechten Hand« – erfreuen sich im Württemberger Land eines so hohen Ansehens wie in früheren Zeiten die Werke der frommen Schwabenväter. Einigen von ihnen hat ja bekanntlich Eduard Mörike in seinem Gedicht vom Cleversulzbacher Kirchturmhahn ein literarisches Denkmal gesetzt mit den bekannten Zeilen: »Die Sonne ... gleitet übern Armstuhl frank / hinüber an den Bücherschrank. / Da stehn in Pergament und Leder / vornan die frommen Schwabenväter: / Andreä, Bengel, Rieger zween, / samt Ötinger sind da zu sehn. / Wie sie die goldnen Namen liest, / noch goldener ihr Mund sie küßt, / wie sie rührt an Hillers Harfenspiel – / Horch! klingt es nicht? so fehlt nicht viel.«[11] In gleicher Weise wie die Werke der Schwabenväter erfreuen sich die Askanischen Predigtbände ihres hohen Ansehens keineswegs als bibliophile Raritäten, sondern jeder der Bände als ein Vademecum, aus dem auch heute noch im Abstand von anderthalb Jahrzehnten Trost und Wegweisung zu vernehmen sind und das die Erinnerung an die Person des Predigers wachhält. Beide Predigtbücher stehen bei manchem Pfarrer und mancher Pfarrerin in Württemberg in der ersten Reihe im Bücherregal in Schreibtischnähe – bei Zeitgenossen oder gar Studienkollegen Askanis, aber auch bei Theologinnen und Theologen meiner Generation. Manche sprachlich geglückte Wendung, manche eindrückliche Konkretion, manche anschauliche Geschichte, die von Württembergs Kanzeln zu hören ist, und manches Gebet ist eine Sprachschöpfung, eine Konkretion, eine Geschichte oder ein Gebet Theophil Askanis.

Ich möchte das nicht als Einfallslosigkeit mißverstanden oder als wehmütige Traditionspflege in einer theologisch ach so kraftlosen Zeit interpretiert wissen. Ich sehe darin vielmehr einen Hinweis darauf, daß eine lebendige und gelingende Predigtpraxis nicht nur von spontanen Einfällen oder der Originalität des Predigers oder der Predigerin lebt, denn sonst wird unser Predigen über kurz oder lang kurzatmig und verflacht. Ich bin vielmehr der Meinung, daß eine lebendige Predigtpraxis – so sehr sie sich auch um wirkliche Zeitgenossenschaft zu bemühen hat – aus geistlichen Traditionen schöpft und von Prediger- und Predigtvorbildern lernen kann.

Das hat im übrigen auch Theophil Askani selbst so gesehen. Denn bei meinen Forschungen über ihn stellte sich die Entdeckung ein, daß auch er aus theologischen und homiletischen Traditionen des evangelischen Württemberg schöpfte und sich von ihnen anregen ließ. Diese Traditionen begegneten ihm in Gestalt markanter Theologen und Prediger, mit denen er auf seinem Lebensweg in Berührung kam und die ihn prägten. Im Hören auf und in der Auseinandersetzung mit diesen Traditionen und in der theologischen Reflexion der je aktuellen Herausforderungen des Zeitgeschehens und des eigenen Lebensweges erwuchs das unverwechselbare Profil des Predigers Theophil Askani.

Wer den Prediger Theophil Askani gekannt hat, weiß, wie sehr er als Person gewirkt hat. Von seinen Predigten zu reden, ohne den Prediger mit im Blick zu haben, griffe deshalb entschieden zu kurz. Zwar konnte die im Gefolge Barthscher Theologie entstandene Wort-Gottes-Homiletik in ihren pointiertesten Äußerungen den Prediger als quantité négligeable abtun, aber bereits beim späten Barth selber gibt es Äußerungen, die dem Prediger Relevanz für die Übersetzung des Evangeliums zuerkennen. So schreibt Barth in seiner Kirchlichen Dogmatik, daß der Zeugnischarakter des Predigtgeschehens dadurch mitbestimmt sei, daß es auch den Charakter eines Selbstzeugnisses habe, insofern es das Wort eines Menschen sei, der rede und mit seinem Tun und Lassen vertrete, was seine Existenz bestimme. Der Prediger habe wie der Christ überhaupt seinem Herrn damit zu assistieren, daß er dessen Freudenwort durch das, was er sagen, sein und tun kann, in seinen Grenzen bescheiden, aber bestimmt bestätigt.[12]

Askani selber ist der Überzeugung, daß uns die Sache des Evangeliums nicht anders als durch Vermittlung von Menschen erreicht. In einer Meditation schreibt er: »*Gott handelt durch Menschen … Jeder, der in irgendeiner Weise Zeuge ist, mit einem Wort oder mit einem ganzen Auftrag, lebt exponiert, erscheint im Profil. Das gilt gewiß nicht nur bei uns. Von unseren Lehrern wissen wir noch nach Jahrzehnten, was für erfreuliche oder merkwürdige Leute sie waren. Aber es gilt im besonderen bei der Übersetzung des Evangeliums, und es ist nicht verboten, sondern ein ganz normaler Vorgang, daß die, denen übersetzt wird, ›Sache‹ und Person identifizieren … Es ist Gottes Wille, daß wir nicht an eine Leuchtschrift am Himmel, sondern an Personen gewiesen sind … Das Problem ist, daß an den Personen herauskommt, ob die gute Nachricht verdorben wurde oder nicht.*«[13]

Das vorliegende Buch widmet sich der Person des Predigers und Seelsorgers Theophil Askani; und von der Biographie her kommen auch markante

Beispiele seiner theologischen Arbeit und insbesondere seines Predigens in den Blick. Für den Gang durch die Biographie legt sich nach dem Gesagten ein zweifacher Spannungsbogen unter den beiden Stichworten »Prägungen« und »Profile« nahe. Der erste Teil »Prägungen« gibt mir Gelegenheit, den für Askani wichtigen homiletischen Traditionsraum anzudeuten, also die Predigergestalten und Predigttraditionen darzustellen, die den Prediger Askani geformt haben. Der zweite Teil »Profile« behandelt den Pfarrer, Dekan und Prälaten – und in dem allem den seelsorglichen Prediger. Die Weite seines Wirkens als Prediger von der Stuttgarter Markuskirchenkanzel bis zur Reutlinger Marienkirchenkanzel, von homiletischen Rechenschaften vor Rotariern bis hin zu Vorträgen und Predigten bei landes- und bundesweiten Kinderkirchtagungen ist ein eindrückliches Plädoyer für eine leidenschaftliche Wahrnehmung des Predigtauftrags ebenso wie des Predigthörens.

I
PRÄGUNGEN

»Wenn ich mir heute überlege, woher ich meine Vorstellung nehme von dem, was Kirche Jesu Christi ist, dann denke ich nicht an das, was über die Kirche in der Zeitung steht, auch nicht so sehr an das Studium, sondern dann denke ich an die Menschen, die mir die Gestalt Jesu Christi lieb gemacht haben. Und ich denke dabei vor allem an die, die die ersten waren: an meine Mutter, meinen Vater, meinen Sonntagsschullehrer, an meinen Pfarrer. Das läßt sich fast nicht überschätzen, welche Prägung diese ersten Begegnungen haben.«[14]

KAPITEL I

Elternhaus, Kindheit und Jugend in der Markusgemeinde

Das Elternhaus in der Immenhoferstrasse 38

Wenn Theophil Askanis Gedanken zurückgehen in das Elternhaus im Stuttgarter Süden in der Immenhoferstraße 38, unweit der Markuskirche mit dem großen Fangelsbachfriedhof, dann tritt zuerst die große Gestalt des Vaters in der Erinnerung hervor. Während die Mutter in seinen Predigten weniger erwähnt wird, werden Begegnungen und Gespräche mit dem Vater den Predigthörern anschaulich geschildert. Die ernste, aber gerade darin echte Frömmigkeit und Geradlinigkeit des Vaters hat den Knaben tief beeindruckt und entscheidend geprägt.

Um so erstaunlicher ist es, welch andere Bahnen die Frömmigkeitsentwicklung des Sohnes eingeschlagen hat, hin zu einer in der Tiefe des Evangeliums gegründeten, von Fröhlichkeit und Herzensweite gezeichneten Glaubensausprägung. Es sei ein Wunder, meinte seine Frau, wie liberal Theophil geworden sei und welch weites Herz er gehabt habe. Er habe – in der Berührung mit den besten Traditionen des evangelischen Stuttgart und in Begegnungen mit einigen der profiliertesten Theologen des evangelischen Württemberg – zu einer eigenen Glaubensausprägung gefunden, ohne sich dabei mit seinen Eltern zu überwerfen; er habe sie vielmehr zeitlebens geschätzt.

Der Dichter, Schriftsteller und Pfarrer Albrecht Goes, der sowohl den Vater wie auch den Sohn gekannt hat, nennt die beiden – mit einem verständnisvollen Schmunzeln – »bipolare geistliche Existenzen«, etwas, was ihm als Mitglied einer Familie, die über Generationen hinweg württembergische Pfarrämter bekleidet hat, ein wohlvertrautes Phänomen sei. Aber Rudolf Daur, wohl einer der maßgeblichsten Menschen für Askani, hat recht, wenn er sagt: »Wie stark der Mensch, in Angleichung und in Gegensatz, im Kampf um seine eigene Art und Freiheit durch Kindheit, Elternhaus und Umgebung geprägt ist bis ins hohe Alter, ist ja heute eine Binsenwahrheit, die aber ... gar nicht genug beachtet werden kann.«[15]

Deswegen also zunächst: der Vater. Gustav Ernst Askani erblickte am 15. Mai 1877 als Sohn von Heinrich Askani und Elisabethe geborene Kühner in Adelsheim im badischen Unterland – heute zum Neckar-Odenwald-Kreis gehörig – das Licht der Welt und wuchs in diesem badischen Landstädtchen auf.[16] Woher die Familie stammt, darüber äußert sich Gustav Askani, als er seine Zeit in Dessau schildert: »*Ich fühlte mich in Dessau sehr wohl und erlangte durch meinen Namen eine gewisse Popularität unter meinen Freunden, denn man hielt mich insgeheim für einen Verwandten des Herzogs* [von Anhalt-Dessau], *der die Bezeichnung Graf von Askanien führte. Es gab in Dessau u.a. auch eine ›Askanische Straße‹, einen ›Askanischen Platz‹ und Waren aller Art mit dem Namen Askania. Ich bildete mir aber nicht ein, mit dem Herzogshause verwandt zu sein, wichtiger war mir die Tatsache, dass ich einem alten Pfarrergeschlecht entstammte. Mein Urahne Bernhardus Askanius war als Zeitgenosse Paul Gerhardts um seines lutherischen Bekenntnisses willen von Norden nach dem Süden ausgewandert und hatte zuletzt in einem Pfarramt, das zwei Stunden von meinem Heimatort entfernt war, im Segen gewirkt.*«[17]

In Adelsheim führte Gustav Askanis Vater ein umfangreiches Lebensmittel- und Manufakturwarengeschäft, in dem Gustav und seine Geschwister die Woche über in jeder freien Stunde mitarbeiteten und damit in den Ladenbetrieb und den persönlichen Umgang mit der Kundschaft wie selbstverständlich hineinwuchsen. In des Vaters stattlicher Bibliothek konnte Gustav sonntags seinen Lesehunger stillen, und hier war der Ort, wo der Berufswunsch Buchhändler aufkeimte. Die Erweckungsbewegung hatte auch die Eltern Askani erfaßt und eine intensive »Reichsgottesliebe« in ihnen entfacht und ihnen die Mission ans Herz wachsen lassen. Der Vater hielt deshalb zahlreiche Verteilschriften vorrätig, die bei jeder Gelegenheit weitergeschenkt wurden. Sie regten den Sohn dazu an, sich in späteren Berufsetappen immer wieder ehrenamtlich für die Blättermission zu engagieren und etwa die damals bekannten Stöcker-Predigten oder »Die Frohe Botschaft an Sonntagslose« wie Friseure, Kellner oder Kutscher zu verteilen.

Am 2. Januar 1893 begann Gustav Askanis dreijährige Verlagsbuchhändlerlehre in Karlsruhe. Noch in seinem ersten Lehrjahr hatte er eine ihn tief prägende Begegnung mit dem Evangelisten Elias Schrenk, der hier einige Wochen lang abendliche Evangelisationsvorträge hielt. Zwar hatte bereits seine Konfirmation 1892 und der ihm gegebene Denkspruch – »Ich will gedenken an meinen Bund, den ich mit dir gemacht habe zur Zeit deiner Jugend, und will mit dir einen ewigen Bund aufrichten.« (Hesekiel 16,60) –

einen großen Eindruck hinterlassen. Doch wurde dieses seelische Erleben noch einmal überboten in der Konfrontation mit einem biblischen Wort in Schrenks Evangelisation. Es war ein »*großes Erlebnis meines inneren Menschen*«, schreibt Gustav Askani, ein Erlebnis, das für seine ganze Zukunft entscheidend gewesen sei und ihm Halt für sein Leben und Kraft zum Aushalten auch in schwierigen Situationen gegeben habe, ein Erlebnis, das sich mit einem Wort als »*Erweckung*« charakterisieren läßt: »*An diesem Abend* [, an dem Schrenk über das Wort Matthäus 15,13 predigte: ›Alle Pflanzen, die mein himmlischer Vater nicht gepflanzt hat, werden ausgereutet.‹] *wurde ich geradezu erschüttert und hatte das Bedürfnis nach einer Aussprache mit Herrn Schrenk. In seiner mir heute noch unvergeßlichen Sprechstunde zog der Friede Gottes in mein Herz und ich kam zur fröhlichen Heilsgewissheit, die mir der Herr in seiner Gnade bis heute erhalten hat.*«

Kurz nach seinem Erweckungserlebnis trat er in den CVJM ein und suchte auch nach jedem Stellenwechsel wieder neu den Anschluß an die CVJM-Gruppe vor Ort. In einer CVJM-Bibelstunde traf ihn der Appell zur Entscheidung für den Missionsdienst und entzündete ein Feuer in seinem Herzen. Nach einer Aussprache mit Elias Schrenk meldete er sich zum Missionsdienst. Kurz darauf erhielt er von Basel den Ruf, ins Missionsseminar einzutreten, um dann nach etwa halbjährigem Aufenthalt in England als Missionsbuchhändler nach Akra an der Goldküste ausgesandt zu werden. Aber nach nur wenigen Wochen Aufenthalt in Basel mußte er den Missionskurs abbrechen, weil der Missionsarzt ihn für tropenuntauglich erklärt hatte.

In den nun folgenden elf Jahren von Mitte 1897 bis 1908 war Gustav Askani mit wachsender Verantwortung in Buchhandlungen und Verlagen tätig: in Frankfurt a. M., dann in Dessau, wo »*es galt, eine anspruchsvolle Kundschaft zu bedienen, u. a. die herzogliche Familie und den norddeutschen Hochadel, aber ich war in meinem Element und errang die volle Zufriedenheit meines Chefs, sodass ich 3 1/2 Jahre bei ihm tätig sein durfte*«. Weitere Anstellungen fand er in Mannheim, Düsseldorf, Reutlingen und als kommissarischer Leiter seines Karlsruher Ausbildungsverlages. Als ihm die Leitung des Sortimentsbuchhandels des Evangelischen Schriftenvereins in Karlsruhe übertragen wird, meint Gustav Askani, seine Lebensstellung gefunden zu haben, und denkt nicht von ferne an eine nochmalige Veränderung.

Aber als er mehrmals und mit großem Nachdruck dazu aufgefordert wird, bewirbt er sich um die Stelle des Geschäftsführers des Verlags der Evangelischen Gesellschaft in Stuttgart[18]. Deren geschäftsführender Sekretär, Pfarrer Theophil Wurm, der spätere Landesbischof, hatte 1907 den

Stadtvikar August Hinderer in dieses missionarisch-diakonisch tätige Werk berufen, das ihm bald darauf die Stelle des II. Pfarrers und Leiters der literarischen Abteilung übertragen hatte. Hinderer erhielt damit die Verantwortung für den Verlag der Evangelischen Gesellschaft und übernahm von Wurm im Mai 1908 auch noch die Schriftleitung des Evangelischen Gemeindeblattes für Württemberg. Da Hinderer seine Aufgabe in der Entwicklung einer modernen kirchlichen Öffentlichkeitsarbeit sah und sich deshalb intensiv dem Gemeindeblatt und der Zusammenarbeit mit der Tagespresse widmen wollte, mußten für die Leitung des Verlags andere, befähigte Hände gesucht werden, und in diesem Zusammenhang stieß man auf Gustav Askani.[19]

Auf seine Bewerbung hin erhält Gustav Askani umgehend von Theophil Wurm eine Einladung zur Sitzung des engeren Ausschusses der Evangelischen Gesellschaft. Die Ausschußmitglieder sind von dem Kandidaten rundweg überzeugt und berufen den gerade Einunddreißigjährigen zum Leiter des Verlags. Askani tritt die Stelle zum 1. September 1908 an. Und dies ist der Beginn einer lebenslangen, viereinhalb Jahrzehnte währenden freundschaftlichen Verbindung zwischen Theophil Wurm und Gustav Askani, in die dann auch dessen Sohn einbezogen wird.

Tatkräftig und voller Energie stellt Gustav Askani die Rentabilität der bisherigen Publikationen des Verlages sicher und geht daran, ihn auf eine erweiterte Basis zu stellen. Ihm gelingt das durch »*die Herausgabe einer literarisch hochwertigen und inhaltlich gesunden Bücherei für junge Menschen auf christlicher Grundlage*«, die »*Bücher des Lebens und der Freude*«. Eine weitere Reihe, »Aus klaren Quellen«, gibt etliche Jahre später, auf 1. Oktober 1919, auf Askanis Vorschlag hin den bis heute beibehaltenen Firmennamen »Quell-Verlag« ab. 1921 übernimmt Gustav Askani die Gesamtgeschäftsführung von Quell-Verlag und Buchhandlung der Evangelischen Gesellschaft, und ab 1924 ist er Mitglied im Ausschuß der Evangelischen Gesellschaft.[20]

Im Frühjahr 1912 hatten der damals vierunddreißigjährige Gustav Askani und die zweiundzwanzigjährige Elsa Holzäpfel in Heilbronn geheiratet. Eugenie Elsa Holzäpfel war am 10. Juni 1889 in Heilbronn als Tochter des Kaufmanns Jakob Holzäpfel und der Johanne Luise geborene Losch zur Welt gekommen.[21] Gustav Askani schreibt: »*Nach Martin Luthers Ausspruch ist ja die Krone irdischen Daseins eine christliche Ehe. Eine solche wurde mir durch Gottes Güte geschenkt mit Else geb. Holzapfel* [sic!] *aus Heilbronn, die ich bei der Hochzeit eines Freundes kennengelernt hatte. Meine glückliche Ehe, der im Jahr 1923 ein Sohn entsprossen ist, welcher sich der Theologie widmet und wohlbehalten aus der Gefangenschaft Ende*

Juli 1946 zurückkehrte, hat viel zu meiner dauernden Arbeitsfreudigkeit beigetragen.«

In der Tat – erst elf Jahre nach der Hochzeit wird ihnen am 27. April 1923 ihr einziges Kind Heinrich Jakob Theophil Askani geboren. Seinen Rufnamen Theophil verdankt der Knabe der intensiven Verbindung seines Vaters mit Theophil Wurm, der jetzt als Dekan in Reutlingen wirkt; mit den beiden anderen Vornamen wird die Erinnerung an die beiden Großväter wachgehalten.[22] Theophils Mutter ist bei seiner Geburt knapp 34 Jahre alt, der Vater bereits beinahe 46 Jahre. Theophil Askani wird am 10. Juni 1923, dem 34. Geburtstag der Mutter, durch seinen Patenonkel, Pfarrer Friedrich Askani, einen Vetter seines Vaters, in der Stuttgarter Markuskirche getauft.[23] Friedrich Askani war Pfarrer in Karlsruhe-Rüppurr und vertrat später im Dritten Reich und danach unter der französischen Besatzungsmacht trotz Pressionen unbeirrbar und geradlinig die Wahrheit des Evangeliums. Er hatte eine ausgeprägte Gabe der Seelsorge, die er bis ins hohe Alter ausübte. »Erinnerungen aus 60 Jahren Seelsorgedienst« ist denn auch der adäquate Untertitel seines Büchleins »Gottes Wege enden im Licht«, in dem er prägnante seelsorgliche Situationen schildert. Wegen seiner liebenswürdigen Art wurde er in der Familie ›der liebe Friedrich‹ genannt.[24]

Die Mutter Askani war um ihr spätgeborenes Kind sehr besorgt. Ehemalige Nachbarn, die die ganze Familie kannten, staunen, daß Theophil Askani trotz der eher besorgten Natur der Mutter und des ernsten Charakters des Vaters zu einem sehr lebensfrohen Menschen wurde. Ganz im Gegensatz zur Mutter, die klein von Gestalt war, war der Vater in seiner Größe und mit seinem weißen Haar eine respektgebietende Erscheinung. Als Direktor des Quell-Verlags war er sehr belesen und konnte davon seinem Sohn viel mitgeben. Auch erinnert sich Theophil Askani noch sehr genau, *»wie mein Vater nahezu jeden Samstag mit mir spazieren ging. Übrigens waren es immer dieselben Wege, genau abgezirkelte Wege für Samstag und Sonntag im Wald über Stuttgart unterhalb von Degerloch. Er erzählte mir dabei aus der Geschichte seines Lebens, aus der Geschichte der Kirche, aus der Geschichte unseres Volkes. Er hatte ein ausgezeichnetes Gedächtnis. Das Entscheidende aber war, daß er die Zuversicht hatte, was er mir berichte, könne ich unmittelbar übertragen in meine Zukunft hinein. Ich könnte also später, wenn er nicht mehr sein würde, ablesen an diesen Gesprächen, an diesen Vorbildern, was not wäre zu tun.«*[25]

Besonders intensive Erinnerungen an sein Elternhaus verbindet Theophil Askani mit Weihnachten. Es war die Zeit, da die Nüchternheit seines von konsequenter Frömmigkeit geprägten Vaters alljährlich durchbrochen wurde: *»Mein Vater war … ein nüchterner Mann. Aber alljährlich an*

Abb. 1: Gustav und Elsa Askani mit ihrem Sohn Theophil, 26. März 1926

Weihnachten, genauer: am Morgen des Heiligen Abends, verlor er, so schien es, alle Prinzipien der Sparsamkeit und Vernünftigkeit. Er nahm mich mit auf den Stuttgarter Christkindles-Markt, wie er hieß, und kaufte ein. An jeder zweiten Bude blieb er stehen und griff fröhlich zu. Nicht nur Lebkuchen, Türkischer Honig und aufziehbare Hampelmänner fanden sein Gefallen, sein Augenmerk richtete sich vor allem auf Porzellanfiguren aller Art. So waren wir bald beladen, und wenn nachher in der Straßenbahn ihm jemand seiner weißen Haare willen einen Platz anbot, konnte er nicht sitzen, weil er die Taschen voller Porzellan hatte. Es waren keine Kunstgegenstände, wahrhaftig nicht, und meine Mutter mußte die Ausbeute der weißen Elefanten, Windhunde und Kühe im Wandschrank hinter den Tassen verstecken, um das Dekorum guten Geschmacks einigermaßen zu wahren. Für mich, den kleinen Buben, war das freilich durchaus verständlich, daß der Vater alle Maßstäbe verlor – war doch Weihnachten für mich ein Fest und Wunder über alle Maßen … Es war, wie wenn eine andere Wirklichkeit sich meldete, eine höhere, bessere, echtere als die, die das Jahr bestimmte.«[26]

Auch das Lauschen auf das Turmblasen gehörte zum Heiligen Abend: »*Mein Vater … konnte sich keinen Sonntag ohne Gottesdienst denken. Aber am Heiligen Abend war das Äußerste gottesdienstlichen Erlebens dies, daß sich die kleine Familie um fünf Uhr auf der Veranda versam-*

melte, um zu hören, wie der Posaunenchor auf dem Kirchturm spielte ›Es ist ein Ros entsprungen‹.«[27]

Und schließlich verbinden sich mit dem Heiligen Abend zwei Texte: »*Unauslöschlich ist mir der Augenblick in Erinnerung, in dem mein Vater am Heiligen Abend die Weihnachtsgeschichte zu Ende gelesen hatte. Er nahm dann ein kleines Bändchen zur Hand – ich sehe noch den grünen Einband vor mir und die Goldprägung der Schrift – und las dann Jahr für Jahr aus des Prälaten Gerok Büchlein ›Palmblätter‹ die Verse, in denen die großen, leuchtenden Sterne den Glanz des kleinen unbedeutenden Erdsterns besingen, der seit Weihnachten Gottes Gegenwart hat. Ich höre noch die Stimme des Vaters und die letzten Zeilen: ›So klangen die Lieder / der Sterne hernieder, / da freut' ich mich wieder, / von Erde zu sein.‹«*[28]

Daß im Askanischen Elternhaus alles eine gewisse strenge Ordnung hatte, davon zeugt folgende Reminiszenz: »*Unsere Hausgehilfinnen, mit denen wir heute noch zum Teil einen guten Kontakt haben, aßen selbstverständlich in der Küche, für sich allein und nicht am Tisch. Man muss sich das ausdenken. Wir waren nur zu dritt: mein Vater, meine Mutter und ich, und ein von christlicher Liebe erfülltes Haus – und so liefen die Dinge.«*[29]

1928 kam Theophil Askani in den Markuskindergarten, den Tante Hanna Wagner souverän führte. Dort saß er neben seinem Freund Helmut Aichelin, dessen Vater eine Firma hatte, in der Härtereiöfen gebaut wurden. Die beiden begleiteten einander ein Leben lang; es war für Askani eine der intensivsten Freundschaften.[30]

Bereits in dieser Zeit tritt auch die dunkle Seite des Lebens in den Gesichtskreis des jungen Theophil Askani: Er ist noch keine sieben Jahre alt, da wird er mit der Nähe des Todes mitten im Leben konfrontiert, als sein Vater, der gerade damit beschäftigt war, das Geschäftshaus des Quell-Verlags umbauen und modern und kundenfreundlich einrichten zu lassen[31], plötzlich lebensgefährlich erkrankt. Gustav Askani schreibt in seinen Lebenserinnerungen: »*Auf diese Zeit frohen Schaffens folgte aber eine solche der Prüfungen und des Leides für mich. Durch andauernde Ueberanstrengung im Beruf infolge Personalmangel im Krieg und der Inflationszeit und ohne jahrelange Möglichkeit einer Ausspannung wurde meine Gesundheit immer mehr erschüttert. Vor allem noch zuletzt durch den Umbau des Geschäftshauses, in welchem ich leider auch während dieser Zeit verblieb und monatelang in grossen Staubwolken arbeitete. Mitten in rastloser Tätigkeit überfiel mich plötzlich ein furchtbares Lungenbluten, das mich an den Rand des Grabes brachte. Es war eine ernste Sprache, die der Herr zu mir in der Stille redete und ich beugte mich unter seine Heimsuchung in Selbstbesinnung und bussfertigem Glauben an seine Gnade.«*

Abb. 2: Die Buchhandlung der Evang. Gesellschaft, um 1930

Während langer Monate langsamer Genesung im Lauf des Jahres 1930 im Kurhaus Reinerzau bei Alpirsbach erfährt der Vater Askani viel Begleitung seiner Freunde von der Evangelischen Gesellschaft, erfreut sich aber auch an den häufigen Besuchen seiner Frau und seines Sohnes.

In diesem Jahr 1930 wird Theophil Askani in die Fangelsbachschule am Heusteig eingeschult, wo er bis 1934 seine vier Grundschuljahre verbringt und mit den Freunden Helmut Aichelin und Hans-Martin Pfersich in einer Klasse war. Sein Schulweg zur Fangelsbachschule führte ihn täglich vorbei an der Markuskirche.[32]

Die Stuttgarter Markuskirche als kirchliche Heimat Theophil Askanis

Im Rückblick auf sein Aufwachsen in der Markusgemeinde schreibt Theophil Askani einmal: »*Mehr als uns bewußt ist, bestimmen die Bilder unserer Jugend unser Empfinden und damit auch unser Urteil und unsere Entscheidungen. Wenn ich mich selber prüfe, welches mein Bild von der Kirche sei und was im Hintergrund Gefühl und Verhalten prägt, dann steht vor mir das Bild der Markuskirche in Stuttgart, in der ich getauft, konfirmiert wurde und die das erste Wachsen des Glaubens begleitet hat. Hinter all den Gottesdiensten, die ich seither erlebt habe und zu halten hatte, nehme ich unbewußt das Maß an den ersten Gottesdiensten der Jugend. Und hinter vielen Sitzungen, Problemen, Freuden und Fragen, die heute den Tag bestimmen, liegt ein ganz anderes Erleben, das schon manche Wandlungen überdauert hat.*«[33]

Die Markuskirche, die bei aller städtischen Art und aller Größe doch in der Zuordnung von Wohngeviert, Pfarrhaus, Friedhof und Schule mitten im Stuttgarter Süden etwas von einer Dorfkirche an sich hat, wurde zur prägenden kirchlichen Heimat Askanis. Darum seien an dieser Stelle die Entstehungsgeschichte der Markusgemeinde skizziert und ihre charakteristischen Merkmale genannt:

In der zweiten Hälfte des 19. Jahrhunderts wuchs auch im Süden Stuttgarts ein großes neues Wohngebiet heran, das im Gegensatz zum angrenzenden »Wilden Westen« dezidiert das Wohngebiet der gebildeten Bürger wurde und gehobenes Beamten-, Akademiker- und Unternehmermilieu aufwies. Dieses Wohngebiet im Stuttgarter Süden wurde zunächst von der Leonhardskirche aus betreut, die neben der Stiftskirche und der Hospitalkirche zu den drei mittelalterlichen Kirchen Stuttgarts gehört. Im letzten Jahrzehnt des 19. Jahrhunderts aber ging man daran, hier im Süden eine selbständige Parochie mit eigenem kirchlichem Mittelpunkt zu errichten.

Ein erster Schritt war im Sommer 1894 die Erstellung einer Wanderkirche als Predigtstation für die Außenteile der Leonhardsgemeinde. Sie wurde an der Ecke Heusteig- und Cottastraße in direkter Nachbarschaft zum Fangelsbachfriedhof aufgerichtet. Dieser war 1823 auf damals noch freiem Feld als »Neuer Kirchhof« angelegt und 1872 nach dem nordöstlich vorbeifließenden Fangelsbach und dem gleichnamigen Gewann umbenannt worden. Zu Beginn des Jahres 1895 erhielt die Wanderkirche den Namen Markuskirche, und im September desselben Jahres wurde aus Teilen der Leonhards- und der Matthäusgemeinde eine eigene Parochie, die Markusgemeinde, begründet. Im April 1896 wurde der bisherige zweite Stadtpfarrer an der Leonhardskirche, Gustav Gerok, ein Sohn des bekannten Prälaten und Dichters Karl von Gerok, zum ersten Stadtpfarrer an der Markusgemeinde berufen. Nun konnte man gezielt den Bau einer eigenen, soliden Kirche planen. Dabei wurde die Frage des Standortes der künftigen Kirche kontrovers diskutiert. Architekt Heinrich Dolmetsch, Stadtpfarrer Gustav Gerok und führende Gemeindeglieder legten den Kirchplatz an der der Wanderkirche gegenüberliegenden Seite des Fangelsbachfriedhofes fest, also am Rand des damals verbauten Gebietes – in der vorausschauenden Einsicht, daß die Häusergrenze in einigen Jahren sich längst weiter hinausgeschoben haben werde, so daß der zunächst periphere Bau bald zur Mitte werden würde. Während es Stimmen gab, man habe ja keine neue Kirche gewollt, »zu der man künftig weiter hinauslaufen müsse, als man bisher zur alten (= Leonhardskirche) habe hineintappen müssen«, so hat sich doch durch die weitere städtebauliche Entwicklung die zukunftsorientierte Konzeption von Gerok und Dolmetsch als richtig erwiesen: Markuskirche, Pfarrhaus Römerstraße 41, Kirchplatz, Bürgerhäuser, Fangelsbachfriedhof und Heusteigschule sind als wohlgelungenes Ensemble ein charakteristisches Zentrum der Südstadt geworden.[34]

Der Markuskirchen-Architekt war kein Unbekannter: Oberbaurat Heinrich Dolmetsch hat sein Leben lang in Württemberg Kirchen erbaut und umgebaut und sich dabei vom Stilempfinden des Historismus leiten lassen. So hatte Dolmetsch etwa in Reutlingen auf dem Friedhof ›Unter den Linden‹ anstelle einer alten Kapelle 1887–1890 die Katharinenkirche erbaut, die, im neugotischen Stil gehalten, die altehrwürdige Reutlinger Marienkirche en miniature abbildete. Nach diesem erfolgreichen Bauprojekt wurde ihm die Generalrenovierung der Marienkirche übertragen, die unter seiner Leitung 1893 bis 1901 regotisierend erneuert und ausgestattet wurde[35], parallel zum anderen 1896 bis 1901 durchgeführten Großprojekt der Uracher Amanduskirche. Freilich fehlte es auch nicht an kritischen Stimmen, die gewachsene Altbauten durch zu weitgehende Eingriffe regelrecht »verdolmetscht« sahen. An seinem letzten Werk, der Markuskirche, zeigte Dolmetsch aber nun, wie einfallsreich, originell und frei von Stilanlehnungen er bauen konnte. Schnell wurde vielen deutlich, daß die Markuskirche ein großer Wurf war, ein eindrucksvolles Beispiel des ›Neuen Stils‹, später ›Jugendstil‹ genannt.[36]

Aus dem Jahr 1912 haben wir aus der Feder von Oberkonsistorialrat D. Dr. Johannes Merz in Stuttgart – dem späteren ersten Kirchenpräsidenten von Württemberg – eine kurze Beschreibung der Markuskirche: »Einen Schritt weiter in mehrfacher Richtung geht die wiederum von der Gesamtkirchengemeinde unter Leitung von Oberbaurat Dolmetsch 1906–1908 erbaute Markuskirche. Bei ihr ist in umfassender Weise Eisenbetonbau zur Anwendung gekommen, nicht bloß bei der weitgesprengten Schiffsdecke, sondern auch – dies zuerst in Deutschland – bei dem hochragenden Turm. Auf die historischen Stilformen ist verzichtet, Orgel und Sängerchor befinden sich im Angesicht der Gemeinde, unter Verzicht auf eine Orgelempore; nur am Ende des Schiffs ist eine Empore angeordnet, im übrigen ist die ganze Versammlung zu ebener Erde um Altar und Kanzel vereinigt. Die Kirche entfernt sich entschieden von dem herkömmlichen Bild der sich übereinandertürmenden Emporen in protestantischen Kirchen; bewirkt wird dadurch eine höchst zweckmäßige Beschränkung der akustikgefährlichen Höhenentwicklung des Innenbaus. Dank ferner der Anwendung des von Dolmetsch erfundenen Korkputzes Auris für die Flächen der Wände und Decken ist die Akustik – insbesondere auch für Musik – ganz ausgezeichnet, für einen so großen Raum wirklich überraschend gut. Reich ist die Markuskirche auch mit Kunstwerken ausgestattet. Als Hauptstück tritt dem Besucher der hochragende Kruzifixus von Hermann Lang/München, einem geborenen Schwaben, entgegen; der Kruzifixus, hinter dem Altar aufgestellt, wirkt beherrschend für den ganzen Raum. Es ist lehrreich, dies anerkannt bedeutende Werk des modernen Künstlers mit dem Meisterwerk des 16. Jahrhunderts in der Hospitalkirche zu vergleichen. Am Südportal ebenfalls von H. Lang ein Christuskopf in Relief. Die Oberwände des Schiffs sind beiderseits mit fortlaufenden künstlerischen Reliefs, Darstellungen aus dem Leben Jesu nach dem Evangelium des Markus, geschmückt, an deren Ausführung sich eine Reihe hervorragender Bildhauer betätigt haben. Die Kanzel zeigt in schöner Intarsia unter anderem das Bild des Sämanns (Entwurf von Kunstmaler R. Yelin). Das Geländer des Altars will in besonderer Weise auf die Spendung des hl. Abendmahls Rücksicht nehmen. Die Kirche besitzt zwei Konfirmandensäle. Einschließlich dieser zählt die Kirche 1040 feste Sitzplätze neben 400 beweglichen, größtenteils in den Sälen untergebrachten. – Das Pfarrhaus, von der Gesamtkirchengemeinde erstellt, ist mit der Kirche zu einer Baugruppe vereinigt; für den Bau eines zweiten ebenfalls im Zusammenhang mit der Kirche ist das Gelände vorgesehen.«[37]

Askani stellt die Markuskirche und -gemeinde einmal mit den Worten vor: »*Die Markuskirche wurde 1908 im Beisein des württembergischen Königs eingeweiht, und hatte mit der Gemeinde, die sich im Süden von Stuttgart sammelte, einen eigenen Charakter. Der große, für die damalige Zeit kühn konzipierte Raum, in dem die Kirchenmusik immer zuhause war und eine besondere Entfaltungsmöglichkeit hatte, ist im Laufe der Jahre für viele eine Heimat geworden. Das Wohngebiet der Gemeinde, das sich bis zu den Hängen des Degerlocher Waldes zwischen der Alten Weinsteige, die einst das Ober- und Unterland trennte, und der Neuen Weinsteige, die noch heute als schönste Aussichtsstraße in deutschen Städten gilt, hinaufzieht, war über ein halbes Jahrhundert geprägt durch das gute, alte Stuttgarter Bürgertum, und ist dann durch die Zerstörungen des* [Zweiten Welt-]*Krieges schwer getroffen worden.*«[38]

Die Markuskirche erfreute sich rasch großer Beliebtheit, wie Hansmartin Decker-Hauff zu berichten weiß: »Sehr bald wurde die Markuskirche nämlich eine Lieblingskirche der (damals) jungen Stuttgarter. Gustav Gerok war ein sachlicher und kluger, jedem Überschwang abholder, gedanklich klarer Prediger. Er faszinierte nicht, aber er verstand es, gerade junge Hörer anzusprechen, und er war – wie nach ihm in dieser Kirche Rudolf Daur – in jedem Satze persönlich dabei, persönlich glaubwürdig. So wurde die Markuskirche schon in ihren ersten Jahren vor allem eine Predigtkirche.«[39] In ähnlicher Weise äußert sich Rudolf Daur: »Gustav Gerok ...hat wunderbare Predigten gehalten, ... kühn und so recht für die Menschen unserer Zeit. Das war auch seinen Nachfolgern wichtig. Es war überhaupt immer das Besondere an unserer Markuskirche, daß sie eine Predigtkirche gerade auch für moderne Menschen war.«[40]

In der Tat ist dies das eine charakteristische Merkmal von Theophil Askanis Heimatkirche: daß eine Reihe hervorragender Prediger an ihr Dienst tat. Ein zweites Merkmal der Markusgemeinde umschreibt Hildegard Mayer-List, Frau des zweiten, 1917–1929 dann ersten Pfarrers an der Markuskirche: »Überhaupt war die Markusgemeinde sehr fortschrittlich, bahnbrechend in vielen Bereichen, nicht nur musikalisch [an der Markuskirche wurde verstärkt Bachsche Musik wiederentdeckt und es gab viele Abendmusiken], sondern auch auf sozialem Gebiet, in der Jugendpflege. Sie hatte die Nase immer vorne.«[41] Diese junge, urbane, geistig und geistlich ungemein anregende Markusgemeinde brachte eine Reihe bedeutender Charakterköpfe hervor, unter denen Theophil Askani die wohl weiteste Wirksamkeit entfaltete.

Hier in dieser Kirche besuchte Askani den Kindergottesdienst, den Stadtmissionar Ludwig Eck und seine Kinderkirchhelfer im Saal unter der Empore hielten: »*Es gab dort ein Harmonium und es gab eine Art alter, blauer Kronleuchter, die mir unauslöschlich in Erinnerung sind. Der Schmuck dieses Saales aber war sonntags um 11 Uhr die fröhliche Schar der Kindergottesdienstkinder. Ich weiss noch genau, wo meine Gruppe saß, und ich habe noch vor Augen den Helfer, der uns durch die Jahre begleitete ... er war kein besonderer Mann. Er hatte seine Fehler. Mein Vater sagte später, er sei sonntags immer nüchtern gewesen, und ich habe erst hinterher begriffen, was das hieß. Und doch sind mir aus diesen Stunden, wie eine Kostbarkeit der Freude, die Geschichten der Heiligen Schrift vor Augen, die wir dort miteinander erlebt haben: David und Goliath, Joseph und seine Brüder, die Abenteuer des Simson, aber auch Samuel und die Geschichten am Wege Jesu, wie sie das Neue Testament erzählt ... Es war ... ein unscheinbarer Saal und ein unscheinbarer Zeuge damals, und doch sind dort jene Geschichten ein Stück eigenen Lebens geworden.«*[42]

Eines Sonntags nahm Mesner Paul Bichel die beiden Buben Theophil Askani und Helmut Aichelin mit in den Keller der Markuskirche und erklärte ihnen, wie sie die beiden großen, eisernen Kettenräder zu bedienen hätten, damit sich die Trennwand zwischen Kirchenraum und Saal oben hochbewege. Fortan war es ihrer beider sonntägliche Aufgabe, vor dem Kindergottesdienst besagte Trennwand hochzukurbeln. Über diesem – gewiß mühsamen – Geschäft erwuchs in ihnen beiden das Gefühl, in der Kirche zu Hause zu sein, weil sie die Erfahrung machten, gebraucht und mit einer Aufgabe betraut zu werden – eine Erfahrung, die Theophil Askani wegen ihres grundlegenden Charakters in immer wieder neuen Nuancen erzählt, aber nie, ohne anzumerken, daß hier die Wurzeln seines Theologiestudiums lägen und daß sie beide, die sie damals im Keller beschäftigt waren, Pfarrer – und, so füge ich hinzu, Prälaten – geworden sind.[43]

Aber noch während Theophil Askanis Kinderkirchzeit beginnt bereits die dunkle Zeit des Nationalsozialismus ihre langen Schatten zu werfen: *»Wenn wir einst vom Kindergottesdienst nach Hause gingen, hatten wir ganz verbeulte Taschen. Wir hatten unsere Jugendgesangbücher darin versteckt, damit niemand merkte, dass wir von der Kinderkirche kamen und keiner uns auslachen konnte. Vielleicht wäre es gut gewesen, wir hätten unsere Bücher offen getragen, und es hätte einer gefragt und gemerkt, der geht dorthin, wo man von Jesus redet.«*[44]

KIRCHENKAMPF AN DER MARKUSKIRCHE UND IM EVANGELISCHEN STUTTGART PFARRER WALTHER BUDER UND LANDESBISCHOF THEOPHIL WURM

Die Markusgemeinde, schreibt Askani, war *»nie eine verschlafene Idylle gewesen. Sie hatte schon von ihren Pfarrern her eine außerordentliche Lebendigkeit, und es war auch kein Zufall, daß sie vor allem in der Zeit des nachmaligen Prälaten von Ulm, Pfarrer Walther Buder, in die Auseinandersetzungen des Kirchenkampfes hineinkam. Hier konnte man erfahren, worum es ging, und mir selber ist dies von meiner Jugend her – ich bin dort aufgewachsen und im Jahre 1938 von Pfarrer Buder konfirmiert worden – noch lebhaft in Erinnerung.«*[45] Und an anderer Stelle sagt er, daß *»um die Markuskirche herum damals manches tapfere Wort gesagt worden ist in den Dunstkreis der Verwirrung hinein«.*[46]

Es hatte sich für die Markusgemeinde so gefügt, daß sie mutige Seelsorger hatte, die sich entschieden und unerschrocken dem widerchristlichen Ungeist des Dritten Reiches entgegenstellten. Die Markuskirchenpfarrer Walther Buder, Erich Weismann und Dr. Adolf Sannwald standen eng zusammen im Ringen um die Klarheit der Verkündigung und in der Abwehr fremder Einflüsse in jenen entscheidungsschweren Jahren 1933 bis 1938 und hatten den größten Teil der Gemeinde fest hinter sich.[47] In richtungweisenden Predigten, Worten an die Gemeinde und Gemeindeversammlungen zur Information über die kirchliche Lage stellten sie dem Dunstkreis der Verwirrung die Klarheit des Evangeliums gegenüber. Insbesondere Pfarrer Buder, zu dessen Seelsorgebezirk die Familie Askani gehörte, war für Theophil Askani eine überaus wichtige Gestalt.

Als Nachfolger von Gustav Gerok (1896–1917) und Max Mayer-List (1917–1929) versah Walther Buder von 1930 bis 1939 – in Theophil Askanis Kindheits- und Jugendjahren – die Pfarrstelle Markuskirche I.[48] Walther Buder stammte aus hochgebildetem Theologenhause, war doch sein Vater Paul Buder Theologieprofessor in Tübingen und 38 Jahre lang (1872–1910) Ephorus des Evangelischen Stifts, von der Kirchenbehörde wie von den Stiftlern gleichermaßen hochgeschätzt wegen seiner menschlichen Qualitäten und wissenschaftlichen Fähigkeiten.[49] Vom Elternhaus her war er bestens vertraut mit der Geschichte und Gestalt der württembergischen Landeskirche und hat sich für sie nach Kräften eingesetzt. Walther Buder war, als der Kirchenkampf begann, stellvertretendes Mitglied des Landeskirchenausschusses, jenes für die Besetzung landeskirchlicher Schlüsselstellen, für die Dienstaufsicht über den Oberkirchenrat und für Beschwerdesachen zuständigen Gremiums. Außerdem übernahm Buder vom Reutlinger Prälaten D. Dr. Jakob Schoell den Vorsitz der volkskirchlich-liberalen ›Gruppe II‹ des württembergischen Landeskirchentags, als dieser auf Ende 1933 wegen seiner Kritik am nationalen Rausch der ersten Monate des Jahres 1933 in einem Referat beim Kirchenbezirkstag in Calw zur Ruhe gesetzt wurde.[50]

Walther Buder hat sehr schnell den widerchristlichen Ungeist der nationalsozialistischen Herrschaft erkannt und in seinen Predigten klar angesprochen; sein Bestreben war es, aller hektischen Heißspornigkeit abhold, das theologisch Erkannte in kirchenpolitisches Engagement umzusetzen. Wegen seiner klaren und unzweideutigen Stellung im Kirchenkampf wurde er von manchen Gemeindegliedern ein »wahrhaftiger Zeuge« genannt. So berichtet Buder, daß bei einem Festakt im Hof des Stuttgarter Neuen Schlosses anläßlich der »Machtergreifung« der Nationalsozialisten der für Württemberg-Hohenzollern zuständige Reichsstatthalter Wilhelm Murr in seiner Rede gesagt habe, die siegreiche Partei werde nun nicht nach dem alttestamentlichen Wort »Auge um Auge, Zahn um Zahn« verfahren, sondern – und nun hätten alle, denen die Bibel noch einigermaßen geläufig war, ein Wort der Versöhnung und des Friedens erwartet, aber zu ihrer Bestürzung hören müssen – »wer uns einen Zahn ausschlägt, dem schlagen wir den Kiefer ein, und wer uns ein Auge ausschlägt, dem schlagen wir den Schädel ein«. Die abgrundtiefe Enttäuschung unter der Hörerschaft über dieses Wort sei der unmittelbaren Umgebung des Redners nicht verborgen geblieben. So sei es gekommen, daß diese Passage zwar in den damals noch nicht gleichgeschalteten »bürgerlichen« Zeitungen zu lesen gewesen sei, nicht aber im Parteiblatt, dem NS-Kurier.

An dem diesem Festakt folgenden Sonntag Okuli, 19. März 1933, hatte Pfarrer Buder über den von der württembergischen Ordnung vorgegebenen Predigttext Lukas 11,14–28 in der Markuskirche zu predigen; jenes Wort Jesu von dem bösen Geist, der, wenn er ausgetrieben wurde, doch wieder kommt mit sieben anderen Geistern, so daß es mit dem geheilten Menschen hernach ärger als zuvor wird. Buder gibt die Pointe seiner Predigt mit den Worten wieder: »[Ich] führte … einige Beispiele aus der Geschichte an, in denen nach großen Ereignissen und Erfolgen böse Geister wiederkamen, und gab dann dem Dank Ausdruck, den unser Volk jetzt empfinde für die Austreibung des bolschewistischen Geistes, aber auch der Mahnung, nun dafür zu sorgen, daß der böse Geist nicht in anderer Gestalt wiederkehre, und dankte daher dem neuen Leiter unseres Staates, daß er das schreckliche Wort ›Auge um Auge‹ usw. in der amtlichen Berichterstattung getilgt und damit feierlich zurückgenommen und so die Tür zugeschlagen habe, durch die der böse Geist wieder hätte eindringen können.«[51]

In den folgenden Monaten war das wahre Angesicht des Nationalsozia-

Abb. 3: Walther Buder, 1. Stadtpfarrer an der Markuskirche, 1930

lismus immer unverhüllter zutage getreten, und es war deutlich geworden, daß die Äußerung Murrs keine ungeschickte Ausfälligkeit gewesen war, sondern den Grundcharakter des neuen Regimes widergespiegelt hatte. Die Berliner Sportpalastkundgebung der Deutschen Christen am 13. November 1933 mit ihren wütenden Angriffen auf das Alte Testament und Paulus hatte vielen bisher Gutgläubigen, auch in der Pfarrerschaft, die Augen dafür geöffnet, daß der Kirche durch den Nationalsozialismus die ideologische Verfälschung der christlichen Botschaft drohte. Im April und September des für den Kirchenkampf in Württemberg entscheidungsschweren und stürmischen Jahres 1934 unternahmen die von NSDAP und DC gelenkte Reichskirchenleitung und Reichsbischof Ludwig Müller mit seinen Gehilfen zwei Vorstöße, in die noch »intakten« Landeskirchen in Württemberg und Bayern einzubrechen, um sie wie die anderen Landeskirchen gleichzuschalten.

In einem ersten Vorstoß war Reichsbischof Müller im Frühjahr 1934 gewaltsam in die württembergische Landeskirche eingebrochen, um Landesbischof Wurm abzusetzen und die Landeskirche der Reichskirche einzugliedern, was ihm allerdings nicht gelungen war. Als Reaktion darauf initiierte Theophil Wurm[52] am 22. April 1934 – jenem Sonntag Jubilate, der als Ulmer Bekenntnistag in die Kirchengeschichte einging – im Ulmer Münster die Sammlung einer umfassenden Bekenntnisfront. Diese scharte sich um die Predigt Bischof Wurms und um die anschließende Kundgebung des bayerischen Landesbischofs Meiser.[53]

An ebendiesem Sonntag Jubilate hielt Pfarrer Buder in der Stuttgarter

Markuskirche über denselben Perikopentext 1. Petrus 2,11–17 seine wegweisende und tapfere Predigt »Um was geht es?«, die auf einen wesentlich schärferen Ton gestimmt war als die Predigt vom März 1933 und in der er sich unmißverständlich gegen die deutsch-christliche, ihrem eigentlichen Wesen nach nationalsozialistische Verfälschung der christlichen Botschaft wandte mit den Worten: »… darauf kommt es an: Die Offenbarung Gottes in Jesus Christus steht allen Menschen, allen Völkern, allen Rassen ganz gleich gegenüber. Das Evangelium ist weder eine jüdische noch eine deutsche, weder eine arische noch eine semitisch-vorderasiatische Botschaft, sondern die Botschaft Gottes. Und dem heiligen Gott steht an und für sich das jüdische, das deutsche, das griechische, das französische Volkstum oder was es sonst an Volkstümern gibt, gleich nah und gleich fern: denn uns rettet weder das jüdische noch das arische Erbgut, weder das eine noch das andere Volkstum vor dem Gericht Gottes, sondern allein seine Gnade. Sobald wir zwischen uns und Gott irgend etwas anderes einschalten, und wäre es etwas so Großes wie unsere Zugehörigkeit zu unserem Volk, dann schalten wir menschliche Kräfte ein, die zu unserer Seligkeit vor Gott mithelfen sollen, und wir sind von der einen Linie abgewichen, die das Wesen unseres evangelischen Glaubens bezeichnet.«[54]

Wenig später rief Pfarrer Dr. Adolf Sannwald mit seiner Schrift »Warum nicht ›Deutscher Christ‹. Ein Wort an die Gemeinde zur Auseinandersetzung mit der Lehre der ›Deutschen Christen‹« die Gemeindeglieder dazu auf, die Geister zu prüfen und sich davon zu überzeugen, daß Lehre und kirchliches Handeln der Deutschen Christen sich mit Bibel und Bekenntnis in unüberbrückbarem Widerspruch befinden.[55]

In der Fortsetzung des Ulmer Bekenntnistages nahmen Bischof Wurm und neun weitere Vertreter aus Württemberg[56] an der ersten Reichsbekenntnissynode in Barmen (29.–31. 05. 1934) teil, auf der sich die bekenntnistreuen Gruppen in ihrem gesamten Spektrum von Pastor Martin Niemöller bis zum hannoveranischen Bischof August Marahrens versammelten und deren theologische Erklärung »unter hervorragender Mitwirkung von Karl Barth die rechte biblische Verkündigung von den Irrtümern der Deutschen Christen abzugrenzen suchte … Damals wirkte sie befreiend und ermunternd.«[57]

Im September 1934 unternahm der Reichsbischof einen zweiten Vorstoß zur Eingliederung der württembergischen und bayerischen Landeskirche. Wurm hatte vorsorglich einen Geldfonds gegen unrechtmäßige Zugriffe sichergestellt und 200 000 RM auf das Stuttgarter Konto der Basler Mission sowie 30 000 RM an Präses Koch in Oeynhausen als Leiter der Reichsbekenntnissynode zu treuen Händen überweisen lassen. Mit Fug und Recht, wie ein richterliches Urteil nachher ausdrücklich feststellte. Müller und die ihm hörige Reichskirchenleitung nahmen diesen Anlaß zum Vorwand dafür, Wurm in der Öffentlichkeit als »Devisenschieber« zu verunglimpfen und den Rechtswalter Jäger ob solcher dunklen Machenschaften zur Verwaltungsprüfung nach Württemberg zu schicken. Jäger traf am 14. September in Stuttgart ein, setzte Landesbischof Wurm als Vorsitzenden der kirchlichen Verwaltung ab, beurlaubte mehrere Oberkirchenräte und setzte eine kommissarische Leitung ein.[58]

Als eine der ersten Reaktionen hierauf führten die drei Markuskirchenpfarrer an diesem 14. September 1934 einen Aufklärungsabend durch, an dem Buder das verfassungsmißachtende und evangeliumswidrige Verhalten von Reichskirchenleitung und Reichsbischof kritisierte. Tags darauf wurde er telegrafisch von Jäger für beurlaubt erklärt und ein kommissarischer Stellvertreter für ihn eingesetzt. In einer Besprechung mit Stadtdekan Lempp, der für seine Person dieselbe Nachricht erhalten hatte, beschlossen die beiden, selbstverständlich ihre Predigten am Sonntag, 16. September, zu halten und die Gemeinde von der Sachlage zu unterrichten. In den Gottesdiensten war die tiefe Verbundenheit der Gemeinde mit ihrem Pfarrer zu spüren.

Allerdings wurde Buder in der Folgezeit von zwei Beamten der Gestapo daran gehindert, die Markuskirche zu betreten. Buder berichtet: »Als kommissarischer Stellvertreter für mich wurde Pfarrer Stark aus Dobel im Schwarzwald eingesetzt. Für mich richteten wir dann einen ›Ersatzgottesdienst‹ ein, der jeden Dienstagabend im ›Evangelischen Saal‹ der Evangelischen Gesellschaft in der oberen Bachstraße stattfand und den Saal stets füllte. Wir versammelten uns um die Berichte der Apostelgeschichte über Arbeit und Schicksal der ältesten Kirche. Dieser Abendgottesdienst ist nie gestört worden. Die Gottesdienste des Kommissars waren schwach besucht … In der heftigsten Zeit des Kampfes bekam ich eines Tages einen anonymen Brief: ›Den beiliegenden Vers wird Herr Pfarrer Stark eine Woche lang mit jeder Post zugestellt bekommen: Sei stark und nobel! / Geh heim nach Dobel! / Bei uns ans Ruder / G'hört unser Buder.‹«[59]

Auf 4. Oktober 1934 berief Wurm alle Pfarrer und Pfarrfrauen Württembergs zu einem gemeinsamen Gottesdienst in die Stuttgarter Stiftskirche. Es war eine eindrückliche, stärkende Stunde, gerade auch durch die gemeinsame Abendmahlsfeier, bei der Buder und eine Reihe anderer Pfarrer am Altar dienten, die in ihrer eigenen Kirche durch Gewaltmaßnahmen der Gestapo zugunsten der DC davon ausgeschlossen waren.[60] Kurz darauf wurde Wurm auch seiner geistlichen Amtsbefugnisse enthoben und an seine Stelle Stadtpfarrer Krauß von Ebingen als kommissarischer Landesbischof eingesetzt; Wurm wurde durch eine von Jäger eingesetzte neue

Landessynode in den Ruhestand versetzt.[61] Vom 8. bis 27. Oktober wurde er in seiner Wohnung in Schutzhaft genommen. Ein kleiner, von Prälat Mayer-List und Stadtdekan Lempp geleiteter Ausschuß, zu dem Wurms Tochter als Kurierin die Verbindung hielt, behielt die Leitung der Landeskirche in der Hand, während den Kommissaren im besetzten Dienstgebäude des Oberkirchenrats am Alten Postplatz niemand Folge leistete. Walther Buder berichtet von jenen bewegten Tagen: »Während der Haushaft des Landesbischofs fand an jedem Sonntagvormittag im Anschluß an die Gottesdienste in den Kirchen der Stadt ein ›Straßengottesdienst‹ vor seiner Wohnung am ›Silberbuckel‹ statt, den einer der Pfarrer hielt und an dem D. Wurm vom Fenster aus teilnahm. Dazu kamen Hunderte, ja Tausende von Gemeindegliedern aus den verschiedenen Teilen der Stadt. Es verstand sich von selbst, daß vor allem auch unsere benachbarte Markusgemeinde zahlreich erschien.«[62]

Aufgrund des Widerstandes der Gemeinden, von Gerichtsurteilen, die das Recht als auf seiten der Kirche stehend erwiesen, und der Aufmerksamkeit im Ausland empfing Hitler Ende Oktober die rechtmäßigen Bischöfe Württembergs, Bayerns und Hannovers und leitete deren Wiedereinsetzung in ihr Amt ein. Daraufhin wurden allerorten die Kommissare zurückgezogen, und die rechtmäßigen Pfarrer konnten in ihr Amt zurückkehren. Buder predigte am 25. November, dem Ewigkeitssonntag, erstmals wieder in der Markuskirche: von einer würdig geschmückten Kanzel aus, vor einer zahlreichen Gemeinde, die nachher vor der Kirche das Danklied »Lobet den Herren« anstimmte. Damit war es gelungen, die württembergische – wie auch die bayerische und dem Grundsatz nach auch die hannoversche – Landeskirche den Gleichschaltungsversuchen des Reichsbischofs zu entziehen und intakt zu halten.[63]

Als jemand, der Wurm nahegestanden hatte, wurde Theophil Askani anläßlich des 25. Todestages Wurms am 28. Januar 1978 gebeten, über ihn für die Stuttgarter Zeitung zu schreiben. Obwohl Askani durch die jahrzehntelange Verbindung seines Vaters mit Theophil Wurm und dann durch seine spätere eigene Sekretärstätigkeit bei ihm eine intensive Kenntnis des Werkes und der Persönlichkeit des Altlandesbischofs hatte, gestand er seiner Sekretärin beim Diktieren, daß er angesichts der divergierenden Beurteilungen der Persönlichkeit Wurms und seines kirchenpolitischen Verhaltens im Dritten Reich diese Aufgabe als außerordentlich delikat ansehe.[64] Unter dem Eindruck seiner persönlichen Begegnungen und seiner daraus erwachsenen Hochschätzung des Altlandesbischofs hatte Askani sich dazu entschlossen, unter der Überschrift »*Standhaft im Kirchenkampf*«[65] deutlich seine Hochachtung über den Mut Wurms – auch als Prediger – in jenen schweren Tagen zum Ausdruck zu bringen.

Askani geht es nicht darum, ein verklärtes Bild von Wurm zu zeichnen. Gleichwohl liegt ihm sehr daran, die Traditionen, von denen Wurm seinerseits geprägt war, und die historische Situation, vor die er sich gestellt sah, deutlich in den Blick zu bekommen, andernfalls könne man ihm weder in der Beurteilung seiner Persönlichkeit noch in der Wertung seines kirchenpolitischen Engagements letztlich gerecht werden. Deshalb zeigt Askani auf, daß Wurms Position im Kirchenkampf nur dann zu begreifen ist, wenn man »*in Rechnung stellt, wie sehr Männer wie Wurm der Geschichte ihres Volkes verhaftet waren … Es ist nicht zufällig, daß der Mann, der mit Liebe Pfarrer war, mit dem Zusammenbruch des Reiches* [1918] *zunächst auch alles gefährdet sah, was er in seinem Amt getan hatte. Nicht nur in der frühen Zeit der Hoffnungen, sondern bis in die späteren Jahre des Kampfes während des ›Dritten Reiches‹ hinein ist das Ringen zu spüren, die vermeintliche Rehabilitierung eines gedemütigten Volkes nicht preiszugeben, auch wenn das Unheil des neuen Aufbruchs immer sichtbarer wurde. Andere waren konsequenter, härter, kompromißloser. Bei Männern wie Wurm spielte nicht nur das lutherische Erbe eine Rolle, nicht nur die ständige Sorge, der Zugang zum Ganzen des Volkes könnte verschüttet werden, es ist vielmehr an ihm der Weg einer Generation zu sehen, die unter Schmerzen erkennen mußte, daß gerade das, was ihr wichtig war, in der Verzerrung zum Verderben wurde.*«

Vor diesem Hintergrund umreißt Askani die seines Erachtens bleibende Bedeutung Wurms an dessen 25. Todestag: »*Die Bedeutung Wurms, nicht nur für unsere Kirche, ist auch im Abstand einer Generation noch an drei Fakten zu erkennen: an seiner Standhaftigkeit im Kirchenkampf, an seinem Widerstand gegen das ›Dritte Reich‹, vor allem bei der Vernichtung ›unwerten Lebens‹, und an der Einigung der deutschen evangelischen Landeskirchen.*«

Askani gelingt es nun meines Erachtens überzeugend, die Konturen seines Bildes von Wurms Persönlichkeit, dem man die engagierte Sympathie abspürt, deutlich zu zeichnen, ohne undifferenziert zu werden, was beispielhaft in der Passage deutlich wird, in der er den erstgenannten Themenkomplex anspricht: »*Das Ergebnis des Kampfes der Jahre 1933 und 1934 war eine relativ ›intakte‹ Landeskirche; das Schiff war, wenn auch angeschlagen, so doch auf Jahre hinaus noch manövrierfähig geblieben. Immer wieder wurde gestritten, ob dieser ›Sieg‹ eine Hilfe oder eine Hemmung der leidenden und bekennenden Christenheit war. Tatsache blieb, daß eine Kirche wie die württembergische manchem Verfolgten eine Zuflucht wurde und das Wort des Bischofs Wurm immer mehr Gewicht bekam.*«

Die Markusgemeinde unterstützte aktiv das Ringen Bischof Wurms um

Klarheit der Verkündigung und Abwehr fremder Einflüsse und staatlicher Eingriffe und beteiligte sich auch selbst nach Kräften daran. So wurde in den Kreisen der Vertrauensleute des »Evangelischen Gemeindedienstes« sehr offen geredet und über sie nötige Aufklärung in die Gemeinde gebracht. In Bibelstunden und Versammlungen wurde zur Lage gesprochen. In Veranstaltungsreihen der Stuttgarter Gesamtkirchengemeinde sprachen in der Markuskirche bedeutende Theologen der Bekennenden Kirche wie Seminardirektor Hans Joachim Iwand oder Präses Koch aus Oeynhausen. Stadtdekan Prälat Dr. Richard Lempp und Stadtpfarrer Erwin Ißler von der Gedächtniskirche hielten während Volksmissionarischer Wochen Vorträge in der Markuskirche. Auch Landesbischof Wurm predigte zur großen Freude der Gemeinde gelegentlich hier.

Walther Buder betont die breite Basis, von der die bekenntnistreue Position der Markuskirchenpfarrer im Kirchenkampf getragen wurde: »Der Widerstand ist der Markusgemeinde und uns Pfarrern wesentlich erleichtert worden dadurch, daß alle, die in der Gemeinde Amt und Dienst hatten, klar und geschlossen bei der evangelischen Wahrheit und Kirche standen: die wesentlichen Mitglieder des Kirchengemeinderats, Kirchenpfleger und Stadtmissionar, Gemeindehelferin und Gemeindediakonissen und – am Schluß, aber wahrlich nicht als Letzter, unser Mesner Paul Bichel. Und für uns Männer kam als besonders wichtig hinzu, daß unsere Frauen, unbekümmert darum, was die Zukunft bringen konnte, keinen Augenblick zögerten, bei ihren Männern und bei der Gemeinde zu stehen.«[66]

In seinem vielfältigen und weitgespannten kirchlichen und kirchenpolitischen Engagement wendet Walther Buder über die Predigt hinaus sich auch in Vorträgen, Gremien und im Religionsunterricht gegen Verfälschung und Verkürzung des Evangeliums im nationalsozialistischen Geist.[67] All diese Aktivitäten nahmen ihren Ausgang von einem unverstellten Hören auf das Gotteswort. So konnte Buder im Rückblick auf die an der Markuskirche erlebte Kirchenkampfzeit sagen: »Wer in unserer Markusgemeinde nicht künstlich Auge und Ohr verschloß, der konnte merken, um was es ging – um was es zu allen Zeiten geht in unserer Kirche und in unserem Christenglauben: um das erste Gebot: Du sollst keine anderen Götter neben mir haben! Und um den gnädigen Anruf Gottes durch das Evangelium von unserem Herrn Jesus Christus und um das Ja oder Nein unserer Antwort.«[68]

1937/38 geht Theophil Askani zu Pfarrer Walther Buder in den Konfirmandenunterricht. Daß vor aller Stoffvermittlung die Ausstrahlung der Persönlichkeit Buders zu einem prägenden Eindruck bei Askani führte, geht aus folgender Reminiszenz hervor: *»Ich bin von Pfarrer Buder konfirmiert worden, dem späteren Prälaten von Ulm … Ich weiß keinen ein-*

Abb. 4: Konfirmation mit Pfarrer Walther Buder, Markuskirche Stuttgart, am 27. März 1938 (Theophil Askani 5. v. r.)

zigen Satz mehr aus dem Konfirmandenunterricht, aber unauslöschlich ist vor mir die Art, wie er am Pult stand. Dies Bild habe ich vor mir. Es war eine christliche Art in einer sehr unchristlichen Zeit und bei einer sehr heidnischen Konfirmandenschar. Das hat mich konfirmiert und Vertrauen wachsen lassen so sehr, daß ich nach drei Jahren … in Ulm, als ich auf einer Fahrradtour kein Geld mehr hatte zur Heimfahrt, zu ihm ging in die Frauenstraße und ihm sagte, können Sie mir nicht leihen – sehr zur Beschämung meines Vaters.«[69]

Am 27. März 1938 zieht Theophil Askanis Jahrgang zum Konfirmationsgottesdienst in die Markuskirche ein. Askani erzählt zum einen Erinnerungen an den Ablauf und das Umfeld dieses Tages: »*Meine Erinnerung an die eigene Konfirmation besteht aus jener typischen Mischung deutlicher vordergründiger Ereignisse und weniger zu fassender wesentlicher Dinge. Ich erinnere mich daran, wie meine Eltern mit mir zum Hause Breuninger gingen, um den Konfirmandenanzug zu kaufen und wie dort der Verkäufer betonte, der Stoff des gewählten dunkelblauen Gewandes sei noch (1938!) Friedensware. (Was mich seither die Meinung, man habe damals noch nicht erkennen können, wohin das Schifflein fahre, mit einiger Skepsis hören lässt). Ich erinnere mich, dass es mir nicht mehr gelang, die zum Nachtisch servierte und langerwartete Eisbombe zu geniessen, weil man leider schon wieder zur Kirche musste. Und ich entsinne mich, wie, just in dem Augenblick, als er den Auslöser betätigte, dem armen Photographen der Hut vom Kopfe flog, was dem sonst recht steifen Konfirmandenbild heute noch einen Anflug versöhnlicher Heiterkeit gibt. Ich erinnere mich aber auch, dass mir in jener Zeit der Konfirmation und im vorbereitenden Unterricht ein Doppeltes eindrücklich begegnet ist: eine unbestechliche geistige und geistliche Redlichkeit, in der unsere jugendlich verworrenen Fragen und Zweifel aufgenommen wurden und eine offenbar nicht zu erschöpfende Freundlichkeit und Geduld, mit der uns unser Pfarrer ertrug in einer Zeit, in der es nicht ganz seltene Übung war, sich in Uniform konfirmieren zu lassen.«*[70]

Zum anderen hält Askani wenige Wochen vor seinem Tod Anfang 1982 eine sehr persönliche Rundfunkansprache zur Eröffnung einer Morgenfeiernreihe mit dem Titel »Mein Lieblingstext« über seinen Konfirmationsspruch und schildert im Rückblick Erfahrungen mit diesem Bibelwort in verschiedenen Abschnitten seines Lebens: *»Mein Lieblingstext ist mein Denkspruch zur Konfirmation. Das ist wahrhaftig nicht selbstverständlich, und er ist es auch erst im Laufe wachsender Erfahrung geworden. Zunächst hat er mir gar nicht gefallen. Wenn ich die alte, zerfledderte Bibel aufschlage und den aufs erste Blatt geklebten Spruch lese, dann spüre ich heute noch die Enttäuschung an jenem 27. März 1938. Ich sehe die feine und doch bestimmte Schrift unseres Pfarrers, liebevoll hatte er Namen und Texte mit der Hand geschrieben. Jesaja 40, die Verse 30 und 31: ›Die Knaben werden müde und matt und die Jünglinge fallen. Aber die auf den Herrn harren, kriegen neue Kraft, daß sie auffahren mit Flügeln wie Adler, daß sie laufen und nicht matt werden, daß sie wandeln und nicht müde werden.‹ ›Die Knaben werden müde und matt, und die Jünglinge fallen …‹ – Ich kam über den ersten Vers gar nicht hinaus. ›Müde‹, ›matt‹, ›fallen‹! Man muß das fröhliche Konfirmandenbild daneben halten, die feierlichen Anzüge, die unvermeidlich schiefsitzende Fliege über dem weißen Hemd, all die Buben, die erwachsener werden wollten und stark – aber: ›Die Knaben werden müde und matt und die Jünglinge fallen.‹ Wie soll das denn zusammenpassen? Was hat sich der Pfarrer wohl gedacht? Hat er etwas auszusetzen an uns, an mir? Ja, was hat er sich wohl gedacht? Wenige Jahre später habe ich mir die Frage nachdenklicher gestellt. Hat er etwas davon geahnt, daß sein Sohn, mein Freund, blond, gescheit und voller lachenden Wohlwollens für diese Welt, als Fähnrich zur See nicht mehr nach Hause kommen würde? ›Die Jünglinge fallen.‹ Hat er die große, graue Müdigkeit geahnt, die über Träume und Illusionen kam?«*[71]

Askani blieb seinem Konfirmator, der bald nach seiner Konfirmation Prälat von Ulm wurde, zeitlebens verbunden und traf auf dessen Nachwirkungen, als er selber 1970 als Dekan nach Ulm kam.[72]

Theophil Askani hat diese bewegte Zeit des Kirchenkampfes als Kind und Jugendlicher an der Markuskirche miterlebt, wo manches tapfere Wort in den Dunstkreis der Verwirrung hinein zu hören war; und er wurde durch seine spätere Sekretärstätigkeit bei Theophil Wurm ein zweites Mal mit dieser Zeit konfrontiert, der ihn aus seinem Erleben an der Spitze der Landeskirche und dann als Wortführer des deutschen Protestantismus heraus an seiner Sicht der tieferen Zusammenhänge des Handelns der Kirchen in jener Zeit teilhaben ließ. Über die Verlagstätigkeit seines Vaters erlebte Theophil Askani einen zweiten Brennpunkt des Kirchenkampfes unmittelbar mit: den Kampf des Staates gegen das christliche Schrifttum.

Der Quell-Verlag im Visier der Gestapo

Gustav Askanis tiefe und ernste pietistische Frömmigkeit, die, gewiß in der der Erweckungsbewegung eigenen Ausprägung, auf das solus Christus (Christus allein) zielte, schärfte ihm das Gewissen dafür, dem nationalsozialistischen Gedankengut keinen Raum zu geben. Seine Frömmigkeit äußerte sich – so bezeichnet Albrecht Goes diese Tatsache – in Zivilcourage, im Mut zum persönlichen Wagnis. So verweigerte Gustav Askani deutsch-christlichen Publikationen die Aufnahme ins Programm des Quell-Verlags. Mit persönlichem Mut sorgte er zusammen mit seinen Schriftleitern Kurt Pfeifle und Kurt Hutten dafür, daß im Evangelischen Gemeindeblatt und in Einzeltraktaten Predigten und Vorträge aus dem Kreis der Bekennenden Kirche in hohen Auflagen gedruckt und verbreitet wurden. Allen voran wurden zahlreiche Predigten von Landesbischof Wurm veröffentlicht, für den der Quell-Verlag eines seiner wichtigsten Sprachrohre wurde. Diese Zusammenarbeit unter besonderen Umständen vertiefte die freundschaftliche Beziehung zwischen Theophil Wurm und Gustav Askani. Aber auch die Markuskirchenpfarrer konnten bei ihrem Gemeindeglied publizieren.

Die Reaktion der Gestapo ließ nicht lange auf sich warten. Pfeifle, Hutten und Askani wurden immer wieder stundenlang verhört. In vielen Fällen kam es zu Beschlagnahmungen. In seinem Protestbrief an den Innenminister gegen die Fortdauer und Verschärfung der ihm auferlegten Schutzhaft vom 20. Oktober 1934 schreibt Landesbischof Wurm: »Nach meinen vom Quellverlag der Evang. Gesellschaft gedruckten Predigten wird in den Buchhandlungen geschnüffelt und ihre Auslage verboten.« Gustav Askani versteckte einige mißliebige Schriften vor der Durchsuchung des Verlags in seiner Wohnung. Es folgten Hausdurchsuchungen, vor denen sich seine Frau Elsa sehr fürchtete. Askani und seine Freunde von der Evangelischen Gesellschaft ließen sich jedoch durch die jahrelangen Unterdrückungen nicht einschüchtern, auch dann nicht, als die Schließung des Verlags angedroht wurde.

Daß der Quell-Verlag während der ganzen Zeit weiterarbeiten konnte, ist wohl auch jenem christlich eingestellten Polizeikommissar zu verdanken, der Gustav Askani jedesmal vor einer anstehenden Verlagsdurchsuchung telefonisch informierte, so daß besonders delikate Schriftstücke vorher verschwinden konnten.[73]

Vom Karlsgymnasium auf das Eberhard-Ludwigs-Gymnasium

Theophil Askani und seine beiden Freunde Helmut Aichelin und Hans-Martin Pfersich waren 1934 in das traditionsreiche, hochangesehene humanistische Karlsgymnasium eingetreten. 1937 aber hatte der württembergische Kultminister Mergenthaler als einen weiteren Schachzug gegen die Kirche die humanistischen Gymnasien Württembergs auf ganze drei Einrichtungen reduziert: Lediglich in Ulm, Tübingen und Stuttgart existierte fortan noch ein humanistisches Gymnasium.

Hintergrund dieser Aktion war folgender: Vom Reichserziehungsministerium in Berlin aus wurde 1937 die Überführung der höheren Bildungsanstalten in den neuen Typus der achtklassigen Deutschen Oberschule angeordnet, mit dem Schwerpunkt auf Naturwissenschaften und Technik, um für die Kriegsvorbereitung gezielt Ingenieure und Techniker heranzubilden. Der württembergische Kultminister Christian Mergenthaler, von Haus aus zunächst nicht antikirchlich eingestellt, wollte Schritt halten mit dem offiziellen Kurs der Partei. Dieser Kurs schwenkte unter Goebbels ein zu einer schroffen Ablehnung der Bekenntnisschule.

Mergenthaler, die neuen Erfordernisse erkennend und rüstig zur Konsequenz, nutzte den Schulerlaß von 1937 dazu, die humanistischen Gymnasien gezielt zurückzudrängen und auch die vier traditionsreichen, neuhumanistisch ausgerichteten niederen evangelisch-theologischen Seminare Schöntal, Urach, Maulbronn und Blaubeuren – als konfessionelle Sonderform des humanistischen Gymnasiums – in den neuen Schultyp umzuwandeln; hier war der Hebräischunterricht verboten, der Griechischunterricht nur noch fakultativ; und der Religionsunterricht durfte nur als »Veranstaltung des Seminarheims« außerhalb des lehrplanmäßigen Unterrichts auf freiwilliger Basis erteilt werden.[74]

Während Helmut Aichelin auf dem nunmehr als Deutsche Oberschule weitergeführten, naturwissenschaftlich ausgerichteten Karlsgymnasium blieb, wechselten Theophil Askani und Hans-Martin Pfersich auf das einzig verbliebene Stuttgarter humanistische Gymnasium, das »Eberhard-Ludwigs-Gymnasium«, kurz »Ebe-Lu« genannt.

Die zum Schuljahr 1937/38 aus 24 Schülern aufgehobener württembergischer humanistischer Gymnasien neugebildete Klasse 8 am Eberhard-Ludwigs-Gymnasium bestand aus Jugendlichen aus gebildeten und zum großen Teil dem NS-Staat kritisch bis ablehnend gegenüberstehenden Elternhäusern, denen auch in dieser Zeit eine christlich-humanistische Schulbildung ihrer Kinder wichtig war. In Klassenlehrer Griesinger, der wegen Nichtzugehörigkeit zur Partei von einer Dozentenstelle an einem Lehrerseminar weg hierher strafversetzt worden war, erhielt die Klasse einen hervorragenden Pädagogen, der sie bis zum Abitur führen konnte. Dank seiner Persönlichkeit und dank des Fehlens von politisch extrem eingestellten Flügeln in der Klasse – verständlich von den familiären Hintergründen her – konnte in der Klasse offen diskutiert werden, ohne daß jemals zu befürchten stand, daß etwas weitergemeldet werden würde.

In der so zustandegekommenen Klasse fanden sich hochbegabte und überaus motivierte Schüler zusammen, die sich auch in ihrer Persönlichkeitsentwicklung gegenseitig förderten. Durch seine Klassenkameraden wurde das Einzelkind Theophil Askani befähigt, gegenüber einer allzu pedantischen äußeren Enge im Elternhaus für sich an vielen Punkten lebensfrohe Freiräume in Anspruch zu nehmen, ohne in einer Rebellion gegen die Eltern aufzubegehren.

Die äußere Enge bestand in einer ethisch strengen Lebensgestaltung, die dem Sohn genaue Alltagsvorschriften auferlegte: um 22 Uhr zu Hause sein, der Sohn aber schlich auf Socken heim, wenn es einmal später wurde; keine eigenmächtigen Radfahrten, der Sohn aber fuhr über Mittag zu seinem Freund Hans-Martin Pfersich auf den Haigst. Trotz eines flehentlichen Begehrens einer Abordnung der Klasse erlaubte Gustav Askani mit dem Kommentar: »Entschiedene Christen tanzen nicht« seinem Sohn nicht den Besuch der Tanzstunde, aber Theophil Askani erwarb sich außerhalb der Tanzstunde Tanzkenntnisse und konnte mit diesen nachher dem halben Stift in Tübingen das Tanzen beibringen. Theophil und Lore Askani unternahmen ihre Hochzeitsreise auf des Vaters Protest hin, Paris sei ein Sündenbabel, nicht dorthin. Inzwischen aber haben alle Askani-Kinder in Frankreich studiert.

Doch zurück zum Eberhard-Ludwigs-Gymnasium: Askani konnte sich dort gründliche Latein- und Griechisch-Kenntnisse aneignen – mit seinem Freund Pfersich las er kursorisch ganze Werke griechischer Autoren mit Hilfe einer Übersetzung, aber ständigem Blick in den griechischen Urtext

–, die ihm für seine spätere Predigttätigkeit überaus zugute kamen. Und von Klassenlehrer Griesinger erzählt Askani: »*Er hat von uns verlangt, daß ein jeder seinem Nebenmann im Unterricht beim Geburtstag eine Rede hält in lateinischer oder griechischer Sprache. Und diese Rede ging allem voran, selbst wenn der Klassenlehrer schon die Hefte für die Klausurarbeit unter dem Arm hatte. Und es ging dabei nicht nur darum, daß wir lernten, uns lateinisch und griechisch auszudrücken, sondern vor allem darum, daß einer lernte, sich um den anderen Gedanken zu machen.*«[75]

Askani und Pfersich besuchten die von Direktor Dr. Binder geleitete Französisch-AG, die zu ihrer beider Bedauern mit dem deutschen Angriff auf Frankreich und der Einberufung einiger Lehrkräfte aufgelöst wurde.

Theophil Askani war ein hochbegabter Schüler, der durch sein feines Wesen viel zum guten Geist der Klasse beitrug. Im Gegenüber zu seinen Klassenkameraden wiederum konnte Theophil das ihm schon in der Wiege mitgegebene Erzähltalent, die Leichtigkeit im Umgang mit dem Wort – für die Abiturszeitung dichtete er für jeden seiner Mitschüler eine geistreiche Strophe – und seinen Humor entfalten.

Von den 24 Schülern dieser Klasse fielen zwölf im Zweiten Weltkrieg. Unter dem Namen »Hades« – nach dem Namen des Studentenlokals aus Tübinger Studientagen – trafen sich eine Anzahl Übriggebliebener in regelmäßigen Zusammenkünften, die durch die verschiedenen Disziplinen, in denen die einzelnen verantwortlich tätig waren, außerordentlich befruchtend wirkten: so waren etwa vertreten die Bereiche Jura durch Dr. Hans-Martin Pfersich, Neuphilologie durch Dr. Peter Müller, Direktor des Mörike-Gymnasiums, Altphilologie durch Dr. Hans Büchner, Musik durch Rainer Birk, Kinderpsychiatrie durch Professor Dr. Reinhart Lempp in Tübingen; es gehörten der Cartoonist, Schriftsteller und Filmautor Victor von Bülow alias Loriot und der Künstler Wolf-Dieter Kohler, der allerdings in einer anderen Klasse gewesen war, ebenso dazu wie der Theologe Theophil Askani.

Es war eine intensive Weggemeinschaft, die sich noch vertiefte, als die Schatten länger wurden: Drei dieser Weggenossen starben noch vor Askani, alle drei hat er beerdigt. Besonders eindrücklich war die dritte Beerdigung, die von Peter Müller auf dem Stuttgarter Waldfriedhof, die Askani als nunmehr selbst Schwerkranker fünf Tage nach seiner Reutlinger Abschiedspredigt gehalten hat. In der Beerdigungspredigt finden sich folgende, die freundschaftliche Klassengemeinschaft am Eberhard-Ludwigs-Gymnasium charakterisierende Sätze: »*Es waren ja nicht nur Schulstunden und Schulweg, wahrhaftig nicht, sondern Teilhabe am Leben, an der Freude der Entfaltung, an den Elternhäusern. Unvergesslich ist mir das*

Elternhaus Müller in der Paulinenstraße mit dem Vater, der Mutter, der Schwester, dem Bruder. Wie viel wäre da zu sagen an Dank, zu nennen an Prägung und Gestalt ... Wie viel wäre zu sagen von dem ersten, gemeinsamen Austasten der Lebensmöglichkeit auch hier, von einer Prägung in unserer Schule, die wir ein Leben lang nicht mehr vergessen und wohl auch nicht verloren haben.«[76]. Der Kreis dieser Freunde aus dem Eberhard-Ludwigs-Gymnasium war es auch, der in ganz intensiver Weise Askani in seiner Krankheitszeit begleitete.

Unter welchen Spannungen Askanis Schulzeit im Dritten Reich stand, wird schlaglichtartig deutlich an der Erinnerung Askanis an den Morgen nach der Reichspogromnacht am 9. November 1938: »*Wir standen auf dem Weg zur Schule vor der brennenden Synagoge in Stuttgart. Die Feuerwehr war da, und ich erinnere mich, wie wir uns verwunderten, zum ersten Mal zu sehen, dass die Feuerwehr vermied, ein brennendes Haus zu löschen. Sie kümmerte sich nur um links und rechts. Wir gingen nach Hause über die Hauptstätterstrasse in Stuttgart und sahen die zertrümmerten Geschäfte. Die Autos fuhren knirschend über die Schallplatten, die man auf die Strasse geworfen hatte, und auf dem Pflaster lagen die Schaufensterpuppen mit abgeschlagenen Köpfen. Ich weiss noch, wie mein Vater damals sagte: es wird so lange nicht dauern, bis die Toten dort auf den Strassen liegen. 6 Jahre später waren die Toten dort auf den Strassen und in den Kellern, und das Haus, in dem mein Vater seine Lebensarbeit getan hatte, war mit Trümmern und Asche noch 80 cm hoch.«*[77]

Als Kinderkirchhelfer und Jugendkreisleiter in der Markusgemeinde

Als Pfarrer Walther Buder 1939 auf die Prälatur Ulm berufen worden war, kam Rudolf Daur als sein Nachfolger auf die erste Pfarrstelle der Markuskirche. Auch er war ein Mann, der in kritischer Distanz zum Dritten Reich stand und als solcher die gute Tradition der klaren und tapferen Worte, die in dieser Zeit in der Markuskirche gewagt wurden, auf seine Weise weiterführte. Bereits im Mai 1933 hatte er mit zwei Studienfreunden in einem dringenden Appell den württembergischen Kirchenpräsidenten Theophil Wurm gebeten, ein offenes Wort der Kirche zu sagen, das die Verfolgung Andersdenkender, insbesondere der Sozialisten und Juden, deutlich anspreche und kritisch werte.[78] Und während der Sudetenkrise im September 1938, als die außenpolitische Lage sich so dramatisch zuspitzte, daß bereits das Wetterleuchten eines neuen Krieges am Horizont heraufkam, schrieb Daur an Bischof Wurm, daß es jetzt Aufgabe der Kirche sei, nicht zu schweigen, sondern in den Völkerhaß hinein ein klares, deutliches, unerschrockenes Mahnwort zum Frieden zu sagen.[79]

Bei Rudi Daur, wie man ihn allenthalben nannte, wurde Theophil Askani zusammen mit seinem Freund Helmut Aichelin Kinderkirchhelfer. Außerdem war er im Jungmännerkreis, den Jugendwart Erich Franke leitete. Anfangs waren noch Freizeiten möglich, die allerdings von der Gestapo observiert wurden, die die Namen sämtlicher Freizeitteilnehmer registrierte. Es gehörte schon Mut dazu, sich zur evangelischen Jugendarbeit zu halten. Als Erich Franke in den Krieg ziehen mußte, legte er die Jugendarbeit der Markusgemeinde in die Hände der Freunde Theophil Askani, Alfred Grieger, Karlheinz Manner und Otto-Ernst Digel aus dem Jungmännerkreis. Selbst noch Schüler, haben diese vier die Jugendkreise unter schwierigsten Bedingungen durch die Kriegswirren hindurchgerettet. Alfred Grieger erinnert sich, daß sie viel diskutiert haben und Theophil dadurch auffiel, daß er komplizierte theologische Sachverhalte einfach, verstehbar und packend erläutern konnte.[80]

Mit einer von Jugendpfarrer Dr. Manfred Müller zusammengestellten kleinen Gruppe vom Evangelischen Jugendwerk verbrachten Askani und Grieger im Sommer 1940 einige Wochen im rheinhessischen Dalheim bei Nierstein. Der dortige Pfarrer Blümlein verteilte sie allein oder zu zweit auf umliegende Gemeinden, wo sie in Weinbergen Pflegearbeiten wie das Hochbinden von Trieben zu leisten hatten. Es war ein Einsatz, bei dem sie ihre Erntehilfe-Pflicht abdienten, ohne dies in einer HJ-Abteilung tun zu müssen. An freien Tagen unternahmen sie – einmal gemeinsam mit Manfred Müller, der sie zwischendurch besuchte – Ausflüge an geschichtsträchtige Orte oder badeten im Rhein. Einen weiteren Kriegseinsatz leistete Askani bei der Firma Robert Bosch ab.[81]

Bereits im Jahr 1941 steht sein Berufsziel fest. »*Als mein Patenonkel mich fragte, was ich werden wolle, sagte ich: Pfarrer. Er war auch Pfarrer und wir standen in seinem Garten. Ich wußte oder ahnte damals schon, daß das nicht leicht sein werde – es war immerhin im Jahr 1941. Aber ich dachte auch, wenn ich nur halbwegs so werde wie du, wird's vielleicht recht.*«[82]

In diese Zeit fällt auch der Beginn der Stuttgarter Wirksamkeit zweier Theologen, denen Bischof Wurm verantwortungsvolle Aufgaben in seiner Nähe anvertraute und die das evangelische Stuttgart der Kriegsjahre nachhaltig mitbestimmten. Beiden gab Gustav Askani die Möglichkeit, im Quell-Verlag zu publizieren[83]; Gedanken beider nahm auch Theophil Askani dankbar auf: Karl Hartenstein, in jungen Jahren Stadtpfarrer in Urach, dann bis zum Kriegsausbruch Direktor der Basler Mission und seit 1941 Prälat von Stuttgart und als solcher ein eminent seelsorglicher Predi-

Abb. 5: In Nierstein-Dalheim 1940 mit Oberkirchenrat Dr. Manfred Müller (Theophil Askani 1. v. r.)

ger, war der eine; der andere war Helmut Thielicke, der junge, aus seinem Heidelberger Lehramt abgesetzte Dozent, den Wurm in der württembergischen Landeskirche aufnahm, zunächst als Stadtpfarrverweser in Ravensburg einsetzte und ihn dann mit dem eigens für ihn geschaffenen »Theologischen Amt« der Landeskirche betraute.[84] Helmut Thielicke hatte seine Donnerstagabend-Vorträge, einen Glaubensunterricht für Erwachsene, der suchende Menschen zum Halt im Glauben hinführen sollte, in der Markuskirche begonnen, mußte sie aber wegen Überfüllung in der Stiftskirche fortsetzen; er blieb jedoch mit einem kleinen Predigtauftrag an der Markuskirche.[85]

ABITUR

Im März 1942 besteht Theophil Askani die Reifeprüfung mit »sehr gut«. Sein Lehrer Griesinger charakterisiert ihn im Reifezeugnis mit den Worten: »Bei vielerlei Interessen und vielseitiger Begabung ist Theophil Askani den körperlichen und geistigen Pflichten der Schule mit stetem, gewissenhaftem, zuverlässigem Fleiss und mit hocherfreulichem Erfolg nachgekommen. Sein sittlich ernstes und ausgeglichenes und geistig reifes Wesen, seine stets dienst- und hilfsbereite Art, sein klares Denken und feines Empfinden haben viel zum guten Geist der Klassenkameradschaft beigetragen. Er erhält einen Preis.«[86]

Als Klassenbester bekommt Theophil Askani die Aufgabe, die Abiturientenrede zu halten, eine Aufgabe, die er glänzend erfüllt. Außerdem ist er beim nationalsozialistischen Ministerpräsidenten und Kultminister für Württemberg, Christian Mergenthaler, zum Empfang aller Abiturienten, deren Reifezeugnis auf »sehr gut« lautet, geladen. Mergenthaler fragte die jungen Leute einzeln, was sie zu studieren beabsichtigten, und bekam von Askani die Antwort: Theologie. Etwas überrascht von der überzeugten Antwort gab der Kultminister seinem Unverständnis Ausdruck, wie ein so begabter junger Mann heutzutage, 1942, nur auf den Gedanken kommen könne, Theologie zu studieren.

Von den angehenden württembergischen Theologiestudenten seines Jahrganges gehört Askani zu den 36 besten und bekommt deshalb nach den Bestimmungen von Herzog Ulrichs Stipendiatenordnung von 1536 einen der begehrten Freiplätze im Evangelischen Stift zu Tübingen – gerne apostrophiert als »Schwäbischer Olymp und württembergische Pfarrerschmiede«.

KAPITEL II

Studium in der Kriegs- und ersten Nachkriegszeit (1942–1950)

Auf der »Insel des Friedens«

Zum Sommersemester 1942 zog Theophil Askani zusammen mit nur vier weiteren Erstsemestrigen[87] ins Evangelische Stift in Tübingen ein und bekam zusammen mit Reinhard Hermann das östliche Eckzimmer im ersten Stock des Alten Ephorats zugeteilt. Es war ein gutes Miteinander; außer den jeweiligen Privatstudien auf diesem Zimmer übte Hermann hier Cello, Askani Geige. Die intensivsten Kontakte gewann Askani zu seinen »Brüdern« des Stiftskreises Nicaria (Neckarland). In den Stiftskreisen wurden die alten Verbindungen weitergeführt, die die Nationalsozialisten 1935 verboten hatten. Der Stiftskreis Nicaria traf sich, wie auch die anderen Stiftskreise, nach dem Mittagessen im Stiftshof zum Ständerling, wo man Informationen austauschte, diskutierte und gemeinsam sang, außerdem kam man zum wöchentlichen Bibelabend und zu Festen zusammen.[88]

Da das große Hauptgebäude des traditionsreichen Hauses schon seit einem Jahr von der Marineärztlichen Akademie belegt war, welche die ein halbes Jahr zuvor eingewiesene Landschützenkompanie abgelöst hatte[89], waren die etwa zwanzig Theologiestudenten im Alten Ephorat untergebracht. Sie wurden von dem einzigen noch übriggebliebenen Repetenten Ulrich Kunz betreut.[90]

Die meisten Höhersemestrigen waren verletzte Kriegsteilnehmer, die wegen schwerer Verwundungen vorübergehend oder für immer aus der Wehrmacht entlassen worden waren. Besonders sie empfanden nach all dem schrecklichen Erleben das – wenn inzwischen auch auf das Alte Ephorat zusammengeschrumpfte, dafür aber um so familiärer gewordene – Stift als eine »Insel des Friedens«[91] mitten im näher kommenden Kriegsgeschehen.

Karl Fezer
Stiftsephorus zu Askanis Studienzeit

Im Hintergrund steht der Stiftsephorus Professor Dr. Karl Fezer. Dieser hat gut dreißig Jahre lang – von Mitte der zwanziger bis Ende der fünfziger Jahre – das Tübinger Feld der Homiletik bestimmt und eine ganze Generation württembergischer Pfarrer mit Ernst und Strenge auf den Predigtdienst als die Mitte ihrer pastoralen Existenz vorbereitet; er wurde insbesondere prägend durch sein Insistieren auf den Skopus des Textes und den methodischen Wink, jede Predigt müsse einen Henkel haben, das heißt zwei bis drei einprägsame Gliederungsüberschriften. Der 1908 geborene Albrecht Goes wurde von ihm ebenso auf seinen Predigtauftrag vorbereitet wie der 1923 geborene Theophil Askani.

Fezer war eine tragische Figur: Er hatte in jungen Jahren eine glänzende schwäbische Theologenkarriere durchlaufen, sich zu Beginn des Dritten Reiches aber kirchenpolitisch in verhängnisvoller Weise engagiert und in der Folgezeit schmerzlich erleben müssen, wie sein Nimbus als theologischer Lehrer mehr und mehr verblaßte. Fezer war schon als Vikar und dann als junger zweiter Stadtpfarrer an der Stuttgarter Rosenberggemeinde durch seine große Predigtgabe so aufgefallen, daß ihm Oberkirchenrat und Fakultät die Stelle des zweiten Stadtpfarrers der Tübinger Eberhardskirche angetragen hatten – eine von der Landeskirche für die Fortbildung hervorragender württembergischer Theologen geschaffene Stelle, von der aus er 1924 mit seiner vielbeachteten Dissertation »Das Wort Gottes und die Predigt« promovierte.

Diese 1925 veröffentlichte Studie war für die Predigtlehre ein so programmatisches Buch wie Karl Barths 1922 erschienener Aufsatz-Sammelband »Das Wort Gottes als Aufgabe der Theologie«. In seiner Dissertation kritisiert Fezer – in einer gewissen Schematisierung – die verkehrtanthropozentrische Ausrichtung der bisherigen Predigtlehre, also ihre primäre Ausrichtung auf die Frage: »Wie predigen wir dem modernen Menschen?« Nachdem im Ersten Weltkrieg der ›moderne Mensch‹ mit all seinen Abgründen offenbar geworden und in der Folge das idealistische Menschenbild zerbrochen war, wurde der Ansatz der Predigtlehre beim ›modernen‹ Menschen fragwürdig. Fezer sieht, daß es nicht mehr genügt zu fragen: Wie predigen wir?, sondern daß viel grundsätzlicher zunächst die Frage geklärt werden muß: Was ist Predigt überhaupt? Predigt, so Fezer, konstituiert sich aus den drei Größen ›Wort Gottes‹, ›Gemeinde‹ und ›Prediger‹, wobei der Ansatzpunkt beim ›Wort Gottes‹ liegt. Wort Gottes aber ist nicht eine Sammlung wertvoller religiöser Gedanken über Gott, wie es in der zeitgenössischen Theologie und Predigtlehre vielfach vertreten wurde. Wort Gottes ist vielmehr – und darin nimmt Fezer Gedanken der seinerzeit bahnbrechenden Arbeiten von Rudolf Otto, Erich Schaeder und Adolf Schlatter auf[92] – Ereignis der Begegnung mit dem lebendigen, heiligen, majestätischen Gott selbst. Wort Gottes stiftet Gemeinschaft mit Gott.

Ausgangspunkt der Definition von Predigt kann nach Fezer darum nicht länger die sich aus dem idealistischen Menschenbild des 19. Jahrhunderts ergebende anthropologische Grundsituation der durch wertvolle religiöse Gedanken ständig organisch höherzuentwickelnden religiösen Persönlichkeit sein, sondern das Wort Gottes als das Gemeinschaft mit dem lebendigen Gott stiftende und gewährende Ereignis. So ergibt sich als Predigtbegriff »streng theozentrisch: die Predigt ist das Bemühen eines Menschen, durch freie Rede dazu mitzuwirken, daß der im Schriftwort uns seine Gemeinschaft schenkende Gott einem Kreis von andern Menschen gemeinsam durch den Hl. Geist gegenwärtig werde«. Der Prediger hat die Gemeinde hinzuführen zu einem gemeinsamen Stillestehen vor der geistlichen Wirklichkeit des lebendigen Gottes, zum »Erleben Gottes als Gegenwartsmacht seitens der Gemeinde«.[93]

Von dieser Predigtdefinition her kommt Fezer in seiner Predigtpraxis zu einer biblisch gesättigten, gegenwartsoffenen Verkündigung[94] auf dem Boden einer mit Gott ernstmachenden Theologie[95].

Fezer wird 1926 Praktischer Theologe an der Universität Tübingen und als solcher Frühprediger an der Tübinger Stiftskirche – drei Ordinarien der theologischen Fakultät haben nach altem Herkommen bis heute dieses Amt inne[96] – und seit 1930 zugleich mit dem Stiftsephorat betraut. Er wird schnell zu einem vielgehörten Prediger und Predigtlehrer.[97] Wenn Fezer in der Tübinger Stiftskirche predigt, versammelt sich jedesmal eine zahlreiche Predigtgemeinde. Außer dem Gesangbuch nahm er nichts mit auf die Kanzel – und damals fand, wie noch großteils in Württemberg, so auch in der Stiftskirche der gesamte Gottesdienst von der Kanzel aus statt –; nur zum Mitsingen und für die Predigttextverlesung hatte er das Gesangbuch dabei, während er Predigt und Gebete memoriert hatte. Fezer predigte existentiell und eindringlich, mit plastischer Anschaulichkeit, und er strahlte einen »heiligen Ernst« aus.[98]

Im Jahr 1933 ist Fezer für einige Monate eine entscheidende Figur auf der Berliner kirchenpolitischen Bühne, wo er in einer verhängnisvollen Fehleinschätzung den Reichsbischof Ludwig Müller unterstützt und berät und die gemäßigte Linie der Deutschen Christen zu stärken versucht. Es gelingt ihm allerdings nicht, die berüchtigte Sportpalastkundgebung am 13. November 1933 zu verhindern, in der die Abschaffung des Alten Testaments, die Beseitigung der Theologie des ›Rabbiners‹ Paulus und eine heldische Jesus-Gestalt als Grundlage eines artgemäßen Christentums gefordert wurden. Enttäuscht nach Tübingen zurückgekehrt, fand er nicht die Freiheit, den in diesen Monaten eingeschlagenen Weg als Irrweg vor der kirchlichen Öffentlichkeit zu bekennen.[99] Sein Ruf als theologischer Lehrer und die Ausstrahlung seiner ehemals machtvollen Persönlichkeit verblaßten. Durch diesen Bruch in seinem Leben hatte Fezer zu Askanis Studienzeit den Zenit seines Wirkens längst überschritten.

Während der Kriegsjahre stand Ephorus Fezer in intensiver Korrespondenz mit den Stiftlern im Feld; einmal die Woche versammelte er die höhersemestrigen unter den verbliebenen Stiftlern zu einem exegetischen Locus, bei dem sie von dem exzellenten Methodiker einiges profitieren konnten. Ansonsten aber wurde der Ephorus in dieser Zeit als relativ fern erlebt. Hinter der großen, den kalten Hauch der Distanz verbreitenden Gestalt mit dem charakteristischen Bürstenschnitt der zu Askanis Studienzeit weißgewordenen Haare stand der zurückgezogene, einsame, um große Ziele seines Lebens gebrachte und darum innerlich angeschlagene Mensch Fezer. Er kannte zwar jeden Stiftler persönlich und konnte sich auch sehr intensiv seelsorgerlich um einzelne Studenten kümmern, wirkte jedoch im persönlichen Umgang oft unfrei und verkrampft.[100] Theophil Askani selber hatte – trotz dieses Hintergrundes von Fezers kirchenpolitisch problematischer und ihn selbst belastender Lebensphase – keine Schwierigkeiten im Umgang mit dem Ephorus und verstand sich gut mit ihm.

Die beiden ersten Tübinger Semester

Der Studienverlauf und die Konturen des Stiftlers Theophil Askani spiegeln sich in den Stiftszeugnissen wider. Es gab drei Arten von Stiftszeugnissen: Erstens die Öffentlichen Zeugnisse, in denen die sogenannte »Fuge« vermerkt wurde, knappe Angaben über Fassungskraft, Urteilskraft und Gedächtnis, außerdem eine Notiz über Fleiß und Verhalten. Aus den Noten für die Mitarbeit in den Stiftsübungen und für die Stiftsexamina sowie aus der doppelt gewichteten Note der Semesterarbeit (Stiftsaufsatz oder Seminararbeit) ergab sich eine Gesamtzahl, wonach sich der Durchschnitt und die Lokation bestimmten. Zweitens die Beilagen zu den Öffentlichen Zeugnissen, darin wurden die einzelnen Arbeiten näher beschrieben und kurz beurteilt. Und drittens die Privatzeugnisse, in denen die Stubenrepetenten die im Semester erzielten Fortschritte oder auch erkennbar gewordenen Studienschwierigkeiten der zu ihrer »Diözese« gehörenden Studenten charakterisierten. Die Privatzeugnisse waren die stiftsinterne Persönlichkeitsbeurteilung, in der mit scharfem Auge wahrgenommene Beobachtungen in zum Teil bissig-überspitzten Formulierungen zu Papier gebracht wurden. Diese drei Arten von Stiftszeugnissen bildeten die Erfolgskontrolle des Studienplans, den jeder Stiftler nach Besprechung mit seinem Stubenrepetenten zu Semesterbeginn einzureichen hatte.

Der Studienplan enthielt die drei Studienfächer und die beiden obligatorischen Stiftsübungen, in denen am Semesterende das Stiftsexamen abzulegen war. Außerdem waren darin Vorlesungen und Seminare an der Universität verzeichnet sowie die Semesterarbeit und die Privatstudien.[101] Aus diesen Unterlagen wird deutlich, daß für Theophil Askani das kurze Sommersemester 1942 mit den Vorbereitungen auf das Hebraicum gefüllt war. In den Stiftsübungen für die Erst- und Zweitsemestrigen wurde die Geschichte der neueren Philosophie behandelt und eine Einführung in das Neue Testament geboten.[102] In Theophil Askanis Privatzeugnis notierte Repetent Kunz am Ende des Sommersemesters 1942: »Kommt direkt von der Schule ins Stift. Er scheint recht gut begabt zu sein und arbeitet fleißig. In Punkto Ordnung auf der Stube blieb anfänglich manches zu wünschen übrig, doch hat der Einfluß seiner Kreisbrüder in dieser Hinsicht erziehend gewirkt. Im Verkehr hat er ebenfalls die richtige Form gefunden. – Hebraicum: Sehr gut.«[103]

Wider Erwarten wird Askani für sechs Monate von Wehrmacht und Rüstungseinsatz zurückgestellt und kann dadurch zum Wintersemester 1942/43 noch einmal nach Tübingen zurückkehren. Am 23. November 1942 schreibt er an Ephorus Fezer:

»Sehr geehrter Herr Ephorus!

Da ich wider Erwarten von der Wehrmacht noch einmal bis 28. Februar 1943 zurückgestellt und auch mein Rüstungseinsatz (bzw. Ausgleichsdienst) von der Reichsstudentenführung um 6 Monate verschoben wurde, bin ich in der Lage, mein zweites Semester zum mindesten zu beginnen.

Ich bitte infolgedessen, im folgenden Wintersemester wieder ins Stift zurückkehren zu dürfen. Ich nehme an, daß Montag, der 30. November, Reisetag ist und werde, wenn keine gegenteilige Nachricht erfolgt, im Laufe dieses Tages im Stift erscheinen.

Es grüßt Sie hochachtungsvoll

Ihr ergebener Theophil Askani

Mein Vater schließt sich mit herzlichen Grüßen dankbar an.«[104]

Als kurz vor dem kriegsbedingten späten Semesterbeginn Theophil Askani und Hans-Martin Pfersich auf verschiedenen Kanälen – letzterer bei einem Kolleg zur Alten Geschichte bei dem Historiker Joseph Vogt – Ende November 1942 von der Einschließung der deutschen Truppen in Stalingrad erfahren, diskutieren sie dieses Ereignis intensiv miteinander. Wie

Abb. 6: Theophil Askani als Erstsemestriger, Frühjahr 1942

auch anderen Klarsichtigen ist für sie damit die psychologische Wende des Krieges eingetreten: es war ihnen klar, daß sich ab diesem Moment die Waagschale nach unten neigte und das Unheil über Deutschland hereinbrechen würde und daß einberufen zu werden nun hieß: mit in den Untergang hineingezogen werden.

Dennoch verbrachte Theophil Askani noch ein gefülltes Semester in Tübingen. Neben Vorlesungen über die zwölf kleinen Propheten bei Arthur Weiser und das Apostolische Zeitalter bei Otto Michel hört er bei Karl Heim Römerbrief und vertieft diesen Schwerpunkt durch privates Studium von Adolf Schlatters Römerbrief-Kommentar. In seinem zweiten Schwerpunkt Kirchengeschichte beschäftigt er sich mit der Reformation, Luthers Theologie und Augustins Predigten über das Johannesevangelium. Außerdem hört er philosophische und historische Vorlesungen, worin sich das für Askani charakteristische Interesse weit über die Theologie hinaus zeigt.[105] Die damals üblichen drei Stiftsexamina zu Semesterende legt Askani ab zu den Themen »Übersetzung und Exegese von Amos 7,10–17«, »Übersetzung und Exegese Römer 14,13–23« und »Luthers Stellung im Bauernkrieg«[106]. Repetent Kunz beurteilt die Persönlichkeitsentwicklung mit den Worten: »Nachdem seiner akademischen Freiheit im letzten Semester wegen der Vorbereitung auf das Hebraicum sehr enge Grenzen gezogen waren, hat er sie in diesem Semester desto mehr ausgenützt und mit großem Interesse verschiedene Vorlesungen anderer Fakultäten gehört.

Der Gefahr, darüber sein eigenes planmäßiges Studium zu vernachlässigen, ist er nicht immer ganz entgangen. Im übrigen hat er die im vorigen Semester noch vorhandenen Eierschalen des Pennälers vollends abgestreift.«[107]

Kriegseinsatz und Gefangenschaft

Nach seinem zweiten Semester holt der Krieg auch Theophil Askani ein. Am 22. März 1943 schreibt er an Ephorus Fezer: »*Laut Gestellungsbefehl vom 20.3.43 muß ich mich am 27.3.43 morgens 8h am Tübinger Bahnhof melden. Ich komme zum Landesschützenersatz-Bataillon 5 nach Baden-Oos.*«[108] Unter den Rekruten, die sich am Morgen jenes 27. März auf dem Tübinger Bahnhof einfanden, war auch Askanis theologischer Lehrer Prof. Dr. Otto Michel. Theophil Askani blieb unvergeßlich, wie Michel in jener Stunde zu seinen Mitrekruten sagte: »Ich heiße Otto.« Nach dem Krieg freilich war er für die Studenten wieder Professor Michel.

Die Kaserne in Baden-Oos, der Askani zugeteilt worden war, beherbergte eine Bewachungskompanie für französische Gefangene, für Anlagen und Depots. Aus dieser Bewachertätigkeit heraus fuhr Theophil Askani Ende Juli 1944 zu einem kurzen Fliegergeschädigten-Urlaub zurück nach Stuttgart. Denn bei dem großen Fliegerangriff auf Stuttgart in der Nacht vom 25. auf 26. Juli 1944 waren die Wohnung der Familie Askani in der Immenhoferstraße 38 zerstört und die Geschäftsräume des Quell-Verlags ein Raub der Flammen geworden. In diesen Tagen sah er auch zum letzten Mal vor Kriegsende seinen Freund Hans-Martin Pfersich.

Als sich die militärische Lage unter dem Druck der vorrückenden Alliierten verschärft, wird auch Theophil Askanis Bataillon zur Verteidigung des Westwalls eingesetzt, muß aber schließlich zurückweichen: »*Ich kam auf dem Rückzug 1945 durch die schönen Lande am Rhein, immer ein paar Stunden vor dem Einzug der Amerikaner und meistens gerade zurecht, wie die Hakenkreuzfahnen verbrannt wurden, die Hitler-Bilder abgehängt.*«[109] In dem sich ausbreitenden Chaos verlor Askani seine Kompanie, irrte unter der drohenden Gefahr, als Deserteur verdächtigt zu werden, umher und geriet schließlich in französische Kriegsgefangenschaft. Auf Lastwagen wurden sie von einem Lager am Rhein nach Chartres in Frankreich verbracht. Dort wurde er vor Hunger so schwach, daß er nicht mehr seinen Namen sagen konnte. Nur der Umstand, daß ihm ein Lagerkamerad, der junge württembergische Pfarrer Gerhard Stark, Brotkrumen aus der Lagerküche brachte, rettete ihn vor dem Verhungern.[110] Trotz dieser Grenzerfahrungen im französischen Gefangenenlager blieben ihm sein Humor und seine Unfähigkeit, Menschen zu hassen, erhalten.

Im Juni 1946 wurde Askani aus der Gefangenschaft entlassen. Auf der Rückreise machte er zuerst Station in Tübingen, wo er nach den Freunden schaute. Hans-Martin Pfersich mußte zweimal hinschauen, bis er in der ihm an einem Julitag 1946 von der Stiftskirche herab entgegenkommenden aufgedunsenen Gestalt seinen Jugendfreund Theophil Askani erkannte.

Ende Juli 1946 traf er bei den Eltern in Stuttgart ein. Deren Notwohnung in Stuttgart-Vaihingen, die sie Ende Juli 1944 bekommen hatten, war im April 1945 durch die Besatzungsmacht beschlagnahmt worden, woraufhin sie Obdach im Vaihinger Stadtpfarrhaus gefunden hatten. Durch Vermittlung von Prälat Hartenstein, in jenen Monaten dem einzigen Vertreter der Kirchenleitung in Stuttgart, konnte Askanis eine Wohnung in der Silcherstraße 5 in der Nähe der Stuttgarter Liederhalle verschafft werden, von wo aus Gustav Askani bereits im Mai 1945 mit dem Wiederaufbau des Quell-Verlags hatte beginnen können, den er dann noch zwei Jahre leitete.[111]

Über die Heimkehr Theophil Askanis berichtet sein Patenonkel Friedrich Askani in seiner erbaulichen Schrift »Gottes Wege enden im Licht«: »*Nach dem zweiten Weltkrieg besuchte ich in Stuttgart meinen Vetter Gustav, dessen einziger Sohn Theophil in Gefangenschaft war. Wir bangten um ihn und beteten, Gott möge ihn doch wieder heimkommen lassen, und schlossen mit ›Dein Wille geschehe‹. Während des Gebets merkten wir, daß eine gewisse Freudigkeit in unser Herz kam. Am Nachmittag hatte ich in der Stadt einiges zu besorgen und kehrte bereits nach wenigen Stunden zu meinem Vetter zurück. Er und seine Frau empfingen mich glückstrahlend und sagten: ›Wir haben lieben Besuch bekommen, Friedrich‹, öffneten die Tür und – Theophil stand vor mir. Bei einer solch großen Überraschung und Freude bringt man zunächst kein Wort heraus. Abends fuhr ich mit dem letzten Zug heim, um den Meinen die Freudenbotschaft zu bringen. Wir dachten dabei an das Wort: ›Ehe sie rufen, will Ich antworten‹. Theophil ist jetzt Pfarrer an der Markuskirche in Stuttgart – an derselben Kirche, wo ich ihn vor vielen Jahren taufen durfte als Täufer und Pate zugleich. Das war doch alles wieder nicht Zufall, sondern Fügung.*«[112]

Wiederaufnahme des Studiums in Tübingen

Zum Wintersemester 1946/47 konnte Theophil Askani sein Studium in Tübingen wieder aufnehmen. Anders als in seinen ersten beiden Semestern war das Stift nun mit gut 140 Theologiestudenten voll belegt, wobei eine ausgeprägte Raumnot herrschte, da in den oberen Stockwerken des Altbaus die Wirtschaftsabteilung des Landesdirektoriums für die besetzte

Zone Südwürttemberg/Hohenzollern untergebracht war. Ephorus Fezer weist in seinen Semesterberichten an den Oberkirchenrat für das Wintersemester 1946/47 wie auch das folgende Sommersemester auf das Absinken der physischen und geistigen Leistungsfähigkeit der Studierenden hin, was zum einen in einem deutlichen Sinken des Ernährungszustandes begründet lag – die Vorräte waren aufgebraucht –, zum anderen in der Zerrissenheit des Wintersemesters durch die aus akutem Heizmaterialmangel eingeschobenen überlangen »Kohleferien« vom 21. Dezember 1946 bis 10. März 1947 und zum dritten schließlich darin, daß die Studenten gezwungen waren, fast über jeden Sonntag nach Hause zu fahren, des Ernährungsnachschubs und Wäscheaustauschs wegen, ein Unternehmen, das in dem in eine französische und eine amerikanische Zone aufgeteilten Württemberg mit den damals spärlichen Zugverbindungen vom frühen Samstag bis zum Montagnachmittag dauerte.[113]

Trotz der großen Not und der kleinen Mittel, trotz vielerlei Improvisation empfanden Askani und viele mit ihm diese Nachkriegszeit als eine Zeit der großen Möglichkeiten[114]: Aus dem Bewußtsein heraus, unverdient dem Abgrund entrissen worden zu sein, und vor dem Hintergrund mancher Grenzerfahrungen im Kriegserleben wurde intensivst studiert und die Breite der universitas litterarum wahrgenommen. Und es gehörte dazu, daß Freundschaften gepflegt und mit bescheidenen Mitteln Feste gefeiert wurden, auf die jeder Wein oder Most selber mitbrachte.

Im Wintersemester 1946/47 sind Askanis Studienfächer neutestamentliche Exegese, systematische Philosophie und Dogmatik I. Die entsprechenden Stiftsübungen werden von den Repetenten Hege (Exegese des Galaterbriefs) – dem späteren Heilbronner Prälaten, der dann im September 1975 als erster von Askanis Krankheit erfuhr – und Schrey (Systematische Philosophie) gehalten, der Dogmatik-Locus von Ephorus Fezer persönlich. Außerdem übersetzt und exegesiert Askani Psalmen in der Arbeitsgemeinschaft von Repetent Tlach.[115] An der theologischen Fakultät hört er Otto Michel zu den Synoptikern und neutestamentlichen Grundbegriffen und besucht sein Seminar über Jesu Gleichnisse; er hört Ernst Würthwein zu den Psalmen, Helmut Thielicke zu Christologie und Anthropologie, Hanns Rückert zu Kirchengeschichte IV, außerdem widmet er sich der Sozialethik und in den Privatstudien den Ergebnissen der Naturwissenschaft.[116]

Am Ende dieses Semesters stehen die üblichen drei Stiftsprüfungen in den besuchten Stiftsübungen. Askanis Übersetzung und Exegese von Galater 3,26–29 und seine Ausführungen über geschichtliche Entstehung und systematische Begründung der dogmatischen Arbeit der Kirche liegen im Durchschnitt, aber für seine Stiftsprüfung in Systematischer Philosophie über »Die Geschichtsauffassung Oswald Spenglers« bekommt er den lobenden Kommentar: »Selbständig, weiss Stoff gut zu gliedern, das Wesentliche gesehen.« In gleicher Weise wird seinem Stiftsaufsatz »Der Begriff des Nihilismus in Nietzsches Schrift ›Der Wille zur Macht‹« attestiert: »Fleissige Arbeit, innere Auseinandersetzung mit der Problematik des Themas.«[117] Repetent Tlach notiert in Askanis Privatzeugnis: »Trotz gesundheitlicher Schwierigkeiten nach langer Gefangenschaft hat er sich rasch wieder in geistige Arbeit gefunden. Im Charakter noch etwas weich und uneinheitlich.«[118]

Im Sommersemester 1947 sind die Studienfächer für Askanis Studiengruppe Symbolik, Geschichte des Volkes Israel und Exegese des Johannesevangeliums. Während seine Stiftsexamina in Symbolik über »Die Gegenwart Christi im Meßopfer und im Abendmahl (bei Luther, Zwingli und Calvin)« und in der Johannesexegese – »Johannes 5,24–29 ist zu übersetzen und im Zusammenhang damit die Bedeutung der präsentischen und futurischen Eschatologie zu erklären« – sich im Durchschnitt bewegen, legt er mit seiner Stiftsprüfung in Geschichte Israels die beste Arbeit seiner Gruppe vor. Seine Ausführungen zum Prüfungsthema »Die Entstehung des israelitischen Königtums in der Auseinandersetzung zwischen Samuel und Saul« wird als »Gute Darstellung der Lage und Probleme« mit IIb 9 bewertet.[119] Im Anschluß an das Systematische Seminar bei Helmut Thielicke widmet Askani sich dem Thema »Calvins Lehre von der Prädestination und ihre Stellung im Ganzen des Systems, vor allem nach der Institutio von 1559«. Sein Privatzeugnis würdigt diese Arbeit als »beträchtliche systematische Leistung mit präziser Diktion, Sorgfalt und Vollständigkeit« und wertet sie mit IIa 10.[120] Mit spitzer, ja ich möchte mutmaßen überspitzter Feder schreibt Repetent Tlach als Privatzeugnis: »Bei äusserlich zurückhaltendem, ja fast scheuem Wesen hat A. in diesem Semester an geistiger Tiefe und Aufgeschlossenheit zugenommen. Die Weichheit scheint einer inneren Festigung und charakterlichen Klärung zu weichen.«[121]

Studienfächer im Wintersemester 1947/48[122] waren für Askanis Gruppe Theologie des Alten Testaments und Ethik I. Da Askani in diesem seinem fünften Semester die französische Sprachprüfung ablegte – das war vom fünften Semester ab möglich und war Voraussetzung für einen akademischen Abschluß an der in der französisch besetzten Zone gelegenen Universität Tübingen –, war er von der Anfertigung eines Stiftsaufsatzes befreit.[123] Seine Ausführungen zum Stiftsexamensthema in Theologie des Alten Testaments (»Ansatzpunkt und Werden des monotheistischen Glaubens im Alten Testament bis Deuterojesaja«) haben »das Wesentliche gesehen, aber etwas zerfliessend«. Die Gedanken, die er in der Stiftsprüfung in Ethik (»Die Bedeutung des tertius usus legis«) vorträgt, sind »dogmengeschichtlich selbständig entwickelt«.[124] Repetent Schrey notiert am Ende des Wintersemesters 1947/48: »Die anfängliche Scheu in seinem Wesen ist grösserer Sicherheit gewichen. Er widmet sich mit sichtlichem Eifer seinem Studium und ist nur in der Gefahr, sich zu überfordern.«[125]

DAS AUSWÄRTSSEMESTER IN MARBURG

Wegen des eklatanten Mangels an Wohnraum in den ersten Nachkriegsjahren war ein Auswärtsstudium kaum möglich. Im Sommersemester 1948 wurden deshalb 25 Theologiestudierende aus anderen Landeskirchen als Gäste im Stift aufgenommen, damit 25 Stiftsstudierende deren Wohn- und Studienplätze an auswärtigen Universitäten einnehmen konnten. Auf diese Weise konnte Theophil Askani sein sechstes Theologie-Semester in Marburg verbringen. Zusammen mit sechs weiteren Stiftlern zogen sie als die »Sieben Schwaben« in der einstigen Residenzstadt des Landgrafen Philipp von Hessen auf, der dem vertriebenen württembergischen Herzog Ulrich Asyl gewährt, ihn mit der lutherischen Reformation bekannt gemacht und ihm bei der Rückeroberung seines Landes geholfen hatte und dessen Marburger Stipendiatenanstalt das Vorbild für das württembergische Stift gewesen war.[126] In Marburg studierte Askani intensiv bei Rudolf Bultmann, der ihn sehr beeindruckte und dessen Anliegen der existentialen Interpretation er nicht destruktiv mißverstand als Eliminierung mythischer Elemente im Neuen Testament, sondern konstruktiv verstand als deren sachgemäße Interpretation für den Menschen der Gegenwart.

Als Helmut Thielicke, der sonntagabends ein offenes Haus hatte und dann bis zu siebzig Studenten in seinem Wohnzimmer versammelte, sich einmal geringschätzig über Bultmanns Entmythologisierungsprogramm äußerte und dazu riet, es den einfachen Gemeindegliedern nicht nahezubringen, protestierte Askani und insistierte auf der zwingenden Redlichkeit der von Bultmann gestellten Fragen. Askani läßt sich deswegen aber nicht der Bultmann-Schule zurechnen, so wenig er eine Barth-Schlagseite hatte.

Daß er von Bultmann zum Nachdenken angeregt wurde, daß er ihm unverkrampft begegnen konnte, und dann aber doch selber weiterdachte, wird beispielsweise deutlich in seiner Predigt über Matthäus 14,22–33, die Perikope vom Seewandel Jesu. Er predigt über diesen Text sehr wohl im Bultmannschen Sinne existentiell: »*Vielleicht gehen wir zu denen hinüber, die sie nötig haben, die Geschichte, lassen uns nicht von unserem Verstand zu Toren machen, die falschen Rätseln nachlaufen. Die Geschichte ist kein Kreuzworträtsel und nicht die Vorlage für einen Film, sie ist ein Wort der Seelsorge an Menschen, die danach verlangen.«* Und dennoch konnte er die Dimension des Geheimnisses, die dieser Geschichte innewohnt, stehenlassen – wie er überhaupt vieles in der Schwebe lassen konnte und nicht den Zwang verspürte, alles erklären zu müssen.[127]

WIEDER ZURÜCK IN TÜBINGEN: EINER DER FÜHRENDEN STIFTSKÖPFE UND EXAMENSKANDIDAT

Aus den – freilich nur bruchstückhaft – noch vorhandenen Unterlagen im Stiftsarchiv ist erkennbar, daß Askani nach seiner Rückkehr aus Marburg im Wintersemester 1948/49 als Siebtsemestriger sich nach dem Studienplan des Stifts den Studienfächern Dogmatik II und Dogmengeschichte II zu widmen hatte; zu ersterem führte Repetent Friedrich Lang eine Stiftsübung mit dem Schwerpunkt auf der Lehre von Person und Werk Christi durch, zu letzterem eine die Vorlesung begleitende dogmengeschichtliche Lesestunde, in der Luthers ›Sermon von den guten Werken‹ und ›Wider Hans Worst‹ sowie Textauszüge aus Zwinglis ›Fidei ratio‹ und Calvins ›Institutio (1559)‹ zur Frage nach der natürlichen Gotteserkenntnis und Anthropologie zur Kenntnis genommen wurden.

Als Siebtsemestriger war Askani nach der seit Wintersemester 1947/48 geltenden Nachkriegsregelung vom Stiftsexamen befreit, aber zur Anfertigung einer Arbeit verpflichtet. Im Anschluß an das systematische Hauptseminar bei Professor Adolf Köberle schrieb Askani seine zweite systematische Arbeit, die mit IIa 11 als bemerkenswert gute Leistung bewertet wurde.[128] Repetent Herbert Nitsche stellte ihm für das Winterhalbjahr folgendes Privatzeugnis aus: »Das Auswärtsstudium hat ihm die fehlende Freiheit und Ungezwungenheit im Umgang vollends gebracht. Hat begriffen, um was es geht, das zeigen seine wissenschaftlichen Leistungen und die Klarheit seiner Ansichten im Gespräch. Man möchte ihm nur noch eine größere Ökonomie der Kräfte wünschen.«[129] Dieser Beurteilung von Repetentenseite aus entspricht die Schilderung seiner Studienkollegen: Sie – und dazu gehört etwa Altlandesbischof Theo Sorg, der als Studienanfänger zwei Semester lang dem Examenskandidaten Askani begegnet war – haben ihn als Meister des Wortes im Ohr behalten. Askani als Stiftler der oberen Semester ist in Erinnerung geblieben als glänzender Unterhalter, der Geist und Charme versprühte; wo er war, gab es etwas zu lachen.

Theophil Askanis achtes und damit letztes Stiftsstipendiums-Semester im Sommer 1949 steht bereits unter dem Zeichen der Examensvorbereitung. Sein Studienplan weist drei große Überblicksvorlesungen aus: die protestantische Theologie im 19. Jahrhundert (Ebeling), Geschichte des

Volkes Israel (Elliger) und Theologie des Neuen Testamentes (Michel), die er durch das Privatstudium der 1948 erschienenen ersten Lieferung von Bultmanns Theologie des Neuen Testaments vertieft. Er belegt den Oberkurs des Katechetischen Seminars bei Fezer und liest »Die christliche Wahrheit« von Althaus (jun.).[130] Repetent Friedrich Schmid zeichnet in Askanis letztem Privatzeugnis das Bild einer ausgereiften, überaus fähigen Persönlichkeit: »Freundlich und gewandt im Auftreten. Vielseitig interessiert und eifrig in seiner Arbeit, ein guter Gesprächspartner. Er pflegt einen erfreulichen Verkehr und Austausch mit Studenten anderer Fakultäten. Bereitet sich zielbewusst aufs Examen vor.«[131]

In den Semestern seit seiner Rückkehr aus der Kriegsgefangenschaft studiert Theophil Askani bei dem Praktischen Theologen Fezer. Gegenüber Fezers Gottesbild, das durch die Rezeption der Ansätze Ottos und Schaeders von Majestät und Ernst gekennzeichnet war, gibt bei Askani Gottes Menschenfreundlichkeit den Grundton an, und dem Reutlinger Prälaten wird zusehends Gottes Nähe gerade auch im Leiden wichtig. Askanis nicht zuletzt durch Fezer am Text geschultes Auge hatte den Blick auch für die ketzerische Einseitigkeit mancher Perikopen, die er getrost auch so stehen zu lassen die Freiheit hatte. Und doch in allem ein genaues Hinhören auf den Urtext, im Wissen darum, daß Christus dort begegnet. Fezers Intention einer biblisch-gesättigten, gegenwartsoffenen Verkündigung auf dem Boden einer mit Gott ernstmachenden Theologie hatte Askani der Sache nach aufgegriffen, aber auf seine Weise umgesetzt. Fezers Anliegen nach klarer Strukturierung und Behältlichkeit der Predigt begegnet auch in Askanis Predigten, wenn auch weniger nach Leitsätzen als eher nach Stichworten.

Für das nach 1945 sich wieder entfaltende theologische Arbeiten und Denken im Tübinger Stift war charakteristisch, daß in der allerersten Nachkriegszeit der Einfluß Karl Barths außerordentlich stark war. Er hatte Anhänger unter den Repetenten, aber auch unter den Stiftlern, von denen es einigen möglich war, in einem Auswärtsstudium in Bonn oder Basel Barth selber zu hören. Als 1948, mit dem Erscheinen des ersten Bandes von »Kerygma und Mythos«, Bultmanns Vortrag »Neues Testament und Mythologie«, den er bereits 1941 in Alpirsbach gehalten hatte, wieder nachzulesen war, löste dies eine lebhafte Diskussion in Theologie und kirchlicher Öffentlichkeit aus. Auch im Stift trat nun Bultmanns Programm der existentialen Interpretation der im Neuen Testament begegnenden Mythologie in den Vordergrund und drängte Barths Einfluß etwas zurück.

An der Tübinger Fakultät wurden die mit Bultmanns Entmythologisierungsforderung aufgebrochenen hermeneutischen Fragen in dem seit 1949 sich formierenden leuchtenden Dreigestirn der theologischen Lehrer

Hanns Rückert (seit 1931 Professor für Kirchengeschichte in Tübingen), Gerhard Ebeling (seit 1946 Professor für Kirchengeschichte, ab 1954 für Systematik in Tübingen) und Ernst Fuchs (seit Sommer 1949 Dozent für Neues Testament in Tübingen) durchdacht und in fruchtbarer Zusammenarbeit eingehend diskutiert. Dadurch, daß Askani noch ein Jahr Stadtstudent war – um sein Studium zu arrondieren und sich zielgerichtet und gründlich aufs Examen vorbereiten zu können, verbrachte er noch ein neuntes und zehntes Semester als Stadtstudent in der Dürrstraße 30 bei Familie Karrer[132] –, konnte er nun auch den dritten jener Troika, Ernst Fuchs, hören. Askani gehörte zu denen, die ihn trotz seiner streckenweise schwer verständlichen Gedankengänge gut verstanden und Freude an seiner Art hatten.

Im Herbst 1949 kam Rudolf Bultmann zu einer Gastvorlesung an die Tübinger Universität. Das Repetentenkollegium lud ihn zu einer Aussprache ins Stift ein, bei der er durch seine klare und scharfe Argumentation wie auch durch seine große persönliche Bescheidenheit einen starken Eindruck hinterließ.[133]

Bei diesem Vortrag lernte der Examenskandidat Theophil Askani die Theologiestudentin Lore Schaefer kennen. Sie war von Theophil Askanis fröhlicher, lebenslustiger Art fasziniert, und die beiden befreundeten sich. Als eine von zwei Töchtern eines Kaufmanns war Lore Schaefer in Stuttgart aufgewachsen. Ihr elterliches Haus im Wildermuthweg 25 liegt abseits allen städtischen Getriebes ruhig am Rand des Kräherwaldes unweit vom Birkenkopf, mit weitem Blick über den Stuttgarter Westen. Sie hatte ein renommiertes Stuttgarter Mädchengymnasium besucht, das Königin-Olga-Stift. Dort hatte sie im Jahr 1944, dem Jahr, da das Chaos von Brand und Zerstörung über das alte Stuttgart hereinbrach, einen Not-Abschluß gemacht und hatte damit auf dem Papier einen Reifevermerk, der zum Studium berechtigen sollte.

Um ihr Studium selbst zu finanzieren, suchte Lore Schaefer nach dem Zusammenbruch zunächst eine Verdienstmöglichkeit. Da sie während ihrer Schulzeit Privatstunden in Englisch und Französisch erhalten hatte, konnte sie im Oktober 1945 bei der damaligen Reichsbahndirektion in Stuttgart als Dolmetscherin beginnen. Als sie sich zum Wintersemester 1948/49 in Tübingen einschreiben wollte, erhielt sie die lapidare Auskunft, ihr Reifevermerk von 1944 gelte zwar an einigen Universitäten, nicht aber in Tübingen. Durch das Entgegenkommen des Direktors des Königin-Olga-Stiftes konnte sie in einen Abiturkurs quereinsteigen, nebenher mittwochs bei der Reichsbahn weiterarbeiten und nach vier Monaten das Abitur ein zweites Mal ablegen.

Theophil Askani schildert diese doppelte Abitursprüfung – paradigmatisch für den Abiturientenjahrgang des letzten Kriegsjahres – zugespitzt und die Prüfungen zeitlich zusammenziehend einmal mit den Worten: *»Meine Frau hatte noch während des Krieges ein Not-Abitur gemacht, das Thema des Deutsch-Aufsatzes lautete: ›Wer nicht hasst, kann auch nicht lieben‹. Ein paar Monate später, als die Hakenkreuzfahnen verbrannt waren, machte sie noch einmal Abitur, das Thema des Aufsatzes lautete: ›Nicht mitzuhassen, mitzulieben bin ich da‹. Und das in derselben Schule und mit denselben Lehrern. Wer soll das verkraften?!«*[134]

Im Sommersemester 1949 konnte Lore Schaefer dann endlich in Tübingen ihr Theologiestudium beginnen. Als Studentin im dritten Semester fragte sie im Sommer 1950 Theophil Askani vor dem I. Examen ab.

Am Ende des Sommersemesters 1950 legte Theophil Askani die I. Evang.-theologische Dienstprüfung ab. Ein erster Block waren die schriftlichen Prüfungen: Sie begannen am Montag, 26. Juni 1950, mit Altem Testament am Vormittag und Kirchengeschichte am Spätnachmittag. Es folgten dienstags Neues Testament am Vormittag und Dogmatik wiederum am späten Nachmittag; und schließlich Ethik am Mittwochmorgen.

Einen zweiten Block bildeten die praktischen Prüfungen: Theophil Askani und seine Prüfungsgruppe waren auf Freitag, 7. Juli, 20 Uhr ins Amtszimmer von Ephorus Fezer bestellt, um die Texte für die praktischen Prüfungen zu empfangen. Theophil Askani erhielt – wie auch die fünf Mitkandidaten aus seiner Prüfungsgruppe I – als Predigttext das Christuswort aus Johannes 14,6: »Ich bin der Weg und die Wahrheit und das Leben; niemand kommt zum Vater denn durch mich.« Als Text für die Prüfungskatechese bekam er einen Vers aus der christlichen Haustafel zugeteilt: »Ihr Kinder, seid gehorsam den Eltern in allen Dingen; denn das ist wohlgefällig in dem Herrn.« (Kolosser 3,20) Binnen einer Woche waren aus diesen Texten Predigt und Katechese zu erarbeiten. Am 13. Juli, einem Donnerstag, hatten die fünf Kandidaten und die Kandidatin der Prüfungsgruppe I von 9.15 Uhr bis 10.45 Uhr – also in je einer Viertelstunde mit einem jeweils neuen Bibelvers – im kleinen Hörsaal des Stifts vor einer zusammengerufenen Gruppe Tübinger Kinder ihre katechetischen Fähigkeiten unter Beweis zu stellen. Askani, der zu beginnen hatte, schlug sich ganz ordentlich mit IIb 7. Am Samstag, 15. Juli, hatte sich die sechsköpfige Kandidatengruppe in der Kapelle des Evangelischen Stifts einzufinden. Zwischen 11 und 12.30 Uhr hatten die sechs Prüflinge, beginnend mit Askani, wiederum je eine Viertelstunde über den – diesmal allen gemeinsamen – Vers Johannes 14,6 zu predigen, und hinter jeder Säule saß an einem Tischchen ein Prüfer und machte sich currente calamo, mit fliegender Feder, zu jeder Predigt seine Notizen. Askani schnitt mit IIb 9 gut ab.

Der dritte Prüfungsblock schließlich bestand in den fünf mündlichen

Prüfungen. Askanis Prüfungsgruppe begann am Montag, 17. Juli, mit Neuem Testament, das Otto Michel prüfte. Am Dienstag, 18. Juli, folgte Altes Testament bei Karl Elliger; tags darauf, am 19. Juli, Ethik bei Erwin Steinbach. Es folgten am Montag, 24. Juli, Kirchengeschichte bei Gerhard Ebeling und am Dienstag, 25. Juli, Dogmatik bei Helmut Thielicke.

Theophil Askani schloß sein Examen mit IIb ab und rangierte damit auf Platz 6 von 46 Geprüften – mit der in Württemberg hochgeschätzten Anmerkung auf der Zeugnisliste: »Repetent«, das heißt Kandidat für eine Repetentur am Evangelischen Stift in Tübingen.

Auf Freitag, 28. Juli 1950, wurden alle Prüfungsteilnehmer, die das Examen bestanden hatten, auf 14 Uhr ins Professorenzimmer der Evangelisch-theologischen Fakultät gebeten, um der Verkündung des Prüfungsergebnisses beizuwohnen.[135] Professor Fezer fragte Askani unmittelbar nach dem Examen, ob er sein Assistent werden wolle, was Askani mit der Begründung ablehnte, er habe Theologie studiert, um Pfarrer zu werden.

Damit war Theophil Askanis Studienzeit zu Ende gegangen, und der Schritt in den Pfarrdienst stand vor ihm. Lore Schaefer blieb zunächst in Tübingen und studierte bis zum siebten Semester weiter. 1952/53 durchlief sie – vor der Heirat – die Haushaltsschule in Stuttgart-Feuerbach. Es sei, sagt sie, ihre lustigste Schulzeit gewesen, unter lauter Bräuten, die von ihren Männern geschwärmt hätten.

KAPITEL III

Stadtvikar an der Stuttgarter Lukaskirche und in Untertürkheim (1950/51) und Hilfsberichterstatter bei Landesbischof Haug (1951–1957)

Ordination

Nach einer kurzen Rüstzeit im Evangelischen Stift unmittelbar nach dem I. Examen am 29. und 31. Juli 1950, die der Direktor des Stuttgarter Pfarrseminars, Kirchenrat Karl Gutbrod, zum Einstieg in den Praktischen Kirchendienst abhielt[136], wurde Theophil Askani, damaliger Gepflogenheit folgend, gleich zu Beginn seines Vikariates am 22. August 1950 im Stuttgarter Brenz-Gemeindehaus ordiniert.[137] Sein Ordinator war Stadtdekan Prälat Erwin Ißler, der sich im Dritten Reich als Stadtpfarrer an der Stuttgarter Gedächtnis- und Waldkirche als kompromißloser Vertreter der Bekennenden Kirche und eindrucksvoller Prediger[138] erwiesen hatte und als Stadtdekan in der Nachkriegszeit den Wiederaufbau der zerstörten Stuttgarter Kirchen und Gemeindehäuser vorantrieb[139].

Askani schätzte seinen Ordinator sehr, und bis zu dessen Ruhestand 1959 begegneten sie sich ständig auf Pfarrkonvent und Pfarrkranz, und als Askani seine erste ständige Pfarrstelle antrat, war es Ißler, der ihn investierte. Im Kondolenzbrief an Frau Ißler gedenkt Askani seiner dankbar: »*Es war für mich eine ausgesprochene Lehre in Sachen ›Gesamtverantwortung‹, und ich habe auch daran oft zurückgedacht ... Wir haben alle Ihrem Mann viel zu danken. Ich habe damals gesehen, was es bedeutet, mit einer Gemeinde so verbunden und durch sie geprägt zu sein, wie er es immer wieder von der Gedächtnisgemeinde her hat spüren lassen. Wenn ich es recht sehe, hat ja hier sein Herz im besonderen geschlagen. Und wir haben auch an ihm erlebt, was es heisst, aufrecht und allen Unklarheiten abhold für das Evangelium einzutreten. Viele hat er dadurch bestimmt und geprägt.*«[140]

Der Tag seiner Ordination bleibt für Askani sein Leben lang der Tag, auf den er seine Pfarrerexistenz zurückbeziehen kann. Zwei Dinge sind ihm besonders in der Erinnerung haften geblieben: »*Einmal der Weg zur Kirche durch die Stuttgarter Innenstadt; es war gar keine Kirche, sondern der*

Saal eines Lehrlingsheimes. Wir haben einen Film von diesem Weg, wir sind jedesmal überrascht, wenn wir ihn ansehen: Es war ein Weg durch Trümmer.«[141] Und das andere: Im Predigttext Psalm 90,17 »Und der Herr, unser Gott, sei uns freundlich und fördere das Werk unserer Hände bei uns« betonte Prälat Ißler jenes »unser« und stellte seinen Ordinanden damit in »*die Reihe der Zeugen, die den Verkündiger begleiten und tragen und mit denen er zusammen sich auch zu verantworten hat*«.[142] Ißler habe, erzählt Askani an anderer Stelle, mit der ihm eigenen Leidenschaft gesagt, »*was das heisse: unser Gott, und dass der Herr Stadt-Vikar nun ganz gewiss dazu gehöre, aber ein ganz kleines Glied sei am Ende einer langen Kette, das diene zur Demut und sei zugleich ein grosser Trost*«.[143]

Stadtvikar an der Lukaskirche in Stuttgart-Ostheim und Vertretungsvikar in Untertürkheim

Theophil Askani wurde als Stadtvikar an die Stuttgarter Lukaskirche bestellt, wo er sich ohne größere Anleitung den pfarramtlichen Aufgaben zu stellen hatte. Askani berichtet: »*...dort war ein Pfarrer Dekan geworden und der andere eben im Krankenhaus, so dass wir alleine waren mit zwei Predigtstellen und damals noch an die 10 000 Gemeindeglieder. Nun kamen die Vikare im Jahr 1950 ausserordentlich ahnungslos, jedenfalls was die Praxis anbetrifft, in die Gemeinden. So habe ich, wie zu taufen sei und wie zu trauen, anhand des Kirchenbuches von meinem Mesner gelernt. Und unvergesslich ist mir auch, wie er bei der ersten Beerdigung auf dem Bergfriedhof im strömenden Regen den Schirm über mir hielt, was den Vorteil hatte, dass er aufpassen konnte, dass alles in Ordnung ging.*«[144] In seiner Festpredigt zum 80jährigen Jubiläum der Lukaskirche 1979 erwähnt Askani im Rückblick »*die erste Predigt im September 1950, und ich denke an meinen ersten Dienst auf dem Friedhof, als ich so froh war, daß es regnete, weil der Mesner Georg Böhm dann den Schirm über den Stadtvikar hielt und sagte, wie es jetzt weitergehe mit der Handlung.*«[145]

Durch seine Art, auf Menschen zugehen zu können, gewann er schnell die Herzen der Ostheimer, und noch heute erzählt man sich dort, wie bei einem Gemeindeabend Vikar Askani mit seiner Geige auf die zunächst zaghafte Klavierspielerin aus dem Mädchenkreis eine solch ansteckende Souveränität und Sicherheit ausstrahlte, daß es eine rundum gelungene Aufführung wurde.

Von Ostheim aus war er einige Wochen zur Vertretung in Untertürkheim eingesetzt. Wo er damals innerlich gestanden hat, umreißt er im Rückblick mit den Worten: »*Als ich Vikar wurde, im Jahr 1950 war das, haben mich eine ganze Reihe von Fragen leidenschaftlich umgetrieben, etwa die: wie es ein Mensch fertigbekommen könne, jeden Sonntag zu predigen, ohne ins Schwätzen zu geraten; etwa die: wie es möglich sein sollte, für so viele Menschen gleichzeitig dazusein – ich kam damals in eine städtische Gemeinde mit grossen Zahlen. Die Frage nach der Verantwortung in der Kirche kam so ziemlich als letzte, jedenfalls soweit damit gemeint war, dass es Synoden, Dekane, Oberkirchenräte und Bischöfe gab. Ich war offenbar der Meinung, … interessant sei nur die eine Frage, ob das Evangelium von Jesus Christus noch gelte, und ob einem einzigen Menschen deutlich zu machen sei, was es für ihn heisse, dass der Herr vom Tode erstanden ist.«*[146]

Askani nahm von Anfang an die Predigtarbeit sehr ernst, erschrickt später als Prälat aber über seine volltönenden Vikarspredigten: »*Meine erste Oster-Predigt. Drüben sitzt im Rollstuhl eine MS-Kranke im vorgerückten Stadium. Beim Sport hatte sie die Krankheit zuerst bemerkt, jetzt kommt der Tod in Sicht. Mein Vikars-Kollege und ich hatten sie in den Gottesdienst getragen, und jedes Wort auf der Kanzel und am Altar ist zu messen an dem Gegenüber, an der jungen, todkranken Frau. Noch heute wundere ich mich über den jugendlichen Mut, den wir damals hatten.«*[147]

Seine Anfängerpredigten muten ihn in starkem Maße intellektualistisch und problemorientiert an: »*[Ich] staune immer wieder darüber, was für ein komplizierter Mensch ich als Vikar gewesen bin, wo ich überall Probleme entdeckt habe. Ich hoffe nur, dass meine Gemeinde in Ostheim oder Untertürkheim von ähnlich vielen Problemen bedrängt war.«*[148]

Daß Anspruch und Wirklichkeit mitunter weit auseinandertreten können, wird Askani bei der ersten Goldenen Hochzeit bewußt, die er zu halten hat: »*Ich war ein Vierteljahr von der Universität weg … und hatte mich sorgfältig auf die Predigt vorbereitet. Nachher beim Kaffee legte mir der Jubel-Bräutigam ein schönes Stück Marzipan-Torte auf den Teller, erhob sein Glas und fing mit folgendem Trinkspruch an: ›Das hat mir gefallen, Herr Vikar‹, ich strahlte innerlich und dachte an meine Predigt, er aber fuhr fort: ›dass Sie auch etwas vorstellen im Talar …‹«*[149]

HILFSBERICHTERSTATTER IM BISCHOFSVORZIMMER ADLATUS VON BISCHOF HAUG UND SEKRETÄR VON ALTLANDESBISCHOF WURM

1951 wird Theophil Askani das Amt eines Hilfsberichterstatters beim Oberkirchenrat übertragen, wo er im Bischofsvorzimmer als persönlicher Referent von Landesbischof D. Dr. Martin Haug wirkt. Es gab auf dem

Oberkirchenrat einige wenige Hilfsberichterstatter-, kurz HBE-Stellen, die von angehenden Pfarrern im unständigen Dienst in der Regel für etwa zwei Jahre versehen wurden. Als Askani auf die HBE I-Stelle berufen wurde, habe – so Rolf Scheffbuch, Askanis Nachfolger in den Jahren 1957–1959 – sein Vater dies beinahe entsetzt kommentiert: »Bub, du bist doch ein Seelsorger!«

Landesbischof Haug war der Nachfolger Theophil Wurms, der Württemberg als intakte Landeskirche durch die Wogen des Dritten Reiches geleitet und nach dem Krieg ganz maßgeblich am Aufbau der EKD mitgewirkt hatte und an seinem 80. Geburtstag am 7. Dezember 1948 von seinem Amt zurückgetreten war. Zunächst hatte Wurm Prälat Hartenstein gebeten, das Bischofsamt zu übernehmen. Hartenstein aber hatte seine Aufgaben im Einsatz für die Missionsarbeit gesehen und wohl schon damals geahnt, daß seinem Leben nur noch eine kurze Frist gesetzt sein werde, und deshalb die Synode gebeten, von ihm abzusehen. Auf seinen Vorschlag und seine Bitte hin hatte sie am 14. Dezember 1948 seinen Studienfreund Prälat Martin Haug zum Nachfolger Wurms gewählt. Hartenstein hatte sich jedoch bereiterklärt, für das »Außenministerium« zu kandidieren, und war daraufhin vom Rat der EKD zu einem seiner zwölf Mitglieder gewählt worden. Am 19. Januar 1949 war Martin Haug in Askanis Heimatkirche, der Stuttgarter Markuskirche – die Stiftskirche war noch nicht wieder aufgebaut – ins Bischofsamt eingeführt worden.[150] Theophil Wurm nahm als Altlandesbischof regen Anteil am weiteren Weg der Württembergischen Landeskirche.

Über seinen Weg vom Vikariat ins Bischofsvorzimmer und die fast sieben Jahre, die er dort verbrachte, führt Theophil Askani aus, »*wie ich nach einem knappen Jahr Vikariat ausgerechnet zum Oberkirchenrat bestellt wurde und dort der Landesbischof mich fragte, ob ich mir nicht vorstellen könnte, sein Assistent zu sein. (Meine Pfarrfrau hatte mir die Bestellung zum Oberkirchenrat mit dem Bemerken mitgeteilt, es werde doch hoffentlich nichts Ernstliches dahinter sein.) Nun, ich sagte damals dem Herrn Landesbischof so etwa: ich könne mir das kaum vorstellen. Aber es sind dann doch nahezu 7 Jahre auf dem Oberkirchenrat geworden, und ich habe damals einen ersten Geschmack davon bekommen, was das heisst und was für ein mühseliges Geschäft es auch sein kann, Verantwortung in der Kirche. Es war damals die Zeit erheblicher Entscheidungen, in den Jahren 1951–1957. Es ging um die Frage der Wiederbewaffnung. Die Älteren erinnern sich an den Rücktritt des Innenministers Gustav Heinemann und die Erschütterung, die diese Frage für unsere Kirche bedeutet hat. Es war die Grundsatzfrage des Kirchensteuer-Einzugs, das heisst der Übergang vom kircheneigenen Einzugsverfahren zum Einzug durch den Staat, mit leidenschaftlichen Diskussionen, die ja bis zum heutigen Tage immer wieder auftauchen. Und es war die erste Begegnung mit der sogenannten ›modernen Theologie‹ nach den Jahren, in denen die theologische Diskussion und auch der Kontakt mit dem Ausland nahezu unmöglich geworden waren. Bultmann für oder wider hiess es damals nahezu jeden Tag. Dazu kam, dass ich zugleich Altbischof Wurm zugeteilt wurde, der mir in seinen letzten Jahren seine Lebenserinnerungen diktierte. Auch dort wurde mir deutlich, was es heisst, Verantwortung in der Kirche.«*[151]

Daß Askani gute sechs Jahre »Adlatus« beim Landesbischof blieb, hatte verschiedene Gründe. Diese Arbeit paßte ideal zu seinen Begabungen. Bischof Haug schätzte Askanis Mitarbeit so sehr, daß er ihn – trotz mancher ihn durchaus lockenden Anfragen – nicht ziehen lassen wollte; auch wurden die Mitarbeiter im Bischofsvorzimmer zwangsläufig in manche vertraulichen Dinge hineingezogen, weswegen Haug auf Kontinuität an dieser sensiblen Stelle Wert legte. Theophil Askani blieb hier auch seiner Verlobten und späteren Frau zuliebe, die aus keinem Pfarrhaus stammte und es schätzte, daß hier noch Zeit war, sich intensiv in den landeskirchlichen Kontext hineinzuleben. Dies trug mit dazu bei, daß Lore Askani eine überaus geschätzte Pfarr-, Dekans- und Prälatenfrau wurde.

Theophil Askanis Haupttätigkeit in dieser Zeit bestand darin, Landesbischof Haug zuzuarbeiten. Ohne Haugs Originalität zu schmälern, darf doch gesagt werden, daß Askani eine ganze Reihe von Berichten schrieb und Vorträge ausarbeitete, die Haug angesichts der Knappheit seiner Zeit übernahm. Manches, was für einen Witz Haugs gehalten wurde, war in Wahrheit ein Witz Askanis.

Der junge Hilfsberichterstatter war auf dem Oberkirchenrat schnell hoch geschätzt. Es war nicht nur seine gefällige Erscheinung und seine viele überragende Körpergröße, es war auch sein von innen heraus kommender, guter und gekonnter Umgang und seine besondere Art gewinnenden Humors, die ihn dazu befähigten, gut zu repräsentieren und zu empfangen. Als er einmal mit Bischof Otto Dibelius im Aufzug stecken blieb, unterhielt Askani den Bischof anderthalb Stunden lang aufs angenehmste. Die Betriebsausflüge des Oberkirchenrats, die er organisierte, blieben unvergessen. Seine Formulierungsgabe und sein Rednertalent, die schon bei den Ständerlingen im Stiftsinnenhof zutage getreten waren, konnte er hier und als führender Kopf der Stuttgarter Stadtvikare auf den Pfarrkonventen bei Stadtdekan Prälat Ißler entfalten, und seine kabarettistische Ader fand hier besonderen Anklang.

Am Anfang seiner HBE- (oder, wie er auch tituliert wurde, Oberkirchenratsvikars-) Zeit war Theophil Askani zu einem nicht unerheblichen Teil Sekretär bei Altlandesbischof Theophil Wurm. Bereits Askanis Vorgänger

Abb. 7: Theophil Askani als Hilfsberichterstatter beim Oberkirchenrat, beim Kaffee mit der Bischofssekretärin Martha Häcker, um 1955

bei Haug, Manfred Stohrer – er war seit 1951 Pfarrer in Sigmaringen, wo er dadurch bekannt wurde, daß er im Juli 1956 als Protest gegen die Einführung der allgemeinen Wehrpflicht die schwarze Fahne vom Turm der Sigmaringer evangelischen Stadtkirche hißte –, ging regelmäßig zu Wurm. Nach Angaben von Konrad Gottschick waren Bischof Haugs Vikare eben auch Altbischof Wurm zuhanden.

Dieser verbrachte seinen Ruhestand nur wenige Gehminuten vom Oberkirchenrat entfernt im oberen Stock der Scheuffelen-Villa, die im Besitz der Oberlenninger Papierfabrikanten-Familie Scheuffelen war und von zwei »Fräuleins«, die zur Stiftsgemeinde gehörten, bewirtschaftet wurde. Wurms Wohnung war von der Stafflenbergstraße her zugänglich; nach seinem Tod fand hier das italienische Konsulat Räume. Der alte Bischof diktierte Askani seine Lebenserinnerungen. Sie wurden 1953 im Quell-Verlag unter dem Titel »Erinnerungen aus meinem Leben« veröffentlicht.

Der Oberkirchenratsfahrer Matthes und Theophil Askani fuhren den hochbetagten Wurm immer wieder auf seine geliebte Balinger Alb, stützten ihn und setzten ihn auf eine Bank, von der aus er das Land beschauen konnte. Wenige Wochen vor Wurms Tod am 28. Januar 1953 machte Askani von ihm dort noch das letzte Foto. Es findet sich in Wurms Lebenserinnerungen neben dem Titelblatt. Während die einen sagen, es sei auf

Abb. 8: Das letzte Foto von Altlandesbischof D. Theophil Wurm, aufgenommen von Theophil Askani

der Balinger Alb entstanden, sagen andere, es sei an der Stelle aufgenommen, an der man vom Hörnle auf den Hohenneuffen hinübersieht. Askani war tief beeindruckt von der Persönlichkeit Wurms und schätzte ihn sehr.

Durch seine Tätigkeit auf dem Oberkirchenrat kam Askani mit allen führenden Köpfen der württembergischen Landeskirche und darüber hinaus in Kontakt; er konnte viele Bekanntschaften knüpfen und Freundschaften schließen, die ihn sein ganzes weiteres Leben begleiteten. So wichtige Ereignisse wie den Stuttgarter Kirchentag 1952 unter dem missionarischen Leitwort: »Wählt das Leben!« oder die letzte, überaus fruchtbare Wirkungszeit des am 1. Oktober 1952 mit erst 58 Jahren früh verstorbenen Stuttgarter Prälaten Hartenstein[152] oder auch die Haupttagung des Gesamtverbandes für Kindergottesdienst in der EKD in Stuttgart vom 7. bis 10. Juli 1955[153] erlebte Askani aus unmittelbarer Nähe mit.

Durch seine Jugendzeit in der Markuskirchen-Gemeinde und seine Oberkirchenratsvikarszeit hatte Theophil Askani die besten Traditionen des evangelischen Stuttgart vor Augen und im Ohr, die in seinem eigenen Theologe- und Pfarrer-Sein zusammenflossen und in jener besonderen Mischung von Tradition und Originalität den unvergessenen seelsorglichen Prediger hervorbrachten.

Heirat

In jenem abschiedsreichen Jahr 1953 – am 28. Januar ging Altlandesbischof Wurm und am 29. März der Vater Gustav Askani in die Ewigkeit ein – läuteten am 25. Juli die Hochzeitsglocken: Theophil Askani und Lore Schaefer heirateten und wurden in der Paul-Gerhardt-Kirche durch Landesbischof Haug getraut. Trautext war Kolosser 3,12–17. Haug sprach davon, *»wie da ein Leben unter das grosse, schöne Thema einer einzigen Melodie komme«*.[154] Ein Satz blieb Askani besonders in Erinnerung, und er gab ihn weiter in den Traupredigten für seinen Jugendfreund Hans Martin Pfersich und seine Frau und für seinen Vikar Wolfgang Palmbach und dessen Frau: *»Bischof Haug sagte damals, die Ehe habe von Hause aus, von ihrem Ursprung her noch etwas vom Glanz des Paradieses an sich. Es hat sich wohl darauf bezogen, daß in der Genesis, in der Schöpfungsgeschichte, die Zuordnung von Mann und Frau zueinander vor dem großen Bruch beschrieben ist; alle andere Ordnung kommt danach als eine Art Notordnung.«*[155]

Theophil Askani zieht nun zu seiner Frau in deren elterliches Haus in den Wildermuthweg 25.[156] Noch im Jahr 1953 wird Theophil Askani der Pfarrerstitel verliehen.[157]

Abb. 9: Lore und Theophil Askani mit Hans-Christoph an dessen Tauftag, dem 30. Mai 1954, vor dem Haus Wildermuthweg 25

Begegnungen mit Hilmar Schieber und Albrecht Goes in der Paul-Gerhardt-Gemeinde

Während seiner Zeit auf dem Oberkirchenrat hatte Askani noch keinen allsonntäglichen Predigtdienst. Zunächst hatte er Vertretungen in Stuttgart und gelegentlich auch im Land zu versehen. Als Prälat Hartenstein, der Frühprediger der Stiftskirchengemeinde, die sich die ganze Aufbauzeit über in der Schloßkirche zum Gottesdienst sammelte, am 1. Oktober 1952 gestorben war, bat der Pfarrer der Stiftskirche, Konrad Gottschick, den jungen Hilfsberichterstatter um Vertretungsdienste. Auf diese Weise hat Askani auch in der Schloßkirche, dem Wirkungsort Hartensteins, gepredigt. Nach seiner Hochzeit war Askani durch seinen Umzug in den Wildermuthweg 25 Glied der Paul-Gerhardt-Gemeinde, in der er von nun an regelmäßig predigte. Hier begegnete er zwei profilierten Predigern, die nicht ohne Einfluß auf sein eigenes Predigen blieben.

Der erste war der Gemeindepfarrer an der Paul-Gerhardt-Kirche, Hilmar Schieber. Schieber hatte die Paul-Gerhardt-Kirche gebaut, ein hervorragendes Beispiel für Kirche in der Großstadt: ein Kirchenhof mit Pfarr- und Mitarbeiterwohnungen sowie Kindergarten. Einmal war es Schieber, der selbst kein Barthianer war, sogar gelungen, Karl Barth an einem Sonntagnachmittag nach Stuttgart zu holen, wo dieser im Paul-Gerhardt-Saal vor einer handverlesenen Schar interessierter Gemeindeglieder sprach. Verwandt mit der Dichterin Anna Schieber, stand auch ihm das Wort zu Gebote. Er war ein hochbegabter, sprachgewandter Theologe. Da sein Augenlicht sehr schwach geworden war, erkannte er seine Gemeindeglieder oft nicht. Er konnte stundenlang in eine Ecke starren und sich dabei seine Predigt zurechtlegen, die dann wie Feuer aus ihm hervorbrach.[158]

Hilmar Schieber wurden 1953 zwei gemeindelose Pfarrer zur Predigtaushilfe zugeteilt. Der eine war der schwäbische Dichter, Schriftsteller und Pfarrer Albrecht Goes. Dieser hatte 1953 das Gemeindepfarramt aufgegeben, um Muße für seine schriftstellerische und dichterische Arbeit zu gewinnen, und war mit seiner Familie nach Stuttgart-Rohr gezogen. Er hatte aber noch zwanzig Jahre lang, bis 1973, einen ständigen Predigtauftrag mit zwei Predigtdiensten im Monat, einen an der Christuskirche im Stuttgarter Osten[159] oben auf der Gänsheide in unmittelbarer Nähe zu den Dienstgebäuden des Oberkirchenrats, und einen zweiten eben an der Paul-Gerhardt-Kirche.[160] Der andere Aushilfsprediger war der Pfarrer im Bischofsvorzimmer: Theophil Askani. Albrecht Goes ist noch gut erinnerlich, daß Hilmar Schieber sich selbst und seinen Vikaren, auch seinen beiden Predigtaushilfepfarrern gegenüber ein strenger Mensch war, der auswendig gehaltene Predigten verlangte und nur sehr sparsam Lob austeilte. Theophil Askani konnte im Blick auch auf diese beiden Weggenossen an der Paul-Gerhardt-Kirche sagen, daß er zeitlebens das unverdiente Glück gehabt habe, andere Prediger vor Augen und auf der Kanzel zu haben. Denn Predigen lerne man ja weniger auf der Universität als in der eigenen Übung und, wenn es sich glücklich füge, an anderen und mit anderen zusammen.[161] Albrecht Goes wiederum nennt Theophil Askani einen seiner besten Leser, der seinerseits zu einem Meister des Wortes wurde.[162]

KAPITEL IV

Dritter Pfarrer an der Stuttgarter Markuskirche (1957–1963)

Rückkehr an den Ort der Jugend

1957 wurde Theophil Askani von Rudolf Daur, dem Pfarrer seiner Jugend und Seelsorger seiner Eltern, gebeten, in die Markusgemeinde zu kommen; er, Daur, habe nämlich gehört, daß Bischof Haug endlich willens sei, seinen Adlatus ziehen zu lassen. So zogen im Dezember 1957 Lore und Theophil Askani mit ihren drei noch kleinen Kindern Hans-Christoph (*1954), Gottfried (*1955) und Cornelie (*1957) in der Markusgemeinde auf und bezogen die Pfarrwohnung in der Römerstraße 71. Am 3. Advent wurde Theophil Askani in einem festlichen Gottesdienst in der Markuskirche von Stadtdekan Prälat Erwin Ißler, der ihn sieben Jahre zuvor ordiniert hatte, in das dritte Pfarramt an der Markuskirche investiert.[163]

Annähernd 17 000 Gemeindeglieder in drei Seelsorgebezirken zählte die Markusgemeinde.[164] Es war, schreibt Askani, »*für mich selber wieder eine Begegnung mit den Bildern und Erfahrungen der Jugend – freilich nun in der Verantwortung des Amtes*«[165] und, so füge ich hinzu, im Abstand von fünfzehn Jahren, die seit seinem Eintritt ins Tübinger Stift verflossen waren, jenen letzten Kriegs- und ersten Nachkriegsjahren, die für Stuttgart so eminente Umwälzungen mit sich gebracht hatten. Im Gefolge der schweren Bombennächte des Juli und September 1944 waren zahlreiche Opfer zu beklagen gewesen und viele Gemeindeglieder abgewandert; und im Gegenzug waren nach Kriegsende eine große Zahl von Flüchtlingen zugezogen.

Als einzige Kirche des Stuttgarter Talkessels hatte die Markuskirche die Luftangriffe einigermaßen unbeschadet überstanden. So konnte sie am Wiederanfang »*Stellvertreterin ... für die ganze Stadt*« werden, »*und einmal sogar war die Markuskirche ein Raum für die Christenheit in Deutschland geworden*«[166]: Im Abendgottesdienst am 17. Oktober 1945 hatten sich zum ersten Mal nach dem Zweiten Weltkrieg Vertreter der Evangelischen Kirche in Deutschland mit Vertretern der Kirchen der Ökumene in der Markuskirche getroffen. Bischof Wurm begrüßte sie, und Pastor Martin Niemöller hielt eine machtvolle Predigt über das Wesen der

Abb. 10: Die Markuskirche Stuttgart. Zeichnung von Robert Eberwein für Askanis zum Abschied aus dem Markuskirchenpfarramt 1963

Buße. Als Frucht dieses Treffens entstand das Stuttgarter Schuldbekenntnis, das am 19. Oktober 1945 vor den Vertretern der Ökumene abgelegt und ihnen übergeben wurde.[167]

Askani schreibt über diese Zeit: »*Die Zerstörungen des Krieges hatten ... auch den Stuttgarter Süden schwer getroffen. Mir ist in schauriger Erinnerung, wie die Bomben den Tod gewissermaßen noch einmal in die Gräber des Fangelsbach-Friedhofs brachten, der rings um die Kirche gelegen ist.*[168] *Die Kirche selber blieb mit ihrer frei tragenden Beton-Konstruktion trotz vieler Erschütterungen erhalten, und so ist sie nach dem Kriege ... noch stärker als vorher zu einer Art Mittelpunkt des Stuttgarter Gemeindelebens geworden. Ein für ganz Deutschland bedeutsamer Ort ist die Markuskirche am 19. Oktober 1945 gewesen, als in ihr die Erklärung des Rates der Evangelischen Kirche in Deutschland bekannt gegeben wurde, die dann später als Stuttgarter Schuldbekenntnis in die Geschichte eingegangen ist. Zum ersten Mal war man wieder zusammen mit den Vertretern der Weltchristenheit, und zum ersten Mal ist gültig ausgesprochen worden, was seither den Weg auch in den Kirchen wieder geebnet hat: ›Wohl haben wir lange Jahre hindurch im Namen Jesu Christi gegen den Geist gekämpft, der im nationalsozialistischen Gewaltregiment seinen furchtbaren Ausdruck gefunden hat; aber wir klagen uns an, daß wir nicht mutiger bekannt, nicht treuer gebetet, nicht fröhlicher geglaubt und nicht brennender geliebt haben. Nun soll in unseren Kirchen ein neuer Anfang gemacht werden.‹ ... Eine besondere Stunde für unsere württembergische Kirche war die Amtseinführung von Landesbischof D. Martin Haug am 19. 1. 1949 in der Markuskirche.*«[169]

Weil sich in der Markuskirche die einzige noch spielbare Orgel in der Innenstadt befand, wurde die Kirche in den ersten Nachkriegsjahren zur wichtigsten Pflegestätte kirchlicher Musik in Stuttgart. Hier haben die Stuttgarter Hans Grischkats Oratorienaufführungen und August Langenbecks Samstag-Motetten gehört.[170]

Helmut Thielicke, der hier an der Markuskirche 1943 mit einem Glaubensunterricht für Erwachsene begonnen hatte, hielt in der schlimmsten Nachkriegszeit 1946–1948, bereits als Tübinger Ordinarius, seine Bergpredigtauslegung »Das Leben kann noch einmal beginnen«. Seine Karfreitagspredigt 1947 erregte großes Aufsehen, rief lebhafte Zustimmung und entschiedene Ablehnung hervor. Thielicke kritisierte darin unter dem Thema »Die Passion ohne Gnade« die Entnazifizierungspraktiken, die verhinderten, daß die Deutschen sich wirklich ihrer Schuld stellten und fähig würden zu trauern.[171] Mit den plastischen, packenden Reden über die Gleichnisse Jesu unter dem Titel »Das Bilderbuch Gottes« beendete Thielicke seine Arbeit an der Markuskirche.[172] Auch für Askani gehört

Thielicke zu den hervorragenden und prägenden Predigern, mit denen die Geschichte der Markuskirche so reich gesegnet ist. Er schreibt: »*Unvergeßlich sind in jenen Jahren die Predigten und Vorträge von Professor Thielicke, die große Scharen von Hörern herbeizogen.*«[173]

Als Theophil Askani 1957 als dritter Pfarrer an die Markuskirche zurückkehrt, hat Rudolf Daur noch wie zu seiner Jugendzeit das erste Pfarramt inne, auf der zweiten Pfarrstelle wirkt seit 1947 Bischof Franz Hein.

Die Amtsbrüder an der Markuskirche (1)
Pfarrer Rudolf Daur[174]

Rudolf Daur war, wie Askani in seiner letzten homiletischen Rechenschaft berichtet[175], für ihn neben Hilmar Schieber und Albrecht Goes der dritte eindrückliche und als solcher prägendste Prediger, der ihm nicht nur fürs Predigen, sondern auch für die pastorale Existenz überhaupt Vorbild war. Genauer gesagt nicht Rudolf Daur allein, sondern das Ehepaar Rudolf und Elisabeth Daur, die eine Generation älter als Lore und Theophil Askani waren: »*Es hat sich so gefügt, daß Rudi Daur in der Markusgemeinde der Pfarrer meiner Jugend, der Seelsorger meiner Eltern und wiederum der erste Amtsbruder war. Wie die erste Liebe, so prägt uns Pfarrer auch die erste Gemeinde und das erste Amt, es gehen dabei Türen auf oder Türen zu. Meine Frau und ich danken Gott dafür, daß die Begegnung mit dem Hause Daur in der Römerstraße 41 das erste prägende Bild gewesen ist. Ich sage absichtlich ›Haus Daur‹, weil Elisabeth und Rudi Daur uns gleichermaßen dabei vor Augen stehen.*«[176] Die grundlegendste Erfahrung, die Askanis an der Person Rudolf Daurs gemacht hätten, sei die gewesen, daß das Christenleben wie auch das Pfarrersein in erster Linie etwas Erfreuliches sei. Daur habe die Gabe gehabt, schon durch die Art seines Wesens zu erfreuen, und darin habe ein gutes Stück der großen Anziehungskraft des Pfarrhauses an der Markuskirche gelegen.[177]

Rudolf Daurs Lebensweg weist zwei bemerkenswerte biographische Parallelen zu dem Theophil Askanis auf. Die eine Parallele: Daur ist 1892 geboren und aufgewachsen in der von pietistischen Kreisen 1819 gegründeten Brüdergemeinde Korntal am Nordwestrand von Stuttgart, die ihn tief geprägt hat, der gegenüber er aber auch sehr pointiert seinen eigenen Weg suchte und fand. Korntal war ein markanter Trieb am Baum des schwäbischen Pietismus, der sich die hundert Jahre zuvor gegründete Brüdergemeine Herrnhut zum Vorbild genommen hatte.[178]

Wie Theophil Askanis Vater von der Erweckungsbewegung in der neupietistischen Art eines Elias Schrenk durchdrungen war, so führten

Abb. 11: In der Pfarrwohnung Römerstraße 71: Theophil Askani mit den Kindern Hans-Christoph, Gottfried und Cornelie

Großvater und Vater Daur das im Zeichen der Naherwartung stehende Werk des Gründers und ersten Vorstehers der Korntaler Gemeinde, Gottlieb Wilhelm Hoffmann (1771–1846), weiter: 1846 wurde Johannes Daur sen. Gemeindevorsteher, ihn löste dann 1888 in diesem Amt sein Sohn Johannes Daur jun. ab.

Trotz aller pietistischen Strenge nahm Rudolf Daur in Korntal auch eine überraschende Weite wahr: »Man war in diesem alten Korntal an die Bibel als das Wort Gottes gebunden, bis zu einer Buchstabengläubigkeit, wie sie uns heute ehrlicherweise nimmer möglich und erlaubt ist. Aber … die Besten unter den alten Korntalern waren weitherzig. Wer Jesus liebhat, der gehört zu uns. Das war das einzige Kriterium, nicht dogmatische Fixierungen. Dieses Kriterium scheint mir auch heute noch recht gut zu sein, ist es doch eine ernstzunehmende Warnung vor aller orthodoxen oder pietistischen Engherzigkeit und Rechthaberei, dieser die Christenheit und gerade fromme Gemeinden ständig bedrohenden tödlichen Gefahr.«[179]

Diese aus dem Evangelium gewonnene Weite wurde zu einem Grundzug seiner theologischen Existenz. Wie Schleiermacher sich in seinen reifen Jahren als einen »Herrnhuter höherer Ordnung« bezeichnen konnte, so wollte auch Rudolf Daur ein Korntaler höherer Ordnung bleiben, der die Erwartung der baldigen Wiederkehr des Herrn transformiert in die »Hoffnung, daß aus dieser wüsten, geplagten, zerspalteten und gefährdeten Erde durch eine innere Wandlung und Erneuerung, nicht durch unsere Schlauheit und Energie, aber auch nicht ohne unseren treuen, selbstlosen Dienst doch noch eine heile Heimat aller ihrer Kinder, ein heiliges Korn-Tal werde«.[180]

Die andere biographische Parallele zum Weg Theophil Askanis: Rudolf Daurs Theologiestudium unmittelbar vor dem Ersten Weltkrieg (1910–1914) führte ihn von Tübingen aus für zwei Semester nach Marburg, wo wir im Sommersemester 1948 Theophil Askani begegneten. Daur studierte bei dem jungen Privatdozenten Rudolf Bultmann und bei Wilhelm Herrmann. Im Rückblick wertete er die Marburger Semester als die Zeit, in der ihm erst so richtig aufgegangen sei, was Theologie eigentlich sei und sein könne, als die Zeit, in der er an der Theologie Feuer gefangen habe. In Marburg, das damals Hochburg der Freiheit gewesen sei, habe er gelernt, daß Freiheit nicht Willkür und Untreue frommer Überlieferung gegenüber sei, sondern aus dem bedingungslosen Gehorsam gegen die Wahrheit selbst erwachse.[181]

1914/15 diente Rudolf Daur als Kriegsfreiwilliger bei der Feldartillerie. Bald jedoch mußte die ursprüngliche soldatische Begeisterung einer tiefen Krise Platz machen: »Das gegenseitige Töten ist vollendeter Wahnsinn.« Nach Verwundung, Typhus und Kriegstod dreier Brüder wurde er als nicht mehr kriegsverwendungsfähig zum Kirchendienst entlassen.[182] Es folgten 1915–1920 Vikariate in Friedrichshafen und Stuttgart[183], denen sich 1920/21 eine Repetentur am niederen evangelisch-theologischen Seminar Urach anschloß. Von 1921 bis 1932 war Daur zweiter Stadtpfarrer an der Katharinenkirche in Reutlingen und zugleich Jugendpfarrer für Reutlingen, wo er führend im dortigen Bund der Köngener mitwirkte.[184] Der Reutlinger Stadt- und Jugendpfarrer verheiratete sich mit Elisabeth Dipper. 1932 wurde Daur Pfarrer in Rohr bei Stuttgart und 1939 als Nachfolger von Walther Buder erster Stadtpfarrer an der Stuttgarter Markuskirche, wo er 23 Jahre lang, bis 1962 wirkte. Elisabeth und Rudolf Daur hatten im Krieg ihren Sohn Fritz verloren[185]; ihre Tochter Heidi heiratete 1950 den Pfarrer und späteren Schriftsteller Dr. Jörg Zink. Lore Askani erinnert sich, daß sie von Daurs wie eigene Kinder aufgenommen wurden.

Aus Askanis Feder stammen mehrere Porträts des von ihm so hoch geschätzten Predigers Rudolf Daur. An dieser Stelle sei das folgende angeführt, in dem Askani den Grund für die Glaubwürdigkeit der tröstenden, helfenden und ratenden Predigt aus dem Munde Daurs andeutet: »*Die Kanzel der Markuskirche in Stuttgart ist kein künstlerisches Juwel, trotzdem befällt einen unter allerlei achtbareren und wertvolleren Kanzeln gelegentlich das Heimweh nach der Markuskirchen-Kanzel, unter der wir*

Abb. 12: Pfarrer Rudolf Daur vor der Markuskirche

gerne das Zuhören gelernt haben, was bekanntlich bei Pfarrern eine nicht geringe Sache ist. Woran liegt das eigentlich, daß man so gerne mit auf dem Wege ist, wenn Rudi Daur predigt? So haben wir uns schon damals manchmal gefragt. Ist es dies nur, daß er so ›frei‹ spricht? Souveränität ist dafür das falsche Wort, und in Sprache und Stil der Worte mächtig sein, die unangemessene Ebene. Einfach, merkwürdig und lösend einfach sind die Sätze und Gedanken, die komplizierte Leute treffen, bewegen und trösten. Vielleicht ist es doch dies, daß man spürt, daß hier einer selbstverständlicher, als es manchem gegeben ist, lebt, was er in Jesu Namen zu sagen hat.«[186]

Jedesmal, wenn die Sprache auf Rudolf Daur kommt, spricht Theophil Askani mit Hochachtung von ihm. Der Grundzug von Daurs pastoraler Existenz sei durch die große Freiheit und erstaunliche Weite gekennzeichnet, die ihm abzuspüren gewesen seien; jene Freiheit und Weite, die sich bereits auf seinen ersten biographischen Stationen einmal in der Bipolarität von Übernahme und Überwindung Korntalschen Gedankengutes und sodann in der ihn beeindruckenden Liberalität Marburgs abgezeichnet hatten. Die Freiheit und Weite Daurs, die manche verwundert und viele erquickt hätten, seien deshalb so wohltuend gewesen, weil sie nicht von der Oberfläche, sondern von der Tiefe des Evangeliums gekommen seien. Wer es, was man von Rudolf Daur lernen könne, mit dem Evangelium genau nehme, dem weite sich der Horizont und das Herz, für den sei Toleranz kein billiges Nachgeben, sondern ein verheißungsvolles Raumgeben.[187]

Diese Rudolf Daur abzuspürende Weite und Freiheit trugen ihm die Charakterisierung »liberal« ein – von vielen anerkennend, von manchen kritisch gemeint. Theophil Askani weist »liberal« als ein Schlagwort zurück, das ein zu unernstes Urteil impliziere.[188] Dennoch gibt es eine Reihe sehr ernst zu nehmender Statements, die mit diesem gewiß unzulänglichen Schlagwort in großer Hochachtung Rudolf Daurs Existenz als Prediger und Pfarrer artikulieren. So rühmt Lore Askani Daurs »wundervolle Liberalität, die ihm auch die Freiheit gab, seine großen Kenntnisse der östlichen Religionen und der Tiefenpsychologie für die Predigt nutzbar zu machen«. Rolf Scheffbuch, einer der profiliertesten Vertreter des württembergischen Pietismus heute, nennt Daur mit großer Anerkennung »einen Liberalen, der mehr Seelen zu Jesus geführt hat als mancher Pietist, indem er von der Liebe des Vaters geredet hat – aber nicht billig«. Theo Sorg charakterisiert Daur als »einen edlen Liberalen, der aus der Tiefe der Schrift zu den Menschen geredet hat. Und diese schriftgebundene Liberalität Daurs war die entscheidende Prägung Askanis.«

Der Punkt, von dem aus Leben und Denken Rudolf Daurs ins Weite, Neue, Kommende gingen, von dem aus sein Weg in immer größere Frei-

Abb. 13: Elisabeth Daur geb. Dipper

heit ausgriff, sei, so sein Schwiegersohn Jörg Zink, die Erfahrung des Ersten Weltkrieges gewesen, in dem ihm der überkommene Idealismus und Patriotismus zerbrachen.[189] In dieser Umbruchssituation sei es Rudolf Daur in besonderem Maß gelungen, die ihm durch seine geistige Heimat Korntal vermittelte christliche Tradition und Frömmigkeitsgeschichte mit den Herausforderungen der neuen Situation zukunftsfähig zu verbinden. Aus dem Rückhalt an der alten Wahrheit sei ihm »seine leidenschaftliche Hoffnung auf den alles verwandelnden Gottesgeist« erwachsen. Weil Daur aus dieser Hoffnung heraus gelebt habe, gehöre er in die »Reihe der großen Väter der schwäbischen Überlieferung, der Theosophen, der Frommen und Tiefsinnigen, der Weltkinder und der Dichter, die nach der Synthesis suchten, nach dem großen Zusammenspiel dessen, was sich in dieser Welt auszuschließen scheint, in Gott«.[190]

Ebendiese Hoffnung war Motivation und Triebfeder für sein weitgespanntes Engagement. Diese Hoffnung auf den alles verwandelnden Gottesgeist setzte ihn in Bewegung und ließ ihn das interdisziplinäre Gespräch wie den ökumenischen und den interreligiösen Dialog suchen; aus ihr erwuchs sein Engagement für Frieden und soziale Gerechtigkeit; diese Hoffnung ließ ihn lebendige Gottesdienste und seelsorgliche Predigten halten und machte ihn zu einem die Extreme verbindenden Kirchenpolitiker; diese Hoffnung auf das Wehen des Geistes verlieh ihm nicht zuletzt die

Fähigkeit zur Seelsorge, die den ganzen Menschen nach Geist, Seele und Leib wahrnahm und darum im beständigen Gespräch mit Ärzten und Psychologen blieb.

Die Hoffnung auf Gottes verwandelnden Geist und die sich der Tiefe des Evangeliums verdankende Freiheit und Weite Rudolf Daurs machten ihn zu einem welt- und zeitoffenen, ökumenisch denkenden und handelnden, interdisziplinär gesprächsfähigen und umfassend gebildeten Menschen, der sein frohes Christentum konsequent in seinem Leben zu verwirklichen versuchte.

So war Rudolf Daur seit 1933 Leiter des »Bundes der Köngener«, einer im Gefolge der aufkommenden Jugendbewegung 1920 entstandenen Vereinigung von Jugendgruppen, die aus den konservativen württembergischen Schülerbibelkreisen und den Mädchenbibelkreisen ausgezogen waren und mit denen er zu Beginn losen und dann ab 1921 als Reutlinger Jugendpfarrer intensiven Kontakt hatte.[191]

Seit dem Zerbrechen der idealistischen und patriotischen Werte im Ersten Weltkrieg war Daur ein überzeugter Anhänger und Anwalt der Gewaltlosigkeit, wie sie in Jesu Bergpredigt gefordert, wie sie im Sophokleswort »Nicht mitzuhassen, mitzulieben bin ich da« anvisiert und wie sie in für die Christenheit vorbildlicher und beschämender Konsequenz von Mahatma Gandhi umgesetzt worden sei. 1919 trat er dem Bund antimilitaristischer Pfarrer bei, der bald darauf im Internationalen Versöhnungsbund aufging. 1945 wurde Daur zweiter Vorsitzender, später Präsident des Deutschen Zweiges des Internationalen Versöhnungsbundes und damit zu einem der geistigen Väter der Friedensbewegung.[192] Zur Gewaltlosigkeit gehörte für Daur auch ein neues Verhältnis zu aller Kreatur, welches für ihn in einer vegetarischen Eßkultur konkrete Gestalt gewann.[193]

1941 gründete Rudolf Daur zusammen mit dem Fabrikanten Bruno Friedemann und dem katholischen Stadtpfarrer Hermann Breucha den Stuttgarter Una-Sancta-Kreis. Die Una-sancta-Bewegung, die das ökumenische Gespräch zwischen evangelischer und katholischer Kirche in Gang brachte, entstand in Deutschland vor allem als Folge des Drucks, der vom nationalsozialistischen Staat auf die großen Kirchen ausgeübt wurde. Noch im Krieg begannen die Una-Sancta-Tagungen des Stuttgarter Kreises jeweils in der Woche nach Ostern. Im Anschluß an die Tagung im Kloster Neresheim holte Daur im April 1947 den Katholiken Karl Adam zu drei Vorträgen in die Markuskirche, was bei der Kirchenleitung lebhaftes Kopfschütteln hervorrief und bei einzelnen Gemeindegliedern Kritik wegen »Katholischmacherei«. In zwei von Daur und Breucha eingerichteten Stuttgarter Hauskreisen wurde das Gespräch kontinuierlich fortgeführt.[194]

Als Frucht der Tagung der Köngener in Königsfeld 1937, auf der unter anderem der Züricher Psychotherapeut und Tiefenpsychologe Carl Gustav Jung referierte, war ein kleiner tiefenpsychologischer Arbeitskreis in Stuttgart entstanden. Dieser erfuhr eine ungeahnte Fortsetzung und einen enormen Aufschwung durch den Umstand, daß kurz nach dem Zweiten Weltkrieg der Psychotherapeut Prof. Dr. Dr. Wilhelm Bitter aus seinem Schweizer Exil zurückkehrte und in Daurs Seelsorgebezirk eine Wohnung fand. Bei einem Kontaktbesuch fand Bitter für sein Anliegen, zur inneren Neuorientierung in der Nachkriegszeit tiefenpsychologische Erkenntnisse und religiöse Werte zu verbinden, bei Daur offene Ohren, und so gründeten die beiden 1949 die »Stuttgarter Gemeinschaft Arzt und Seelsorger«. Obwohl von Jung stark beeinflußt, forderte Bitter eine »synoptische Psychologie«, die sich auf keine Schule festlegt, sondern aus allen das Beste und Bewährteste nimmt und dabei immer bereit ist, auch neue Wege zu gehen.

Dieser ungemein rege Kreis von Ärzten und Psychologen der verschiedenen Schulen sowie Theologen beider Konfessionen wuchs rasch über Stuttgart hinaus und benannte sich 1974 um in »Internationale Gesellschaft für Tiefenpsychologie e. V.«. Im Vorstand wirkten Wilhelm Bitter, Hermann Breucha und Rudolf Daur zusammen.[195] In der »Stuttgarter Gemeinschaft Arzt und Seelsorger« wurde ein fruchtbarer Austausch von Theologie und seelsorglicher und homiletischer Praxis einerseits und Tiefenpsychologie und Psychotherapie andererseits gepflegt. Die regelmäßigen Tagungen schlugen sich in der stattlichen Zahl von 24 von Dr. Wilhelm Bitter herausgegebenen Berichtsbänden nieder.[196] Durch Rudolf Daurs Engagement stießen auch Lore und Theophil Askani zur »Stuttgarter Gemeinschaft Arzt und Seelsorger« und nahmen an einer Reihe von Tagungen mit großem Gewinn teil.

Daur engagierte sich im »Bund für Freies Christentum« und arbeitete in der Schriftleitung des Publikationsorgans »Freies Christentum« mit, wurde 1960 Präsident der deutschen Sektion und 1970 Ehrenpräsident.

Rudolf Daur hatte ein Gespür für die Liturgie und den Festcharakter des Gottesdienstes. Er eröffnete Hans Grischkat, der ihm seit seiner Reutlinger Zeit vom Bund der Köngener her bekannt war, 1945 ein neues Wirkungsfeld an der Markuskirche.[197]

18 Jahre lang, von 1953 bis 1971, war Daur Mitglied der Fünften, Sechsten und Siebten Landessynode der Evangelischen Landeskirche in Württemberg. Wie schon im Stuttgarter Stadtpfarrkonvent, so hat er auch hier nicht oft geredet, aber wenn er das Wort ergriff, hörten alle zu. Er hatte keine einfachen, aber durchdachte Lösungen, denen man, wenn irgend möglich, von allen theologischen Richtungen her zustimmte.[198]

Rudolf Daur hat dazu mitgeholfen, daß Theophil Askani die Freiheit und

Weite, die das Evangelium eröffnet und die in seiner eigenen religiösen Sozialisation so nicht angelegt waren, in ihren Konsequenzen auszuloten wagte. Daß das Evangelium weite Horizonte auftut und in der Kirche Jesu dem Zug zum Engen und zur geschlossenen Gesellschaft gegenüber widerständig ist, wird ein wichtiger Tenor in den Predigten Askanis.[199] Auch Daurs ökumenischer Impetus wirkt bei Askani auf seine Weise fort. So kann er in einer Predigt zum Reformationsfest die Aufgabe des Miteinanders evangelischer und katholischer Christen in den für ihn klassischen Satz fassen: »*Je näher wir dabei unserem Herrn sind, im Zentrum und Feuer des Evangeliums, desto näher und schöner, das werden wir entdecken, sind wir auch beieinander.*«[200] Ebenso ist die Interdisziplinarität ein wichtiges Grundmoment in der pastoralen Existenz Askanis, das durch Daur noch verstärkt worden ist; Soziologie, Philosophie (auch Sprachphilosophie), Psychologie, Musik und – mit wesentlichen Impulsen auch von seiten seiner Frau – Literatur sind die ihn bereichernden Felder.

DIE AMTSBRÜDER AN DER MARKUSKIRCHE (2) BISCHOF FRANZ HEIN

Bischof Franz Hein war der andere Amtsbruder in jener Zeit. Das Ehepaar Franz und Katharina Hein, deren Söhne bereits erwachsen waren, und die junge Pfarrfamilie Askani wohnten im selben Pfarrhaus Römerstraße 71. Franz Hein, seit 1935 Pfarrer in Franzfeld, war von März 1942 an der erste und einzige Bischof der Deutschen Evangelischen Kirche im Banat mit Sitz in Franzfeld gewesen, die damals aus dem 15 000 Gemeindeglieder zählenden Dekanat Franzfeld neugebildet worden war. Beweggründe für die Neuerrichtung dieser kleinen Landeskirche waren einmal die Tatsache gewesen, daß die donauschwäbischen Siedlungsgebiete Banat und Batschka durch die ungarische Besetzung der Batschka im Gefolge von Hitlers Jugoslawienfeldzug auseinandergerissen worden waren, zum anderen die naheliegende Befürchtung der Besetzung auch des Banats durch die Ungarn, die nur etablierte Ordnungen wie eben eine evangelische Landeskirche anerkannten.

Doch die Banater Evangelische Landeskirche hatte nur zweieinhalb Jahre Bestand. Am 4. Oktober 1944 waren Bischof Hein und die Franzfelder von der Militärbehörde aufgefordert worden, Franzfeld zu verlassen, da die vorrückenden Partisanen Titos und die Rote Armee ein Verbleiben unmöglich machten. Es war aber nur gelungen, neben der Bischofsfamilie 376 Franzfelder Frauen und Mädchen auszufliegen. Anderntags war die traditionsreiche donauschwäbische Siedlung im Banat besetzt worden. Von sei-

Abb. 14: Bischof Franz Hein vor der Markuskirche

nem österreichischen Zufluchtsort Bad Ischl aus hatte Hein im Juli 1945 ein Hilfskomitee für die heimatlos gewordenen Banater gegründet, die zerstreuten Gemeindeglieder gesammelt und war ein unermüdlicher Flüchtlings- und Lagerseelsorger geworden. Durch seine Bittschriften und Interventionen trug er maßgeblich zur Freilassung internierter Banater aus jugoslawischen Lagern bei.

1947 war Hein nach Stuttgart übergesiedelt, hatte zunächst den zweiten Seelsorgebezirk der Stuttgarter Markuskirche kommissarisch übertragen bekommen und war 1952 endgültig auf diese Stelle berufen worden. In treuer Seelsorgearbeit widmete er sich der ihm anvertrauten Parochie. Von seinem Stuttgarter Pfarramt aus gelang es ihm auch, weit über 20 000 Banatern die Ansiedlung in Württemberg-Hohenzollern zu ermöglichen. Seelsorgliche Betreuung in der Situation des völligen Verlustes der alten Heimat und des Neubeginns wie auch diakonische Dienste an seinen Banatern gehörten für Bischof Hein untrennbar zusammen.[201]

In seiner Laudatio auf Bischof Hein für die Festschrift zu dessen 75. Geburtstag 1976 hebt Theophil Askani insbesondere zwei Charakterzüge Bischof Heins hervor: Zum einen gibt er seinem Respekt davor Ausdruck, wie Bischof Hein mit seiner Familie sich in aller Bescheidenheit und mit dem ihm eigenen Sinn für die Realitäten auf den Wechsel von seinem kirchenleitenden Amt zu seiner neuen Aufgabe als zweiter Pfarrer an der Markuskirche eingestellt habe: »*Manch einer hätte diese Umstellung nicht gut ertragen oder in irgendeiner Form zu kompensieren versucht. Bischof Hein hat noch ganz aus dem gelebt, was war und mit der ihm eigenen Treue Menschen und Schicksale bewahrt. Wer eine Viertelstunde mit ihm im Gespräch war, wußte und weiß noch heute ganz gewiß, was Franzfeld bedeutet, so erfüllt ist sein Herz von dem allem gewesen und ist es immer noch. Zugleich aber hat er sich, ohne nach links oder rechts zu sehen, ganz seiner neuen Aufgabe zugewandt … Es waren mühsame Wege zu den Menschen, die sich auf den Trümmern wieder sammelten und neu beginnen mußten. Daß wieder Gemeinschaft geworden ist, auch in der Kirchengemeinde, und daß man bald wußte, was der II. Bezirk der Markusgemeinde bedeutete, auch an Aufgehobensein, das ist ihm zu danken.*«[202]

Zum anderen sei Bischof Heins pastorale Existenz durch seine große seelsorgerische Gabe geprägt, die den ursprünglichen Konnex von Seelsorge und höchst konkreter Leibsorge gewahrt habe; eine Seelsorge für den ganzen Menschen, wie sie vor allem in der ersten Nachkriegszeit und besonders bei seinen Banatern, die völlig neu anzufangen hatten, vonnöten war. Askani schreibt: »*Selten habe ich so das Gefühl gehabt, daß einer ein Vater seiner Gemeindeglieder geworden sei; ein Seelsorger, dem man sich anvertrauen kann, und ein Fürsorger, dem auch die Frage nicht zu gering ist, wo jetzt Möbel zu beschaffen wären und welche Sorte von Kühlschrank für diese Familie gerade am geeignetsten sei.«*[203]

Zum Geheimnis dieser zutiefst seelsorglichen Existenz gehörte nach Askanis Beobachtung die Bereitschaft zur Teilnahme an Schicksalen und die Bereitschaft, Türen aufzutun. In diesem Sinne habe Bischof Hein auch die Kasualien verstanden. In Taufe und Konfirmation sei für ihn unwiederbringliche Eingliederung in die große Familie der Gemeinde geschehen; und er habe in großer Anteilnahme und mit hilfreichem Rat den Weg seiner Konfirmierten begleitet. Zum Geheimnis der Seelsorge hätten bei Bischof Hein insbesondere sein hervorragendes Gedächtnis für Menschen und Namen gehört, das eine Brücke in die Vergangenheit der alten Heimat und zugleich eine wichtige Voraussetzung für den Gemeindeaufbau in der Markusgemeinde gewesen sei, und sein treuer und ausgedehnter Besuchsdienst, durch den Vertrauen gewachsen war, so daß sich ihm die Herzen geöffnet und die Türen der Häuser offengestanden hätten.[204]

Die junge Pfarrfamilie Askani war bei dem Ehepaar Franz und Katharina Hein immer willkommen und auch zu Hause. Gerne denken Askanis zurück an die Atmosphäre ursprünglicher und natürlicher Gastfreundschaft, die gerade auch Frau Hein verbreitete.

Sein erstes Pfarramt an der Markuskirche hat Askani als runde, schöne, unvergeßliche Zeit in Erinnerung behalten, gefüllt mit kostbaren Erfahrungen, zu denen ganz gewiß diese gehört: *»Es war die Erfahrung guter, treuer Bruderschaft im Amt. Bis heute lasse ich es mir nicht ausreden, daß zur besonderen Schönheit unseres Amtes gehört, miteinander den Dienst des Evangeliums tun zu können.«*[205] Die Jahre 1957 bis 1963 waren ein gelungenes Beispiel versöhnter und sich gegenseitig befruchtender Vielfalt: *»Wir waren sehr verschiedene Leute in jenen Jahren an der Markuskirche. Pfarrer Daur, weit hinaus über den Horizont der Markuskirche und nicht nur in unserer Landeskirche bekannt und verehrt. Er war 1939 in die Gemeinde gekommen und hat ihr über Jahrzehnte das Gepräge gegeben ... Ich selber war in der Gemeinde aufgewachsen und 1957 mit 34 Jahren als Jüngster in den Dreier-Bund getreten. Dazu Bischof Hein mit seiner eigenen Prägung und seiner ganz eigenen Lebensgeschichte mit seiner Frau. Verschiedener hätte man sich das Trio nicht denken können, aber einiger wohl auch kaum ... [Es] hatte jeder seinen Part und jeder sang und spielte ihn so, daß des anderen Melodie zur Geltung kam.«*[206]

Abb. 15: Rudolf Daur und Theophil Askani (r.) mit Konfirmanden beim Auszug aus der Markuskirche, um 1960

ASKANIS SCHWERPUNKTE ALS DRITTER MARKUSKIRCHENPFARRER: SEELSORGE UND PREDIGT, KINDERKIRCHE UND JUGENDARBEIT

Als Markuskirchenpfarrer macht Askani intensivst Seelsorgebesuche, und als Seelsorger ist er seinen damaligen Gemeindegliedern bis heute in Erinnerung.[207] Er beschreibt einmal seine Seelsorgetätigkeit in jenen zuversichtlichen Jahren des Neuaufbaus mit den Worten: »*Es war, als ob das Lebensgefühl einer Generation noch einmal Atem geholt hätte. Damals mußte ich als junger Seelsorger, an Krankenbetten und in Flüchtlingsstuben etwa, lernen, daß inmitten der Gesunden, Starken die Niedergeschlagenen sind, ein Einzelner hier, ein Einsamer dort, und daß das noch einmal anders ist, natürlich, als wenn ein ganzes Volk miteinander leidet. Warum?, und warum ich gerade?, und warum ich gerade jetzt?, – das waren die Fragen, die neben der Schwäche standen, dunkler oft als das eigentliche Geschick.*«[208]

Gewiß gab es auch manch desillusionierende Erfahrung. Als der Reutlinger Prälat in seinem Weihnachtsbrief 1979 den Rat gibt, im Kirchengemeinderat zu beraten, was im kommenden Jahr zu lassen sei, damit Zeit für Besuche gewonnen werde, und dabei den konkreten Vorschlag macht, eine Woche im Monat »kreisfrei« zu halten, gesteht er sogleich ein: »*Ich gebe mich keinen Illusionen hin. Bei einem meiner ersten Besuche öffnete mir eine junge Frau. Als ich mich vorgestellt hatte, rief sie zurück in die Wohnung: ›Oma, das geht dich an‹. Im folgenden saß die Familie in der warmen Küche und die Oma und ich im kalten Salon unter den Bildern der Ahnen. Das ist kein schlechter Platz, und um Missverständnisse zu vermeiden, sei deutlich hinzugefügt, welches Gewicht die Besuche bei den 70-Jährigen haben. Aber dass der Pfarrer vorzugsweise mit der Oma zu tun hat, klang mir noch lange in den Ohren.*«[209]

Bei den Besuchen in seiner Parochie sammelt Askani grundlegende Seelsorgeerfahrungen und lernt Lebensgeschichten und -schicksale kennen, die auch in seinen späteren Predigten auftauchen. So ist ihm eine Begegnung besonders nahegegangen: »*Manchmal denke ich an die ersten Besuche zurück, die ich als Pfarrer zu machen hatte. Solche Anfänge sind ja wie ein Abenteuer in einem noch nicht entdeckten Land und die Erfahrungen daraus begleiten und prägen mehr, als uns bewusst ist. Vor allem ist mir eine Stube in Erinnerung, in der eine Frau lag, die gelähmt war seit der Geburt ihrer Tochter. Die Tochter war nun über 30 Jahre alt. Zart und gebrechlich war der Körper geworden, und nur mit grosser Geduld konnte man ihn ein wenig bewegen. Aber über dem Bett hing die grosse, leicht gewölbte Messingschale einer Lampe. Darin spiegelte sich das Fenster und die Strasse, ein wenig Sonne, die Menschen und die Strassenbahn. Das ist meine Welt, sagte die Kranke mit ihrem mühsamen Lächeln, und so habe ich teil am Leben. Es war mir immer merkwürdig zumut, wenn ich danach wieder auf die Straße trat, den Geschmack des Staubes auf der Zunge hatte und hingehen konnte, wohin ich wollte, zum Haus nebenan und zu dem Menschen dort drüben. Leben und Wirklichkeit – was ist es denn? Ist es hier draussen oder dort drinnen?*«[210]

Und in einer anderen Schilderung dieser seelsorglichen Begleitung merkt Askani an: »*Manchmal war die Stunde am Bett dort ganz traurig, und manchmal ging von diesem Menschen, von dem so schmalen Ausschnitt an Leben zwischen Schmerzen und Jammer, eine Kraft aus, eine merkwürdige Kraft, Gott zu danken und ihn zu loben für diese Bruchstücke von Wirklichkeit.*«[211]

Als junger Kollege auf der dritten Pfarrstelle der Markuskirche ist Theophil Askani im besonderen verantwortlich für die Bereiche Jugendarbeit und Kindergottesdienst. Zusammen mit Paul Fischer, dessen Jungscharleiter er in seiner Schulzeit war, macht Theophil Askani wieder, wie in alten Zeiten, Jugendarbeit.[212] Den Helferinnen und Helfern im Kindergottes-

Abb. 16: Theophil Askani bei einem Ausflug der Kinderkirchhelferinnen und -helfer der Markusgemeinde

dienst kann er als glänzender Erzähler hilfreiche Anregungen geben, und im Helferkreis, wie er damals hieß, wurde neben ernsthafter Arbeit auch oft herzlich gelacht. Askani nahm das Amt der Helferinnen und Helfer ganz ernst, ja, er sah in ihnen »*das Lebenszeichen einer mündigen Gemeinde, dessen man sich freuen kann, und der Dienst, den sie tun, wirkt weiter, als wir uns im allgemeinen bewußt sind*«.[213] Kinderkirch-Helferausflüge waren Höhepunkte auf dem gemeinsamen Weg im Bemühen um die Kinder.[214] Ein jährliches Kindergottesdienstfest am Nachmittag versammelte die Kinder und deren zum Teil kirchlich randständige Eltern; Pfarrer Askani veranstaltete als Abschluß ein Ballonsteigen, bei dem an jeden Ballon eine Kindergottesdienstkarte mit einem Gruß von der Markusgemeinde und der Adresse des Absenders angebracht wurde. Wochenlang brachten die Kinder strahlend die eingegangenen Karten zurück, und die Landeplätze der Ballone wurden auf einer übergroßen Landkarte eingetragen.[215]

Daß der junge Pfarrer an der Markuskirche bereits zu jener Zeit als guter Prediger und Schriftausleger gilt, zeigt sich daran, daß er um Betrachtungen zum Predigttext im Evangelischen Gemeindeblatt gebeten wird.[216] 1962 steuert er die erste Lektorenpredigt bei, wobei ihm diese Aufgabe deshalb eine große Herausforderung ist, weil er keine konkrete Gemeinde als

Gegenüber hat; er, der so unmittelbar ad hominem redet und Predigt als Zwiesprache mit den Hörern versteht, vor deren Angesicht die gehaltene Predigt gegenüber dem Niedergeschriebenen an Unmittelbarkeit gewinnt.[217] Kurz vor seiner Emeritierung suchte ihn sein ehemaliger praktisch-theologischer Tübinger Lehrer, Professor Karl Fezer, in der Römerstraße 71 auf und bestürmte ihn, doch die praktisch-theologische Universitätslaufbahn einzuschlagen und eine Professur anzustreben – schließlich hatte Askani das beste II. Examen seit dem Krieg abgelegt[218]. Askani aber erklärte ihm, er habe Theologie studiert, um mit ganzer Leidenschaft Prediger und Seelsorger zu sein, und er wolle als theologisch reflektierender Pfarrer in der Gemeinde bleiben.

Wie sehr Askani mit der Markusgemeinde verbunden war, leuchtet in der Taufansprache für sein viertes Kind, Stephan, am 14. August 1960 auf: »*Ich freue mich, daß ich unser Kind an dem Taufstein taufen darf, an dem mich einst vor 37 Jahren mein Patenonkel Pfarrer Friedrich Askani getauft hat. Und daß auf diese Weise eine Linie hindurchgeht durch unsere Familie und wir auch auf diese Art mit der Markuskirche verbunden sind.*«

Abschied von der Markusgemeinde

Nachdem Rudolf Daur 1962 in den Ruhestand gegangen war, hatte der Oberkirchenrat für Askani eine neue Aufgabe im Blick: das Pfarramt in der Brenzgemeinde. In den Saal der Markuskirche unter der Empore wurde auf Sonntag, 3. März 1963, 15 Uhr, zu einer Abschiedsfeier für die inzwischen sechsköpfige Pfarrfamilie Askani – Theophil und Lore Askani mit Hans-Christoph, Gottfried, Cornelie und Stephan – eingeladen. In dem von Pfarrer Lempp unterzeichneten Einladungszettel heißt es: »In froher und ernster Weise wollen wir dort unseren Dank für den treuen Diener am Wort in unserer Markusgemeinde zum Ausdruck bringen.«[219]

KAPITEL V

Die Askani prägenden Stuttgarter seelsorglichen Predigttraditionen

Nachdem wir in einem ersten, unter dem Leitwort »Prägungen« stehenden Spannungsbogen dem historisch-biographischen Faden von der Gestalt des Vaters Gustav Askani bis hin zu Theophil Askanis Wirken im Ensemble der Markuskirchenpfarrer gefolgt sind, halten wir an dieser Stelle inne. In den vergangenen vier Kapiteln hat sich gezeigt, daß Theophil Askani aus markanten theologischen und homiletischen Traditionen des evangelischen Württemberg schöpfte und sich von ihnen anregen ließ. Diese Traditionen begegneten ihm in Gestalt profilierter Theologen und Prediger. Im Hören auf und in der Auseinandersetzung mit diesen Traditionen und in der theologischen Reflexion der je aktuellen Herausforderungen des Zeitgeschehens und des eigenen Lebensweges erwuchs das unverwechselbare Profil des Predigers Theophil Askani, das uns dann im zweiten Spannungsbogen »Profile« in den Kapiteln 6 bis 12 deutlicher vor Augen treten wird.

Es ist deshalb hier der Ort, die Predigtauffassung und -praxis dieser Persönlichkeiten des evangelischen Württemberg des 20. Jahrhunderts darzustellen und so den geistig-geistlichen Traditionshintergrund von Askanis eigenem Wirken als Prediger zu skizzieren. Im Bild gesprochen setzen wir den ersten historisch-biographischen Spannungsbogen jetzt auf einem historisch-systematischen Brückenpfeiler auf.

Den sechs Predigern, die nun zu nennen sind, ist bei allen Unterschieden das starke Hervortreten der seelsorglichen Dimension ihres Predigtwirkens gemeinsam. Dabei lassen sich zwei Grundlinien unterscheiden: Bei Theophil Wurm, Karl Hartenstein und Helmut Thielicke wurde das starke Hervortreten der seelsorglichen Dimension der Predigt durch die existentielle Grenzsituation ständiger Todesbedrohung in den letzten Kriegsjahren provoziert[220], bei Hilmar Schieber, Albrecht Goes und Rudolf Daur resultiert die seelsorgliche Dimension der Predigt in erster Linie aus ihrer leidenschaftlichen Zuwendung und Sorge dem einzelnen gegenüber.

Die Aufwertung der seelsorglichen Dimension der Predigt in der Grenzsituation ständiger Todesbedrohung

Mit Karl Fezer war auch in Württemberg ein epochaler Wandel in Predigttheorie und -praxis eingeläutet worden. Dieser Wandel wird in der heutigen Praktischen Theologie mit dem Begriff ›Paradigmenwechsel‹ umschrieben. Dieser Begriff stammt aus der Wissenschaftstheorie, wo er 1973 von Thomas S. Kuhn eingeführt wurde. Paradigma meint die Gesamtheit aller eine Disziplin in einem Zeitabschnitt beherrschenden Grundauffassungen hinsichtlich Gegenstandsbereich und Methode. Ein Paradigma hat integrative Funktion hinsichtlich gemeinsamer Prämissen, Methoden und Fachbegriffe und wirkt so schulbildend. Innerhalb einer solchen Schule müssen der einzelne Forscher und die einzelne Forscherin bei ihren Hauptwerken nicht mehr versuchen, ihr Fachgebiet neu aufzubauen – von den Grundprinzipien bis zur Rechtfertigung jedes neu eingeführten Begriffes –, sondern können sich auf spezielle Aspekte der in ihrer Gruppe verhandelten Probleme beschränken. Durch neue, in das vorliegende Paradigma nicht einordenbare Erkenntnisse oder durch grundlegende Wandlungen des sozialen, ökonomischen oder intellektuellen Umfeldes kommt es zu einem Paradigmenwechsel, zu einer wissenschaftlichen Revolution also, in deren Verlauf das alte Paradigma abgelöst und ein neues Paradigma, eine neue wissenschaftliche Schule, begründet wird. In der Praktischen Theologie wird der Begriff Paradigma dazu verwandt, ein Stadium oder eine Epoche der Homiletik, Seelsorge und Religionspädagogik – vor allem der letzten gut hundert Jahre – zu beschreiben.[221]

Herkömmlicherweise spricht man im Bereich der Homiletik vom modernen Paradigma, das sich zeitlich von spätestens Ende letzten Jahrhunderts bis zum Ersten Weltkrieg erstreckt. Kennzeichnend für dieses Paradigma, das sich mit der liberalen Theologie verknüpft, sind die Abkehr von den Prinzipienfragen der Homiletik und eine unter dem Eindruck der aufblühenden Humanwissenschaften und der Religionspsychologie sowie dem Kulturprotestantismus der wilhelminischen Ära vollzogene Hinwendung zum modernen Menschen.[222] Schlüsselbegriffe dieses Paradigmas sind die religionspsychologische Kategorie »Erlebnis« und »der moderne Mensch«. Damit wird versucht, die konkreten Adressaten von Predigt, Unterricht und Seelsorge ernstzunehmen.

Mit nur wenigen Ausnahmen versagt allerdings die dem modernen Paradigma verpflichtete Predigt im Ersten Weltkrieg, wo Predigt als Mittel zur Darstellung und Vertiefung des patriotisch-religiösen Kriegserlebens dient.[223] Unter den Erschütterungen des Weltkrieges kehrt sich die jüngere Theologen- und Philosophengeneration vom idealistischen Menschenbild und von der Synthese von Christentum und Kultur, wie sie die liberale Theologie vertreten hatte, ab.

Der Wechsel in der Praktischen Theologie weg vom modernen hin zum kirchlichen Paradigma wird eingeleitet durch den Neuaufbruch der sich auf die »Sache« konzentrierenden Dialektischen Theologie, die erstmals in Karl Barths »Römerbrief« von 1922 und seinem Vortrag »Das Wort Gottes und die Theologie« (1922) zum Tragen kommt, und durch den eigenständigen homiletischen Beitrag »Das Wort Gottes und die Predigt« (1924) von Karl Fezer. Leitbegriffe dieses Paradigmas sind »Wort Gottes« und »zeugnishafte Verkündigung«. In der Frontstellung gegenüber dem modernen Paradigma begegnet hier eine Skepsis gegenüber aller Methodik und eine Distanz gegenüber den Humanwissenschaften. Das kirchliche Paradigma in der Homiletik überspannt einen Zeitraum von annähernd vier Jahrzehnten, bis mit Ernst Langes Arbeiten die empirische Wende beginnt und sich ein abermaliger Paradigmenwechsel vollzieht.[224]

Charakteristisch für das kirchliche Paradigma war seine geschlossene theologische Konzeption und Konzentration auf die »Sache«, was sich im Bereich der Homiletik in der Betonung der reinen Textpredigt niederschlug. Diese, die ganz am Bild des auf den gekreuzigten Christus hin ausgestreckten Zeigefingers Johannes des Täufers auf dem Isenheimer Altar ausgerichtet ist, will prophetisches und lehrhaftes Zeugnis sein, das sich aus sorgfältiger Textauslegung speist. Die Person des Predigers hat dabei völlig hinter den Text zurückzutreten. Diese dem Leitbild des kirchlichen Paradigmas verpflichtete Textpredigt hatte in den zwanziger Jahren die Kraft, den theologischen Liberalismus zu überwinden, und sie verlieh vor allem der Verkündigung im Kirchenkampf in den dreißiger Jahren Widerstandsfähigkeit gegenüber der Verfälschung des Evangeliums durch die Deutschen Christen. Der Prediger als Seelsorger, die seelsorgliche Dimension des Predigtgeschehens, kam in dieser Konzeption allerdings nur ganz am Rande vor; zentral ging es um das reine Zeugnis des biblischen Textes und dessen Konsequenzen.[225]

Die Predigtpraxis in der Zeit der Dominanz des kirchlichen Paradigmas freilich bot ein differenzierteres Bild als die Theorie. Karl Fezer, der mit seiner Studie »Das Wort Gottes und die Predigt« in eigenständiger Weise bemüht war, das moderne Paradigma zu überwinden, fordert vom Prediger neben der Kenntnis der im Schriftwort erscheinenden pneumatischen Wirklichkeit in gleicher Weise eine ebensolche Kenntnis der konkret vorfindlichen gottesdienstlichen Gemeinde, zu der er redet, gesteht also der Empirie nach wie vor ihr Recht zu.[226] Die beiden Askani prägenden württembergischen Prediger mit Kirchenkampf-Erfahrung, Wurm und Buder, waren dem biblischen Text verpflichtete Zeugen des Evangeliums. Zeugen aber nicht im Sinne von bloßen Werkzeugen im Offenbarungsgeschehen, deren Persönlichkeit völlig hinter die Verkündigung zurückgetreten und darum letztlich austauschbar gewesen wäre, sondern Zeugen, die sich durch ihr Leben und ihre christliche Art als glaubwürdig erwiesen. Daß ihr Zeugnis in ihrer Biographie Gestalt gewann, machte es für die Hörer so lebensnah.[227]

An der Gestalt Walther Buders, des Konfirmators Askanis, hatten wir gesehen, wie der Prediger durch saubere Textarbeit bereits in der Anfangszeit des NS-Staates und auf dem Höhepunkt des Kirchenkampfs in Württemberg zur ›Sache‹ vordrang und von da aus zu theologisch fundierten Worten zur aktuellen Lage gelangte. Gegenüber deutsch-christlichen, im Gewande der Zeitgemäßheit daherkommenden Entfaltungen evangelisch-reformatorischer Grundanliegen führte Buder das pondus peccati, das Gewicht der Sünde, ins Feld, das in seinem ganzen Ernst zu sehen ist, soll nicht der Kern reformatorischer Predigt Schaden leiden: die um Christi willen gewährte Vergebung. Buders in seinen Predigten artikulierte theologische Grundentscheidungen gewannen Gestalt im Leben und Handeln, auch im kirchenpolitischen Handeln des Predigers.

Als der Zweite Weltkrieg auf Deutschland zurückschlug und mit den Städten auch die Kirchen in Schutt und Asche sanken, wuchs in dieser existentiellen Grenzsituation ständiger Todesbedrohung der Hunger nach wahrhaft evangelischer Trostpredigt. Die seelsorgliche Dimension der Predigt, bislang eher ein Randphänomen, trat nun deutlich hervor. In der Predigtpraxis wurde im Angesicht der suchenden, fragenden Menschen mit ihren trostbedürftigen Seelen neben dem ernsten Ruf zur Buße angesichts des sich vollziehenden Gerichts auch der aus dem Evangelium kommende Trost in die konkrete Situation der Trauer, Verstörtheit und Orientierungslosigkeit hineingesagt.[228]

Wir konzentrieren unseren Blick nun auf die Stuttgarter Situation der Kriegs- und Nachkriegsjahre. Bis ins Jahr 1943 hinein war Stuttgart noch eine einigermaßen intakte Stadt mit blühendem Kulturleben. Seit dem Beginn des Jahres 1943 zeichnete sich jedoch die Niederlage Deutschlands ab. Landesbischof Wurm sah nun seine Aufgabe darin, an die Gemeinden Hirtenbriefe, Worte der Stärkung, der Weisung und des Trostes zu richten, aber auch Kirche und Volk öffentlich zur Buße zu rufen.

Als in der Nacht vom 11. auf den 12. März 1943 der erste große, schwere Luftangriff auf Stuttgart stattgefunden hatte, lud Bischof Wurm die betroffenen Gemeinden zu einem Trostgottesdienst in die Stuttgarter Markuskirche ein.[229] Die großen Luftangriffe auf Stuttgart im Juli 1944 bedeuteten die größte Zäsur in der Geschichte des evangelischen Stuttgart. In der Nacht vom 25. auf den 26. Juli 1944 brannte auch die Stiftskirche, in der schon der Reformator Johannes Brenz gewirkt hatte, und das Haus der Prälatur in der Kanzleistraße 5 ab, das die Familien Hartenstein, Thielicke und Pfeifle gemeinsam bewohnt hatten.

Bischof Wurm schrieb am 1. August 1944 in einem Wort an die Pfarrer: »Neue schwere Schläge haben unser Württemberger Land und Volk getroffen. Stuttgart, seit siebenhundert Jahren seine Hauptstadt und der unbestrittene Mittelpunkt seines geistigen Lebens, ist durch wiederholte, furchtbare Nachtangriffe ein Trümmerfeld geworden. Ungezählte Volksgenossen haben Obdach und Habe verloren, viele auch Leben oder Gesundheit. Die Daseinsbedingungen sind ganz primitiv und sehr hart geworden. Der weitaus größte Teil der Bevölkerung wird ein Unterkommen im Lande suchen müssen. Für die evangelische Kirche und das kirchliche Leben bedeutet die Zerstörung der Hauptstadt einen ganz schweren Verlust. Die Stuttgarter Gemeinde hat auch in der Epoche der Industrialisierung, des beschleunigten Bevölkerungszuwachses und der damit zusammenhängenden schweren sozialen, sittlichen und religiösen Krisen nicht bloß von einer ehrwürdigen, durch Namen wie Rieger, Dann, Ludwig und Wilhelm Hofacker, Albert Knapp, Karl Gerok, Friedrich Braun, die Prälaten Kapff, Burk, Weitbrecht, Römer bezeichneten Tradition gelebt, sondern eine starke missionarische und organisatorische Kraft entfaltet. Wie Stuttgart im deutschen Buchhandel den nächsten Platz nach Leipzig behauptete, so war es im christlichen Schrifttum führend, vor allem durch die Bibelanstalt, die Evangelische Gesellschaft, den Philadelphia- und Missionsverlag, die Verlage von Steinkopf und Belser. Die Musica sacra fand eine hervorragende Pflege in der Hochschule für Musik und in zahllosen erhebenden Aufführungen, zu denen sich vor allem in der nun zerstörten Stiftskirche eine große Gemeinde zusammenfand. Bis zum Ausbruch des Zweiten Weltkrieges hat auch die kirchliche Bautätigkeit nicht geruht und neben neuen Kirchen auch eine Reihe von trefflich ausgestatteten Gemeindehäusern geschaffen. Die beiden Diakonissenhäuser, die übrigen christlichen Liebeswerke und die kirchlichen Wohlfahrtseinrichtungen für die Kinderwelt und die heranwachsende Jugend haben trotz manchen Erschwerungen von außen sich behaupten und ausdehnen können. Das alles ist jetzt dahin, mit den Denkmälern der Vergangenheit auch die Schöpfungen der Neuzeit! Das Schwabenland und besonders auch das evangelische Württemberg ist ins Herz getroffen!«[230]

Helmut Thielicke, der in der Markus-, dann in der Stiftskirche an den Donnerstagabenden im Jahr 1943 seine vielbeachtete christliche Glaubenslehre in einer neuen Art von Lehrpredigt vorgetragen hatte und dann 1944/45 in der Hospitalkirche mit seiner Vaterunser-Auslegung »Das Gebet, das die Welt umspannt« begann, erinnert sich an den immensen Hunger nach biblischem Trost bei seinen Zuhörern in jener Zeit des Luftkriegs: »Der Redner sah auf den Gesichtern seiner Hörer die Schicksale geschrieben, aus denen sie alle kamen oder denen sie entgegengingen. Er las die Gespanntheit in ihnen, ob nicht schon die nächste Minute den Heulton der Sirene brächte, der sie alle auseinandertreiben würde – wie es nicht selten geschah; er sah die Qual der Anfechtung in ihnen geschrieben und das Hungern und Dürsten nach einem gültigen Trost, der bei der Arbeit und in den unterirdischen Verliesen und während der Marterungen des Leibes und der Seele Bestand hätte.«[231]

In einem Rundbrief an Freunde und frühere Studenten von Mitte November 1944 berichtet Thielicke über die Donnerstagabendvorträge in der Stuttgarter Stiftskirche, die nach der Zerstörung Stuttgarts im Juli und September 1944 als Doppelreihe in Bad Cannstatt und Ludwigsburg unter großen Gefahren fortgesetzt werden konnten. Die unter den Bedrohungen des Luftkrieges gehaltenen Vorträge wurden als eine »Theologie angesichts des Todes« geschaffen und vorgetragen. Die Belastung, aber auch der Segen des äußersten Ernstfalls gebar die wahrhaft seelsorgliche Predigt, in der »jeder theologische Gedanke schon von selbst darauf drängte, den etwaigen Umkreis des Spekulativen zu verlassen und seinen letzten evangelischen Trostgehalt zu entbinden«.[232]

Vor diesem Hintergrund wies der Runderlaß »Anliegen der Kriegszeit« an die Dekanatämter vom 15. Dezember 1944 darauf hin, künftig mehr als bisher darauf zu achten, »... daß jeder Gottesdienst noch stärker den Charakter der Anbetung erhält und der Bitte und Fürbitte mehr Raum gewährt wird. Auch der Predigt muß das seelsorgerliche Anliegen anzuspüren [sic!] sein ...«[233]

Theophil Wurms Hirtenbrief an die Pfarrer vom 16. Oktober 1944

Der Kirchenkampfprediger Theophil Wurm, den Gerhard Schäfer meines Erachtens zutreffend in der Tradition der einstigen württembergischen Hofprediger stehen sieht, die den Fürsten ins Gewissen zu reden hatten, ohne aktiven politischen Widerstand zu propagieren[234], nahm neben dem Wächteramt seit 1942/43, als der Krieg eine Wendung nahm und Wurm aufgrund der von Deutschen begangenen Verbrechen gegen die Menschlichkeit das Gericht über Deutschland heraufziehen sah, in deutlicher Weise auch das Trostamt wahr: Deuterojesajas Trostpredigt in Jesaja 40 mit dem Ruf: »Tröstet, tröstet mein Volk!« wird für Wurm seit 1942 zum Paradigma kirchlicher Verkündigung angesichts des verheerenden Luftkrieges und der ständigen Todesgefahr.

Angesichts dieser Grenzsituation richtet Wurm seelsorgliche Sendschreiben an besonders heimgesuchte Gemeinden und betroffene Personengruppen.[235] Sein Hirtenbrief an die Pfarrer vom 16. Oktober 1944[236] ist ein großartiges Dokument homiletischer Theoriebildung über seelsorgliches Predigen. Dieser Hirtenbrief ist eine aus zweijähriger eigener Erfahrung, im Angesicht der Todesbedrohung predigen zu müssen, gewonnene homiletische Rechenschaft über Aufgabe, Ausgangspunkt, Profil und Zielpunkt der jetzt der Kirche aufgetragenen Trostpredigt. Diese hat Wurm zufolge die Aufgabe, dem Menschen sub specie aeternitatis, im Licht der Ewigkeit, seine wahre Situation vor Gott zu erhellen, was zu der Bitte führt: ›Herr, im Lichte deiner Wahrheit erkenne ich, daß ich gesündigt habe in Gedanken, Worten und Werken …‹

Ausgangs- und Angelpunkt biblisch fundierter Trostpredigt ist die Botschaft vom Kreuz, die Gottes Liebe offenbart und die immer neu Anfechtung zu überwinden vermag; Anfechtung, die, wie an Luthers Erfahrungen zu sehen ist, mit dem Glauben aufs engste verschwistert ist. Die Gemeinden sollten ihren Predigern die kostbare Erfahrung des stets neu aus der Anfechtung herauskommenden Glaubens anmerken können.

Die Trostpredigt gewinnt ihr Profil aus der unabdingbaren Verbindung mit einer ebenso biblisch fundierten Bußpredigt. Dies ist exemplarisch zu sehen an Wurms Predigt in der Reutlinger Marienkirche an Kirchweih 1943, die Askani mehrfach aufgreift und in der Wurm angesichts vielfachen Kriegstodes und brennender Häuser an die Schuld der Euthanasie und der Reichspogromnacht erinnert. Buße tun, so führte Wurm aus, heiße jetzt: aufhören, nur andere anzuklagen, sich die alttestamentlichen Frommen zum Vorbild nehmen, ans eigene Herz schlagen, die Schuld des Volksganzen sich auf das Herz laden und priesterlich fürbittend vor Gott eintreten. So allein könnten wir den Weg gehen, den Gott mit uns gehen wolle, so allein erführen wir seine Gegenwart und Nähe. Letzter Zielpunkt der Trostpredigt ist die biblische Eschatologie, der tröstliche Ausblick auf den kommenden Herrn und sein Reich. An dieser Stelle wird der fruchtbare Austausch Wurms mit Hartenstein greifbar.

Die von Wurm seit 1942 profiliert praktizierte und im Großen Hirtenbrief homiletisch reflektierte Trostpredigt ist, wie gesagt, erwachsen aus der seelsorglichen Herausforderung angesichts der Situation äußerster Bedrängnis und Todesgefahr. Diese Herausforderung sensiblisierte ihn zu einem neuen Wahrnehmen des biblisch fundierten, bei Deuterojesaja paradigmatisch ausgebildeten Trostamtes: Der Prediger, selber stets neu aus der Anfechtung herkommend und getröstet (vgl. 2. Korinther 1,3–7), spricht den Hörenden den vom Gott allen Trostes herkommenden Trost zu, den sie sich selber nicht geben können. Daß diese wahrhaft evangelische Trostpredigt nicht anders geschehen kann als unter Einbezug des pondus peccati, des Gewichtes der Sünde – hinsichtlich ihrer individuellen wie auch ihrer gesellschaftlichen Ausprägung –, ist die besondere praktisch-theologische Pointe von Wurms Großem Hirtenbrief.[237]

Karl Hartenstein und die Wiederentdeckung des Trostpotentials der Johannes-Offenbarung, des Johannes-Evangeliums sowie des Abendmahls

Prälat Dr. Karl Hartenstein[238] war neben Landesbischof Wurm der bedeutendste Prediger des evangelischen Stuttgart der vierziger Jahre. Wenngleich sein Einfluß auf Askani vordergründig nicht in breitem Maße auszumachen zu sein scheint, so ist dieser doch als untergründiger Quellstrom von Askanis seelsorglichem Predigen nicht zu unterschätzen. Dieser Quellstrom tritt insbesondere in Askanis programmatischer Predigt zu Johannes 21, »Da es aber jetzt Morgen war, stand Jesus am Ufer«, und in seinen Predigten zu Texten aus der Offenbarung zutage. Helmut Claß sieht eine Stammverwandtschaft zwischen Hartenstein und Askani: stark vom johanneischen Schrifttum geprägt, sei Hartensteins Predigt warmherzig, mystisch, zuzeiten die Christusminne tangierend, und ebendies schimmere auch bei Askani durch.[239]

Als junger Heimkehrer aus dem Ersten Weltkrieg, der seinen Vorkriegsidealismus zerbrochen hatte, war Hartenstein zunächst stark beeindruckt von Karl Barth und seiner im »Römerbrief« manifesten Theologie der Krisis. Über der Beschäftigung mit den Schwäbischen Vätern, auf die ihn Karl Heim aufmerksam gemacht hatte, und deren endzeitlichem Denken fand Karl Hartenstein zum prophetischen Buch des Neuen Testaments, der Offenbarung. Bereits als Uracher Stadtpfarrer vertiefte er sich in die Offenbarung und arbeitete an deren Auslegung ständig weiter, bis daraus sein bedeutsamstes theologisches Buch mit dem Titel »Der wiederkommende Herr« entstand, in dem er der Gemeinde den Trostgehalt der Hoffnung auf den wiederkommenden Herrn in der konkret erlebten Situation des Leidens vor Augen stellte.[240]

Hartenstein geht in seiner die Offenbarung in das Gesamtzeugnis der Schrift einordnenden Auslegung davon aus, daß dasJohannes-Evangelium und die Johannes-Offenbarung zwei unauflöslich zusammengehörige Worte e i n e s Zeugen sind: das Evangelium, das Wort vom Kreuz, zeigt den Weg Jesu Christi, der sich bereits ereignet hat von seiner Geburt an bis hin zu seiner Himmelfahrt. Die Offenbarung, das Wort vom Reich, zeigt denselben Jesus Christus, wie er am Ende als der offenbar sein wird, dem alle Reiche der Welt gehören werden. Christen leben in der Spannung des Schon und Noch nicht, insofern sie einerseits gewiß sind, daß sie Christus zu eigen sind und über ihrem Leben kraft des aufgerichteten Kreuzes und des leer gefundenen Grabes die Schuldfrage gelöst ist, und indem sie andererseits auf den Tag der Vollendung hoffen, an dem sie sichtbar zu Christus heimkehren und die ganze Welt in Gottes Machtbereich eingeholt wird.

Unter den verschiedenen Deutungsansätzen hat Hartenstein sich damit für die heilsgeschichtliche – er sagt lieber reichsgeschichtliche – Deutung entschieden. Das Grundthema der Offenbarung lautet demnach: »Die Gemeinde Jesu Christi auf dem Wege durch die Zeiten zwischen Himmelfahrt und Wiederkunft.« Hartenstein legt größten Wert darauf, daß nicht Neugier und fromme Lüsternheit dieses Buch erschließen, sondern: »Wer dieses letzte Buch öffnen will, der muß um drei Dinge wissen: um die Tränen, um die Schuld und um den Tod … Mich dünkt: wir sollten dieses Buch so öffnen als Menschen, die mit den Tränen dieser Zeit, mit der Schuld des Lebens und der Welt und mit dem großen Sterben dieser Tage wohl vertraut sind, … um dann getröstet, begnadet und mit Hoffnung erfüllt zu werden, wie vielleicht aus keinem Buch der Heiligen Schrift.«[241]

Auf diesen hermeneutischen Schlüssel Hartensteins rekurriert Theophil Askani dankbar bei seinen Predigten und Meditationen zu Texten aus der Offenbarung. Am Ewigkeitssonntag 1972 in Ulm und dann sechs Jahre später in Reutlingen sagt er in seiner Predigt zu Offenbarung 22: *»Karl Hartenstein, der frühere Stuttgarter Prälat, manchen unter uns vertraut, hat das Buch der Offenbarung sehr liebgehabt. Er hat einmal geschrieben: ›Wer dies Buch öffnen will und verstehen, der muß um drei Dinge wissen: um die Tränen, um die Schuld und um den Tod.‹ … Das heißt … , die Neugier wird es nicht begreifen. Wer die Tage nur zählen will und wissen, was morgen passiert, wer Gottes Plan in der Schublade hat und seinen Willen nachrechnen kann, der mißbraucht diese Schrift, wie einer die Liebe mißbraucht, wenn er sie in eine Formel pressen will.«*[242]

In mehreren kleinen Schriften hat Hartenstein auch das Trostpotential des für ihn mit der Offenbarung aufs engste zusammengehörenden Johannes-Evangeliums neu erschlossen.

Hartenstein hatte zudem das Abendmahl aus seinem Winkeldasein herausgeholt, in das es in Württemberg im Laufe der geschichtlichen Entwicklung geraten war, und an diesem Punkt – aufgrund seiner bewegenden Erfahrungen auf Weltmissionskonferenzen – den Anschluß an die Ökumene gesucht. Das Abendmahl ist ihm nicht nur, wie es in Württemberg bis dato ausschließlich verstanden wurde, das Sündenvergebungsmahl des scheidenden, ans Kreuz gehenden Herrn. Es ist ihm in gleicher Weise das Mahl der Nähe und Gegenwart des auferstandenen Herrn und das eschatologische Freudenmahl der kommenden Herrlichkeit, in das der wiederkommende Herr die auf Erden Mahl feiernde Gemeinde einbezieht.[243] Damit hat auch das Abendmahl seine biblisch fundierte eschatologische Ausrichtung wieder zurückerhalten.

Hartenstein feierte – das war ein Novum in Württemberg – in jedem Gottesdienst seiner vom Luftkrieg bedrohten Stuttgarter Stiftskirchengemeinde das Heilige Abendmahl. Hartensteins Abendmahlsverständnis und -praxis ist eine der entscheidenden Wurzeln für Askanis Abendmahlsverständnis, das »*die Freude des Mahls und den Trost des Mahls*« als zwei grundlegende Komponenten markiert.[244]

Helmut Thielicke: Die seelsorgerliche Predigt als die Gestalt der christlichen Botschaft an den Menschen des Säkularismus

In den für Askani prägenden homiletischen Traditionsraum gehört auch die Predigerwirksamkeit Helmut Thielickes. Dessen Wirken vollzog sich knapp zwei Jahre lang mit dem Karl Hartensteins in räumlicher Nähe im anfangs noch intakten alten Stuttgart: Beide – und dazuhin der Stiftspfarrer Kurt Pfeifle, später Reutlinger Prälat – wohnten bis zur Zerstörung im Juli 1944 im Stiftspfarrhaus Kanzleistraße 5, und beide hatten sie Predigtdienste in der Stiftskirche.

Für unseren Zusammenhang ist an dieser Stelle einzig auf Thielickes wichtigen Beitrag: »Die christliche Botschaft an den Menschen des Säkularismus. Umrisse einer neuen Predigtgestalt«[245] hinzuweisen. Vor dem Hintergrund seiner Prediger- und Predigterfahrungen in seiner Stadtpfarrverweserzeit von Ende Dezember 1940 bis September 1942 in Ravensburg[246] legt Thielicke hier in systematisch-theologischer Stringenz die sachlichen und methodischen Probleme der seelsorgerlichen Predigt dar als Beitrag zum »Predigtproblem der Gegenwart« (S. 270). Konzipiert für verschiedene Vortragsreisen von Ravensburg aus, wurde dieser homiletische Vortrag nebst vier weiteren Untersuchungen 1943 in Stuttgart niedergeschrieben, wo Thielicke, wie bereits erwähnt, auf 1. Oktober 1942 das auf ihn zugeschnittene »Theologische Amt der württembergischen Landeskirche«[247] übernommen hatte. Auf Betreiben des Ökumenischen Rates konnte die Aufsatzsammlung 1944 zunächst anonym unter dem Titel »Fragen des Christentums an die moderne Welt« in Genf erscheinen.[248]

»Die christliche Botschaft an den Menschen des Säkularismus« umreißt Thielickes homiletisches Programm, das seinen Predigten und Abendvorträgen an Stuttgarter Kirchen zugrundelag, wo auch Askani ihn erlebte. Seine Grundthese ist, daß die seelsorgliche Predigt diejenige Form ist, in der die christliche Botschaft den säkularisierten Menschen zu erreichen vermag. Denn seelsorgliche Solidarität ist für ihn zum einen die Pointe einer sich an der prophetischen Rede als dem biblischen Grundmodell der Verkündigung orientierenden Predigt (S. 222–227) und zum anderen die tiefste Sehnsucht des säkularen Menschen, mithin also der Punkt, von dem wahrhaft evangelische Predigt herkommt und auf den hin der säkulare Mensch ansprechbar ist (S. 229–234). Seelsorgerliches Predigen beschränkt sich dabei nicht auf Innerlichkeit (S. 242–246), sondern nimmt Jesu Herrschaft als Weltherrschaft ernst, die alle Lebensgebiete umfaßt. Seelsorgliches Predigen spricht darum die Menschen auf die Ordnung ihres Lebens- und Arbeitsgebietes unter Christus an, hat also ethische Fragen als unabdingbare Themen mit im Blick und versucht, den Hörenden Maßstäbe für ihr Handeln in der Welt mit auf den Weg zu geben (S. 272f).

Thielicke nimmt seinen Ausgangspunkt bei der seelsorglichen Solidarität Jesu Christi, und deshalb kann er in seinen Predigten hinzielen auf die Konkretionen im Leben seiner Hörer, kann er die Linien ausziehen bis zur Ethik. In diesem christologisch motivierten Sinne ist die Ethik das movens der Reden und Vorträge Thielickes. Gerade weil Thielicke von der seelsorgerlichen Solidarität Jesu Christi herkommt, die er eben nicht nur von ihrem Exemplum-Charakter, sondern in gleicher Weise auch von ihrem Sacramentum-Charakter her versteht, verkommt Ethik bei ihm nicht zum trostlosen Aktivismus.[249]

Stellen wir diese beiden in unmittelbarer räumlicher Nähe wirkenden bedeutenden Stuttgarter Prediger der letzten Kriegsjahre einander gegenüber, so ist die Triebfeder Hartensteinscher Predigt die Eschatologie, während Thielickes Reden und Vorträge, die nicht minder Predigtcharakter haben, von der Christologie ausgehend bis in die Konkretionen der Ethik greifen. Beide Prediger aber haben eminent seelsorglich gepredigt – bei ganz verschiedener Persönlichkeit und je eigener Prägung und bei zwei verschiedenen Predigttypen. Das zeigt, daß der seelsorgliche Charakter von Predigten eine eigene Dimension ist, die quer zu deren Predigttypen verläuft. Theophil Askani konnte auf seelsorglichem Grundton sich beide Predigttypen zu eigen machen: den eschatologisch ausgerichteten mit seiner Predigt zu Offenbarung 21,1–7 am Ewigkeitssonntag 1980 und kurz darauf den stärker ethisch ausgerichteten mit der Silvesterpredigt 1980 zu Jesaja 30,15–17.

Die seelsorgliche Dimension der Predigt als empathische Zuwendung zum einzelnen im Licht des biblischen Textes

In seinem Vortrag »Werkstatt des Predigers [II]« sagt Askani: »*Predigen lernt man ja weniger auf der Universität als in der eigenen Übung und, wenn es sich glücklich fügt, an anderen und mit anderen zusammen. Ich hatte das unverdiente Glück, zeitlebens andere Prediger vor Augen und auf der Kanzel zu haben. Drei davon sind mir besonders eindrücklich geblieben.*«[250] Er nennt Hilmar Schieber, Albrecht Goes und Rudolf Daur. Das sind wiederum drei sehr verschiedene Persönlichkeiten, in deren Predigtwirken die seelsorgliche Dimension dadurch hervortritt, daß sie sich leidenschaftlich dem einzelnen zuwenden und gerade dadurch viele ansprechen.

Hilmar Schieber: Predigt als Ringen mit dem Text vor den Ohren der Hörenden

In seinem Vortrag »Werkstatt des Predigers [II]« zeichnet Theophil Askani ein bewegendes Porträt des Predigers Hilmar Schieber, den er in seiner Zeit an der Paul-Gerhardt-Kirche erlebt hatte: »*Er hatte eine besondere Art der Predigtvorbereitung und auch eine besondere Art zu predigen. Ein Manuskript konnte er seiner Augen wegen nicht benutzen, so hat er versucht, die Woche über in der Arbeit am Text festzuhalten, was ihn an Fragen und Antworten beschäftigt hat. So konnte es sein, daß er in der Straßenbahn so abwesend war, dass er nicht einmal seine Kirchengemeinderäte begrüßte. Wer wusste, warum, hat's ihm verziehen. In der Nacht zum Sonntag las er, nachdem er seine Predigt konzipiert hatte, die ersten Kommentare zum Text. Er geriet in Streit, Zwiesprache oder Zustimmung zu dem, was da stand, und so ging er, gewissermaßen in vollem Jest auf die Kanzel. Dabei hat Hilmar Schieber, wenn man so will, ausserordentlich trocken gepredigt. Es war wie permanentes Schwarzbrot, kein Zuckerle, wenig Glanzlichter. Erst konnte man enttäuscht sein. Im Laufe der Zeit kam ich jedenfalls überhaupt nicht mehr los von den Schieber'schen Predigten. Unter der unscheinbaren Gestalt zeigte sich natürlich die Schieber'sche Sprachbegabung und eine redliche, saubere, zwingende Logik. Es hatte für mich das Zuhören einen ähnlichen Effekt wie beim 6. Brandenburgischen Konzert, das ja, wie Sie sich entsinnen werden, seinen besonderen Drive hat, dem man sich mit der Zeit überhaupt nicht mehr entzie-*

hen kann. Und erst langsam ist mir klar geworden, was das Geheimnis der Faszination dieser Nüchternheit war, dahinter stand ein unheimliches Ringen. Und wer das Schicksal dieses Mannes kennt, der mir unvergessen ist, der weiss darum.« [251]

Schieber nahm seine Hörerinnen und Hörer hinein in das ernsthafte Ringen mit dem Text und berührte so ihre Seelen.

Albrecht Goes: Predigt als leidenschaftliches Ernstnehmen des einzelnen

Die andere markante Predigergestalt an der Paul-Gerhardt-Kirche war Albrecht Goes, ein Altersgenosse Helmut Thielickes. Goes hatte seine theologische Prägung erhalten durch seine Tübinger Lehrer Adolf Schlatter, Karl Heim und Karl Fezer sowie den Berliner katholischen Religionsphilosophen und Theologen Romano Guardini, außerdem stand er in Briefwechsel mit dem jüdischen Religionsphilosophen Martin Buber. Als großes Vorbild auf der Kanzel nennt Goes Prälat Hartenstein. Obwohl theologisch anders geartet als Goes – Hartenstein war zunächst an Barth orientiert, wandte sich dann aber verstärkt dem württembergischen Pietismus zu –, war Goes von Hartensteins unerhörter Tiefgründigkeit beeindruckt, mit der er die Schrift auslegte.[252]

Goes hatte 1958 eine erste Sammlung von 30 Predigten aus den Jahren 1954 bis 1957, der Zeit also, in der ihn Askani intensiv erlebte, unter dem Titel »Hagar am Brunnen« veröffentlicht. Der zweiten Predigtveröffentlichung unter der Überschrift »Der Knecht macht keinen Lärm« aus dem Jahr 1968 fügte Goes erstmals als Nachwort autobiographische »Marginalien« an, eine kleine homiletische Rechenschaft, die die Lesenden mit auf den Weg zur Predigt nehmen und die Karl Barth einmal eine »kleine Homiletik« nannte. Goes zielt in diesen Marginalien auf ein Lob der Predigt. Es sei etwas unerhört Großes, das alle Mühen lohne, daß mit der Predigt die Möglichkeit gegeben sei, in der Sonntagsfrühe Menschen daran erinnern zu können, daß »hier, in dieser Botschaft, ein unverwechselbares Wort zu des Menschen Zuflucht und Heil gesagt ist«.[253] Sein Vorwort zum dritten Predigtband »Kanzelholz« mit der paulinischen Überschrift »Durch böse Gerüchte und durch gute Gerüchte«[254] ist ein solennes Plädoyer für die Predigt, die sich zu Beginn der siebziger Jahre in einer vorher nie dagewesenen Weise massiven Einreden ausgesetzt sah.[255]

Goes profiliert die Predigt nach ihrer seelsorglichen Seite hin. Der seelsorgliche Charakter der Predigt besteht nach Goes darin, den einzelnen leidenschaftlich ernst zu nehmen und ihm Jesu Zuspruch »aber seid getrost«[256] zutreffend zu sagen. Des Predigers leidenschaftliche Zuwendung zum einzelnen – gegenläufig zum Trend der gesellschaftskritischen Predigt – resultiert aus dem starken Einfluß Martin Bubers und Romano Guardinis. Goes hat, so schreibt er, »von frühen Tagen an eine mathematische Formel Romano Guardinis im Gedächtnis behalten ... Er schrieb: 100 mal 1 ist hundertmal mehr als 1 mal 100. Ich finde auch heute, daß diese Formel recht hat und daß sie die Aufmerksamkeit rechtfertigt, die – gerade auch im Bereich der Predigt – den Einzelnen und sein Los bedenkt, sein eigenes Leben und auch seinen eigenen Tod.« Für die Predigtvorarbeit seiner Gegenwart schätzt Goes allerdings die gesellschaftspolitische Leidenschaft, »wie sie etwa – mir besonders nahe – Helmut Gollwitzer in kaum erschlossenes Land treibt«, als vorwärtsweisenden Impuls hoch ein. Denn hier geht es um Fragen, die den einzelnen, sofern er wacher Zeitgenosse ist, umtreiben.[257]

Der seelsorgliche Charakter der Predigt wird nun dort erreicht, wo der Text »transparent« wird. Damit führt Goes ein Stichwort ein, das uns in Theophil Askanis Predigten immer wieder begegnet und ein wichtiges Charakteristikum seelsorglichen Predigens markiert: Predigt hat die Aufgabe, den Text transparent zu machen für den Menschen hier und heute. In Goes' eigenen Worten: »Der Text soll transparent werden, so daß er die Sorge um des Menschen Zuflucht und Heil sichtbar macht, des hier anwesenden Menschen. Die Sorge gilt dem einen Zuhörer, als wäre hier nur ein Einzelner zur Stelle, und sie gilt allen; und nicht vergessen werde, daß auch die Kirchenmauern – Ohren haben.«[258]

In seinen Predigten greift Theophil Askani an vielen Stellen explizit und implizit auf das Goessche Dicht- und Predigtwerk zurück. Goes' kleine Homiletik mit dem Titel »Marginalien« ist das unmittelbare literarische Vorbild von Askanis homiletischer Rechenschaft aus dem Jahr 1981, den »Erfahrungen und Überlegungen zu unserer Predigt«.[259] Darin zeichnet er folgendes Bild des seelsorglichen Dichterpfarrers und einstigen Kollegen: »*Albrecht Goes war der andere in jener Zeit an der Paul-Gerhardt-Kirche, neben dem ich als junger Vikar die Ehre hatte zu predigen. Alles, bis ins Letzte gewogen und bedacht. Ein Kunstwerk, bei dem man sich freute, bis man es lesen konnte, weil der Prediger gelegentlich mit seiner fast hilflosen Gestik der Wiedergabe eher im Wege stand. Ich weiss von Albrecht Goes persönlich, wie sehr auch er mit dem Feuer gerungen hat, von dem er eine Flamme weitertragen sollte, und dass die Kunst des Dichters, die sich so lange mit einem einzigen Satz befassen konnte, im Grunde auch die Ehrfurcht war vor der Einzigartigkeit des Textes und der Einzigartigkeit des Dienstes. Ich brauche nicht zu sagen, dass bei Albrecht Goes die Ge-*

stalten der Bibel im besonderen lebendig geworden sind. Ich scheue mich überhaupt, nachdem er noch lebt und predigt, noch ein Wort zu ihm zu sagen und zu deuten. Viel bessere Marginalien, als ich sie jetzt geben kann, stehen ja am Schluß seines Büchleins vom Kanzelholz.« [260]

Rudolf Daur:
Der Weg auf die Kanzel
als ein Stück des Weges in der Seelsorge[261]

Den Prediger Rudolf Daur porträtiert Askani einmal mit den Worten: »*Der [für mich] vielleicht prägendste [Prediger] war Rudi Daur ... Ich brauche seine hohe Gestalt nicht zu beschreiben. Er wurde oft angefochten wegen seiner Liberalität, und in seinen Predigtbänden pflegt schon, wenn ich mich recht entsinne, im Inhaltsverzeichnis vor dem Text ein Thema zu stehen und dann das Verräterische ›über‹ Matthäus 11 usf. Ich kann Ihnen aber versichern, dass ich aus Erfahrung weiss, mit welcher Sorgfalt der leidenschaftliche Philologe Rudi Daur dem Wortlaut und der Intention des Textes nachgegangen ist. Er hat sich ja eigentümlich vorbereitet. Gelegentlich hat er an seinem Wäsche-Seil-Boppel gestrickt, während er Predigten und Vorträge konzipierte. Oft ist er nach der Arbeit am Text mit seinen Stichworten in den Wald gegangen und hat um die Schiller-Eiche herum mit langen Schritten seine Predigt aufgebaut, aus dem Gedächtnis. Er meinte immer, was ich selber so aus dem Gedächtnis ohne Hilfsmittel aufbauen kann, das ist am Ende dann in seiner Architektur so einfach, dass es auch der Hörer begreift – keine schlechte Richtlinie. Dann ging er auf die Kanzel und hat im Wesentlichen anhand von Stichworten die Predigt noch einmal im Zwiegespräch mit der Gemeinde entfaltet und entwickelt.*[262] *Jede falsche Feierlichkeit war vermieden, wenn er zunächst einmal sein grosses Taschentuch ausgebreitet hat, oder wenn er lächelnd bei einem Zitat eines Gedichtes den Vers dann aus der Tasche zog, um ihn vollends zu Ende zu lesen. Von ihm konnte man lernen, was es heisst, dass die Predigt durch die Stufe der Reflexion hindurch wieder zur einfachen Rede führen muss, wenn sie die Hörer erreichen soll. Und manchmal konnte man die Gemeindeglieder beobachten, wie sie auf dem Heimweg an den Fingern den Aufbau noch einmal zusammenstellten.«*[263]

Rudolf Daur hatte auf wiederholtes Drängen seitens seiner großen Hörergemeinde 1964 unter dem Titel »Die Zeit ist erfüllt« ausgewählte Predigten aus über drei Jahrzehnten, dem Kirchenjahr folgend angeordnet, herausgegeben. Im Vorwort zu dieser Predigtsammlung bringt Daur zum Ausdruck, daß er sich als Dissidenten gegenüber dem zu seiner Zeit dominierenden kirchlichen Paradigma empfinde. Er lege keinen Wert darauf, daß seine Predigten auf der Linie eines geschlossenen und logisch stringenten theologischen Systems liegen, da die Bibel und gerade auch das Neue Testament für seine Begriffe auch kein solches System aufwiesen und da das Leben immer wieder neue Lichter anzünde und dabei andere auslösche. Er nimmt sich die Freiheit, den Text auch einmal nur als Motto über einen Gedankengang zu stellen – im Gegensatz zum Leitbild des kirchlichen Paradigmas, Predigt sei ausschließlich Auslegung eines biblischen Textes. Er halte das für ein Theologenfündlein, dem entgegenzuhalten sei, daß der Prediger sich an Jesus und seinem lebendigen Wort zu orientieren habe, der nach den Evangelien gewaltig geredet habe und nicht wie die Schriftgelehrten. Provokant zugespitzt heiße das: »... ob die Meinung, nur in dem der Christenheit heiligen Buch rede Gott zu uns, hier aber in jedem Buchstaben, Wahrheit oder Fetischismus ist, den wir ruhig den Moslems oder den Mormonen überlassen dürften, darüber sollte man in unseren Tagen erneut ernstlich nachdenken ... Wir sind auf dem Weg, sind nicht nur Verwalter eines alten christlichen Erbes, sondern Wanderer nach einem Neuland.«[264]

Für Rudolf Daurs Profil als Seelsorger und Prediger ist sein Austausch mit Ärzten und Psychologen und sein Verständnis von Trost als Grundaufgabe der Predigt charakteristisch. Jenes interdisziplinäre Gespräch wirkte in besonderer Weise befruchtend auf seine Seelsorge- und Predigttätigkeit zurück, wie dies als Grundtenor aus einer Reihe von Äußerungen Daurs über die bereits erwähnte »Stuttgarter Gemeinschaft Arzt und Seelsorger« deutlich vernehmbar ist.[265] Für den Theologen bedeutet Daur zufolge dieses Gespräch eine Sensiblisierung nach zwei Seiten hin:

Einmal gewinnt dadurch die Empathie-Fähigkeit des Seelsorgers an Tiefe. Je mehr der Seelsorger aus einem echten Wissen um die psychosomatischen Voraussetzungen menschlichen Seins und Handelns – und nicht nur von überkommenen moralischen Grundsätzen aus – urteile, mit um so größerem Einfühlungsvermögen werde er hören und Rat geben können. Je mehr der Seelsorger von Verdrängung und Unterdrückung, Befreiung und Überwindung wisse, mit um so größerem Verständnis werde er der Krisis der Gegenwart, zumal in der jungen Generation, gegenüberstehen können. Daur hält es deshalb für sinnvoll, eine tiefenpsychologische und therapeutische Grundschulung in die theologische Ausbildung fest zu integrieren, für eine größere Zahl von ›Spezialisten‹ einschließlich einer Analyse. Seiner Ansicht nach gewinnt der Seelsorger durch eine gezielte psychologische Ausbildung auch einen Blick für die Grenze, wo das Wort, die Teilnahme und Beratung nicht mehr ausreichten, wo spezifisch ärztliche Mittel, das Medikament, auch klinischer Suizidschutz nötig seien. Wie der

Seelenarzt müsse auch der Seelsorger bei aller Wichtigkeit des persönlichen Kontaktes mit dem Hilfesuchenden die Gefahr einer dessen Selbständigkeit hemmenden Bindung an den Helfer kennen und vermeiden.[266]

Zum anderen, so Daur, gewinnt der Prediger durch tiefenpsychologische Kenntnisse ein vertieftes Verständnis der biblischen Überlieferung. Um diese zu verstehen und in Predigt zu übersetzen, genüge weder ein gläubiges Annehmen und Weitergeben alter, bildhafter Aussagen noch das Entmythologisieren[267]. Es sind dies die beiden Pole, zwischen die sich Prediger und Hörende in der Zeit der Auseinandersetzung mit der sogenannten ›modernen Theologie‹ gestellt sahen. Den Hinweis auf einen Weg, der über diese Alternative hinausführt, die zugleich für theologische Richtungen steht, findet Daur in den Arbeiten des Züricher Tiefenpsychologen und Psychotherapeuten Carl Gustav Jung, den er seit den dreißiger Jahren persönlich kannte. Dessen tiefenpsychologische Erkenntnisse führten deshalb zu einem vertieften Verständnis biblischer Überlieferung, weil sie die Bilder und Symbole des Glaubens als solche, das heißt ihrem eigentlichen Charakter entsprechend, zu würdigen hülfen. Tiefenpsychologische Erkenntnisse leiteten den Theologen, die Symbole, in denen sich die im kollektiven Unbewußten versammelten Archetypen dem Bewußtsein kundtun, anzuschauen, zu meditieren und nachzuerleben. Es gehe darum, die Symbole, die in der biblischen Überlieferung in der Gestalt von Mythen begegnen, durchscheinend, transparent, für die menschliche Existenz zu machen.[268]

Daur hat die feste Zuversicht, daß sich der Streit um gläubiges Annehmen oder Entmythologisieren der neutestamentlichen Verkündigung vor dem Hintergrund tiefenpsychologischer Einsichten relativieren werde. Kurzum: Den Text transparent machen ist für den Prediger Rudolf Daur der seelsorgliche Schlüssel, den er sich in der Begegnung mit Jungscher Tiefenpsychologie angeeignet hat. Dieser seelsorgliche Schlüssel enthebt ihn der unfruchtbaren Alternative, den biblischen Text entweder kalt-rational zu entmythologisieren oder ihn einfach gläubig anzunehmen, und führt ihn dazu, den Text in seiner Bildwelt und -sprache ernstzunehmen. Den Text transparent machen heißt für Daur, die biblischen Bilder auf die menschliche Existenz hin durchscheinend werden zu lassen auf ihren konkreten Trostgehalt und ihre Wegweisung für praktizierbare kleine Schritte hin.

Rudolf Daur hat die Tiefenpsychologie Carl Gustav Jungs für Seelsorge und Predigt zu einer Zeit fruchtbar zu machen gesucht, als die Praktische Theologie ganz im Zeichen des kirchlichen Paradigmas stand, dessen Vertreter in Abkehr vom modernen Paradigma und vor dem Hintergrund der Erfahrungen des Ersten Weltkriegs und dem dort offenkundig gewordenen

Scheitern des Kulturprotestantismus Predigt und Theologie zur »Sache« riefen und vor jeglichem »Psychologismus« warnten. Als Dissident gegenüber dem herrschenden kirchlichen Paradigma hat Rudolf Daur das abgebrochene Gespräch der Theologie mit der Psychologie wieder aufgenommen, und zwar als wirklichen Austausch eines Gemeindepfarrers mit einem Psychologen, Wilhelm Bitter. Hier war die Begegnung von Psychotherapie und Seelsorge keine Einbahnstraße[269], sondern eine gegenseitige Bereicherung. Daur war mit theologischer Leidenschaft der Sache des Evangeliums verpflichtet, war aber zugleich fähig und in der Lage, dem Gespräch mit der Tiefenpsychologie wesentliche Anstöße dafür zu entnehmen, wie das biblische Wort in die Welt und Zeit seiner Hörer hineinzuübersetzen sei, gerade auch der weltoffenen, kritischen, intellektuell Hochgebildeten. Askani hat gewiß recht, wenn er sagt: »*Gott hat Rudolf Daur die Gabe gegeben, zur rechten Zeit anders zu sein und anderes zu sagen; und der Pfarrer in Reutlingen, Rohr und an der Markuskirche in Stuttgart hat dabei manches Lächeln in Kauf genommen und manche Türe aufgetan.*«[270]

In einer Predigt zu 2. Korinther 1,3–7[271] hat Rudolf Daur 1970 Trost als Grundaufgabe der Predigt benannt. In dieser Predigt hat er prägnant »Vertrösten« von »rechtem Trösten« unterschieden: Es geht um einen Trost, der nicht trügt, sondern trägt und von Grund auf ermutigt.[272] Daur stellt die Mitteilung der Biographin Jochen Kleppers an den Anfang, Klepper habe einmal sehr bekümmert, aber auch sehr scharf vom Versagen so vieler Prediger gesprochen und auf die etwas traurige Frage, was wir denn predigen sollten, sehr dezidiert zur Antwort gegeben: »Trost, immer wieder Trost!« Diesem verständlichen Wunsch in einer so trostlosen und ausweglosen Situation wie der Kleppers und in verschiedensten anderen Not- und Leidenssituationen stellt Daur die Frage gegenüber, ob Trost wirklich die Hauptaufgabe der Predigt sein könne. Die alttestamentlichen Propheten, der Täufer, Jesus und die großen Prediger der Christenheit hätten keineswegs immer nur und immer wieder Trost gepredigt, sondern das Volk mit dem höchst konkreten Willen Gottes konfrontiert, Menschen auf ihre Verantwortung angesprochen und bei ihrer Schuld behaftet sowie im Namen Gottes ganz praktische Forderungen für das politische, gesellschaftliche und wirtschaftliche Leben erhoben. Daur erinnert hier an das prophetische Wächter- und Strafamt, das mit dem Trostamt einhergeht, er erinnert an die Predigttypen der gesellschaftspolitischen Predigt und der Gerichtspredigt. Es kann Daur zufolge nicht um Nivellierung verschiedener Predigttypen gehen, wohl aber um eine sie alle durchziehende Dimension, die er als »rechtes Trösten« umschreibt. Bemerkenswerterweise ist dieses »rechte Trösten« nicht nur Aufgabe des Predigers, ja nicht einmal nur des

Christen in der Gemeinde, sondern jedes verantwortungsbewußten Menschen.

Was aber ist rechter Trost im Unterschied zur Vertröstung? Vertrösten, so Daur, führe weg vom Kummer, bringe auf andere Gedanken, verhindere aber im tiefsten eine Auseinandersetzung mit dem Leiden. Echtes Trösten hingegen wandle Not und Leid in neue Erkenntnis und vertieftes Leben. Nur Menschen, die selber die Erfahrung von Trost im Leid gemacht hätten, könnten diejenigen trösten, die im Leid stünden, und ihnen den Weg zeigen zu den tiefsten Quellen der Kraft, zu dem Vater der Barmherzigkeit und Gott allen Trostes – diese paulinische Erfahrung gelte bis heute. Und so schließt Daur seine Predigt mit einem leidenschaftlichen Plädoyer für seelsorgliches Predigen: »Ich glaube, Jochen Klepper hat doch recht, das ist die Aufgabe der Predigt, das ist die Aufgabe des Menschen, Trost, immer wieder Trost zu geben. Gott helfe uns dazu.«

1977 besorgte Theophil Askani das Vorwort zum Nachlaßband mit Predigten und Vorträgen Rudolf Daurs (†1976), der unter dem Titel »Wie im Himmel, so auf Erden« erschien. Schon der Aufbau dieses Vorwortes ist instruktiv: Askani kommt nicht zuerst auf die Predigten zu sprechen, sondern stellt die Gestalt und Persönlichkeit des Predigers vor Augen: »*... die hohe, jünglingshaft schmale Gestalt, die Stimme, die Natürlichkeit, als sei man nicht in der großen Kirche, sondern in der Stube beieinander, und der Freund rede mit einem über das, worüber sich vor allem anderen zu reden lohnt.*« In der Erinnerung steigt der Dank dafür auf, »*einem Zeugen Jesu begegnet zu sein, bei dem die Worte redlich waren und gedeckt, und das Evangelium gehört zu haben von einem Menschen, der einem wohltat*«. Was wir schon bei Askanis Konfirmator Buder beobachteten, wird an der Gestalt des Predigers Daur noch einmal eindrücklich: Der Prediger, der lebt, was er sagt, der authentisch ist, spielt eine nicht zu unterschätzende Rolle für die Glaubwürdigkeit der Predigt.

Askani betont, daß Daurs Predigten in ihrer großen Reichhaltigkeit mit Begriffen nicht zureichend erfaßt werden können: »*Nicht alles läßt sich sagen, und manches bleibt nur in Händen, wenn es eben nicht auf den Begriff gebracht ist.*« Dennoch unternimmt er den Versuch, drei charakteristische Grundlinien von Daurs Predigtweise herauszustellen.

Eine erste Grundlinie deutet Askani mit dem Stichwort »*der gemeinsame Weg*« an. Daur ist des Zusammenhangs gewahr zwischen seelsorglicher Begleitung der einzelnen die Woche hindurch und der sonntäglichen Predigt, die aufeinander bezogen sein müssen, soll es zu dem Geschehen von Paraklese, von Trost und Seelsorge, in der Predigt kommen. Von dem Weg in die Häuser und zu den Menschen her gehen am biblischen Text Aspekte auf, die sonst möglicherweise verschlossen geblieben wären: »*Die*

Predigten sind am Schreibtisch vorbereitet: sorgfältig, sauber, genau, wie es sich gehört. Aber geworden sind sie auf dem Weg, auf dem Weg in die Häuser und zu den Menschen, und auf stillen Wegen im Bopser-Wald oder auf der Rohrer Höhe; Schritt für Schritt durchdacht, bis jeder Gedanke deutlich war.« Was Askani dann formuliert, umschreibt die seelsorgliche Dimension des Predigens Rudolf Daurs und des Predigens überhaupt: »*Und dann auf der Kanzel wird aus dem stillen Weg der Weg miteinander: behutsam beginnt es und bereit dafür, daß ein jeder dabeibleiben kann. Da sind keine lauten Worte und kein Pathos, der Weg hat Zwiesprache und kein Geschrei. Da ist in deutscher Sprache zu sagen, was in deutscher Sprache zu sagen ist, da ist einfach zu sagen, was einfach zu sagen ist, da ist das Schwierige zu prüfen, ob es nötig ist oder nur imponieren will, da ist Ehrfurcht und Redlichkeit vor der Frage, die jetzt keine Antwort hat, da ist Atemholen und Innehalten und die Hand auf der Schulter beim nächsten Schritt.*« Askani konzediert, daß, wer Daurs Predigten an dem steilen Predigtbegriff des kirchlichen Paradigmas messe, leicht zu der kritischen Einrede kommen könne, hier liege zu wenig Verkündigung im strengen Sinne und zuviel Seitenblick auf Gedanken und Zweifel der Weggenossen vor. Dennoch war für viele die Erfahrung, von dem Prediger Daur in ihren Gedanken und Zweifeln ernst- und wahrgenommen zu werden, eine große Motivation, selber zu lernen, auf dem Weg des Glaubens Schritte zu tun. »*Und nicht wenige haben erfahren, daß der Weg auf der Kanzel nur ein Stück des Weges in der Seelsorge war – oft eines langen Weges über Jahrzehnte und ein halbes Leben.*«

Eine zweite Grundlinie markiert Askani mit dem Stichwort »*die Weite*«. Die gesammelten Predigten und Ansprachen mit ihrem weiten Horizont, den sie eröffnen, haben zu der kritischen Anfrage Anlaß gegeben, ob hier nicht doch zuviel des Verstehens sei, ob hier noch die reformatorische Leidenschaft für das Eine vertreten werde. Askani versichert, daß die aus dem Evangelium gewonnene Weite bei Rudolf Daur kein Zerfließen ins Unverbindliche meinte. Seine Bereitschaft zum Verstehen und seine Wachheit für das, was andere gesagt und gewollt haben, resultierte aus seiner Orientierung an Jesu Gestalt und Weg, der nicht in die Enge, sondern in die Weite führt.

Eine dritte Grundlinie in Daurs Predigtwerk sieht Askani in der Spannung zwischen der Gewißheit, daß Gottes Wille geschieht, ohne unser Zutun und Begreifen, und der leidenschaftlichen Bitte, daß er jetzt geschehen möge. Rudolf Daur hat, betont Askani, in der Gewißheit gelebt, daß Gottes Wille geschieht. In seiner Nähe konnte man lernen, was aus dieser Gewißheit an Freiheit, Gelassenheit und Fröhlichkeit erwachsen konnte. Daur lebte aus der Gewißheit heraus, daß die Partitur schon geschrieben ist und

Gottes Wille geschieht; ein tiefsinniges Bild, von der Schriftstellerin Anna Schieber aufgegriffen, das auch Askani selbst – existentiell angereichert durch seine Krankheitserfahrung – immer wieder aufnimmt.[273] Weil die Partitur geschrieben ist, darum sind auch die Variationen und Kapriolen zu ertragen, die andere dazu schreiben oder die das eigene Herz dazu spielt; das Thema wird sich durchsetzen. Je mehr Zutrauen zu Gottes gutem Willen vorhanden ist, desto mehr Raum kann man einander gewähren. Rudolf Daur hat zugleich mit der leidenschaftlichen Bitte gelebt, daß Gottes Wille geschehe. Es war bei ihm etwas zu spüren von Leidenschaft, von Unruhe über Torheit, Sünde und Versäumen auf dieser Erde. – Beide Pole gehören zusammen: Die Gewißheit, daß Gottes Wille geschieht, gab mancher Predigt einen Ton und einen Schluß, in dem man gerne geborgen war. Und auf der anderen Seite stellte einen in vielen Predigten die leidenschaftliche Bitte, daß Gottes Wille geschehe, auf einen Weg mit der Frage: und jetzt? Doch weder diese Frage noch die Vergewisserung und der Zuspruch von Geborgenheit stellten sich in irgendeiner Weise drängend, überredend oder mit unziemlicher Gewalt. Sondern sie wurden viel eher vernehmbar als »*ein Locken, das Abenteuer zu wagen, in Jesu Namen auf Gottes guten Willen sich zu verlassen und seinen guten Willen zu tun. Das Abenteuer lohnt sich, wie die letzte Predigt dieses Bandes sagt, heute morgen und morgen früh und noch, wenn die Schatten länger werden.*« Die letzte Predigt dieses Bandes aber ist eine Auslegung Daurs von Offenbarung 21,1–5, die Perikope vom neuen Himmel und der neuen Erde in der Vision des Sehers Johannes auf Patmos, jener für die württembergische Predigttradition so gewichtige Text, über den Askani am Ewigkeitssonntag des Jahres 1980 predigte, als ihm zur Gewißheit geworden war, daß nun nicht mehr Widerstand, sondern nur noch Ergebung in die Krankheit an der Zeit war.

Mit dem Vorwort zur posthum erschienenen Predigtsammlung »Wie im Himmel, so auf Erden« (1977) würdigt Askani den eine Generation älteren seelsorglichen Prediger Rudolf Daur. Was Askani hierbei an Merkmalen seelsorglichen Predigens nennt – Einstieg, der Näher- und Fernerstehende zum Dabeibleiben einlädt, weil ein gemeinsamer Weg beschritten wird; –innerer Dialog; Redlichkeit unbeantwortbaren Fragen gegenüber; den Trost des Textes nahebringen; hilfreiche Konkretionen –, das findet sich wieder in den Predigten des Stuttgarter Brenzkirchenpfarrers, Ulmer Dekans und Reutlinger Prälaten, der 1977 längst selber als seelsorglicher –Prediger gilt und geschätzt wird. Im Sinne Daurs kann er sein eigenes seelsorgliches Predigen in die Worte fassen: »*Jedem Prediger wird es so gehen, daß er mit der Bitte auf die Kanzel tritt, daß die Worte das Du errei-*

chen, daß sie nicht ins Allgemeine über die Bänke gehen, wie man sie von hier aufgereiht sieht, sondern daß sie halt machen bei dir und mir, so wie ein Freund vor uns inne hält, uns in die Augen schaut und uns die Hand reicht: Du.«[274]

II
PROFILE

»Gott handelt durch Menschen … Jeder, der in irgendeiner Weise Zeuge ist, mit einem Wort oder mit einem ganzen Auftrag, lebt exponiert, erscheint im Profil. Das gilt gewiß nicht nur bei uns. Von unseren Lehrern wissen wir noch nach Jahrzehnten, was für erfreuliche oder merkwürdige Leute sie waren. Aber es gilt im besonderen bei der Übersetzung des Evangeliums, und es ist nicht verboten, sondern ein ganz normaler Vorgang, daß die, denen übersetzt wird, ›Sache‹ und Person identifizieren … Es ist Gottes Wille, daß wir nicht an eine Leuchtschrift am Himmel, sondern an Personen gewiesen sind … Das Problem ist, daß an den Personen herauskommt, ob die gute Nachricht verdorben wurde oder nicht.«[275]

KAPITEL VI

Pfarrer in der Stuttgarter Brenzgemeinde (1963–1970)

»Dort oben sind wir den vollen Bereich auf der Höhe unseres Lebens ausgeschritten.«

Im März 1963 wechselte die Pfarrfamilie Askani von der Markusgemeinde in die Brenzgemeinde.[276] Die Brenzkirche mit angebautem Pfarrhaus, Am Kochenhof 7, liegt in unmittelbarer Nachbarschaft zum Stuttgarter Höhenpark und Messegelände Killesberg und hatte zu dieser Zeit einen Einzugsbereich von ca. 4500 Evangelischen. Die Brenzgemeinde war erwachsen aus einem bis zur Heilbronner Straße reichenden älteren Gemeindeteil mit der treuen Stammgemeinde, aus dem von vielen Lehrern verschiedenster Bildungseinrichtungen – von der Grundschule bis hin zu Kunstakademie und Universität – bewohnten ›roten Tintenviertel‹ und aus der 1927 im Bauhausstil errichteten, weltberühmt gewordenen Stuttgarter Weißenhof-Siedlung mit ihren charakteristischen Flachdächern, bisweilen das ›schwäbische Marokko‹ genannt.

1933 wurde am Rande der Weißenhof-Siedlung ebenfalls im Bauhausstil nach Plänen von Alfred Daiber die Brenzkirche erstellt. 1938 mißfiel der Stadtverwaltung die liberale Architektur, als in der unmittelbaren Nachbarschaft die Reichsgartenschau entstand. Deshalb wurde unter Brenzkirchenpfarrer Friedrich Hilzinger in der Kirchengemeinde die bauliche Anpassung an den damals herrschenden Zeitgeist beschlossen und die Kirche im darauffolgenden Jahr 1939 umgebaut. 1944 entstanden durch Bombenabwürfe erhebliche Zerstörungen, die die Benutzungsmöglichkeit des Gebäudes stark einschränkten. 1947 wurde die Brenzkirche nach dem baulichen Vorbild von 1939 wieder errichtet.[277]

Noch ehe Askani seinen Dienst in der Brenzgemeinde angetreten hatte, wurde er in die Planungen für ein Gemeindezentrum inklusive zweiter Predigtstelle im Fleckenweinberg, das dieser neugewachsenen Siedlung am Feuerbacher Hang einen eigenen Mittelpunkt verschaffen sollte, involviert.[278]

Askani charakterisiert die Brenzgemeinde mit den Worten: »*Das Wohngebiet rings um den Killesberg hat eine eigene Prägung. Vieles ist mit den angrenzenden Gemeinden, Waldkirche, Gedächtniskirche gemeinsam, und doch haben Landschaft und Leute eine eigene Farbe. Einiges daran hängt mit der Bebauungsgeschichte zusammen ... Die Soziologie entspricht der Siedlungsgeschichte – eine gute Mischung der Berufe mit einem starken Prozentsatz von Akademikern, vor allem höheren Beamten, Ärzten, Professoren an der Kunstakademie, im Fleckenweinberg auch Industrielle. Kirchengemeinde: Auch hier ein interessantes Gegenüber: gute kirchliche Tradition wechselt mit ... säkularen Situationen. Viel altes Württemberg ist hier zu finden, Kontakt, Anteilnahme und Freundschaft, aber auch, vor allem im Neubaugebiet, ... eine gewisse Distanz. Das bestimmende freilich bleibt eine eigene familiäre Atmosphäre, eine Gemeinde, in der man von Herzen gern zu Hause ist. 4500 Evangelische, ca. 60 Bestattungen, 25 Trauungen, 40 Taufen und 40 Konfirmanden im Jahr, im ganzen eine leichte Überalterung, diese jedoch von Straße zu Straße außerordentlich verschieden ... Ein Problem sind die zahlreichen Untermieter, die schwer zu erfassen sind und auch hier die steigenden Austrittszahlen bestimmen ... Mitarbeiter: Vikar, Gemeindehelferin, Gemeindeschwester, Mesnerin der Brenzkirche, Hausverwalterin Fleckenweinberg. Kirchengemeinderat (5 Damen, 5 Herren), auch hier eine sehr herzliche Atmosphäre, Bereitschaft zur Mitarbeit. Ca. 50 Vertrauensleute. Eine Kirchengemeinderätin ist z. Zt. einen Tag in der Woche als Pfarramtssekretärin tätig.*«[279]

In einem Ende 1981 handschriftlich abgefaßten, mit zahlreichen eigenhändig skizzierten Federzeichnungen versehenen Lebensrückblick für seine Frau persönlich schreibt Theophil Askani: »*Und dann sind wir miteinander dort oben den vollen Bereich auf der Höhe unseres Lebens ausgeschritten: eigene Verantwortung, ein Reichtum an Menschen, das schöne Amt und die Kanzel eigentlich im Amtszimmer und fast in der Wohnstube. Die Gemeinde hat uns alle in eins gesehen: die Kinder, die Lore, den Theophil ... In der Brenzgemeinde waren wir auf dem Höhepunkt unserer Kräfte; die Gemeinde und wir paßten optimal zusammen.*«[280]

Zu Askanis Gemeindegliedern zählte für kurze Zeit noch Theodor Heuss, der erste Bundespräsident der Bundesrepublik Deutschland. Von seinem letzten Besuch bei ihm kurz vor dessen Tod am 12. Dezember 1963 schreibt Askani in der Januarausgabe des Brenzgemeindebriefs »Die offene Tür«: »*Eben, wie dies Blatt in den Druck geht, kommt die Nachricht vom Tode des Herrn Altbundespräsidenten Professor Heuss, unseres Gemeindeglieds. Am ersten Advent konnte ich ihn noch einmal sehen und im Namen der Gemeinde grüssen, und er hat sich an den Adventschorälen, die ihm eine Familie mit ihren Kindern musiziert hat, erfreut. Nun haben wir alle einen Vater verloren.*«[281]

Abb. 17: Der Pfarrer an der Brenzkirche

Abb. 18: Die komplette Familie, v. l.: Gottfried, Thomas, Cornelie, Lore, Hans-Christoph, Theophil und Stephan Askani, Frühjahr 1968

AUF DER VOLLVERSAMMLUNG DES LUTHERISCHEN WELTBUNDES IN HELSINKI IM AUGUST 1963

Bereits vor seinem Aufzug in die Brenzgemeinde war Theophil Askani in die württembergische Delegation berufen worden, die zur IV. Vollversammlung des Lutherischen Weltbundes im August 1963 nach Helsinki reiste.[282] Askani berichtet später einmal von dieser Vollversammlung: »*Damals hatten sich in Helsinki siebenhundert Vertreter und Beobachter aus allen lutherischen Kirchen der Welt versammelt mit dem einen Vorsatz, neu zu sagen, was Rechtfertigung des Sünders heiße und was der Kern der Botschaft der Reformation bedeute. Ich war Sekretär einer Arbeitsgruppe und habe noch vor Augen, mit welch ungeheurer Anstrengung der Versuch der Übersetzung der alten Frage in die neue Zeit unternommen wurde. Bis tief in die Nacht saßen wir beisammen und am Morgen ging es weiter, unermüdlich vorangetrieben durch Bischof Hanns Lilje, den geistvollen Prediger und Theologen, der einem ja unvergeßlich ist, wenn man ihm einmal begegnet war.*«[283]

Das Beratungsergebnis sei auffallend blaß geblieben und habe die Menschen nicht erreicht und nur wenig in Bewegung gebracht.[284] Dafür habe er selber einige entscheidende Eindrücke im Umfeld der Vollversammlung gehabt, die ihm geholfen hätten, dem auf die Spur zu kommen, was Rechtfertigung heute heißt:

Einer liegt vor der Konferenz, »*als uns der Abt von Loccum, der hannoversche Landesbischof [Hanns Lilje], mit Erfahrung und Charme in die Geheimnisse ökumenischer Konferenzen einführte. Dort in Loccum sagte einer der Theologen, er wisse für sein ganzes Leben, was Rechtfertigung heisse, seit er als Vikar im Bewusstsein des Ungenügens seinem Dekan sein erstes Gehalt zurückbrachte mit dem Bemerken: er habe das nicht verdient. Da habe der Herr Dekan ihm die Scheine wieder über den Tisch zugeschoben mit der Antwort: ›So leben wir alle.‹*«[285]

Einen anderen wichtigen Eindruck bekam Askani nach der Konferenz: »*Anschließend fuhr ich mit einigen Besuchern der Konferenz nach Leningrad. Wir waren lauter Pfarrer und wollten uns in der Eremitage die Gemälde-Sammlung ansehen. Die Führerin zeigte uns das Bild Rembrandts von der Heimkehr des verlorenen Sohnes. Ich sehe sie noch vor mir stehen, wie sie auf die Hände des Vaters wies, die den Sohn liebend umfangen. ›Schauen Sie auf die Hände Gottes, das ganze Geheimnis der Geschichte liegt darin.‹ Die Dame war sicher eine linientreue Kommunistin, sonst wäre sie nicht an dieser Stelle, an der sie vielen ausländischen Besuchern begegnet, eingesetzt worden. Aber ich vergesse nicht, daß ausgerechnet sie in einem Satz gesagt hat, worauf es ankam und ankommt: auf die Hände des Vaters, die den Heimkehrenden und Verlorenen liebevoll umfangen. Das ist das alte, neue Evangelium.*«[286]

Diese Eindrücke sind Askani bei seinem ersten Prälatenbrief im Dezember 1975 erneut wichtig, nachdem er im September 1975 von seiner Krankheit erfahren hatte. Rechtfertigung des Sünders ist für ihn keine abstrakte dogmatische Figur, sondern eine zutiefst tröstliche Botschaft angesichts der Endlichkeit und Bedrohtheit des Lebens, die er in der Konfrontation mit der Krankheit so existentiell durchlebt hat: »*Ich erzähle das, ... weil mir in den letzten Monaten wieder deutlich geworden ist, wie wir doch alle miteinander in der Unglaublichkeit des Unverdienten leben und darin allein unsere Hoffnung haben, dass uns die Hände des Vaters umfangen. Rechtfertigung des Sünders meint uns ja ganz, dies auch, dass Haut und Knochen und ein bißchen Gewebe, all das Häuflein Elend und was übrig bleibt nach Versäumen und Versagen, von Gottes Erbarmen gehalten wird. Ganz eng kann das beieinander sein, ist das beieinander: Bedrohtsein und Geborgensein.*«[287]

In seinem Vortrag »Freude an der Kirche«, die er in zehn Bildern erzählerisch entfaltet, taucht eine Reminiszenz an ein Erleben im Anschluß an diese Weltkonferenz auf, die deutlich macht, wie der Herr der Kirche Menschen verschiedener Zungen verbindet:

»*Die teuerste Predigt, die ich bis jetzt in meinem Leben zu halten hatte, war eine Predigt im Anschluß an eine Weltkonferenz hoch droben im Norden von Finnland. Sie war deswegen so teuer, weil ich dazu 1000 km weit fliegen mußte. Ich sehe noch das Bild vor mir nach Stunden Flug über Wälder und Seen und Seen und Wälder, der kleine Platz zum Landen und ein paar Menschen am Rand. Ich wußte, einer von denen gehört jetzt zu dir und du zu ihm. Und dann rollte das Flugzeug aus, so unweit vom nördlichen Polarkreis. Und einer von denen, in der Tat, gehörte zu mir und ich zu ihm, und wir fuhren lange durch die Wälder, durch Kiefern, Fichten und Birken, bis zu seinem Haus. Wir hatten uns noch nie gesehen, wir konnten kaum miteinander sprechen, aber ich war noch nicht lange in der Stube, da blätterte er in seinem Lexikon und fragte mich: ›Bruder Askani, wollen Sie Pate werden bei meinem sechsten Kind, das morgen nach Ihrer Predigt getauft wird? Die anderen 5 warten in der Küche, was Sie antworten.‹ Ich habe ja gesagt.*« Und so wurde Theophil Askani Pate von Saara Mateila (*1963), der Tochter und dem sechsten Kind von Hannele und Veikko Mateila in Toholampi in Mittelfinnland. »*Man kann natürlich sagen: Das ist alles ja nichts Besonderes. Wenn ihr zu einem Verein gehört hättet, hättet ihr euch auch verstanden. Und wieviel Streit gibt es unter Christen … Ja, in der Tat, das stimmt, und wir verstehen uns sicher in vielem nicht. Ich kann von der finnischen Sprache bis heute nur zwei Worte: keito, das heißt danke; karviasmariakiseli, das heißt Stachelbeergesälz. Aber wenn wir Jesus Christus sagen, dann verstehen wir uns. Jedenfalls sehen wir dann einen Weg vor uns, und das ist ja mehr als ein Wort und ein Name. Mehr auch als die Parole eines Clubs, sondern ein Anreiz, darüber nachzudenken, auch daß in ihm die Welt geliebt ist und nicht nur Christen, sondern auch andere darin etwas von der Würde und Vertrautheit von Brüdern und Schwestern haben.*«[288]

Gemeindeaufbau mit der Predigt und einer intensiven Kindergottesdienstarbeit

Die florierende Gemeindearbeit Askanis sprach sich in der Stuttgarter Kollegenschaft schnell herum, und immer wieder wurde Askani nach den Gründen dafür gefragt. Der tiefste Grund lag darin, daß Askani, der als Ausgangsbasis keinen übermäßig guten Kirchenbesuch hatte, die Predigtarbeit sehr ernst nahm und mit der Predigt Gemeindeaufbau betrieb. Im

Rückblick schrieb Askani 1970 für die Wiederbesetzungssitzung: »*Nachdem die Bauaufgaben der Gemeinde im wesentlichen abgeschlossen sind ..., wird der neue Pfarrer wieder sich stärker seiner eigentlichen Aufgabe in Predigt und Seelsorge zuwenden können. Hier wird nicht wenig erwartet, vor allem auch, was die Sorgfalt der Predigtvorbereitung betrifft.*«[289]

An jeweils zwei bis drei Sonntagen im Monat predigte er, an den anderen der ihm zugeteilte Vikar oder Theologen aus der Gemeinde.[290] Seine Predigten fanden Zulauf; immer wieder war der Stuttgarter Prälat Friedrich Höltzel unter seinen Hörern, »nicht um Sie abzuhören, sondern um eine Predigt, die den Namen verdient, zu hören«.

Eine ausgedehnte Seelsorgebesuchs-Arbeit eröffnete ihm den Blick für menschliche Situationen und Lebensgeschichten, so daß er ein lebendiges Bild seiner Hörerschaft hatte, der seine Predigten galten. Unter der Überschrift »*Mich hat der Pfarrer noch nie besucht*« thematisiert Askani in einem Gemeindebrief den hohen Stellenwert, den Besuche für ihn haben, aber auch die Grenzen der Besuchsarbeit, die mit den anderen Feldern pfarramtlicher Tätigkeit gegeben sind. In diesem Leitartikel schreibt er: »*Und es ist mir allen Ernstes die Frage, ob man nicht auch in unseren Gemeinden eine Art Sabbatjahr oder Schaltjahr einführen sollte, in dem außer den notwendigsten Diensten alles ruht um der Besuche willen.*« De facto habe er – wie sein Buch »*Besuche Brenzgemeinde. Askani. 24. 8. 63 – 31. 12. 1965*«, in dem Datum des Besuchs und Name und Straße des Besuchten festgehalten sind – im Jahr 1964 584 Besuche gemacht, was bedeute, daß er im besten Falle (bei 2300 Wohneinheiten) in vier Jahren alle Gemeindeglieder einmal erreicht hätte, wenn da nicht die Kasualbesuche wären und die Gemeindeglieder, die häufiger zu besuchen sind.[291]

Zur Predigtvorbereitung zog er sich donnerstagvormittags zurück in die Stille des schwiegerelterlichen Hauses im Wildermuthweg 25, »zur Großmutter«, um in großer Konzentration und ungestört die Predigt entwerfen und niederschreiben zu können. Dabei kam ihm die gedankliche Vorarbeit zugute, die bereits en passant geschehen war, seit er am Sonntagabend zum ersten Mal den Predigttext gelesen hatte; die Begegnungen und seelsorglichen Gespräche der vergangenen Tage standen ihm vor Augen. Erst wenn die Predigt Wort für Wort ausformuliert und schriftlich niedergelegt war, kehrte Askani ins Pfarrhaus zurück. Samstags verinnerlichte er seine Predigt, indem er sie intensiv memorierte und auswendiglernte.

1970, in der Einweihungsschrift für die Christophkirche, beschreibt Askani die Predigt mit den Worten: »*Die Predigt ist ein Versuch, das Wort der Heiligen Schrift zu übersetzen in das Leben der Hörer. Jede Predigt macht deutlich, daß dieser Versuch nur im Bruchstück gelingt, begrenzt durch die Grenzen unserer Erkenntnis und durch die Individualität von Prediger und Hörer. Diese Grenzen sind kein Schade, ein Schade wäre die Langeweile. Wenn der Versuch der Übertragung gelingen soll, dann werden ihn Prediger und Gemeinde miteinander zu vollziehen haben. Wer den Predigttext vorher liest, er ist in unseren Gesangbüchern normalerweise abgedruckt – der kann prüfen, was gesagt wird. Wer dem Prediger Fragen, Kritik und Echo gibt, ermuntert ihn zur Sorgfalt, zwei volle Arbeitstage sollte er im allgemeinen zur Vorbereitung verwenden. Wer der Meinung ist, er gehe leer aus, halte sich an einen Satz wenigstens, der ihn aufregt, empört oder erquickt. Auch ein Wort, über das man sich ärgert, kann ein Leben in Bewegung bringen. Im übrigen haben wir einen Kreis in unserer Gemeinde, der regelmäßig Predigten vorbereitet. Ehe man sich entschließt: ›nie mehr‹, sollte man sich dort wenigstens einmal ausgesprochen haben.*«[292]

Askanis Stuttgarter Brenzpredigten waren dialogisch strukturiert, nahmen die Hörenden mit auf einen Weg des Nachdenkens und Fortschreitens der Gedanken, in der Auseinandersetzung mit den geistigen Strömungen der Zeit. In einer seiner letzten Predigten in der Brenzgemeinde blitzt der Vorgang des Ringens um die Predigt kurz auf: »*Immer wieder einmal, wenn man sich daran macht, seine Predigt vorzubereiten, seinen Text hat, das leere Blatt Papier, die Vorstellung von der Gemeinde, die Fragen des eigenen Herzens, dann wird man sich überlegen: was solls nun? Was sollen die 20 oder 23 Minuten bringen? Was soll einen Menschen daran beschäftigen, nachdenklich machen, helfen, stören, vielleicht trösten? (früher hat man gesagt ›erbauen‹. Heute hat das Wort einen zu süssen oder zu nichtssagenden Geschmack. Es erinnert einen an das wirkungslose Spiel mit alten Worten, das man am Sonntagmorgen zu spielen sich angewöhnt hatte, wie böse Kritiker meinten. Das eben nicht) … [Predigt ist] ein Versuch, … zu verstehen, … zu fragen, … zu übersetzen in das, was einen umtreibt, wenn man so will: ein Gespräch mit dem Text.*«[293]

Als jemand, der intensive Kindergottesdienstarbeit betrieb, war Askani sensibilisiert für innere Anschaulichkeit und verständliche Formulierung der Predigt. Der schlichte Kirchenraum der Brenzkirche, und dann vollends der der Christophkirche, stellte den Prediger Auge in Auge den Hörenden gegenüber und bewahrte ihn so vor einem abgehobenen Pathos in der Rede. In seinen Marginalien »Auf dem Weg zur Predigt« schreibt Albrecht Goes: »Ich unterscheide dreifach: eines ist die geschriebene Predigt, ein zweites die gehaltene, ein drittes die gedruckte. Von der geschriebenen erwarte ich – an erster Stelle – Genauigkeit. Von der gehaltenen: Unmittelbarkeit. Von der gedruckten: daß sie ein Konzentrat gebe, wobei gewisse Abbreviaturen in Kauf genommen werden mögen.«[294] Askani unterschied zwar nicht dreifach – er gab seine Predigten als Kanzelmanuskript weiter[295] –, aber er hatte die Fähigkeit und die Freiheit, ad hominem zu reden. Er war ein Mensch, der seiner geschriebenen und verinnerlichten Predigt im Blickkontakt mit den Hörenden – und eben der war in der Brenz- und der Christophkirche gegeben – im Angesicht eines fragenden Menschen noch etwas hinzufügen konnte. Askanis Predigtart in der Brenzkirche entsprach mit ihrer Fähigkeit zur freien Rede in ganz ursprünglichem Sinne der viva vox evangelii und erreichte gerade so die Herzen der Hörenden. Im Unterschied zu seinem akademischen Predigtlehrer Fezer, für dessen Predigtdefinition von 1924 die freie Rede ein integraler Bestandteil war und der sie in seiner Predigtpraxis übte, wenngleich ohne Abweichung von seinem intensiv memorierten Skript[296], konnte Askani auf dem festen Grund und Boden seiner niedergeschriebenen Predigt im direkten Kontakt mit den Zuhörenden frei reden und so im Miteinander von Prediger und Gemeinde den Versuch unternehmen, *»das Wort der Heiligen Schrift zu übersetzen in das Leben der Hörer«*.

Die Predigtarbeit wurde flankiert durch einen »Bibelstundenkreis« – auch »biblischer Gesprächsabend« oder »Gesprächskreis um die Bibel« genannt –, in dem er biblische Bücher fortlaufend auslegte und der ihn zuzeiten eine noch intensivere Vorbereitung als die Predigt kostete.[297] Askani schildert diesen Bibelstundenkreis als recht interessierte und lebhafte Gruppe von etwa zwanzig Mitgliedern. Diese Bibelstunde laufe nicht so ab, wie das sonst üblich sei, *»wir haben in jedem Falle ein Gespräch, das von unseren Teilnehmern selber wesentlich mitbestimmt wird«*. Als theologischer Leiter dieses Bibelstundengesprächskreises veranlaßte Askani, daß die Teilnehmenden nach der Weihnachts- und Sommerpause brieflich eingeladen wurden.[298] Im April 1967 wird die Bedeutung des Abendmahls in seiner zentralen Rolle für den Glauben und seiner faktischen Randstellung im Bewußtsein der Protestanten – auch der Brenzgemeinde – thematisiert.[299] Im Spätjahr 1967 fungiert der Kreis als Laienstudienkreis, der die biblischen Bücher Haggai und Sacharja daraufhin durcharbeitet, was an ihnen für den Laien besonders schwer verständlich ist. Er war damit einer der Kreise in Württemberg, die an der von der Württembergischen Bibelanstalt projektierten und von Horst Bannach und Hans Stroh, einem Studienfreund Askanis, in ihrem Auftrag herausgegebenen Erklärungsbibel im Vorfeld beteiligt waren.[300]

Immer wieder veranstaltete Askani auch Vortrags- und Diskussionsabende, zu denen er Gemeindeglieder gezielt anschrieb und mit einem Brief persönlich einlud.[301] So führte er 1964 drei Abende für Eltern durch, deren Kinder in den letzten Jahren getauft worden waren. Das Referat am ersten dieser Abende am 23. April 1964 hielt er selbst: »Kann man zum

Glauben erziehen?« Askani wollte mit diesen Abenden eine Verbindung zu den Taufeltern herstellen, denen gegenüber die Kirchengemeinde eine Verantwortung hat, aber auch mit den Taufeltern über die einstens gegebene Taufverpflichtung sprechen.[302] »Aberglaube und Glaube« thematisiert der Brenzkirchenpfarrer am 28. September 1964.[303] Am 30. Juni 1965 stellt er sich wieder einem pädagogischen Thema und spricht über »›... wenn uns unsere Jugend nach dem Glauben fragt‹. Zu heiklen Gesprächen mit heranwachsenden Söhnen und Töchtern.«[304]

Als Referenten kann er verschiedentlich auch seine Freunde gewinnen: Rudolf Daur berichtet über Albert Schweitzer (3. März 1965), über das auf einer Tagung der Arbeitsgemeinschaft »Arzt und Seelsorger« verhandelte Thema »Massenwahn in Vergangenheit und Gegenwart« (28. September 1966) und über Ökumene (8. Juni 1967)[305]. Zu einem Bericht über »Ökumenische Reiseerfahrungen« (31. März 1965) kam Altlandesbischof Haug in die Gemeinde seines einstigen Hilfsberichterstatters.[306] Auch die Jugendfreunde Reinhart Lempp (»Kind, Eltern und Schule« am 11. Mai 1965 und »Vater und Sohn« am 21. Juni 1968), Peter Müller (»Sind unsere Kinder überfordert?« 30. Juni 1966) und Helmut Aichelin (»Was wollen die Studenten?« 7. März 1968) ließen sich als Referenten in die Brenzgemeinde einladen.[307]

Wie schon in der Markusgemeinde, so war Askani nun erst recht in der Brenzgemeinde für den Kindergottesdienst zuständig. Er tat dies mit Freuden und war sonntags als Liturg und, wo es fehlte, als Erzähler mit dabei. Donnerstagabends, nachdem im Lauf des Tages die entscheidende Etappe für die Predigt im Erwachsenengottesdienst erreicht worden war, versammelte er die Kinderkirchhelferinnen und -helfer zur Vorbereitung auf den Sonntag in der Stube des Pfarrhauses; auch eine in der Markusgemeinde begonnene Übung, die ein sehr offenes und vertrautes Gesprächsklima schuf. In dieser Runde kam den Helferinnen und Helfern Theophil Askanis großes Erzähltalent zugute, am Sonntag den Kindern der Gruppe, vor der er erzählte.

Auch das jährliche Kindergottesdienstfest mit Ballonsteigen hatte Askani von der Markusgemeinde her[308] in der Brenzgemeinde mit großem Erfolg etabliert: »*Für unsere Gemeinde jedenfalls ist der Sonntag jeweils ein besonderes Erlebnis, an dem miteinander nach dem Gottesdienst hinaufgewandert wird zu den Wiesen, wo die Kinder ihre Ballone steigen lassen mit dem Kartengruß der Kinderkirche; die Väter voran, die die Ballone tragen müssen, die Polizeiwagen hinterdrein, damit nichts passiert und eine größere Menge allerhand Ungläubige und Andersgläubige dabei – kurzum, eine solenne Gelegenheit, in der Öffentlichkeit zu zeigen, daß es noch junge Menschen gibt, die Gottes Wort hören und mit Eingeweihten und Ahnungslosen ein Loblied singen. Daß hinterher einige Leute sagen: ›Brenzkirche, das ist dort, wo man die Ballone steigen läßt‹, das ist sicher kein großer Erfolg, aber immerhin wissen jetzt einige mehr, in welcher Richtung sie steht und immerhin gibt es auch Eltern, die eigens die Predigt hören, um die Ballone nicht zu versäumen und die später wiederum eigens zur Kirche kommen, um die Predigt zu hören. Ganz zu schweigen von dem Vater, der nach Wochen tief gerührt erscheint, weil der Ballon seines Kindes gerade auf den Eisenbahngeleisen niedergegangen ist, die er als Kriegsgefangener in Frankreich gebaut hat.«*[309]

So sind Predigt und Kindergottesdienstarbeit Kristallisationspunkte des Gemeindeaufbaus an der Brenzkirche, wobei über die Kindergottesdienstarbeit bisher randständige Eltern für den Gottesdienst überhaupt gewonnen werden.

Während seiner Zeit an der Brenzkirche bringt Askani sich wie schon als Markuskirchenpfarrer in den beiden Bereichen Evangelisches Gemeindeblatt und Lektorenarbeit ein: für das Gemeindeblatt entstehen drei Betrachtungen zum Predigttext des Sonntags: zum Schatz im Acker und der kostbaren Perle, zum Gespräch Jesu mit Nikodemus sowie zu Jesu Lobpreis und Heilandsruf.[310] Für die Lektorenarbeit verfaßt er vier Lesepredigten.[311] Großen Widerhall finden drei solenne geistliche Besinnungen in der Stuttgarter Zeitung: einmal der Artikel »Gedanken zum Tod« zum Totensonntag 1966[312], dann der Artikel »Konfirmation« auf den Konfirmationssonntag 1967[313] und schließlich der Artikel »Karfreitag« (1968)[314]. Ebenfalls noch von der Brenzgemeinde aus steuert Theophil Askani einige Gebete für die von Theo Sorg herausgegebene Gebetssammlung »Rogate. Gebete für den Gottesdienst« bei. Auch später noch hat Theophil Askani viele Gebete selbst verfaßt, drei aus seiner letzten Zeit wurden sogar in die württembergische Agende übernommen.[315]

Höhepunkte in der Brenzgemeinden-Zeit

Große Resonanz fanden die jährlichen Gemeindeausflüge, anfangs mit dem Sonderzug, dann mit Bussen, an den Main, in den Schwarzwald und auf die Schwäbische Alb.[316]

Nach der Geburt seines jüngsten Sohnes Thomas am 8. November 1967[317] war Askani so glücklich, daß er am folgenden Sonntag in der Brenzkirche eine sehr heitere und vergnügte Predigt hielt. Nach dem Gottesdienst sprach ihn ein Gemeindeglied an, das an diesem Tag sehr depressiv war, und sagte: »Mich haben Sie heute nicht erreicht.« Diese Situation gab Askani Anlaß zu dem Gedanken, es könnte immer einer dabei sein, den er nicht erreiche.

Vom 16. bis 20. Juli 1969 wurde in Stuttgart der 14. Deutsche Evangelische Kirchentag abgehalten. Askani schrieb dazu im Gemeindebrief: »*Der Kirchentag findet unter uns statt. Wenn wir nicht gerade vom 16.–20. Juli verreisen oder uns beim Fernsehgerät einschließen, um den Flug zum Mond zu verfolgen, werden wir alle als unmittelbare Nachbarn des Geschehens vom Kirchentag in besonderer Weise betroffen sein … Mit … nicht geringem Mut will sich die evangelische Christenheit in unserem Lande den großen Fragen der Zeit stellen, ihren Glauben prüfen und Maßstäbe des Handelns suchen. Wie immer man zu solchen Massenveranstaltungen stehen mag … – wir sollten nicht versäumen, was vor unserer Haustüre geschieht. Bergpredigt, Gottesfrage, Streit um Jesus, Kirche, der Einzelne und die Anderen, Demokratie, Gerechtigkeit in einer revolutionären Welt, Tribunal zur Ermittlung des Glücks sind einige der zu verhandelnden Themen in den Hallen im Killesberg.*«[318]

Da die Brenzkirche direkt gegenüber dem Stuttgarter Messezentrum Killesberg, dem Hauptveranstaltungsort des Kirchentags, liegt, fanden in ihr nicht nur Bibelarbeiten, Diskussionsgruppen und spätabendliche Abendmahlsfeiern statt, sondern auch ein von niederländischen Christen für die holländischen Kirchentagsteilnehmer, die Brenzgemeinde und weitere Interessierte vorbereiteter ökumenischer Schlußabendmahlsgottesdienst am Sonntag, 20. Juli 1969.

Berichte im Vorfeld hatten den Eindruck erweckt, daß in diesem ökumenischen Gottesdienst katholische und nichtkatholische Geistliche gemeinsam eine Abendmahlsfeier halten würden, was zu kritischen Anfragen von seiten der katholischen Diözese Rottenburg-Stuttgart geführt hatte, die dann in einem klärenden Gespräch zwischen dem ökumenischen Beauftragten der Diözese (Prälat Alfred Weitmann) und Vertretern des ökumenischen Vorbereitungskomitees aus den Niederlanden hatten ausgeräumt werden können. In diesem Gespräch hatten sich die Niederländer bereiterklärt, den ökumenischen Gottesdienst am Sonntagvormittag in der Brenzkirche als Wortgottesdienst mit einer deutsch gehaltenen Predigt des katholischen Jesuitenpaters Dr. Willem Boelens, des bischöflichen Referenten zur Förderung der Ökumene in der Diözese Groningen, zu feiern. Nach dem Wortgottesdienst sollte dann die Abendmahlsfeier stattfinden, die von Pfarrer G. P. Klijn aus Driebergen/Holland geleitet werden sollte. Zur Mitwirkung beim gesamten zweiteiligen Gottesdienst hatten Pfarrer und Laien aus Schottland, Schweden, Finnland, Surinam, Belgien und der CSSR – und Askani selber – gewonnen werden können.[319]

Unmittelbar vor dem Gottesdienst gab es erhebliche Aufregung, weil – es

Abb. 19: Ökumenischer Abendmahlsgottesdienst in der Brenzkirche während des Kirchentags 1969

war die Zeit der Studentenunruhen – Studenten Protestplakate mitgebracht hatten. Dank der Umsicht und Ruhe holländischer Christen und, von ihnen angesteckt, auch Askanis selbst wurde es eine tief eindrückliche Feier, bei der die Freude des Zusammengehörens so intensiv erlebt wurde, daß anschließend keiner mehr zur großen Schlußveranstaltung ins Neckarstadion wollte.[320] Folge dieses ökumenischen Abendmahlsgottesdienstes war, daß in der Brenzkirche am Reformationsfest, 2. November 1969, erstmals ein integrierter Abendmahlsgottesdienst gefeiert wurde: »*Wer am 20. Juli beim ökumenischen Gottesdienst anläßlich des Kirchentages in der Brenzkirche dabei war, der hat wohl gespürt, daß das Mahl des Herrn nicht ein liturgisches Anhängsel, sondern ein Lebenselement der*

Gemeinde Jesu ist. Das wieder zu lernen und wieder zu erfahren, lohnt sich.«[321]

Im Frühjahr 1970 konnte das Gemeindezentrum Fleckenweinberg mit der Christophkirche in Gebrauch genommen werden[322]: »*Der Kirchenraum dort war wie eine gute Stube. 200 Plätze zwar, aber rings um Kanzel und Altar gruppiert, ein grüner Teppichboden und in allem eine Intimität, ein Reden miteinander, Auge in Auge, das jedes falsche Pathos sofort und unbarmherzig enthüllte.«*[323] Der erste Gottesdienst – noch vor der eigentlichen Einweihung – war der Konfirmationsgottesdienst am 15. März 1970 – es war ein fröhlicher Zug in die Kirche mit elf Konfirmanden und fünf Konfirmandinnen, darunter Askanis ältester Sohn Hans-Christoph. Am Beginn der Konfirmationspredigt sagte Pfarrer Askani: »*Das habe ich selber noch nie erlebt und werde es vermutlich auch nie mehr erleben: eine erste Stunde in einer neuen Kirche zugleich mit der Konfirmation. Und ihr werdet das euer Leben lang erzählen können, wenn man euch danach fragt – hoffentlich fragt man gelegentlich danach, wann und wo ihr konfirmiert worden seid. Ihr werdet dann ein Leben lang berichten: es war in der Christophkirche am Fleckenweinberg dort am Feuerbacher Hang, der erste Tag, an dem man Gottesdienst gehalten hat. Lange dachten wir, wir werden nicht fertig und der Computer hätte den Bodenteppich vergessen. Aber dann war es so weit und wir zogen ein und zum ersten Mal läutete die Glocke, zum ersten Mal sangen wir ein Lied zur Orgel.*

Ihr wisst, die Einweihung wird erst später sein. Das ist etwas ungewöhnlich, aber wir dachten, es sei die beste Art, mit diesem Raum zu beginnen an eurem Tag … Wir dachten auch, es sei nicht ungeschickt, wenn ihr in eine Kirche einzieht, die noch nicht ganz fertig ist. Die Kirche wird nie ganz fertig sein, das wissen wir heute besser denn je. Oder anders gesagt: wir wissen heute weniger denn je, wie sie morgen oder übermorgen aussehen wird. Es wird mit in eurer Hand sein. Darum haben wir ja selbst vom Äusseren her diesen Raum so eingerichtet, dass er viele Gestalten haben kann und dass diese Weise, Gottesdienst zu halten, vielerlei Ausdruck haben kann.«[324]

Am 12. April 1970 hielt Theophil Askani seinen Abschiedsgottesdienst in der Brenzkirche und in der Christophkirche – er reiste dazu bereits von seinem neuen Wirkungsort Ulm an. Das Ziel des langen Weges zur Verwirklichung des Gemeindezentrums im Fleckenweinberg hatte er mit viel Herzblut erreicht, die Früchte konnte er nicht mehr selber ernten.[325]

KAPITEL VII

Dekan in Ulm und Prediger im Münster (1970–1975)

Als Brückenbauer und Friedensstifter in der Münsterstadt

Bereits geraume Zeit vor der Einweihung der Christophkirche, einer der kleinsten Kirchen Württembergs, wurde Theophil Askani auf den Oberkirchenrat und vor den Landeskirchenausschuß[326] gebeten. Beide Gremien trugen dem erstaunten Pfarrer die nachdrückliche Bitte vor, sich auf die Dekanatsstelle in Ulm zu bewerben, auf die Stelle also, mit der der Dienst als Prediger an Württembergs größter Kirche verbunden war.

Heinrich Leube, seit 1969 Oberkirchenrat, erinnert sich, wie er Anfang 1970 mit Lore Askani, die er von Studienzeiten her kannte, auf der Treppe der Brenzkirche stand. Sie sei etwas böse auf den Oberkirchenrat gewesen, weil er Theophil nachdrücklich aufgefordert hatte, sich nach Ulm zu bewerben, wo sie sich doch die Arbeit in der Brenzgemeinde als weiterhin sehr ersprießlich hätte vorstellen können – zumal nach der eben erfolgten Fertigstellung des Gemeindezentrums im Fleckenweinberg, auf das sie seit ihrem Aufzug in der Gemeinde 1963 zugearbeitet hatten. Rolf Scheffbuch hatte Askani im Landeskirchenausschuß erstaunt, fast erschrocken erlebt, als ihm die Dekanatsstelle angetragen wurde, er habe von sich aus nicht nach höheren Ämtern gestrebt.

Der damalige Präsident der Landessynode und damit Landeskirchenausschuß-Mitglied, Hans von Keler, sagte dem Verfasser gegenüber, wenn auch die internen Überlegungen des Landeskirchenausschusses verständlicherweise intern bleiben müßten, könne doch so viel gesagt werden: »Wer im Vorzimmer des Landesbischofs saß, war auf dem ganzen Oberkirchenrat bekannt – zumal der geistreiche Unterhalter und Organisator bei Oberkirchenrats-Festlichkeiten. Wer zudem als guter Prediger bekannt war und konstant gut blieb, der ragte wie ein bandagierter Zeigefinger aus der Masse. Auf so einen Mann kam man fast zwangsläufig bei der Besetzung einer landeskirchlichen Schlüsselstelle.«

Askani ging auf diese an ihn herangetragene Bitte ein und wurde zum Nachfolger von Dekan Dr. Hans Seifert berufen und von Landesbischof

Abb. 20: Investitur als Ulmer Dekan, v. l.: Theophil Askani, Pfarrer Stäbler (Lonsee), Prälat Epting, Pfarrer Kruse (Münster III), 19. April 1970

Helmut Claß im Februar 1970 zum Ulmer Dekan ernannt[327]. Am 9. April 1970 zog die neue Dekansfamilie in Ulm auf und bezog das Dekanat im Grünen Hof 6.[328] Das Ulmer Dekanatshaus steht Wand an Wand mit dem Ulmer Prälaturgebäude in der Adlerbastei 1; die Dekans- und die Prälatenfamilie sind unmittelbare Nachbarn. Der Ulmer Prälat Friedrich Epting war erst kurz vor Askanis Aufzug am 25. Januar 1970 von Landesbischof Helmut Claß in sein Amt eingeführt worden.[329] Während Theophil Askani sich problemlos auf die neue Situation einstellen konnte, fiel seiner Frau und den Kindern der Übergang von der vertrauten, liebgewonnenen Brenzgemeinde ins Ulmer Dekanat schwerer.

Am Sonntag Jubilate, dem 19. April 1970, führte Prälat Epting den neuernannten Dekan der Münsterstadt in einem feierlichen Gottesdienst im Ulmer Münster in sein Amt ein.[330] Askani bat die zahlreich versammelte Gemeinde in seiner Antrittspredigt, *»miteinander im Namen Jesu zu lernen, wie das menschliche Leben aus Hast, Langeweile und Vergeblichkeit* *herausgeführt werden könne zu etwas Nützlichem und Freudigem zum Lobe Gottes.«*[331]

Zum Ulmer Dekanat gehören die sieben evangelischen Stadtkirchengemeinden und 19 Landgemeinden mit damals noch gut 65 000 Gemeindegliedern.[332] Das Ulmer Dekanat mit der Stadt Ulm und dem Ulmer Land hat seine eigene geschichtliche Prägung: Ulm gehörte zu den großen freien Reichsstädten mit beträchtlichem Territorium, das sich im Westen über die Hochfläche der Alb hinunter bis nach Groß-Süßen im Filstal erstreckte und im Osten über die Donau hinüberreichte und das heutige Neu-Ulm mit umliegenden Dörfern umfaßte.

Ulm kann auf eine lange Verfassungstradition zurückblicken, die alljährlich am Ulmer ›Nationalfeiertag‹, dem Schwörmontag, öffentlich vergegenwärtigt wird. Der Schwörmontag geht in die Anfänge der reichsstädtischen Zeit Ulms zurück, als die Auseinandersetzung der Zünfte mit den Patriziern um das Mitspracherecht im Rat der Stadt 1397 durch den Schwörbrief beendet werden konnte, der Art und Umfang des Mitspracherechts der Zünfte festlegte. Bis heute wird des Schwörbriefs von 1397 jährlich gedacht; vom Balkon des Schwörhauses schwört der Ulmer Oberbürgermeister am Schwörmontag den Bürgern, daß er deren verbriefte Rechte achte und »Reichen und Armen ein gemeiner Mann« sei.[333]

Auch die Reformation hat hier ihre eigene Geschichte und Ausprägung. Am 3. November 1530 hatten sich die Ulmer Bürger mit großer Mehrheit für die Reformation entschieden. Der Boden war dafür bereitet durch das reformatorische Wirken von Konrad Sam aus Brackenheim, der 1524 als Prädikant ans Münster berufen worden war. Freilich hatte Sam nicht das Format des Reutlinger Reformators Matthäus Alber, so daß das Reformationswerk in Ulm in den folgenden Jahren nicht recht vorwärtskam. Nach der Entscheidung der Ulmer Bürgerschaft für die Reformation berief der Ulmer Rat – nunmehr rüstig zur Konsequenz – die führenden Reformatoren der oberdeutschen Städte zur soliden Grundlegung des Reformationswerkes. So wirkten im Frühjahr 1531 Johannes Ökolampad, Martin Bucer und Ambrosius Blarer in Ulm. Um die Fortführung der Reformation zu sichern, berief man im Juni 1531 das Ulmer Bürgerskind Martin Frecht, der sich zum führenden Mann des Ulmer Kirchenwesens entwickelte.[334]

Im Zuge der napoleonischen Umgestaltungen fiel das gesamte reichsstädtische Territorium Ulms für kurze Zeit an Bayern. 1810 wurden dann alle Gebiete links der Donau dem Königreich Württemberg zugeschlagen, das in Ulm sogleich eine Generalsuperintendentur (Prälatur) und eine Spezialsuperintendentur (Dekanat) errichtete.

Als Ulmer Dekan war Askani zugleich erster Pfarrer am Münster mit einem eigenen Seelsorgebezirk und einer eigenen Konfirmandengruppe.[335]

Abb. 21: Theophil Askani im Gespräch mit Dr. med. Gerhard Huzel vor dem Ulmer Münster

Bei seinem Antrittsbesuch bei der 1973 in der Ulmer Martin-Luther-Gemeinde neu aufgezogenen Pfarrersfamilie Gottfried und Gertrud Dinkelaker äußerte Askani im Gespräch, er sei mit Leib und Seele Gemeindepfarrer gewesen, und dieser seiner Neigung laufe das Dekansamt entgegen. Es sei ihm deshalb als ein Stück konkreter Gemeindeanbindung ungemein hilfreich, daß er wenigstens noch eine Konfirmandengruppe habe.

Im Vergleich zum Gemeindepfarramt an der Stuttgarter Brenzkirche beanspruchten die Verwaltungsarbeiten nun ein vielfaches an Zeit. Als Askani das Ulmer Dekansamt antrat, fanden sich aus den fünf davorliegenden Jahren keine Abrechnungen. So setzte er sich hin und erstellte in nächtelanger Arbeit die entsprechende Übersicht, schlichtweg um zu wissen, ob der Ulmer Kirchenbezirk Schulden oder noch verfügbare Mittel habe. Für Theophil Askani war die verantwortliche Haushalterschaft mit dem Geld selbstverständlich, ein Charakterzug und eine Fähigkeit, die er von seinem Vater geerbt hatte: die schwäbische Nüchternheit, rechnen zu können.

Theophil Askani fand in Ulm eine Pfarrerschaft vor, in der es zum Teil erhebliche Spannungen und Verspannungen gab, bisweilen sogar Zerstrittenheit. Dank seiner Fähigkeit zum Ausgleich und zur Integration, ohne dabei profillos zu werden oder opportunistisch zu handeln, und dank seiner Gabe eines befreienden Humors, der viele festgefahrene Situationen in ein verständnisvolles Schmunzeln aufzulösen vermochte, gelang es ihm, das Gespräch unter den Pfarrkollegen wieder in Gang zu bringen. Werner Dierlamm schreibt: »Theophil Askani habe ich hoch geschätzt. Ich habe als 2. Pfarrer an der Ulmer Auferstehungskirche erlebt, wie er im zerstrittenen Pfarrkonvent den Aufruhr besänftigte.«[336]

Und nicht nur in der Pfarrerschaft, auch in den Gremien und den Gemeinden konnte das Gespräch zwischen den Verschiedendenkenden weitergeführt werden dank der Fähigkeit Askanis, Brücken zu bauen[337], und dank seiner großen persönlichen Ausstrahlung. So ist es das Verdienst von Dekan Askani, die erste Pfarrerin in den Kirchenbezirk Ulm geholt zu haben. Trotz Widerständen und Bedenken der Ulmer Pauluskirchengemeinde setzte er sich dafür ein, daß Maria Hermann, die er und seine Frau bereits seit Studienzeiten kannten, 1972 auf die dortige zweite Pfarrstelle kam.[338] Die Gemeinde dankte es ihm schon nach kurzer Zeit, weil Maria Hermann eine ausgesprochen fähige Seelsorgerin und Predigerin war.

Es sei noch eine weitere Stimme aus der Ulmer Zeit genannt, die Askanis Fähigkeit, Brücken zu bauen, unterstreicht. Gesamtkirchengemeinderats-Vorsitzender Reinhart Meyer betont: »In der Tat liegt eine ganz besondere Gabe Askanis darin, Spannungen gar nicht erst entstehen zu lassen; seine Fähigkeit des geduldigen Zuhörens, des persönlichen Eingehens auf vorgebrachte Anliegen und seine entwaffnende Fröhlichkeit machen die Bildung von Fronten fast unmöglich. So blieb Ulm für fünf Jahre eine im Lande oft neidvoll verglichene ›Friedensinsel‹. Es war deshalb auch kein Wunder, daß das Dekanat im Herzen der Stadt eine zentrale Anlaufstelle wurde: Freunde, Bekannte – eingeladen und uneingeladen –, Angefochtene, Belastete gingen ein und aus, erfuhren Teilnahme, Seelsorge, Ermutigung, Hilfe. Was Wunder weiter, daß Dekan Askani auch zu unzähligen Gemeindeveranstaltungen gebeten wurde, ganz zu schweigen von den nahezu 30 Investituren, die er im Kirchenbezirk vornahm.«[339]

Wie sehr Askani das Brückenbauen zwischen Menschen und Gruppen, zwischen Christengemeinde und Bürgergemeinde am Herzen lag, wird auch in seiner programmatischen Predigt am Sonntag, dem 18. Juli 1971, vor dem traditionellen Ulmer Schwörmontag, deutlich. Der Predigt lag das deuterojesajanische Heilswort Jesaja 43,1–7 zugrunde: »Fürchte dich nicht, denn ich habe dich erlöst; ich habe dich bei deinem Namen gerufen; du bist mein!« Das die Architektur der ganzen Predigt prägende Bild ist das der Brücke; die ganze Predigt ist ein Gang über die Brücke, indem sie dazu helfen möchte, wahrzunehmen und wahrzuhaben, was das alte Prophetenwort heute – am Schwörsonntag 1971 – in Ulm zu sagen hat. Askani thematisiert die Situation, daß am Schwörsonntag Bürgergemeinde und Christengemeinde nach guter Ordnung miteinander in einem Gottesdienst versammelt sind: »*Unser Münster steht mitten in der Stadt, und seine Geschichte kommt mitten aus dieser Stadt. Das verpflichtet herüber und hinüber. Wir haben miteinander daran zu denken und dafür Sorge zu tragen, wie das Leben in unserer Stadt menschlich werde und menschlich bleibe; und miteinander lehren uns die Jahre, daß das nicht leichter wird.*« Und Askani führt weiter: »*Wir treten auf die Brücke und hören: ›ich bin mit dir, fürchte dich nicht.‹ Wir hören es als Christen in Jesu Namen, als jene unbegreifliche und doch mit unseren kleinen Händen faßbare Geborgenheit in Gottes Hand … Was könnte es heißen für eine Stadt, wenn da Zellen von Menschen wären, die anfingen, miteinander dies göttliche ›ich bin mit dir‹ zu buchstabieren, so daß es eines Tages ein Wort des einen zum anderen wäre, zum Kollegen, zum Kontrahenten, zum Nachbarn: Fürchte dich nicht, ich bin nicht gegen dich, bei aller Leidenschaft unserer Meinungen, die wir nicht verleugnen, bei aller verschiedenen Farbe unserer Erkenntnisse, die wir nicht der Langeweile opfern, ich bin nicht gegen dich.*«[340]

Seine Fähigkeit, Brücken zu bauen, ohne dabei profillos zu werden, brachte ihm eine Anfrage aller drei württembergischen Synodalgesprächskreise – »Evangelium und Kirche«, »Lebendige Gemeinde« und »Offene Kirche« – ein, für jeweils ihren Gesprächskreis für die Achte Landessynode (1972–1977) zu kandidieren. Askani aber wollte und konnte sich auf keinen Gesprächskreis festlegen, um weiterhin in ungeschmälerter Akzeptanz Brücken bauen zu können. Auch der Personalreferent im Oberkirchenrat, der ihm seit Stuttgarter Tagen persönlich näher bekannte Oberkirchenrat Konrad Gottschick, riet ihm dringend davon ab, sich auf eine kirchenpolitische Gruppierung festzulegen, um für eine größere Aufgabe unbelastet zu bleiben.

Sichtbaren Ausdruck bis heute fand das Leitbild Askanis vom Brückenbauen darin, daß auf seine Anregung hin anläßlich des Schriftleiterwechsels das Ulmer Gemeindeblatt mit der Nummer 3/1974 umbenannt wurde in »Brücke. Evangelisches Gemeindeblatt für Ulm, Neu-Ulm und Umgebung«.[341] Auch lag ihm am Kontakt mit der katholischen Schwesterkirche, und er empfahl deshalb 1972 dem neu zusammengetretenen Gesamtkirchengemeinderat, »*bei allen Zukunftsprojekten möglichst interkonfessionell zu planen und bei einschlägigen Ausschußberatungen auf den Rat der katholischen Partner nicht zu verzichten*«.[342]

Als gekonnter Brückenbauer erwies sich Dekan Askani auch bei der Gemeindepartnerschaft zwischen der Ulmer Münstergemeinde und einer kleinen französischen evangelischen Gemeinde. Die Sache nahm damit ihren Anfang, daß die langjährige Ulmer Prälatursekretärin und Gemeindehelferin der Münstergemeinde, Irmgard Schmeichel, 1971 auf einem Bibelseminar im Freizeitheim der evangelischen Kirche Frankreichs im burgundischen Épinal Mademoiselle Joelle Yvane Poidlouë begegnet war, ihres Zeichens Fakultätsprofessorin für französische Literatur an der Universität Lille und zugleich Pfarrerin der kleinen evangelisch-reformierten Gemeinde in der Stadt Tourcoing nordöstlich von Lille. Mademoiselle Poidlouë wollte deutsche Gemeindearbeit kennenlernen und kam noch im selben Jahr nach Ulm, wo sie Irmgard Schmeichel auf manchen ihrer Wege durch die Münstergemeinde begleitete.

Irmgard Schmeichel, die als Gemeindehelferin beim wöchentlichen Dienstgespräch der Münsterpfarrer im Dekanat dabei war, fragte ihrerseits Dekan Askani, ob er sich eine Gemeindepartnerschaft zwischen der Münstergemeinde und der evangelisch-reformierten Gemeinde Tourcoing vorstellen könne. Askani war sofort Feuer und Flamme. Im Mai 1972 kam es zu einem denkwürdigen Besuch von Pfarrerin Poidlouë und einigen ihrer Gemeindeglieder in der Münstergemeinde, deren Höhepunkt der Gottesdienst am Sonntag Kantate im Münster war, in dem Dekan Askani und Pfarrerin Poidlouë predigten und anschließend am Hauptaltar des Münsters Abendmahl gefeiert wurde.

Im Oktober 1973 statteten 17 Ulmer einen Gegenbesuch in Tourcoing ab. Die Hinfahrt zog sich 18 Stunden lang hin, und als die Stimmung umzukippen drohte, stand Askani wie ein Fels in der Brandung im Mittelgang des Busses, strahlte Zuversicht aus und sagte in der ihm eigenen Art: »Wir kommen an!« Nach abenteuerlichen Wegen traf der Bus mit großer Verspätung vor dem schlichten Gemeindehaus ein, das noch hell erleuchtet war; und Askani sagte mit einem fröhlichen Lächeln: »Sie haben auf uns gewartet!«

Über ein Erlebnis an diesem Wochenende in Tourcoing berichtet Askani noch nach Jahren immer wieder. In dem Gottesdienst, in dem Askani die Predigt hielt und die mitgekommenen Ulmer Bläser spielten, und in dem das Abendmahl wie ein großes, jubelndes Fest gefeiert wurde, wurde ein junger Mann in die Gemeinde aufgenommen. Man nannte ihn den frère du fonds, den Bruder von dahinten, weil er einmal durch Zufall in eine Evangelisationsveranstaltung geraten war und der Versammlungsleiter zu seinem Schrecken, kaum daß er sich zur Türe hereingedrückt hatte, sagte: »Der Bruder von dahinten wird jetzt mit uns beten.« Ganz erschrocken hatte der junge Mann gestammelt: »Ich danke dir, lieber Gott, und nun wird der Bruder von da vorne weiterbeten.« Seither hatte er seinen Namen. Er war Kellner und Mitglied des Blauen Kreuzes. *»Aber beim Fest-*

mahl, das sich dem Gottesdienst anschloß, zog er seinen weißen Frack an und bediente uns alle miteinander mit einer so liebenswürdigen Freundlichkeit und Aufmerksamkeit, als gehöre es immer noch zum Fest des Gottesdienstes hinzu und so, daß wir es alle wohl noch lange vor Augen haben.« Ein paar Wochen später bekam Askani einen Brief von Pfarrerin Poidlouë, in dem sie ihm über den frère du fonds schrieb, daß sein Vater von den Deutschen umgebracht worden sei und er sich eigentlich geschworen hatte, als Kellner niemals einen Deutschen zu bedienen. Von jenem Sonntag an aber gehörte er dazu, und darum habe er den Ulmer Gästen aufgewartet. Askani konnte sagen: *»Ich sehe ihn noch vor mir, den Mann; eine Stunde erst war er Glied dieser christlichen Gemeinde und schon Haushalter über eines der Geheimnisse Gottes – nämlich über die Vergebung.«*

Als Résumée dieses Besuches schrieb Askani im Gemeindebrief: *»Es beeindruckte uns sehr – vor allem die jugendlichen Besucher – wie lebendig und attraktiv eine Gemeinde auch dann sein kann, wenn sie äußerlich arm ist und nicht einmal über geeignete oder gar heile Räume verfügt. Spontan beschlossen wir, unsere Gemeindeglieder daheim zu bitten, die wichtigsten Reparaturvorhaben in Tourcoing ausführen zu helfen.«* So konnten durch eine namhafte Spende des Ulmer Fabrikanten, Kirchengemeinderats und langjährigen Landessynodalen Karl Kässbohrer für den Kirchensaal in Tourcoing schöne Stühle angeschafft werden.

Askani hatte große Freude an dieser Partnerschaft, was sicherlich auch mit seinen guten Französischkenntnissen und vor allem mit denen seiner Frau zusammenhing, und er konnte die Münstergemeinde und den Kirchengemeinderat dafür begeistern. Aber er war doch auch realistisch genug, um Irmgard Schmeichel gegenüber einmal zu sagen: *»In 20 Jahren aber, glaube ich, wird diese Partnerschaft erloschen sein. Und zwar nicht so sehr wegen der immensen Entfernung, sondern weil eine solche Partnerschaft ganz entscheidend an den Personen hängt, die sie gestalten.«*

Mit dem Niedergang der Textilindustrie im Großraum Lille-Roubaix-Tourcoing hat sich die evangelische Gemeinde infolge Abwanderung ihrer Glieder zwischenzeitlich aufgelöst. [343]

Prediger im Münster und im Ulmer Kirchenbezirk

Die Struktur des Dekansamtes mit seiner vielfältigen Gremienarbeit und mannigfachen Verwaltungsaufgaben brachte es mit sich, daß Theophil Askani den in der Brenzgemeinde praktizierten Predigtdonnerstag mit dem Rückzug in die Klausur ins schwiegerelterliche Haus so nicht mehr weiterführen konnte. Das Gros der Predigtarbeit verlagerte sich zwangsläufig auf den Samstagnachmittag und -abend. Dabei beschränkten sich Askanis Predigtdienste keineswegs nur auf das Ulmer Münster. Als Dekan hatte er auch in den anderen evangelischen Kirchen Ulms und sehr viel auch in den Dörfern des Kirchenbezirks zu predigen. So war er als Prediger schnell im ganzen Kirchenbezirk geschätzt und häufig angefragt. Wie Zeitzeugen berichten, füllte sich das Münster, wenn Dekan Askani predigte. Denn er hatte die Gabe zu verständlichen, das Leben treffenden, einfachen Predigten, die nicht simplifizierten. »Seine Predigten wurden für viele zu einem Erlebnis«, berichtet die Schwäbische Zeitung noch nach sieben Jahren.[344]

Trotz der knappen Zeit ließ Askani es sich nicht nehmen, weiterhin praktisch-theologisch tätig zu sein und Besinnungen für Gemeindeglieder und Predigtmeditationen für Pfarrer zu schreiben. In der Ulmer Zeit ist nun allerdings eine Verlagerung seiner publizistischen Aktivitäten zu beobachten: Während er im Evangelischen Gemeindeblatt für Württemberg nur noch mit einer Besinnung zum sonntäglichen Predigttext vertreten ist[345], meldet er sich im Ulmer Gemeindeblatt mit Kommentaren und Meditationen regelmäßig zu Wort. Schwerpunktmäßig arbeitet Askani jetzt aber in der württembergischen Pfarrerzeitschrift »Für Arbeit und Besinnung« mit: Sechs Predigtmeditationen und eine Heilig-Abend-Ansprache sind in den fünf Ulmer Jahren für diese Zeitschrift aus seiner Feder geflossen und machten den Ulmer Prediger in der ganzen württembergischen Pfarrerschaft bekannt.

In der Ordinationspredigt am 20. Juni 1971 für sechs Vikarinnen und Vikare des Ulmer Kirchenbezirks in der Paul-Gerhardt-Kirche stellt Askani als eine entscheidende Kontur des pastoralen Profils die Aufgabe des Tröstens heraus: »*Sie werden zu trösten haben in Ihrem Dienst. So wie eine Mutter ihr Kind in den Arm nimmt und es tröstet und ihm sagt, es ist alles gut. Gott gebe Ihnen die Gewißheit, daß das keine Lüge ist, kein billiger Trost, sondern daß einer in der Tat aufgehoben ist in Jesu Namen für Zeit und Ewigkeit.*« [346]

Diese Predigt ist eines der zahlreichen Beispiele dafür, wie Askani sich einerseits auf seine Traditionen zurückbezieht und zugleich neue Anstöße aufgreift. So betont er hier das Trostamt des Predigers, für das er durch die Stuttgarter seelsorgliche Predigttradition in besonderer Weise sensibilisiert worden war, und greift – hier werden neue Anstöße aufgenommen – zugleich das menschliche Urbild der ihr Kind tröstenden Mutter auf; ein Urbild, das bei Tritojesaja transparent wird auf Gottes Handeln an seinem Volk in dürftiger Zeit, wo der HERR spricht: »Ich will euch trösten, wie einen seine Mutter tröstet.« Dieses Achten auf das Urbild der ihr Kind tröstenden Mutter ist angeregt durch sein Studium des amerikanischen Soziologen Peter Berger, dessen 1971 erschienenes Buch »Auf den Spuren der Engel« Askani sogleich so intensiv gelesen hatte, daß sich Spuren davon in einer ganzen Reihe von Äußerungen des Jahres 1971 finden. So heißt es in der schon erwähnten, wenige Wochen nach der Ordinationspredigt gehaltenen Schwörsonntagspredigt: »*Peter Berger, ein amerikanischer Soziologe, hat ein Buch geschrieben mit dem Titel: ›Auf den Spuren der Engel‹. Er zeichnet darin einige Urbilder, die jedes Leben prägen und über den Tag hinausweisen. Eines davon, das prägsamste, ist die Mutter, die ihr Kind in den Arm nimmt. Irgendwann in der Nacht ist es erwacht, das Kind, erschrocken, geängstigt, aus dem Traum gerissen vielleicht, die vertraute Stube ist dunkel, alle Konturen verwischt – das Chaos bricht herein. So schreit es nach der Hüterin, und die Mutter kommt, es spürt die Wärme und es hört, was in der ganzen Welt Mütter ihren Kindern sagen: ›Es ist alles wieder gut.‹ Stimmt das, was die Mütter sagen? Stimmt das? Berger sagt, im Grunde seien wir unser Leben lang unterwegs nach diesem ersten Bilde, in der Sehnsucht – und in der Sorge, es könne nicht stimmen.*«[347] Diese Offenheit für Neues, wie sie sich exemplarisch an der Rezeption des Bergerschen Buches zeigt, aber auch in der Tatsache, daß man neue Wortschöpfungen und Fremdworte bei Askani hören konnte, lange bevor sie Gemeingut wurden, gehört mit hinein ins Persönlichkeitsprofil Theophil Askanis.

Bei seinem letzten Pfarrkonvent mit den Stuttgarter Kollegen Anfang 1970 hatte Askani dem damaligen Stiftspfarrer Theo Sorg gegenüber auf einem gemeinsamen Spaziergang geäußert: »*Jetzt muß mir das passieren, daß ich von der kleinsten in die größte Kirche Württembergs komme.*« Sorg sagte dem Verfasser, daß das Münster Askanis Predigtart entgegenstand und er geraume Zeit für die Umstellung brauchte, weil er jemand war, der konkret zu den Menschen redete und den Blick ins Angesicht des Hörers brauchte; diese Art von direktem Kontakt war im Münster aber nur schwer möglich. Aus demselben Grund habe auch er, Sorg, gehofft, nicht ins Münster zu müssen. Askani hat sich dann doch bestens auf der Münsterkanzel eingefunden. Von seinen Erfahrungen dabei berichtet er aus dem Abstand von zwei Jahren in einem Essay für die Sonderbeilage der Südwest Presse am 8. Juni 1977 zum sechshundertjährigen Gründungsjubiläum des Ulmer Münsters. Er gab diesem Essay die Überschrift »*Prediger im Münster*«.[348] Er benennt darin fünf für ihn grundlegende Erfahrungen auf der Münsterkanzel.

Erste Erfahrung: Der Raum verwandelt die Worte. Askani berichtet, wie herausfordernd und anstrengend der Übergang von seiner Stuttgarter

Brenzgemeinde auf die Münsterkanzel für ihn gewesen sei. Der Kirchenraum in der Brenzkirche war darauf angelegt, nahe bei den Menschen zu sein und direkt zu ihnen reden zu können, und erst recht war die Christophkirche wie eine gute Stube: 200 Plätze rings um Kanzel und Altar gruppiert, so daß man gar nicht anders konnte, als Auge in Auge, miteinander, natürlich zu reden. Jedes falsche Pathos wurde sofort und unbarmherzig enthüllt. Seinen ersten Gang auf die Münsterkanzel empfand Askani von diesen Erfahrungen her geradezu als Schock. Wenn man von der Münsterkanzel aus sage: »Wir singen«, dann habe man das Empfinden, schon ein bedeutendes Wort gesprochen zu haben. Askani sieht deshalb den Münsterprediger zwischen einer ständigen Versuchung und einer ständigen Forderung stehen: Die ständige Versuchung ist die, in die plakativen, großen Worte zu verfallen. »*Was für eine Gefahr, dass die Sprache sich verwandelt!*« Was für eine Gefahr, sich von der Ungeheuerlichkeit des Raumes dazu verführen zu lassen, »*nicht nur den Tonfall, sondern schließlich den Gedanken ins Pathos zu bringen*«.[349] Die komplementäre Erfahrung zur ständigen Versuchung ist die ständige Forderung: »*Selten ist mir so zum Bewußtsein gekommen, wie die Worte gewogen werden, wie dort vor den Dimensionen der großen Kirche.*«

Zweite Erfahrung: Die Zeit verwandelt die Gedanken. Wer im Ulmer Münster predige, müsse wissen, daß die Worte sieben Sekunden Nachhall haben. Askani mußte deshalb bei gleicher Rededauer – er rechnet damit, daß sich eine normale evangelische Predigt im Durchschnitt auf 22 Minuten erstreckt – seine Predigt um zwanzig Prozent kürzen. Das bedeutete für ihn nicht nur einen äußerlichen Schnitt, sondern wirkte sich auf Stil und Struktur der Predigt aus: Predigt sei ihrer inneren Struktur nach ein Gespräch und eine Einladung zum Miteinanderdenken, und das brauche Zeit. Predigt erfahre dadurch eine Wandlung, daß ihr, bedingt durch die Struktur des Raumes, effektiv erheblich weniger Zeit zur Verfügung stehe: Sie müsse gekürzt werden, was an manchen Stellen auch einen Verzicht auf Argumente zur Folge habe, worunter die dialogische Struktur der Predigt leide.[350]

Bei den riesigen Dimensionen des Münsters mußten des Nachhalls wegen auch die Sätze kürzer werden: Ein längerer Gedankengang mit schwierigen sprachlichen Konstruktionen läßt sich in einem solchen Raum nicht entwickeln. Statt dessen müssen die Sätze präziser und knapper werden.[351] Askani sieht in dieser beschriebenen zweiten Gestalt der Verwandlung einen Hinweis auf die strukturelle Bipolarität der Predigt: »*Sie wird die klare Aussage haben müssen, die sich einprägt und die einer mit nach Hause nehmen kann. Sie soll ein handfester Zuspruch sein, gelegentlich auch ohne Wenn und Aber und Vielleicht. Zugleich ist die Predigt von ih-*

rer inneren Struktur her ein Dialog, ein Gespräch, eine Einladung zum Miteinanderdenken – und das braucht Zeit.«

Dritte Erfahrung: Auf der Münsterkanzel erfährt der Prediger sich zunächst als einzelnen und entdeckt erst mit der Zeit, wie der Raum die darin Versammelten zur Gemeinschaft zusammenfügt. Der große Raum des Ulmer Münsters, so Askani weiter, könne einem das Alleinsein auch während eines Gottesdienstes zum Bewußtsein bringen. Das primäre Gefühl, das sich sowohl beim Prediger wie auch beim Gottesdienstbesucher einstelle, sei dies, als ob der Raum einen auf sich selber zurückwerfe: man sitze vereinzelt in der Bank, höre beim Singen kaum die eigene Stimme, und auch der Prediger erfahre sich zunächst als weitab der Gemeinde: »*Ich denke daran, wie ich im ersten Jahr während der ersten Sätze der Predigt unter denen, die da saßen, ständig nach einem einzigen Menschen suchte, den ich kannte, um an dieser einen Stelle wenigstens die Verbindung zu haben, die das Zwiegespräch der Predigt braucht.*«

Im Lauf der Zeit machte Askani allerdings auch die andere Erfahrung, daß der Raum zusammenfügt: »*Manchmal dachte ich, man sollte die Gemeindeglieder mit auf die Kanzel nehmen. Buchstäblich bei jedem Schritt die Stufen hinauf klingen die Stimmen näher zusammen. Und wenn man dann droben steht, dann ist aus dem verschwindenden Singen des Einzelnen doch ein gemeinsames Lob geworden. Manchmal ist es gut, sich an dieses Gleichnis zu erinnern unter der Vielfalt und unter der Verlorenheit vieler Stimmen, in denen gelegentlich die Kirche recht armselig und verstreut erscheint.*«[352] Für Askani waren diejenigen Münstergottesdienste am eindrücklichsten, in denen das Münster als Bauwerk der Bürgerschaft die Bürger auch wirklich zahlreich sammelte und so in seiner Funktion als Bürgerkirche für ein paar Stunden die innere Heimat der Stadt war, wie etwa am Heiligen Abend.

Vierte Erfahrung: Predigt auf der Münsterkanzel geschieht im Angesicht einer jahrhundertelangen Verkündigung. Was auf der Münsterkanzel gesagt werde, werde im Angesicht einer jahrhundertelangen Verkündigung gesprochen. In der Tat, eine so herausragende Kirche wie das Ulmer Münster konfrontiert den Prediger mit der seelsorglichen Langzeitwirkung[353] der Predigtarbeit vieler Generationen von Predigern vor ihm und insbesondere mit den bis auf seine Tage hin überlieferten Predigten berühmter Vorgänger. Das macht den Predigenden seiner Verantwortung bewußt und gibt ihm das nötige Maß an Bescheidenheit, aber das trägt auch. Es wäre nun pastorale Verengung, wollte man die im Kirchenraum präsente jahrhundertelange Verkündigungstradition nur mit Blick auf die Predigenden wahrnehmen. Diese verengte Wahrnehmung ist bei Askani nicht zu finden. Er hat sehr wohl mit im Blick, daß dem Raum auch abzuspüren sei, daß Generationen von Menschen in ihm Glauben und Hoffen geübt hätten.[354]

Fünfte Erfahrung: Der Kirchenraum predigt mit – durch das stein- und bildgewordene Glaubenszeugnis der Vorfahren. Der reichen inneren Geschichte des Münsters korrespondiere seine kunstgeschichtlich reichhaltige Ausstattung. Dieses sichtbare Zeugnis könne Maßstäbe unserer schnellebigen Zeit zurechtrücken und Raum zu Freiheit und Erkenntnis eröffnen, wo unser kurzatmiges Denken ihn nicht mehr vermutet habe.

Von den vielen sichtbaren Zeugnissen der Vorfahren im Ulmer Münster beeindruckt Askani besonders das berühmte Chorgestühl des Jörg Syrlin, in dem sich nicht nur biblische Gestalten und frühchristliche Märtyrer finden, sondern auch römische Schriftsteller und griechische Philosophen und Sibyllen ihren Platz haben. Damit werde deutlich, daß die damaligen Ulmer Bürger und Christen ihren Glauben – ohne Schaden zu nehmen – hätten einbeziehen können in einen weiten Horizont. Und das, so Askani, sei eine ständige Herausforderung im besten Sinne auch für den heutigen Prediger.

Im Ulmer Münster sei und bleibe die Predigt der Steine und Bilder vernehmbar, schon ehe der Gottesdienst beginne und auch dann noch, wenn dessen letzter Ton verhallt sei.

Das macht Askani deutlich, indem er auf das berühmte Gründungsrelief des Münsters[355] an einer der Säulen des rechten Seitenschiffes zu sprechen kommt. Das Relief zeigt Bürgermeister Krafft und seine Frau, die dem tiefgebeugten Baumeister Parler das Modell des Münsters auf die Schultern legen: eine breite Hallenkirche mit einem weiten Dach. Das Gründungsrelief berichtet von der Grundsteinlegung des Münsters am 30. Juni 1377 und trägt die Inschrift: »Anno Domini MCCCLXXVII an dem Dienstag, der der letzte Tag war des Monats Juni / nach der Sonnen Aufgang drei Stund / von Heißen des Rats wegen [= auf Befehl des Rats] / hier zu Ulm / legt Ludwig Kraft Krafts / am Kornmarkt / seligen Sohn / den ersten Fundamentstein an dieser Pfarrkirchen.« Durch eine tiefgreifende Wende in der Baugeschichte wurde das Schiff nach Westen verlängert und der Mitteltrakt erhöht, was zur Folge hatte, daß aus dem ursprünglich als gotische Hallenkirche geplanten und begonnenen Ulmer Münster eine fünfschiffige Basilika wurde. Das aber bedeutete Askani zufolge für die innere Aussagekraft des Raumes: »*So hat die ursprünglich breit hingelagerte Kirche den Charakter eines Weges erhalten, der gewissermaßen unter der Dimension der Ewigkeit verläuft. Der Besucher begegnet am Hauptportal der Gestalt des Schmerzensmanns, dem dorngekrönten Christus, mit seinem eigentümlichen Blick in eine weite Ferne. Er geht dann durch das lange, große Schiff unter dem Bogen des Gerichtes zum Chor, und trifft dort am Ende – am Ziel – auf das Abendmahlsbild Martin Schaffners. Der Tisch ist gedeckt, der Platz bereit, und am Ziel aller Dinge wird er zugleich in aller Nüchternheit und Vertrautheit auf die Gegenwart verwiesen: auf dem Abendmahlstisch liegen, deutlich zu erkennen, die althergebrachten Ulmer Donnerstagswecken.«*

Der Predigt der Steine und Bilder, der Tatsache, daß der Kirchenraum auf seine Weise vom Glauben erzähle, könne sich der Prediger nicht entziehen. Wenn der Prediger auf die Münsterkanzel trete, so predige vorher, nachher und drum herum das Münster auf eigene Weise mit.

DER 600 JAHRE ALTE KIRCHENRAUM ALS EIGENE DIMENSION DES PREDIGTGESCHEHENS

Die beiden Erfahrungen des Münsterpredigers, die Askani in seinem Essay zuletzt anspricht, sollen hier noch einmal unterstreichend festgehalten werden. Es war ja ein Wechsel von einem Extrem ins andere, den Askani mit dem Übergang von seiner Stuttgarter Gemeinde nach Ulm vollzogen hatte: die schlichte Brenzkirche und die intime, von ihm selbst maßgeblich mitgestaltete Christophkirche auf der einen Seite und auf der anderen Seite das damals beinahe 600 Jahre alte Ulmer Münster als reichsstädtische Bürgerkirche, ein kunstgeschichtlich reich ausgestatteter Sakralraum, der auf eine ebenso reiche innere Geschichte verweist: einer Geschichte des Glaubens und Hoffens vieler Generationen, aber auch einer markanten Theologie- und Predigtgeschichte. Theophil Askani hat sich eingehend mit dem Kirchenraum und seiner Geschichte befaßt.

Und zwar einmal mit der jahrhundertelangen Predigt- und Theologiegeschichte und dem Üben von Glauben und Hoffen über viele Generationen hinweg, die dem Raum noch abzuspüren sind und die den Predigenden ihre Verantwortung für das Wort bewußt machen: jene so markanten Ereignisse wie die Ulmer Reformationszeit 1530/31, der Ulmer Bekenntnistag vom 22. April 1934 oder auch die Ulmer Brandnächte 1944/45, in denen das Münster als eines der wenigen Gebäude erhalten blieb, *»für viele eine Zuflucht in den Nächten und eine Zuflucht des Herzens in den Jahren danach«*.[356] Askani nahm es für sich ganz ernst, daß sich Predigt von der Münsterkanzel im Traditionsstrom einer jahrhundertelangen Predigtgeschichte ereignet.

Sodann hat Askani sich mit dem sichtbaren, stein- und bildgewordenen Glaubenszeugnis der Vorfahren beschäftigt und dabei die Predigt dieser Steine und Bilder vernommen. Darstellungen biblischer Inhalte und Gestalten, wie sie im Münster in Stein gehauen, in Holz geschnitzt, auf Glas gemalt oder auf Altartafeln dargestellt worden waren, hat Askani in seine Münsterpredigten einbezogen. Vorzugsweise in diversen Gemeindeblatt-Besinnungen und noch in etlichen Predigten in seiner Reutlinger Zeit zieht Askani gern Kunstwerke aus dem Münster heran, um mit ihrer Hilfe den Hörern einen Aussageschwerpunkt plastisch vor Augen zu stellen.[357] Unverkennbar ist sein Bemühen, mit diesen Kunstwerken die heutige menschliche Existenz in ein Zwiegespräch zu bringen und sich neue Horizonte eröffnen zu lassen, wie es besonders deutlich an den Gestalten des Chorgestühls wurde. Askani gelingt es, Steine und Bilder transparent werden zu lassen, hinter ihnen die Glaubensgeschichte früherer Generationen zu entdecken und sie in ihrem Seelsorgepotential für seine Zeitgenossen zu erschließen.[358]

Indem Askani die Predigt der Steine und Bilder in sein Predigen einbezieht, praktiziert er ein Anliegen der neueren Praktischen Theologie, insbesondere des Gemeindeaufbaus: ernstzunehmen, daß Kirchen vom Glauben erzählen, oder mit Christian Möller gesagt: das konkrete Gebäude der Kirche vor Ort »als eine Gestalt des Glaubens zu sehen und zu hören lernen«.[359]

Ulmer Vorträge

Theophil Askani wurde wiederholt zu Vorträgen im Rotary-Club und im Kirchenbezirk Ulm angefragt und war ein gern gehörter Referent. Erhalten ist uns sein Vortrag auf dem Bezirksfrauentag am 12. November 1972 zum Thema: »Haben Vater und Mutter noch etwas zu sagen?«[360] In zwei Gedankengängen zeigt Askani darin auf, *»warum es schwieriger ist als früher, daß Vater und Mutter etwas zu sagen haben«* und *»wie wir einander wieder etwas zu sagen haben«*. Der Vortrag zielt auf eine theologische Deutung des vierten Gebotes angesichts der Herausforderungen der beginnenden siebziger Jahre und vor dem Hintergrund entwicklungspsychologischer Erkenntnisse. Er ist entstanden aus der Beobachtung des Familienvaters an seinen fünf Kindern, vor allem aber auch im intensiven Gespräch mit seiner Frau – offen gesteht Askani seinen Zuhörerinnen: *»Meine Frau hält mich nur für bedingt geeignet für diesen Vortrag, weil sie mit Recht sagt, dass ich auch für die Familie zu wenig Zeit habe und dass das Reden mit Zeit zusammenhängt – umso mehr habe ich mit ihr besprochen, was ich jetzt vorbringen möchte.«* Ein weiterer Gesprächspartner war der Tübinger Jugendpsychiater Professor Reinhart Lempp, sein Jugendfreund und Weggefährte seit den Tagen am Eberhard-Ludwigs-Gymnasium in Stuttgart. An dieser Stelle, da der Theologe Askani auf Erkenntnisse der Entwicklungspsychologie zurückgreift, bemerken wir den Impetus von Rudolf Daur, der ihm die Bedeutung von Psychologie und Psychotherapie für einen geschärften seelsorglichen Blick eröffnet hatte.

Askanis Vortrag bekommt dadurch einen besonderen persönlichen Akzent, daß er an entscheidenden Stellen eigene Kindheits- und Jugenderlebnisse mit Personen schildert, die ihm »etwas zu sagen hatten«. Drei Gestalten aus seiner Kindheit und Jugend treten vor das Auge der Hörenden: Der Vater Gustav Askani, der mit dem Jungen samstags im Wald spazierenging und ihm dabei aus der Geschichte seines Lebens, der Kirche und unseres Volkes Geschichten erzählte in der Zuversicht, daß diese erzählte Erfahrung beim Hören der Geschichten zu des Jungen eigener Erfahrung werde. Sodann der Patenonkel Friedrich Askani, der dem Oberprimaner ein Leitbild für den Pfarrerberuf war, den einzuschlagen er sich anschickte: *»Ich dachte ..., wenn ich nur halbwegs so werde wie du, wird's vielleicht recht.«* Askani merkt allerdings an, daß erzählte und vorgelebte Erfahrung nur noch gebrochen zu eigener Erfahrung werden kann, weil sich die Väter- und Müttergeneration heute in der Welt nicht mehr auskennt, in die die Kinder hineinwachsen. Die dritte Gestalt aus seiner Jugend ist Walther Buder, der nachmalige Ulmer Prälat, an dessen Art, Konfirmandenunterricht zu halten, ihm deutlich wurde, *»daß auch das Nichtgesprochene wirkt, bei Jugendlichen oft viel stärker wirkt als die Rede«.*

Mit diesen biographischen Anmerkungen bietet Askani seinen Hörenden eigene Erfahrungen an, die deren Situation hilfreich beleuchten und weiterführen.

MITARBEIT IN GREMIEN UND EINRICHTUNGEN VON LANDESKIRCHE UND EKD

Über die Münstergemeinde und den Ulmer Bezirk hinaus hatte Askani aber auch das Ganze der Kirche im Blick – der Landeskirche, der EKD, ja der weltweiten Ökumene. Beispielhaft sei an dieser Stelle des biographischen Fadens auf seine Mitarbeit in Gremien und Einrichtungen von Landeskirche und EKD hingewiesen.

Seit 6. November 1971 war Theophil Askani zweiter Vorsitzender des Württembergischen Evangelischen Landesverbandes für Kindergottesdienst.[361] Nachdem er am Osterdienstag 1963 auf der Vertrauensmännerversammlung des Württembergischen Pfarrvereins in den Vorstand gewählt worden war, war er von 1972 bis 1975 stellvertretender Vorsitzender des Württembergischen Pfarrvereins.[362] Zu Beginn seiner Dekanszeit in Ulm wurde er 1971 *»Mitglied des vom Rat [der EKD] berufenen Beirats* *für Militär-Seelsorge«.* Der Vorsitzende des Militärseelsorge-Beirats schrieb über Askanis Wirken in diesem Gremium: »Er kannte ja die schwierigen Fragen, weil er sie sich die Jahre hinweg hatte nahegehen lassen. Er wußte, daß das Evangelium die Menschen in der Situation aufsucht und aufrichtet, in die sie durch ihre Lebensumstände gebracht werden. Deshalb konnte er verdeutlichen, was ›Kirche unter den Soldaten‹ praktisch heißt. Seine freundlichen und klärenden Beiträge haben unserem Gespräch oft die Wendung gegeben, ohne die wir ins Leere gelaufen wären.«[363] Bis 1981 war Askani Beirats-Mitglied. Außerdem war er zweiter Vorsitzender des Verwaltungsrates des Diakonissenmutterhauses der Olgaschwestern in Stuttgart.[364]

»DIE GAR GREULICHE HISTORIA VON DER ENTFÜHRUNG DON ASCANII AUS ULM« ABSCHIED VON ULM

Schon viereinhalb Jahre nach seinem Amtsantritt in Ulm zeichnete sich eine abermalige Veränderung ab, von der im Jahr 1974 in einer der Herbstnummern der Zeitschrift »Für Arbeit und Besinnung« berichtet wurde: »Der Reutlinger Prälat Helmut Pfeiffer geht nächstes Jahr in den Ruhestand. Zu seinem Nachfolger hat der Landeskirchenausschuß auf Vorschlag des Oberkirchenrats den Ulmer Dekan Theophil Askani berufen.«[365] Die Ulmer bedauerten es sehr, daß ihr außergewöhnlich begabter und gesprächsfähiger und -fördernder Dekan bereits nach so kurzer Zeit in eine neue, kirchenleitende Aufgabe berufen wurde.[366]

Am Freitag, 21. März 1975, zog die Familie Askani in Reutlingen auf. Der Karfreitagsgottesdienst am 28. März im Ulmer Münster sowie die Verabschiedung und die Abschiedspredigt an Misericordias Domini am 13. April wurden bereits von Reutlingen aus wahrgenommen. In der Zwischenzeit nach Ostern machten Askanis einen Kurzurlaub, und gleich im Anschluß daran zog sich Theophil Askani zur Vorbereitung der Ulmer Abschiedspredigt am 13. April und der Reutlinger Antrittspredigt am 20. April 1975 für ein paar Tage allein in die ruhige Oberstdorfer Ferienwohnung zurück.[367]

Am Samstag, dem 12. April 1975, veranstaltete die Gesamtkirchengemeinde Ulm um 19.30 Uhr im Kornhaus einen Abschiedsabend für die Dekansfamilie Askani.[368] Nachdem zwei Kantaten im Münster zu Gehör gebracht worden waren, ging es hinüber ins Kornhaus zu einem heiter-besinnlichen Abend. Den Abend moderierte Theodor Wölpert, Kirchengemeinderat an der Martin-Luther-Kirche, Vorsitzender des Gesamtkirchen-

Abb. 22: Verabschiedung im Kornhaus am 12. April 1974

gemeinderats und des Ständigen Ausschusses sowie Kirchenbezirksausschuß-Vorsitzender, der auch über die Ulmer Zeit hinaus und noch nach dem Tode Theophil Askanis der Familie Askani ein treuer und hilfreicher Freund war. Im Verlauf des Abends sprachen Oberbürgermeister Dr. Lorenser, Landrat Dr. Bühler, Prälat Epting, Ulms katholischer Dekan Bamberger, der evangelische Dekan Diegritz aus Neu-Ulm und – last not least – Kirchengemeinderat Wölpert Abschiedsworte.

Oberbürgermeister Lorenser hob die guten Kontakte und die enge Tuchfühlung hervor, die Askani von Anfang an auch zur Stadt, zu den kommunalen Behörden und den Bürgermeistern auf dem Rathaus, gepflegt habe. Seine faire, aufgeschlossene Art habe auch die Lösung heikler Fragen befördert wie etwa die Gestaltung des Schwörmontags-Gottesdienstes, wo in engem Kontakt zwischen Kommune, evangelischer und katholischer Kirche eine gute Form gefunden worden sei, die ein wichtiges Zeichen für den gerade in Ulm so wichtigen konfessionellen Frieden darstelle.

Landrat Bühler erinnerte an Askanis Ausspruch beim Stehempfang am Tag seiner Investitur fünf Jahre zuvor im Hotel Leuter-Hospiz, er werde nun in Schuhe gestellt, die ihm viel zu groß seien. »Wir haben«, so Bühler, »in den letzten fünf Jahren Ihre Füße wachsen sehen. Sie sind so gewaltig gewachsen, daß der Landesbischof und seine hohen Räte der Meinung waren, man müsse jetzt Ihnen schon wieder neue Stiefel verpassen mit einer noch größeren Nummer.« Bühler dankte Askani für seine engagierte Betreuung auch der zu seinem Dekanat gehörenden Dorfgemeinden des Ulmer Landes. Was für ein ausgezeichneter Kenner von Ulmer Stadt und Land Askani sei, habe er feststellen können, als sie beide einmal ihr Gespräch vom Büro in die Natur hinaus verlegt hätten. Askani habe eine hervorragende Gabe, in Predigten und Ansprachen mit geistreichen, bildhaften und doch allgemeinverständlichen Worten auch den letzten seiner Hörer anzusprechen. Er habe die Gabe, im Gespräch nicht bloß zuzuhören, sondern in sein Gegenüber hineinzuhören, und in Diskussionen in feiner und humorvoller Weise zur Tagesordnung zu rufen. Sein Wirken habe Spuren hinterlassen, die bei vielen bleibend spürbar seien.

Prälat Epting brachte einen dreifachen Dank. Zuerst den amtlichen Dank vom Landesbischof und Oberkirchenrat für die fünf Jahre Dekanatsarbeit. Dem schloß sich der halbamtliche Dank des Prälaten an. Es sei, so Epting, eine gute Sache gewesen, daß unter den 14 Dekanen seines Ulmer Sprengels einer Theophil Askani geheißen habe, der nicht zuletzt in die Sprengelkonferenzen seinen Rat, seine Erfahrung und seinen Zuspruch gebracht habe. Denn es sei Askani gegeben, »entschieden zu sein, ohne zu verletzen; verbindend, ohne farblos zu werden; heiter, ohne in eine falsche Harmlosigkeit abzugleiten«. Der persönliche Dank galt den fünf Jahren menschlicher und sachlicher Verbundenheit im Ulmer Amt und in der häuslichen Nachbarschaft. In dieser Nachbarschaft habe man Verschiedenes gelernt, beispielsweise, »daß der Wohnwagen eine menschliche Möglichkeit ist. Früher war mir das so etwas neben Zigeuner. Aber beim Erzählen der Familie Askani von ihren Reisen so quer durch Europa hab' ich gemerkt: das ist offenbar eine gute Sache. Als es dann eine Wohnwagenparty für die ältere Generation gab, wurde mir klar: Jawohl, da mußt du deine Überzeugung revidieren.« Er sei in der glücklichen Situation, daß er Askani fortan jeden Dienstag auf dem Oberkirchenrat sehe, und sage deshalb: »Auf Wiedersehen am nächsten Dienstag auf der Gänsheide!«

Der katholische Dekan Bamberger dankte für die Erfahrung vieler gemeinsamer Schritte mit dem einen Herrn und auf den einen Herrn zu. Askani als Dekanskollege sei ihm zum guten Freund geworden. Seine Meinung sei ja von Anfang an gewesen: »Aus dem Askani, da wird noch was!« – ein Dictum, das zur Hauptüberschrift des Zeitungsberichtes über diesen Abschiedsabend wurde.

Der evangelische Neu-Ulmer Dekan Diegritz knüpfte an Askanis Grußwort bei seiner eigenen, erst sechs Wochen zurückliegenden Investitur an: »Sie haben damals eingeladen zum Betreten der Brücke hin und her. Aber jetzt muß ich feststellen, daß der jenseitige Brückenpfosten, wenn ich Sie damit vergleichen darf, plötzlich demontiert und abtransportiert wird. Aber nicht, weil er reparaturbedürftig wäre, sondern weil man höheren Ortes feststellte: der besteht aus solchem Material, das man woanders noch besser brauchen kann.« Diegritz dankte für gute Nachbarschaft und manche Stelle der Zusammenarbeit, etwa beim gemeinsamen Gemeindeblatt ›brücke‹.

Höhepunkt der Verabschiedung war das von Pfarrer Albrecht Binetsch aus Wiblingen in Anklang an Mozarts Oper »Die Entführung aus dem Serail« komponierte Singspiel mit dem Titel: »Die gar greuliche historia von der Entführung Don Ascanii aus Ulm«. Der katholische Pfarrer von St. Maria Suso am Ulmer Eselsberg, Sieger Köder, hatte für das Bühnenbild gesorgt. Das Singspiel berichtet, wie die Ulmer, als sie von den Überlegungen des Oberkirchenrats erfahren, Askani zum Prälaten zu machen, einen Wächter vor dem Dekanat aufstellen, um die Entführung des Don Ascani zu verhindern. Dieser läßt den Abgesandten des Oberkirchenrats, Herrn Heidegans aus Stuttgart – unschwer ist der Anklang an das Dienstgebäude des Oberkirchenrats in der Gänsheidestraße in Stuttgart herauszuhören –, bei dessen erstem stürmischem Anlauf, zum Dekan zu kommen, abblitzen. Heidegans unternimmt einen zweiten Anlauf, bei dem es ihm mit Ulmer Charme und einer Flasche Cannstatter Zuckerle – die Ulmer haben selbst keinen Wein – gelingt, den Wächter in einen Tiefschlaf zu versetzen und ins Dekanat vorzudringen. Mit vier Argumenten, nämlich dem Gesichtspunkt der gesamtkirchlichen Verantwortung, seinem ausgleichenden, vermittelnden Wesen, seiner Fähigkeit, theologische Polarisierungen aufzulösen, und der Aussicht, jeden Dienstag zur Kollegiumssitzung in seine Heimatstadt Stuttgart zu dürfen, ringt Heidegans Askani ein Ja zu den Plänen des Oberkirchenrats ab – zum Bedauern der Ulmer. Ecclesia, der Geist der lieben Landeskirche, tröstet die weinende Ulma, den Geist der freien Reichsstadt, daß bereits ein guter Nachfolger ausersehen sei und der geliebte Don Ascani nun höheren Ortes für die Ulmer Belange einstehen werde. – Rund zwanzig Pfarrer und Pfarrfrauen, teils in historischen Kostümen und Perücken, rissen vierzig Minuten lang das überraschte Publikum mit und verpaßten schließlich dem verdutzten Dekan einen Turban.

Im Anschluß an dieses Spiel band Kirchengemeinderat Wölpert einen Blumenstrauß zusammen, in dem jede Blumenart Mitarbeitergruppen und deren Arbeitsfelder versinnbildlichte, mit denen Dekan Askani zu tun hatte. Dieser bunte Strauß, so Wölpert, sei ein »Zeichen der Vielseitigkeit und der Fülle der Aufgaben des Dekans in Ulm, Zeichen der Vielgestaltigkeit des Gesichts der christlichen Gemeinde. Dieser Strauß sei Ihnen auch ein Zeichen des Versuchs zu einem aufrichtigen und von Herzen kommenden Dank für Ihren aufopferungsvollen Dienst in Ihrer großen Gemeinde im Dekanat Ulm. Wir sagen Ihnen: Vergelt es Gott! und wünschen Ihnen Gottes gütiges Geleit in Ihr hohes, schönes Amt.«

Als Replik auf das für ihn Gebotene hielt Askani eine Stegreifrede, in der er einen von Herzen kommenden Dank an den Chor der Pfarrer und Pfarrfrauen und an all die Redner mit ihren ihn und seine Frau zutiefst bewegenden Abschiedsworten abstattete:

»*Liebe, verehrte Gäste, liebe Gemeindeglieder, selten in meinem Leben bin ich mir als ein so großes Rindvieh erschienen wie heute Abend.* [Gelächter] *Wie kann man da weglaufen, wo's so liebe Leut' gibt und wo's so schön ist und wo die Pfarrer so schön miteinander singen können* [Gelächter] – *mit ihren Frauen zusammen, was gar nicht ganz selbstverständlich ist überall in deutschen Landen, daß sie so harmonisch singen; ich darf bloß empfehlen, daß Sie sie, solange Sie [sie] haben und da Sie hierbleiben, hören, auch wenn sie net grad singen, die Pfarrer mein ich* [Gelächter, Beifall], *und wenn sie ein anderes Gewand anhaben als der Spatz und andere, die hier auf der Bühne waren. Ganz herzlichen Dank für diesen Chor und für diesen Gruß heute abend.*

Es ist einem ja merkwürdig um's Herz, das muß ich sagen, wenn man in Reutlingen ist und sagt: ›Daheim auf'm Buffet isch des g'lega‹ und meint dann: Ulm. Und 's ist einem merkwürdig um's Herz – 's ist die Verlassenheit nicht ganz so schlimm, wenn ich noch einmal Stuttgart zitieren darf – Stuttgart ist heute abend gelegentlich zitiert worden nicht ganz ohne Grund – wenn ich's noch einmal zitieren darf, 's ist mir nicht ganz so verlassen, aber beinahe, wie bei dem Buben, der auf dem Cannstatter Wasen seinen Vater verloren hatte und im Publikum stand und jedermann fragt: ›Haben Sie nicht einen Herren gesehen ohne mich?‹ [schallendes Gelächter] *So viele Leut, gelt – und 's ist mir auch nicht ganz so jammermäßig zumute, wie eine wiederum – das ist aber das letzte Stuttgarter Zitat, das ich heute abend bringen will – eine Mitarbeiterin aus Stuttgart, die so weit von der Realität weg ist schon in ihrem hohen Alter, daß sie bereits wieder eine Hellsichtigkeit hat für die Dinge, es ist mir nicht ganz so jämmerlich zumute, wie sie uns gratuliert hat zur Prälatur mit folgenden Worten: ›Jetzt kommt au noch des Elend über Euch!‹* [Gelächter]

Aber 's gibt ja auch Trost, gelt, 's gibt au Trost, und wie ich neulich zum ersten Mal mit der alten Ulmer Nummer noch in Reutlingen eingefahren bin, auf einer Straß zu unsrem Haus, und etwas zu weit nach links geraten war, weiter als es einem Prälaten geziemt, gell [schallendes Gelächter, Beifall], *da konnte ein Reutlinger nicht mehr einbiegen, und ich hatte meine ganze Familie im Auto, und der Reutlinger hielt an und hat seine Scheibe heruntergedreht, und dann ham'r gedacht: ›Jetzt sim'r gspannt, was der erste Reutlinger sagt, gell.‹ Er hat dr Kopf rausgstreckt aus seim*

Auto und hat gsagt: ›Gelt, bei ons send Sträßla enger als bei eich.‹ [großes Gelächter, Beifall] *'s ist ein Kompliment für beide Städte, gelt. Seither denken meine Frau und ich ununterbrochen, wenn mr nix andres zu tun haben, drüber nach, was a Ulmer da gsagt hett, gelt.* [lautes, schallendes Gelächter]

Aber nun in allem Ernste, Sie gestatten mir, daß ich doch ein weniges sage noch zu den Worten, die uns – meine liebe Frau und mich – tief beschämt haben und noch lange bewegen werden. Nur ganz wenige Worte werden's sein, aber ich möchte Ihnen ganz herzlich danken, Herr Oberbürgermeister, für das, was Sie gesagt haben. Ich bin als kommunaler Neuling hierhergekommen – i werd scheint's überall hingebracht, wo i no gar nix drvon versteh', gelt – und so war's auch hier. Aber mir ist zum ersten Mal aufgegangen, wie das gut ist, das Zusammenwirken. Wie ich mit Ihrem verehrten Herrn Vorgänger in meinem alten, ähm etwas schäbigen Auto gesessen bin – wir hatten noch etwas zu besprechen und wir waren am Rathaus an einem Platz, wo m'r glaub net halte soll – kurzum: wir saßen da drin und hatten miteinander zu reden, und eine Dame ging vorüber, die für gewöhnlich aufschreibt, gelt, und sie schaute in das Innere des Autos – und ging weiter. [Lachen] *Und da hab i dacht: Wie gut ischd's, wenn m'r gut mitnander ischd.* [Lachen] *Und das ist so geblieben und so geworden, und wenn ich Bezug nehmen darf auf den Schwörmontag: Wir haben's gespürt ohne allen Vorbehalt und mit aller Bereitschaft. Herzlichen Dank dafür, herzlichen Dank den Herren Bürgermeistern an Ihrer Seite und den verantwortlichen Mitarbeitern, mit denen es eine Freude war, zusammenzusein und zu beraten.*

Ich darf dem Herrn Landrat danken. Herr Landrat, Sie haben ein ganz persönliches Wort gesagt, und ich möchte es ganz persönlich erwidern. Ich habe von Ihnen gelernt – nicht nur auf jenem Spaziergang – die Namen der Blumen, die Namen der Bäume, den Namen manches Bürgermeisters, und erstaunlich viel Kenntnis von Pfarrhäusern und Pfarrfamilien in diesem Kreise. Ich habe von Ihnen gelernt, mit welcher Sorgfalt und mit welcher Zuneigung Sie von der eigenen Gestalt einer jeden Gemeinde gesprochen und sie bedacht haben. Das hat gut getan, und ich werde eine Weile daran lernen – auch im Schwarzwald. Herzlichen Dank.

Ich möchte ein Wort sagen zu dem Nachbarn, den ich am Dienstag treffe. Übrigens – des muß i saga, so ganz war's mit der Entführung dann doch nicht, haha, mit dem Dienstag, denn ich hab' schon seit langem den Verdacht, daß der Dienstag kein ganz reines Vergnügen ist – das wird der Herr Prälat Epting sicher bestätigen. Von ihm brauch' ich mich und werd' ich mich nicht verabschieden, aber ich möchte doch ihm herzlich danken dafür, daß beides wir gespürt haben als Nachbarn: die Freiheit und den

Rat, was nicht selbstverständlich ist; daß wir gespürt haben, daß wir nicht gebunden waren, aber verbunden. Ich möchte das sagen, auch im Namen meiner Frau, und der Frau Prälat von ganzem Herzen.

Ich möchte herzlichen Dank sagen dem Herrn Bamberger. Wenn ich das, lieber Herr Bamberger, so ganz herüber einfach sagen darf, es hat eine Zeit gegeben, da haben – in der Ökumene, in der ökumenischen Begegnung – die beiden Kirchen sich nicht in Ruhe gelassen. Die Zeit ist vorbei. Es hat eine Zeit gegeben, da haben die beiden sich in Ruhe gelassen. Die ist auch vorbei. Und es ist jetzt eine Zeit, da alles, was uns trifft, wir beide miteinander spüren, einer wie der andere. Und daß wir in diesem Gemeinsamen einander haben begegnen können – Herr Prälat Gantert, darf ich Sie vor allem jetzt auch ansprechen, und Sie, lieber Herr Bamberger – daß wir einander haben begegnen können – nicht mit der Höflichkeit der Fremden, und nicht mit der Vorsicht der Diplomaten, und auch nicht nur mit der Umständlichkeit der Theologen, sondern mit der Herzlichkeit und mit der Aufrichtigkeit von Freunden – dafür habe ich zu danken; und ich wünsche von Herzen, daß es so bleibe.

Und ich möchte dem Herrn Dekan Diegritz danken für sein Wort – das war ja ein ganz großes Kunststück, wir haben uns ein einziges Mal gesehen bei Ihrer Begrüßung; und damals war er in ganz anderem Gewand, im Lutherrock, in der feierlichen Art, wie sie über der Donau drüben üblich ist. Herzlichen Dank dafür, daß Sie von der Brücke so schön gesprochen haben. Gott sei Dank ist es so, daß die Brücken im Reiche Gottes stehen bleiben, auch wenn es mit den Pfeilern wackelt. Ich bitte Sie vor allem ganz herzlich zu grüßen Ihren Vorgänger, Herrn Dekan Schmid, der nun in Augsburg ist und mit dem uns eine ganz, sehr gute Nachbarschaft verbunden hat. Und ich bitte Sie, nehmen Sie die ›brücke‹, die aus Papier besteht, weiter in gute Hände.

Und nun haben Sie, lieber Herr Wölpert – hoffentlich habe ich niemanden vergessen in der Aufregung dieses Sprechens jetzt –, aber nun haben Sie, lieber Herr Wölpert, zugleich für alle Mitarbeiter im Bezirk und in der Stadt einen so schönen Gruß, Blumengruß, genannt und überreicht. Es fällt mir schwer zu sagen, was jetzt zu sagen ist. Und ich weiß auch, daß zu den Blumen, die Sie übergeben haben, einiges noch dazuzusagen wäre, was wir zwei wissen. Aber ich möchte doch sagen, daß in diesen fünf Jahren und daß der Dienst in diesen fünf Jahren mir nicht denkbar erschienen wäre ohne dies: daß Frauen und Männer ihre Zeit und ihre Kraft, ihre Mitverantwortung drangegeben haben, wie dies geschehen ist. Es ist mir heute noch zu verwundern, daß diese beschämende Zumutung so gerne aufgenommen worden ist und daß es passieren konnte, daß man gerne und mit Freuden auch in die schwierigsten Sitzungen hat gehen können.

Das ist eine Kostbarkeit hier in Ulm. Ich will die großen Worte sparen. Aber dies ist eine Kostbarkeit. Gott gebe, daß es so bleibe, daß die Bürger dieser Stadt sich zugleich verbunden wissen mit ihrer Gemeinde und in dieser Weise die Schulter unter die Lasten tun. Herzlichen Dank.

Und nun darf ich noch ein Wort sagen an die Mitarbeiter – bei den Pfarrern haben wir uns untereinander bedankt. Aber an die Mitarbeiter, wo immer sie mitgearbeitet haben. Wir sind miteinander unterwegs gewesen – merkwürdigerweise fallen mir jetzt bei den Mitarbeitern die Ausflüge vor allem ein, als ob wir dauernd auf Betriebsausflügen gewesen wären; aber wir haben in der Tat miteinander gesungen, wir haben gespielt, wir haben geblinzelt – und die Bauhüttenleute und die Kirchenpflege weiß, was ich damit meine –, wir haben gelacht, und manchmal ham'r auch gschafft miteinander, manchmal haben wir geseufzt, manchmal haben uns die Zahlen Sorgen gemacht, gelegentlich die roten, manchmal auch die blauen. Jetzt sehe ich deutlich und schmerzlich, wie viel ich den einzelnen schuldig geblieben bin, den einzelnen Mitarbeitern auch, die vielleicht vergeblich gewartet haben auf einen Anruf oder sich's nicht getraut haben, hier zur Tür zu kommen. Ich sehe auch schmerzlich, wie viel ich den treuen Freunden und treuen Amtsbrüdern, die so viel Geduld gehabt haben und Vertrauen, schuldig geblieben bin. Und ich sehe schmerzlich, wie viel wir schuldig geblieben sind der Gemeinde, die uns vor fünf Jahren mit so viel Vertrauen und so offen empfangen hat und treu begleitet hat. Hinterher weiß man besser, daß die Welt zuerst aus Menschen besteht und dann aus Terminen. Wir haben's gespürt in Ulm – mehr und mehr, und das hat uns die Heimat gebaut.

Hinterher und vorher und dazwischen drin wissen Christen freilich auch und weiß eine christliche Gemeinde, wie wenig sie dem nachkommt. Und davon ist heute abend nicht die Rede gewesen, aber ,s weiß ein jeder von uns, wie wenig sie dem nachkommt, was ihr eigentlich aufgetragen wäre in Jesu Namen. Da bleiben die Jahre zurück und viele Wege, und da ist's nötig, daß wir zusammenstehen, die Ökumene in dieser Stadt und die Freunde von der Allianz und von den beiden Kirchen werden da nahe beieinanderzusein haben und große Aufgaben. Das ist die eigentlich unruhige Frage, die uns begleitet im Blick auf die Menschen in den Orten unsres Bezirks und nicht nur hier. Aber vorher und hinterher und dazwischen hinein sollen wir auch wissen, daß Gott sein Heil gibt – neu und unverdorben durch unsrer Hände Werk und durch unser Versagen. Es sind im Grunde in einem Christenleben und in einer Christengemeinde, liebe Freunde, immer zwei Verse, die beieinander stehen, die eine Spannung zueinander haben und die einem zugleich die Zuversicht geben. Ich darf sie lesen:

›Wir stolzen Menschenkinder / sind eitel arme Sünder / und wissen gar nicht viel.
Wir spinnen Luftgespinste / und suchen viele Künste / und kommen weiter von dem Ziel.
Gott, laß uns dein Heil schauen, / auf nichts Vergänglichs bauen, / nicht Eitelkeit uns freun.
Laß uns einfältig werden / und vor dir hier auf Erden / wie Kinder fromm und fröhlich sein.‹
Die beiden Verse stehen zusammen auch im Liede des Matthias Claudius. Wir wollen's miteinander singen zum Schluß; und es soll für einen jeden von uns ein Geleit sein an diesem Abend; und wir wollen nicht nur die beiden Verse singen, sondern die Verse, die angegeben sind.«

Am anderen Morgen, am Sonntag Misericordias Domini, dem 13. April 1975, hielt Theophil Askani im vollbesetzten Münster seinen Abschiedsgottesdienst über den österlichen Morgen am See Tiberias, jenen für ihn so wichtigen Text, der an diesem Tag Perikopentext war. Die Südwest Presse berichtet darüber: »Den meist spärlich besuchten Gottesdiensten der Teilgemeinden stand … das fast vollbesetzte Münster gegenüber, in dem Theophil Askani als beliebter Prediger von Ulm Abschied nahm. Vor über 1100 Zuhörern dankte der scheidende Dekan und erste Münsterpfarrer für Vertrauen und Freundschaft und für alle Weitergabe der großen Geduld und Barmherzigkeit Gottes, ›unter der wir noch atmen und leben können‹.«[369]

KAPITEL VIII

Prälat in Reutlingen (1975–1981)

Berufung und Investitur ins Prälatenamt

Um die Jahresmitte 1974 war Theophil Askani abermals vor den Landeskirchenausschuß gerufen worden; der Oberkirchenrat hatte ihn für die freiwerdende Prälatenstelle in Reutlingen vorgeschlagen.

Dem Oberkirchenrat war dieser Beschluß nicht schwergefallen. Eine ganze Reihe von Kollegiumsmitgliedern kannte Askani noch aus seiner sechsjährigen Hilfsberichterstatter-Zeit bei Bischof Haug. Direktor Kurt Ströbel sagte dem Verfasser gegenüber: »Askani war ein exzellenter Mann, der, so war man sich im Oberkirchenrats-Kollegium einig, bei nächster Gelegenheit ein verantwortlicheres Amt bekommen muß.« Nicht nur, daß er mit Ib das beste II. Examen seit dem Zweiten Weltkrieg gemacht habe, sondern auch, daß er in den ihm übertragenen Stuttgarter Pfarrämtern hervorragend gearbeitet habe, habe im Hintergrund des Oberkirchenrats-Beschlusses gestanden, Askani zum Prälaten zu machen. Bei der Sitzung des Landeskirchenausschusses sei Askani dann so intensiv befragt und von verschiedenen Seiten kritisch auf seine Eignung für den als Hochburg des Pietismus geltenden Sprengel Reutlingen angesprochen worden, daß ihm Schweißperlen auf die Stirn getreten seien. Aber schon am 29. August 1974 konnte der Evangelische Pressedienst mitteilen, daß Theophil Askani vom Landeskirchenausschuß auf Vorschlag des Oberkirchenrates auf 1. April 1975 zum Nachfolger des in den Ruhestand gehenden Reutlinger Prälaten Helmut Pfeiffer berufen worden sei.[370]

Am Freitag, dem 21. März, erfolgte der Aufzug der siebenköpfigen Prälatenfamilie: Theophil und Lore Askani, Hans-Christoph, der eben mit dem Theologiestudium in Tübingen begonnen hatte, Gottfried, Cornelie, Stephan und Thomas, der gerade erst in die Schule gekommen war und dann in Reutlingen die Freie Evangelische Schule besuchte.[371]

Nach nur fünf Dekansjahren wurde Theophil Askani eine Woche nach der Verabschiedung in Ulm in der Reutlinger Marienkirche am Sonntag Jubilate, 20. April 1975, durch Landesbischof Helmut Claß zum Prälaten des Sprengels Reutlingen investiert. Bei seiner Investituransprache hob Claß auf die seelsorgliche Grundaufgabe eines Prälaten ab; der Evangelische Pressedienst (epd) faßte seine Ansprache mit den Worten zusammen: »Um Seelsorge gehe es in der Pfarrerexistenz. Seelsorge an Seelsorgern sei die Mitte des Dienstes eines Prälaten ... Es sei eine erregende Feststellung, daß die Kirche zu einer Kirche mit immer weniger Seelsorge werde und daß deren Vollzug immer mehr in Randgebiete wie in die Sprechzimmer von Ärzten, Scheidungsanwälten und Briefkastentanten ausgewandert sei. Lebensfragen könnten nicht ohne die Gottesfrage gelöst werden. Notwendig sei eine evangelische Vergewisserung.«

Vor der vollbesetzten Marienkirche predigte Askani über den Perikopentext dieses Sonntags, Jesaja 40,26–31, den Text, in dem sein Konfirmationsspruch enthalten war. Askani stellte der nüchternen Frage: »Was zählt?«, die er aus der Depression der judäischen Exulanten – »Mein Weg ist dem Herrn verborgen« (Jesaja 40,27) – heraushörte, die Zusage mit dem tragenden, tröstenden Ton gegenüber: »Die auf den Herrn harren, kriegen neue Kraft.« Nach dem Investiturgottesdienst gab die Landeskirche einen Empfang im Reutlinger Matthäus-Alber-Haus, an dem zahlreiche Vertreter des kirchlichen und politischen Lebens teilnahmen. Grußworte sprachen der Vertreter des Tübinger Regierungspräsidiums, Dr. Junken, der Reutlinger Landrat Müller, der Reutlinger Oberbürgermeister Dr. Oechsle und Domdekan Weitmann, der die Grüße der katholischen Diözese Rottenburg überbrachte.[372]

Das württembergische Prälatenamt eine in Jahrhunderten gewachsene Institution

Das Prälatenamt, das Theophil Askani im April 1975 übernommen hatte, ist eine in Jahrhunderten gewachsene Institution der württembergischen Landeskirche, deren historische Wachstumsringe man vor Augen haben muß, um ihr gegenwärtiges Profil verstehen zu können. So sei an dieser Stelle zumindest in Grundzügen die historische Entwicklung des Prälatenamtes in Württemberg skizziert.[373]

Der geschichtliche Ausgangspunkt der Entwicklung des württembergischen Prälatenamtes liegt weit zurück in vorreformatorischer Zeit, als die Äbte der sich herausbildenden vierzehn großen Männerklöster in Württemberg den Rang von Prälaten erlangen, der nach katholischem Kirchenrecht jenen Welt- und Ordensgeistlichen zukommt, die von Amts wegen ordentliche Jurisdiktion in foro externo besitzen. Diesem Umstand entsprechend werden die unter geistlicher Leitung und Aufsicht des

Klosterprälaten stehenden, zum Kloster gehörigen Güter, Gebiete und Dörfer als »(Kloster-)Prälatur« bezeichnet. Im Spätmittelalter entwickeln sich diese vierzehn württembergischen Klosterprälaturen zu geschlossenen Territorien, die etwa ein Drittel der Fläche Altwürttembergs ausmachen.

Im Laufe des 15. Jahrhunderts erlangen die Grafen von Württemberg durch systematischen Ausbau der Schirm- und Kastvogtei sowie der Gerichtshoheit Zug um Zug die Landeshoheit über diese Klöster, die damit Bestandteil Württembergs werden. Parallel dazu werden die Prälaten aus ursprünglich reichsunmittelbaren Herren ihrer Klöster mehr und mehr Untertanen der württembergischen Grafen und späteren Herzöge. 1485 erhalten unter Graf Eberhard im Bart alle vierzehn württembergischen Klosterprälaten Sitz und Stimme im Landtag, in dem sie fortan neben Ritterschaft und Landschaft, also den Vertretern der Landstädte und Ämter, als eigener Stand etabliert sind und auf der Prälatenbank sitzen.

Diese staatsrechtliche Stellung der Klosterprälaten – eigener Landstand mit Sitz und Stimme im Landtag – bleibt mit der Einführung der Reformation in Württemberg durch Herzog Ulrichs Rückkehr im Jahr 1534 unangetastet. Nach der Vorstellung des Herzogs sollen die Klosterprälaten herzogliche Beamte auf Lebenszeit werden, die in seinem Auftrag die zu württembergischen Verwaltungsbezirken gewordenen Klosterprälaturen verwalten, deren eingezogene Kirchenschätze sowie laufende Einnahmen sie anteilig zur Tilgung der herzoglichen Kriegsschulden abführen und deren Pfarreien sie mit reformatorisch gesinnten Pfarrern besetzen sollen. Wo sich die Prälaten nicht den herzoglichen Anordnungen fügen, werden sie durch herzogliche Verwalter ersetzt. Allein das Interim macht die reformatorischen Bemühungen zunichte, und allerorten kehren die katholischen Prälaten wieder in ihre Klöster zurück.

Mit dem Augsburger Religionsfrieden 1555 kann Herzog Christoph endlich die zielstrebige Reformation der Klöster einleiten. Die neue Klosterordnung von 1556, welche die in Württemberg eingeführte Reformation nun auch konsequent in den Klöstern durchgeführt wissen will, zielt interessanterweise nicht auf die Säkularisation der Klöster, sondern auf deren Rückführung auf ihre ursprüngliche, kirchengeschichtlich nachweisbare Bestimmung als Orte intensiven Studiums der Heiligen Schrift. Um dieser ursprünglichen Funktion wieder gerecht zu werden, verfügt die Klosterordnung eine auf klösterlichen Kontext zugeschnittene evangelische Gottesdienstordnung und die Einrichtung evangelischer Klosterschulen. Letzteres geschieht in dreizehn der vierzehn großen Männerklöster. Das Amt des Klosterprälaten besteht in der geistlichen und administrativen Leitung des Klosters, der Klosterschule und der zum Kloster gehörenden Kirchengemeinden sowie der Vertretung des Klosters im Landtag – die Prälaten gelten als dem Fürstentum einverleibte Landstände, nicht als freie Reichsstände.

Der Landtagsabschied von 1565, auf den Herzog Christoph sich durch Vermittlung von Johannes Brenz eingelassen hat und der den Konfessionsstand und die neue kirchliche Organisation in Württemberg verfassungsrechtlich festschreibt, ist für unseren Zusammenhang deshalb von eminenter Bedeutung, weil hier nun in auffallender Kontinuität zur Vorreformationszeit der – nunmehr evangelische – Prälatenstand in Altwürttemberg in der Verfassung etabliert wird. Der Landtagsabschied von 1565 schreibt expressis verbis fest, daß die vierzehn Prälaten als zweiter Landstand Sitz und Stimme im Landtag und dessen Ausschüssen behalten, daß die Klosterprälaturen unverändert bestehen bleiben und deren erwirtschafteter Überschuß ins Klösterdepositum abfließt, einen in der alleinigen Verfügungsgewalt des Herzogs stehenden Staatsschatz, der in Notfällen zu Schutz und Schirm von Land und Leuten verwendet werden soll. Außerdem wird in diesem Landtagsabschied das Klosterschulwesen, dessen Leitung den Prälaten obliegt, geregelt. Auch als unter Herzog Christophs Nachfolgern durch Zusammenlegungen eine ganze Reihe von Klosterschulen geschlossen werden – zeitenweise können sogar nur zwei weitergeführt werden –, behalten die betroffenen Prälaten ihre Stellung. Weil aber in solchen Fällen das Arbeitspensum geringer war, wurden die Prälaturen der nicht mehr mit einer Schule verbundenen Stellen zu Versorgungs- und Altersstellen für verdiente württembergische Theologen.

In den folgenden zweieinhalb Jahrhunderten gewinnt der evangelische Prälatenstand in Altwürttemberg politisches Gewicht, insofern er Vertreter in die beiden Ausschüsse des Landtags entsendet und dadurch Kirche und Theologie starken und unmittelbaren Einfluß auf die Politik gewinnen, bisweilen im vor Gott verantworteten Widerstand gegen manche Fürstenlaune. Und der Prälatenstand gewinnt gesellschaftliche Bedeutung, insofern er sich durch vielfältige Verwandtschaftsbeziehungen mit Familien der führenden Beamten und vermögenden Magistratspersonen verbindet, woraus sich eine bürgerliche Führungsschicht, die württembergische Ehrbarkeit, herausbildet.

Neben den Funktionen der Klostervorstandschaft, der Leitung der Klosterschule und der Landstandschaft erhalten vier der vierzehn Prälaten eine weitere, herausragende Funktion im sich herausbildenden württembergischen Visitationswesen. Die noch während des Interims vorbereitete, 1553 in Kraft gesetzte und 1559 in der Großen Kirchenordnung kodifizierte Kirchenverfassung überträgt die Visitation der Pfarrer eines Amtsbezirks dem Spezialsuperintendenten. Über die insgesamt 28 Spezialsuperintendenten werden vier Generalsuperintendenten gestellt, denen die Visitationsberichte zuzustellen sind, die ihrerseits die Speziales visitieren und denen besonders die Aufsicht über die Abendmahlspraxis und den Katechismusunterricht ans Herz gelegt ist. Diese Generalsuperintendenten treten an die Stelle der beiden seit 1534 amtenden, seit 1536 so bezeichneten Superattendenten Ambrosius Blarer für den Sprengel »ob der Steig« und Erhard Schnepf für den Sprengel »unter der Steig«, also die südliche und nördliche Hälfte Württembergs, die durch die Stuttgarter Weinsteige voneinander geschieden sind. Jetzt werden diese beiden Sprengel noch einmal halbiert und so die vier Generalsuperintendenturen oder kurz Generalate gebildet. Um die Besoldung der vier hohen Visitationsämter ohne die Errichtung neuer Stellen zu sichern, werden die vier Generalsuperintendenturen mit Klosterprälaturen verbunden; es sind dies: Bebenhausen, anfangs Tübingen für den südwestlichen Sprengel, Maulbronn für den nordwestlichen Sprengel, Adelberg für den südöstlichen Sprengel und Denkendorf, anfangs Lorch, für den nordöstlichen Sprengel. Auf dem jährlichen Synodus in Stuttgart kommen die vier Prälaten-Generalsuperintendenten und der Kirchenrat unter Vorsitz des Landespropstes zur ausführlichen Besprechung der Visitationsberichte zusammen.[374]

Nach zweieinhalb Jahrhunderten findet die altwürttembergische Prälatenherrlichkeit 1806 mit der einschneidendsten Zäsur der Geschichte Württembergs seit der Reformation ihr Ende. Württemberg wird durch Napoleon am 12. Dezember 1805 zum Königreich erhoben, das durch Gebietserweiterungen auf die doppelte Größe des alten Herzogtums anwächst und nun ein konfessionell gemischter Staat ist. Durch drei rasch aufeinander folgende Maßnahmen König Friedrichs von Ende Dezember 1805 bis Mitte März 1806 wird das multifunktionale altwürttembergische Prälatenamt zu einer res de solo titulo, das heißt zu einem bloßen Titel ohne alle Befugnisse. Die Ersetzung der landständischen Verfassung Altwürttembergs durch die absolute Monarchie am 30. Dezember 1805 bedeutet konsequenterweise auch das Ende der Landstandschaft der Prälaten mitsamt der Prälatenbank im Landtag.

Weiter: Die im Generalreskript vom 2. Januar 1806 angeordnete vollständige Säkularisation der protestantischen Klöster schafft die Klosterprälaturen als eigenständige Verwaltungseinheiten ab; folglich verlieren die Prälaten auch ihre Funktion als geistliche und administrative Leiter ihrer Klöster und der dazugehörigen territorialen Besitzungen. Und schließlich: Mit dem Organisationsmanifest vom 18. März 1806, das die gesamte staatliche Verwaltung nach französischem Vorbild neu ordnet und die Aufsicht über das höhere Schulwesen vom Konsistorium wegverlagert auf die staatliche Oberstudiendirektion – das spätere Kultministerium –, wird eine Umwandlung der als nicht mehr zeitgemäß empfundenen Klosterschulen in die Wege geleitet, die als neuhumanistisch ausgerichtete, sogenannte »niedere evangelisch-theologische Seminare« unter der Leitung von Ephoren weitergeführt werden.

Damit aber verlieren die Prälaten auch ihre Funktion als Leiter der Klosterschulen. Einzig die unter Herzog Christoph vier von vierzehn Prälaten zusätzlich übertragene Funktion von Generalsuperintendenten verbleibt beim württembergischen Prälatenamt. Prälat ist fortan kein multifunktionales Amt mehr, sondern auf die eine Funktion des Generalsuperintendenten konzentriert; der Begriff »Prälatur« geht mit der Auflösung der Klosterämter als eigenständiger Verwaltungseinheiten über auf den vom Generalsuperintendenten zu visitierenden Sprengel des Königreichs Württemberg.

Mit dem Jahr 1806 setzt eine Umgruppierung der Generalate ein, die im Jahr 1823 zum Abschluß kommt: Die Generalsuperintendenturen werden sämtlich von den Klöstern wegverlegt; ihre Zahl wird auf sechs erhöht. Neben den altwürttembergischen Städten Tübingen und Ludwigsburg werden Generalsuperintendenturen eingerichtet in den vier großen, ehemaligen Freien Reichsstädten mit ihrer je eigenen, profilierten Reformationsgeschichte und den daraus erwachsenen Kirchentümern mit eigener Gottesdienst- und Kirchenordnung: Heilbronn (1803 württembergisch, 1807 Generalat), Ulm (1810 württembergisch und im selben Jahr Generalat), Reutlingen (1803 württembergisch, 1823 bis 1933 Generalat und 1956 als Prälatur wiedererrichtet) und Schwäbisch Hall (1803 württembergisch, 1823 bis 1913 Generalat). Nach der neuen Repräsentativverfassung von 1819 haben die sechs Generalsuperintendenten-Prälaten qua Amt Sitz und Stimme in der Abgeordnetenkammer des Landtags, womit die altwürttembergische Tradition der Landstandschaft der Prälaten auf die Rahmenbedingungen des neuzeitlichen Staates transformiert worden ist. Erst 1918 verlieren die Prälaten diese besondere staatsrechtliche Stellung.

Zu Beginn des 20. Jahrhunderts werden die sechs Generalsuperintendenturen auf vier reduziert und sind nun identisch mit den vier 1817 gebildeten Kreisen, den Vorläufern der heutigen Regierungsbezirke: Die Prälatur Ludwigsburg umfaßt den Neckarkreis, die Prälatur Reutlingen den Schwarzwaldkreis, die Prälatur Heilbronn den Jagstkreis und die Prälatur Ulm den Donaukreis. Aufgaben der Generalsuperintendenten-Prälaten sind die geistliche Schulaufsicht, die Visitation der Dekane und Dekanatsgemeinden, die Leitung der Pfarrstellenbesetzungssitzungen; außerdem gestalten sie die geistliche Leitung ihrer Sprengel je nach besonderen Schwerpunkten und Fähigkeiten aus. Daneben stehen der Oberhofprediger und der Stadtdekan von Stuttgart als Titularprälaten ohne Generalsuperintendentur.

Der mit dem Ende des landesherrlichen Kirchenregiments 1918 geschehene Umbruch wird mit der Kirchenverfassung von 1924 aufgearbeitet. Hier kommt die alte, rein funktionale Bezeichnung »Generalsuperintendent« nicht mehr vor; sie ist voll aufgegangen im ursprünglich rein titular verwendeten Begriff »Prälat«, der nun auch funktional gebraucht wird zur Umschreibung der Amtsaufgaben dieses kirchenleitenden Amtes. Die zu Askanis Zeiten vier Prälaten der württembergischen Landeskirche sind Dienstvorgesetzte der Pfarrer und Pfarrerinnen und der Dekane ihres Sprengels und haben den Vorsitz in den Pfarrstellen-Besetzungsgremien. Sie visitieren in der Kirchengemeinde oder Teilkirchengemeinde, in der ein Dekan oder eine Dekanin ein Pfarramt innehat. Die Prälaten nehmen an den Sitzungen des Oberkirchenrats teil, wo sie als Gebietsreferenten ihre besondere Personal- und Gemeindekenntnis einbringen, insbesondere auf dem Synodus, der herbstlichen Klausurtagung des Oberkirchenrates, auf dem jeweils zwei Prälaten in extenso aus ihren Prälaturen berichten – allesamt Amtsaufgaben, die früher den Generalsuperintendenten zustanden. Einer der Prälaten ist theologischer Stellvertreter des Landesbischofs und theologischer Referent für die Akademiearbeit.

Während der Bischofszeit Hans von Kelers (1979–1988) wurde die Stellung der Prälaten als Regionalbischöfe gestärkt; auch die Prälaten übernahmen EKD-Aufgaben, um den Landesbischof zu entlasten. Als er noch Prälat von Ulm war, beschrieb Hans von Keler das Prälatenamt mit den Worten: »Wir Prälaten haben eigentlich das schönste geistliche Amt der Landeskirche. Wir sind gleichsam als Regionalbischöfe weitgehend von der Verwaltung freigestellt, frei für den Kontakt zu den Gemeinden, für die Brückenfunktion zwischen den Kirchenbezirken und dem Oberkirchenrat. In die Beratungen des Kollegiums bringen wir die Orts- und Sachkenntnis aus den Gemeinden ein und wiederum in die Kirchengemeinderäte und Bezirkssynoden und die Dekanate, die wir zu visitieren haben, die landesweite Überschau. Jeder von uns hat zudem eine Reihe überregionaler Aufgaben.«[375]

Konturen der Prälatur Reutlingen bis zur Ära Askani

Die 1823 errichtete Generalsuperintendentur/Prälatur Reutlingen umfaßte – nach der Auflösung des Generalates Tübingen – im wesentlichen den alten Schwarzwaldkreis des Königreiches Württemberg. 110 Jahre lang hatte der für den Sprengel Reutlingen zuständige Prälat seinen Dienstsitz in Stuttgart. Es waren dies die Prälaten[376]:

1	M. Jakob Friedrich v. Abel	1823–1829
2	M. Christian Karl August v. Haas	1829–1841
3	M. Karl August v. Faber	1841–1850
4	Dr. Sixt Karl v. Kapff	1851–1852
5	D. Dr. Christian Friedrich v. Dettinger	1852–1873
6	Dr. Georg Heinrich v. Merz	1873–1893
7	D. Viktor v. Sandberger	1894–1904
8	Immanuel v. Frohnmeyer	1905–1913
9	D. Theodor Karl v. Hermann	1913–1918
10	D. Dr. Jakob Schoell	1918–1933.

Von Askanis älteren Vorgängern im Reutlinger Prälatenamt war ihm Jakob Schoell mittelbar aus Erzählungen Theophil Wurms und Rudolf Daurs gut bekannt; sein Konfirmator Walther Buder hatte ihm theologisch nahegestanden, von ihm die Leitung der Gruppe II des württembergischen Landeskirchentags übernommen und als Vertreter von Landesbischof und Oberkirchenrat einen Nachruf bei seiner Beerdigung 1950 gehalten.[377]

Jakob Schoell hatte als zehnter Prälat des Sprengels Reutlingen von 1918 bis 1933 gewirkt, nachdem er zuvor als Professor und dann Direktor des Predigerseminars in Friedberg/Hessen ein gutes Jahrzehnt außer Landes gewirkt hatte und durch eine ganze Reihe homiletischer, religions- und gemeindepädagogischer Publikationen zu einem der bedeutendsten Praktischen Theologen der späten liberalen Theologie avanciert war.[378] In seinem 1948 abgefaßten handschriftlichen Lebenslauf berichtet Schoell, daß am 10. November 1918 König Wilhelm, schon in Bebenhausen weilend, seine »Ernennung zum Generalsuperintendenten von Reutlingen und Prälaten« unterzeichnet habe, was vermutlich die letzte Regierungshandlung des Königs gewesen sei.[379]

Mit 67 Jahren wurde er zum 31. Dezember 1933 auf Betreiben württembergischer Deutscher Christen zur Ruhe gesetzt, da diese sein Auftreten und seinen Vortrag auf dem Kirchenbezirkstag in Calw am 17. Juli 1933 als zu distanziert sowohl gegenüber dem neuen Staat als auch gegenüber der innerkirchlich sich formierenden deutschchristlichen Bewegung kritisiert hatten.[380]

Mit der Pensionierung von Prälat Schoell wurden zugleich die Prälaturen neugeordnet: die Prälatur Reutlingen mit Dienstsitz Stuttgart wurde in eine Prälatur Stuttgart umgewandelt; die meisten Kirchenbezirke der früheren Prälatur Reutlingen wurden der Prälatur Ludwigsburg zuge-

Abb. 23: Die Pfarrer des Dekanats Reutlingen, geschart um den Reutlinger Prälaten D. Dr. Jakob Schoell, um 1925. Vordere Reihe 3. v. l. Dekan Theophil Wurm, hintere Reihe 5. v. l. Stadtpfarrer Rudolf Daur, mittlere Reihe 2. v. r. Stadtpfarrer Friedrich Roos, als 1. Stadtpfarrer an der Katharinenkirche dort Daurs Kollege

teilt.[381] Gelegentlich spielt Theophil Askani auf diesen Vorgänger an, so etwa in folgender Reminiszenz: »*Als ich nach Reutlingen kam, erzählte mir ein verehrter Freund* [Rudolf Daur] *von seiner ersten Begegnung mit dem Reutlinger Prälaten* [Jakob Schoell]. *Er war damals dort Jugendpfarrer, und die Jugend war in jenem gewiß nicht eindeutig zu bestimmenden Aufbruch der zwanziger Jahre. Der Herr Prälat sagte zu ihm: ›Herr Stadtpfarrer, man erzählt Geschichten von Ihnen. Sie werden sich sicher dafür interessieren: welche?‹ ›Ich interessiere mich‹, sagte mein Freund. ›Nun, man erzählt sich, Sie zögen mit Gott und Welt Arm in Arm durch die Straßen von Reutlingen.‹ ›Na und?‹ antwortete der Herr Jugendpfarrer, ›was gibt es Schöneres und Christlicheres, als mit Gott und Welt Arm in Arm durch die Straßen von Reutlingen zu ziehen?‹ Im Ernst, es gibt einen Zug zum Engen, auch in der Christenheit, und unsere Vorsicht hält uns gelegentlich zum Narren …*«[382]

1956 wurde die Prälatur Reutlingen wiedererrichtet – und Ludwigsburg für 36 Jahre aufgelöst –, nun mit Dienstsitz in Reutlingen, zunächst in der Kaiserstraße, dann in der Planie 35. Reutlinger Prälaten waren in der Folgezeit:

11	Kurt Pfeifle	1956–1965
12	Helmut Pfeiffer	1965–1974
13	Theophil Askani	1975–1981
14	Heinrich Leube	1981–1989
15	Claus Maier	seit 1989

Zur Prälatur Reutlingen gehörten in den Jahren 1956–1992 die zwölf Dekanate Reutlingen, Tübingen, Balingen, Tuttlingen, Sulz, Freudenstadt, Nagold, Calw, Neuenbürg, Herrenberg, Böblingen und Leonberg. Aus Gemeinden des Dekanates Leonberg – darunter dem für Württemberg geistlich so bedeutsamen Ort Korntal – wurde 1978 das Dekanat Ditzingen neu gebildet und der Prälatur Stuttgart zugeordnet.[383] Landschaftsmäßig umfaßt die Prälatur Reutlingen das junge Neckartal, den Westteil der Alb (Reutlinger Alb, Zollernalb, Großer und Kleiner Heuberg, Eck), den Schwarzwald und das Gäu (Hecken- und Schlehengäu, Strohgäu), historisch betrachtet altwürttembergische Gebiete, ehemals hohenbergische (zum Beispiel Rottenburg) und fürstenbergische, traditionell katholische Gebiete sowie die hohenzollerischen Lande.

An geistig-geistlichen Prägefaktoren des Reutlinger Sprengels sind zu nennen: Zuvörderst Reutlingen selbst als ehemals freie Reichsstadt, die mit Nürnberg zusammen zu den Unterzeichnern der Confessio Augustana gehört und ein eigenständiges reformatorisches Kirchenwesen mit eigener Kirchenordnung errichtet hatte.[384] Theophil Wurm, der von 1920 bis 1927 als Dekan in Reutlingen gewirkt hatte, skizziert in seinen Lebenserinnerungen die geschichtliche Entwicklung der ehemals freien Reichsstadt Reutlingen mit den Worten: »Die Reutlinger unterscheiden sich als Kernschwaben von den oberländischen Alemannen. Sie sind mehr aufs Sparen und Verdienen aus als die fröhlichen Genießer in der Bodenseegegend. Sie sind rauh und herb, aber auch grundgediegen und charakterfest, wenn es sich um entscheidende Fragen handelt. In Reutlingen ist einst früher als in anderen Städten Süddeutschlands die Reformation unter Führung von Matthäus Alber zu siegreichem Durchbruch gekommen. Das wußte der Reutlinger und war stolz darauf. Die Einverleibung ins Königreich Württemberg hatte die stolze und selbstbewußte Art des Reichsstädters nicht gebrochen. Unabhängiger Bürgersinn und gute kirchliche Frömmigkeit bildeten bei ihm eine Einheit. Und auch der Pietismus, der eine stattliche Zahl von Anhängern besaß, war nicht von jener untertänigen Art, die man anderswo trifft. Stolz war der Reutlinger, dessen Stadt einstens [23.–25. 09. 1726] von der furchtbaren Brandkatastrophe heimgesucht und vieler mittelalterlicher Gebäude beraubt worden war, auf seine Marienkirche, die im letzten Jahrzehnt des 19. Jahrhunderts wiederhergestellt worden war, frei-

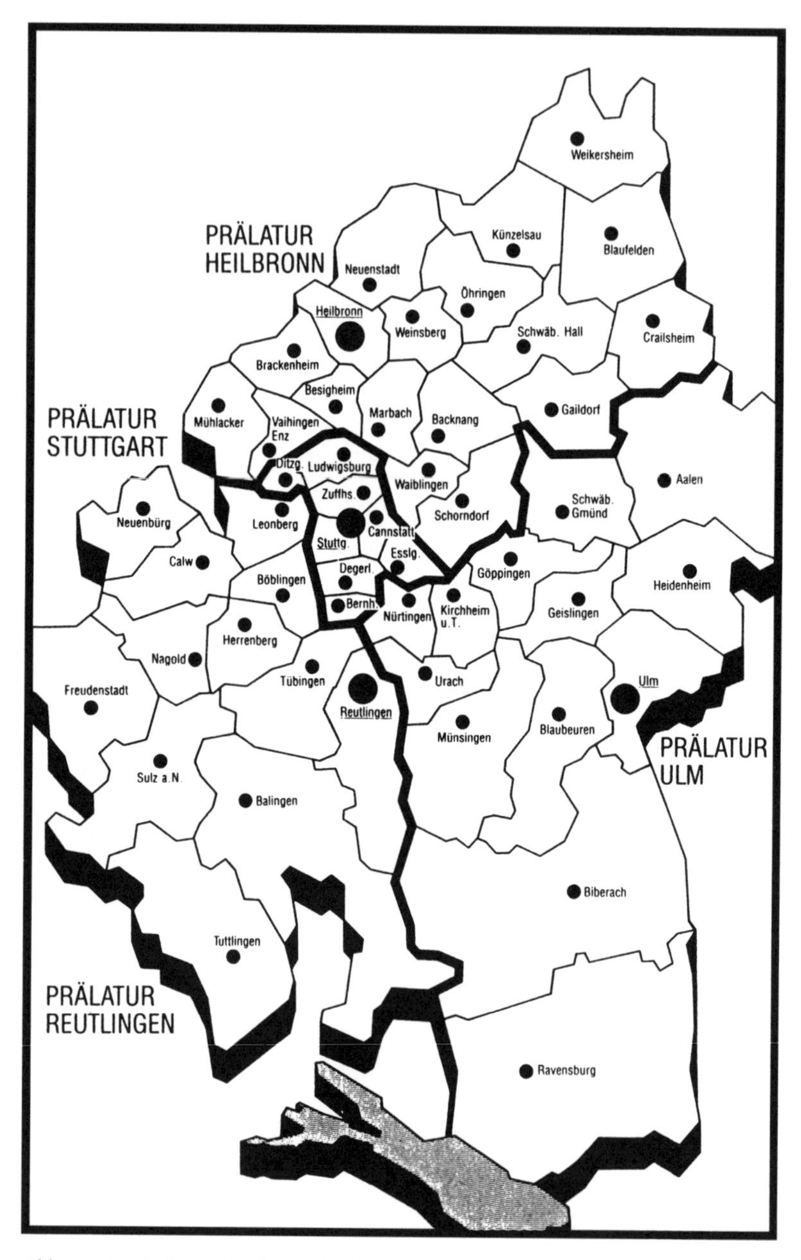

Abb. 24: Die Prälatur Reutlingen (links) 1978–1992

lich etwas ›verdolmetscht‹. So nennt man die Kirchen, die von dem tüchtigen Neugotiker Dolmetsch etwas zu glatt oder auch zu geziert wiederhergestellt worden waren.«[385]

Weiter zu nennen ist Tübingen mit der Evangelisch-theologischen Fakultät und dem traditionsreichen Evangelischen Stift. Siebenmal hat Askani während seiner Reutlinger Zeit in der Tübinger Stiftskirche gepredigt, um die Kontakte zur Universitätsstadt und zur Evangelisch-theologischen Fakultät über die Predigt zu intensivieren. Auch die Diakonie ist in der Prälatur Reutlingen ein gewichtiger Faktor, erwähnt seien nur die Gustav-Werner-Stiftung zum Bruderhaus und die Mariaberger Heime.

Prägend für die Prälatur Reutlingen ist der Pietismus in seinen beiden Grundströmungen. Die eine ist der Altpietismus, der zu Beginn des 19. Jahrhunderts dem damals vorherrschenden Rationalismus teilweise sehr kritisch gegenüberstand, durch die Erlaubnis zur Gründung der Brüdergemeinde Korntal[386] aber im Lande verblieb und durch den Reutlinger Prälaten und späteren Stuttgarter Stiftsprediger Sixt Karl von Kapff in der Landeskirche seinen festen Platz errungen hatte.[387] Er verbindet sich von dieser seiner Geschichte her bis heute in der Regel mit guter und selbstverständlicher Kirchlichkeit. Die andere Grundströmung ist der Neupietismus, zu dem die Süddeutsche Vereinigung mit EC-Kinder- und Jugendarbeit, der Württembergische Brüderbund mit Freizeitheim Friolzheim im Kirchenbezirk Leonberg, die Liebenzeller Mission und das Diakonissen-Mutterhaus in Aidlingen gehören.

Bundeswehrstandorte wie Sigmaringen, Meßstetten und – damals noch zur Prälatur Ulm gehörend, aber in unmittelbarer Nähe Reutlingens – Münsingen und Großengstingen waren Felder der Militärseelsorge (Askani gehörte zehn Jahre lang dem Beirat für Militärseelsorge an), aber auch Fokussierpunkte der Friedensdiskussion zu Beginn der achtziger Jahre, was sich als gesellschaftlicher Hintergrund von Askanis seelsorglich-politischen Predigten zu Lukas 6,36–42 am Bußtag 1980 in Tübingen und zu Jesaja 30,15–17 am Silvesterabend desselben Jahres in der Reutlinger Marienkirche niederschlägt.

Die Hohenzollerischen Lande schließlich bildeten bis 1950 einen selbständigen Kirchenkreis der Evangelischen Kirche der altpreußischen Union, deren Liturgie die dortigen Gemeinden bis heute beibehalten haben.[388]

Viermal hat Theophil Askani den Leitartikel der vierseitigen Beilage des Evangelischen Gemeindeblattes »Streiflichter. Berichte und Erfahrungen aus der Prälatur Reutlingen« verfaßt. Zwei davon geben Eindrücke von Prägungen und Begegnungen in der Prälatur Reutlingen. Lebendiges Erbe des Pietismus und sich ausbreitende moderne Industrie seien zwei der verschiedenen Welten, die einem in der Prälatur begegneten, ohne daraus in falscher Vereinfachung zwei Gegensätze konstruieren zu wollen. Aber zwei charakteristische Strömungen seien es, die nur schwer zusammenzubringen seien: »*... es sind doch nahezu in jedem Ort zwei Ströme, die aufeinander treffen und die lange noch getrennt zu erkennen sind, wie die Donau und die Iller bei Ulm. Der alte Kern des Dorfes und drumherum ein Kranz von Siedlungen, Reihenhäusern und Hochhäusern, und in jedem Kirchengemeinderat neu die Frage: Wie werden wir beidem gerecht? Unser württembergisches Land ist überall vielfältig, schon von der Landschaft her; und wer die Klimakarte im neuen Atlas seines Buben nachsieht, der entdeckt, daß zwischen Neckartal und Alb auf 35 km Klima-Zonen beieinander sind, die sich sonst in Deutschland auf weite Strecken verteilen. Aber im Gebiet der Prälatur Reutlingen scheint mir die württembergische Eigenart im besonderen ausgeprägt. Die ›Welten‹ treffen dicht aufeinander, und hautnah sind die verschiedenen Gruppen unserer Kirche zusammen.*«[389]

FRÜHPREDIGER AN DER MARIENKIRCHE

Mit dem Amt eines Prälaten in der württembergischen Landeskirche ist das Amt des Frühpredigers an der Hauptkirche seines Sprengels verbunden.[390] Der Frühprediger hat einen festen Predigtauftrag mit mindestens einem Predigtdienst monatlich an der betreffenden Hauptkirche. Durch diesen Predigtdienst hat er Sitz und Stimme im Kirchengemeinderat, ist aber im Unterschied zu den Gemeindepfarrern und Dekanen von der seelsorglichen Betreuung einer Parochie freigestellt.[391]

Woher aber rührt der alte Begriff »Frühprediger«? Er geht zurück auf das im späten Mittelalter vorwiegend in süddeutschen Städten aufgekommene Amt des Prädikanten. Dieses Prädikantenamt verdankt seine Etablierung dem Bedürfnis gebildeter Bürger nach qualifizierten und schriftgemäßen Predigten, dem – von etlichen rühmlichen Ausnahmen abgesehen – das Gros der Meßpriester wegen mangelnder Bildung nicht gerecht zu werden vermochte. Zwischen Ende des 14. und Anfang des 16. Jahrhunderts wurden im Bereich des damaligen Württemberg insgesamt 45 dieser besonderen Predigtstellen, Prädikaturen genannt, gestiftet[392], auf die sprachlich und theologisch gebildete Universitätsabsolventen berufen wurden. Die Stiftungsurkunden der Prädikaturen verlangen als Voraussetzung zur Übernahme des Prädikantenamtes einen akademischen Grad und machen dem Prädikanten das Studium der Heiligen Schrift und die theologische Weiterbildung, für die gegebenenfalls Studienurlaub gewährt wird, zur Pflicht.[393]

Abb. 25: Als Frühprediger vor der Marienkirche Reutlingen, um 1980

So ist es verständlich, daß nicht wenige der vorreformatorischen Prädikanten den Aufbruch der Reformation sehr früh wahrnahmen und selbst Träger und fähige Verkündiger der neuen Gedanken wurden, wie etwa Alber in Reutlingen, Brenz in Schwäbisch Hall, Ökolampadius und Schnepf in Weinsberg und Mantel in Stuttgart.[394] Und so verwundert es auch nicht, daß in der Reformationszeit in Württemberg die Grundentscheidung getroffen wurde, nicht Luthers Deutsche Messe, sondern den spätmittelalterlichen oberdeutschen Prädikantengottesdienst mit seiner radikalen Konzentration auf die Predigt als sonntäglichen Hauptgottesdienst zu übernehmen, eine Grundentscheidung, die in den Jahrhunderten seit der Reformation dazu führte, daß das evangelische Württemberg und die hier gefeierten Gottesdienste ihre Identität in ganz wesentlichem Maße in der Predigt fanden.[395]

Die Prädikaturen sind meist an der Zentralkirche, der Pfarrkirche der betreffenden Stadt angesiedelt. Der Prädikant ist zwar nicht der einzige Prediger – insbesondere auch der parochus (Pfarrherr) hat das Recht zu predigen, und ihm gegenüber soll der Prädikant zurücktreten –, aber er gilt doch als der »Erst-« oder »Hauptprediger«, nach mittelhochdeutschem Sprachgebrauch »Frühprediger«. Vornehmste Aufgabe des »Früe predigers« ist eben die »Früepredig«, also die Hauptpredigt, an der Hauptkirche (Frühkirche).[396] Diese Frühpredigt konnte zwar – wie es der neuhochdeutsche Sprachgebrauch assoziieren läßt – tatsächlich wie im Fall Reutlingens am frühen Morgen ihren Ort haben[397], vorwiegend jedoch war die Predigtstunde für die Prädikaturen der Nachmittag »nach dem Imbiß«[398]. Es ist ein intensiver Predigtdienst, der im Stiftungsbrief der Prädikatur genau festgelegt ist; bei örtlichen Besonderheiten kann bei den Predigttagen als gewisser Grundstock gelten: die Sonntage, die hohen Feste, die Marientage und die Aposteltage.[399]

Mit der Verlegung der Prälaturen weg von den Klöstern hin zu den bedeutenden Städten, wie sie sich zu Beginn des 19. Jahrhunderts vollzogen hatte, wurde das überkommene Prälatenamt mit dem spätmittelalterlich-urbanen Prädikantenamt verbunden. Dadurch wurde die Predigt zu einer seiner vornehmsten Aufgaben. In einem Positionspapier von 1990 sieht Prälat Walter Bilger in der Tatsache, daß die Prälaten heute in der Regel nur noch einmal monatlich an der Hauptkirche (Frühkirche) predigen, eine letzte Erinnerung an einen früher viel intensiver wahrgenommenen Predigtdienst an der Hauptkirche ihrer Sprengel.[400] Gerade bei Theophil Askani finden wir jedoch in der Reutlinger Prälatenzeit das prädikatorische Element des Prälatenamtes in auffallender Weise betont: Durch die Krankheit war bei ihm die immer größere seelsorgliche Tiefe gewinnende Predigt das markante Profil des von ihm geführten Prälatenamtes.

Predigtkirche des Reutlinger Prälaten ist die zentral gelegene Marienkirche mit ihrer 750jährigen Geschichte.[401] Als die staufertreue Stadt Reutlingen zu Pfingsten 1247 vom Heer des Gegenkönigs Heinrich Raspe belagert worden war, hatte der Überlieferung nach die Bürgerschaft der Jungfrau Maria gelobt, ihr innerhalb der Mauern eine prächtige Kapelle zu erbauen, wenn sie durch ihr Eingreifen von ihren Feinden befreit würden; der Reutlinger Chronist Spechtshart: »... votum fecerunt beatae Virgini, si ipsius interventu liberarentur, quod vellent ei aedificare capellam infra muros gloriosam.« In der Tat mußte das gegnerische Heer die Belagerung abbrechen, und die Reutlinger setzten alsbald ihr Gelübde in die Tat um und konnten ihr Werk nach fünfundneunzigjähriger Bauzeit 1343 am Tag des heiligen Oswald, am 5. August, vollenden.

Obwohl die Marien-»Kapelle« ihrer Größe und Ausstattung nach eine stolze Bürgerkirche geworden war, blieb sie zunächst doch nur eine Nebenkirche wie auch die übrigen achtzehn Kapellen der Stadt. Denn kirchenrechtlich gesehen war die Marienkapelle Filial der dem Kloster Königsbronn inkorporierten Stadtpfarrkirche »St. Peter und Paul unter den Weiden«, der Urkirche Reutlingens draußen vor den Mauern der Stadt, auf dem heutigen Friedhof »Unter den Linden«, etwa am Platz der heutigen Katharinenkirche.

Die Tatsache, daß die an der Pfarrkirche vom Abt von Königsbronn eingesetzten Geistlichen zum Leidwesen und Ärger der Reutlinger ihren seelsorglichen Aufgaben und dem Predigtdienst nur sehr mangelhaft nachkamen, veranlaßte 1518 den Rat der Reichsstadt Reutlingen zur Stiftung einer Prädikatur an der städtischen Marienkapelle. Diese Prädikantenstelle wurde dem Bürgersohn Matthäus Alber übertragen und von ihm 1521 angetreten.[402] Durch Albers konsequent reformatorische Predigt kommt es in Reutlingen bereits 1524 zur Einführung der Reformation, wodurch die ganz vom unter habsburgischer Verwaltung (1519–1534) stehenden Herzogtum Württemberg umschlossene Reichsstadt zur führenden reformatorischen Initiativregion im deutschen Südwesten wird. Die Marienkapelle wird nun zu einer der Hauptkirchen des deutschen Luthertums; und die Kapelle der Bürger wird 1530 zur Stadtkirche Reutlingens, in dem Jahr, da Reutlingen als einzige Reichsstadt neben Nürnberg die Confessio Augustana unterschrieben hatte.

Matthäus Alber hatte in der Bilderfrage theologisch unterschieden zwischen ärgerlichen, lügnerischen und abgöttischen, weil nicht schriftgemäßen Bildern auf der einen Seite, die zu entfernen seien, und auf der anderen Seite solchen Bildern, »die in der Schrift gegründt, und Denkzeichen seynd, die mög man gedulden«. Dennoch hatte er eine »Säuberung« der Reutlinger Kirchen und Kapellen im Februar 1531 nicht verhindern können, bei der namentlich auch die reichhaltige Ausstattung der Marienkirche starke Einbußen erlitt. Was aus der vorreformatorischen Zeit den Bildersturm überdauert hatte, ist größtenteils beim verheerenden Reutlinger Stadtbrand 1726 zerstört worden – bis auf die beiden kostbaren, aus Stein gehauenen Kunstwerke des Taufsteins (1499) und des Heiligen Grabes (um 1510) sowie eine Reihe von vasa sacra. Dieser Sachverhalt macht verständlich, warum Theophil Askani auch in seiner Reutlinger Zeit immer wieder in Predigten an eines der viel zahlreicher erhaltenen Kunstwerke des Ulmer Münsters anknüpft, die Marienkirche als Kunstwerk hingegen eine eher untergeordnete Rolle spielt.

Die infolge des Stadtbrandes in ihrer Substanz bedrohte Stadtkirche wurde dank der im 19. Jahrhundert wieder aufflammenden Begeisterung für das Mittelalter erneut zur Baustelle, am einschneidendsten im letzten Jahrzehnt des 19. Jahrhunderts. In der Generalrenovierung von 1894 bis 1901 wurde die Marienkirche unter der Leitung von Oberbaurat Heinrich Dolmetsch, der uns in der Biographie Askanis bereits im Zusammenhang mit dem Bau der Stuttgarter Markuskirche begegnet ist, gründlich saniert und in dem um die Jahrhundertwende herrschenden zeitgenössischen Geschmack als neugotische Kathedrale[403] gestaltet. In der großen Renovierung von 1985 bis 1987, also bereits nach Askanis Wirksamkeit an der Marienkirche, hat man sich dazu entschlossen, diese Neugotik unverändert zu belassen.

Der Konstruktion des württembergischen Prälatenamtes seit dem 19. Jahrhundert zufolge ist also mit den Aufgaben als Prälat des Sprengels Reutlingen das Amt des Frühpredigers an der Marienkirche verbunden. Die damaligen Kollegen Askanis an der Marienkirche, die Dekane (und Pfarrer des I. Bezirks der Marienkirche) Christoph Duncker (bis 1980) und Hartmut Heinrici (ab 1981) und die Pfarrer Wolfgang Kirchner (Marienkirche II, 1969–1985) und Gottfried Kleinknecht (Marienkirche III, 1976–1980)[404] haben ihren Prälaten als einen kollegialen Mitprediger erlebt, auch wenn seine weitere Biographie ihn zu einem einzigartigen Prediger gemacht hat. Theophil Askani hatte in der Regel einmal im Monat den sonntäglichen Predigtdienst in der Marienkirche. Berühmte Vorgänger auf der Marienkirchenkanzel wie Matthäus Alber[405], Jakob Schoell und Theophil Wurm[406] standen ihm dort vor Augen. Auch die »seelsorgerliche Langzeitwirkung«[407] Rudolf Daurs, des für die jüngere Reutlinger Kirchengeschichte so markanten Stadtpfarrers an der Katharinenkirche und Jugendpfarrers, der das kirchliche Leben Reutlingens in den zwanziger Jahren nachhaltig bestimmt hatte, war noch deutlich wahrnehmbar.

Im Herbst 1943, mitten in dunkler Kriegszeit, wurde die 600-Jahr-Feier der Marienkirche mit einer Evangelisation mit dem damaligen Berliner Jugendpfarrer Hanns Lilje und einer Vortragsreihe zur Geschichte der Marienkirche abgehalten. Höhepunkt war der Festgottesdienst am 17. Oktober mit Landesbischof Wurm, dem einstigen Reutlinger Dekan.[408] Eine Passage aus Wurms Festpredigt war ein unüberhörbarer Bußruf angesichts nationalsozialistischer Verbrechen, die der Prediger klar beim Namen nannte und als Schuld benannte, der gegenüber Buße die einzig angemessene Reaktion sei: »Liegt nicht auch aus der Vergangenheit viel Schuld vor, worin unser Volk sich vor Gott vergangen hat, wobei auch die christliche Gemeinde ihren Zeugendienst nicht genug geübt hat? Haben wir es nicht mit angesehen, daß das gebrechliche Leben, das sogenannte lebensunwerte Leben, preisgegeben wurde, und mußten wir es nun nicht erleben, daß unsere Lebenswertesten und Liebenswertesten draußen geblieben sind? Haben wir nicht die Gotteshäuser der andern in Flammen aufgehen sehen, und müssen wir es nicht jetzt erleben, daß unsre eigenen Gotteshäuser niedergebrannt werden? Tue Buße, beuge dich, höre auf, andere anzuklagen!«[409]

Theophil Askani war sich dieser Geschichte der Predigt in der Reutlinger Marienkirche wohl bewußt. Er ging in seiner Volkstrauertagspredigt 1979 in der Reutlinger Marienkirche auf diese Predigt Wurms ein mit den Worten: »*Hier auf dieser Kanzel hat bekanntlich Landesbischof Wurm eines der tapfersten Worte jener Zeit gesagt: daß der Tod in Grafeneck drüben wohl zusammenhänge mit dem Tod auf dem Schlachtfeld. Das war schon ein hartes Wort im Blick auf Mütter und Frauen, die hier in den Kirchenbänken saßen, aber es war auch ein einsames Wort.*«[410]

Die Stelle des Prälaten, so Lore Askani und Hans-Christoph Askani, war für Theophil Askani in vieler Hinsicht ideal: Die starke Gewichtung der Predigtdienste an der Marienkirche und in seinem gesamten Sprengel, die seelsorgliche Arbeit an 360 Pfarrfamilien und die dazu nötige Kunst des Zuhörens, die Kunst, Grußworte jahrelang auf hohem Niveau zu halten – das alles kam ihm sehr entgegen, für all das war ihm seine Frau als Gesprächspartnerin, die ihm auch Anregung und Kritik geben konnte, unschätzbar wichtig.

Den umfangreichen Dienst in der Prälatur zu bewältigen halfen zwei ihm zur Seite gestellte langjährige Mitarbeitende am Dienstsitz der Reutlinger Prälatur in der Planie 35. Lore Hagdorn war die eine. Sie war bis zu ihrem Eintritt in den Ruhestand im Herbst 1992 Sekretärin der Prälaten Helmut Pfeiffer, Theophil Askani, Heinrich Leube und Claus Maier. Der andere Mitarbeiter war der Prälaturfahrer Georg Schindler, der 29 Jahre lang auf den mancherlei Wegen in der Prälatur Reutlingen und zum Oberkirchenrat in Stuttgart mit den Herren Prälaten Pfeifle, Pfeiffer, Askani und Leube unterwegs gewesen ist.[411]

Konfrontation mit der Krankheit

Bereits kurz nach seinem Amtsantritt, am Dienstag, dem 2. September 1975, dem wöchentlichen Kollegialsitzungstag des Oberkirchenrats in Stuttgart, mußte der Arzt dem neuen Prälaten mitten in die Arbeit hinein sagen, wie krank er sei.[412] Darmkrebs lautete die Diagnose, und eine unverzügliche Operation war geboten. Begonnen hat die Krankheit wohl schon in Ulm, wo jedoch die Symptome nicht ernst genug genommen wurden, sondern Askani mit dem Hinweis beruhigt wurde: »Sie stehen unter Spannung, weil Sie jetzt Prälat werden.« Seinem Heilbronner Prälatenkollegen und früheren Stiftsrepetenten Dr. Albrecht Hege konnte er als erstem am Rande dieser dienstäglichen Sitzung den Befund anvertrauen. Hören wir Albrecht Hege persönlich:

»Es war am ersten Dienstag im September 1975, wie immer dienstags war im Oberkirchenrat die wöchentliche Sitzung des Kollegiums. Seit wenigen Wochen saßen Theophil und ich nebeneinander am Tisch. Als wir zur Pause aufstanden, sagte mir Theophil, er habe einen Arzttermin im Wilhelms-Krankenhaus abgesprochen. Es seien bei ihm Darmbeschwerden aufgetreten, etwas Ernstliches könne es kaum sein, er fühle sich ja so wohl. Er werde sicher rechtzeitig zum Mittagessen zurück sein, zu dem wir beide uns im Restaurant am Eugensplatz verabredet hatten. Theophil entschuldigte sich beim Bischof für den Rest der Sitzung und ging.

Unten am Eugensplatz wartete ich. Es wurde zwei Uhr, wurde halb drei, ich wurde mehr und mehr unruhig. Schließlich war ich der einzige, der noch im Lokal saß. Da kam Theophil zur Tür herein, ich sehe es noch heute vor mir, wie er auf mich zukam, ich spürte, wie verändert er war. Kaum saßen wir beisammen, zog Theophil seinen Terminkalender heraus, faltete ihn über dem Tisch der Länge nach auf: ›Für die kommenden sechs Monate können Sie alle Termine streichen, hat mir der Arzt gesagt. Es ist der Darm. Ich muß operiert werden. Und ich habe mich doch, bevor ich für das Prälatenamt in Reutlingen meine Zusage gegeben habe, so gründlich untersuchen lassen. Im Wilhelmsspital sagten sie mir nun: Wenn doch damals der Arzt Ihren Darm nur wenige Zentimeter weiter untersucht hätte ... Ach, ich war so gar nicht darauf gefaßt, konnte ich doch jetzt eben im Urlaub unseren Buben mühelos eine weite Strecke auf den Schultern bergauf tragen. Wie habe ich mich auf die ersten Begegnungen in meinem neuen Amt gefreut, und nun muß ich diese Termine absagen, alle ...‹«[413]

Lore Hagdorn erinnert sich an den darauffolgenden Morgen. Sie kam wie jeden Tag zur Arbeit in die Prälatur in der Planie 35. Anders als an sonstigen Morgen lag eine ungewöhnliche Stille über dem Haus, die große Bedrohung, großes Unglück förmlich erahnen ließ. Gegen 9.30 Uhr trat der

Prälat in ihr Büro. Schweigen. »Sind Sie krank?« fragte sie. »Ja.« – »Schwer?« – »Ja.«

Theophil Askani begab sich ins Wilhelmsspital des Diakonissenkrankenhauses beim Stuttgarter Hoppenlaufriedhof und mußte als Folge der schweren Operation fünf Monate seinen Dienst unterbrechen.[414] Unmittelbar nach der Operation sagte der Arzt Dr. Lorenz, Theophil Askani habe noch ein Jahr zu leben. Aber dann sind sechseinhalb Jahre daraus geworden. »Full life« könne es eines Tages wieder sein, hieß eine spätere Auskunft. Als bleibende Folge der Operation hatte Askani freilich fortan mit einem künstlichen Ausgang zu leben. Zwar von der Krankheit gezeichnet und mit der Möglichkeit des Todes existentiell konfrontiert, kehrte er im Februar 1976 – so der Eindruck seiner Sekretärin – doch hoffnungsvoll und zuversichtlich an die Arbeit zurück.

In den zurückliegenden Monaten der Stille und der Unterbrechung hat Askani ausgiebig nachgedacht über Wesen und Sinn von Gottesdienst und Predigt, die in der Folgezeit zu einem Schwerpunkt seines Wirkens als Prälat werden. Im Dezember 1975 schreibt er noch vom Krankenbett aus in seinem ersten Prälatenbrief: »*Und dafür sollten wir, liebe Freunde im Predigtamt, wohl auch Zeit haben, zu bedenken, wie ernst nicht selten genommen wird, was wir selber am Sonntagmorgen in Gottes Namen sagen. Die ständige Klage und schon gar die öffentlich herumlamentierte Klage über die Fruchtlosigkeit der Predigt ist unwürdig und unrecht. Vielleicht werden wir uns einmal nicht vor dem zu fürchten haben, was umsonst geredet war, sondern eher zu verantworten vor dem, was uns abgenommen wurde. Gott schenke uns gelegentlich die Stille, dass wir merken, wie ernsthaft Christen immer noch miteinander umgehen, dass wir hören, wie auch einer für uns betet: Weise ihm, Herr, deinen Weg* [nach Psalm 86,11 = Jahreslosung 1976].«[415]

Und im März 1976 fragt Askani die Hechinger Gemeinde in der Festpredigt zur Wiedereinweihung ihrer Kirche: »*Was ist es eigentlich, was uns hier zusammenführt? Was geschieht in dieser Stunde am Sonntagmorgen? Vielleicht darf ich diese Frage mit einer ganz persönlichen Bemerkung verbinden. Sie sind seit September zum ersten Mal wieder in Ihrer Kirche; ich selber stehe seit August heute morgen zum ersten Mal wieder auf der Kanzel. Ich habe mich in den langen Monaten einer Krankheit, als ich anfangs nur mit dem Kopfhörer dabei war am Sonntagmorgen, und in allem Abstand der Pause und der Unterbrechung manchmal gefragt, wie ist das, wenn die Gemeinde sich sammelt zum Gottesdienst? Hat das noch ein Gewicht, was da geschieht? Hat es Leben? Wirkt es hinaus? Es ist gut, sich Rechenschaft zu geben, und manchmal ist es gut, wenn das Allzuselbstverständliche unterbrochen wird … Nahet euch zu Gott, so nahet er sich zu euch* [Jakobus 4,8]. *Liebe Gemeinde, weil Gott nahe ist, darum hat es Sinn, Gottesdienst zu halten in dieser Welt.*«[416]

Das Leben mit der Krankheit bestimmte fortan Theophil Askanis Reutlinger Wirken. In entschlossenem Widerstand nahmen er und seine Familie zunächst den Kampf gegen die Krankheit auf. Als er sich in Reutlingen einer Chemotherapie unterziehen mußte, begleitete Lore Askani ihren Mann zu Fuß zum Arzt. Trotz allem ließen Askanis es sich nicht nehmen, mit ihrem alten weißen Mercedes und dem Wohnwagen in den Urlaub aufzubrechen und gute Wochen miteinander zu genießen. So schreibt Theophil Askani im August 1979 aus Frankreich: »*Es ist herrlich erholsam, das Meer 300 m vom Wohnwagen weg. Wir haben einen sehr sympathischen Arzt gefunden, der einfühlsam spritzt, so dass wir entschlossen sind, die Zeit hier zu genießen.*«[417]

Allerdings mußte er wegen seines Gesundheitszustandes seine Visitationstätigkeit sehr einschränken. Je weiter seine Krankheit fortschritt, desto weniger konnte er als Seelsorger den Weg in die Pfarrhäuser seines Sprengels gehen, wo er die Pfarrer in ihrer Umgebung erleben konnte. Mehr und mehr wurden die Besprechungen mit Pfarrern und Pfarrfamilien und die Sitzungen von Gremien und Ausschüssen in das Haus der Prälatur in Reutlingen verlagert, das Lore Askani als gastfreies Haus führte, in dem die Fröhlichkeit ihren gebührenden Platz hatte. Die ganze Palette vom Erfreulichen bis hin zum Problematischen in den Pfarrhäusern und Gemeinden des Sprengels wurde nach Reutlingen in die Planie 35 getragen. Mittelpunkt von Theophil Askanis öffentlichem Wirken wurden in immer stärkerem Maße Predigten, Grußworte und Vorträge.

Von seiten des Oberkirchenrates und vieler evangelischer Christen in Württemberg ruhten große Hoffnungen auf Theophil Askani als möglichem Bischofsnachfolger für den 1979 in den Ruhestand tretenden württembergischen Landesbischof Helmut Claß. Askanis angeschlagene Gesundheit freilich erlaubte keine Kandidatur für dieses höchste Amt der Landeskirche.[418] Für die Bischofswahl im Mai 1979 wurden der damalige Oberkirchenrat Theo Sorg, der damalige Ulmer Prälat Hans von Keler und Askanis Jugendfreund Pfarrer Helmut Aichelin nominiert. Am 29. Juni 1979 wurde Hans von Keler zum Landesbischof gewählt.[419]

Wenige Tage zuvor war Theophil Askani zu einer Untersuchung nach Tübingen gegangen. Ein Freund aus dem Rotary-Club wollte ihn durchchecken, weil ihm Askanis Husten nicht gefiel. Bei dieser Untersuchung stellte sich heraus, daß der Krebs inzwischen auch die Lunge und die Knochen befallen hatte. Man leitete eine Strahlentherapie ein, zu der Askani jeden Donnerstag nach Tübingen kommen mußte. Der Fahrer Georg Schindler fuhr ihn in die Klinik. Hans-Christoph, Gottfried, Cornelie, Stephan und Thomas verabredeten sich so, daß jeden Donnerstagabend eines von ihnen beim Vater war. Denn durch die Behandlungen war es ihm immer eine Nacht lang sehr elend. Am anderen Morgen aber war er wieder voll guten Muts. Zu seinem Jugendfreund Helmut Aichelin sagte er: »Laß dich ins Prälatenamt rufen. Dann heb' ich vielleicht auch noch eine Weile.« Es war ihm ein großer Ansporn, weiter durchzuhalten, als Helmut Aichelin noch im Jahr 1979 auf die Ulmer Prälatur berufen wurde. Überhaupt waren die mittragenden Freunde, darunter die aus der Klassengemeinschaft vom Eberhard-Ludwigs-Gymnasium in Stuttgart, dem »Hades«, eine entscheidende Hilfe, den Kampf gegen die Krankheit immer wieder von neuem aufzunehmen und das Prälatenamt so lange wie irgend möglich weiterzuführen. Daß und wie er die Krankheit trug, hatte eine eminente Wirkung.

Angesichts seines sich verschlechternden Gesundheitszustandes kam die alsbald im Jahre 1980 freigewordene Prälatur Stuttgart, wenn auch schweren Herzens, nicht in Frage, selbst wenn es nur für eine auf ein paar Jahre angelegte Übergangszeit gewesen wäre.[420] Im Spätherbst 1980 wurde es Theophil Askani klar, daß der Kampf gegen die Krankheit nicht zu gewinnen war und es nun galt, sich dreinzuschicken. Seine Predigt am Ewigkeitssonntag 1980 über Offenbarung 21,1–7, die mit der Jugenderinnerung an den Dialog mit dem Vater vor dem Grabmal der abgebrochenen Säule auf dem Fangelsbachfriedhof einsetzt, markierte diesen inneren Wendepunkt vom entschlossenen Widerstand zur Ergebung.[421] Gerade in jener Zeit aber, als es ihm nicht mehr gut ging und er viel liegen mußte, erlebten die Besucher in der Planie 35 ihren Prälaten in ganz intensiver, verdichteter Weise als einen im tiefsten Grunde bescheidenen Menschen, der er schon immer war, und zugleich als einen festlichen Menschen, der auch in dieser Lebensphase im Angesicht abnehmender Kräfte eine »Fröhlichkeit trotz allem« verbreitete, wie es einmal einer voller Staunen in Worte faßte.[422]

Als wahrhaft seelsorglicher Prediger auf der Marienkirchenkanzel

Gegenüber der Zeit als Stuttgarter Brenzkirchenpfarrer, in der Askani zwei Arbeitstage in der Woche für die Predigtarbeit veranschlagte, sich donnerstags ins schwiegerelterliche Haus zurückzog und samstags die Predigt memorierte, und gegenüber der Zeit als Ulmer Dekan, in der der gewaltige und auf seine Weise mitpredigende Kirchenraum des Münsters eine neue Predigtgestalt forderte und in der die Lampe im Studierzimmer des Dekanates oft bis in den späten Samstagabend brannte, hat sich in der Reutlinger Zeit die Art seiner Predigtvorbereitung erneut verändert. Lore Hagdorn erinnert sich, daß Askani nach einer Phase intensiver Konzentration aus seinem Arbeitszimmer gekommen sei, meist nur die Bibel in der Hand gehabt und ihr in etwa zwei Stunden die Predigt flüssig und konzentriert in die Maschine diktiert habe. Kaum einmal habe man etwas verbessern müssen. Ihr gegenüber habe er mehrmals betont, es sei für ihn ganz entscheidend wichtig zu wissen und nötige ihn zu äußerster Konzentration, daß draußen jemand sitze und darauf warte, daß die Predigt diktiert werde.

Daß Askani seine Predigt auf diese Weise schon in der Vorbereitung als Rede entwickelte und nicht als Schriftstück, trug wesentlich zu ihrem ansprechenden, dialogischen Charakter bei. Heinrich Leube, Oberkirchenrat während Askanis Prälatenzeit und später sein Nachfolger, sieht insofern ganz zu Recht Theophil Askani als einen Prediger, der kein Konstrukteur am Schreibtisch gewesen sei, sondern schöpferisch-intuitiv gearbeitet habe; er habe dann in ausgeprägtem Maße in Reutlingen durch das Diktat seiner Predigten in Lore Hagdorns Schreibmaschine praktiziert, was einst Wolfgang Trillhaas den Predigern ans Herz gelegt hätte: Eine Predigt müsse zweimal abgelegt werden: ein erstes Mal beim Entstehen, ein zweites Mal auf der Kanzel. Dadurch, daß Askani sie auf der Kanzel zum zweiten Mal vorgetragen habe, habe er seine Hörerinnen und Hörer so unmittelbar ansprechen und immer Blickkontakt halten können.

Theophil Askani selbst bemerkt 1981 zu seiner Predigtvorbereitung: »*Ich habe von der ersten bis zur letzten Predigt jede wörtlich geschrieben, sie anfangs mehr, später weniger auswendig gelernt. Früher brauchte ich zu einer Schreibmaschinenseite – acht waren's insgesamt – ca. 50 Minuten bis eine Stunde. In den letzten Jahren, als mir weniger quantitative Arbeitszeit zur Verfügung stand, infolge der Beschwerden, die mich begleiten, habe ich mich daran gewöhnt, nach sorgfältiger Vorüberlegung und im wesentlichen ohne Notizen eine Predigt oder auch einen Vortrag direkt in die Maschine zu diktieren – eine Konzentrationsaufgabe, die freilich Übung erfordert und aus dem Zwang der Verhältnisse entstanden ist.*«[423]

Ein Reutlinger Gemeindeglied, Frau Spillmann, nahm mit großem Einsatz an Zeit und Finanzen viele Askanipredigten in der Marienkirche auf Kassette auf und verbreitete sie.

In der Konfrontation mit der Krankheit wird Askani zu einem in die Tiefe dringenden seelsorglichen Prediger. Die Gabe, seelsorglich zu predigen, ist freilich schon in früheren Stadien seines Wirkens festzustellen. Aufschlußreich in diesem Zusammenhang ist – wir werden im übernächsten Kapitel darauf zu sprechen kommen – der Vergleich zwischen Askanis geistlicher Besinnung »Gedanken zum Tod« aus dem Jahr 1966 und seiner

Predigt zu Offenbarung 21,1–7 aus dem Jahr 1980. Die dem Prediger in diesem Jahr gewiß gewordene eigene Todesnähe und der ihn selbst aufrichtende Trost der im Predigttext bezeugten Ewigkeitshoffnung verstärken die seelsorgliche Wirkung der Predigt gegenüber der geistlichen Besinnung. Und so wird Theophil Askani mit jeder Zäsur, die das Krebsleiden in den Jahren 1975, 1979 und 1980 in seine Lebensgeschichte einzeichnet, zu einem noch weiter in die Tiefe dringenden seelsorglichen Prediger. Denn im Ringen mit der Krankheit und im Widerstand gegen die Trostlosigkeit übernimmt Askani das von Paulus profilierte Paradigma parakletischer Existenz für den eigenen Lebens- und Leidensweg. Elementarer gesagt: Theophil Askani lebt in diesen Jahren in ganz direkter Weise in der Bewegung von eigener Trostbedürftigkeit und geschenkter Trosterfahrung, die schon Paulus im 2. Korintherbrief andeutet: »Gelobt sei Gott, der Vater unsres Herrn Jesus Christus, der Vater der Barmherzigkeit und Gott allen Trostes, der uns tröstet in aller unserer Trübsal, damit wir auch trösten können, die in allerlei Trübsal sind, mit dem Trost, mit dem wir selber getröstet werden von Gott.« An dieser Stelle bewahrheitet sich in Askanis Biographie, was die Theologen Helmut Tacke und Volker Weymann als die spezifische Existentialität des Trostes bezeichnet haben: Nur wer selber Trost erfahren hat, kann auch andere vollmächtig trösten.[424]

Deshalb füllte sich die Marienkirche mit Predigthörenden aus ganz Reutlingen und darüber hinaus, wenn Askani predigte. Für die Reutlinger Psychologin Dr. Ursula Kost war Askanis Krankheit und sein Umgang damit der Prüfstand für die Glaubwürdigkeit seiner Verkündigung. Am Prediger Askani und seinen Predigten sei für sie beeindruckend gewesen, wie er auch dem Zweifel und den Schwierigkeiten Raum gegeben habe, die der normale Christ empfinde und die, so habe er eingestanden, auch er kenne. Hilfreich sei dabei gewesen, wie er sich neben seine Hörer gestellt und ihnen gezeigt habe, wie er damit umgehe. Seine Predigten seien ein wirksames Antidepressivum gewesen, weil er nicht Predigten gehalten habe, in denen den Menschen volltönend ihre Sünde vorgehalten worden sei, was die Menschen niederdrücke – gerade auch ihre Klienten in der Psychotherapie –, er habe vielmehr den befreienden und barmherzigen Gott gepredigt und erst in diesem Lichte das Fragmenthafte, Defizitäre und schuldhaft Verstrickte zur Sprache gebracht und so den Hörenden den Horizont wieder geweitet.

An den übrigen Sonntagen war der Prälat ein gefragter Prediger auf den Kanzeln seines Prälaturensprengels, aber auch etwa bei den Jubiläen seiner Stuttgarter Gemeinden oder bei Kinderkirch-Landeskonferenzen. War die Predigt sonntags gehalten, wurden gegebenenfalls noch Aktualisierungen eingearbeitet, dann wurde sie auf der Kirchenpflege vervielfältigt und verschickt. Dazu gab es eine etwa 200 Adressen umfassende, von Lore Hagdorn verwaltete Predigtabonnentenkartei. Bei Rundfunk-Morgenandachten seien es regelmäßig mehrere hundert Hörer gewesen, die ein Predigtskript verlangt hätten und beliefert worden seien. Durch diesen Predigtversand kursieren bis heute gerade auch in Reutlingen viele dieser vervielfältigten Predigten.

Lore Hagdorn, als Sekretärin auf der Reutlinger Prälatur Askanis engste Mitarbeiterin und als solche Zeugin des Entstehungsprozesses der Predigten, bemerkte im Gefolge seiner Krankheit eine Wandlung seiner Predigtart: »Zwar gab es auch jetzt immer noch da und dort etwas zu lachen; aber es waren Predigten, die an die Tiefe der Existenz gingen. Durch seine wohltuend blumige [= bildhafte] Redeweise konnte er von Leiden und Zweifel so reden, daß man es hören konnte. Man ging immer ganz erfüllt und hoffnungsfroh zur Kirche hinaus. Askani brachte das Leben hinein in seine Predigten. Wenn er etwa von der blinden Frau erzählte, die in die Kirche kam, und keiner merkte es zunächst ... oder von dem Franzosen, der Bäume pflanzte ..., dann waren das eindrückliche Schilderungen, die der Predigt und den Hörerinnen und Hörern guttaten. Und immer suchte er Blickkontakt.«[425]

Kontakte zu den Gemeinden und Kirchenbezirken seines Sprengels

Von 93 erhaltenen Predigten aus Askanis Prälatenzeit sind 48, also etwas mehr als die Hälfte, von anderen Kanzeln als von der Marienkirchenkanzel aus gehalten worden. Zu Kasualien wie der Einweihung neu erbauter Gemeindezentren oder neuerrichteter Orgeln und der Wiederingebrauchnahme renovierter Kirchen in seinem Prälatursprengel wurde Prälat Askani gerne als Festprediger eingeladen. Auch bei Kirchenjubiläen wurde er um Predigtdienste gebeten, selbst außerhalb seines Sprengels wurde er in seine einstigen Stuttgarter Gemeinden gerufen: so zum 70jährigen Jubiläum der Markuskirche und deren Wiederingebrauchnahme nach der Innenrenovierung 1978, zum 80jährigen Jubiläum der Lukaskirche 1979 und zum 10jährigen Jubiläum der Christophkirche 1980. Über seinen vielfältigen Predigtdienst außerhalb des Frühpredigeramtes an der Reutlinger Marienkirche sagt Askani in einer homiletischen Rechenschaft vor Pfarrern des Reutlinger Dekanates 1977: »*Jetzt bin ich zum Wander-Prediger geworden, d. h. ich könnte mich theoretisch eher wiederholen, wenn Sie so wollen. In Wirklichkeit sind die Dinge schwieriger, weil ich nicht weiss, wer unter der Kanzel sitzt. Eine Predigt entsteht ja am Schreibtisch (hof-*

fentlich am Schreibtisch, sagt Eberhard Jüngel), aber im vorausgenommenen Ringen um den Menschen, der sie hören wird.«

Gerade zu den kasuellen Gelegenheiten, anläßlich derer der Prälat um einen Predigtdienst gebeten wird, erhebt sich die Frage: über die vorgegebene Sonntagsperikope oder über einen dem Kasus mindestens scheinbar näherliegenden Text predigen? Askani gibt der Perikope den Vorzug: »*Mir jedenfalls geht es so, daß ich mich im Zweifel für die Perikope zu entscheiden pflege, obwohl ein Prälat vor allem ja Kasual-Prediger ist (Beispiel: 18. 9. Verein Krippe Ulm oder jetzt 9. 10. Landeskonferenz der Kinderkirche Stuttgart). Vielleicht bestimmt mich darin ein Ordnungs-Denken, das sich gerne an das Vorgegebene hält. Ich weiss nur, dass ich bei einer freien Wahl häufig ein leicht schlechtes Gewissen habe und mir die innere Rechtfertigung vor mir selber bei einem selbstgewählten Text schwerer fällt als das oft mühsame Geschäft, Text und Casus im andern Fall zusammenzubringen. Aber vielleicht ist das Temperamentssache.*«[426]

Mit diesen Festpredigten waren oftmals Grußworte verbunden. Diese jahrelang auf hohem Niveau zu halten war eine besondere Kunst, die Askani ausgezeichnet beherrschte.

Neben der in vielen Fällen mit Grußworten verbundenen Predigttätigkeit war eine umfangreiche Vortragsarbeit die zweite Schiene, auf der der Prälat mit den Gemeinden und, da die Vorträge meist in den Dekanatsstädten gehalten wurden, mit den Kirchenbezirken seines Sprengels in Kontakt kam. Besonders intensiv war Askanis Vortragsarbeit in den zweieinhalb Jahren von Herbst 1976 bis Frühjahr 1979, also in der Zeit zwischen der Genesung von der schweren Darmoperation und der Entdeckung des Krebsbefalls von Lunge und Knochen. Beherrschendes Thema der Vorträge aus dieser Epoche ist die Freude an und die Heimat in der Kirche, aus der Mut zur Verantwortung in der Kirche und Geduld zur Überwindung des Ärgers an der Kirche erwachsen. Durchgängiger Tenor der Vorträge, in denen viel Platz für Humor und Heiterkeit voller Tiefsinn war, war ihre verbindende, entpolarisierende Art gerade in einer Zeit wie dem Jahr 1977 mit seinen Kirchenwahlen, bei dem die Gegensätze zwischen den verschiedenen Gruppierungen der Landeskirche scharf hervortraten. Wo die Gemeinde Jesu ernstnehme, daß sie Leib Christi sei, erwachse die Fähigkeit, die Unterschiede als Bereicherung zu verstehen.[427]

Neben Predigt- und Vortragstätigkeit führten zwei mehr amtliche Schienen zum Kontakt von Prälat und Gemeinden: die Visitationen der Kirchenbezirke, verbunden mit der Visitation der Gemeinde, in denen der Dekan sein Pfarramt innehat, und die Pfarrstellen-Wiederbesetzungssitzungen. Nach der württembergischen Visitationsordnung hat der Prälat alle sechs Jahre Dekanatämter und Kirchenbezirke zu visitieren. Bis An-

Abb. 26: Einweihung des Evangelischen Gemeindezentrums in Schömberg (Zollernalbkreis) an Himmelfahrt, 19. Mai 1977; v. l.: Prälat Theophil Askani, Pfarrer Gerhard Baron (Erzingen), Dipl.-Ing. Ortmann

fang 1979 hatte Askani die Kirchenbezirke Calw, Tübingen, Böblingen, Leonberg, Nagold und Sulz visitiert.[428]

In seinem Vortrag »Auftrag und Erwartung. Bemerkungen zu aktuellen Problemen der Volkskirche« zeigt Askani die Notwendigkeit geistlicher Gemeindeleitung im Zusammenwirken von Pfarrer und Kirchengemeinderat auf, indem er exemplarisch eine immer wiederkehrende Erfahrung bei Wiederbesetzungs-Sitzungen erzählt: »*Zu meiner Arbeit als Prälat gehört die Leitung der Wiederbesetzungen in den Gemeinden meiner Prälatur. Wenn also eine Pfarrstelle frei wird, muß ich hin und in einer Sitzung der Kirchengemeinderäte deren Wünsche festhalten. Dann wird die Stelle ausgeschrieben, und wenn es gut geht, kommen die Bewerbungen. Da gibt es zunächst einmal das Problem, daß viele Gemeinden heutzutage auf ihren Pfarrer warten müssen. Das wird vorübergehen. Aber ich meine jetzt etwas anderes. Immer wieder werde ich gebeten: ›Bitte sorgen Sie uns für einen gläubigen Pfarrer!‹ Das gibt mir immer ein bißchen ei-*

nen Stich. Gibt es denn so viele ungläubige? Ist das [= ein gläubiger Pfarrer] *denn etwas Besonderes? Wenn wir dann miteinander reden, dann kommt manchmal die Auskunft: ›Ja, da war einmal ein Vikar …‹ oder ›… einer, der hat das gesagt …‹ Meist aber zeigt es sich, daß wir längst etwas versäumt haben, was nachgeholt werden muß: hören, arbeiten, sich prüfen und fragen lassen an der Heiligen Schrift. ›Wann haben Sie‹, frage ich die Kirchengemeinderäte, ›in Ihrer Sitzung zum letzten Mal miteinander sich Rechenschaft gegeben über der Bibel, geprüft, anders, als man es in der Predigt prüfen kann, wo man nur hört, nämlich in Frage und Antwort und miteinander geprüft, was da steht und warum das so dasteht und wo es mich trifft.‹ Machen Sie Ihren Pfarrern Mut, so weit Sie Kirchengemeinderäte sind, einmal nicht über die Finanzierung des Gemeindehauses und die Anbringung eines Schaukastens und die Renovierung der Orgel, sondern über die Heilige Schrift zu sprechen … Wenn wir das nicht tun, werden wir ein Verein unter Vereinen – [ich will damit] nichts Schlechtes über die Vereine [sagen] – aber [dann] werden wir eine Interessengruppe und verlieren unseren Horizont, die Weite.«*[429]

Seelsorger von Seelsorgern und Seelsorgerinnen

Seelsorger von Seelsorgern zu sein war für Theophil Askani nicht nur ein Postulat seines Prälatenamtes, sondern ein von ihm sehr ernstgenommener zentraler Dienst, der von der Pfarrerschaft seines Sprengels dankbar in Anspruch genommen wurde. Mit dem Fortschreiten seiner Krankheit hatte Askani oft nicht die Kraft, in die Pfarrhäuser seiner Prälatur hinauszugehen, und so wurden die Seelsorgegespräche zunehmend in die Reutlinger Prälatur in der Planie 35 verlagert.

Lore Askani erinnert sich, wie sie ihrem Mann einmal etwas vorwurfsvoll vorgehalten habe, wie er heute noch an einem langen Sitzungstag trotz schlechten Allgemeinbefindens und verbrauchter Kräfte für den späten Abend die Bitte eines Pfarrers um ein Seelsorgegespräch mit seinem Prälaten habe annehmen können. Daraufhin habe ihr Mann ihr geantwortet: »*Wenn dieser Mensch sich heute dazu durchgerungen hat, sein Herz zu öffnen und sich bei seinem Seelsorger auszusprechen, kann ich mich dem nicht entziehen.*«

Den Kontakt zu den Pfarrern und Pfarrerinnen seines Sprengels pflegte Askani auch durch die alljährlich im Dezember versandten Prälatenbriefe. Lore Hagdorn erinnert sich, daß Askani die gute Übung eingeführt hat, die Prälatenbriefe persönlich an die Empfängerinnen und Empfänger zu adressieren und nicht bloß als Massendrucksache in den Stapel der Dienstpost zu legen. Ihm seien die einzelnen Pfarrer und Pfarrerinnen so wichtig gewesen, daß sie auch einen eigenen Briefumschlag verdient hätten, und zwar eigens geschriebene und adressierte Briefumschläge, denn Etikettenadressen habe er nicht gemocht. Der jährliche Prälatenbrief war mit tiefsinnigen Geschichten und kleinen schwäbischen Weisheiten angereichert und enthielt meist einige Gedanken zur Jahreslosung des neuen Jahres und immer liebenswürdig vorgetragene und in die Tiefe gehende Reflexionen zur pastoralen Existenz. Der Prälatenbrief wurde so rechtzeitig versandt, daß die Pfarrer gegebenenfalls noch etwas daraus für ihre Weihnachtspredigt verwenden konnten. Für engere Freunde gab es noch einen kopierten handschriftlichen Beibrief. Schnell gab es eine große Nachfrage nach diesen Briefen, und jedesmal wurden noch etliche nachbestellt. Wie hoch diese Prälatenbriefe von der Pfarrerschaft und von Kollegen Askanis geschätzt wurden, zeigt sich exemplarisch in einem Votum von Altlandesbischof Theo Sorg: »Sie zählen für mich zu den größten Kostbarkeiten, die er uns hinterlassen hat, Fundgruben pastoraltheologischer Weisheit.«[430]

Askanis Prälatenbriefe wirken bis heute in Württemberg nach. So trug die aus Anlaß des 100jährigen Jubiläums des württembergischen Pfarrvereins 1991 herausgegebene Festschrift als Titel bezeichnenderweise ein Askani-Zitat: »Gottes gesammelte Stückwerke«. Die Jubiläumsschrift bekam diesen Titel aufgrund des Aufsatzes des damaligen Landesbischofs Theo Sorg, »Wir Pfarrer und Pfarrerinnen heute«[431], in dem Sorg schrieb: »Der unvergessene Reutlinger Prälat Theophil Askani (†1982) hat uns Pfarrer, in Anlehnung an 1. Kor 13,9–12, einmal ›Gottes gesammelte Stückwerke‹ genannt. Ich finde, daß wir damit treffend beschrieben sind, wir Pfarrer und Pfarrerinnen, Pfarrfrauen und Pfarrmänner, und ganz gewiß auch die Pfarrerskinder: ›Gottes gesammelte Stückwerke‹. Jedes von uns mit seinen bruchstückhaften Erkenntnissen und Erfahrungen, unterwegs auf das Vollkommene hin, wo wir einmal die Bruchstücke des Eigenen vergessen dürfen, wenn wir sehen, was Gott in seiner Gnade aus dem Stückwerk unseres Lebens und Dienstes gemacht hat.«[432]

Kirchenleitung durch Mitgliedschaft im Oberkirchenrat und Sitz auf der Prälatenbank der Landessynode

Als Mitglied des Oberkirchenrates nimmt der Prälat an den wöchentlichen Sitzungen des Kollegiums in Stuttgart teil. So fuhr auch Theophil Askani jeden Dienstag von Reutlingen nach Stuttgart.

Neben seinen konstruktiven und verbindenden Sachbeiträgen sind bei Kollegiumsmitgliedern vor allem Askanis Andachten in Erinnerung geblieben. Diese Oberkirchenratsandachten, die abwechselnd vom Bischof und von einem der vier Prälaten gehalten wurden, legten in der Regel in etwa einer Viertelstunde Tageslosung und -lehrtext aus. Prälat i. R. Heinrich Leube, der als dienstältester theologischer Oberkirchenrat 1975/76 neben Theophil Askani als dienstjüngstem Prälaten am Kollegiumstisch saß, hat Askanis Andachten als sehr persönlich und sehr auch auf die vor dem Kollegium liegende Arbeit bezogen in Erinnerung, Askani habe ein selbstgetipptes Blatt mit farbigen Markierungen vor sich liegen gehabt.

Diese Andachten, die für Askanis Kollegen in der Kirchenleitung oftmals die einzige Gelegenheit waren, ihn als Prediger zu erleben, werden durchweg gelobt: Altlandesbischof Helmut Claß, der in seiner Bischofszeit die vier Prälaten in die Verantwortung für die Dienstags-Andacht vor den Sitzungen des Oberkirchenrats einbezogen hatte, bezeichnet sie als außerordentlich hilfreich, vom Grundtenor der Güte als Reflex auf Gottes Menschenfreundlichkeit getragen. Altlandesbischof Hans von Keler berichtet von diesen Andachten: »Es war alles sorgfältig erarbeitet, aber man merkte ihnen die Mühe der Arbeit kaum mehr an. Man freute sich darauf; es waren Bilder, die das Wesentliche trafen. Sie waren schon im Tonfall seelsorglich. In ihnen war eine lebendige Christusliebe wahrzunehmen. Man spürte ihnen ab: hier spricht der gütige Mensch. Auch Frau Askanis Künstlernatur – ihre Bildung in Musik und Sprachen – floß reichlich mit ein.« Altlandesbischof Theo Sorg sagte dem Verfasser, man habe sich immer gefreut, wenn Askani die Andacht gehalten habe – in seiner geistreichen, seelsorglichen Art. Oberkirchenrat i. R. Konrad Gottschick hat sie als hervorragende Andachten in Erinnerung. Auch Kurt Ströbel, Direktor auf dem Oberkirchenrat, erinnert sich an die sprachlich exzellenten, dem Text verpflichteten, ad personam gerichteten Andachten Askanis.

In der Landessynode, in der Askani qua Amt auf der Prälatenbank saß, ergriff er in den Synodalberatungen teilweise leidenschaftlich das Wort. So etwa im Blick auf die in der Synode höchst umstrittene und von konservativen Synodalen scharf attackierte Studentengemeinde in Tübingen, die sich in nicht unerheblichem Maße mit sozialistischem Gedankengut beschäftigt hatte. Askani warb darum, sich der Fixierungen, denen sowohl Studierende wie auch Synodale verhangen seien, bewußt zu werden, um sich davon lösen zu können.[433]

Als in der folgenden Synode im Haushaltsplan die finanzielle Zuwendung der Landeskirche an die Tübinger Studentengemeinde radikal gekürzt werden sollte, bat Askani die Synodalen: »*Ich [habe] nun als einer, der auch mit Tübingen zu tun hat, nicht nur als Vater von 3 Studenten drüben, noch eine Bitte an Sie. Es ist die Bitte zu prüfen, wem nun die Entscheidung dient, die Sie fällen. Cui bono?«* – Prälat i. R. Rolf Scheffbuch erinnert sich, wie er an dieser von Askani pathetisch vorgetragenen Stelle und aus seinem Unmut gegenüber dem Treiben in der Tübinger Studentengemeinde dazwischengerufen habe: »O Theophile!«, aber Askani fuhr fort: *»Welche Wirkung wird sie haben? Wir Christen können uns nicht entscheiden und sagen: ›Dixi et animam meam salvavi‹*[434]*, ich habe gesprochen und ich habe mich selber mit meiner Entscheidung in Sicherheit gebracht. Wir müssen uns überlegen: Was wird daraus? ... Wie wird die Entscheidung auf die Studenten wirken? Wie wird sie auf die 15 oder 30 Studenten wirken, die sich im Augenblick am Arbeitskreis ›Christen für den Sozialismus‹ beteiligen? Wird dieser Beschluß eine Umbesinnung bewirken, was wir doch wollen? Wird das Zeichen der Streichung bei den anderen Studenten und weit darüber hinaus verstanden werden? Ein Zeichen soll doch verstanden werden. Wird dieser Beschluß Vertrauen vermindern oder vergrößern? ... Wird dieser Beschluß der Studentenseelsorge dienen?*

Liebe Synodale! Es gibt die Möglichkeit zu sagen: Wir haben lange Geduld gehabt, wir haben viele Gespräche geführt. Jetzt muß sichtbar werden, was unsere Meinung ist, und sei es bei den Zahlen des Haushaltsplans. Es gäbe eine andere Möglichkeit. Die Synode stellt fest: Wir sind mit unserer Studentengemeinde Tübingen im Blick auf vieles, was sie tut, nicht zu Rande gekommen. Es ist uns nicht gelungen zu verstehen, was von manchen jungen Menschen dort gewollt wird. Wir sind nach wie vor nicht einverstanden – können nicht einverstanden sein – mit vielem, was in dem Semesterprogramm steht. Wir sehen hier eine Aufgabe, die nicht erledigt ist. Wir werden es für gut halten, wenn die kommende Synode diese Aufgabe vordringlich anpackt ... Das erste wird ein Beschluß sein – ich sage es deutlich –, der im Blick auf das Vergangene verständlich ist, weil Sie vergeblich auf ein Zeichen gewartet haben. Das andere wird ein Beschluß sein, der dienlicher ist – so meine ich, es sehen zu müssen – für die Zukunft.«[435]

Vorzeitiger Abschied aus dem Prälatenamt

Das Fortschreiten seiner Krankheit und das Abnehmen der Kräfte nötigten Theophil Askani dazu, im Lauf des Frühjahrs 1981 Landesbischof Hans von Keler um die vorzeitige Versetzung in den Ruhestand zu bitten. Wenngleich die Zurruhesetzung auf den 1. September 1981 festgelegt worden war[436], verabschiedete sich Prälat Askani bereits im Laufe des Juni aus seinem Amt und zog am 6. August mit seiner Familie in seine Heimatstadt Stuttgart in das vertraute schwiegerelterliche Haus im Wildermuthweg 25.

Erste Etappe der Verabschiedung war seine Abschiedspredigt in der Reutlinger Marienkirche am 14. Juni 1981, dem Sonntag Trinitatis. Seiner Predigt über den Perikopentext des Trinitatisfestes, die Berufung des Propheten Jesaja (Jesaja 6,1–13), stellte er ein kurzes, eindrückliches, persönliches Abschiedswort voran.[437] Zeitzeugenberichten zufolge wurde dieser Abschiedsgottesdienst zu einem Stadtereignis. Der Reutlinger Generalanzeiger berichtete anderntags darüber: »Mit einem eindrucksvollen Abschiedsgottesdienst in der Marienkirche, der noch einmal die ganze seelsorgerliche Dimension seines Wirkens deutlich machte, hat sich Prälat Askani am gestrigen Sonntag von der Gemeinde verabschiedet. Wie stark Prälat Askani in den sechs Jahren seines Wirkens die Herzen der Reutlinger gewonnen hat, zeigte der überdurchschnittlich gute Gottesdienstbesuch. Die Marienkirche war so voll wie am Heiligen Abend. Zahlreiche Vertreter der kirchlichen und kommunalen Öffentlichkeit waren zum Gottesdienst gekommen. Unter ihnen sah man Dekan i. R. Christoph Duncker als Landessynodaler, Professor Dr. Dürr als Mitglied der Synode der Evangelischen Kirche in Deutschland und der Landessynode, Oberbürgermeister Dr. Oechsle sowie Vertreter der Pfarrerschaft und der anderen Kirchen.«[438]

Am 27. Juni hielt Askani seine Abschiedsandacht vor der Landessynode über die Tageslosung aus Sprüche 3,34: »Den Demütigen wird der Herr Gnade geben.« Neben seiner Reutlinger Abschiedspredigt wurde auch diese Andacht zu einem Vermächtnistext Askanis, in dem er den Synodalen zwei Bitten ans Herz legte: »*Lassen Sie mich in diesem Zusammenhang, liebe Synodale, eine oder zwei Bitten aussprechen. Ich rede ja gewiß das letzte Mal hier in meinem Leben. Die eine Bitte wäre, daß Sie der fröhlichen Demut helfen, fröhlich zu sein, oder genauer und ohne jedes Pathos gesagt: man sollte zum Beispiel auch fürderhin gerne Pfarrer sein in diesem Land. Manchmal kann man den Eindruck haben, da seien unnötige Ängste – sie sollen nicht sein! Lassen Sie zum Beispiel – soviel es an Ihnen ist – den Pfarrern Zeit, daran zu denken, was es heißt, Zeit zu haben für das Wort der Heiligen Schrift, von Amts wegen Zeit zu haben für die Übersetzung des Evangeliums, hören zu lassen, daß es mit ›eu‹ anfängt und nicht mit ›au‹. Die Spanne ist kurz genug; schmal geht im Rückblick zusammen, was in der Hast der Tage für dieses Wichtigste geblieben ist … Liebe Freunde, wir sind jeder ein Besonderer, und wir brauchen das in der Demut nicht zu vergessen. Jeder von uns ist ein besonderer Gedanke Gottes. Wir sollten das einander spüren lassen, daß wir das wissen … die Achtung vor den guten Gedanken Gottes könnten wir einander noch deut-*

licher spüren lassen, auch in der Verschiedenheit der Meinungen, und es wäre auch eine Art Zeugnis, ganz gewiß.«[439]

Zwei Tage später, am 29. Juni, gab es im Reutlinger Pfarrkranz in Ofer-dingen einen Abschiedskaffee mit Lore und Theophil Askani.[440] Am 8. Juli kam die Sprengelkonferenz der zwölf Dekane zusammen – an Askanis ein-stiger Wirkungsstätte, der Stuttgarter Christophkirche, in deren unmittel-barer Nähe die Prälatenfamilie nun bald wieder wohnte. Auf dieser Ab-schiedssprengelkonferenz stand noch einmal im Mittelpunkt, was zum markantesten Profil von Theophil Askanis Prälatendienst geworden war: die Predigt. In formaler Anknüpfung an die »Marginalien« von Albrecht Goes legte Theophil Askani vor den Dekanen und ihren Frauen unter dem Titel »*Werkstatt des Predigers*« seine eigene, persönliche homiletische Re-chenschaft ab, in der er eingangs bekannte: *»Mit am schwersten fällt mir der Abschied vom Predigtdienst, und zwar vom geordneten Predigtdienst. Dies zeigt auch, daß die Mitte unseres Dienstes überhaupt doch die Predigt ist.«*[441]

KAPITEL IX

Letzte Monate in Stuttgart (1981–1982)

IM WILDERMUTHWEG 25

Am 6. August 1981 erfolgte der Umzug von Reutlingen nach Stuttgart in den Wildermuthweg 25, in das schwiegerelterliche Haus, in das einst Lore und Theophil Askani nach ihrer Hochzeit für fast vier Jahre eingezogen waren und in das sich der Brenzkirchenpfarrer in den Jahren 1963 bis 1970 donnerstagmorgens zur Niederschrift seiner Predigt zurückgezogen hatte. Auf einer Grußkarte teilte er den Freunden mit einem eigens verfaßten Gedicht den Einzug in das wohlvertraute Haus unter so ganz anderen Vorzeichen mit:

»Wieder einmal ausgezogen, / wieder einmal heimgekehrt –
sind es noch die alten Lieder, / die das Glück uns einst gelehrt?

Sind es noch die alten Bäume, / ist es noch das alte Haus,
sind es noch die alten Träume, / zieh'n wir heute ein wie aus?

Mancher Ton ist leis geworden, / mancher auch sich jetzt erst fand;
doch das Alte wie das Neue / kommt aus Gottes guter Hand.

So grüssen wir Sie, liebe Freunde, / die uns nahe dort wie hier.
Es gilt noch, was wir immer meinten: / offen ist des Hauses Tür.«[442]

Die offene Tür, von der das Gedicht so einladend sprach, wurde von einem großen Freundes- und Bekanntenkreis wahrgenommen, so daß die folgenden Monate mit zahlreichen Besuchen erfüllt waren. In den stillen Zeiten schrieb er auf September seinen letzten Prälatenbrief an die Pfarrerinnen und Pfarrer, Mitarbeiterinnen und Mitarbeiter seines Reutlinger Prälatensprengels. Für seine Frau verfaßte er einen handgeschriebenen Lebensrückblick mit Federzeichnungen.

Außerdem fanden in dieser Zeit noch eine Reihe von Verabschiedungen statt, in denen jedesmal die große Wertschätzung deutlich wurde, die Theophil Askani entgegengebracht wurde. In einem Nebenraum des Stuttgarter Hotels Graf Zeppelin wurde die Verabschiedung aus dem Kollegium des Oberkirchenrats ausgerichtet. Die Kollegen mit ihren Frauen kamen bedrückt, aber da versprühte Theophil Askani noch einmal von seinem Stuhl aus – stehen konnte er nicht mehr – Geist und Fröhlichkeit, so daß es ein unvergeßlicher Abend wurde. An diesem Abschiedsabend, so die lebendige Erinnerung von Theo Sorg, sei Askani noch einmal ganz der gewesen, als den man ihn bei den Feiern des Oberkirchenrats anläßlich der Begrüßung und des Ausscheidens von Mitgliedern seit jeher gekannt habe: Er habe den Feiern jeweils eine ganz besondere Note gegeben, indem er Geist und gehobensten Witz versprüht habe. Alle hätten sich darauf gefreut, und keiner habe das Gefühl gehabt, in den Schatten gestellt zu werden. Askani habe so vieles in sich gehabt, daß es oft aus ihm herausgebrochen und herausgesprüht sei wie aus einem Vulkan.

Auf der Kinderkirch-Landeskonferenz am 18. Oktober 1981 verabschiedete er sich in der großen Schlußveranstaltung in der Stuttgarter Liederhalle vor 2000 Mitarbeiterinnen und Mitarbeitern aus seinem Amt als 1. Vorsitzender des Württembergischen Evangelischen Landesverbandes für Kindergottesdienst. In seinem Abschiedswort, in dem er zwei unvergeßliche schwäbische Begebenheiten erzählte, erinnerte er die Kinderkirchhelfer und -helferinnen an ihr schönes, bereicherndes Amt als Boten und Botinnen der Hoffnung: »*... hineinschauen in den weiten Horizont der Liebe Gottes, der uns alle umfängt und der uns mitträgt ... – das ist die oft widersinnige und unverständliche Quelle der Hoffnung. Und davon anderen weiterzusagen, das ist der schönste Dienst auf Erden. Sie dürfen ihn tun.*«[443]

Im Herbst und Winter 1981/82 hielt er noch vier Rundfunkandachten im Südwestfunk und im Süddeutschen Rundfunk, die für ihn sehr anstrengend waren, weil ihm inzwischen auch das Atmen schwerfiel, auf die aber jedesmal die spontane Resonanz Hunderter von Zuhörerinnen und Zuhörern mit der Bitte um ein Manuskript folgte.[444]

EHRENPROMOTION DURCH DIE EVANGELISCH-THEOLOGISCHE FAKULTÄT TÜBINGEN[445]

Einer der Höhepunkte der Stuttgarter Zeit im Wildermuthweg 25 war die Ehrenpromotion durch die Evangelisch-theologische Fakultät der Universität Tübingen, die in den sechseinhalb Jahren seiner Prälatenzeit zu seinem Sprengel gehört hatte. Nachdem Mitte Januar 1982 die Entscheidung der Fakultät bekanntgegeben worden war, Askani die Ehrendoktorwürde zu verleihen[446], reisten am Samstagvormittag, dem 23. Januar 1982, Prof. Dr. Luise Abramowski als Dekanin der Fakultät und Prof. Dr. Eberhard Jün-

Abb. 27: Prälat Helmut Aichelin und Prälat Theophil Askani bei der Verleihung der Ehrendoktorwürde am 25. Januar 1982

gel nach Stuttgart, um im engsten Familienkreis des Prälaten – neben Lore Askani, den Söhnen[447] mit Partnerinnen und der Tochter mit Verlobtem waren Helmut Aichelin, der Ulmer Prälatenkollege und Freund seit Kindertagen, und seine Frau gekommen – die Ehrenpromotion zu vollziehen. Dekanin Abramowski richtete folgende Worte an Theophil Askani und seine Familie:

»Sehr verehrter Herr Prälat,

liebe Familie Askani,

der Beschluss unserer Fakultät, Ihnen, Herr Prälat, den Titel eines Doktors der Theologie honoris causa zu verleihen, wurde mit solch spontanem Konsens gefasst, wie ich es in den beiden Fakultäten, denen ich anzugehören die Ehre hatte oder habe, noch nicht erlebt habe. Es spricht sich hierin nicht nur der Respekt vor Ihrer Person, Ihrer Amtsführung und vor der Tapferkeit aus, mit der Sie das Schicksal Ihrer Krankheit ertragen, sondern Sie können darin auch eine Äusserung der Zuneigung dieser spezifischen Gruppe unter Ihren bisherigen Sprengelmitgliedern erblicken. Wenn wir hier auch nur privat, im engsten Kreis der Familie und Freunde zusammen sind: die warme Anteilnahme eines weiteren, öffentlichen Kreises an dieser Ehrung ist Ihnen gewiss.

Die Fakultät ehrt in Ihnen den Prediger und Seelsorger, einen Mann, der die Prioritäten seines Amtes in der Kirche richtig gesetzt und sich danach gerichtet hat. Also konzentrieren sich auch die Worte, die im vorgegebenen Rahmen der Urkunde Ihrer Person gelten, auf das Wesentliche mit den hier angemessenen klassischen Ausdrücken der Theologie.

Ich verlese nun den Text der Urkunde und vollziehe damit die Promotion.«[448]

Die Urkunde hat folgenden lateinischen Wortlaut:

QUOD BONUM FELIX FAUSTUMQUE SIT
ANNO SALUTIS
MILLESIMO NONGENTESIMO OCTOGESIMO PRIMO

PRAESIDE UNIVERSITATIS
ADOLF THEIS
DECANO
LUISE ABRAMOWSKI
THEOLOGIAE DOCTORE ET HISTORIAE ECCLESIASTICAE PROFESSORE

ORDO THEOLOGORUM EVANGELICORUM
IN LITTERARUM UNIVERSITATE EBERHARDO-CAROLINA
TUBINGENSI

DOMINO REVERENDISSIMO

THEOPHILO ASKANI

PRAELATO BENEMERITO ECCLESIAE EVANGELICAE VIRTEMBERGENSIS
VERBI DIVINI MINISTRO
PASTORI PASTORUM
AFFLICTIONIBUS PROBATO
CONSOLATORI AFFLICTORUM

IURA ET PRIVILEGIA
THEOLOGIAE DOCTORIS
HONORIS CAUSA

RITE CONFERT ET HOC TESTATUR DIPLOMATE IMPRESSOQUE
UNIVERSITATIS SIGILLO

TUBINGAE
DIE XXII DECEMBRIS ANNI MCMLXXXI

UNIVERSITATIS PRAESES	DECANUS
(A. THEIS)	(L. ABRAMOWSKI)

Zu Deutsch: »Möge es gut, glücklich und gesegnet sein! Im Jahre des Heils 1981 unter dem Universitätspräsidenten Adolf Theis und dem Dekan [sic!] Luise Abramowski, Doktor der Theologie und Professor(in) für Kirchengeschichte, läßt der Stand der evangelischen Theologen an der Tübinger Eberhard-Karls-Universität dem hochehrwürdigen Herrn Theophil Askani, dem wohlverdienten Prälaten der evangelischen württembergischen Kirche, dem Diener am göttlichen Wort, dem Hirten der Hirten, dem in Bedrängnissen bewährten Tröster der Bedrängten, die Rechte und Privilegien eines Doktors der Theologie ehrenhalber ordnungsgemäß zukommen und bezeugt dies durch Urkunde und eingedrücktes Universitätssiegel. Tübingen, den 22. Dezember 1981. Universitätspräsident A. Theis, Dekan L. Abramowski.«

Nach Askanis Dankesrede sprachen Prof. Dr. Eberhard Jüngel und Prälat Helmut Aichelin.[449]

Trauung der Tochter Cornelie Askani mit Hans-Joachim Heese

Ein zweiter Höhepunkt in diesen Monaten, auf den Theophil Askani sich sehr freute und von dem er inständig hoffte, daß er den noch erlebe, war die Trauung seiner Tochter Cornelie mit Hans-Joachim Heese, der seit Herbst 1981 als Pfarrverweser in Raidwangen und Altdorf bei Nürtingen tätig war.

Als Brautvater hielt Theophil Askani den Traugottesdienst am 27. Februar 1982 in der Altdorfer Kirche, und für alle Fälle hatte sich Hans-Christoph Askani auch auf die Liturgie vorbereitet. Durch das Krebsleiden an Lunge und Knochen war Theophil Askani, ehemals ein stattlicher Mann, ganz in sich zusammengesunken. Seine Frau stützte ihn und führte ihn in die Kirche hinein bis zum Sessel vor dem Altar, der für ihn bereitgestellt worden war. Eine ganze Reihe Reutlinger, darunter Prälatursekretärin Hagdorn und Hermann Kinzler, waren nach Altdorf herübergekommen und hatten sich auf der Empore eingefunden. Zahlreiche Altdorfer und Raidwanger Gemeindeglieder waren ebenfalls in die Kirche gekommen.

Es wurde ein sehr bewegender Gottesdienst, in dem der Vater Askani seiner Tochter und seinem Schwiegersohn die Traurede über das Pauluswort aus dem 1. Kapitel des Philipperbriefes hielt: »Ich bete darum, daß eure Liebe je mehr und mehr reich werde an Erkenntnis und aller Erfahrung.« Theophil Askanis Kräfte reichten so weit, daß Hans-Christoph lediglich die Abkündigungen zu halten brauchte.

Im Anschluß an den Traugottesdienst gab es einen Stehempfang im Altdorfer Gemeindehaus. Askani ließ sich heimfahren, stieß aber abends in Botnang wieder dazu. Er erlebte diesen Tag im Bewußtsein, daß er für ihn ein Abschiedsfest für und von allen sei, die er zu Freunden hatte.

Tags darauf, am Sonntag, machte er sich noch einmal schön für seine Familie und ließ sich ein letztes Mal im Familienkreis fotografieren.

TOD UND BEERDIGUNG AUF DEM STUTTGARTER FANGELSBACHFRIEDHOF

Zu Beginn der neuen Woche, am Montag, dem 1. März, kam Theophil Askani in das wohlvertraute Wilhelmsspital des Stuttgarter Diakonissenkrankenhauses, wo man ihm wesentliche Erleichterung verschaffen konnte. Mit einem seiner letzten Worte brachte er noch einmal die Haltung zum Ausdruck, die ihm zeitlebens eigen war: »Gelt, Lore, Bescheidenheit!« Bereits am Dienstag, dem 2. März 1982, starb Prälat D. Theophil Askani am frühen Abend im Wilhelmsspital in Stuttgart.

Zwei Tage später, am 4. März 1982, schreibt Landesbischof Hans von Keler den württembergischen Dekanen: »… heute muß ich Ihnen eine lang befürchtete Nachricht übermitteln: Am Nachmittag des 2. März ist Prälat i. R. Theophil Askani nach langer Krankheit verstorben. Die Beerdigung wird am Montag, 8. März, um 13.30 Uhr auf dem Fangelsbachfriedhof in Stuttgart sein; ein Trauergottesdienst in der Markuskirche schließt sich an. Theophil Askani war eine besondere Gabe für unsere Kirche. Die Liebe und Verehrung vieler Menschen an allen Orten seines Wirkens und weit darüber hinaus geben davon ein beredtes Zeugnis. In seinen letzten Jahren hat ihm unser Herr schwere Lasten auferlegt. Aber er hat ihn gerade auch darin als seinen Zeugen erhalten. Der Lehrtext an seinem Todestag ist uns allen zum Trost gesagt: ›Gleichwie mich mein Vater liebt, so liebe ich euch auch. Bleibet in meiner Liebe!‹ In herzlicher Verbundenheit – Ihr Hans von Keler.«

Am Sonntag, 7. März, ist im Rundfunk noch einmal die Stimme Theophil Askanis zu hören. Wenige Wochen vor seinem Tod war er noch im Funkstudio gewesen, um seinen Eröffnungsbeitrag für die neue Reihe von sonntäglichen Morgenfeiern unter dem Thema ›Mein Lieblingstext‹ aufzeichnen zu lassen. Als seinen Lieblingstext stellt Askani den Hörenden in sehr persönlicher Weise seinen Konfirmationsspruch vor und die Erfahrungen, die er auf verschiedenen Stationen seines Lebens mit diesem Wort gemacht hat: »Die Knaben werden müde und matt, und die Jünglinge straucheln und fallen. Aber die auf den Herrn harren, kriegen neue Kraft, daß sie auffahren mit Flügeln wie Adler, daß sie laufen und nicht matt werden, daß sie wandeln und nicht müde werden.« (Jesaja 40,30f) Es wird deutlich, daß dieses Wort ihm eine Quelle der Kraft war – auch und gerade in der Erfahrung der Schwäche. Der Rundfunksprecher an jenem 7. März 1982 leitete Askanis Beitrag mit den Worten ein: »Es ist 9.10 Uhr. Hier ist der Süddeutsche Rundfunk mit seinem ersten Programm. Der Reutlinger Prälat D. Theophil Askani, zuletzt in Stuttgart wohnend, ist am Dienstagabend überraschend gestorben. Jahre des Leidens haben ihm zu einer besonderen Klarsichtigkeit verholfen über vorletzte und letzte Dinge des Lebens. Die Gottgelassenheit seines Glaubens und das lebensvolle Zeugnis seiner christlichen Hoffnung haben sich nicht zuletzt auch in Funksendungen artikuliert, in denen er biblische Texte ausgelegt hat. Wir hören ihn heute noch einmal in einer Evangelischen Morgenfeier, in der er so etwas wie ›Zwiesprache mit seinem Lieblingstext‹ hält.«[450]

Eine unübersehbare Trauergemeinde fand sich am darauffolgenden Montag, 8. März, auf dem Fangelsbachfriedhof neben der Stuttgarter Markuskirche ein. Theophil Askani wurde im elterlichen Grab hinter der Kirche im Schatten des Kirchturms beerdigt – dem Ort seiner ersten Jugendspiele und der Gespräche mit dem Vater. In der anschließenden Trauerfeier in der Markuskirche hielt Helmut Aichelin die Predigt. Er hob darin auf Theophil Askanis tiefe Freude am Evangelium ab, die ihm als Mensch und Prediger seine große Ausstrahlung gab und die seinen Predigten Überzeugungskraft und Vollmacht verlieh: »Auf dieser Kanzel ist er gestanden – als junger Pfarrer der Markusgemeinde, wie später auf der Kanzel der Brenzkirche, als Ulmer Dekan auf der Münsterkanzel, als Reutlinger Prälat auf der Kanzel der Marienkirche. Aber je weiter auch die Bereiche der Verantwortung wuchsen, die Freude am Evangelium, in dem sein offenes, strahlendes Menschentum seine tiefen Wurzeln hatte, strahlte auch auf die vielen aus, die ihm begegnet sind …«[451]

Der Predigt schlossen sich drei Nachrufe an: Landesbischof Hans von Keler würdigte Askanis Mitarbeit in Oberkirchenrat und Synode und seine Gabe als überzeugter und überzeugender Prediger, gerade auch in seiner Art des Umgangs mit der Krankheit: »In der Art, wie er diese Krankheit trug, wurde er zum Künder des Christusgeheimnisses.«[452]

Dekan Eberhard Lempp aus Nagold sprach für die Dekane der Landeskirche und hob darauf ab, daß Askanis Gabe, als Prediger und durch seine Predigten vollmächtig Trost weiterzugeben, in der existentiellen Erfahrung des Gottes allen Trostes begründet gewesen sei, »der uns tröstet in aller unserer Trübsal, damit wir auch trösten können, die in allerlei Trübsal sind, mit dem Trost, mit dem wir selber getröstet werden von Gott« (2. Korinther 1,3f). Die Askanis Predigten kennzeichnende Tiefe liege in der von ihm existentiell durchlebten Erfahrung des Tröstenkönnens aufgrund eigener Trosterfahrung: »... aufs Ganze war es ihm geschenkt, in dem fast endlosen finsteren Tal seines Leidens ein überzeugender Zeuge für die tod- und angstüberwindende Macht seines Herrn zu sein. Gewiß, er war ein begnadeter Prediger – sein erst vor kurzem erschienener Predigtband beweist es ebenso, wie seine gestern im Südfunk noch ausgestrahlte Morgenandacht – und gewiß war er ein Seelsorger, der vielen Menschen geholfen hat; aber die größte Wirkung und die meiste Frucht wird doch von seinem in Gott getragenen Leiden ausgehen. Die Ewigkeit wird es einmal erweisen. Und wenn es Menschen erlaubt ist, hinter Gottes undurchdringlichen Plan ein wenig zu schauen, so liegt hier vielleicht der Schlüssel zu dem sonst unlösbaren Warum dieses Todes: Gott wollte seinen Diener ganz zurüsten und vollenden, damit er viele, wie es Paulus ausdrückt, in allerlei Trübsal trösten könne mit dem Trost, mit dem er selber getröstet wurde und von dem er selber so spürbar lebte.«[453]

Pfarrer Heiner Hägele, 1. Vorsitzender des Württembergischen Evangelischen Landesverbandes für Kindergottesdienst, würdigte Askanis »Charisma im Umgang mit Menschen« und »die Ausstrahlung seiner Person und seiner Worte auf die Mitarbeiter«. Unvergeßlich bleibe »seine unnachahmliche Kunst des Erzählens – beim Predigen oder in seinen Ansprachen oder in Gesprächen, wenn er mit leichter Hand und ergötzlichem Humor ganz einfache, meist alltägliche Begebenheiten so wiederzugeben vermochte, daß sie eine überraschende Tiefendimension bekamen und einen nachhaltigen Eindruck hinterließen«.[454]

Die Berichte von Tod und Beerdigung Theophil Askanis in der säkularen Presse thematisierten die große Wertschätzung Askanis als Prediger und seinen außergewöhnlichen menschlichen Charakter. Besonders ausführlich und in wohltuend angemessenem Ton würdigte Journalist Rüdiger Matt in den Stuttgarter Nachrichten vom 9. März 1982 die Prediger-Existenz Askanis unter dem Leittitel: »Prediger von hohen Graden«, aus dem die folgenden Sätze zitiert seien: »Der Prälat Theophil Askani wirkt über den Tod hinaus. Am 2. März in seiner Geburtsstadt Stuttgart 59jährig gestorben, war er am Sonntag [7. März] mit seiner letzten Predigt noch einmal – vor dem Tage seiner Beerdigung auf dem Fangelsbachfriedhof – im Süddeutschen Rundfunk zu hören. Die Evangelische Landeskirche hat in Askani einen bedeutenden Theologen und, für das Kirchenvolk besonders von Gewicht, einen großen Prediger verloren ... Askani hatte als Prediger ein großes Publikum. Er beeindruckte nicht nur in solcher Eigenschaft bei kirchlichen Ritualen, sondern zog auch bei Andachten im Rundfunk die Aufmerksamkeit der Menschen auf sich, löste bei einem seiner Beiträge im Hörfunk die spontane Resonanz und Reaktion Hunderter Zuhörer aus. Das

Medium Rundfunk geriet Askani zur Kanzel.«[455] Matt griff außerdem Stichworte aus einer von Bernhard Lang vom Amt für Information der Württembergischen Landeskirche in Stuttgart formulierten Pressemitteilung auf, deren originaler Zusammenhang hier wörtlich mitgeteilt sei: »Der Vater von fünf Kindern, der in freien Minuten gerne seine Geige erklingen ließ, gewann durch seine hohe Bildung, seine glänzende Formulierungsgabe und seinen entwaffnenden Humor überall die Achtung und die Liebe derer, die es mit ihm zu tun hatten. Seine besondere Gabe bestand darin, Menschen unterschiedlicher Prägung und Meinung zusammenzuführen und Gräben gar nicht erst aufkommen zu lassen. Die württembergische Landeskirche erleidet durch seinen Tod einen schweren Verlust.«[456]

In theologischen Kategorien hatten bereits der neue Reutlinger Prälat Heinrich Leube und der Reutlinger Dekan Hartmut Heinrici im Nachruf im Reutlinger Generalanzeiger vom 5. März 1982 hervorgehoben, in welch starkem Maße Theophil Askani als Prediger den Trost des Evangeliums vermitteln konnte und gerade so vielen Predigthörern zum Seelsorger wurde: »Gott der Herr über Leben und Tod hat seinen Diener und Zeugen Prälat D. Theophil Askani zu sich gerufen. Von 1975 bis 1981 hat Theophil Askani in den zwölf Kirchenbezirken seines Amtsbereichs, besonders als Prediger in der Marienkirche und in Rundfunkgottesdiensten, vielen Menschen den Trost des Evangeliums vermittelt und zur Zuversicht des Glaubens an Jesus Christus verholfen. Vielen wurde er – nicht zuletzt durch den eigenen Leidensweg – zum Seelsorger an Christi Statt. Wir gedenken seiner in Dankbarkeit und vermissen seine Stimme. Seine Familie begleiten wir in Fürbitte. Das Vermächtnis seiner Predigten wird über seinen Tod hinaus zum Segen werden.«[457]

KAPITEL X

»Theophil Askani – das war ein wahrhaft seelsorglicher Prediger!«

Unter dem Spannungsbogen »Profile« haben wir bisher die biographischen Stationen des Brenzkirchenpfarrers, des Ulmer Dekans und des Reutlinger Prälaten verfolgt. Theophil Askani hat sich auf jeder dieser Stationen als ein Mann des gesprochenen Wortes erwiesen, des Wortes in Predigten, Vorträgen und Grußworten; er war aber auch ein Meister der literarischen Form der Besinnung und Predigtmeditation.

Drei Profile werden nun im folgenden eigens beleuchtet. Hier in Kapitel 10 kommt Theophil Askanis Wirken als seelsorglicher Prediger in den Blick. In Kapitel 11 werden zwei Vorträge zugänglich gemacht, die Askani mehrfach an verschiedenen Orten Württembergs zu halten hatte und die einen guten Einblick in seine vielbeachtete Vortragstätigkeit geben. Und schließlich kommen in Kapitel 12, zugleich stellvertretend für seine Mitarbeit in den verschiedensten kirchlichen Werken und Einrichtungen, sein Engagement für die Kinderkircharbeit und seine Predigten auf Kinderkirch-Landeskonferenzen zur Sprache.

THEOPHIL ASKANIS PREDIGTWERK

Theophil Askani hat gut 31 Jahre lang als Prediger gewirkt, vom 3. September 1950 an, dem Tag, an dem er seine erste Vikarspredigt in der Stuttgarter Lukasgemeinde hielt, bis zum 27. Februar 1982, drei Tage vor seinem Tod, als er in der Altdorfer Kirche seine Tochter Cornelie und seinen Schwiegersohn Hans-Joachim Heese traute. Askani hat jede seiner Predigten wörtlich aufgeschrieben und gesammelt, und er gesteht verschiedentlich, daß diese Sammlung auf ihn selbst wie ein Tagebuch der Verwandlung wirke – bedingt durch die eigene persönliche Weiterentwicklung ebenso wie durch die je neue Situation, in die hinein die Predigt zu reden habe.[458]

Askanis Wirken durch die Predigt wird verstärkt einmal durch seine Predigtmeditationen, die er für die württembergische Pfarrerzeitschrift »Für Arbeit und Besinnung« (zwölf Beiträge) und – in Zusammenarbeit mit dem Stuttgarter Stadtdekan Peter Kreyssig – für die Stuttgarter »Predigtstudien« (sechs Beiträge) sowie für das »Deutsche Pfarrerblatt« (zwei Beiträge) und die »Neuen Calwer Predigthilfen« (zwei Beiträge) ausgearbeitet hat. Sein Predigtwirken wird flankiert durch Besinnungen zum Predigttext für das Württembergische Gemeindeblatt und auch für Ulmer und Reutlinger Gemeindeblätter sowie durch sechs Lektorenpredigten, wörtlich ausgearbeitete Predigtvorlagen für die Hand von Lektoren, die als ›Laien‹ den Dienst auf der Kanzel versehen.

Von den Predigten selbst waren anderthalb Jahrzehnte nach dem Tod des Predigers im Nachlaß noch 169 Predigten greifbar: zwei Predigten – darunter die Erstlingspredigt – aus seiner Vikarszeit, sechzehn Predigten aus der Zeit als Hilfsberichterstatter beim Oberkirchenrat, sieben Predigten aus der Zeit an der Markuskirche und zehn Predigten aus den Jahren an der Brenzkirche. Bereits in der Zeit als Pfarrer an der Brenzkirche wurden einzelne Predigten vervielfältigt und an Predigthörerinnen und -hörer weitergegeben. Wie wir sahen, waren die Jahre 1963 bis 1970 an der Brenzkirche eine überaus fruchtbare Zeit für die Predigtarbeit, insofern hier der Predigt konstitutive Bedeutung für den Gemeindeaufbau zugekommen war und Askani sich an zwei Tagen in der Woche intensiv der Predigt gewidmet hatte. In der Stille und Konzentration im schwiegerelterlichen Haus wurde manche theologische Einsicht gewonnen, manche Wendung geprägt und manche Konkretion gefunden, auf die in der Ulmer und Reutlinger Zeit dankbar zurückgegriffen wurde. 36 Predigten sind aus der Ulmer Zeit auf uns gekommen. In dieser Zeit wurden die Predigten bereits systematisch vervielfältigt und an Interessenten weitergegeben. 93 Predigten haben sich aus der Reutlinger Zeit erhalten, dazuhin sieben aus den letzten Stuttgarter Monaten. Diese hohe Zahl erklärt sich durch den biographischen Umstand, daß die Prälatursekretärin Lore Hagdorn alsbald in den Entstehungsprozeß der Predigten involviert war und jede ihr diktierte Predigt kopierfähig gestaltete, vervielfältigte und an die in der Predigtabonnentenkartei enthaltenen Adressen versandte. Sechzehn Predigten in der Ulmer, Reutlinger und letzten Stuttgarter Zeit wurden, teils aus den Gottesdiensten direkt, teils als Aufzeichnungen aus dem Funkstudio, als »Evangelische Morgenfeiern« im Rundfunk ausgestrahlt.

Im November 1981 erschien eine von Rudolf Daurs Schwiegersohn Jörg Zink und Askanis ehemaligem Kollegen am Ulmer Münster Wolfgang Lipp herausgegebene Auswahl von Predigten der Ulmer und Reutlinger Zeit. Dieser Predigtband mit insgesamt 38 Predigten aus den Jahren 1971 bis 1981 – zehn Ulmer Predigten und 28 aus der Reutlinger Zeit – erhielt seinen Titel »Da es aber jetzt Morgen war, stand Jesus am Ufer« nach dem für Askani so wichtigen Predigttext Johannes 21, über den er sowohl bei seinem Abschied aus Ulm am 13. April 1975 als auch kurz vor seinem Abschied aus Reutlingen am 26. April 1981 gepredigt hatte.

Das Vorbild für diesen Predigtband war der 1977 posthum herausgegebene Band mit Predigten und Ansprachen Rudolf Daurs unter dem Titel »Wie im Himmel, so auf Erden«, für den Askani das Vorwort beigesteuert hatte, ein lebendiges Porträt von seelsorglichem Prediger und seelsorglicher Predigt. Beide Bände sind bei der Christian Killinger Verlags-GmbH in Reutlingen gedruckt worden und haben deshalb exakt dasselbe Schriftbild; beidemal sind die Predigten von den Herausgebern zu Gruppen mit jeweils einer thematischen Überschrift zusammengestellt worden. Auf diese augenscheinliche Weise dokumentiert sich noch einmal die Traditionslinie von Rudolf Daur zu Theophil Askani – hatte letzterer ersteren doch als den für ihn prägendsten Prediger bezeichnet, der ihm freilich den Weg zur Entwicklung eines eigenen markanten Predigtprofils eröffnet hatte.

Für seinen eigenen Predigtband konnte Askani noch selbst das Vorwort schreiben: »*Die Predigten, die hier in Auswahl gesammelt sind, waren nie für ein Buch gedacht. Das Gegenüber der Predigt ist die Gemeinde. Nicht nur ihr äußerer Rahmen, sondern ihr innerer Raum ist der Gottesdienst. Aber der Wunsch Vieler, nachlesen und nachdenken zu können, hat einige Freunde veranlaßt, diese Predigten herauszugeben. Ich danke herzlich für alle Mühe, vor allem Wolfgang Lipp und Jörg Zink, sowie im besonderen auch Herrn Dr. Friedrich Förster, Reutlingen, der wie auch andere Freunde in Ulm und Stuttgart die Herausgabe ermöglicht hat. Auf redaktionelle Änderungen und Verbesserungen ist bewußt verzichtet, die Predigten sollten als Kanzelmanuskript weitergegeben werden. Wenn ich selbst jetzt nachträglich in die Sammlung sehe, stehen mir nicht nur viele Begegnungen vergangener Jahre vor Augen, das Ulmer Münster und seine Stadt, die Reutlinger Marienkirche, es kommt mir auch die Unzulänglichkeit unseres Redens zu Bewußtsein. Aber Gott nimmt sich unserer Unzulänglichkeit an – nicht nur auf der Kanzel.*«[459]

Nach Askanis Tod gaben Wolfgang Lipp und Jörg Zink ein Nachrufbändchen mit den sieben Predigten und Ansprachen heraus, die Askani nach seiner Reutlinger Abschiedspredigt am 14. Juni 1981 noch gehalten hatte und denen sie Helmut Aichelins Grabrede vom 8. März 1982 voranstellten. Das Büchlein erhielt den Titel »In memoriam Theophil Askani. Denn Du hältst mich bei meiner rechten Hand. Predigten«, auch hier hat die Nachrufschrift »In memoriam Rudolf Daur 26. Januar 1892 – 17. Juni 1976« Pate gestanden.

Diese beiden Predigtbände fanden weite Verbreitung. Nachdrucke von und Zitate aus Askanischen Predigten schöpfen aus diesen Quellen. So veröffentlichte beispielsweise noch in den Jahren 1982 und 1983 Johannes Kuhn zwei Rundfunkbeiträge Askanis in Sammelbänden Evangelischer Morgenfeiern.[460] Je eine Predigt von Theophil Askani und Rudolf Daur fanden unter der Rubrik »Ermahnung und Trost« Aufnahme in Gerhard Schäfers 1991 erschienenem Sammelband »Vom Wort zur Antwort«, der Predigten aus fünf Jahrhunderten württembergischer Kirchen- und Predigtgeschichte enthält.[461] Walter Schlenker, ehemaliger Tuttlinger Dekan und als solcher Mitglied der vom Reutlinger Prälaten geleiteten Sprengelkonferenz, gab von 1990 bis 1996 die den sechs Perikopenreihen folgenden Predigtbroschüren »Gott dienen ist höchste Freiheit« heraus, in denen auch insgesamt fünfzehn Predigten aus Askanis Predigtbänden nachgedruckt wurden.

In Heft III/2 teilt Schlenker ein biographisches Schlaglicht auf den Prediger Askani mit, das um seiner Prägnanz willen hier zitiert sei: »Als einer der Dekane in seinem Reutlinger Sprengel habe ich ihn in regelmäßigen Zusammenkünften erlebt und einen ganz tiefen und unauslöschlichen Eindruck von seiner unglaublichen Freiheit und inneren Kraft empfangen. Wer die seither in unserer Reihe veröffentlichten 10 Predigten kennt und bedenkt, daß fast alle in diesen Jahren seines Leidens gehalten worden sind, mag etwas von der großen Vollmacht empfinden, die ihm – trotz allem! – in der Verkündigung der frohen Botschaft gegeben war. ›Das Lob Gottes führt aus der Enge‹ (1981), ›Da es Morgen war, stand Jesus am Ufer‹ (1981), ›Der Glanz des Ostermorgens auf unserem Leben‹ (1981)! Liebe Kolleginnen und Kollegen, da ist jeder Satz in der Erfahrung der Schwachheit des Leibes, im Angesicht des nahenden Todes und im Aufblick auf Jesus Christus, den Herrn des Lebens, gesprochen worden.«[462]

Neuerdings werden Askani-Predigten in der 1996 begonnenen »Calwer Predigtbibliothek« nachgedruckt.[463] Passagen einer Predigt wurden als Zwischentext in den württembergischen Regionalteil des Evangelischen Gesangbuchs aufgenommen.[464]

Die originellste Wirkungsgeschichte wurde Theophil Askanis Bußtagspredigt aus dem Jahr 1980 zuteil. In der ersten Folge der 13teiligen montagabendlichen Fernsehserie »Oh Gott, Herr Pfarrer«, 1988 erstmals ausgestrahlt und 1997 zuletzt wiederholt, zieht sich Pfarrer Wiegandt am Vorabend seiner Investitur ein blaues Auge zu, als er zwei Feldjäger, die auf einen eben festgenommenen flüchtigen Wehrpflichtigen einschlagen, von ihrem Tun abhalten will. Seiner Investiturpredigt liegt das Jesuswort aus Lukas 6,36–42 zugrunde, Jesu Aufruf zur Barmherzigkeit und seine kritische Frage: »Was siehst du aber den Splitter im Auge deines Bruders und nimmst nicht den Balken in deinem Auge wahr?« Über eben diesen Text hatte Askani am Bußtag 1980 gepredigt und dabei ausgeführt: »*Wer das*

Bild des Gleichnisses Jesu sehen will, findet es riesengroß abgemalt im Tübinger Rathaus, über der Wand, die zum Konferenzsaal führt. Interessant freilich, daß die Besucher immer wieder beim Betrachten aus Versehen von dem Balken im Auge des Bruders sprechen.« Felix Huby nun läßt seinen Pfarrer Wiegandt sagen, er sei bis vor kurzem Lehrer an einem Gymnasium gewesen und habe unter seinen Schülern eine Umfrage gemacht, wie das biblische Gleichnis laute, in dem ein Splitter und ein Balken vorkämen. Fast die Hälfte hätten behauptet, es heiße: ›Was siehst du den Balken in deines Bruders Auge?‹, also gerade andersherum als in der Bibel. Diese unbewußte Selbstgerechtigkeit sei es, mit der viele zu kämpfen hätten. Und dann am Schluß seiner Predigt hört man aus den Worten von Pfarrer Wiegandt beinahe Askani selber sprechen, denn die Fernsehpredigt und die Originalpredigt Askanis werden nahezu identisch – was sowohl für die Qualität der Askanischen Predigt wie für das Gespür des Autors Felix Huby für qualitätvolle evangelische Predigten spricht: »Wenn wir den Frieden wollen – den kleinen Frieden untereinander und den großen auf der ganzen Welt –, müssen wir auch bereit sein, unsere eigenen Fehler einzugestehen. Vielleicht fragt sich ja mancher zu Recht: ›Frieden – geht das überhaupt?‹ Ich erinnere mich da an einen Freund, der pflegte zu sagen: ›Wir haben schon so vieles probiert – vielleicht sollten wir's einmal mit dem Christentum probieren.‹«[465]

Askanis Karfreitagspredigt aus dem Jahr 1980 ist in einer praktisch-theologischen Arbeit eingehend untersucht worden. Es ist die Predigt, die Askani mit der Schilderung des Mädchens auf der Salmendinger Kapelle beginnt, das beim Anblick der drei Kreuze ihren Vater fragte, ob denn hier ein paar Leute abgestürzt seien. Über diesen lebensnahen Zugang des Abstürzens entfaltet Askani die Tiefgründigkeit des Karfreitagsgeschehens. Steffen Bauer untersucht diese Predigt als eine von sieben in seiner Heidelberger Dissertation von 1994 mit dem Thema »Karfreitag predigen. Wirklichkeit und Möglichkeit der Karfreitagspredigt in unserer Zeit, dargestellt an exemplarischen Predigten über 2. Korinther 5,14b–21«. Bauer hebt darin vor allem sehr positiv auf die metaphorische Redeweise Askanis vom »Abstürzen Gottes in Jesus Christus« bzw. vom »Hinabsteigen Gottes« ab, die einen konkreten Sprachgewinn für das Verständnis und die Aneignung des Karfreitagsgeschehens biete. Die Stärke der Predigt liege darin, daß Askani den Kerngehalt dieses Karfreitagsereignisses aus der vom Mädchen getroffenen Aussage herausarbeite, daß Leute abgestürzt sind. Die beiden neben Jesus Hängenden seien beim Versuch, hinaufzukommen, tief gestürzt. Aber in diesem Absturz sei Gott selber in Jesus Christus dabei. Aus dem Hinabsteigen Gottes erwachse die neue Wirklichkeit, die »*Gewißheit im Sterben und für's Leben bringt*« und das Laufen und Rechnen dieser Welt heilsam unterbreche. Dem Machtgebaren dieser Welt stehe Gottes Macht gegenüber, die als Bitte vernehmbar werde: Laßt euch versöhnen mit Gott!, das heißt, *»nehmt wahr, was sich in Gottes Namen verändert hat«*. Trotz einiger kritischer Anmerkungen bleibt auch für Bauer Askanis Predigt das Beispiel einer geglückten Karfreitagspredigt.[466]

Die »Reutlinger Homiletik«
Askanis homiletische Rechenschaft

In seiner Reutlinger Zeit hat Theophil Askani drei kleinere homiletische Rechenschaften gegeben, in denen er die Grundstrukturen seiner Predigten herausarbeitet. Es handelt sich dabei um das Referat in der Kirchlich-Theologischen Arbeitsgemeinschaft Reutlingen Anfang Oktober 1977 mit dem Thema »Die Verbindlichkeit des Textes für die Predigt«, um den etliche Jahre zuvor schon in Ulm gehaltenen und für das Reutlinger Rotary-Treffen am 29. November 1976 neu ausgearbeiteten Vortrag »Aus der Werkstatt eines Predigers [I]« und schließlich um das Referat in der Abschieds-Sprengelkonferenz der Dekane am 8. Juli 1981 mit dem Titel »Werkstatt des Predigers [II]. Erfahrungen und Überlegungen zu unserer Predigt«.[467]

Die beiden zuletzt genannten homiletischen Rechenschaften haben deutlich die Marginalien »Auf dem Weg zur Predigt« von Albrecht Goes zum literarischen Vorbild, wenngleich die explizite Nennung des Predigers im Titel darauf hinweist, daß Askani selbst sich der gewichtigen Rolle des Predigers gerade auch für seelsorgliches Predigen bewußt ist. Insbesondere die »Werkstatt des Predigers [II]« weist formal eine deutliche Parallele zu Goes' Marginalien auf: Wo Goes eingangs von der ihn prägenden Begegnung mit Leonhard Ragaz spricht, der ihm ein homiletisches Vademecum mit auf seinen Weg gab, steht bei Askani am Anfang die eindrückliche Schilderung der drei Prediger Schieber, Goes und Daur, die ihn am meisten geprägt haben. Seine Bemerkungen im Hauptteil ordnet Askani von außen nach innen laufend an, so daß Gestalt und Struktur der Predigt immer deutlicher zutage treten. Und wo Goes das Lob der Predigt an den krönenden Schluß stellt – daß die Möglichkeit hoch zu rühmen sei, in der Sonntagsfrühe Menschen daran erinnern zu können, daß in der biblischen Botschaft ein unverwechselbares Wort zu des Menschen Zuflucht und Heil gesagt ist, und daß darum alle Mühe nicht nur sich lohnt, sondern felix onus, glückselige Last, ist –, da bündelt auch Askani analog seine Ausführungen in ein Predigtlob: *»Was wir auf den Sonntagmorgen hin tun, das ist das schönste und lohnendste ›Werk‹, das in dieser Welt getan werden kann.«*. Predigen sei darum so schön und lohnend, weil hier der Trost des Textes weitergesagt werde, auf den die Gemeinde so sehr warte; und um dieser so berechtigten Erwartung der Gemeinde willen lohne sich alle Mühe und alles Ringen um Zweifel und Anfechtung.

Insgesamt sechs Grundlinien sind es, die aus Askanis homiletischen Rechenschaften ersichtlich werden.

Erste Grundlinie: Predigt kommt vom Text her; der Text ist für die Predigt verbindlich. Zwei Grundentscheidungen werden hinter dieser These sichtbar: Einmal übernimmt Theophil Askani die Position Eberhard Jüngels, vom Text zur Predigt komme man nur, wenn man am Text bleibe.[468] Zum anderen begegnet – zumal in einer Kirche mit lutherischem Grundcharakter wie der württembergischen – der für die Predigt verbindliche Text in Gestalt der Perikope, des für jeden Sonntag und kirchlichen Feiertag schon in altkirchlicher Zeit ausgewählten Bibelabschnitts. Askani stellt sich unter diese Perikopenordnung, deren ehemals ökumenische Bedeutung er besonders in Erinnerung ruft: Luther habe – in der Deutschen Messe 1526 – die altkirchlichen Perikopen übernommen und damit an einem wichtigen Punkt den geschichtlichen Zusammenhang mit der alten Kirche aufrechterhalten. (Erst mit der Liturgiereform des Zweiten Vatikanischen Konzils [1962–1965] löste sich die katholische Kirche aus der bisherigen Gemeinschaft der perikopenverwandten christlichen Kirchen.) Auch als Wander- und Kasualprediger, der Askani als Prälat ist, entscheidet er sich in der Regel für die Perikope: »*Vielleicht bestimmt mich darin ein Ordnungs-Denken, das sich gerne an das Vorgegebene hält. Ich weiß nur, daß ich bei einer freien Wahl häufig ein leicht schlechtes Gewissen habe und mir die innere Rechtfertigung vor mir selber bei einem selbstgewählten Text schwerer fällt, als das oft mühsame Geschäft, Text und Casus im andern Fall zusammenzubringen. Aber vielleicht ist das Temperamentssache.*«[469]

Askani empfindet die Perikopenordnung denn auch nicht als Zwang, sondern als Chance für den Prediger und als Wohltat. Wohltat aber nun nicht, weil ab dem siebenten Jahr wegen der Wiederholung der Perikopen eine Arbeitserleichterung einträte, im Gegenteil: »*Nein, ich empfinde es als eine Wohltat, weil man auf diese Weise gezwungen ist, mit einem Wort, das einem vielleicht gar nicht liegt und das man sich gar nicht ausgesucht hätte, zu ringen. Sicher gibt es dabei auch die Gefahr des Schemas, der Wiederholung, und sicher plagt einen die Spannung zwischen dem Termin und dem Moment des Schöpferischen, die mit jeder Predigt zusammenhängt. Sicher verzagt und versagt man oft genug und weiß schon, wie richtig das ist, was Barth einmal sagte: ›Wir sollen als Theologen von Gott reden. Wir sind aber Menschen und können als solche nicht von Gott reden.‹*«[470]

Askani plädiert nun erstens dafür, den Text an der Mitte der Schrift zu prüfen. Weil der Text geschichtlich sei, das heißt in Gestalt menschlicher Worte und als Äußerung menschlicher Meinung Gott selber zur Sprache bringe, hätten wir ihn an der Mitte der Schrift zu prüfen.[471] Wie Jüngel findet auch Askani die Mitte der Schrift in 2. Korinther 5,19 angezeigt: »Gott war in Christus und versöhnte die Welt mit sich selber und rechnete ihnen ihre Sünden nicht zu und hat unter uns aufgerichtet das Wort von der Versöhnung.« Oder in Worten Jüngels: »Gott hat uns im Tode Jesu gnädig mit Jesus zusammengeschlossen, um uns mit Jesus gemeinsam wieder den Mund zu öffnen, damit der Glaube Worte findet.«[472] Wo also der Prediger eine Perikope übernimmt, hat er die Verantwortung, den Text zu prüfen: *»Wenn der Text von der Mitte der Schrift her geprüft wird, so bedeutet das nicht, daß er relativiert ist, vielmehr ist er ernstgenommen als ein Wort eines Zeugen.«*[473]

Askani plädiert zweitens dafür, den Text in der Predigt in seinem besonderen Profil zur Sprache zu bringen: »*Solange ich um die Mitte der Schrift weiß, werde ich die Freiheit haben, den Text auch in seiner Einseitigkeit zu predigen. Manche Quelle der Langeweile in unseren Kirchen ist unsere Sucht nach Perfektion, besser gesagt, unsere Sorge, uns abzusichern, um es überspitzt zu sagen: wer die Perikopen bejaht, muß riskieren wollen, daß seine Predigt unausgeglichen und in solchem Stückwerk an den Rand des Ketzerischen kommt.«*[474]

Askani hat deshalb seine Bedenken gegenüber der ganz und gar fertigen Predigt, in der alles vorkommt und die auf alles eine Antwort weiß. Er macht Mut zur unfertigen Predigt, bei der die Brücke nicht ans Ufer kommt, sondern stehen bleibt wie die Bauruine der geplanten Autobahn. *»Wir müssen nicht jeden Sonntag alles sagen. In der Regel gibt es weitere Sonntage und einen Weg, den man miteinander geht.«*[475]

Und dann gibt es auch die harten Texte, mit denen der Prediger aus mancherlei guten Gründen seine Schwierigkeiten hat. Für den Extremfall kann Askani den Rat geben: »*Lass sie stehen, unter Umständen nicht stillschweigend, sondern nur unter Hinweis darauf: ›Damit bin ich jedenfalls nicht zu Rande gekommen.‹ Als der Stadtdekan von Stuttgart einmal einen solchen Text verlas und unter diesem Hinweis nicht darüber predigte, ist das der Gemeinde länger in Erinnerung geblieben und hat sie aufmerksamer gemacht für diesen und für andere Texte, als eine noch so grosse Kunstfertigkeit, die Dinge gerade noch so zu biegen, dass sie nicht brechen.«*[476]

›Verbindlichkeit des Textes für die Predigt‹ heißt für Askani näherhin, daß der Prediger und die Predigerin sich zunächst an ihn binden und an sonst nichts. Mit einem treffenden Bild macht er zunächst klar, was er mit

Verbindlichkeit nicht meint: »*Wir sind alle schon voll mit Problemen und Themen und Vorstellungen. So passiert es, daß wir die Verbindlichkeit so verstehen, daß wir den Text anbinden; nämlich hinten an den Zug unserer Ideen und Anliegen – ähnlich wie beim Geißbock bei der schwäbischen Eisenbahn. Da fahren wir dann mit Volldampf durch das Land unter dem Winken der Bevölkerung; und der Text ist schon bei der ersten Station nach der Einleitung tot und macht keine Scherereien mehr.*« Verbindlichkeit des Textes heißt für Askani sodann positiv, daß dieser allein jetzt das Sagen habe; das theologische und hermeneutische Instrumentarium tritt erst später herzu. Wenn ich auf diese Weise den Text ernst nehme und nicht sofort eindecke mit dem, was ich sonst weiß, wird sich zeigen, was er sagt – und wird sich zeigen, ob er in Verbindung dessen steht, was der Geist in Jesu Namen sagt.[477]

Prediger und Predigerin müssen dem Text aus dem Wege räumen, was ihn unverbindlich macht. Von Jüngels Erkenntnis herkommend, vom Text zur Predigt komme man nur, indem man am Text bleibe, kann es für Askani nicht darum gehen, wie man den Text über den Graben der Jahrhunderte herüberbekommt und ihn für das Jahr 1977 hoffähig macht. Der entscheidende Schritt ist vielmehr: »*Wir müssen das Jahr 1977 vor den Text bringen; die Menschen, die er erreichen soll, vor diesen Text führen, dann wird sich die Sprache, die wir sprechen müssen, einstellen.*«[478] Entscheidend ist dabei freilich die pastoraltheologische Voraussetzung, daß der Prediger der erste Hörer und der erste Getröstete des Textes ist: »*Die Verbindlichkeit des Textes achte ich dadurch, daß ich mich selber dem Text aussetze.*«[479]

Zweite Grundlinie: Predigt lädt den Hörer und die Hörerin ein, sich in einen Prozeß des Nachdenkens und Erkennens hineinnehmen zu lassen. Askani zufolge geht es in der Predigt um eine Einladung zum Miteinanderdenken. Für die innere Struktur der Predigt habe das zur Folge, daß sie ein Dialog, ein Gespräch mit den Hörenden ist.[480] Askani meint damit nicht die in den siebziger Jahren modern gewordenen Versuche, die Predigt auseinanderzunehmen und sie zu zweit oder mehreren zu halten. Es geht ihm vielmehr darum, daß die Predigt in einem Dialog entsteht, »*in einem Dialog mit dem Text, in einem Dialog mit dem Prediger selber, in einem Dialog mit dem Menschen, dem sie gilt. Manchmal war es mir schon eine Hilfe, eine Predigt in einem solchen ausgeführten Gespräch vorzubereiten.*« So kann es dann gelingen, »*daß der Dialog in der Predigt selber stattfindet*«.[481]

Damit sich in der Predigt ein Dialog ereignen kann, muß der Dialogpartner möglichst genau bekannt sein. Konnte Askani in der Markus- und in der Brenzgemeinde eine intensive Seelsorgetätigkeit entfalten, die ihn in viele Häuser führte und ihn mit zahlreichen Lebensgeschichten und -schicksalen konfrontierte, die von der Predigt Zuspruch und Trost in ihre Situation hinein erwarteten, so bemerkt er, wie die Dinge schwieriger sind, wenn er als Wanderprediger in den Gemeinden seines Sprengels unterwegs ist; schwieriger schlicht deshalb, weil er nicht weiß, wer unter der Kanzel sitzt. Deshalb ist ihm wichtig, daß er neben seiner Reisetätigkeit in der Prälatur zugleich Frühprediger an der Reutlinger Marienkirche ist, wo er mit einem regelmäßigen Predigtauftrag vor einer ihm mindestens zum Teil bekannten Hörerschaft predigen kann.[482]

Schon bei seiner Predigtvorbereitung hat Askani sich einen einzigen oder auch einmal einige wenige vor Augen gestellt, von denen er dachte, sie würden am Sonntag da sein. Dann bei der Predigtniederschrift: »*... manchmal Satz für Satz* e i n *Schicksal. Ich habe dabei die Erfahrung gemacht, daß so andere bereit waren, sich mit hineinnehmen zu lassen. Das Allgemeine trifft keinen, was* e i n e n *betrifft, trifft viele.*«[483] »*Manchmal ist meine Predigt ein Gespräch mit einem einzigen Menschen gewesen, von dem ich hoffte, daß er kam und dem zu helfen war. Merkwürdigerweise, oder vielleicht auch gar nicht merkwürdigerweise, nehmen dann auch andere daran teil. Umgekehrt war es mir oft beschämend, wenn ich Freunde und Nachbarn unter der Kanzel sitzen sah, zu merken, wie abstrakt, wie tonlos, wie ohne leibhaftes Gegenüber etwa der nächste Abschnitt der Predigt entstanden war. Manch einem von Ihnen* [zwölf Dekanen des Reutlinger Sprengels] *mag's dann gelingen, mir gelingt's selten, das, was da steht, völlig auf der Seite zu lassen und tatsächlich mit dem zu reden, der dasitzt.*«[484] So sehr Predigt ihrer inneren Struktur nach ein Dialog ist, so entscheidend ist freilich auch dieses, daß in der Predigt etwas Verbindliches geschieht, etwas, was einer dem anderen in einer Diskussion nicht abnehmen kann, kurz: ein Zuspruch, für den e i n e r eintritt – auch in einer großen Kirche unter vier Augen.[485]

Dritte Grundlinie: Predigt vollzieht sich in der Spannung zwischen Bestätigung und Erschütterung der Hörenden. Askani greift das Ergebnis einer Umfrage des Stuttgarter Pfarrseminars zu Hörererwartungen an die Predigt auf. Dabei sei deutlich, daß die Hörenden in erster Linie Stabilisierung, Bestätigung und Vertrautes in der Predigt erwarteten. Auf der anderen Seite finde sich aber das Bedürfnis nach Information und Hinzulernen – auch der Informationsstand des Glaubens will nicht bei der Konfirmation stehen bleiben, sondern den erweiterten Lebenserfahrungen entsprechen. Auf diese Seite gehöre auch die Mitteilung, die Nachricht, die Erschütterung, das Neue. Der Prediger müsse sich bewußt machen, wie wenig wir – und Askani schließt neben den Hörenden die Theologen selbst mit ein – fähig, willig und bereit seien, Neues aufzunehmen. Ein Grund für diese

Unfähigkeit, Neues aufzunehmen, könne darin liegen, daß eben dieses Neue das eigene Selbstverständnis erschüttert. Jüngel hatte dies systematisch-theologisch so ausgedrückt: Die Welt – als Inbegriff aller möglichen geschichtlichen Situationen, also auch der unsrigen – will Gott nicht gnädig zur Sprache kommen lassen, weil sie eben damit als vergehende Welt erkannt würde. Die Welt will vielmehr von sich aus bleiben, ist damit aber hinsichtlich der eschatologisch neuen Situation situationswidrig.[486] Von der guten Nachricht erschüttert und hinterfragt zu werden ist, so Askani, »*ein Risiko, auf das sich mancher nicht einläßt, nicht weil sein Verstand, sondern weil sein Herz dagegen ist*«.[487]

Ein besonders instruktives Beispiele dafür, wie schwer wir uns tun, Neues aufzunehmen, sieht Askani in der Frage des Eingehens auf gesellschaftliche und politische Zeitfragen. Die Konkretisierung einer Predigtaussage könne uns da ärgern, wo sie ins politische Umfeld gehe. Das kann uns deshalb ärgern, weil wir möglicherweise besser informiert sind und es dann dem Prediger übelnehmen, daß er seine momentane Monopolstellung auf der Kanzel zu dilettierenden Urteilen mißbraucht. Weil Askani sich dieser Gefahr bewußt ist, hält er sich in der Predigt mit politischen Äußerungen bewußt zurück und gibt sie statt dessen lieber im Gespräch oder in der Diskussion weiter, wo andere Korrekturen und Einwände sofort geltend machen können. Das heißt allerdings nicht, daß Askani ein gänzlich unpolitischer Prediger wäre. Er nimmt sehr wohl ernst, in welchen Kontext hinein der Predigttext ergeht.

An Askanis Tübinger Bußtagspredigt 1980 über Jesu Aufruf zur Barmherzigkeit untereinander in Analogie zu Gottes Barmherzigkeit in Lukas 6,36–42 und an seiner Reutlinger Silvesterpredigt 1980 über den prophetischen Ruf zu Umkehr und zum Stillesein und Hoffen in Jesaja 30,15–17 sehen wir, wie der Prediger – vom Text geleitet und durch die angespannten Zeitumstände provoziert – in zutiefst seelsorglicher Weise auf die damals brandaktuelle politische Zeitfrage nach der NATO-Nachrüstung eingeht. Askani geht darin meisterhaft den schmalen Grat entlang, die eigene fundierte Erkenntnis nicht zu verbergen und doch die auch im Raum der Kirche in politischer Hinsicht verschiedenen Überzeugungen ernstzunehmen. Der Prediger polemisiert und polarisiert nicht, sondern nimmt die Vorbehalte der Andersdenkenden ernst und wirbt um Einverständnis, vom Text her die Möglichkeit zu einem Neuaufbruch wahrzunehmen. Eben darin also kann die Konkretion einer Predigtaussage im politischen Umfeld ärgern: daß sie aus der unverbindlichen Allgemeinformulierung herausführt und aufzeigt: hier ist etwas Anderes, Neues gemeint, das erschüttert, das über den bisherigen Horizont hinausführt und eben darin ärgert, vielleicht ärgern muß.[488]

Vierte Grundlinie: Predigt trägt Verantwortung für das Wort und achtet deshalb mit Sorgfalt auf angemessene Sprache und Bilder. Was die Sprache anlangt, so ist für Askani die der Verkündigung des Evangeliums angemessene Sprache ohne Pathos, aber im hochzeitlichen Gewand. Askani warnt vor einer saloppen, sich anbiedernden Art zu reden, weil dadurch desavouiert werde, was wir sagen wollen. Unsere Predigt sollte in das hochzeitliche Gewand gekleidet sein, von dem in Jesu Gleichnis von der königlichen Hochzeit in Matthäus 22,11–14 die Rede ist. Bereits als Münsterprediger in Ulm wurde er der von dem großen Kirchenraum ausgehenden Gefahr gewahr, in ein falsches Pathos zu verfallen. In seiner Reutlinger Homiletik warnt er noch einmal vor dem Pathos: »*Im schlimmsten Falle ist es wie eine Art Deckweiß, das Unklarheit und Unsauberkeit übermalt. In der Regel ist es eine ganz unnötige Unsicherheit. Niemand ist davor gefeit.*«[489] Und was die Bilder anlangt, so rät Askani dazu, hilfreiche Konkretionen eigengesetzlichen Bildern vorziehen: »*Ich bin eigentlich ein Freund von Bildern und Beispielen, aber ich pflege sie meiner Frau vorzulegen, denn sie sind gefährlich. Sie können eine Eigengesetzlichkeit entwickeln, die Hörer und Prediger hilflos davonträgt. Sie können auch außerordentlich treffend sein, aber im Stil danebenliegen und dadurch gefährden, was gesagt sein will … Viel wichtiger als ein Bild ist die Konkretion, zu deutsch: die Beziehung zu Tag und Weg heute und morgen. Man prüfe sich, ob das Bild nicht Illustration nur ist und Ersatz für solche genaue Beziehung.*«[490]

Bei aller vom Prediger aufgebotenen Sorgfalt und Verantwortung für das Wort leidet aber Predigt mit unter der Sprachlosigkeit unserer Zeit. Askani macht dies mit einem treffenden Bild klar: Predigt bedeutet eine Brücke aus einer Welt und einer Zeit, in der der Sprache eine unmittelbare Wirklichkeit zukam. Am anderen Ufer nun kommt die Brücke in eine Welt, in der die Sprache zerfällt und die Worte nur noch ganz dünne Schablonen sind. Askani sieht seine Analyse bestätigt durch die Prognose des Kulturphilosophen und Soziologen Eugen Rosenstock-Huessy, der einmal sagte: »Wir sind in eine Zukunft vorausgeschleudert, in der weniger und weniger Menschen einander werden etwas zu sagen haben. Werden wir in Zukunft sprechen können?« Und Askani macht deutlich: Als man noch Kraft und Atem zum Briefschreiben hatte, war man auch noch eher fähig, eine Predigt zu hören.[491]

Fünfte Grundlinie: Predigt vollzieht sich in der Spannung zwischen Freude und Herzklopfen. Askani kennt das Herzklopfen und manchmal auch die Angst, die einen begleiten, so oft man den Weg auf die Kanzel unternimmt. Aber er möchte nicht vergessen, auch gebührend von der Freude zu reden, die sich beim Predigen einstellt. Immer wieder kommt Askani auf den Beginn von Rudolf Bohrens Predigtlehre zurück, wo er seinen eigenen Erfahrungen mit der Freude beim Predigen Ausdruck verliehen findet: »Predigen ist schön, es macht *Freude*. Das ist das erste, was in einer Predigtlehre zu lehren ist. Punkt eins im Paragraph eins lautet: Predigtlehre ist Lehre zur Freude; Anleitung zur Predigt, Anleitung zur Freude; das Predigen soll in die Freude führen! In der Freude kommt die Rede von Gott zu ihrem Ziel. Freude bildet jenen zartesten Beweis Gottes, den Theologen oft deshalb grämlich verachten, weil er die Gedanken nicht vergewaltigt, sondern mitnimmt ... ›Mitarbeiter der Freude‹ nennt der Apostel die Evangeliumsboten. Eine Predigt vorbereiten heißt dann, Freude vorbereiten, und hier kann man nicht sauertöpfisch oder halb, sondern nur gern und ganz und also leidenschaftlich dabeisein, und damit ist man schon selbst hineingezogen in die kommende Freude.«[492]

Askani hat im Lauf seines Predigerlebens die Erfahrung gemacht, daß er, je länger er predigte, desto weniger Antworten hatte. Aus dem immer größer werdenden Abstand heraus erschrak er oft vor seinen volltönenden Vikarspredigten. Und doch findet er zu einem sehr zuversichtlichen Resummée: »*Aber zur Freude und zur Spannung einer jeden Predigt gehört – ich sage es jetzt vorsichtig – die Ahnung der Gewißheit, unterwegs zu sein, zu einer Antwort, die genügt. Gott gebe, daß das zu spüren ist.*«[493]

Sechste Grundlinie: Predigt zielt auf den Trost des Textes. So sehr Askani dazu ermutigt, die Texte in ihrer Einseitigkeit ernstzunehmen und statt vieler Aspekte sich auch einmal auf nur einen zu beschränken und die anderen im Vorbeigehen zu grüßen, so bestimmt legt er auch Wert darauf, daß an einer Stelle nichts ausgeklammert wird: dort, wo es um die gute, tröstliche Nachricht geht. Wo um die rechte Übersetzung des Textes gerungen wird, gehört in jedem Fall auch die Frage dazu: Wo ist sein Trost? Unter Trost versteht Askani »*nicht die billige Vertröstung, aber Halt und Grund für den nächsten Schritt, und einen Horizont der Hoffnung, an dem Auge und Herz sich orientieren können*«.[494]

Schon in der Ulmer Ordinationspredigt von 1971 faßt Askani Trost als die hilfreiche Gewißheit des Aufgehobenseins in Jesu Namen für Zeit und Ewigkeit. Die Folgen dieser Gewißheit kann Askani sowohl ethisch ausziehen in dem Sinn, daß dieses Aufgehobensein in Jesu Namen zu getrostem Handeln in der Zeit motiviert, als auch eschatologisch zuspitzen daraufhin, daß das Aufgehobensein in Jesu Namen für die Ewigkeit Wegzehrung ist beim letzten Gang durchs Tal des Todesschattens. Für den Ulmer Prediger ist die Aufgabe des Tröstens eine entscheidende Kontur des pastoralen Profils überhaupt und des Predigens im besonderen. Seelsorgliche Predigt ist Predigt des Trostes im biblischen Vollsinn, nicht im depravierten Sinne billigen Vertröstens, wie er in der deutschen Gegenwartssprache weithin mißverstanden wird.

Entgegen der umgangssprachlichen Degradierung des Trostes zur Vertröstung bringt Askani damit ›Trost‹ in seinem biblischen Vollsinn zur Geltung: Trost als Zuspruch und Eröffnung von Zukunft und Hoffnung (Jeremia 29,11) im Namen des dreieinigen Gottes (2. Korinther 1,3–7), Trost als Ermutigung zur Zuversicht für den nächsten Schritt auf dem Weg. Dem Warten der Gemeinde auf den Trost in der Predigt räumt Askani sein besonderes Recht ein, »*und hier lohnt sich alle Mühe und alles Ringen um Zweifel und Anfechtung. Hier lohnt es sich, an den Menschen zu denken, der es jetzt nötig hat, und der in Jesu Wort wohnen soll … Was wir auf den Sonntagmorgen hin tun, (ist) das schönste und lohnendste ›Werk‹, das in dieser Welt getan werden kann.*«[495]

IMPULSE AUS ASKANIS PREDIGERWIRKEN FÜR DIE HOMILETISCHE FRAGE NACH SEELSORGERLICHEM PREDIGEN

Bis heute geht in Württemberg Theophil Askani der Ruf nach: »Das war ein wahrhaft seelsorgerlicher Prediger!« Diese Prädikation im Mund von Hörerinnen und Hörern resultiert weniger aus analytischen Erwägungen als aus der Erfahrung, einem Seelsorger auf der Kanzel begegnet zu sein, der aus eigener Trosterfahrung heraus vollmächtig Trost weiterzugeben vermochte. Dennoch können die Predigten Askanis auch der homiletischen Frage nach seelsorglichem Predigen wichtige Impulse geben.

Theophil Askani benützt zwar den Begriff »Seelsorg(er)lich predigen« explizit nur ganz am Rande. So kann er in der Predigt über Jesu Seewandel sagen, die Geschichte sei ein Wort der Seelsorge an Menschen, die danach verlangen.[496] Gleichwohl ist Askani aber der Sache des seelsorglichen Predigens aufs tiefste verpflichtet. So stellt er in der Ulmer Ordinationspredigt 1971 als entscheidende Kontur des pastoralen Profils die Aufgabe des Tröstens heraus. Im Vorwort zum Predigtband Rudolf Daurs, das zugleich sein eigenes Predigen widerspiegelt, spricht Askani vom unauflöslichen Zusammenhang des Weges auf die Kanzel mit dem Weg in der Seelsorge.[497]

Das Geschehen von seelsorglicher Predigt umschreibt er einmal erzählerisch mit den Worten: »*Jedem Prediger wird es so gehen, daß er mit der Bitte auf die Kanzel tritt, daß die Worte das Du erreichen, daß sie nicht ins Allgemeine über die Bänke gehen, wie man sie von hier aufgereiht sieht, sondern daß sie halt machen bei dir und mir, so wie ein Freund vor uns inne hält, uns in die Augen schaut und uns die Hand reicht: Du.*«[498]

Und in seiner letzten homiletischen Rechenschaft spricht Askani vom Trost als Grundaufgabe evangelischer Predigt. Die Predigten Askanis auch im Licht der homiletischen Fragestellung nach seelsorglichem Predigen zu betrachten ist also keine lediglich von außen herangetragene Fragestellung, sondern nimmt eine ganz wesentliche Intention des Predigers selbst auf. Wichtig ist freilich, daß die konkreten Predigten Askanis vielfältiger sind als die homiletischen Fragen, die an sie gestellt werden.

Die Thematik seelsorgerlichen Predigens spielt in der evangelischen Homiletik seit ihren Anfängen eine gewichtige Rolle. Zu verschiedenen Zeiten wurde in verschiedener Intensität über sie nachgedacht. Zwei Grundfragen wurden und werden intensiv diskutiert. Erste Grundfrage: Ist seelsorgerliche Predigt ein eigener Predigttyp neben anderen Typen wie der prophetisch-politischen, der lehrhaften und der evangelistischen Predigt? Oder ist seelsorgerlich Predigen eine Dimension, die quer zu allen anderen Ebenen und Funktionen der Predigt liegt und die mehr oder weniger stark ausgeprägt als Konstitutivum zu jeder evangelischen Predigt gehört? Zweite Grundfrage: Wird der seelsorgerliche Charakter der Predigt primär durch den seelsorgerlichen Inhalt des Gesagten oder durch die seelsorgerliche Wirkung des Predigers bestimmt?

Zur ersten Grundfrage: Theophil Askanis Predigtwerk ist in sehr eindeutiger Weise Konkretion jener homiletischen Traditionslinie, die das Phänomen »seelsorgerliche Predigt« von der zu jeder Predigt gehörenden, mehr oder weniger ausgeprägt zutagetretenden seelsorgerlichen Dimension her versteht.[499] In der Tat, bei Askani begegnet kein spezieller Predigttypus »seelsorgerliche Predigt« im Unterschied zu anderen Predigttypen. Vielmehr ist sein ganzes Predigtwirken von einer durchgängigen seelsorgerlichen Dimension durchzogen, ohne daß diese charakteristische Predigtdimension bei ihm alle anderen Konturen verwischen würde.

Die seelsorgerliche Dimension ist in Askanis Biographie schon früh grundgelegt geworden. Er hatte, wie wir sahen, prägende Eindrücke von und Begegnungen mit Predigern der Stuttgarter seelsorglichen Predigttradition. Diese Prägung formte sich in Askanis Pfarrämtern und dem Ulmer Dekanat zu einem eigenen Prediger- und Seelsorger-Profil aus. Durch seine intensiven Seelsorgebesuche als Stuttgarter Markus- und Brenzkirchenpfarrer lernte er eine ganze Reihe seelsorglicher Schlüsselszenen kennen, an die er sich sein Leben lang erinnert und die ihm die Aufgabe des Tröstens zu einem Konstitutivum pastoraler Existenz werden lassen. Die seelsorgerliche Dimension trat in Askanis Predigten zutage, weil sich Seelsorge und Predigtarbeit gegenseitig durchdrangen.

Askani hat dies in dem Bild des Weges festgehalten: Wo der Weg auf die Kanzel kein isolierter Weg ist, sondern ein Stück des Weges in der Seelsorge, da stehen dem Prediger die Hörenden deutlich vor Augen, und in dem Maße kann er treffend predigen. Die Situation der Hörenden in der

Predigt zur Sprache zu bringen gelingt Askani, indem er nicht generalisiert, sondern konkretisiert und Raum zu innerer Anschauung schafft: Mit wenigen Strichen skizziert er konkrete menschliche Situationen, bringt auch immer wieder einen persönlichen Ton in seine Predigten, indem er biographische Erfahrungen und Erlebnisse erzählt, um den Hörenden Identifikations- und Distanzierungsmöglichkeiten zu geben, die dann vom Text her in ein neues Licht getaucht werden.

In der Konfrontation mit der Krankheit und deren Zäsuren in den Jahren 1975, 1979 und 1980 wird Theophil Askani zu einem immer weiter in die Tiefe dringenden seelsorgerlichen Prediger. Er übernimmt für seinen eigenen Lebens- und Leidensweg das von Paulus in 2. Korinther 1,3–7 profilierte Paradigma parakletischer Existenz und lebt so in ganz direkter Weise in der Bewegung von eigener Trostbedürftigkeit zu geschenkter Trosterfahrung, wodurch seine Predigt des Trostes existentiell beglaubigt wird. Dieses intensive Hervortreten der seelsorgerlichen Dimension der Predigten begründete in Reutlingen zuerst, aber auch an all den Orten, an denen er während seiner Prälatenzeit predigte, eine »seelsorgerliche Langzeitwirkung«[500].

Die im weiteren Verlauf dieses Kapitels dokumentierten Predigten Theophil Askanis lassen alle auf ihre Weise die seelsorgerliche Dimension gut erkennen. Deren Intensivierung in der letzten Zeit seines Reutlinger Prälatenamtes ist im besonderen in zwei Predigten greifbar, in denen gleichsam ›der ganze Askani‹ erkennbar wird. Es ist dies einmal Askanis Predigt vom Ewigkeitssonntag 1980 über Offenbarung 21,1–7. Es ist dies zum anderen die ein halbes Jahr später, am Sonntag Quasimodogeniti 1981, gehaltene Rundfunkpredigt über Johannes 21,1–14, die das Seelsorgepotential[501] des einen Verses »Da es aber jetzt Morgen war, stand Jesus am Ufer« (Vers 4) so wegweisend freigelegt hat, daß der Predigtband seinen Titel von dieser Predigt her erhalten hat und der Name Theophil Askani fortan mit diesem johanneischen Wort verbunden wird. Es lohnt sich, dazu die Ulmer Abschiedspredigt von 1975 mit heranzuziehen, die in etwas anderer Versauswahl ebenfalls dem 21. Kapitel des Johannesevangeliums galt und schon damals das Zentrum der Ostergeschichte in Vers 4 gesehen hatte. Ein Vergleich dieser beiden Schwesterpredigten ist deshalb lohnend, weil er – im besonderen an Askanis Verständnis des in Joh 21,4 geschilderten österlichen Morgens – zeigt, wie einerseits bereits in Predigten aus früheren Wirkepochen die seelsorgerliche Dimension deutlich wahrnehmbar hervortritt, wie jedoch andererseits die Intensität dieser seelsorgerlichen Dimension sich durch die fortschreitende Krankheit und Todesnähe des Predigers enorm verstärkt.

An Askanis Karfreitagspredigt von 1977 über Jesaja 50,4–9a, dem Predigttext der damaligen alten Perikopenreihe V, leuchtet ein seelsorgerlicher Aspekt des Karfreitagsgeschehens auf, nämlich wie unter dem Kreuz ein Leben mitten im Leiden neu und anders wird. Mit Askanis Predigt zur Eröffnung des 450-Jahr-Gedenkens der Confessio Augustana sind wir wieder im Jahr 1980, in dem er am 15. Juni über CA X und XIII predigte. Diese beiden der Predigt zugrundeliegenden Artikel aus dem Augsburgischen Bekenntnis über das Abendmahl im besonderen und die Sakramente im allgemeinen fordern die Gestalt der Lehrpredigt. Das an dieser Predigt Bemerkenswerte ist, daß das Genus Lehrpredigt sich nicht auf den Geleisen einer abstrakten Abhandlung bewegt, sondern durch die die Predigt deutlich durchziehende seelsorgerliche Dimension den Charakter einer wahrhaft evangelischen Vergewisserung erhält.

Auch Askanis Silvesterpredigt des Jahres 1980 ist eine wichtige Stütze der eingangs geäußerten These, die seelsorgerliche Dimension der Predigt liege quer zu den herkömmlichen Predigtgenera. Vor dem konkreten zeitgeschichtlichen Hintergrund der leidenschaftlich geführten Friedensdiskussion wurde der Predigttext aus Jesajas Spätzeitverkündigung vom Stillesein und Hoffen, Jesaja 30,15–17, zu einem selbstredenden politischen Text. Die seelsorgerliche Dimension dieser Predigt liegt darin, daß es dem Prediger gelungen ist, dem politischen Charakter des Textes folgend seelsorgerlich auf die konkrete Friedensfrage und die beiden kontroversen Lager der Hörenden einzugehen, ohne daß diese vom Text und der konkreten Situation geforderte politische Predigt in ein politisierendes Manifest abglitt.

Als Gesprächsbeitrag zur ersten Grundfrage nach seelsorgerlichem Predigen können wir vom konkreten Predigtwerk Askanis her zusammenfassend folgendes sagen: Die homiletische Frage nach seelsorgerlichem Predigen zielt nicht auf die Etablierung eines eigenen Predigttyps »seelsorg(er)liche Predigt«, wie sie seit den Anfängen der Geschichte der evangelischen Homiletik immer wieder versucht worden ist; diese homiletische Frage zielt vielmehr auf die Wahrnehmung einer konstitutiven Predigtdimension, die jeder Predigt, die in Wahrheit evangelisch genannt zu werden verdient, innewohnt, der »seelsorg(er)lichen Dimension«, die im Predigtwerk Theophil Askanis durchgängig und in der Konfrontation mit der Krankheit in immer größerer Intensität hervortritt.

Doch nun zur zweiten Grundfrage im Blick auf seelsorgerliche Predigt: Wird die seelsorgerliche Dimension der Predigt primär durch den seelsorgerlichen Inhalt des Gesagten oder durch die seelsorgerliche Wirkung des Predigers bestimmt?

Diese Frage läßt sich nicht im Sinne einer einfachen Alternative klären. Theologisch gesprochen geht es darum, den Zusammenhang im Auge zu behalten zwischen 2. Korinther 4,5 – die Christusverkündigung ist ein ganzheitlicher Vorgang: der Prediger, der Christus verkündigt, ist immer auch mit seinem eigenen Leben und Glauben mit thematisch – und 2. Korinther 1,4 – ein seelsorgerlicher Prediger kann nur mit dem Trost trösten, mit dem er selber getröstet worden ist, und muß sich deshalb selber in den Ruf der Paraklese mit einschließen. 2. Korinther 4,5 bekommt seine inhaltliche Füllung von 2. Korinther 1,4 her.[502]

Schauen wir auch an dieser Stelle auf das Predigerwirken Theophil Askanis, so sehen wir bei ihm eben diesen fundamentalen Zusammenhang zwischen seelsorgerlicher Wirkung der Person und seelsorgerlichem Inhalt des Gesagten gewahrt und daraus die seelsorgerliche Dimension seines Predigtwirkens folgen.

Wer den Prediger Theophil Askani gekannt hat, weiß, wie sehr er als Person gewirkt hat. Sein Predigerwirken ist von Anfang an von der Überzeugung getragen, daß der Person des Predigers konstitutive Funktion für die Predigt generell und im speziellen für das Hervortreten von deren seelsorglicher Dimension zukommt. Dazu drei Äußerungen des Predigers selbst:

Ich beginne mit der Erinnerung an Askanis Äußerung über seinen Konfirmator Walther Buder: Von dem, was dieser sagte, sei ihm dem Wortlaut nach erstaunlich wenig haften geblieben, aber Buders christliche Art in jener unchristlichen Zeit und bei dieser sehr heidnischen Konfirmandenschar stehe ihm unauslöschlich vor Augen; will sagen: An Buder ist deutlich abzulesen, wie über das – in aller Verantwortung und Sorgfalt gesprochene! – Wort hinaus die ganze Person mitpredigte, wie die in den Predigten artikulierten theologischen Grundentscheidungen Gestalt im Leben und Handeln des Predigers gewannen und ihn darum so überzeugend und glaubwürdig erscheinen ließen.

Die Vermittlung des Evangeliums von Person zu Person, durch persönliche Authentizität und Überzeugung, ist eine Erkenntnis, die wir bei Askani schon finden, bevor in der homiletischen und religionspädagogischen Großwetterlage sich die empirische Wende durchgesetzt hat. In seiner Investiturpredigt am 3. Advent, dem 15. Dezember 1957, in der Markuskirche thematisierte Askani den fundamentalen Zusammenhang von Evangelium und Personen. Dieser Predigt lag der Perikopentext des Tages, 1. Korinther 4,1–5, von den Dienern Christi und Haushaltern über Gottes Geheimnisse, zugrunde, und der Prediger führte darin den Zusammenhang von Evangelium und Personen aus:

»Ja, was haben die Personen mit der Sache Gottes zu tun, die sterblichen Menschen, die kommen und gehen, mit seinem ewigen Wort? Und damit sind wir eigentlich schon mitten drin in dem, was der Apostel Paulus den Korinthern schreibt. Es geht tatsächlich um die Personenfrage, nicht erst

in diesem Kapitel, sondern [im] ganzen Eingang des Korintherbriefs. Es geht um Personen, weil es Gott, dem Herrn gefallen hat, Personen, Menschen zu gebrauchen, um sein Werk zu treiben in dieser Welt. Das ist das, was man zuerst hören sollte aus unserem Text. Das ist nämlich gar nicht selbstverständlich, sondern sehr erstaunlich und eigentlich unfaßbar, daß Gott sein Heiliges Wort in Menschenhände und in Menschenmund legt, daß er die Geschichte von Jesus Christus, die die Welt verändert und bewegt, auf die Jahrtausende gewartet haben, von Zöllnern und Fischern berichten läßt und von einem Saulus durch die Länder tragen. Das ist das Unfaßbare, daß Gott seine Geheimnisse, wie es in unserem Text heißt, verwalten läßt nun bis zum Ende der Zeit von Menschenkindern.

Denn es geht ja hier nicht nur um Petrus und Matthäus oder Paulus, auch nicht nur um die, die kraft besonderer Ausbildung und Auftrags … Dem Matthäus, dem Petrus, dem Paulus hat er sie anvertraut, diese Geheimnisse, den Vielen, die sie seit alter Zeit kraft besonderer Ausbildung und besonderen Auftrags zu predigen haben, aber auch der Mutter hat er sie anvertraut, die ihrem Kinde davon spricht und vielleicht in diesen Tagen versucht, die Weihnachtsgeschichte zu erzählen, dem Vater, der zuhause mit seiner Familie die Hände faltet, dem Mann im Geschäft, der seinem Kollegen einmal die Antwort nicht schuldig bleibt, wenn der ihn mit seinem Christsein meint aufziehen zu können.

Und Gott hat uns alle nicht gefragt, ob wir mit dieser Ordnung der Dinge einverstanden wären oder nicht. Es gibt manche Stunde, in der man dankbar wäre, Gott hätte sein Evangelium an den Himmel geschrieben und nicht auf die Erde, er hätte sein Heiliges Wort unter Engeln aufzeichnen lassen und nicht unter uns.«[503]

Bereits hier wird sichtbar, daß die homiletische Position des Predigers Askani sich von der Reinform des Kirchlichen Paradigmas, die die Relevanz der Person des Predigenden im Predigtgeschehen minimiert hatte, deutlich unterscheidet: Gott habe sein Wort in Menschenhände und Menschenmund gelegt, habe es denen anvertraut, die kraft besonderer Ausbildung und besonderen Auftrags zu predigen hätten, aber auch beispielsweise den Eltern gegenüber ihren Kindern. Damit wird der Person des Predigenden konstitutive Bedeutung für das Predigtgeschehen zuerkannt.

Und auch in der Predigtmeditation von 1974 über 1. Korinther 3,9–17 leuchtet Askanis homiletische Grundüberzeugung durch, daß die Sache des Evangeliums, daß uns das den biblischen Worten inhärente Trostpotential nicht anders als durch Vermittlung von Menschen erreiche: »*Gott handelt durch Menschen … Jeder, der in irgendeiner Weise Zeuge ist, mit einem Wort oder mit einem ganzen Auftrag, lebt exponiert, erscheint im Profil. Das gilt gewiß nicht nur bei uns. Von unseren Lehrern wissen wir noch nach Jahrzehnten, was für erfreuliche oder merkwürdige Leute sie waren. Aber es gilt im besonderen bei der Übersetzung des Evangeliums, und es ist nicht verboten, sondern ein ganz normaler Vorgang, daß die, denen übersetzt wird, ›Sache‹ und Person identifizieren ... Es ist Gottes Wille, daß wir nicht an eine Leuchtschrift am Himmel, sondern an Personen gewiesen sind ... Das Problem ist, daß an den Personen herauskommt, ob die gute Nachricht verdorben wurde oder nicht. So kann es sein, daß in der Kirche Ketzer die Wahrheit sagen und Orthodoxe die Unwahrheit verbreiten.«*[504]

Allerdings: hinter der Person des Predigers steht ein biblischer Text. Die Intensität des Hervortretens der seelsorgerlichen Dimension der Predigt resultiert aus der Intensität der für die Hörenden wahrnehmbaren Bewegung von eigener Trostbedürftigkeit zu geschenkter Trosterfahrung des Predigers Theophil Askani. Trosterfahrung aber kommt dem Prediger vom biblischen Text zu, wie es sich sehr deutlich beispielsweise in der Ewigkeitssonntagspredigt des Jahres 1980 über Offenbarung 21 zeigt. Die seelsorgerliche Dimension der Predigt wird von einem Prediger getragen, hinter dem ein biblischer Text steht, der den Gott allen Trostes hören läßt, weil er nicht bloß Christus als Beispiel vorstellt, sondern auch als Gabe zuspricht.[505]

Als Gesprächsbeitrag zur zweiten Grundfrage nach seelsorgerlichem Predigen können wir vom Predigtwerk Askanis her zusammenfassend folgendes sagen: Die seelsorgerliche, parakletische Dimension der Predigt kommt dort zum Tragen, wo das Trostpotential des Textes erschlossen wird. Für diesen Erschließungsvorgang bedarf es eines Predigers oder einer Predigerin, die aus eigener Trostbedürftigkeit Erfahrung mit dem im Text bereitliegenden Trost gemacht haben und sich mit dieser existentiellen Bewegung am von Paulus in 2. Korinther 1,3–7;7,6f profilierten Paradigma parakletischer Existenz für die eigene pastorale Existenz orientieren.

»Aber Christen wissen mehr!«
Predigt zu Offenbarung 21,1–7
am Ewigkeitssonntag 1980

Theophil Askani hielt diese Predigt am 23. November 1980 im Brenzgemeindehaus und in der Marienkirche in Reutlingen. Sie wurde – in gekürzter und leicht veränderter Form – am selben Tag als Morgenfeier im Südwestfunk gesendet und wegen der überaus großen Resonanz ein Jahr später am 22. November 1981 wiederholt. Die Predigt hat folgenden Wortlaut[506]:

Liebe Gemeinde!

Ich denke manchmal an den alten Friedhof in der Stadt |Stuttgart|. Er war mein erster Kinderspielplatz. In den grossen Wassertonnen konnte man die Schiffe schwimmen lassen, und auf den kleinen Wegen zwischen den alten Bäumen und bunten Beeten konnte man sich einbilden, man sei die Eisenbahn, die durch das Land fährt. Und dann bog die hohe Gestalt des Vaters um die Ecke. Es war sein Heimweg vom Geschäft, und der alte Friedhof unser Treffpunkt. Wenn wir Zeit hatten, wanderten wir miteinander zwischen den Gräbern hin, blieben vor dem grossen Adler des Kriegerdenkmals stehen und bewunderten die Vielfalt der steinernen Engelsgestalten. Ein Grabstein war mir immer besonders eindrucksvoll: eine Säule, die in der Mitte abgebrochen war. »Was ist das?«, fragte ich den Vater. »Da hat ein Mensch«, sagte mein Vater, »früh sterben müssen, und die, die ihm den Grabstein setzten, dachten, sein Leben sei abgebrochen wie diese Säule. Aber Christen wissen mehr!«

Aber Christen wissen mehr! Immer noch denke ich an dieses Wort, das mein Vater damals offenbar nicht mehr erläutert hat. Wissen Christen mehr? Kann man denn mehr wissen vor dem dunklen Tod?

Dieser Sonntag heisst »Ewigkeits-Sonntag« – früher sagte man »Toten-Sonntag«. Gewiss, an diesem letzten Sonntag des Kirchenjahres, ehe wir die Lichter des Advents entzünden, gedenken wir des Todes und der Menschen, die von uns gegangen sind. Aber Ewigkeit meint mehr, meint einen grossen Horizont jenseits von Nacht und Not, meint ein weites Land der Güte Gottes, das unser Leben und Sterben umschliesst. Kann man davon wissen? Kann man mehr wissen, als unsere Augen sehen und unsere Füsse gehen?

Der Text, über den an diesem Sonntag in unseren Kirchen gepredigt wird, stammt aus dem letzten Buch der Bibel. Er spricht von viel mehr, als wir durch eigenes Wissen erwarten können. Der Seher Johannes, von dem es heisst, dass er auf der Insel Patmos eine Reihe von unbeschreiblichen Gesichten hatte, sagt im vorletzten Kapitel der Bibel:

»Und ich sah einen neuen Himmel und eine neue Erde; denn der erste Himmel und die erste Erde sind vergangen, und das Meer ist nicht mehr. Und ich sah die heilige Stadt, das neue Jerusalem, von Gott aus dem Himmel herabkommen, bereitet wie eine geschmückte Braut für ihren Mann. Und ich hörte eine mächtige Stimme von dem Thron her, die sprach: Siehe, die Stätte Gottes bei den Menschen! Und er wird bei ihnen wohnen, und sie werden sein Volk sein, und Gott selbst wird bei ihnen sein; und Gott wird abwischen alle Tränen von ihren Augen, und der Tod wird nicht mehr sein, noch Leid noch Geschrei noch Schmerz wird mehr sein; denn das Alte ist vergangen. Und der auf dem Thron sass, sprach: Siehe, ich mache alles neu! Und er sagte: Schreibe, denn diese Worte sind wahr und gewiss. Und er sprach zu mir: Sie sind in Erfüllung gegangen. Ich bin das A und das O, der Anfang und das Ende. Ich will dem Durstigen zu trinken geben aus der Quelle des Lebenswassers, umsonst. Wer überwindet, der wird das alles zu eigen bekommen, und ich werde sein Gott sein, und er wird mein Sohn sein.«

Jeder Satz in dieser unvergleichlichen Vision ist kostbar, und kein Wort soll unterschlagen werden, auch wenn wir nicht jedes jetzt miteinander bedenken können.

Neuer Himmel und neue Erde; Land, in dem es den Tod nicht mehr gibt. Land, das nicht mehr vom Meer bedroht ist. Und das Meer war ja für die Menschen der Bibel der Inbegriff der dunklen Drohung, die Quelle der Ängste. Das Meer ist nicht mehr. Es gibt kein Dunkel mehr drohend über dem Leben, kein Chaos, das die Welt verschlingen will, steht hinter den Wegen, kein Schmerz quält mehr den Menschen in der Nacht, kein Schrei der Geplagten ist zu hören, Tränen werden getrocknet, und wer will, der nimmt von dem Wasser des Lebens umsonst. Wen dürstet, der komme!

Was für ein Land? Gottes Land. Wo ist es? Wann kommt es zu uns – zu dir und mir? Ist es ein Traum, so wie einer in der Wüste vom Wasser träumt und in der schlaflosen Nacht von dem Lösen der Schmerzen? So wie einer im Leiden davon träumt, er müsse nicht mehr fragen »warum«? Kann man so viel wissen, wie der Seher von seiner Insel uns sagt?

Neuer Himmel und neue Erde. Die alte Erde und den alten Himmel kennen wir. Wenn ich heute durch den Friedhof meiner Jugendspiele gehe, bin ich nicht mehr so unbefangen wie damals. Ich habe gesehen, wie die Bomben die Gräber aufgewühlt haben. Ich habe die Eltern dort begraben und viele andere auf dem letzten Weg begleitet. Wenn ich die Grabsteine sehe, denke ich nicht mehr an die Fülle der Engelsgestalten, sondern an die Fülle der Schicksale, die hier ein Ziel gefunden haben, an Rätsel, die nicht gelöst worden sind, an Sorgen, die sich nicht gelichtet haben, an Fragen, die keine Antwort fanden. Ich sehe die Schule dort am Ende des stillen Gartens und denke an unsere ersten Jahre. Viele von denen, die damals mit auf der Bank sassen, haben ihr Leben nicht entfalten können – der Krieg hat sie genommen. Alte Erde.

Ich denke an die Kirche, deren hoher Turm über die alten Bäume ragt; aber die Risse der Bombennacht haben das Gemäuer erschüttert, und es ist damals mehr zerbrochen als nur Stein und Beton. Wo ist die Zuversicht geblieben und die Hoffnung, dass das Evangelium Menschen prägen könne und diese Welt wandeln? Alte Erde.

Ich sehe die Häuser ringsum, und mir fällt macher Name ein. Wer kann die Schicksale so beschreiben, dass sie ein Muster geben und man sich vorstellen kann, es sei ein Plan dahinter und ein guter Wille? Alte Erde.

Und ich sehe die Wolken ziehen über den hohen Bäumen. Hat der Himmel Antwort gegeben in den vielen Jahren? Ist er nicht verschlossen über Schreien und Leiden und Schmerzen, und gibt er nicht dem Tod recht, der das letzte Wort haben will? Alte Erde – alter Himmel.

Aber von der Insel Patmos hat in einer bedrängten Zeit, in der es so viel Schmerzen und so viel Tod gab wie unter uns, so viel Leid und so viel ungelöste Fragen, Johannes sein Gesicht gehabt, und über dem weiten Meer sieht er den weiten Horizont, sieht er das Land der Ewigkeit Gottes, dem die Geschichte zueilt und in dem das letzte Wort gesprochen wird.

Vieles an dem letzten Buch der Bibel ist schwer zu verstehen. [Der eine oder andere unter uns mag das schon erfahren haben.] Es ist ein Buch, aus dem Untergrund für den Untergrund geschrieben, so würde man heute sagen ⌈– mit Absicht verschlüsselt.⌋ [, für Leute, die unter der glänzenden Fassade allgemeinen Wohlergehens gejagt und geächtet sind um ihres Glaubens willen; für Söhne, die sich gegen ihre Väter wenden müssen; für Mütter, die ihre Töchter nicht mehr verstehen; für Sklaven, die sich in Jesu Namen ihre Freiheit ersehnen; für Menschen, die erschrecken, wenn draussen vor der Tür ein Schritt sich nähert. Vieles ist darum verschlüsselt gehalten, so dass nicht jeder römische Legionär, der in die Versammlung kommt und die Schriftrolle in die Hand nimmt, sofort sagen kann: »Hochverrat!« Man spürt auf vielen Seiten, es geht um Leben und Tod, buchstäblich, um das Blut der Märtyrer, das draussen in der Arena scheinbar sinnlos in den Sand fliesst. Vieles kann man darum bis zur Stunde nicht enträtseln und soll es wohl auch nicht.] Aber am Ende werden die Bilder klar, und fast möchte man sagen, wenn das Wort nicht unangemessen wäre, zauberhaft klar und schön. Dazu gehört, was in unseren Versen uns vor Augen steht.

Ich möchte versuchen, ein paar Linien aus diesem Bild der grossen Sehnsucht, der grossen Hoffnung und der grossen Gewissheit auszuziehen.

Der neue Himmel und die neue Erde – das ist nicht unser Werk. Einmal, an diesem letzten Ziel, hat unsere Rastlosigkeit ein Ende. Wir müssen nicht den Tod überwinden, und keiner von uns ist gefordert, das Meer der Bedrohungen zum Verschwinden zu bringen. Gott ist am Werk, am letzten wie am ersten Tag, ganz eindeutig und ohne jede Verborgenheit. Er gibt die Stadt herab auf diese neue Erde, bereitet wie eine geschmückte Braut für ihren Mann – schöner kann es nicht gesagt werden. Da ist nichts mehr zu bauen und einzurichten, das Leben unter Gottes Hand kann beginnen.

Der Gedanke, dass das Ziel aller Dinge noch einmal Menschenwerk sein müsste, eine Idee, die bekanntlich Revolutionen beflügelt hat und Menschen mit Leidenschaft erfüllt [bis zur Stunde], dieser Gedanke ist deswegen [– gemessen an der Heiligen Schrift –] so abwegig, weil der Inbegriff des neuen Himmels und der neuen Erde Gottes Gegenwart ist [– sonst nichts]. Siehe da, Gottes Stätte bei den Menschen, er wohnt bei ihnen und sie bei ihm. Und wer an die ersten Blätter der Bibel denkt, der sieht ihn im Garten gehen mit den Menschen; und wer dies letzte Bild ernst nimmt, der sieht, wie er abtut von den sorgenvollen Gesichtern seiner Geschöpfe, was da von Not geprägt ist und von Jammer, der sieht, wie die Tränen getrocknet werden, wie von der linden Hand eines Vaters oder einer Mutter.

Denn Weinende kommen offenbar an in jenem Land, nicht strahlende Überwinder. Das ist kein triumphierender Einzug, wie ich ihn einmal bei einer Evangelisation[sveranstaltung] dargestellt fand: voraus die Patriarchen, dann König David und dann die Gläubigen bis zur Stunde. Weinende kommen an, Bedrückte, solche, die nicht fertig geworden sind – und siehe, Gottes

Nähe macht alles neu. Mühelos wird neu, was ständig unerfüllte Sehnsucht war: Wen da dürstet, der nehme vom Wasser des Lebens umsonst.

Wir sollten uns trösten und freuen an diesem Bild des neuen Himmels und der neuen Erde, an der Verheissung, dass Gott einmal gegenwärtig sein wird, wie ein Freund unter Freunden, wie ein Vater bei den Seinen, dass die Fragen ein Ende haben, bevor sie neu gestellt werden müssen, dass die Rätsel sich lösen, ohne dass einer noch dem verwirrten Gang der Dinge nachspüren muss, dass die Angst verschwindet, ohne dass einer fürchten muss, wieder zu erwachen und sie ist von neuem da, dass der Tod nicht mehr das Ende, das letzte Ziel ist – allein dieses sollten wir versuchen, uns vorzustellen, so schwer das ist, gerade auch an diesem Tag, da manches Leid [und manches Gedenken an Gestorbene] unseren Weg begleitet. Keiner von uns hat jemals anders gelebt, als vor dem dunklen Horizont des Todes, dann aber wird es anders sein: der Horizont ist hell und keine Nacht wartet mehr auf das Ende des Tages.

⌈Der Tod ist nicht mehr.

In den letzten Jahren beginnen viele wieder nach dem Tod zu fragen. Eine Zeitlang sah es ja so aus, als sei er hinausgedrängt aus dieser so perfekt organisierten Welt oder vielmehr, es sah so aus, als könne auch der Tod noch perfekt und technisch gleichsam geordnet werden.

Jetzt fragen viele wieder nach dem Rätsel des Sterbens. Und wir verstehen auch wieder die Bitte der Alten um einen gnädigen Tod. Wir erfahren, wie unbarmherzig Sterben werden kann, wenn wir es harmlos machen wollen oder überspielen mit den letzten menschlichen Möglichkeiten.

Mir ist immer eigentlich tröstlich gewesen, wie ernst die Bibel den Tod nimmt. Tröstlich darum, weil sich keiner schämen muss, wenn er sich fürchtet.

Tröstlich vor allem darum, weil wir der Hoffnung auf die Spur kommen, gerade wenn wir den Tod ernst nehmen.

Der Tod will uns ja sagen, dass uns der Atem ausgehe, weil Gott uns fallen lässt, und er |, der Tod, | das letzte Wort hat.

Aber siehe: ein neuer Himmel und eine neue Erde, und der Tod ist nicht mehr.

Nein, gerade dann, wenn uns der Atem ausgeht, dann lässt Gott uns nicht fallen. In jenem letzten Ernst, den man ja gewiss nur in Andeutung vorausdenken kann, kommt doch vollends zum Vorschein, was das ist: Mensch sein – nicht eigenes Werk, nein, sondern angewiesen sein, angewiesen auf Gottes treue, verlässliche Hand. In Jesu Namen kommt vollends heraus, dass in diesem letzten, ausnahmslosen Angewiesen-Sein der Tod stirbt, seine Macht verliert. Vieles bleibt zurück, gewiss, mit Schmerzen zurück – aber Gottes Liebe bleibt voraus. Und es zeigt sich, dass manche ungelösten Rätsel unseres Lebens eine geheime Sprache gesprochen haben von solchem Angewiesen-Sein, und dass manches, was uns Beschwer machte, uns darin auch jetzt schon hätte trösten können.

Neuer Himmel – neue Erde, dann wird offenkundig sein, dass Gott ein Liebhaber des Lebens ist, wie es einmal im Buch der Weisheit heisst.

Eine zweite Linie noch in aller Kürze.⌋

Der neue Himmel und die neue Erde – das ist nicht unser Werk, aber es ist auch kein Traum, sondern eine Wirklichkeit, und die Wirklichkeit wirkt. Es kann gar nicht anders sein, wenn wir sie ernst nehmen, als dass sie hineinwirkt in die sogenannten Realitäten unserer Tage, in das, was uns vor Augen ist und unter den Füssen.

Genauer gesagt: Wenn das Meer der Bedrohung einmal nicht mehr sein wird, wenn das Chaos seine Macht verlieren wird, dann kann einer jetzt schon an die Brandung treten und Dämme bauen. Er wird die Ängste nicht vergessen, aber er wird sie in Schranken weisen können oder sich davonmachen wie einer, der tatsächlich mehr weiss. Gerade weil wir die Angst nicht überwinden müssen, sondern weil Gott der Herr über das Dunkel ist, haben wir die Gelassenheit, uns zu wehren. Kann einer ohne schlechtes Gewissen eine Weile vergessen, was ihm seine Sorgen sagen. Kann einer – ich sage es mit aller Vorsicht – auch einmal lachen über sich selber, über die alte, gehetzte Art auf der alten Erde und unter dem alten Himmel. Das Kunststück ist gar nicht so gross. Es geht nur um ein Ernstnehmen des Tages, an dem das Alte vergangen ist.

Wenn Leid und Geschrei und Schmerz nicht mehr sein werden, dann lasst uns getrost jetzt schon dem den Kampf ansagen, was Leid und Geschrei und Schmerzen macht unter Menschen. Und wenn wir hundertmal den Kampf verlieren, so können wir zum hundertundein[t]en Mal neu beginnen, denn aufs Gewinnen sind wir gar nicht angewiesen. Aber eine Ahnung soll sichtbar werden von dem Tage, an dem kein Mensch mehr den anderen quälen kann.

Wenn Gott einmal Tränen abwischt, dann lasst uns jetzt getrost damit beginnen, einander wohlzutun. Es hat seinen Sinn, es hat seine Zuversicht in sich und es nährt die Hoffnung und die Freude auf den Tag, da keine Tränen mehr nachkommen müssen.

Wenn der Tod einmal zugrunde geht, verschwunden ist, nicht mehr den Horizont verstellt, dann lasst uns jetzt leben als Leute, die von der Freiheit wissen, und die in aller Furcht und in allem Zittern, das dem Alten gewiss anhaftet, doch das Neue ahnen und es sich nicht mehr nehmen lassen.

Ich denke noch einmal an den Friedhof meiner Jugendspiele. Nein, so unbefangen wie damals kann ich nicht mehr die alten Wege gehen. Ich weiss vieles, was ich damals nicht gewusst habe. Ich kenne mich vor allem selber besser als je zuvor und könnte wahrhaftig auch davor erschrecken – aber Christen wissen mehr. »Ich sah einen neuen Himmel und eine neue Erde.«

Wir sind nicht bei Johannes auf seiner Insel. Wir sind ein jeder an seinem Platz, in dem Raum, den ihm Gottes Wille zugeteilt hat, in den Grenzen, Möglichkeiten und Enttäuschungen, die das Alte begleiten. Aber das wollen wir uns nicht nehmen lassen, dass der neue Himmel und die neue Erde kommt und eine andere neue Stadt, bereitet wie eine geschmückte Braut. Darauf freuen wir uns, und danach – nach diesem Maßstab – lasst uns auch die nächsten Schritte tun und anpacken, was uns vor der Hand ist – ganz getrost.

Amen.

Der besondere Kasus, der sich mit dem letzten Sonntag des Kirchenjahres verbunden hat und in den hinein der Predigttext Offenbarung 21,1–7 spricht, ist der Totensonntag, auch »Gedenktag der Entschlafenen« genannt; in jüngerer Zeit setzte sich die Bezeichnung »Ewigkeitssonntag« durch, womit bereits im Sonntagsnamen die christliche Hoffnung mitschwingt. Im Gottesdienst werden nach altem Herkommen die Namen derer verlesen, die im zu Ende gegangenen Kirchenjahr verstorben sind. Nicht wenige betroffene Angehörige sind in der zahlreicher als an manchen anderen Sonntagen versammelten Gemeinde dabei. Bis vor nicht allzulanger Zeit war es üblich, daß am Totensonntag die ganze Gemeinde in schwarzer Kleidung erschien.

Der letzte Sonntag des Kirchenjahres ist ein dunkler Tag, bevor an den immer kürzer werdenden Tagen die Lichter des Advent entzündet werden. Prediger und Predigerin müssen sich dessen bewußt sein, daß an diesem Tag kaum vernarbte Wunden in den Seelen wieder aufbrechen können, und sich deshalb mit großer Sensibilität der Predigtaufgabe auf diesen Tag hin nähern. Askani selber schreibt: »*Wir haben am letzten Sonntag des Kirchenjahres nicht wenige Betroffene unter der Kanzel. Der Sonntag, den wir Ewigkeitssonntag nennen, wird ja von unseren Gemeindegliedern beharrlich als Totensonntag begangen. Es ist nicht sehr taktvoll, das auf der Kanzel zu beklagen, vielmehr werden wir bedenken, was es heißt, daß Menschen vor dem Rätsel des Todes im Gottesdienst Zuflucht suchen. Nun weiß jeder unter uns, daß in der Auslegung auf diesen einen Kasus unser Text eine unziemliche Verengung erfährt. Wie immer man die Entwicklung der Auslegung der Offenbarung durch die Jahrhunderte beurteilt, die ja zugleich ein Spiegel der Geistes- und Theologie-Geschichte ist wie kaum eine andere Exegese – der Bogen greift weiter hinaus als die Frage, was kommt nach dem Tod? Trotzdem wird es gut sein, über den verschiedenen Deutungen, die schon den Ton angegeben haben – Weltgeschichte, Zeitgeschichte, Traditionsgeschichte, Endgeschichte –, die Geschichte der Menschen, die jetzt hören und warten, vor Augen zu haben. Es könnte, wie das gelegentlich vorkommt, sein, daß sie einen kürzeren Weg zum Text haben als der Prediger. Dann sollten wir sie nicht durch Umleitungen verwirren.*«[507]

Als Prediger am Ewigkeitssonntag nimmt Askani die Tatsache ernst, daß die Hörerinnen und Hörer bewegt sind von der Frage: »Was kommt nach dem Tod?«, und daß sie in mitunter verborgener und diffuser Gestalt die Erwartung hegen, im Gottesdienst Zuflucht und Trost in der Konfrontation mit dem Rätsel des Todes zu finden. Zugleich aber läßt er sich von der Hörererwartung nicht einengen. Dazu hilft der Text aus der Offenbarung, dessen Bogen weiter hinausgreift als die Frage: »Was kommt nach dem Tod?«

Vergegenwärtigen wir uns die Bewegung der Predigt. Die besondere Predigtsituation des Ewigkeitssonntages ernstnehmend, beginnt Askani seine Hinführung zum Predigttext (Zeile 1–29) mit einer autobiographischen Erzählung (2–14), die durch ihre Anschaulichkeit, ihre Dichte und ihre Tiefsinnigkeit die Hörenden abzuholen und in ihren disparaten Gedanken ganz auf die erzählte Situation hin zu sammeln vermag. Askani erzählt von dem alten Friedhof in der Stadt Stuttgart und schildert ihn in zwei Sätzen als den Ort unbefangener und unbeschwerter Kinderspiele. Mit diesem Ort wird der Kasus des Sonntags aufgegriffen und werden die Wege angesprochen, die trauernde Angehörige vor sich haben. Indem der Friedhof aber als ein Garten des Lebens, in dem Askani spielte und durch den sein Schulweg führte (68–69), als grüne Oase inmitten der Großstadt, vorgestellt wird – was bis heute in der Tat für den Fangelsbachfriedhof gilt! –, setzt Askani dem schweren und dunklen Charakter des Totensonntags zunächst eine überraschende Leichtigkeit entgegen (2–6). Aber bereits nach zwei Sätzen wird die erste Szene von einer zweiten überblendet: Diese schildert, wie der Vater auf dem Heimweg vom Geschäft mit dem Sohn auf dem Friedhof zusammentrifft, und wie sich vor einem als abgebrochene Säule gestalteten Grabstein ein Dialog zwischen Vater und Sohn entwickelt.

Worin liegt die Stärke dieser Szene? Ich meine, in einem Doppelten: Einmal gewährt sie für den, der jetzt nicht unmittelbar vom Tod betroffen ist, einen Raum zu distanziertem Hören, weil auch für die Personen der Erzählzeit jener Geschichte der frühe Tod jenes namentlich nicht Genannten zeitlich weit zurückliegt und sie deshalb nicht unmittelbar betrifft. Zum anderen aber hat diese Szene dennoch die Kraft, unmittelbar anzusprechen. Das Bild der abgebrochenen Säule als Symbol abgebrochenen Menschenlebens bietet all jenen eine unmittelbare Identifikationsmöglichkeit, die im Kreis ihrer Angehörigen vor einem ähnlichen Geschick stehen. In der konkreten Predigtsituation der Marienkirchengemeinde wurde das Bild von der abgebrochenen Säule sofort transparent auf die Situation des Predigers, für den es nur noch eine Frage kurzer Zeit war, wann es für ihn abgeben heiße und sein Leben abbreche.

Mit dem damals offenbar nicht weiter erläuterten Satz des Vaters: »Aber

Christen wissen mehr!« endet die narrative Struktur der Hinführung zum Predigttext und wird von einer meditativen Struktur abgelöst, die in drei immer weiter ausholenden Gedanken die Frage vertieft, ob und inwiefern Christen mehr wüßten; durch das Verbum »wissen« als sprachliches Kohärenzsignal wird den Hörenden deutlich gemacht, daß diese Gedanken aufeinander aufbauen und also zusammengehören (15–29): Kann man mehr wissen vor dem dunklen Tod (17)? Kann man von der Ewigkeit, die einen großen Horizont jenseits von Nacht und Not meine, ein weites Land der Güte Gottes, das unser Leben und Sterben umschließe, wissen – mehr wissen, als vor Augen liege (17–24)? Der Predigttext aus Offenbarung 21 für den Ewigkeitssonntag »*spricht von viel mehr, als wir durch eigenes Wissen erwarten können*«. (26f) Es folgt der Predigttext (30–44) und eine kurze Überleitung (45–47) zum Predigtcorpus, das aus vier Hauptteilen besteht.

Im ersten Hauptteil kontrastiert der Prediger die Vision des Johannes vom neuen Himmel und der neuen Erde mit unserem Wissen um den alten Himmel und die alte Erde (48–88). Das vom biblischen Text gezeichnete Bild dieses Landes Gottes konfrontiert der Prediger zunächst mit der Fragerichtung der Hinführung: »*Kann man so viel wissen, wie der Seher auf seiner Insel uns sagt?*« – oder ist alles nur ein Traum? Askani stellt dann im weiteren Verlauf dem Bild vom neuen Himmel und der neuen Erde unsere Kenntnis des alten Himmels und der alten Erde gegenüber. Er konkretisiert diese Kenntnis exemplarisch anhand persönlicher Erfahrungen. Dabei greift er den Faden der autobiographischen Eingangserzählung insofern auf, als er an dieser Stelle der Predigt einen imaginierten Gang über den Fangelsbachfriedhof unternimmt, mit dem seine Biographie so mannigfach verbunden ist. Stand die Eingangserzählung im Zeichen kindlicher Unbefangenheit, in die erstmals ein Hauch aus der eisigen Gruft des Todes vor jenem als abgebrochene Säule gestalteten Grabstein hineindrang, so ist diese zweite Fangelsbachfriedhof-Szene ganz vom Verlust der kindlichen Unbefangenheit geprägt. Denn im Vordergrund steht nun die immer wieder an Grenzen stoßende Reflexion über das Ausgeliefertsein an Leiden, Sterben und Unbegreifliches, das zu den Abgründigkeiten der Erfahrungswelt des Erwachsenen gehört: »*Wenn ich heute durch den Friedhof meiner Jugendspiele gehe, bin ich nicht mehr so unbefangen wie damals.*« (62–63) War die Eingangserzählung bei aller beabsichtigten Knappheit anschaulich ausgestaltet, um zur Konzentration der Gedanken und zum Dabeibleiben zu verhelfen, so werden die jetzt geschilderten persönlichen Erfahrungen bewußt nurmehr schlaglichtartig angetippt. Jede und jeder, die eine der genannten Erfahrungen selber gemacht haben, können das Angetippte mit eigenem Erleben füllen, denn diese persönlich gehaltenen

Schlaglichter bieten den Hörenden mannigfache Identifikationsmöglichkeiten an. In der Tat wird die seelsorgliche Dimension einer Predigt dadurch intensiviert, daß sie dem Hörer einen Raum eröffnet, »an fremder Erfahrung eigene Erfahrung entzünden zu lassen«.[508] Indem Askani mit der autobiographischen Eingangserzählung erfahrungsstiftende Identifikationsmöglichkeiten und -angebote schafft, spricht er in seelsorgerlicher Nähe die Hörenden auf selbst erlebte und durchlebte Situationen an und schafft damit die Voraussetzungen, ihnen durch die Predigt einen Horizont der Hoffnung eröffnen zu können.

Beim Gang über den Friedhof, auf den Askani die Hörenden mitnimmt, sind es insgesamt sieben Erinnerungen und Gedanken, die Askani schlaglichtartig zur Sprache bringt. Zunächst werden vier kurze biographische Erinnerungen angedeutet: der Prediger habe die von Bomben aufgewühlten Gräber gesehen, ein Rekurs auf die schweren Luftangriffe auf Stuttgart im Juli und September 1944 (63f), er habe die Eltern dort begraben (64) und als junger Markuskirchenpfarrer Menschen auf dem letzten Gang geleitet und Trauernde seelsorglich begleitet (64f). Auf diesen vielfachen Wegen wurde Askani der Verlust der kindlichen Unbefangenheit deutlich bewußt: »*Wenn ich die Grabsteine sehe, denke ich nicht mehr an die Fülle der Engelsgestalten, sondern an die Fülle der Schicksale, die hier ein Ziel gefunden haben, an Rätsel, die nicht gelöst worden sind, an Sorgen, die sich nicht gelichtet haben, an Fragen, die keine Antwort fanden.*« (65–68) Dann geht der Blick über die Umgrenzung des Friedhofes hinaus, wenn Askani sagt, er sehe die Fangelsbachschule am Ende des stillen Gartens und werde an die ersten Jahre erinnert. Viele Mitschüler hätten ihr Leben nicht entfalten können, weil der Krieg sie genommen habe – darunter sein Freund Ernst Buder.[509] (70f) Die folgenden drei Blickrichtungen münden in immer bedrängendere existentielle Fragen. Die Markuskirche, deren Turm über die alten Bäume des Friedhofs ragt und die in der Bombennacht erhalten blieb, trotz vieler Erschütterungen, läßt den Prediger fragen, ob damals nicht mehr als Stein und Beton zerbrochen sei, nämlich die Zuversicht in die Prägekraft des Evangeliums, daß es Menschen wandeln könne und dadurch auch diese Welt. (72–76) Der Blick auf die Häuser rings um den Friedhof, so fährt der Prediger fort, verbinde sich mit Namen und Biographien und der Frage, ob denn hinter manchem Lebensgeschick in allem Ernste ein Plan und ein guter Wille – und nicht ein blindwütiges Schicksal – vorstellbar seien. (77–79) Und wenn der Prediger schließlich bei seinem imaginären Rundgang über den Friedhof die Wolken über den hohen Bäumen ziehen sieht, stellt sich ihm die bedrängendste Frage: »*Hat der Himmel Antwort gegeben in den vielen Jahren? Ist er nicht verschlossen über Schreien und Leiden und Schmerzen, und gibt er nicht dem Tod recht, der das letzte Wort haben will? Alte Erde – alter Himmel.«* (80–83) Mit einem kraftvollen »aber ...« lenkt der Prediger nach dieser bedrängenden Frage zurück zur Vision des Johannes (84–88), die diesem in einer Zeit widerfuhr, die so gut wie die unsrige um alten Himmel und alte Erde wußte, die so gut wie die unsrige Schmerzen, Tod, Leid und Unbegreifliches kannte. In bildkräftiger Sprache, in der Irdisches und Ewiges ineinanderfließen, charakterisiert Askani die Vision des Johannes als Schau der ewigen Welt Gottes, die Zielpunkt und Ende der Weltgeschichte sei und – die bange Frage, ob nicht der Tod das letzte Wort haben werde (82f), indirekt negierend – in der das letzte Wort gesprochen werde von Gott, dem Liebhaber des Lebens (177f). Der Prediger wörtlich: *»... über dem weiten Meer sieht er das Land der Ewigkeit Gottes, dem die Geschichte zueilt und in dem das letzte Wort gesprochen wird.«* (86–88)

Der zweite Hauptteil (89–147) beginnt mit einem Überleitungsabschnitt (89–108), der – in der Marienkirche nur ganz knapp, in der Rundfunkfassung ausführlicher – den schwer verständlichen Charakter der Offenbarung anspricht. In den Schlußkapiteln, zu denen auch der Predigttext gehöre, würden die Bilder jedoch klar. Aus dem in Offenbarung 21 geschilderten Bild vom neuen Himmel und der neuen Erde, *»aus diesem Bild der großen Sehnsucht, der großen Hoffnung und der großen Gewißheit«* (107f) wolle er nun ein paar – de facto sind es zwei – Linien ausziehen. Die erste Linie aus dem Bild der großen Hoffnung sei die, daß der neue Himmel und die neue Erde nicht unser Werk, sondern Gottes Werk sei. (109–147) Dabei ist Askani wichtig, daß der Gott, der den neuen Himmel und die neue Erde heraufführt und damit aus seiner Verborgenheit heraustritt, derselbe ist wie der, der am Anfang alles geschaffen hat. Wie am Anfang im Garten, so ist Gott am Ende in der neuen Stadt unter den Menschen gegenwärtig. Der Inbegriff des neuen Himmels und der neuen Erde sei Gottes Gegenwart und Nähe, die alles neu mache. Askani zieht diese erste Linie aus dem Bild der großen Hoffnung dahingehend aus, daß er deren Potential an Trost und Freude erschließt. (135–147) Er nennt die Gegenwart Gottes, die Begegnungscharakter hat – die von Askani immer wieder unterstrichenen Verheißungen aus 1. Korinther 13,12 und Johannes 16,23 klingen an. Er nennt das Ende der Fragen, des Rätselhaften und der Angst, ohne daß sie von neuem erstehen oder aufbrechen. Er stellt heraus, daß der Tod nicht mehr das Ende ist und den Horizont des neuen Himmels nicht mehr verdüstern kann.

Im dritten Hauptteil (148–178) vertieft Askani eine der Konturen des Bildes der großen Hoffnung: »Der Tod wird nicht mehr sein.« Es sei zutiefst tröstlich, daß die biblische Tradition den Tod nicht verdränge oder überhöhe, sondern ernstnehme. Wir beachten die starke persönliche Färbung an ebendieser Stelle der Predigt, an der der Prediger in der ersten Person spricht: »*Mir ist immer eigentlich tröstlich gewesen, wie ernst die Bibel den Tod nimmt. Tröstlich darum, weil sich keiner schämen muß, wenn er sich fürchtet. Tröstlich vor allem darum, weil wir der Hoffnung auf die Spur kommen, gerade wenn wir den Tod ernst nehmen.*« (157–161) Askani gibt damit – wohltuend zurückhaltend – zu erkennen, daß er sich in ganz intensiver Weise in die Bewegung hineingenommen weiß, die Paulus in 2. Korinther 1,3f mit den Worten beschreibt: »Gelobt sei Gott, der Vater unseres Herrn Jesus Christus, der Vater der Barmherzigkeit und Gott allen Trostes, der uns tröstet in aller unserer Trübsal, damit wir auch trösten können, die in allerlei Trübsal sind, mit dem Trost, mit dem wir selber getröstet werden von Gott.« Askani erläutert nun, inwiefern man durch solches Ernstnehmen des Todes der Hoffnung auf die Spur kommen könne. Während der Tod uns sage, daß uns der Atem ausgehe, weil Gott uns fallen lasse, führe das Bild vom neuen Himmel und der neuen Erde, da der Tod nicht mehr sein wird, die Hoffnung zu dem Gott hin, der uns nicht fallen lasse, gerade auch dann, wenn uns der Atem ausgehe. Vieles bleibe im Tod schmerzlich zurück, Gottes Liebe aber bleibe voraus, und gerade darin liege Trost, der im letzten Ernstfall trage und nicht trüge. Im letzten Ernst des Todes komme vollends zum Vorschein, daß Menschsein überhaupt nicht eigenes Werk sei, sondern ein Angewiesensein auf Gottes treue Hand. Bereits manches ungelöste Rätsel im Leben sei ein verborgener Hinweis auf dieses Konstitutivum menschlicher Existenz.

Der Gedanke des Angewiesenseins erscheint zehn Monate später in Askanis letztem Prälatenbrief vom September 1981, dort besonders auf die zwischenmenschliche Ebene hin profiliert. Um ihrer Prägnanz willen sei die Stelle hier im Originalwortlaut wiedergegeben:

»Mein oft zitierter und immer noch verehrter Lehrer [Griesinger] im Gymnasium illustre erzählte uns gerne Geschichten aus seiner Philologen-Repetentenzeit im Stift. Einmal brachten sie einen Studenten, der zu lange gesessen hatte, allerdings beim Becher, und lehnten ihn im Stift an die Wand. Es ist strittig, welcher Verbindung er angehörte, aber in jäher Selbsterkenntnis sprach er das klassische Wort: ›So heb' i net‹.

Ich weiss nicht mehr, ob der Erzähler damit die unvergleichliche Unauslotbarkeit der schwäbischen Sprache dartun – man versuche, den Satz ins Hochdeutsche zu übersetzen! –, oder ob er uns einfach Lust zum Studium machen wollte. Wenn mir heute die Geschichte einfällt – neulich erzählte ich sie den Dekanen –, habe ich meine eigenen Gedanken. Sit venia verbo – wer von uns ›hebt‹ schon von alleine?

Das Angewiesensein ist eine Grundform unserer Existenz, die wir Erwachsenen erst spät wiederentdecken und ungern einüben. Dabei kann dieses Angewiesensein eine Tür aufschliessen zu schönster Erfahrung darüber, nämlich, wer die Nächsten sind. Es ist, als ob einer eine neue Welt entdecken würde: verschüttete Eigenschaften kommen ans Licht, verborgene Kräfte blühen auf. Manches Wort hätte ich ohne solches Angewiesensein nicht gehört, mancher Brief wäre nicht geschrieben worden, manche dichte, schöne Freundschaft wäre gar nicht entstanden.

Gewiss, es gibt auch andere Erfahrungen, und ich will nichts verschönen. Ich wünsche Ihnen auch nicht, dass Sie hinfällig werden, wahrhaftig nicht. Aber das Angewiesensein hat mancherlei Formen: es ist eine Weise offen eingestandener Unvollkommenheit, die anderen wohltuende sichtbare Mitteilung, dass einer von selber nicht ans Ziel kommt. Dieses Eingestehen verbindet stärker als vieles andere in der Welt, so wie das Vollkommen-sein-müssen abstößt und verwundet, in die Ferne treibt.

›So heb i net‹. Wir sind uns darüber im klaren, dass das Wort im Blick auf den Mitmenschen und seine Fähigkeit zu halten, nur die halbe Wahrheit sagt. Die ganze Wahrheit ist freilich die, dass wir selber alle miteinander gehalten sind, und vielleicht ist darum diese entstehende Nähe über dem Angewiesensein so schön, weil sie ein Widerspiegel ist des göttlichen Erbarmens.«[510]

Dieser exkursartige dritte Hauptteil der Predigt ist in der Rundfunkversion übersprungen. Der Grund liegt meines Erachtens darin, daß Askani in diesem Gedankengang die ihm zur Gewißheit gewordene eigene Todesnähe und die Schau des Johannes vom neuen Himmel und der neuen Erde am unmittelbarsten zusammenbringt. Hier redet einer, der nicht nur weiß, daß wir alle sterben müssen, sondern der auch weiß, daß er selber bald sterben muß. Diese existentielle Todesnähe, die Askani gerade in diesem Abschnitt unüberhörbar zwischen den Zeilen artikuliert, läßt sich nur im konkreten Gegenüber aussprechen, nicht in der Anonymität des Rundfunkstudios. Dieses konkrete Gegenüber aber ist seine Reutlinger Marienkirchengemeinde, die seine perönliche Situation kannte.

Leidenschaftliches Anliegen des vierten Hauptteils, der die zweite Linie aus dem Bild der großen Hoffnung auszieht (179–211), ist es, aufzuzeigen und darin einzuweisen, daß das tröstliche Bild der Hoffnung zu getrostem Handeln motiviert (197.204.208). In theologischen Kategorien gesagt: Die Eschatologie ist die Motivation für die christliche Ethik.

Der Predigtschluß (212–224) wird eingeleitet mit dem Rückverweis auf die autobiographische Eingangserzählung. Aufgrund seines Zuwachses an Lebenserfahrung und darin eingeschlossen mannigfacher Erfahrungen der Konfrontation mit dem Tod könne er, Askani, die alten Wege nicht mehr in kindlicher Unbefangenheit gehen. Aber im Wissen um das Trostpotential des Bildes vom neuen Himmel und der neuen Erde, aus der konkreten eigenen Erfahrung des darin gespeicherten Trostes, gehe er die alten Wege in der Gewißheit, daß sie auf den neuen Himmel und die neue Erde zuliefen. Dann bündelt Askani die beiden ausgezogenen Hauptlinien – die Freude auf Gottes kommende neue Welt und die aus solcher Freude erwachsende Motivation, schon jetzt inmitten des Alten im Lichte des Neuen zu wandeln und zu handeln – und artikuliert mit dem bewußt an den Schluß gesetzten Wort den Grundtenor der gesamten Predigt: »*ganz getrost*« (223f).

Im Predigtcorpus verbindet Askani in einer großartigen theologischen Leistung zwei markante Predigttraditionen, die von zwei ihm nahestehenden Gewährsleuten repräsentiert wurden. Karl Hartenstein ist der Gewährsmann für die erste Hauptlinie, der neue Himmel und die neue Erde seien nicht unser Werk. Denn, so Hartenstein, der Trost der auf der alten Erde bedrängten Christenheit sei der gewisse Ausblick auf den wiederkommenden Herrn, mit dessen Kommen das Böse überwunden werde und die neue Welt Gottes anbreche – ohne alles menschliche Dazutun.[511]

Die Hoffnung auf Gottes eschatologische Vollendung wäre aber defizitär, wiese sie nicht zugleich in das Handeln im Licht dieses heraufziehenden Tages ein. Von der Eschatologie läuft ein unumkehrbares, aber auch unaufgebbares Gefälle zur Ethik. Das Handeln im Licht des Neuen skizziert Askani in einer zweiten Hauptlinie, deren Gewährsmann Rudolf Daur ist. Dieser betont, daß die Hoffnung auf Gottes neue, ewige Welt zu konkretem Handeln motiviere, das »Ewigkeit in der Zeit«[512] Gestalt gewinnen lasse. Nach meinem Dafürhalten nimmt er damit eine theologische Linie seines einstigen Reutlinger Prälaten Jakob Schoell auf, der in seiner kurz nach dem Ersten Weltkrieg erschienenen Schrift »Ist mit dem Tode alles aus?« sagte: »Das törichte Gerede, daß der Jenseitsglaube für das Diesseits untauglich mache, ist eine wirklichkeits- und lebensfremde Konstruktion. Die Wirklichkeit zeigt gerade umgekehrt, daß von den Ewigkeitsmenschen die tiefsten und umfassendsten Diesseitswirkungen ausgehen.«[513] Askani greift diese theologische Traditionslinie in seiner Predigt mit der Formulierung auf, die Wirklichkeit des neuen Himmels und der neuen Erde wirke hinein in die sogenannten Realitäten unserer Tage (180-184).

Für diese zweite Grundlinie seiner Predigt hat Askani sich im besonderen von Daurs Predigt »Neuer Himmel, neue Erde« vom 30. Januar 1966 inspirieren lassen, die ihm direkt vor Augen stand.[514] Daur betont in dieser Predigt, daß Gott zwar letztlich selber sein Reich des Friedens und der Freude baue, daß er aber den Menschen zur Mitarbeit an seinem Werk würdige: »Und doch baut Gott es [= sein Reich] nicht ohne Menschen; sie sind gerufen, Hand anzulegen, Steine herbeizutragen. Jedes gütige Wort, mit dem wir einen Menschen trösten und ermutigen, jede Träne, die wir trocknen, jede

Hilfe, die wir einem Unglücklichen leisten, ist ein Steinlein, wenn nicht zum Bau Gottes, so doch zu der Straße, auf der er einziehen kann. Wo wir Brücken bauen über Abgründe, die Menschen, Völker, Rassen, Konfessionen, Religionen von einander trennen, wo wir mit Wort und Tat protestieren gegen die Geister der Gewalt, der Lüge, des Hasses und Mißtrauens, des kalten oder heißen Kriegs, da dürfen wir gewiß sein, daß wir nicht umsonst arbeiten, und mag es tausendmal so scheinen.«[515] Der Trost angesichts mancher Enttäuschungen und manchen Mißerfolgs liegt für Daur darin, daß, so der Grundton der Verheißung des himmlischen Jerusalems, Gott sein Reich trotz all unseres Versagens und Verzagens baut und sein Werk zum Ziel führt.

Askani hat Daurs leidenschaftliche Einweisung zum Handeln im Lichte des Kommenden eigenständig verarbeitet, indem er deutlicher als Daur den Verweis- und Zeugnischarakter menschlichen Handelns betont. Das wird darin deutlich, daß er den Obersatz »*Der neue Himmel und die neue Erde – das ist nicht unser Werk, … sondern eine Wirklichkeit, [die] hineinwirkt in die sogenannten Realitäten unserer Tage*« (180-184) in vier großen »Wenn-dann«-Sätzen entfaltet. (185-211) Die »Wenn«-Sätze halten den Vorrang der von Gott gesetzten eschatologisch neuen Situation fest, aus der sich die mit den »Dann«-Sätzen artikulierte konkrete menschliche Handlungsweise ergibt. So motiviert das Ende von Leid, Geschrei und Schmerz zu getrostem Kampf gegen hier auf der alten Erde erfahrenes Leiden und Unrecht und zu getrostem gegenseitigem Wohltun. Ganz eigenständig gegenüber Daur und aus der konkreten persönlichen Situation der vom Prediger existentiell erfahrenen Todesnähe erwachsen ist der Spitzensatz der zweiten Grundlinie von Askanis Predigthauptteil, der zu einer Lebenshaltung in der Hoffung auf das Neue angesichts erlebter Todesnähe im Alten aufruft: »*Wenn der Tod einmal zugrunde geht, verschwunden ist, nicht mehr den Horizont verstellt, dann laßt uns jetzt leben als Leute, die von der Freiheit wissen, und die in aller Furcht und in allem Zittern, das dem Alten gewiß anhaftet, doch das Neue ahnen und es sich nicht mehr nehmen lassen.*« (208-211)

»Gedanken zum Tod«
Eine geistliche Besinnung aus dem Jahr 1966

Die Erzählung vom Fangelsbachfriedhof hat eine längere literarische Vorgeschichte im schriftlich greifbaren Werk Askanis.[516] Der früheste und zugleich interessanteste Beleg aus dieser Vorgeschichte ist die geistliche Besinnung »Gedanken zum Tod«, die am 19. November 1966 in der Stuttgarter Zeitung erschien und sechs Jahre später, unter der neuen Überschrift »Christen wissen mehr«, im Evangelischen Gemeindeblatt für Ulm und Neu-Ulm noch einmal abgedruckt wurde.

Gedanken zum Tod [Manuskript: Zum Totensonntag]

Meine ersten Erinnerungen an einen Friedhof sind Erinnerungen an Kinderspiele unter alten, hohen Bäumen. Grosse, eiserne Wasserbehälter standen dort, in denen man kleine Segelboote und Dampfer schwimmen lassen konnte, verwunschene Wege gab es, prächtig geeignet für abenteuerliche Ausflüge, und eine Fülle von Figuren, Engeln, Kreuzen bot sich zum Staunen und Sinnieren an. Manche Grabsteine waren wie Türme gotischer Kirchen, ich wusste allemal, wo sie im Gewirr der Gräber zu finden waren und freute mich, wenn ich sie wieder sah. Kurzum, es war eine vertraute Welt, auffallend unberührt, für mich jedenfalls, von den dunklen Schatten des Todes, der zu jenem stillen Garten gehört.

Bis mich eines Tages mein Vater, dem ich, wenn er abends heimkam, durch den Friedhof entgegenzulaufen pflegte, vor einen merkwürdigen Grabstein nahm. Es war eine Säule mit schön verziertem Sockel, fest und solide, aber in der Mitte war sie abgebrochen, als hätte eine gewaltige Hand sie zerschmettert. Mein Vater sagte, hier sei wohl ein junger Mensch durch den Tod mitten aus seinem jungen Leben gerissen worden, und die ihn lieb hatten, hätten offenbar nicht verstehen können, warum das geschehen sei. Ein Christ wisse freilich mehr, als die abgebrochene Säule zeige.

Ich bin seither noch oft in den alten Friedhof gekommen. Ich stand dort, als die Bomben, die den Lebenden galten, auch die Toten getroffen hatten, die Bäume zerspalten, die Grabsteine umgeworfen und die Gräber aufgerissen waren. Es war mir, als sei jene alte, vertraute Welt nun endgültig dahin.

Ich bin später in jenen Friedhof gekommen, um meine Eltern zu begraben, und oft danach, den Dienst an den Trauernden zu tun; manchmal an Gräbern bei den kleinen verwunschenen Wegen und oft auch drüben an Zaun und Mauer, wo man vor dem Lärm der Strasse kaum sein eigenes Wort versteht.

Es ist längst alles wieder in Ordnung dort, gepflegt und gerichtet, aber ich muss immer noch an das harte Mahnmal der zerbrochenen Säule denken. Es hat seine Wahrheit, nicht nur beim jähen Tod eines unvollendeten Lebens, sondern auch beim langsamen Sterben zu Ende gelebter Jahre. Der Tod ist immer fremd und kalt und nicht zu begreifen. Wer aus dem Lärm der Strasse tritt und den Mut hat, die halben Antworten beiseite zu lassen, spürt die letzte Hilflosigkeit, die unser Menschsein prägt.

Gewiss, da ist mancher freundliche Trost, da ist die Liebe, die die Gräber schmückt, da ist Erinnerung an gemeinsame kostbare Zeit, die plötzlich ein ganz anderes Gewicht hat, wenn einer, der zu einem gehört, die Augen zutut, da ist der Dank und der Entschluss, eine Arbeit fortzuführen und ein Vermächtnis zu wahren.

Aber da ist auch das Versäumnis, verlorene Gelegenheit, die sich nicht wiederholen lässt, und da ist die bange Frage: was bleibt? Wir suchen, wenn wir zu unseren Gräbern gehen, den Weg zurück, und spüren mit Schmerzen, dass man den Weg zurück nicht finden kann, wenn man den Weg nicht kennt, der weiterführt.

Ich denke manchmal an die abgebrochene Säule, und ich denke auch an das Wort meines Vaters damals: ein Christ freilich weiss mehr. Stimmt denn das? Weiss er denn mehr? Ist es so fraglos und selbstverständlich, was der Glaube sagt?

Gewiss nicht. Es ist weder fraglos noch selbstverständlich. Auch ein Christ kennt die Angst vor dem Vergehen, auch ein Christ kennt die Grenze, die unserem Sehen und Verstehen gesetzt ist. Was er mehr weiss, ist nicht die Kraft seiner Seele und nicht die Weisheit kluger Gedanken – das hört auf. Was er weiss, ist, dass Gottes Treue über die Grenzen geht und dass er hier wie dort in seinen Händen bleibt. Wer sich daran hält, wird erfahren, wieviel er loslassen muss an eigener Sicherheit – und das ist allemal ein Stück vom Sterben, auch vor der letzten Stunde schon. Er wird aber auch erfahren, dass man im Namen Jesu in der Treue Gottes leben kann – und das gilt nicht nur am Totensonntag. Die Antwort, die wir brauchen, muss grösser sein als der Tod. Wir sind alle kleiner als das Sterben, darum auch haben wir Gott nötig. Wer aber Gott nötig hat, hier wie dort, der weiss mehr als die kurze Auskunft: was kommt danach, er weiss von dem Geheimnis rechten, ganzen Menschseins. Denn, Gottes zu bedürfen, das ist, nach einem Worte Kierkegaards, der eigentliche Reichtum und die eigentliche Würde des Menschen.

Die Besinnung »Gedanken zum Tod« nimmt in einem themen- und situationsorientierten Ansatz das vom Kasus Totensonntag vorgegebene Thema Tod und die damit verbundenen unterschiedlichsten Situationen der Konfrontation mit dem Tod auf. Da die geistliche Besinnung nicht von einem biblischen Text ausgeht, hat die einleitende autobiographische Erzählung die Funktion, ein tragendes Bild bereitzustellen, von dem die Gedanken ausgehen und zu dem sie immer wieder zurückkehren können. Ihrer Stellung als tragendem Bild entsprechend wird die abgebrochene Säule prägnant geschildert. Im letzten Gedankengang (45–63) füllt Askani das im Dictum seines Vaters angedeutete Mehr-Wissen der Christen mit Inhalt, indem er die Quintessenz biblischer Hoffnung in eigenen Worten wiedergibt und als Zuspruch weitergibt. Quintessenz biblischer Hoffnung ist für Askani das Wissen des Christen, daß Gottes Treue über die Grenzen, auch über die letzte, harte Grenze des Todes, geht und daß er hier wie dort in seinen Händen bleibt (53f) – biblische Texte wie Jesaja 41,10.13; 49,16 und Römer 8,38f klingen an. Askanis Zuspruch ist eine Hoffnungsaussage angesichts von Sterben und Tod, die nicht Zukunft vorhersagt, sondern den Glauben in die Zukunft hineinspricht – das macht sie so tragfähig. Und Askani hat deutlich gemacht, daß der Mensch den Grund der Hoffnung angesichts des Todes nicht in sich selber findet – da bleibt nur Hilflosigkeit, vielmehr findet der Mensch den Grund der Hoffnung angesichts des Todes in Gottes Treue, in der Beziehung, die er um jeden Preis zu den Menschen durchhält. [517]

Bemerkenswert ist diese Besinnung von 1966 auch darum, weil sie ein Beispiel dafür ist, daß Askani schon lange vor seiner Reutlinger Zeit als leidenschaftlicher Seelsorger redete, indem er Menschen persönlich anzusprechen vermochte. In der vorliegenden Besinnung gelingt ihm dies einmal durch biographische Reminiszenzen, die dem Lesenden signalisieren, daß hier einer redet, der selber um die verschiedensten Weisen der Konfrontation mit dem Tode weiß. Und es gelingt ihm zum anderen dadurch, daß er persönlich Stellung nimmt zum Mahnmal der zerbrochenen Säule und die Quelle seiner Hoffnung in eigenen Worten benennt.

Dem für die geistliche Besinnung zuständigen Redakteur bei der Stuttgarter Zeitung, Richard Glaser, schrieb Askani im Begleitbrief zu seiner Ausarbeitung: »*In der Anlage übersende ich Ihnen den Artikel zum Totensonntag. Er ist, wie Sie sehen, sehr persönlich gehalten, doch meinte ich, dass er auf diese Weise eher anspricht. Ausserdem sind die Leser ja gewohnt, in Ihrer Spalte ein persönliches Wort zu finden.*«[518] Daß diese »*sehr persönlich gehalten[e]*« Besinnung auf Resonanz stieß, wird aus dem Dankesschreiben von Redakteur Glaser ersichtlich, das drei Wochen später bei Askani einging: »Sehr geehrter Herr Pfarrer, ich möchte mich noch einmal herzlich bedanken für den grossartigen Vortrag, den Sie uns im November gegeben haben. Damit aber mein Dank nicht allein bleibt, darf ich Ihnen Kenntnis geben von folgendem Brief des Evang. Jungmännerwerks: ›Aus dem Bereich unseres Evang. Jungmännerwerks wurde ich in letzter Zeit einige Male auf die geistlichen Besinnungen in Ihrer Zeitung hin angesprochen. Sehr dankbar war das Echo auf den Totensonntag-Artikel von Pfarrer Theophil Askani. Dagegen war in früheren Monaten und Jahren mancherlei Kritik über die destruktiven Artikel von … , etwa zum Konfirmationssonntag, zu hören.‹ Selbstverständlich gebe ich diese drei Sätze von Herrn Pfarrer Scheffbuch kommentarlos wieder. Mit besten Grüßen Ihr Glaser.«

Für seine Ewigkeitssonntagspredigt von 1980 griff Askani auf diese schon 15 Jahre zuvor ausgearbeitete, sprachlich geglückte und inhaltlich gelungene Fangelsbachfriedhof-Erzählung zurück. Deren tragendes Bild des Grabsteins mit der abgebrochenen Säule hat sich dabei durch die spezielle biographische Situation des Predigers im Spätjahr 1980 am Übergang vom Widerstand zur Ergebung in die Krankheit zur Chiffre der eigenen Todesnähe gewandelt.

»Da es aber jetzt Morgen war, stand Jesus am Ufer«
Zwei Predigten zu Johannes 21

»Da es aber jetzt Morgen war, stand Jesus am Ufer« – dieser Vers aus der Ostergeschichte Johannes 21 in der Fassung der Lutherbibel von 1912 ist in ganz besonderer Weise mit dem Prediger Theophil Askani verbunden, gab doch dieser Vers dem 1981 erschienenen und in Württemberg weitverbreiteten Askani-Predigtband den Namen und – nicht minder – gelten doch Askanis Predigten über diesen Abschnitt in Württemberg als »geradezu klassische Auslegung«[519]; ja, in ihnen ist »der ganze Askani« enthalten[520].

Die beiden im Predigtband abgedruckten Predigten zu Johannes 21 wurden aus ganz unterschiedlichen Lebenssituationen heraus gehalten, sind aber meines Erachtens dennoch Schwestertexte, die sich gegenseitig beleuchten und darum mit Gewinn nebeneinander gehalten werden. Die Predigt am 13. April 1975 über den Perikopentext des Sonntags Misericordias Domini, Johannes 21,15–19, war Askanis Abschiedspredigt im Ulmer Münster nach fünf Jahren im Dekansamt – eine Woche vor seiner Investitur zum Prälaten in Reutlingen. Die sechs Jahre später, am 26. April 1981, im Südwestfunk gesendete Rundfunkpredigt über den Perikopentext des Sonntags Quasimodogeniti, Johannes 21,1–14, wurde vor dem Hintergrund der kurz bevorstehenden vorzeitigen Zurruhesetzung gehalten, zu der sich Askani durch das Fortschreiten der Krankheit und das Abnehmen der Kräfte gezwungen sah. Aus dieser Lebenssituation heraus gibt Askani einer in ganz Württemberg und darüber hinaus verstreuten Hörerschaft authentisch Anteil an dem Trost und der Zuversicht, die er aus der Ostergeschichte Johannes 21 geschöpft hat.

So unterschiedlich in beiden Predigten die Situation von Prediger und Hörerschaft auch ist, so sehr sieht Askani beidemal die innere Mitte der Textabschnitte in dem Wort in Johannes 21,4: »Da es aber jetzt Morgen war, stand Jesus am Ufer.« Diesen Vers als innere Mitte und Schlüssel zum Verständnis des johanneischen Nachtragskapitels anzusehen gehört zum »schwäbischen Proprium«[521]. Askani hat hier eine große württembergische Auslegungs- und Predigttradition rezipiert, die den Satz: »Da es aber jetzt Morgen war, stand Jesus am Ufer« eschatologisch versteht, das heißt bezogen auf das Ziel meines Lebens und auch auf das Ziel der Weltzeit.

Zwei jüngere Beispiele aus dieser württembergischen Auslegungstradition seien genannt:

Karl Hartenstein hatte eine existentielle Erfahrung mit diesem Vers. In einer Stunde des Ringens mit dem Tode in einem Stuttgarter Krankenhaus im Herbst 1949 hat ihm ein Gemeindeglied – mündlicher Überlieferung zufolge seine Sekretärin Hedwig Thomä[522] – einen einfachen Zettel mit dem Wort: »Da es aber jetzt Morgen war, stand Jesus am Ufer« ans Krankenlager geschickt. Er brach, so heißt es in seiner Biographie, in helle Tränen aus und gab das kleine Papier lange nicht aus der Hand. Später schrieb er darüber: »Das ist die Lage des letzten Augenblickes für alle, die in Christus heimgehen dürfen.« Dieses Wort ist ihm durch die ganzen letzten Jahre ein Leitstern, ein Trost geworden.[523]

Dieses persönliche Erleben war der Anstoß dafür, daß Hartenstein 1950 eine kleine warmherzig-mystische Auslegung zu Johannes 21 schrieb: »Da es nun Morgen war. Eine Auslegung von Johannesevangelium Kapitel 21.« Er sieht in Johannes 21,4 das Ziel der Kirchengeschichte, ja das Ziel der Weltgeschichte. Am jüngsten Tage, an dem der Morgen Gottes anbricht, kommt das Schiff der Kirche am Gestade der Ewigkeit an, und Jesus steht am Ufer. Aber schon jetzt, während das Schiff der Kirche auf dem Meer der Zeit unterwegs ist, steht der Herr am Ufer und hat sie im Blick. Zugleich aber versteht Hartenstein aus seinem eigenen Erleben heraus das Wort Johannes 21,4 als Zuspruch des Trostes für den Einzelnen: »Du gehst mit jedem Tag und mit deinem ganzen Lebenstag dieser Stunde entgegen, da es auch für dich heißt: ›Da es aber jetzt Morgen war, stand Jesus am Ufer.‹«[524]

Eine eigenständige Auslegung in diesem württembergischen Traditionsstrom, die wohl Kenntnis von Hartensteins Büchlein »Da es nun Morgen war« genommen hat und doch in eigener Weise akzentuiert, ist die Neujahrspredigt von Albrecht Goes aus der Mitte der fünfziger Jahre mit der Überschrift »Der Herr am Ufer« und dem Untertitel: »Joh. 21,4: Da es aber jetzt Morgen war, stand Jesus am Ufer; aber die Jünger wußten nicht, daß es Jesus war.«[525]Auch Albrecht Goes versteht den Vers 4 als Schlüsselvers der Geschichte, und alles in diesem Kapitel noch Folgende ist Entfaltung des hier Geschilderten.

Bemerkenswert scheint mir, daß Albrecht Goes diesen Vers als Predigttext für Neujahr nimmt. Er kann dies tun, weil er die eschatologische Wirklichkeit des am Ufer stehenden auferstandenen Herrn nicht nur als Futurum – das in aller Selbstverständlichkeit auch, wie wir noch noch sehen werden –, sondern ebenso als ein Praesens versteht. Ein Praesens, weil die Osterbotschaft schon heute über unseren Tagen, die auch ein neues Jahr mit sich bringt, aufstrahlt: »›Da es aber jetzt Morgen war, stand Jesus am Ufer.‹ Wir träumen nicht, wir dichten nicht, auch nichts vom Silbernebel am See. Aber wir blicken in diese zarte Morgenhelligkeit hinein, und die Herrlichkeit des Osterevangeliums kommt auf uns zu … Dieses Osterevangelium ist die Frohbotschaft über diesem ersten Tag unsres neuen Jahres und über allen Tagen. ›– stand Jesus am Ufer.‹ Da ist das Meer unserer

Zeit, gestern und heute und morgen, und da ist am Ufer – Jesus, der ›Hilfe‹ heißt.«[526]

Goes arbeitet nun in seiner Predigt auf sehr feine Weise heraus, wie die Wirklichkeit des auferstandenen Herrn am Ufer bereits Gegenwart ist, aber eine verborgene, geheimnisvolle Gegenwart. Für das Praesens gilt: Die Jünger erkennen den am Ufer stehenden Herrn nicht, wohl aber sieht er sie. Goes entfaltet nun – vor dem Hintergrund seiner leidenschaftlichen Sorge um den einzelnen –, was es für den einzelnen Christenmenschen am Beginn des neuen Jahres heiße, daß der Herr am Ufer steht, unerkannt, aber die Seinen sehend: »Auf goldleuchtende Visionen haben wir uns nicht einzurichten in diesem neuen Jahr. Es wartet auf uns der Tag, der nüchterne Dienst, und die Nachtdunkel des Umsonst werden nicht lange auf sich warten lassen. Wir werden auf unsrem Schemel sitzen, Menschen werden kommen, der Herr wird in ihnen sein. Ob wir ihn dort erkennen werden, ist ungewiß. Aber über unsren unsicheren Blick hinaus wagt sich die Zuversicht, die mit Hagars Glauben glaubt: ›Du – siehest mich.‹ [1. Mose 16,13f; MH]« Die Auflösung der Dialektik – vom auferstandenen Herrn gesehen zu werden, aber ihn nicht erkennen – transzendiert die präsentische Eschatologie. Das präsentische Verständnis der eschatologischen Wirklichkeit des am Ufer stehenden auferstandenen Herrn steht darum bei Goes auch nicht für sich, sondern ist unauflöslich zusammengeordnet mit dessen futurischem Verständnis. Und so endet Goes' Predigt mit den zart andeutenden, darum aber um nichts weniger tröstlichen Worten: »Wir reden vom Jahreskreis. Neujahr heute, und gleich wieder Ostern; Herbst, eh man sich's versieht, und bald danach dann die Adventslieder von neuem, die wir eben noch im Ohr haben: es ist wohl ein Kreis. Aber es ist nicht der Kreis der ›ewigen Wiederkehr‹, nicht der Kreis des ewigen Einerlei. Da ist ein Strom, und ein Gefälle im Strom, und es geht der Ewigkeit entgegen, dem Tag – dem letzten, dem jüngsten Tag. Dem jüngsten Tag. Wir sprechen kein Wort von Zeit und Stunde, wir malen kein Traumbild. Aber denken wir ›Tag‹, so denken wir: es wird ein Morgen sein. Das Meer der Zeit wird enden: so wird ein Ufer sein. Der Herr wird am Ufer stehen. Und die Jünger werden wissen, daß es Jesus ist.«[527]

Aber nun zu Askanis Ulmer Abschiedspredigt über Johannes 21,15–19 am 13. April 1975:

Liebe Gemeinde!

Misericordias Domini heißt dieser Sonntag, Barmherzigkeit Gottes. Das ist, wenn das persönliche Wort zu Beginn gestattet ist, ein guter Name, darin geborgen zu sein im Kommen und Gehen und Bleiben. Schöner kann einer sein eigenes Leben nicht erkennen, buchstäblich erkennen, als unter dieser 5

Überschrift. Näher kann einer dem anderen, den er lieb hat, nicht kommen, als unter diesem bergenden bewahrenden Dach. Und überzeugender, lebendiger und wohltuender kann die Kirche Jesu Christi nicht zusammen sein, als umschlossen und geöffnet durch Gottes Erbarmen.

So sei jetzt Dank gesagt für alle Begleitung auch in diesem Raum, für Vertrauen und Freundschaft und für alle Weitergabe der großen Geduld, unter der wir noch atmen und handeln können.

Und so sei auch noch ein Wunsch genannt: wohl kaum eine Stadt in der Welt ist so geprägt durch die Kirche in ihrer Mitte wie diese Stadt. Gebe Gott, daß dies Zeichen über den Dächern und Straßen und weit über das Land daran erinnere, daß alles Leben aufgehoben ist in seiner guten Hand. Misericordias Domini – es wird uns allen not sein, das zu wissen, auch in den Jahren, die kommen.

Und nun wollen wir miteinander auf den Text hören, der nach der Ordnung unserer Kirche uns für den Sonntag der Barmherzigkeit des Herrn gegeben ist. Er steht im letzten Kapitel des Johannes-Evangeliums, Johannes 21,15–19:

»Als sie nun das Mahl gehalten hatten, spricht Jesus zu Simon Petrus: Simon, des Johannes Sohn, hast du mich lieber, als mich diese haben? Er spricht zu ihm: Ja, Herr, du weißt, daß ich dich liebhabe. Spricht Jesus zu ihm: Weide meine Lämmer! Spricht er zum zweiten Mal zu ihm: Simon, des Johannes Sohn, hast du mich lieb? Er spricht zu ihm: Ja, Herr, du weißt, daß ich dich liebhabe. Spricht Jesus zu ihm: Weide meine Schafe! Spricht er zum dritten Mal zu ihm: Simon, des Johannes Sohn, hast du mich lieb? Petrus ward traurig, daß er zum dritten Mal zu ihm sagte: Hast du mich lieb? und sprach zu ihm: Herr, du weißt alle Dinge, du weißt, daß ich dich liebhabe. Spricht Jesus zu ihm: Weide meine Schafe! Wahrlich, wahrlich, ich sage dir: Als du jünger warst, gürtetest du dich selbst und wandeltest, wo du hinwolltest; wenn du aber alt wirst, wirst du deine Hände ausstrecken, und ein anderer wird dich gürten und führen, wo du nicht hinwillst. Das sagte er aber, zu zeigen, mit welchem Tode er Gott preisen würde. Und als er das gesagt, spricht er zu ihm: Folge mir nach!«

Das 21. Kapitel des Johannes-Evangeliums hat eine eigentümliche Dichte und Transparenz. Es ist, als ob dort noch einmal wie auf der Schwelle einer Türe zusammengefaßt wäre, was einem Menschen zu sagen ist in Jesu Namen. Und es ist zugleich durchscheinend, es leuchtet wie die Fenster unseres Chores und es leuchtet anders, je nachdem, wie das Licht darauf fällt.

Petrus ist es, der einem noch einmal vor Augen tritt, so, als müßte seine Geschichte weiter erzählt werden um ein wichtiges Stück. Und ein erstes Bild der Kirche wird sichtbar, mit Linien, die wie geheime Andeutungen sind.

An vieles werden wir jetzt nicht rühren können. Auch nicht an das Wort: ›und führen, wohin du nicht willst‹. Es ist ein Wort, das vom Tod des Apostels spricht, und es ist ein Wort, das seine eigene Stunde hat. Was es dann heißt, die Hände ausstrecken und auf dem nicht gewollten Weg die Hand des anderen spüren und immer noch wissen: Misericordias Domini, das soll einer nebenher und vom Sicheren her nicht beschreiben.

Aber miteinander wollen wir jetzt vor dem Fenster an die Stelle treten, da einen jeden von uns das Licht trifft, wo immer er seinen Platz hat und seinen Weg. Und da sind es wohl drei Bilder, die besonders leuchten, wie drei Lebenszeichen eines Christen, an die er sich halten, mit denen er sich trösten und denen er nachgehen kann. Vielleicht ist uns im Augenblick das eine näher als das andere, das mag ein jeder sehen, aber es gehört wohl jedes auch zu uns: Der Morgen ist es, die Frage, und der Auftrag.

Der Morgen – er zählt eigentlich nicht mehr oder noch nicht zu dem heutigen Abschnitt des Textes. Aber keiner soll die Geschichte seines Lebens vor Augen haben, ohne von dem Morgen zu wissen.

›Da es Morgen war, stand Jesus am Ufer‹, heißt es in der Mitte des 21. Kapitels. Dort war es ein Morgen nach durchwachter Nacht, ein Morgen nach vergeblicher Arbeit. Ein Morgen, an dem, wenn die Sonne kommt und das Licht, nur deutlicher wird, wie die Netze leer sind und die Hände müde. Ein Morgen, an dem die unruhigen Gedanken schon wissen, wie der Tag wird.

Es gibt auch andere Morgen in unserem Leben, ganz gewiß. Morgen voller Hoffnung, Morgen voller Lust, wieder den ersten Schritt zu tun. Morgen, an dem einer es nicht erwarten kann, bis das Licht wieder Menschen und Dinge zeichnet und es ist, wie wenn der Vogel sein Lied beginnt.

›Da es Morgen war, stand Jesus am Ufer.‹ Im 21. Kapitel des Johannes-Evangeliums ist kein Wort zufällig, auch dieser Satz nicht. Er gilt, für alle Morgen. Er macht einen Tag, wie immer die Nacht war, und wie immer die Schritte sein mögen, zu einem Tag mit dem Namen Misericordias Domini. Es ist gut, in einen solchen Tag hineinzuleben. Haben nicht Menschen und Dinge ein anderes Gesicht? Es ist gut, zu wissen, daß die Nächte so enden, auch die letzte Nacht. Verliert nicht die Angst ihren Stachel?

Oder ist es zuviel, was wir einander sagen? An welchem Tage und in welchen Nächten sind denn die Kinder auf den Straßen Vietnams gestorben und die Frauen und Männer vor den rettenden Schiffen ertrunken? Die Bilder sind uns so anklagend nahe und so unausweichlich, daß es ist, als kehre sich auch jedes tröstende Wort zur Lüge.

Ja, in welchen Nächten und an welchen Tagen sterben sie? Keiner wird's erklären wollen und können. Keiner, der in Sicherheit ist und keiner auch, dem morgen der Arzt sagt, du wirst nicht mehr viele Tage haben. Aber wagt es denn einer, liebe Gemeinde, unter uns zu denken, es seien andere Tage als die des Erbarmens und andere Nächte als mit dem Morgen, da der Herr und der Bruder unserer Schicksale am Ufer steht. Treiben uns der Jammer und das Schreien und die Hilflosigkeit und die Gewalt und das Unrecht nicht erst recht jenem Ufer zu?

Lebenszeichen, das ist nicht obenhin. Es ist ein Zeichen gegen Tod und Teufel. Eine Möglichkeit, noch zu atmen, noch zu denken, noch etwas zu tun.

Das zweite Bild: die Frage.

Dreimal fragt der Herr den Apostel: ›hast du mich lieb?‹ Dreimal dies eine. Ehe wir's uns deuten, sollten wir einen Augenblick lang davor stille sein, daß in jener Stunde offenbar ein ganzes, volles, ernsthaftes Leben verdichtet ist auf diese eine Frage hin.

Von keinem Apostel wissen wir so viel wie von Petrus. Eines um das andere ist uns vor Augen: die Berufung, wie der Bruder ihn holt: ›wir haben den Messias gefunden‹. Oder das Bekenntnis an der entscheidenden Wende: ›Herr, wohin sollen wir gehen? Du hast Worte des ewigen Lebens‹. Oder die Nacht im Garten, wo es heißt: ›Petrus aber hatte ein Schwert‹, oder die Nacht im Hof: ›ehe der Hahn kräht‹. All dies tritt zurück – was einer weiß, was einer kann, was einer will, was einer nicht mehr kann –, es bleibt die Frage: ›hast du mich lieb?‹

Es mag unangemessen sein, jetzt daran zu denken, aber unwillkürlich steht einem doch auch vor Augen, was bliebe denn etwa von dem Weg mit dem Kind, das dir Gott geschenkt hat? Von Lachen und Weinen der ersten Jahre, von Mühe und Hoffen und viel Fürsorge darnach? Und all der im Grund unglaublichen Verantwortung, daß die Jahre des einen mit durch die Hände des anderen gehen? Bliebe denn mehr oder weniger als die stille Frage: ›hast du mich lieb?‹ Wissen wir es nicht beide und wäre es uns nicht besser ums Herz, wenn wir es uns eingestünden?

Was bleibt von dem gemeinsamen Weg mit dem Menschen, der uns befohlen ist? Wie vieles hält uns auf, und eine Frage hätte Gewicht.

Es ist unangemessen, so zu vergleichen, das spürt jeder. Aber es ist vielleicht doch auch an diesem unangemessenen Vergleichen zu merken, was auf dem Spiel steht, wenn der Herr seine Frage stellt. Nicht die Summe einer Erkenntnis und nicht die Last der Zweifel – viel ernsthafter, viel erschütternder, viel einfacher, viel schöner: ›hast du mich lieb?‹

Könnte einer die Frage mitnehmen auf den Weg durch die Jahrhunderte seiner Kirche, es wäre wohl ein Weg zum Verwundern. Was alles verlöre seinen Schrecken, und seinen Stolz und seinen Glanz, als wär's eine dünne Schablone, zum Umwerfen mit dem Finger – und anderes tauchte plötzlich auf mit Gestalt und Leben.

Und wenn einer diese Frage mitnimmt auf dem Weg durch das Eigene, ist es wohl wieder zum Verwundern, und es könnte einer mit 8 Jahren größer und gescheiter sein als mit 50. Aber auch mit 50 Jahren kann diese Frage einen Menschen noch wandeln.

›Simon Jona, hast du mich lieb?‹ Einfach übersetzt lautet das: Simon Jona, brauchst du mich, willst du mich haben?

Und es ist wohl gut, darauf zu achten, was der Herr nicht sagt. Nicht Kephas, Petrus, du Felsenmann, sondern: Simon Jona. Simon, du Sohn deines Vaters, Fischer am See, und jeder kennt die Art, wie er das Netz auswirft. Ein gewöhnlicher, einzelner, unvertauschbarer Mensch, so unvertauschbar wie wir.

Und der Herr sagt nicht: warum hast du mich verleugnet? Dreimal wird Simon gefragt, er weiß warum, und wir wissen's auch. Nein, brauchst du mich, willst du mich haben, so wie mich der Zöllner brauchte und der Verlorene das Haus des Vaters. 140

Immer halten wir uns fest, an dem, was war. Das bringt die Mühsal. Der Herr aber löst jenen Mann von seinem Tun, das bringt die Freiheit. Vergebung, das heißt: jetzt. Unsere Wege fangen gewöhnlich gestern an, darum kommen sie nicht weit. Gottes Wege mit einem Menschen fangen heute an. Das ist der Unterschied. 145

Merken wir, wo uns das Licht trifft durch's Fenster, und wie die Farben leuchten, wie ein neuer Tag? Wenn der Herr einen Menschen fragt, dann ist das ein Zeichen des Lebens, und wen unter uns sollte er nicht mehr fragen? 150

Das Dritte: der Auftrag. – ›Weide meine Schafe.‹

Zu dem, was unser Herz schwer begreifen kann in dieser Welt, gehört, wie nahe du und ich beieinander sind. Unauflöslich sind sie miteinander verbunden in dem Geheimnis dessen, was Kirche ist. Oder ist es nicht ein Rätsel für unser Herz, daß das Evangelium durch unsere Hände geht? Mutet es uns nicht wie ein Abenteuer an, bei dem es einem heiß und kalt wird, ob es gelingt? 155

Und wundern wir uns, wie oft dieses: ›Weide meine Schafe‹ mißbraucht worden ist? Wie oft sie vergessen wurden, verlassen, verkauft oder über die Felsen getrieben. Wieviel Anklage wird einmal aufstehen vor diesem Wort? 160

Ist es nicht ein Rätsel, daß Gott immer noch dem einen sein Erbarmen gibt für den anderen?

Aber so nahe sind du und ich beieinander in Jesu Namen. Und es ist wohl gelegentlich die Reihenfolge zu lernen, so wie Simon sie gelernt hat, der auf einmal dreimal sagt: ›Herr, du weißt‹, wo doch zu vermuten ist, daß seine Sätze normalerweise mit ich begonnen haben. 165

So nahe sind Vertrauen und Anvertrauen beieinander. So nahe, daß gelegentlich einer lernt, was Vertrauen heißt. Zum ersten Mal vielleicht in der Stunde, da er sieht, was ihm anvertraut ist. So nahe sind sie beieinander, daß, wenn das Licht durch's Fenster fällt, es einer zuerst auf dem Gesicht des anderen erkennt und dann erst spürt, wie es ihn selber erfaßt. So nahe sind in Gottes Welt du und ich beieinander, daß einer erst merken kann, wer er ist, wenn er erfährt, wen Gott ihm als Aufgabe gibt. 170

Das ist eine große Geschichte: ›Weide meine Schafe‹. Und immer wieder in den Jahrhunderten der Kirche eine traurige Geschichte. 175

Das ist immer noch eine große Geschichte, auch an unserem kleinen Tag, und könnte eine Geschichte der Freude sein. Und wer will im Ernst sagen, er sei nicht dabei und er wisse keinen, für den er seine Hand auftun oder für den er seine Hände falten könnte.

Und ist es nicht ein Zeichen zum Leben, wenn einer gebraucht wird? 180

Im nächsten Jahr wird wohl die Gestalt Jesu, der Schmerzensmann, wie sie Hans Multscher geschaffen hat, wenn eine Kopie oder ein Abguß draußen fürs Portal gefertigt ist, ihren Platz gefunden haben hier im Raum. Vielleicht drüben, wo der Chorbogen über dem Kreuz-Altar beginnt. Wir sind in den
185 letzten Wochen manchmal vor dieser Gestalt gestanden mit ihrer eigentümlichen Spannung zwischen Gehaltensein und Bewegung. Es ist ja, als käme sie aus weiter Ferne und tue zugleich unmittelbar einen Schritt auf einen zu. Manchmal haben wir uns gefragt, was für eine Geschichte des Neuen Testamentes der Künstler bei seinem Werk vor Augen hatte. Es ist wohl nicht
190 wichtig. Aber vielleicht bleibt dann später einmal mancher am Morgen nach dem Gottesdienst oder vorher drüben stehen und hört im Stillen die Frage: Brauchst du mich? Und hört im Stillen die Antwort Jesu auch: Ich brauche dich.

Es wäre ein guter Morgen.

Amen.

Einige bemerkenswerte Punkte dieser Predigt, die explizit und implizit deren seelsorgerliche Dimension umschreiben, seien angesprochen:

(1) Der Prediger sensibilisiert die Gemeinde für die Mehrdimensionalität des Textes, die durch dessen Dichte und Transparenz bedingt ist. Der originelle, der Münstergemeinde vor Augen stehende Vergleich, daß die Chorfenster je nach Lichteinfall anders aufleuchten, so daß je einzelne Bilder besonders hervortreten, macht den Hörenden den Verzicht des Predigers auf Erzählzüge, die ihre eigene Stunde haben, in der sie sprechend werden (»und führen, wohin du nicht willst«), nachvollziehbar und seine Konzentration auf drei besonders leuchtkräftige Bilder einleuchtend; es sind dies: der Morgen, die Frage und der Auftrag.

(2) Der Konzentration auf diese drei Bilder entspricht ein klarer, von den Hörenden gut mitzuverfolgender Predigtaufbau, der nicht nur jeden Hauptabschnitt zugespitzt bündelt, sondern in eine großartige Visualisierung der gesamten Predigtbewegung in der Steinskulptur des österlichen Christus von Hans Multscher einmündet, die eine wohltuende Ruhe und Sammlung ausstrahlt. Wir hatten bereits darauf hingewiesen, in welch starkem Maße Askani die Bedeutung des spätgotischen Kirchenraumes des Ulmer Münsters als die Predigt ständig begleitenden Faktor wahrgenommen und wie er darum die Predigt der Steine und Bilder als Teil des Predigtgeschehens verstanden hat. Hier greift Askani die von Hans Multscher 1429 geschaffene Hauptportalsfigur des sogenannten Schmerzensmannes[528] auf, eine Darstellung des österlichen Herrn mit den Wundmalen. Wenn auch offen ist, welche neutestamentliche Geschichte dem Künstler damals bei seinem Werk vor Augen gestanden hat, so versteht Askani diese österliche Gestalt als Visualisierung des am Ufer stehenden Jesus vor den

Abb. 28: Der »Schmerzensmann« von Hans Multscher im Ulmer Münster

Augen der Münstergemeinde. So bündelt sich die seelsorgerliche Bewegung des gesamten Predigthauptteils in der stillen Meditation vor Multschers Jesus-Figur: »*... vielleicht bleibt ... einmal mancher am Morgen* (60-94) *nach dem Gottesdienst oder vorher drüben stehen und hört im Stillen die Frage: Brauchst du mich?* (95–150) *Und hört im Stillen die Antwort Jesu auch: Ich brauche dich.* (151–180)*Es wäre ein guter Morgen. Amen.*« (190–195)

(3) Die drei genannten Bilder enthalten ein Trostpotential, das in der seelsorgerlichen Mitte der jeweiligen Predigthauptabschnitte freigelegt wird:

Das Wissen um den Morgen, an dem Jesus, der Herr und Bruder unserer Schicksale, am Ufer steht, bringt einen Trost in die vor uns liegenden Tage und für die letzte Nacht, der auch der Konfrontation mit dem Zeitgeschehen standhält. An dieser Stelle schöpft Theophil Askani aus der in seinem biographischen Umfeld durch Karl Hartenstein und Albrecht Goes verkörperten schwäbischen seelsorgerlichen Auslegungstradition. Das macht deutlich, daß seelsorgerliches Predigen das sorgfältige Hören auf den geistlichen Erfahrungsschatz vorangegangener Generationen selbstverständlich einschließt und auch an dieser Stelle das Individuelle transzendiert.

Jesu Frage: »Hast du mich lieb?«, die seinen seelsorglichen Umgang mit Schuld und Versagen vor Augen stellt, bringt die Vergebung, die aus der Mühsal des Verstricktseins ins Tun löst und die Freiheit neuen Anfangs eröffnet.

Jesu Auftrag: »Weide meine Schafe!« weist die anthropologische und ekklesiologische Grundstruktur des Aneinandergewiesenseins von Ich und Du auf und enthält den paränetischen Impetus, dem erfahrenen Erbarmen Gottes konkrete Gestalt im Umgang mit dem anvertrauten Gegenüber zu geben.

(4) Das von Askani freigelegte Trostpotential resultiert aus am Text wahrgenommenen exegetischen Beobachtungen, die sorgfältig zu einem systematisch-theologischen Gesamtkonzept weitergedacht bzw. in ein solches integriert wurden; dieses bildet den Ermöglichungsgrund seelsorgerlicher Predigt:

Christus ist als sacramentum und exemplum prädiziert: (60–94): als der Bruder (90) leidet er solidarisch an unseren Schicksalen mit, zugleich aber steht er, als der Herr am Ufer (73–79.90), unseren Möglichkeiten und Erfahrungen gegenüber und hat so die Kraft, neue Möglichkeiten aufzutun; Trost zu geben, den Menschen sich nicht zu geben vermögen, Not zu wenden. Indem Askani – wie die ihm vorgegebene seelsorgliche Tradition – die Spannung von Praesens und Futurum der eschatologischen Wirklichkeit des am Ufer stehenden Herrn aufrechterhält, wird diese Wirklichkeit zu einem auch in der Todesstunde tragkräftigen Trostzuspruch (78f) und zu einem Hoffnungspotential, das auch der Konfrontation mit gegenwärtig ohnmächtig erlittenem Unrecht und Gewalt standhält, weil es diesen nicht das letzte Wort zugesteht (87–92). Das letzte Wort hat der von den Wundmalen gezeichnete österliche Christus, wie er als Skulptur von Hans Multscher der Münstergemeinde vor Augen steht und dem der Schlußabschnitt der Predigt gehört (181–195).

Die Hamartiologie, die Schuldfrage, kommt im Lichte der Christologie zur Sprache (95–150): Jesu seelsorglich empathischer, gerade so aber unüberbietbar treffender Umgang mit Schuld und Versagen hat paradigmatischen Charakter für das Zursprachekommen des pondus peccati (Gewicht der Sünde) in der seelsorgerlichen Predigt. Diese vergegenwärtigt die Vergebung als die dem Menschen entgegenkommende Möglichkeit, aus dem Verstricktsein in seine Taten gelöst und von Gott die Freiheit eines neuen Anfangs gewährt zu bekommen. Seelsorgerliche Predigt führt damit weiter zu Beichte und Absolution.

Auch die Ethik kann nur unter dem Vorzeichen der Christologie zur Sprache kommen (151–180): Die Erfahrung gewährter Freiheit neuen Anfangs bewährt sich in einer dem erfahrenen Erbarmen Gottes entsprechenden Lebensgestaltung. Dieser Gestaltwerdung dient die Paränese. Paränese ist damit ein integraler Bestandteil der Paraklese.

(5) Gegen Rudolf Bohrens Einrede, seelsorgerliche Predigt löse die Leibhaftigkeit und Einheit der Gemeinde durch Vereinzelung und Isolation des einzelnen von der Gemeinde auf[529], läßt sich an der vorliegenden Predigt das Gegenteil beobachten: Askani hat, darin vom Text selber wie von der Geschichte seiner Auslegung geleitet, von Anfang an sowohl die individuell-anthropologische (128–131.167–173.176–179) wie auch die ekklesiologische Ebene (123–127.174f) im Blick; ja, der einzelne ist als Teil der Gemeinde verstanden.

(6) Sämtliche Hauptpunkte der »Reutlinger Homiletik« lassen sich bereits an der Ulmer Abschiedspredigt aufweisen:

– Die Textbindung des Predigers wird deutlich; der Prediger stellt sich der Aufgabe, den Perikopentext und den Kasus ›Abschied von Ulm‹ zusammenzubringen.

– Die Predigt ist ihrer inneren Struktur nach ein Dialog mit den Hörenden, der aber auch der klare Zuspruch nicht fehlt.

– Die Spannung zwischen Bestätigung und Erschütterung der Hörenden ist wahrzunehmen: Es geschieht zum einen Vergewisserung der Nähe Jesu; zum anderen werden die eigenen menschlichen Möglichkeiten und Wege, die dem Gestern verhaftet sind, kontrastiert mit Gottes Wegen und Möglichkeiten (Vergebung); das »Weide meine Schafe!« will die Gestaltwerdung des Erbarmens Gottes im konkreten Lebensvollzug auf den Prüfstand stellen.

– Die Predigt zeichnet sich durch sorgfältige Sprache und hilfreiche, zur Identifikation einladende, mannigfache individuelle Erfahrungen integrierende Konkretionen aus.

– Dem Prediger ist die Spannung zwischen Herzklopfen und Freude auf dem Weg zu seiner Predigt und mit seiner Predigt zu seinen Hörerinnen und Hörern abzuspüren.

– Die Predigt legt das Trostpotential des Textes frei, indem sie in jedem Hauptabschnitt auf eine seelsorgerliche Mitte zustrebt (73–79.143–147. 163–173).

Der Schwestertext zur Ulmer Abschiedspredigt ist sechs Jahre später als diese unter völlig veränderten biographischen Umständen entstanden und in der Einsamkeit des Rundfunkstudios aufgezeichnet. Diese zweite Predigt zu Johannes 21 – diesmal über die Verse 1–14, gesendet am Sonntag Quasimodogeniti, 26. April 1981, im Südwestfunk – ist eine Großaufnahme des Abschnitts »Der Morgen« der Ulmer Abschiedspredigt. Was dort nur knapp angedeutet war, aber der Sache nach dem Prediger bereits deutlich vor Augen stand – daß Johannes 21,4 die innere Mitte des gesamten Kapitels bildet –, begegnet uns hier in einer solchen Dichte und Prägnanz, daß man diese Predigt als ein Musterbeispiel für seelsorgerliches Predigen schlechthin anzusprechen hat. Hatten wir bei der Ulmer Abschiedspredigt die schriftliche Fixierung einer Kanzelrede, ein Kanzelmanuskript, vorliegen, so in diesem Fall das exakt ausformulierte, geschliffene Redemanuskript für die Rundfunkaufzeichnung, dessen Verlesung 13 Minuten und 15 Sekunden dauerte.[530]

Liebe Hörerinnen und Hörer!

Ein Satz aus der Evangelien-Geschichte dieses Sonntags ist mir ständig vor Augen, so oft ich an die Geschichte denke. Er hat mir schon manches Mal geholfen, wie ein guter Freund. Vielleicht bleibt er dem einen oder anderen un-
5 ter uns auch in Erinnerung, und vielleicht hilft er dem einen oder anderen unter uns auch einmal.

»Da es aber Morgen war, stand Jesus am Ufer«.

Das ist das Wort – ein einfacher Hinweis, so scheint es, und es braucht den Zusammenhang, um zu verstehen, warum der Satz Bedeutung hat. Zugleich
10 aber ahnt wohl jeder von uns, dass etwas dahinter sein muss, mehr, als die Silben sagen.

So ist es mit der Geschichte überhaupt, die ich jetzt lesen werde. Sie hat eine eigentümliche Transparenz. Hinter dem, was im Vordergrund erzählt wird, scheint anderes durch. Erste Erfahrungen der jungen Christenheit
15 werden sichtbar, Schicksale von Menschen zeichnen sich ab, Mühsal und Vergeblichkeit tauchen wie dunkle Schatten auf, Sehnsucht und Hoffen ha-

ben ihr Spiel, Fragen und Verstummen gibt es – und Antwort auch. Antwort der Zuversicht und des Trostes, des Nachhausekommens – so eben, wie der Satz klingt nach vergeblicher Nacht: »Da es aber jetzt Morgen war, stand Jesus am Ufer«.

Hören wir, was Johannes 21 erzählt wird: 20

»Darnach offenbarte sich Jesus abermals den Jüngern an dem Meer bei Tiberias. Er offenbarte sich aber also: Es waren beieinander Simon Petrus und Thomas, der da heisst Zwilling, und Nathanael von Kana in Galiläa und die Söhne des Zebedäus und andere zwei seiner Jünger. Spricht Simon Petrus 25 zu ihnen: Ich will hin fischen gehen. Sie sprechen zu ihm: So wollen wir mit dir gehen. Sie gingen hinaus und traten in das Schiff alsobald; und in derselben Nacht fingen sie nichts. Da es aber jetzt Morgen war, stand Jesus am Ufer; aber die Jünger wussten nicht, dass es Jesus war. Spricht Jesus zu ihnen: Kinder, habt ihr nichts zu essen? Sie antworteten ihm: Nein. Er aber 30 sprach zu ihnen: Werfet das Netz zur Rechten des Schiffs, so werdet ihr finden. Da warfen sie, und konnten's nicht mehr ziehen vor der Menge der Fische. Da spricht der Jünger, welchen Jesus lieb hatte, zu Petrus: Es ist der Herr! Da Simon Petrus hörte, dass es der Herr war, gürtete er das Hemd um sich (denn er war nackt) und warf sich ins Meer. Die andern Jünger aber ka- 35 men auf dem Schiff (denn sie waren nicht ferne vom Lande, sondern bei zweihundert Ellen) und zogen das Netz mit den Fischen. Als sie nun austraten auf das Land, sahen sie Kohlen gelegt und Fische darauf und Brot. Spricht Jesus zu ihnen: Bringet her von den Fischen, die ihr jetzt gefangen habt! Simon Petrus stieg hinein und zog das Netz auf das Land voll grosser 40 Fische, hundertunddreiundfünfzig. Und wiewohl ihrer so viel waren, zerriss doch das Netz nicht. Spricht Jesus zu ihnen: Kommt und haltet das Mahl! Niemand aber unter den Jüngern wagte, ihn zu fragen: Wer bist du? denn sie wussten, dass es der Herr war. Da kommt Jesus und nimmt das Brot und gibt's ihnen, desgleichen auch die Fische. Das ist nun das drittemal, dass Je- 45 sus offenbart ward seinen Jüngern, nachdem er von den Toten auferstanden war.«

Eine Ostergeschichte am See, an dem Ort, an dem so viel geschehen ist. Hier hat Jesus Kranke geheilt, Verzweifelte aufgerichtet, hier hat er die Leidtragenden selig gepriesen und die, die geistlich arm sind, hier hat er die 50 Menge gespeist, hier hat er seine Jünger gefunden – und wie oft mögen sie miteinander hinausgefahren sein auf die Höhe des Sees in ihren Schiffen.

Wenn man heute von Nazareth mit dem Wagen nach Galiläa fährt, dann sieht man mit einem Mal den See, eingebettet in den grünen Dunst der Weingärten, geziert durch die dunklen Schatten der Zypressen, wie ein 55 blaues Märchen liegt er dort drunten. Und es ist nicht schwer, sich vorzustellen, was dort alles war in jener unvergleichlichen Zeit, die das Neue Testament die erfüllte Zeit nennt.

Es ist auch nicht schwer, sich vorzustellen, wie die Jünger jetzt dort beieinander sind. Nach Ostern: das sind zunächst die Tage der Verlassenheit; als ob alles leer geworden wäre, ringsum und ohne Sprache. Weisst du noch, so fragen sie einander, als die Menge sich am Ufer drängte und nur noch Platz für Jesus war auf dem Schifflein im Wasser? Weisst du noch? – aber das ist nun vergangen. Und es scheint so, als habe sich unter den Jüngern, die da übrig geblieben sind, dieses Vergangene eher wie eine Last auf die Seele gelegt. Lässt es sich noch einmal beschwören? Da steht Simon-Petrus auf, der, der das Untätigsein am wenigsten aushält, und sagt zu den Freunden: also ich gehe jetzt fischen. Man hört heute noch den Tonfall, in dem sie ihm erleichtert geantwortet haben mögen: dann gehen wir mit. So gehen sie ans Ufer, so treten sie ins Schiff und – »in derselben Nacht fingen sie nichts«.

»In derselben Nacht fingen sie nichts«. Fast möchte man sagen, das passt so ganz dazu. Es konnte gar nicht anders sein. Die erfahrenen Fischer haben keinen Fehler gemacht, der Kahn gleitet hin wie sonst, das Netz werfen sie aus wie sonst, aber die Mühe ist vergeblich. Wie kann es anders sein – liegt es nicht in ihnen selber, dass das Glück sie verlassen hat? Manchmal spürt man es ja an sich: es ist dieselbe Handbewegung, es sind dieselben Worte und es ist, als falle alles ins Leere. Manchmal kommt es gar nicht so sehr auf das Draussen an, noch ehe einer ins Schiff tritt, ist, so scheint es, über vergeblich und nichtvergeblich entschieden.

»Ob einer glücklich ist, kann er dem Winde anhören«, so sagt Theodor Adorno einmal. »Dieser mahnt den Unglücklichen an die Zerbrechlichkeit seines Hauses und jagt ihn aus leichtem Schlaf und heftigem Traum. Dem Glücklichen aber singt er das Lied seines Geborgenseins.«

»Und in dieser Nacht fingen sie nichts«. Kennen wir das? Wenn es nicht merkwürdig klänge, dann müssten wir einander wünschen, dass wir zum mindesten eine Ahnung davon haben. Wer nichts weiss von der vergeblichen Nacht und vom vergeblichen Tag, wer das gar nicht kennt, dem fehlt etwas in seinem Leben. Es ist wie eine verlorene oder noch nicht gefundene Dimension, eine Tiefe, die fehlt. Und wenn einem alles gelingt, dann ist ihm merkwürdigerweise etwas ganz Wesentliches vorenthalten. Manchmal spüren wir es einem Gesicht an, oder den Worten, oder der Art des Zuhörens: du hast noch nie eine vergebliche Nacht gehabt; du weisst nicht, wie das ist, wenn das Netz leer aus dem Wasser kommt; du hast noch nie das Boot nach vertaner Mühe ans Ufer bringen müssen und den Tag beginnen oder enden, ohne etwas in Händen zu haben.

Die vergeblichen Nächte und die vergeblichen Tage gehören zum Leben. Und es kann sein, dass wir leichter und barmherziger miteinander umgehen, wenn wir es uns selber eingestehen und einander eingestehen. Denn wer nur Glück hat, kann ein harter Mann werden, und wem alles gelingt, bei dem ist wenig Raum für einen anderen.

Freilich, das wollen wir einander auch sagen: vergebliche Tage und vergebliche Nächte sind nicht nur ein Stück Reife des Lebens, da ist auch der Abgrund, da ist auch der Zweifel, da ist auch das flatternde Herz, warum und wie lange? Da zählt einer die Stunden bis der Morgen kommt und weiss, die Nacht ist vertan und die Ruhe versäumt und der Tag wird seine Last haben, 105 ehe er beginnt.

Da fragt sich die Mutter, was geblieben ist von dem Glück der ersten Schritte mit dem Buben? Dort geht er jetzt hin, allein und ganz anders, als sie es sich gewünscht hat, und braucht niemand mehr. Da legt einer seine Arbeit aus der Hand, und es ist, als wie wenn er aus einem Traum erwacht: was 110 ist denn geblieben von der Mühe, von der Hetze, vom vollen Kalender? Kann das sein, dass tausend kleine Erfolge unter dem Strich ein leeres Netz ergeben?

»Und in dieser Nacht fingen sie nichts«. »Da es aber jetzt Morgen war, stand Jesus am Ufer«. 115

Wenn Sie nachher in Ihrer Bibel nachlesen, vielleicht in einer neueren Übersetzung, dann lautet der Satz möglicherweise etwas anders: »Da trat Jesus ans Ufer«. Mir ist, offen gestanden, die alte Luther-Übersetzung, die grammatikalisch auch möglich ist, lieber. Man hat viel mehr das Empfinden, dort ist er, der Herr, am Ufer schon lange gewesen. Die Jünger meinten, sie 120 seien allein, als sie ins Schiff traten, sie seien allein, als sie die Netze leer aus dem Wasser zogen, sie seien allein, als sie heimkehrten – und in Wirklichkeit hatte er alles vor Augen und war immer dabei.

Liebe Hörerinnen und Hörer! Mag sein, dass einer angefochten ist in seinem Herzen durch die Vergeblichkeit der Nächte und der Tage. Mag sein, 125 dass einer auch denkt: das schlimmste dabei ist, dass ich allein bin. – Nun, so wollen wir miteinander hören, dass jene Ostergeschichte vom See, die wie ein Transparent ist auch für unser Leben, es anders weiss. Die lange Nacht ist vor seinen Augen, so wie der Tag es war. Und den, der da heimkehrt mit leeren Händen und traurigem Herzen, empfängt der Herr. Was für ein Bild 130 könnte das auch sein! Knirschend läuft das Boot auf dem Sand auf, und ein paar verlassene Fischer steigen ans Land. Es ist der kritische Augenblick, der Augenblick, wo einer sich auf die Steine setzen kann und zurückschauen auf das Wasser, über dem nun die Sonne aufgeht, und sich fragen: was soll's denn noch? Und hat es jemals einen Sinn gehabt? 135

Nein, so ist es nicht, und so muss es nicht sein. »Da es aber jetzt Morgen war, stand Jesus am Ufer«. Eine Nacht, von der man das weiss, ist anders, ein Tag, von dem man ahnt, dort steht er am Ufer, ist anders. Vielleicht ist auch einmal die letzte Nacht, die ein jeder noch vor sich hat und durchschreiten muss, die Nacht des Todes, anders, wenn einer weiss, wenn's Morgen ist, 140 steht Jesus am Ufer. Gewiss ist sie anders.

Unsere Geschichte ist eine Ostergeschichte, das heisst: sie redet von Leben und Tod, und sie wendet die Reihenfolge, die uns in unserem zerbrechlichen Leib und unter dem Schatten mancher Vergeblichkeit so unabänderlich erscheint, um. Nicht Leben und Tod – Tod und Leben heisst es nun, seit der 145 Herr erstanden ist. Tod und Leben. Nicht Hoffen und Vergeblichkeit am

Ende, und Müdesein und leere Hände – nein, leere Hände und manche Mühsal gewiss, und doch Hoffnung, und doch der Morgen, und doch ein Beginnen neu unter Gottes Angesicht.

150 »Da es aber jetzt Morgen war, stand Jesus am Ufer«.

Und nun folgt in unserer Geschichte nichts anderes, als dass, was dieser Satz bedeutet, entfaltet wird wie ein schönes Geheimnis.

Da ist die fürsorgliche Frage des Herrn: »Habt ihr nichts zu essen?« Da ist der wunderbare Fang der Fische, »hundertunddreiundfünfzig«, heisst es, sei-155 en's gewesen. Und von hundertunddreiundfünfzig verschiedenen Fischarten wusste man damals, so, als ob gesagt werden sollte, die ganze Welt wird erreicht durch das, was die Jünger in Jesu Namen tun.

Da ist das Mahl bereitet mit allem was dazu gehört, und das grosse Festmahl am Ende der Zeiten taucht auf wie das Abendmahl, das die Gemeinde 160 jetzt schon feiert: satt werden wird man vor Gottes Angesicht, und Fülle des Lebens bietet er an. Und da ist vor allem auch mit dem stummen Verzicht auf Erklärungen das Ende aller Rätsel angedeutet, der schöne Tag, von dem es einmal bei Johannes heisst: »Und an dem Tage werdet ihr mich nichts mehr fragen«.

165 Johannes 21 ist ein Anhang, ein Nachtrag. Wer nachliest, sieht, dass das Evangelium schon im vorhergehenden Kapitel abgeschlossen war. Ich freue mich an diesem Anhang. Er nimmt noch einmal auf, was war, und er zeigt, was sein wird, so, dass ich es verstehen kann. Eine lange Kirchengeschichte deutet sich an und zugleich das Ziel aller Zeit. Die Grenze meines eigenen 170 Lebens wird sichtbar und zugleich wird die Hoffnung angesagt, die keine Phantasie sich ausmalen kann und muss.

»Da es aber jetzt Morgen war, stand Jesus am Ufer«. Was braucht es mehr für dich und mich, was braucht es mehr im Grunde für Tage und Nächte dieser, unserer flüchtigen Welt?

Amen.

Diese Predigt zu Johannes 21,1–14, einem Text, der Askani so lieb geworden war, daß er auch eine kleine Federzeichnung dazu anfertigte, entstand aus einer der Situation Karl Hartensteins vergleichbaren Leidenssituation heraus. Längst war der Punkt erreicht und in der Predigt von der in der Mitte abgebrochenen Säule artikuliert, daß es nun hieß, sich in die Krankheit zu schicken. Wie das Leben Hartensteins, so umspannte auch das Leben Askanis 58 Jahre. In dieser Situation erfährt Askani Trost aus dem biblischen Text, greift auch für diese Predigt noch einmal die württembergische Auslegungstradition auf und macht doch etwas Neues, Eigenes daraus. Er macht das Erleben der Jünger, die mit leeren Netzen zurückkehren, transparent für vielfältige Vergeblichkeitserfahrungen Einzelner. Vergeblichkeitserfahrungen können ambivalent sein: sie führen ein Leben zur Reife, aber sie können auch an den Abgrund führen. *»Da zählt einer die*

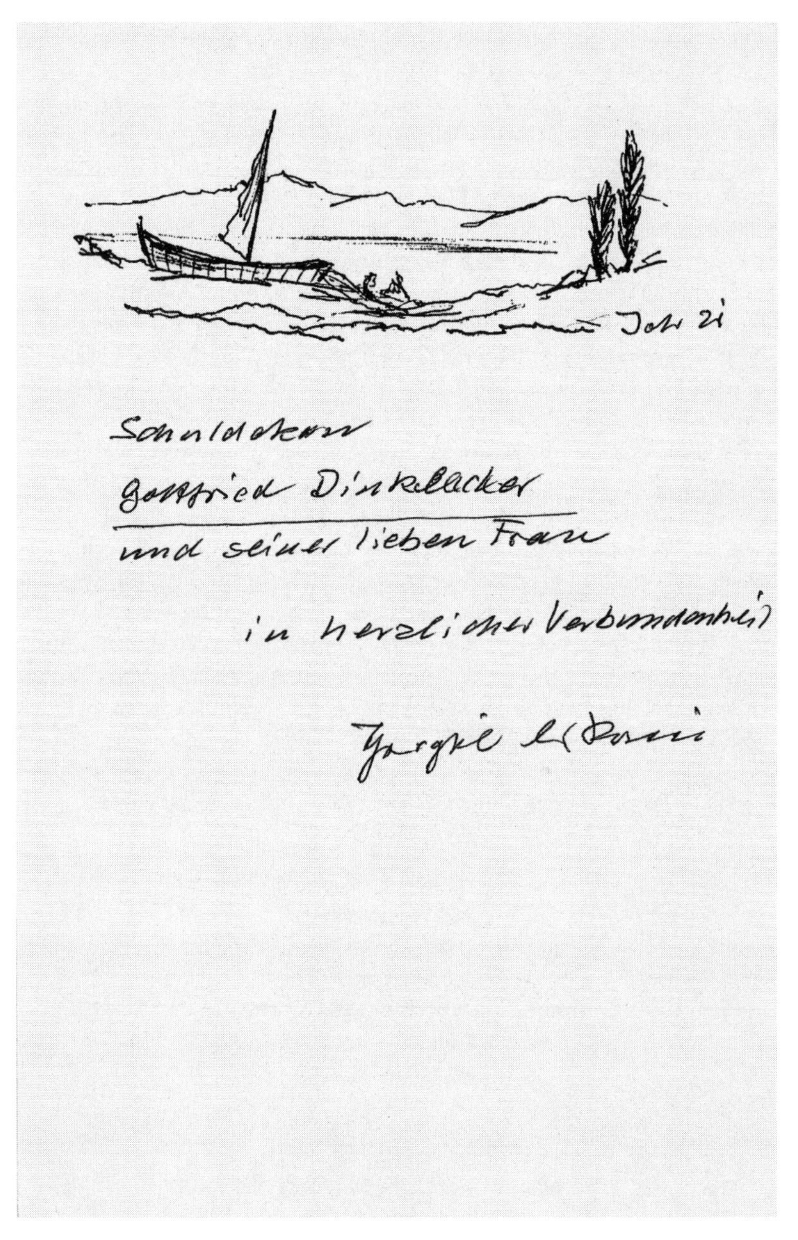

Abb. 29: Federzeichnung Theophil Askanis zu Johannes 21, vervielfältigt verwendet als Widmungsblatt zu seinem Predigtband »Da es aber jetzt Morgen war, stand Jesus am Ufer«, November 1981

Stunden, bis der Morgen kommt, und weiß, die Nacht ist vertan und die Ruhe versäumt und der Tag wird seine Last haben, ehe er beginnt ... Da legt einer seine Arbeit aus der Hand, und es ist, wie wenn er aus einem Traum erwacht: was ist denn geblieben von der Mühe, von der Hetze, vom vollen Kalender? Kann das sein, daß tausend kleine Erfolge unter dem Strich ein leeres Netz ergeben?« (104–113 i. A.)

Die nun folgenden Sätze (114–123) enthalten den Schlüssel der Predigt. Mit dem Zitat »Und in dieser Nacht fingen sie nichts« noch einmal die Thematik »Vergeblichkeitserfahrungen« bündelnd, leitet Askani über zum folgenden Vers 4a: *»Da es aber jetzt Morgen war, stand Jesus am Ufer.«* (114f) Askani macht – von seiner Zeit am Stuttgarter Karls- und Eberhard-Ludwigs-Gymnasium her intensiv in der altgriechischen Sprache geschult – am Urtext die sprachlich-exegetische Entdeckung, daß die Verbform *esté* in diesem Vers als effektiver Aorist aufgefaßt werden kann: »er war hinzugetreten« = »er stand« am Ufer. Das heißt, daß das Hinzutreten als Vorgang abgeschlossen ist. Damit wird die alte Lutherübersetzung »Da stand Jesus am Ufer« bestätigt – gegenüber der rein grammatikalisch auch möglichen, die Verbform als ingressiven Aorist verstehenden 1975er Revision des Luthertextes: »Da trat Jesus ans Ufer.« Ich vermute, daß Askani für seine sprachlich-exegetische Entdeckung sensibilisiert worden ist durch ein Gedicht aus Geroks ›Palmblättern‹, jenem ihm seit Kindheit vertrauten Gedichtband, und zwar durch das Johannes 21,7 in zehn Strophen meditierende Gedicht »Es ist der Herr«:

»Da spricht der Jünger, welchen Jesus lieb hatte, zu Petro:
›Es ist der Herr!‹

Es ist der Herr! hört ihr das Glaubenswort
Vom See Genezareth?
O sprechet's nach, daß es von Ort zu Ort
Durch alle Lande geht;
Ihr müßt ihn doch den Herren nennen,
Und alle Welt soll's noch bekennen:
Es ist der Herr!

Es ist der Herr! s c h o n l a n g e s t e h t E r d a,
Doch wähnt ich, Er sei fern,
Nacht war's in mir, mein trübes Auge sah
Noch nicht den Morgenstern;
Gottlob, nun hat es ausgedunkelt,
Der Glaube glüht, die Sonne funkelt:
Es ist der Herr!«[531]

Askani spürt dem nach, was seine sprachlich-exegetische Entdeckung im Duktus der Geschichte austrägt: Sie ist ein Hinweis auf die zwar unerkannte, aber dennoch Halt gewährende Präsenz des Auferstandenen auch inmitten der Vergeblichkeitserfahrung. Als der aus Leiden und Tod Auferstandene kann der Christus denen, die in Mühsal, Vergeblichkeit und Leiden stehen, als der Bruder solidarisch zur Seite gehen. Und zugleich aber muß auch das andere gesagt werden: Als der auferstandene Herr am Ufer steht der Christus den Vergeblichkeitserfahrungen gegenüber und hat die Kraft, sie zu transzendieren: »*Mir ist, offen gestanden, die alte Luther-Übersetzung, die grammatikalisch auch möglich ist, lieber. Man hat viel mehr das Empfinden, dort ist er, der Herr, am Ufer schon lange gewesen. Die Jünger meinten, sie seien allein, als sie ins Schiff traten, sie seien allein, als sie die Netze leer aus dem Wasser zogen, sie seien allein, als sie heimkehrten – und in Wirklichkeit hatte er alles vor Augen und war immer dabei.*« (118–123)

Askani legt nun (124–149) das Trostpotential von Johannes 21,4, das er durch seine sprachlich-exegetische Entdeckung in den Blick genommen hatte, frei für den einzelnen Hörer, der von vergeblichen Tagen und Nächten angefochten ist. Dazu macht Askani sich den transparenten Charakter von Johannes 21 homiletisch zunutze und artikuliert die Vergeblichkeitserfahrung und das in deren Gefolge sich einstellende Verlassenheitsgefühl der Hörenden, das hinter der Vergeblichkeitserfahrung und dem Gefühl des Alleinseins der Jünger am See Tiberias sichtbar wird.

Besonders auffallend ist an dieser Stelle, die den seelsorglichen Zuspruch unmittelbar vorbereitet, daß Askani nicht im vereinnahmenden Wir-Stil redet, sondern den angefochtenen Einzelnen, der jetzt vielleicht auch vor seinem Rundfunkgerät sitzt, zum Subjekt macht und ihn darin auf ganz tiefe Weise ernstnimmt: »*Liebe Hörerinnen und Hörer! Mag sein, daß einer angefochten ist in seinem Herzen durch die Vergeblichkeit der Nächte und der Tage. Mag sein, daß einer auch denkt: das Schlimmste dabei ist, daß ich allein bin.*« (124–126) Diesen angefochtenen Einzelnen nun stellt Askani in die Hör- und Trostgemeinschaft der Gemeinde: »*Nun, so wollen w i r miteinander hören, daß jene Ostergeschichte vom See, die wie ein Transparent ist auch für u n s e r Leben, es anders weiß. Die lange Nacht ist vor seinen Augen, so wie der Tag es war. Und den, der da heimkehrt mit leeren Händen und traurigem Herzen, empfängt der Herr.*« (126–130)

In plastisch-anschaulicher Sprache, mit einfachen, für jeden verständlichen Worten, und doch der Tiefgründigkeit gerechtwerdend, spricht Askani damit den Hörenden den Trost des Textes zu: Wer eine lange vergebliche Nacht erleben muß, darf sich die Gewißheit zusprechen lassen: der auferstandene Herr steht am Ufer und hat vor Augen, was in einem Leben geschieht. Wer mit vergeblichen Erfahrungen zurückkehren muß, wird nicht sich selbst überlassen, sondern empfangen – vom Herrn. Wieder setzt Askani sehr bewußt – und keineswegs als salbungsvolle Floskel – die Prädikation »Herr«, in der die beiden oben aufgezeigten Implikationen mitzuhören sind: das Mitleiden Christi, der selber Vergeblichkeit und Leiden erfahren hat, und das Überwinden Christi, der als österlicher Herr den Vergeblichkeitserfahrungen gegenüber- und entgegentreten und sie dadurch wenden kann. Das Bild von der Heimkehr nach vergeblichen Wegen eröffnet mannigfache Assoziationen: von der Heimkehr des Sohnes, der alles und sich selber verloren hat und im Haus des Vaters empfangen wird (Askani hatte es, wie die Ulmer Predigt zeigt, mit vor Augen, vgl. ebd., 141f), über die mit leerem Netz zurückkehrenden Fischer bis hin zu biographischen Erfahrungen der Hörenden. Den Fragen, die die Vergeblichkeitserfahrungen aufwerfen, wird die *»Antwort … des Nachhausekommens«* gegenübergestellt, und weil am Ende nicht die Sinnlosigkeit steht, sondern der Herr, der den Heimkehrenden empfängt, ist es eine *»Antwort der Zuversicht und des Trostes«* (17f).

Askani entfaltet die Trostzusage (128–130), indem er nun vor dem Gegenbild einer mißlingenden Bewältigung der Vergeblichkeitserfahrung ohne den Christus extra nos pro nobis (130–135) die individuell-anthropologische Dimension sowohl der präsentisch- wie auch der futurisch-eschatologischen Deutung von Johannes 21,4 zur Geltung bringt (136–141). Das mit wenigen Strichen gezeichnete Gegenbild besteht darin, daß Askani herausarbeitet, daß Vergeblichkeitserfahrungen, deren Abgründigkeit er bereits andeutete (101–113), zum Absturz in den Abgrund der Verzweiflung und Sinnlosigkeit führen können, wenn ihnen kein Gegen-Wort gegenübergestellt wird, in Askanis Sprache: kein Wort des Trostes, das einen Horizont der Hoffnung aufreißt, an dem Auge und Herz sich orientieren können. Das Gegen-Wort besteht darin, daß hier und jetzt Nächte und Tage einen anderen Charakter bekommen, wo man um Jesu Nähe auch i n den Vergeblichkeitserfahrungen weiß und sich das von Johannes 21,4 her immer wieder neu zusagen läßt. Noch knapper und thetischer als in der Ulmer Abschiedspredigt (ebd., 74–79) formuliert Askani die präsentisch-eschatologische Dimension dieses Erzählzuges für den Einzelnen: *»›Da es aber jetzt Morgen war, stand Jesus am Ufer.‹ Eine Nacht, von der man das weiß, ist anders, ein Tag, von dem man ahnt, dort steht er am Ufer, ist anders* [als daß man sich, nach der Rückkehr mit den leeren Netzen, *»auf die Steine setzen kann und zurückschauen auf das Wasser, über dem nun die Sonne aufgeht, und sich fragen: was soll's denn noch? Und hat es jemals einen Sinn gehabt?«* (133–135).« (136–138).

Die dem Einzelnen geltende, futurisch-eschatologische Dimension von Johannes 21,4 blitzte in der noch von der Zuversicht eines neuen Anfangs in Reutlingen getragenen Situation der Ulmer Abschiedspredigt, lebensgeschichtlich verständlich, nur kurz auf: »›*Da es Morgen war, stand Jesus am Ufer.‹ ... Es ist gut zu wissen, daß die Nächte so enden, auch die letzte Nacht. Verliert nicht die Angst ihren Stachel?*« (ebd., 73.78f) Nun, sechs Jahre später, in der völlig veränderten lebensgeschichtlichen Situation, formuliert Askani in überaus eindrücklicher Weise das diesem Wort inhärente Trostpotential für den letzten Weg eines jeden Menschen: »*Vielleicht ist auch einmal die letzte Nacht, die ein jeder noch vor sich hat und durchschreiten muß, die Nacht des Todes, anders, wenn einer weiß, wenn's Morgen ist, steht Jesus am Ufer. Gewiß ist sie anders.*« (138–141)

In erster Linie diese dem Einzelnen geltende futurisch-eschatologische Dimension von Johannes 21,4 war es, die für Askani diesen Satz zu einem guten Freund werden ließ und zu einer Hilfe, die er schon manches Mal erfahren hat, wie er zu Beginn seiner Predigt (3f) seine Hörer wissen läßt. Wobei erneut anzumerken ist, daß für Askani der Einzelne nie isoliert, sondern immer als Glied der Trostgemeinschaft der Gemeinde gesehen wird, wie er selber in der nur wenige Wochen später gehaltenen Abschiedsandacht vor der württembergischen Landessynode formuliert: »*Unsere Hoffnung hat weite Segel, und wir warten miteinander auf den Morgen, da offenkundig wird, daß Jesus am Ufer stand, die ganze vergebliche Nacht.*«[532]

An dieser Stelle werden wir noch einmal auf eine pastoraltheologische Grundbedingung der Möglichkeit seelsorgerlichen Predigens gestoßen. Es wird hier deutlich, daß der Prediger, der seinen Hörern das Trostpotential des Textes erschließen will, sich nicht damit begnügen kann, Ausleger, Exeget zu sein. Der Prediger hat vielmehr den Trost sich selber von dem im Text begegnenden Christus sakramental zusprechen lassen und ihn in seiner Wirkkraft erfahren. Er ist der erste Hörer des Textes, der erste Zweifler, der erste Getröstete (Wolfgang Trillhaas). Als erster Getrösteter bringt der seelsorgerliche Prediger eigene Tosterfahrung mit ein: Er wagt es, »Ich« zu sagen (3), und aus dem Trost, den er der Gemeinde als Zuspruch zusagt, lebt er selber in ureigener Angewiesenheit. (136–141).

Gerade diese Stelle der Predigt, die vor dem Hintergrund eigener Trosterfahrung des Predigers aus Johannes 21,4 so formuliert wurde, hat unter den Hörenden große Resonanz ausgelöst. In seinem Nachruf bei Askanis Beerdigung am 8. März 1982 bezog Dekan Eberhard Lempp sich ausführlich auf diese Stelle der Predigt:

»›Vielleicht ist auch einmal die letzte Nacht, die ein jeder noch vor sich hat und durchschreiten muß, die Nacht des Todes, anders, wenn einer weiß, wenn's Morgen ist, steht Jesus am Ufer. Gewiß ist sie anders.‹ So hat es unser verstorbener Freund und Bruder Theophil Askani letztes Jahr in einer österlichen Rundfunkandacht über Johannes 21 gesagt, damals schon gezeichnet vom Tod und wohl wissend, wovon er sprach.

Ich finde, hier ist neben dem vielen, was über ihn zu sagen wäre, … das tiefste Geheimnis seines Wesens angesprochen: sein Ernstmachen mit der Wirklichkeit des Auferstandenen. Aus ihr lebte er, aus ihr kam ihm die von Menschen allein nicht aufzubringende Kraft, das ihm auferlegte Leiden so zu tragen, wie er es trug. Er hat ja eigentlich von sich aus nie darüber gesprochen; und wenn man ihn fragte, dann ging's ihm immer ›ganz ordentlich‹ und ›erträglich‹, auch wenn es objektiv sicher meist anders war …

Natürlich blieben ihm Stunden der Anfechtung nicht erspart; davon wird am besten der ihm allernächste Mensch, der ihm zugleich die allerbeste menschliche und christliche Hilfe gewesen ist, seine liebe Frau, etwas wissen. Aber aufs ganze gesehen war es ihm geschenkt, in dem fast endlosen finsteren Tal seines Leidens ein überzeugender Zeuge für die tod- und angstüberwindende Macht seines Herrn zu sein …

Wir … sind dessen im Glauben gewiß, daß nun der immerwährende Morgen für ihn angebrochen ist, da der am Ufer wartende Herr ihn für immer zu sich genommen hat, und daß er nun – am Ziel – von Angesicht zu Angesicht schauen darf, worauf er sein Leben gegründet hatte. Diese Gewißheit möge uns allen die Trauer erleichtern und die Freude auf die Ewigkeit ins Herz geben.«[533]

Wir halten fest: Die beiden in diesem Abschnitt dokumentierten, im Abstand von sechs Jahren entstandenen Predigten zu Johannes 21 lassen an dem beidemal zur Sprache kommenden Motiv des Morgens erkennen, wie durch die infolge von Krankheit und Leiden intensivierte Trostbedürftigkeit und Trosterfahrung des Predigers die seelsorgerliche Dimension in der Predigt von 1981 in noch stärkerem Maße hervortritt als in der Ulmer Abschiedspredigt. 1975 hatte Askani neben den Morgen nach durchwachter Nacht und vergeblicher Arbeit den Morgen voller Hoffnung, Lust und Lebensfreude gestellt und den seelsorgerlichen Zuspruch des Satzes: »Da es aber jetzt Morgen war, stand Jesus am Ufer« als Zuspruch des Erbarmens Gottes über alle Morgen unseres menschlichen Lebens verstanden, wie immer die vorangegangenen Nächte gewesen sein mögen. In der Predigt von 1981 sind nun speziell die Erfahrungen vergeblicher Nächte und der Heimkehr mit leeren Händen und traurigem Herzen im Blick, die das wirkmächtige Wort vom am Ufer stehenden Jesus zu wandeln vermag, um dann in letzter Zuspitzung die – in der Ulmer Predigt nur angetippte – Grenzerfahrung der letzten Nacht unter den unüberbietbaren Trost zu stellen, daß sie mit der Begegnung des Auferstandenen am Ufer enden wird: »*Vielleicht ist auch einmal die letzte Nacht, die ein jeder noch vor sich hat und durchschreiten muß, die Nacht des Todes, anders, wenn einer weiß, wenn's Morgen wird, steht Jesus am Ufer. Gewiß ist sie anders.*«

»Was ist es mit dem Kreuz?«
Predigt zu Jesaja 50,4–9a
am Karfreitag, 8. April 1977

Theophil Askanis Karfreitagspredigt aus dem Jahr 1977 ist ein solennes Beispiel für eine Karfreitagspredigt mit deutlich hervortretender seelsorgerlicher Dimension, insofern es ihr gelingt, vom Dunkel des Karfreitag und vom Leiden so zu reden, daß es nicht erdrückt, sondern daß trostvoll hörbar wird, daß Gott auch in Leiden und Tod nahe ist. Das als Sehhilfe für das Kreuz verstandene dritte Gottesknechtslied lehre ein Doppeltes: einmal die analogielose Rede von der Nähe Gottes im Leiden, und sodann die Nähe von Tod und Leben im Zeichen des Kreuzes. Mit der von Erich Fromm in seinem damals neu erschienenen Buch aufgezeigten Grundentscheidung unseres Lebens, die da laute: ›Haben oder Sein‹, wird die Grundbewegung der Predigt noch einmal mit der Sprache eines Gegenwartsdenkers artikuliert: »*Am Kreuz Jesu ist alles vergangen, was einer haben kann, aber es kommt heraus, wer wir sind. Menschen, die Gottes Liebe auch im Tod bewahrt.*« (209f)

Liebe Gemeinde hier in der Christuskirche,
liebe Hörerinnen und Hörer!

Auf einem Hügel über dem Land von Burgund liegt wie ein Schiff, das zwischen dem weiten Himmel und der schönen Erde seine Bahn zieht, die Kapelle von Ronchamp. Mancher ist schon den Berg hinaufgestiegen und 5 hat jetzt den eigenartigen Bau, der voller Geheimnisse ist und den Corbusier entworfen hat, vor Augen. Wir treten miteinander ein und sehen den Altar und daneben in den Boden eingelassen, aus einfachen Brettern, so scheint es, gefügt, das Kreuz. Der Raum hat eine eigenartige Faszination. Das Spiel von Licht und Schatten, das Empfinden von Leichtigkeit und Geborgenheit zu- 10 gleich hinter den festen Mauern, jene unbestimmbare Luft von Askese und Freude, von Verzicht und Fest in der französischen Christenart, nimmt einen gefangen. Aber mehr noch als dies alles prägt sich das Kreuz ein. Und auch dann noch, wenn wir wieder hinausgetreten sind in die Wärme des Tages, die Schlüsselblumen sehen, das bunte Volk und den weiten Blick auf das Land, 15 bleibt es uns vor Augen – so, als müsste alles einen Augenblick zurücktreten, und sei unser buntes Leben auf dies eine Rätsel und auf dies eine Zeichen geworfen.

So ist es in der Tat.

Wir haben viele Wege vor uns und viele hinter uns, verschiedene Wege, hier in der Christuskirche und dort, wo jetzt einer allein in seiner Stube sitzt oder in seinem Wagen den Alpen zufährt, ein verschiedenes Schicksal und vielleicht eine völlig verschiedene Art, diese Stunde zu empfinden – aber wenn wir unserem Leben auf die Spur kommen wollen, kommen wir am Kreuz nicht vorbei; manchmal ist es weit weg, verborgen hinter unseren Wünschen, versteckt hinter dem Geräusch unserer Sorgen und Taten, und dann ist es jäh ganz nahe, so nahe vielleicht wie der Unfall drüben an der Strasse und das Leben eines Kindes, das vor unseren Augen zum Rätsel wird, so nahe wie ein Jahr, von dem wir wissen, es ist unwiederbringlich verloren.

Was ist es mit dem Kreuz? Was ist es mit dem Tod des einen, von dem wir wieder gehört haben, unter dem Tod der vielen? Und wo ist die Spur unseres eigenen Lebens, unserer eigenen Angst und unserer eigenen zitternden Hoffnung dabei?

Es gibt ein altes Lied, das uns etwas davon lehren kann. Es steht im Propheten Jesaja, im 50. Kapitel, in den Versen 4 – 9a, für die gesagt, die es jetzt nachlesen wollen. Es ist der Text dieses Tages.

Wir kennen den Mann nicht, von dem die Worte stammen. Viermal ist ein liedartiger Text von ihm im Propheten Jesaja zu finden. Seit einem Jahrhundert etwa hat man gelernt, darin das Schicksal eines besonderen Mannes zu suchen; seit langem weiss man, dass in den alten Worten, wie in einer merkwürdigen Verfremdung und Deutung zugleich, von mehr gesprochen wird, als nur von dem Geschick jenes Einzelnen, und die Christenheit wiederum hat seit den Zeiten des Neuen Testaments in jenen Versen ein frühes Zeichen für Leiden und Sterben ihres Herrn gesehen. Ich lese die Verse:

»Der Herr hat mir eine Zunge gegeben, wie sie Jünger haben, dass ich wisse mit dem Müden zu rechter Zeit zu reden. Alle Morgen weckt er mir das Ohr, dass ich höre, wie Jünger hören. Der Herr Herr hat mir das Ohr geöffnet. Und ich bin nicht ungehorsam und weiche nicht zurück. Ich bot meinen Rücken dar denen, die mich schlugen, und meine Wangen denen, die mich rauften. Mein Angesicht verbarg ich nicht vor Schmach und Speichel. Aber der Herr Herr hilft mir, darum werde ich nicht zuschanden. Darum habe ich mein Angesicht hart gemacht wie einen Kieselstein, denn ich weiss, dass ich nicht zuschanden werde. Er ist nahe, der mich gerecht spricht; wer will mit mir hadern? Lasst uns zusammen vortreten! Wer ist, der mein Recht anficht? Der komme her zu mir! Siehe, der Herr Herr hilft mir; wer will mich verdammen?« Soweit das Wort aus Jesaja.

Was lehrt uns das alte Lied von dem Zeichen des Kreuzes und von der geheimen, inneren Spur unseres eigenen Lebens? Ich meine, ein Zweifaches zu sehen.

Einmal, und ich will es ganz vorsichtig sagen, weil man ja bei den grossen Rätseln mit grossen Worten vorsichtig sein soll, es lehrt uns, wie nahe Gottes Wille bei dem Leiden sein kann.

Immer wieder spricht das Alte Testament von Leiden, Jammer und Unrecht. Es kennt das Leid, das gar nicht fragt, so wie die erschütternde Klage des David bei seinem toten Freund: »Es ist mir leid um dich, mein Bruder Jonathan«. Es kennt das Gericht Gottes und es kennt die Preisgabe durch Gott – »der Herr wendet sich ab und die Welt verfällt dem Unheil«. »Losgelassenes Schicksal« hat es einer genannt, blind und namenlos nun und ohne Sinn frisst sich der Jammer um die Erde. Es kennt die Leiden des Boten, der in den Abgrund geworfen wird zwischen Gott und denen, die Gott widerstehen. Hier haben die Klagen des Jeremia ihren Platz: »Verflucht der Tag, da ich geboren wurde«, so schreit er hinaus.

Nun, zum ersten Mal wird noch einmal anders von Leid, Schande, Unrecht gesprochen. Es kommt nicht wie ein Schicksal, das man nicht fragen darf, nicht wie ein Gericht, das einer verdient hat, nicht wie ein Unheil, aus dem Gott dann später errettet, es kommt mit Gottes Willen. Da schlagen sie einen Mann zusammen und er sagt: »Ich bin nicht ungehorsam und gehe nicht zurück«.

Die einfachste Lösung der Frage nach Leid und Unheil ist die, Gott gibt es nicht. Unser Verstand ist damit zufrieden, aber unser Herz geht daran zugrunde.

Was jener unbekannte Mann erfährt, ist keine einfache Lösung. Es ist etwas Ungeheuerliches. Zum ersten Mal, sagt ein Ausleger, sei das nicht nur im Alten Testament, sondern in der Geschichte der Antike so ausgesprochen: »Im Leid, im Unrecht, das mich trifft, ist Gott«. Unser Verstand bringt das nicht zusammen. Gewiss, wie sollen die Bilder, die wir uns von Gott machen, das aushalten. Aber unser Herz beginnt etwas zu ahnen von der Spur eines Lebens, das mitten im Leiden neu und anders wird.

Das Erste, was uns das Lied lehrt, ist dies, wie nahe Gottes Willen dem Leiden ist. Und das Zweite, vielleicht verstehen wir darin das Erste noch besser, ist das andere, wie nahe darum die Gewissheit ausgerechnet dem Leid und der Bedrohung ist.

Jünger, genauer gesagt einen Schüler nennt sich der Mann. Gemeint ist einer, der empfängt, was er tut und was er ist. Sein Reden empfängt er, so kann er mit den Müden zur rechten Zeit sprechen, das Ohr wird ihm geöffnet, damit er hören kann, was not ist, und sein Leiden empfängt er.

Man muss sich das einen Augenblick lang vorstellen, was wir von jenem Leben wissen, das sind drei Dinge des blossen Empfangens: Reden, Hören, Leiden. Das ist eine bemerkenswert schmale Existenz, ein dünnes zerbrechliches Wesen, aber zugleich steht hier das Wort von der Härte des Kieselsteins, und zugleich geht von diesem durchscheinenden Leben Gewissheit und Antwort aus, und jene kühne Zuversicht, die uns scheint wie ein fernes Paradies: »Der Herr ist nahe, der mich gerecht spricht, er hilft mir, wer will mich verdammen?«.

»Gib mir einen Platz, an dem ich stehen kann, und ich werde die Erde bewegen«, so hat es ein alter griechischer Philosoph einmal gesagt.

Jener Mann, den sie zusammenschlagen, hat nicht mehr viel Raum. Die Fäuste sind über ihm, der Schmerz ist um ihn, und wenn er die Augen aufmacht, dann sieht er den blanken Hass und hört, wie sie lachen. Und doch scheint er einen Platz zu haben, an dem er stehen kann, und doch geht von diesem gescheiterten Leben Gewissheit aus und eine Bewegung, die uns noch heute anrührt: »Lasst uns vortreten, der Herr hilft mir. Wer will mich verdammen?«

Wir haben viel Raum. Wir bauen Inseln ins Meer, um dort noch in der Tiefe nach Öl zu bohren. Wir schicken Schiffe ins Weltall, um zu probieren, ob dort noch Lebensraum einzufangen sei für dies unersättliche Geschlecht. Manche von uns konnten wählen, ob sie Ostern im Schnee oder am Strand verbringen wollten, hier in diesem Land oder an der Küste Afrikas. Was uns unsere Grosseltern noch als Ansichtskarte von der Hochzeitsreise ein halbes Leben lang vorgezeigt haben, steht uns zu Ostern und zu Pfingsten und im Sommer wie im Winter zur Verfügung.

Wir haben viel Lebensraum. Haben wir einen Platz, an dem wir stehen? So, dass wir vortreten können: »Wer will mich verdammen?« So, dass da auch nur eine Spur jener kühnen, königlichen Gewissheit ist?

Ich meine nicht dies, dass der Platz auf einmal sehr schmal sein kann, wenn der Nebel über einen Flugplatz kommt, und einer vielleicht zwei Sekunden nicht aufpasst und ein paar Silben nicht verstanden hat. Oder wenn einer auch nur dort vorne zu schnell fahren sollte und mit einem Mal aller Lebens-Rhythmus ins Stocken kommt auf der Autobahn, und nur die Pulse noch jagen.

»Gib mir einen Platz, an dem ich stehe, und ich will die Erde bewegen.« Wir haben viel Raum, haben wir einen Platz, an dem wir stehen? Wir können die Erde erschüttern. Wir können die Erde zerstören. Aber bewegen? Menschen bewegen, dass sie wieder einander trauen? Verstand bewegen, dass einer mit dem anderen teilt? Gedanken bewegen, dass nicht Gewalt aus Gewalt kommt, Angst aus Angst und Hass aus Hass?

Wir sind alle miteinander aufgewühlt durch das, was wir gestern gehört haben von Terror und Wahnsinn. Zu all dem Dunkel kommt hinzu, dass man an seinem eigenen Herzen spüren kann, wie die Saat des Zorns aufgeht und wie der so mühsam bereitete Boden des Rechts nachgibt.

»Ich traue dem Grün des Grases nicht mehr«, hat neulich ein junger Mann, so berichtet es Jörg Zink, in einem Aufsatz geschrieben. »Ich traue dem Grün des Grases nicht mehr, ich sehe die Zukunft als beendet an, und ich rechne stündlich mit einem bösen Erwachen.«

Ich weiss nicht, wer der junge Mann war. Falls er dies hören sollte, wird er verstehen, dass es hier ausgesprochen wird. Es gilt nicht für ihn allein. Und es ist wahrhaftig nicht nur dies gemeint, dass Grün und Gras verdorben sein kann in dieser Welt, je schöner die Farben sind. Vielmehr ist auch die Frage gemeint, wo denn noch das Verlässliche sei? So, dass einer noch planen kann, so, dass einer seinem Sohn die Hand auf die Schulter legen kann: »Ich freue mich, bis Du gross bist, und ich kann mir vorstellen den schönen Tag, an dem Du dann an Dein Werk gehst.« 150

Ich kann mir den schönen Tag so recht nicht mehr vorstellen. Ich traue dem Grün des Grases nicht mehr. Ich traue dem weiten Raum nicht mehr; ich traue der Freiheit nicht mehr, heute da und morgen dort zu sein. Es müsste wohl eine andere Freiheit werden. Nicht weit hinaus, sondern tief hinein, nämlich in das eigene Herz. 155

»Lasst uns vortreten. Der Herr ist mit mir, wer will verdammen?« Es klingt wie ein fernes Paradies. Wie kann das unsereiner begreifen?

Es ist nirgendwo anders zu begreifen, als dort vor dem Kreuz. So lasst uns miteinander vortreten zu dem Kreuz, an dem Jesus stirbt. 160

Da bleibt vieles zurück. Darf man das sagen? Aber wenn wir den Tod Jesu ernst nehmen, müssen wir es wohl sagen. Es bleibt zurück, was am Wege war. Die Jünger sind fern. Die starken, grossen Worte sind weit weg. Zwei Menschen sind noch in der Nähe, die Mutter und der Freund. Zwei Sätze, die einem den anderen befehlen, so wie einer ordnet, was da eben noch im nächsten, kleinsten Raum zu ordnen ist: »Weib, siehe das ist dein Sohn. Siehe, das ist deine Mutter.« 165

Es ist ganz schmal geworden, dies Leben, so schmal wie das Kreuz. Nicht viel Platz mehr und ringsum Hass und Lachen. 170

Warum?

Weil dort in dem schmalen Zeichen des Kreuzes der Tod und das Leben beieinander sind, ganz nahe. Nahe, dicht beieinander.

Der Tod mit allen seinen Schatten und mit seinem Schrecken, mit seiner Angst, die ja nicht vom Aufhören kommt, sondern von der Ahnung des Verloren-Seins. Sünde ist ein altmodisches Wort geworden. Vielleicht, weil wir zu lange so getan haben, als sei Sünde die Summe unserer Fehler. Aber Sünde ist ja etwas anderes. Es ist die Fremde, in die uns die Sorge treibt, wir kämen zu kurz, so wie der Sohn in der Geschichte, die Jesus erzählt, aus dem Haus des Vaters geht, um neuen Raum zu suchen. Im Tod kommt heraus, wie weit weg und wie fremd die Fremde ist, das ist seine Bitterkeit. 175 180

Der Tod ist dort an dem schmalen Kreuz und alle Fremde dieser Welt, alles Verlassen-Sein.

Und das Leben ist dort an dem schmalen Kreuz. Denn wo Gott seine Hand hat, da ist nie nur Tod, da ist auch Leben. Und wo hinein soll der Mann dort zugrunde gehen und verloren sein, wenn Gottes Hand auch im Tod ist, wenn Gottes Verlassenheit und Gottes Gegenwart so dicht beieinander sind? 185

»Es ist vollbracht«, das ist das letzte Wort Jesu in der Johannes-Passion. Es ist ein auffallend doppeldeutiges Wort im griechischen Text. Es ist zu Ende kann es heissen, und das Vergebliche ist dabei und das Sterben aller Hoffnung, und es ist vollendet heisst es, es ist jetzt alles am Ziel.

Ganz schmal ist der Raum um das Kreuz, aber unser Schicksal hat dort Platz, eines jeden von uns eigenes Geschick, dort, wo alles verloren ist und alles gewonnen, dort, wo herauskommt, wer wir sind: Leute, die Gott nicht 195 lässt.

In seinem neuesten Buch, das manche von uns kennen, führt Erich Fromm die Grundentscheidung unseres Lebens auf die eine ganz einfache, letzte Frage zu: Haben oder Sein. Manche sagen, das sei zu einfach, aber es gibt zu denken. Da wir nicht mehr wissen, wer wir sind, suchen wir das Haben: 200 Raum haben, Mittel haben, Menschen haben. Wer aber allein im Haben bleibt, ist ein armer Mann, er ist vom Verlieren bedroht und hat Grund zu zittern. Und es lohnt sich, dem nachzudenken, ob die Müdigkeit, die um uns her ist, und die ja wahrhaftig nicht nur vom Arbeiten kommt, nicht die andere Seite der Erkenntnis ist, dass wir es mit dem Haben nicht mehr schaf- 205 fen werden.

An jenem unbekannten Mann, von dem unser Lied gesungen hat, ist nichts mehr, was er hat, aber es kommt heraus, wer er ist, ein Mensch, zu dem Gott steht.

Am Kreuze Jesu ist alles vergangen, was einer haben kann, aber es kommt 210 heraus, wer wir sind. Menschen, die Gottes Liebe auch im Tod bewahrt. Ist das nicht ein Platz, um die Erde zu bewegen? »Ist Gott für uns, wer mag wider uns sein!«

Neben dem Altar der Kirche in Ronchamp steht das Kreuz. Unser buntes Leben und unser vielfältiges Geschick ist auf dies eine Rätsel und auf dies 215 eine Zeichen geworfen. Aber indem wir's erkennen, könnte das Wunder geschehen, dass, wenn wir wieder hinaustreten in den Tag und das weite Land vor uns haben, wir dem Grün des Grases wieder trauen und dem Menschen an unserer Seite. Vielleicht könnte es auch sein, dass wir mit einem Müden zu reden vermöchten zur rechten Zeit.

Amen.

Die Freude und der Trost des Mahls
Predigt über CA 10 und CA 13
am 15. Juni 1980

Im Juni 1980 wurde in Reutlingen das 450jährige Jubiläum der Unterzeichnung der Confessio Augustana mit Festgottesdiensten und einer landeskirchlichen Festwoche vom 17. bis 25. Juni gefeiert. Das kleine Reutlingen und das mächtige Nürnberg waren die beiden einzigen aus dem Kreis der Reichsstädte, die den Mut hatten, 1530 das Augsburger Bekenntnis zu unterschreiben.

Auftakt der Feierlichkeiten war der Festgottesdienst am 15. Juni mit der Predigt von Prälat Askani. Das von den beiden der Predigt zugrundeliegenden Bekenntnis-Artikeln über Abendmahl bzw. Sakramente geforderte Genus Lehrpredigt erhält durch die die Predigt durchziehende seelsorgerliche Dimension den Charakter einer wahrhaft evangelischen Vergewisserung. Diese seelsorgerliche Dimension tritt einleitend zutage in den beiden persönlichen Bemerkungen zu Beginn der Predigt, die am Beispiel der ökumenischen Schlußabendmahlsfeier beim Stuttgarter Kirchentag 1969 in der Brenzkirche die Freude des Mahls und am Beispiel der Abendmahlsfeier mit einem Sterbenden den Trost des Mahls beschreiben (2–40).[534]

Der erste Hauptteil unter dem Stichwort ›Er‹ (68-136) erhellt die seelsorgerliche Dimension von Luthers leidenschaftlichem dogmatischen Ringen darum, daß im Abendmahl Christus der ganz und gar Präsente und allein Handelnde sei, insofern daran deutlich werde, daß wir nicht aus uns selber leben müssen und können, sondern er allein uns trage und wir ganz die Empfangenden seien. Aus diesem ›Er‹ werde, so der zweite Hauptteil, das ›Wir‹ (137–190), denn niemand könne an diesen Tisch treten und Christus ganz nahe haben, ohne zugleich Bruder und Schwester ganz nahe zu haben. Und Askani legt wie schon vor ihm Hartenstein den Finger auf das Skandalon, daß der theologische Disput über das Verhältnis von Zeichen und Person des Herrn im Abendmahl das Liebesmahl in ein Hadermahl pervertiert habe. Und schließlich, so der dritte Hauptabschnitt, machten die Sakramente unüberbietbar deutlich, daß es um das ›Du‹ gehe (191–215): »*Wenn einer die Hand öffnet und den Mund, dann weiß er, der Herr geht nicht vorüber … Du bist gemeint.*« (209–221) Dabei sollen sich die Freude und der Trost des Mahls gegenseitig durchdringen. (220–222)

Liebe Gemeinde!

Darf ich mit zwei persönlichen Bemerkungen diesen besonderen Gottesdienst beginnen?

Wenn ich mir überlege, welche Stunden es waren, die meinen Christenglauben am fröhlichsten und am zuversichtlichsten machten, dann gehören gewiss Stunden dazu, von denen man nicht redet, weil sie so zum eigenen und gemeinsamen Erleben unter den Allernächsten gehören. Aber eine Stunde, von der ich gerne erzähle, und die mir unvergesslich ist, ist eine Feier des Heiligen Abendmahls im Jahre 1969. 5

Es war während des Stuttgarter Kirchentages, und da unsere Kirche direkt gegenüber dem Killesberg lag, sollte in ihr eine der Schluss-Abendmahls-Feiern stattfinden. Eine ökumenische Feier sollte es sein und von Holländern gestaltet. Es gab vorher eine erhebliche Aufregung. Zwei Kardinäle setzten sich, so hiess es, darüber auseinander, ob die Feier sein dürfe oder nicht. Die Zeitung und der Rundfunk wollte kommen. Und ich sehe mich noch in der 10 15

Sakristei eine halbe Stunde vor dem Gottesdienst mit den holländischen Freunden und mit den Christen aus aller Welt zusammen und hatte gar keine Vorstellung, wie das in meiner Kirche ohne kleine Katastrophe gehen sollte. Aber die Holländer verbreiteten eine grosse Ruhe und Zuversicht. Sie
20 sagten gleich zu Beginn, die Protest-Plakate, die die Studenten mitgebracht hatten – es war ja eine unruhige Zeit –, sollten von Hand zu Hand gehen, damit sie sie nicht alleine tragen mussten. Und dann wurde das Abendmahl ausgeteilt, buchstäblich von Hand zu Hand. Man sass auf dem Boden, im Treppenhaus und im Hof. Schwarze und Weisse und Menschen mit allen
25 Farben dazwischendrin gaben Brot und Kelch weiter, zum Schluss hielt ich ein Protest-Plakat in der Hand, ohne es zu merken, und in allen Sprachen sangen wir: ›Tochter Zion, freue dich‹.

Ein Bild jener Stunde erschien dieser Tage, nach 11 Jahren, in der Zeitung. Und ich weiss noch bis heute, was für einen Glanz dieser Tag hatte, welche
30 Freude des Zusammengehörens da war, und wie keiner von uns mehr zur grossen Schlussveranstaltung ins Neckar-Stadion wollte. Wir brauchten die Ruhe, um die grosse Freude festzuhalten.

Das andere: Eine enge Krankenstube. Die Schwester hatte mir gesagt, es habe keinen Wert mehr zu reden, der Sterbende sei schon weit weg. In der
35 Tat, er lag still und ohne Reaktion, und ich wollte schon wieder gehen – zu spät gekommen. Dann kehrte ich an der Türe doch noch einmal um, nahm den Kelch aus der Tasche und den Teller mit dem Brot, und siehe, da war eine Bewegung der Hände, auf einmal waren sie gefaltet, und ich wusste, wir sind beieinander in Jesu Namen, auch wenn der Mund kaum mehr das Brot hat
40 aufnehmen können.

Beides wünschen wir einander, liebe Gemeinde: Die Freude des Mahls und den Trost des Mahls. Viel wichtiger wär's, als das Gedenken nur an jenen Text aus dem Jahre 1530. Aber vielleicht kann dieser Text doch dazu helfen. Es sind die Artikel 10 und 13 des Augsburgischen Bekenntnisses vom
45 Abendmahl und von den Sakramenten.

Artikel 10: »Vom heiligen Abendmahl«.

»Vom Abendmahl des Herrn wird gelehrt, dass der wahre Leib und das wahre Blut Christi wirklich unter der Gestalt von Brot und Wein im Abendmahl gegenwärtig sind und dort ausgeteilt und empfangen werden. Entge-
50 genstehende Lehre wird deshalb verworfen.«

Artikel 13: »Bedeutung und Gebrauch der Sakramente«.

»Über die Bedeutung der Sakramente wird gelehrt, dass die Sakramente nicht nur als Zeichen eingesetzt sind, an denen man die Christen äusserlich erkennen kann, sondern dass sie Zeichen und Zeugnis des uns geltenden
55 göttlichen Willens sind. Durch sie soll unser Glaube erweckt und gestärkt werden. Darum fordern sie auch Glauben und werden dann richtig gebraucht, wenn man sie im Glauben empfängt und der Glaube durch sie gestärkt wird.«

Wir wollen versuchen – ich will es ganz vorsichtig sagen –, in die Nähe der beiden Artikel zu kommen unter dem Anhaltspunkt von drei kleinen Worten, sie lauten: Er, Wir und Du.

Jahrhunderte geistlicher und geistiger Auseinandersetzungen stehen hinter diesen Sätzen, die Philipp Melanchthon in Augsburg für die Vorlage der Protestanten formuliert hat, und Jahrhunderte geistlicher und geistiger Auseinandersetzungen haben sie nach sich gezogen. Vieles lässt sich jetzt gar nicht sagen und ausführen, aber er, wir und du sind vielleicht doch ein paar Stichworte, unter denen einiges verständlicher und greifbarer wird.

ER.

Mit grosser Leidenschaft hat Martin Luther darum gerungen, dass es im heiligen Abendmahl um *ihn* geht, seinen Herrn, Jesus Christus, unseren Bruder, in dem Gottes gnädiger Wille erschienen ist in dieser Welt. Es war ihm eine entsetzliche Vorstellung, und er sah damit im Grunde alles verloren, wenn die Kirche das Abendmahl zu ihrem eigenen Unternehmen machen würde. Den Verdacht hatte er, und er hatte seine Gründe dafür. Unter der Hand war das Opfer, das Gott bringt, zu einem Opfer geworden, das der Mensch bringen soll. Alles ist verfälscht, sagte Luther, wenn an dieser Stelle die Namen und Subjekte ausgetauscht werden. Nein, *er* lädt ein, und *er* gibt sich hin, von *ihm* leben wir, keiner zehrt von seiner eigenen Kraft.

Je älter man wird, desto mehr versteht man die Leidenschaft Martin Luthers. In der Tat, das ist eine Grundsatz-Entscheidung unserer Jahre, und sie wird gewissermassen sichtbar, wenn wir zum Tisch des Herrn gehen. Wollen wir aus uns selber leben, oder wollen wir die Empfangenden sein? Es gibt eine merkwürdige Geschäftigkeit unseres Verstandes, der uns ständig in die Rolle des Herrn über das Eigene drängen will. Das tut zunächst gut. Wir haben unser Schicksal in der Hand, und niemand müssen wir fragen. Aber es täuscht. Manchmal ist es ein schmerzlicher Vorgang, wenn uns unsere Illusionen genommen werden, und wir merken: nicht wir sind die Unternehmer unseres Lebens, *er* trägt uns allein.

Darum ist es nicht von ungefähr, dass wir zum Abendmahl mit leeren und offenen Händen kommen, und es sind nicht nur die paar Schritte zum Tisch und der Bissen Brot und der Schluck Wein, sondern es ist ein Siegel und eine Prägung für unser ganzes Leben: So ist das, und ohne ihn wäre uns längst der Atem ausgegangen.

So steht das heilige Abendmahl auch in einem grossen Zusammenhang. Die Stunde, da der Herr zu seinen Jüngern sagt: ›mich hat herzlich verlangt, dies Oster-Lamm mit euch zu essen‹, und da er am Abend vor seinem Tod sich ihnen mit Brot und Wein selber gibt – diese Stunde steht ja nicht allein. Neulich hat ein Tübinger Professor in seiner Antrittsvorlesung darauf hingewiesen, dass das erste Wort, das in der Heiligen Schrift an den Menschen überhaupt gerichtet ist, lautet: ›Du sollst essen‹. Man muss sich das vorstellen. So fängt es an mit dem Empfangen, und so geht es weiter. ›Mose und

Aron und siebzig von den Ältesten Israels‹, so heisst es, ›stiegen hinauf auf den Berg und sahen den Gott Israels. Unter seinen Füssen war es wie ein 105 schöner Saphir und wie die Gestalt des Himmels, wenn es klar ist. Und er reckte seine Hand nicht aus gegen sie. Und da sie Gott geschaut hatten, assen und tranken sie.‹ Eine im Grunde unglaubliche Geschichte für das, was Israel dachte über den Abstand von Gott und den Menschen, aber sie trifft in das Herz des Glaubens.

110 Wenn Jesus vom Reich Gottes spricht, dann taucht immer wieder das Bild des grossen Mahles auf, des Festes vor seinem Angesicht, zu dem Gott lädt. Und am Ende aller Zeiten, wenn alles Erste vergangen ist, heisst es: ›Wen da dürstet, der komme, und wer da will, der nehme das Wasser des Lebens umsonst‹.

Liebe Gemeinde! Dürfen wir es einander ganz einfach sagen? Wer an den 115 Tisch tritt, zu dem der Herr lädt, der tritt ein in den grossen Zusammenhang des Empfangens, der tut seine Hand auf, wie der erste Mensch, und er soll etwas ahnen von dem letzten Fest vor Gottes Angesicht. Er ist es, der sich gibt, und nicht wir veranstalten ein Unternehmen.

Weil Luther das, fast möchte man sagen, auf Leben und Tod festhalten 120 wollte, darum hat er sich auch mit Leidenschaft gegen alle Versuche gewehrt, das Abendmahl zu einem Zeichen zu degradieren. Es gab andere reformatorische Bewegungen, Zwingli stand dahinter, die das anders sahen, und es gab kluge Köpfe unter den Protestanten, die sagten, wenn wir uns darin einigen könnten, darin ein wenig nachgeben, dann hätten wir eine ge- 125 meinsame Front von Dänemark bis zur Schweiz. Darum hat der Landgraf Philipp von Hessen Zwingli und Luther zu einem Gespräch nach Marburg eingeladen in der Hoffnung, es könne ein Kompromiss gefunden werden. Aber darin gab es für Martin Luther keinen Kompromiss, und über den Worten ›dies ist mein Leib‹ liess er gewissermassen die ganze, schöne und 130 politische Koalition fallen, die, menschlich gesprochen, vielleicht ganz Deutschland einer einzigen Konfession zugeführt hätte.

So hat er auch den Reutlingern selber, nämlich der Reutlinger Bürgerschaft, in einer ähnlichen Auseinandersetzung schon einen Brief geschrieben, in dem es heisst: ›Darum bitt ich Euch, Ihr wollet in schlichter Einfalt 135 auf den Worten Christi bleiben, womit er uns im Sakrament seinen Leib und Blut gibt mit den Worten: Nehmet hin und esset‹.

Er – der Herr und Bruder, um ihn geht es! Aber aus diesem Er wird das Wir. Man kann an diesen Tisch nicht treten und den Herrn Christus ganz nahe haben, ohne dass man auch seinen Bruder und seine Schwester ganz nahe 140 hat. Man kann sich nicht einen ganz neuen Anfang schenken lassen in der Vergebung der Schuld, ohne selber zu vergeben.

Darum gehört es zu den ganz erschütternden und schmerzlichen Erfahrungen in der Christenheit, dass ausgerechnet um diesen Tisch der Streit ausgebrochen ist, dass dort, wo Menschen eigentlich schon im Lichte des 145 neuen Tages stehen miteinander –, wie Gottes guter Wille es meint –, dass ausgerechnet dort ihre Wege auseinandergehen.

Wenn man den Spuren der Zertrennung nachforscht, dann sieht man, dass allzuhäufig unser Verstand uns zum Narren macht, der Verstand, der alles in seinen Schubladen aufräumen will. Liebe Gemeinde, wer will das grosse Wunder aufräumen wollen, wenn Gott sich dem Menschen schenkt? 150

Wir haben dafür zu danken, dass manches, was in der Reformation uns getrennt hat, uns so nicht mehr trennt. Wir erfahren, dass wir, je näher wir unserem Herrn sind, wir auch desto näher zueinander kommen.

Aber wir wollen auch hören, was unsere katholischen Brüder und Schwestern uns fragen. In dem Brief, den 180 katholische Pfarrer aus unserem 155 Land an uns evangelische Pfarrer geschrieben haben – einmal nicht aus der Theorie, sondern von der Praxis her –, steht die Frage: Wie haltet Ihr es mit dem heiligen Abendmahl? Stimmt es, was wir hören, dass es bei Euch an den Rand gedrängt ist, eigentlich nur etwas für besondere Leute und für besondere Stunden? 160

Stimmt es? Ehe wir uns darüber beklagen, dass die ökumenische Bewegung langsamer geworden sei, und die Begegnung zwischen katholischen und evangelischen Christen weniger zuversichtlich als früher, werden wir uns das wohl zu fragen haben.

W i r. 165

An dem Tisch des Herrn gehört einer zum andern. Wir gehen nachher wieder auseinander, und die meisten unter uns kennen sich wahrscheinlich nicht. Aber dass es das gibt in einer Stadt, dass Menschen am Tisch des Herrn beieinander sind, sollte doch seine Wirkung haben, sollte eine Ahnung davon verbreiten, dass Gott einen dem anderen befohlen hat, dass die Einsamkeit in 170 dieser Welt, die es gewiss unter uns gibt, und in die heute mittag vielleicht einer zurückfällt, wenn er allein in seiner Stube ist, durchbrochen wird, jetzt einmal und dann einmal und für alle Ewigkeit.

In der orthodoxen Kirche ist es Sitte, dass ein jeder dem anderen nach der Eucharistie, dem Mahl, einen Kuss gibt, und ein jeder nimmt danach ein 175 Stück Brot mit nach Hause.

Wir sind zurückhaltend und sparsam, was die Gesten und Zeichen angeht. Unser Abendmahl hat nicht den Glanz der Eucharistie in anderen Kirchen. Und heute ist es nicht einmal der Altar, sondern ein einfacher Tisch, um den wir uns nachher sammeln. Dafür sind wir einander näher als sonst, und viel- 180 leicht könnten wir das auch heute einmal zum Ausdruck bringen.

In meiner ersten Gemeinde sangen wir nach jedem Abendmahl den Vers, den wir auch heute singen: ›O Herr verleih, dass Lieb und Treu in dir uns all verbinden‹, und dabei haben wir uns die Hände gereicht. Es hat niemand geschadet und mancher hat gemerkt, so gehören wir zusammen. Darf ich die 185 kühne Bitte äussern, dass wir es heute, am Schluss der Feier, auch so halten, dass wir einander rechts und links die Hände reichen, ob wir nun am Tisch des Herrn waren oder am Platz – keiner soll sich ja genötigt fühlen – betend teilgenommen haben. Vielleicht bleibt uns so eher in Erinnerung, was das heisst: W i r. 190

Und vielleicht bleibt uns auch in Erinnerung, dass es heisst: Du.

In jedem Gottesdienst geht es auch um das Du, um die ungeheure Behauptung, dass wir Du sagen dürfen zu Gott und um die ungeheure Gabe, dass er Du sagt zu uns. Jedem Prediger wird es so gehen, dass er mit der Bitte
195 auf die Kanzel tritt, dass die Worte das Du erreichen, dass sie nicht ins Allgemeine über die Bänke gehen, wie man sie von hier aufgereiht sieht, sondern dass sie halt machen bei dir und mir, so wie ein Freund vor uns inne hält, uns in die Augen schaut und uns die Hand reicht: Du.

Im 13. Artikel des Augsburger Glaubensbekenntnisses ist von dem Glau-
200 ben die Rede, der gestärkt werden soll durch das Sakrament, und der alleine auch das Sakrament empfangen kann. Im Grunde geht es in unserem Glauben um etwas ganz Einfaches und zugleich gewiss Ungeheuerliches: um das Ja zu dem Du, das Gott zu uns spricht in Jesus von Nazareth, und um das Ja zu dem Du, mit dem wir beten: ›Vater unser im Himmel, geheiligt werde
205 dein Name, dein Wille geschehe …‹

Man hat sich oft gefragt, warum es denn die Sakramente brauche, nachdem wir doch das Wort haben, das ganz und gültig ist. Es gibt viele Antworten darauf, die einfachste ist die: nirgendwo wird das Du so deutlich wie hier. Wenn einer die Hand öffnet und den Mund, dann weiss er, der Herr geht
210 nicht vorüber, er geht nicht nur zu irgend einem Auserwählten irgendwo sonst, nein, Du bist gemeint: So wie der am Teich Bethesda gemeint war, an dem 38 Jahre lang alle vorübergingen, bis der Herr vor ihm stehen blieb.

Das bedeutet gewiss eine Erschütterung unserer alten Art, darum bitten wir angesichts des Du um Vergebung. Das bedeutet auch einen Neubeginn,
215 denn er will keinen zurücklassen, zu dem er Du gesagt hat.

Er – Wir – Du.

Wir haben unsere Besinnung begonnen mit dem Glanz des Festes und mit dem Trost in der engen Stube. Unsere Abendmahlsfeiern haben vielerlei Gestalt, so wie unsere Wege verschieden sind und die Gestalt unseres Lebens.
220 Gott gebe, dass wir das Mahl wieder lieb gewinnen, und dass der Glanz des Festes in die enge Stube kommt, und der Trost in der engen Stube das Fest begleitet.

Amen.

Von der wandelnden Kraft der Stille und des Hoffens
Predigt zu Jesaja 30,15–17
am 31. Dezember 1980

Der zeitgeschichtliche Hintergrund der bevorstehenden Umsetzung des NATO-Doppelbeschlusses durch ›Nachrüstung‹ und die damit einhergehenden heftigen innerkirchlichen Kontroversen der Gruppierungen OHNE RÜSTUNG LEBEN und DEN FRIEDEN SICHERN sowie der von

Hause aus politische Charakter des für den Altjahrabend vorgegebenen Predigttextes forderten vom Prediger ein Eingehen auf diese bedrängende Zeitfrage und legten das Genus einer politischen Predigt nahe. Politische Predigt ohne seelsorgerliche Dimension gleitet jedoch ab in ein politisierendes Manifest, das nicht die Kraft hat, die einzelnen auf einen Weg des Nach- und möglicherweise Umdenkens zu bringen.

Askani wird der gestellten Aufgabe dadurch gerecht, daß er (149ff) seelsorgerlich eingeht auf diese bedrängende Zeitfrage, indem er (1) sowohl die Christen in der Friedensbewegung (162–165) in ihrer Rezeption dieses prophetischen Textes als letzter Mahnung zum Ende des Rüstungswahnsinns ernstnimmt als auch – bemerkenswerterweise in der singularischen Form – denjenigen anspricht, der aus den einschlägigen Prophetentexten keine direkten politischen Handlungsimpulse herauszuhören vermag (166ff.194ff), und (2), indem er mit der ganzen Gemeinde sich der Wirkmacht der prophetischen Provokation aussetzt: »*Könnte es nicht sein, daß die Zeit für die scheinbare Narrheit des Glaubens gekommen ist, und daß diese Narrheit mehr Nüchternheit hat, als die kühle Kalkulation mit der Macht und mit dem Tod? Wenn Christen wissen, daß sie dem, was kommt, nicht verfallen sind, dann müßte doch daraus eine Freiheit entstehen, in der einer wieder vernünftig handeln kann … die Verheißung der Stille und des Hoffens ist je keine Form der Resignation, sondern eine Zuversicht, die die Kraft hat zu wandeln, was geschieht.*« (202–212)[535]

»Denn so spricht Gott der Herr, der Heilige Israels: Wenn ihr umkehrtet und stille bliebet, so würde euch geholfen; durch Stillesein und Hoffen würdet ihr stark sein. Aber ihr wollt nicht und sprecht: ›Nein, sondern auf Rossen wollen wir dahinfliegen‹, – darum werdet ihr dahinfliehen, ›und auf Rennern wollen wir reiten‹, – darum werden euch eure Verfolger überrennen. Denn euer tausend werden fliehen vor eines einzigen Drohen; ja vor fünfen werdet ihr alle fliehen, bis ihr übrigbleibt wie ein Mast oben auf einem Berge und wie ein Banner auf einem Hügel.« 5

Liebe Gemeinde!

Zwei Fragen sind es wohl, die uns jetzt, da wir uns anschicken über die Schwelle des Jahres zu gehen, zum mindesten gemeinsam sind. 10

Es ist ja eine recht willkürliche Zäsur diese Schwelle, und jedesmal fällt uns auch auf, dass der Neujahrmorgen so sehr verschieden nicht ist vom Altjahrmorgen, und der 2. Januar dem 30. Dezember ziemlich ähnlich sehen kann. 15

Und doch ist es eine Schwelle, und es ist auch gut dabei, inne zu halten und sich Rechenschaft zu geben, Gedanken zu ordnen, Wünsche zu ordnen, Sorgen zu wägen, die Freuden zu rufen und wieder einmal zu versuchen, den Dingen auf den Grund zu kommen.

20 Wir sind selber verschiedene Leute, auch heute abend, wie wir hier versammelt sind. Wir haben unterschiedliche Schicksale, und unsere Wünsche und Sorgen und Freuden werden nicht dieselben sein.

Aber: zwei Fragen sind es, die uns dabei gemeinsam sind. Ganz einfache, selbstverständliche Fragen, so dass man sich eigentlich geniert, sie auszu-
25 sprechen.

›Was kommt?‹ die eine – ›was bleibt?‹ die andere. Die eine blickt voraus, die andere blickt zurück.

Je nach Temperament und je nach Lebensalter wird uns die eine Frage mehr, die andere weniger packen. Es ist kein Kunststück, sich vorzustellen,
30 dass ein junger Mensch mehr nach vorne sieht als ein älterer.

Aber beide Fragen zusammen und beide im Gegenüber zueinander sind doch bei aller Einfachheit höchst interessant und des Nachdenkens wert für uns alle miteinander. Welche ist denn die aufregendere von den beiden Fragen?

Natürlich, so scheint es, zunächst die, die nach vorne sieht. Da ist das Aben-
35 teuer unentdeckten Landes, wenn man es mit der Zuversicht und der gesunden Neugier eines jungen Menschen sagen soll. Da ist das Unheimliche dunkler, vielleicht drohender Gestalten, die erst ihr Gesicht zeigen werden, wenn es hell wird. Da ist das Ungewisse, das uns Angst macht und das wir ständig überlisten wollen mit unseren Prognosen – bis hinters Komma wol-
40 len wir es ja wissen: Null-Wachstum, 1,5 Wachstum – was immer das heissen mag. Aber so präzis die Zahlen aussehen, sie narren uns auch, und wir ahnen das: das Entscheidende wird anders sein, nicht eine Zahl vor oder hinter dem Komma, schon deshalb, weil unser Leben etwas anderes ist als eine Statistik, und unsere Wahrheit, wie mir einmal einer sagte, etwas anderes als
45 die Summe von Durchschnittszahlen.

Noch kennen wir sie nicht, die Wahrheit des Jahres 1981, die uns gilt. Es gehört wohl auch zu der Gnade Gottes, dass wir sie nicht kennen, zu einer Gnade des Verhülltseins, die wir bedenken und nicht überspielen sollten, nicht weil da Unheil zu verbergen ist – wer will das sagen, sondern weil es
50 seinen guten Grund hat, dass wir nicht zugleich mit dem Heute auch schon das Morgen zu bewältigen haben. So redet es uns unser Herz ein, das törichte, ängstliche Herz.

Gott redet anders, wie die Bergpredigt sagt.

Aber: was kommt? – die Frage, die uns Sorge macht. Was bleibt? – die
55 Frage, die wir eigentlich ruhiger und beschaulicher bedenken können, denn da geht es ja um Bekanntes, es geht nicht mehr um das Wagen, sondern eher um's Sortieren.

Aber ist das tatsächlich weniger aufregend, und weniger bedeutsam?

60 Gewiss, die Ereignisse treten zurück, sie sind übrigens nicht ganz aus dem Spiel, aber sie bekommen je länger je mehr eine andere Gestalt und ein anderes Gewicht.

Jeder mag sich prüfen – jetzt schon schaut vieles anders aus. Von der grossen Reise bleiben mir zwei Eindrücke: der Duft der Sträucher über dem Meer an jenem Vormittag, oder die Heidelbeeren, die mir oben am Berg durch die Hand gleiten. Merkwürdig wenig bleibt oft und merkwürdigerweise etwas ganz anderes als das, wofür wir den Aufwand getrieben haben. Von langen Sitzungen das kurze Gespräch zwischen Tür und Angel; von vielen Begegnungen der eine Augenblick, da einer sein Herz aufgetan hat.

Es geht nicht mehr nur um die Ereignisse, es geht nun um ein Werten. Je länger bedacht, desto bedrängender wird dieses Urteilen, auch desto dramatischer. Wir nehmen Abschied von Hoffnungen, Abschied von Illusionen, Abschied von vielem, was gross geschienen hat und nun ganz unbedeutend wird. Wir nehmen hoffentlich Abschied von den Sorgen, die nicht nötig waren. Wie viele Sorgen waren töricht und wieviel vertane Kraft ist dabei! Und wir staunen darüber, was wichtig wird, vielleicht erkennen wir auch mit Schmerzen, was wichtig gewesen wäre.

Die Frage: was bleibt ist nicht weniger aufregend als die Frage nach dem, was kommt. Es ist auch ein Kampf dabei, ein Ringen – dort ein Ringen mit dem Unbekannten, hier ein Ringen mit etwas, was im Grunde auch unbekannt ist, mit dem Rätsel der Zeit, mit dem Rätsel, das das Vergehen aufgibt. Härter noch, unerbittlicher als die Frage nach der Zukunft kann merkwürdigerweise die Frage nach der Vergangenheit sein, denn die Frage nach dem, was bleibt, wird, je länger bedacht, umso deutlicher auch die Frage nach dem Sinn.

Wir täuschen uns ja gerne. Wir spielen den Tapferen und reden von der Zukunft. Mag an der Tapferkeit etwas sein, aber manchmal ist das Hantieren mit morgen auch eine Flucht, ein Nicht-verstehen-wollen und ein Nicht-bestehen-können vor dem, was letztlich gilt.

Liebe Gemeinde, es wäre schon etwas gewonnen heute abend, wenn wir die beiden Fragen nicht auseinanderreissen würden, oder, um es genauer zu sagen: wenn die Frage nach dem, was bleibt, hineinlaufen würde in die Frage nach dem, was kommt, wenn die Frage nach dem Sinn mitgestalten könnte die Frage nach dem, was passiert, wenn das, was gilt und besteht, was das Rätsel der Zeit uns gleichsam zurückgibt, auch schon unser Erleben und unser Entscheiden prägen könnte.

An dieser Stelle genau trifft uns und bewegt uns das Wort aus dem Propheten Jesaja.

Dieses Wort ist ja nicht leicht zu verstehen. Redet es von dem, was kommt, oder von dem, was war? Blickt es nach vorne, blickt es zurück? Ist es eine Verheissung, ein Wort der Zuversicht, oder ist es eine dunkle, harte Drohung?

Verschiedene Übersetzungen des alten Textes lassen verschiedene Deutungen zu, und – fast leider möchte man sagen – die wahrscheinlichste ist die, dass es zurückblickt. Dass es ein Wort ist am Ende von vielen Enttäuschungen und versäumten Gelegenheiten, ein Wort nach falscher Entscheidung – nun läuft das Unheil unaufhaltsam ab.

Vielleicht sind die Sätze am Ende eines Prophetenlebens geschrieben, ein erschütterndes Dokument vergeblicher Mühe, vergeblicher Mahnung, ver- 110 lorener Jahre.

Aber damit hat es nun sein Bewenden nicht. Da ist nach dem Vordergrund noch ein Hintergrund zu entdecken auf dem Bild und erst beides miteinander redet die ganze Sprache. Die Wahl der Worte weist deutlich für den, der den Propheten Jesaja kennt, auf ein Ereignis hin, das Jahrzehnte zurückliegt 115 und das entscheidend war für sein ganzes Leben und für das Leben seines Volkes – damals war noch alles offen gewesen.

Genau datiert hat Jesaja dies Ereignis überliefert, man kann es heute noch nachrechnen, 733 war es vor Christi Geburt. Ringsum hat sich der Horizont der Zukunft verdunkelt. Nordisrael und Syrien haben miteinander paktiert, 120 und das kleine Juda steht einer Übermacht gegenüber, die es wie ein Feuer verbrennen wird.

›Und es erbebte das Herz des Volkes‹, heisst es da, wie die Waldbäume im Sturme beben – man sieht förmlich die zitternde Angst vor dem, was kommt.

125 Da muss Jesaja den König suchen auf seines Gottes Befehl. Draussen bei der Wasserleitung findet er ihn. Die Wasserleitung war ja die Lebensader der Stadt, war sie nicht zu halten, waren alle verloren.

Jesaja trifft den König. Man kann sich die Szene gut denken. Keine Zeit ist zu verlieren vor dem, was kommt, und auch das Herz des Königs bebt wie ein 130 Waldbaum vor dem Sturm.

Jesaja aber hat ihm zu sagen: ›Fürchte dich nicht, sei still. Feuer siehst du ringsum, ich sehe nur den Schein von verlöschendem Holz. Glaubt ihr nicht, so bleibt ihr nicht‹.

Damals hat er es zum ersten Mal ausgesprochen, auf Gottes Geheiss: stille 135 sein, glauben, bleiben.

Ahas, der König, aber konnte so nicht glauben. Er war gebannt von den Mächten ringsum, gebannt von dem, was kommt.

Und die Geschichte jenes kleinen Volkes wird zur Geschichte verlorener Sternstunden. Da ist viel Mühsal, da ist viel Lärm, lautes Wesen, das was 140 hermacht, da ist viel von den Realitäten die Rede, würden wir heute sagen, – und es bleibt nichts.

Durch Stille-sein und Hoffen wäret ihr stark gewesen, sagt der Prophet Jahrzehnte später. Aber nein, auf eure Stärke setzt ihr, auf Rosse, und so rasch wie die Hufe eilen, werdet ihr fliehen, ihr jagt davon, aber euch wird 145 man jagen. Und was am Ende übrig ist von Aufwand und Lärm und Stärke und Schicksalen, das ist so viel wie ein Signalmast auf einem kahlen Berg: kein Leben mehr, höchstens karge Erinnerung – hier war etwas.

Was kommt – und was bleibt?

Die alten Worte und Bilder sind bedrängend. Es braucht keine Phantasie,

um hinter dem Getrampel der Hufe das Rasseln von Panzerketten zu hören, 150
und hinter dem Jagen auf den schnellen Rennern das Jagen derer, die einander einholen und überholen wollen an Macht und Drohung und an Fähigkeit, dem anderen den Tod zu bringen.

Der Wahnsinn ist uns noch näher, so scheint es, als er damals dem Jesaja war. Und die kahle Stange auf dem Berg, die noch nachzittert im Sturm, ist 155
ein Zeichen, das jeder begreift, auch wenn er kein Dichter ist – das ist übrig von dem Wahn.

Was kommt – was bleibt? Durch Stille-sein und Hoffen würdet ihr stark sein.

Vor Jahren hat einer der Ausleger über den Text geschrieben: die grosse Al- 160
ternative.

Ist Stille-sein und Hoffen eine Alternative – und was für eine? Für viele Christen in unserem Land wird der Text heute abend ein eindeutiger Hinweis sein, eine letzte Mahnung: mit der Politik der Stärke muss es ein Ende haben, das Rüsten um die Wette führt zum Tod um die Wette. 165

Aber auch der, der unser Schicksal nicht so ohne weiteres vergleichen will mit dem Geschick des auserwählten Volkes, und der solche direkten Ratschläge an die Politiker nicht zu geben vermag, wird doch die Frage nach dem, was bleibt, nicht mehr vergessen können. Was aber geschieht, wenn diese Frage das, was kommt, mitzubestimmen beginnt, was verändert sich in 170
der grossen Alternative?

Zunächst verändert sich das Bild der Welt. Es verwandelt sich zum zweiten das Bild von Gott in der grossen Alternative.

Stille-sein und Hoffen sind ja nicht allein, sie sind nicht die Haltung eines gelassenen Philosophen, sie sind der Ausdruck dessen, der vertraut. Wem? 175
Einem Gott der dreinschlägt, einer Art Überwaffe?

Elia musste einmal lernen, wie dieser Gott ist. Er stand vor seiner Höhle und sollte ihm begegnen. Da war ein grosser, starker Wind, der die Berge zerriss – aber der Herr war nicht im Wind. Und da war ein Erdbeben – aber der Herr war nicht im Erdbeben. Und da war ein Feuer – aber der Herr war nicht im 180
Feuer. Aber nach dem Feuer kam ein stilles, sanftes Sausen, und Elia verhüllte sein Haupt, trat heraus und hörte die Stimme: ›Was treibst du hier Elia?‹

Liebe Gemeinde, Weihnachten ist auch eine Lektion jedes Jahr: Krippe, Stall – dass Gott so erscheint ist ja keine Romantik, sondern eine Zumutung an den Mut, ihn anders erkennen, als wir es gewöhnt sind und vielleicht 185
auch wünschten.

Der Gott, der im Geringen erscheint, stellt in Frage, was mächtig ist. Aber vielleicht ist das nicht nur eine Zumutung, sondern auch ein Stück Freiheit in ein Jahr hinein, von dem es heisst, es sei so schwierig und von so vielen Mächten umstellt. Wer muss denn noch mächtig sein, wenn Gott schwach 190
ist?

Die grosse Alternative ändert das Bild der Welt, das Bild unseres Gottes, sie ändert wohl auch das Bild unseres eigenen Lebens.

Auch wer nicht den Mut hat, das, was wie Feuer aussieht, als verlöschenden Brand zu erkennen, wird doch merken, dass im Stille-sein und Hoffen die Wirklichkeit ein anderes Gesicht bekommt. Wer auf das wartet, was bleibt, und mit dem rechnet, was bleibt, wird anders empfangen, was ihm geschieht. ›Dass uns werde klein das Kleine und das Grosse gross erscheine‹. Es ist erstaunlich, dass junge Leute, die doch angeblich so fasziniert sind von dem, was kommt, dafür manchmal ein deutlicheres Gespür haben als die von Enttäuschungen gefangenen Alten.

Könnte es nicht sein, dass die Zeit für die scheinbare Narrheit des Glaubens gekommen ist, und dass diese Narrheit mehr Nüchternheit hat, als die kühle Kalkulation mit der Macht und mit dem Tod? Wenn Christen wissen, dass sie dem, was kommt, nicht verfallen sind, dann müsste doch daraus eine Freiheit entstehen, in der einer wieder vernünftig handeln kann.

Niemand kann sich dem Gedanken an das, was kommt, entziehen, auch wenn er nicht Blei giesst in dieser Nacht und den Krach nicht braucht, um das Herzklopfen zu übertönen.

Aber die Verheissung der Stille und des Hoffens ist ja keine Form der Resignation, sondern eine Zuversicht, die die Kraft hat zu wandeln, was geschieht.

Wir nehmen in diesen Jahren auch Abschied von dem Wahn der Machbarkeit aller Dinge. Wir, die wir so viel machen können, wie nie ein Mensch zuvor, verlieren den Glauben daran, dass das hilft. Wir erkennen nicht nur unsere Grenzen, das wäre zu ertragen, wir erkennen, dass machbar nicht zu dem gehört, was bleibt.

Die Erschütterung dieses Abschieds ist der Hintergrund für manche Unsicherheit. Wir treiben viele Künste und kommen weiter von dem Ziel.

Vielleicht sollten wir uns für das neue Jahr Tage vorstellen, an denen, was machbar ist, zurücktritt, und wichtig wird, was nicht machbar ist: Gottes gutes Erbarmen.

Vielleicht sollten wir uns vorstellen, wir könnten damit rechnen – mehr noch als mit dem, was unsere Hände tun. Ob wir nicht eher verschmerzen könnten, was unsere Hände nicht mehr tun, und ob Menschen und Dinge nicht ein anderes Gesicht bekämen? Ob das, was kommt, nicht seinen Schrecken verlöre?

Denn je näher das beieinander ist, was kommt und was bleibt, desto näher sind wir dem Geheimnis unseres Lebens und dem Grund zum Danken, desto näher sind wir der Treue und der Liebe Gottes in Jesus Christus, unserem Herrn. Es lohnt sich, das zu entdecken, im alten wie im neuen Jahr.

Amen.

KAPITEL XI

Vorträge

Exemplarisch seien an dieser Stelle die beiden Vorträge dokumentiert, die Askani am häufigsten zu halten hatte: Zuerst der erstmals am Erntedankfest 1976 in Reutlingen gehaltene Vortrag »*Freude an der Kirche*«. Wenn von Freude an der Kirche gesprochen werde, solle damit nicht leichtfertig die berechtigte Sorge um die Kirche – die harte Wirklichkeit von Kirchenaustritten und Entfremdung der Menschen von dem, was die Kirche treibe – ausgeblendet werden. In aller ärgerlichen Unvollkommenheit sei nach dem Zeugnis des Neuen Testaments die Gemeinde von Gott geliebt, und das sei der tiefste Grund der Freude an der Kirche. Weil diese oft vergessen werde, habe er, Askani, sich zu erinnern versucht, an welchen Stellen seiner eigenen Biographie diese Freude über die Kirche aufgekommen sei.

Anhand von zehn Bildern aus seinem Leben nimmt Askani seine Hörerinnen und Hörer hinein in einen Prozeß der Entdeckung von Freude an der Kirche. Wir seien gewohnt, von der Krise der Kirche zu reden, und hielten das für die Wirklichkeit. Die eigentliche Wirklichkeit hingegen sei die Freude darüber, wie nahe der Herr sei (Philipper 4,4–7). Zur Freude an der Kirche gehöre, daß wir trotz aller Vorläufigkeit und Brüchigkeit der Institution hineingenommen würden in die Geschichte Gottes mit den Menschen.

Über all die plastischen Einzelszenen hinweg spannt Askani den Bogen zu dem unbegreiflichen und erschütternden und zugleich doch so tröstlichen und erfreulichen Bild, das das Neue Testament von der Kirche gebraucht: zum Bild vom Leib Christi. Es drücke aus, daß das Leben der Kirche unauflöslich verbunden sei mit Jesus Christus, dem Herrn, mit seinem Leben, Sterben und Auferstehen. Darin liege allerhand Zumutung und allerhand Freiheit von uns selber, aber auch Trost und Freude.

»Freude an der Kirche«

Zu jedem einigermassen anständigen Referat gehören mindestens 3 Vorbemerkungen. Nun ist dies kein ausgesprochenes Referat heute abend, auch nicht so angekündigt. Aber um den Anstand zu wahren, will ich doch wenigstens zweieinhalb Vorbemerkungen vorausschicken.

1. Dies ist heute abend keine Korrektur dessen, was Herr Professor Jetter gestern abend hier gesagt hat. Es ist auch kein Korreferat seiner ganz systematisch dargelegten Überlegungen »Sorge um die Kirche«. Es ist also nicht so, dass er sich Sorgen macht, und wir uns die Freude für heute abend aufgespart hätten. Vielmehr ist beides, die Sorge und die Freude an der Kirche gar nicht voneinander zu trennen. Wer also meint, was ich zu sagen versuche, sei harmlos, naiv und umgehe die harte Wirklichkeit von Kirchenaustritten und Entfremdung der Menschen von dem, was die Kirche treibt, der möge bedenken, dass, was gestern gesagt und bedacht wurde, nicht nur an äusserlichen Zeichen, sondern an inneren Bewegungen innerhalb unserer Kirche jetzt mit gemeint ist. »Geliebte, ärgerliche Gemeinde« hiess einmal die Überschrift für eine Bibelarbeit über den ersten Korintherbrief. So stimmt es. Unsere Gemeinde, unsere Kirche ist so ärgerlich und geliebt, wie wir selber sind. So ärgerlich, so ungenügend und vollkommen und so geliebt. Ich habe nicht beliebt [gesagt], sondern geliebt, wie wir es sind – nämlich geliebt von Gott in Jesu Namen. Und weil das so ist, weil sie so geliebt ist, besteht also die Vermutung, dass sie auch mit der Freude zu tun hat. Wie sollte einer, den Gott lieb hat, nicht mit der Freude zu tun bekommen.

2. Die Freude kann man nicht befehlen. Genau so wenig, wie die schwäbische Ehefrau das Glück befehlen konnte, als sie ihrem Mann dem Vernehmen nach laut und deutlich beschied: Do kommst her und fühlst dich glücklich. (Vielleicht war's für ihn durchaus entsprechend). Freude kann man nicht befehlen. Aber man kann sie merkwürdigerweise vergessen. Wie manche Freude vergessen [wir], weil wir so eilig geworden sind und so ein schlechtes Gedächtnis haben.

Darum habe ich mich – und das ist jetzt bereits die halbe Vorbemerkung – in der Vorbereitung auf diesen Abend versucht zu erinnern. Unter der Überschrift »Freude an der Kirche«. Jetzt, wenn Sie so wollen, an meiner Kirche, so wie ich sie erlebt habe und erfahre.

10 Stichworte sind mir eingefallen. 10 Bilder, die ich in ein paar Sätzen zu beschreiben versuche. Und wenn Sie zwischen den Zeilen etwas Heiterkeit bemerken sollten, haben Sie richtig bemerkt. Denn das ist todernst und zugleich etwas heiter Lösendes da und dort zu spüren, wie Gott aus unvollkommenen und ärgerlichen Gebilden dann und wann etwas Erfreuliches werden lässt.

1. Zuerst fällt mir ein Russe ein bei dem Thema »Freude an der Kirche«. Er war bei uns zu Gast, kam aus Paris, lebte dort in der Emigration, hatte in der Gemeinde zu sprechen. Er fällt mir ein, nicht weil er uns gelehrt hat, dass nach dem Abendmahl Christen einander in den Arm nehmen und einen Kuss geben sollten nach orthodoxem Ritus, sondern weil er sagte, er müsse bei der Kirche immer zuerst an die Hochzeit zu Kana denken.

Ich muss gestehen, ich habe bei der Kirche noch nie zuerst an die Hochzeit zu Kana gedacht, sondern eher an Probleme. Das ist protestantisch. Aber der orthodoxe Priester dachte an die Hochzeit zu Kana. An das Wunder des Weines, an die Freude des Festes, der völlig überflüssigerweise so gut war und so reichlich.

So, sagte unser Russe, ist das doch mit der Kirche. Durch Gottes Wunder hat sie nicht nur einem Mangel abzuhelfen, dass so ein Fest noch ein bisschen über die Runden kommt, sondern überraschend und überfliessend hat sie die Freude der guten Nachricht zu bringen.

Der Gedanke ist etwas ungewöhnlich. Aber als wir im Heiligen Land von Nazareth aus auf die Höhe kamen und nach Kana hinübersahen – es liegt überraschend nahe –, da musste ich auch an unseren Russen denken, an seine Art, die Kirche zu deuten.

Kann man denn, wenn man die Kirche ernst nimmt, ernst nimmt woher sie kommt, anders von ihr denken als im Zusammenhang mit dem Wort »Freuet euch in dem Herrn allewege, und abermals sage ich: Freuet euch. Eure Lindigkeit lasset kund sein allen Menschen. Der Herr ist nahe«?

Wir reden so viel von der Krise, von der Krise der Volkskirche, von der Krise der Konfirmation, von der Krise des Gottesdienstes. Es gibt überhaupt offenbar weniges, was nicht in der Krise ist. Und es ist ohne Zweifel damit ein Stück Realität, ein Stück Wirklichkeit, ein Stück ernsthafter nüchterner Überlegung und Rechenschaft. Aber die eigentliche Ernsthaftigkeit, die eigentliche Nüchternheit, die eigentliche Wirklichkeit ist noch einmal eine andere. »Freuet euch, der Herr ist nahe.«

2. Das zweite Bild ist das Bild des Saales unter der Empore in der Markuskirche in Stuttgart. Es war in meiner Jugend kein besonders schöner Saal. Es gab dort ein Harmonium und es gab eine Art alter, blauer Kronleuchter, die mir unauslöschlich in Erinnerung sind. Der Schmuck dieses Saales aber war sonntags um 11 Uhr die fröhliche Schar der Kindergottesdienstkinder. Ich weiss noch genau, wo meine Gruppe sass, und ich habe noch vor Augen den Helfer, der uns durch die Jahre begleitete. Auch er war kein besonderer Mann. Er hatte seine Fehler. Mein Vater sagte später, er sei sonntags immer nüchtern gewesen, und ich habe erst hinterher begriffen, was das hiess.

Und doch sind mir aus diesen Stunden, wie eine Kostbarkeit der Freude, die Geschichten der Heiligen Schrift vor Augen, die wir dort miteinander erlebt haben: David und Goliath, Joseph und seine Brüder, die Abenteuer des Simson, aber auch Samuel und die Geschichten am Wege Jesu, wie sie das Neue Testament erzählt: Zachäus und Bartimäus, der Blinde, der Kranke am Teich Bethesda, und der Mann, den sie durch das Dach gelassen hatten, weil das Haus voll war und seine Glieder gelähmt waren.

Es war – wie gesagt – ein unscheinbarer Saal und ein unscheinbarer Zeuge damals, und doch sind dort jene Geschichten ein Stück eigenen Lebens geworden. Und wenn ich zurückdenke, spüre ich immer noch etwas von der Freude, dabei zu sein.

Freude an der Kirche. Gehört das nicht auch zum Thema? Dass wir in unserer Kirche trotz aller Vorläufigkeit und Brüchigkeit dieser Institution hineingenommen werden in die Geschichte Gottes mit dem Menschen. Und gehört es nicht auch zum Dank an die Kirche, dass sie diesen Dienst tut?

Wir denken an das Reformationsfest. Es war lange Zeit ein Streit zwischen den Kirchen der Reformation und der Kath. Kirche: Schrift und Tradition, wie es in der Gelehrtensprache heisst, zu deutsch: was denn massgebend sei, das Wort der Bibel oder die Überlieferung der Väter. Heute weiss man besser als früher, wie nahe beides zusammengehört. Man weiss es in beiden Kirchen. Ohne das Wunder von Pfingsten, ohne das Wunder der gemeinsamen Zeugenschaft wäre uns die Bibel, so wie wir sie haben, nicht überkommen. Und wiederum ist aus der Mitte der Heiligen Schrift zu messen, was gewachsen und geworden ist. Das gibt, wenn man ins Einzelne geht, einen gelehrten Disput. Aber darum geht es jetzt nicht.

Es geht vielmehr um die Frage, ob wir nicht die Freude wieder entdecken könnten an dem Leben, das uns Gottes Wort durch die Schrift und in der Kirche gibt, und ob über dieser Freude nicht vieles zu vergessen wäre, was uns stört.

3. Das dritte Bild ist merkwürdigerweise ein Bild aus dem Keller jener Markuskirche in Stuttgart, der Kirche meiner Jugend. Dort waren zwei grosse, eiserne Kettenräder, die wir nach dem Gottesdienst bedienen mussten im Auftrag des Mesners, um eine Trennwand für den Kirchenraum oben hochzukurbeln.

Wir waren zu zweit dabei, mein Freund und ich, und wir sind beide Pfarrer geworden. Ich erzähle es aber nicht darum, sondern weil dort beim Mittun – und es war ein recht mühseliges Geschäft mit den grossen Rädern und den klappernden Ketten – weil dort beim Mittun in uns das Gefühl begonnen hat, in dieser Kirche zuhause zu sein. Und Freude an der Kirche und Heimat haben in seiner Kirche hängen eng miteinander zusammen.

Nun kann man die Heimat nicht befehlen, genausowenig wie das Glück oder die Freude selber. Man wächst in der Heimat auf, man hat sie gewissermassen, bevor man sie erwirbt. Darum ist es auch so wichtig, in welcher Weise wir unseren Kindern die Möglichkeit geben, vor allen kritischen Fragen, die dann später kommen, in ihrer Kirche zuhause zu sein. Wenn man sich manchmal überlegt, woher das kommt, dass ein katholischer Christ häufig genug bei aller äusseren Distanz zu seinem Kirchenwesen dann in der Tiefe seines Wesens doch katholisch ist, dann hängt das unter anderem damit zusammen.

Man kann die Heimat nicht befehlen und nicht einkaufen wie ein Möbelstück. Aber immer noch und auch später noch kann die Heimat um einen Menschen her wachsen, wenn er bereit ist, mitzutun. Wo einer einen Baum pflanzt, fängt er an zuhause zu sein. Wo einer mittut in seiner Kirche, erfährt er, um im Bilde zu bleiben, ein Stück Bodenständigkeit in ihr.

Darum bleibt an der Stelle allerdings eine sehr kritische Frage. Die Frage nämlich, warum unsere Kirche, unsere evangelische Kirche, für viele Menschen so wenig heimatlich ist, so wenig einladend zu einem echten und verantwortlichen Mittun? Das ist eine Frage an uns, nicht an Leute da draussen.

4. Wenn ich an meine Kirche denke, dann denke ich merkwürdigerweise immer zuerst auch an den Sonntag. Man kann natürlich sagen, das ist schlimm, als ob die Kirche nichts mit dem Werktag zu tun hätte. Aber vielleicht sollten wir uns doch einen Augenblick lang Zeit nehmen, darüber nachzudenken, ob nicht der Sonntag ein Geschenk ist, das wir in unserer Kirche empfangen haben und immer noch empfangen könnten, und ob das nicht zu dem Thema »Freude an der Kirche« gehören würde.

Nun wissen wir, warum wir den Sonntag haben. Es ist der Tag, an dem der Herr vom Tod erstanden ist, ein jeder Sonntag hat etwas vom Ostertag. Aber lassen Sie mich noch ein Stück weiter zurückgehen, auf das 3. Gebot: Du sollst den Feiertag heiligen, du sollst den Sabbat halten.

Es gibt ein Lied, das im Vorderen Orient im zweiten und ersten Jahrtausend [v. Chr.] bekannt war, und es erzählt, dass die Götter ursprünglich die Arbeit dieser Welt selber zu tun hatten. Das hat ihnen eines Tages nicht mehr gefallen. Und einer sagte zur Mutter Göttin, du bist die Göttin der Geburt, erschaffe den Menschen, dass er die Arbeit tue. So ist der Mensch geboren worden, und voller Triumph erklärt die Mutter Göttin: »Ich habe die schwere Arbeit von euch genommen, ich habe die Last den Menschen auferlegt, und ihr seid frei.« So beginnt die Geschichte des neuen kosmischen Sklaven, des Menschen.

Israel weiss eine ganz andere Geschichte. Es erzählt die Geschichte Gottes, der die Welt erschaffen hatte in sechs Tagen und der am siebten Tage ruht, und der den Menschen, sein Ebenbild, teilhaben lässt an der Ruhe des siebten Tages. Und wenn man genau nachsieht am Anfang der Bibel, dann ist dieser siebte Tag noch offen und der Segen, der auf diesem Tage ruht, noch bereit, bereit für den, der ihn haben will.

Israel hat das Sabbat-Gebot als das Geschenk seines Gottes empfunden, und alles, was nachher kommt in den 10 Geboten: Vater und Mutter ehren, und du sollst nicht töten, und du sollst nicht ehebrechen, läuft gewissermassen hinter der grossen Fahne dieses Gebotes. Freilich, Israel hat immer gewusst, jedenfalls dort, wo es seinem Glauben verbunden blieb, dass das Geheimnis des Sabbats, das Geheimnis dieser Ruhe und eigentlichen Lebens aufs Engste zusammengehört mit dem Geheimnis seines Gottes.

Liebe Freunde, wir haben, so scheint es, mehr Zeit als viele Generationen vor uns, rein rechnerisch mehr Zeit. Merkwürdigerweise zerrinnt uns diese Zeit zwischen den Händen, auch die Zeit der Musse, auch die Zeit des Sonntags. Manchmal sieht es so aus, als hätten wir den Segen verloren und lebten unter dem Fluche, den Sonntag in eine Art Werktag verwandeln zu müssen, mit noch mehr Anspannung, mit noch mehr Umtrieb.

Es gibt manche Vorschläge, dem abzuhelfen. Vielleicht wäre der wichtigste der, sich dessen zu erinnern, woher der Sabbat, woher auch unser Sonntag seine Kraft hat. Wir werden unseren Sonntag nur gewinnen können, wenn er wieder in Verbindung kommt mit dem, der ihn gibt. Anders gesagt: wer wieder lernt, sich des Sonntages zu freuen, um Gottes willen zu freuen, hat Leben und Atem gewonnen.

5. Damit hängt unmittelbar ein fünftes Bild zusammen. Es führt uns wieder zu Freunden aus der orthodoxen Kirche. Als Studenten machten wir einen Besuch bei einer orthodoxen Flüchtlings-Gemeinde, die in Wendlingen in einer Schule lebte. Wir hatten die Nacht gefeiert und kamen müde morgens um 7 Uhr an. Uns öffnete ein russischer Fürst, der mit dieser Gemeinde unterwegs war. Er führte uns in seine Stube, sie sah aus wie eine Zelle. In der Ecke war ein Schragen, davor ein Stehpult mit einer Ikone. Über dem Schragen aber war ein Loch in der Decke, und durch dieses Loch war ein Rohr geführt. Wir fragten den Fürsten, was es damit für eine Bewandtnis habe. Er sagte, er sei krank gewesen und habe über Wochen nicht teilnehmen können am Gottesdienst, der über ihm am Sonntag im Zeichensaal der Schule gehalten wurde. So hat er sich dieses Rohr durch die Decke bohren lassen, um wenigstens zu hören, was dort geschieht.

Wir waren Studenten der Theologie, evangelische Christen. Aber bis heute meine ich, wir hätten zu lernen von jener ganz unmittelbaren Freude der orthodoxen Freunde an ihrem Gottesdienst.

Nun weiss jedermann, was dabei kritisch zu sagen ist, und dass der evangelische Gottesdienst nicht alle Dimensionen des orthodoxen Gottesdienstes hat. Ich denke auch an jenes Büchlein, in dem davon berichtet wird, wie zwei Teufel miteinander darüber diskutieren, was zu tun wäre, wenn ein Mensch zum Glauben gekommen wäre. Ach, sagt der eine, das ist weiter noch nicht schlimm, wir schicken ihn einfach in den Gottesdienst, setzen ihn hinter eine Frau mit einem unmöglichen Hut und vor einen Mann, der falsch singt, und an einen Platz, an dem es zieht, dann gewöhnt er sich alles wieder ab.

Dies alles mag ein Stück unserer Wirklichkeit sein. Aber das andere gehört doch auch dazu. Dass immer noch im Gottesdienst Christen beieinander sind, die miteinander beten, singen, teilhaben an dem Lob Gottes, das wie ein Atem des Lebens ist, und miteinander hören auf das Wort, das trifft und trägt.

Freude an der Kirche. Sie kann sterben, wenn der Gottesdienst uns fremd wird, und wir können dann an hundert Symptomen herumkurieren und kommen nicht zur Sache, und sie kann wiedergewonnen werden, wo wir erfahren, dass nicht nur ein Sonntag, sondern eine Woche anders wird von dieser Mitte her. Darum an dieser Stelle eine Bitte: Lassen wir doch einander Zeit dafür, Sorgfalt und Liebe und Kraft darauf zu verwenden, dass wieder sichtbar wird, was dort geschieht, wirklich passiert, wenn Gott dem Menschen dient und das heisst ja: Gottes-Dienst.

6. Freude an der Kirche – hängt sie nicht auch zusammen mit der Einladung zum Mahl? Oder anders gesagt, dass es unter uns gelegentlich so grau und so langweilig zugeht, hängt das damit zusammen, dass wir zuwenig unternehmen? Wahrscheinlich unternehmen wir eher zuviel. Aber vielleicht

sollten wir uns dessen erinnern, was das heisst, dass ein jeder von uns in Jesu Namen geladen ist, Platz zu haben an Gottes Tisch.

Es gibt eine ungeheuerliche Stelle im Alten Testament, die davon redet, an die kein Mensch denkt beim Abendmahl, und die doch der Anfang und die Spur des Weges ist, hinein in das Festmahl des Neuen Testamentes.

Da heisst es am Berg Sinai, nachdem der Gottes-Bund geschlossen war, als Mose hinaufstieg und Aron und 70 Männer aus Israel: Und sie sahen den Gott Israels und unter seinen Füssen etwas wie das Gebilde eines Edelsteins und wie die Klarheit des Himmels. Und er streckte seine Hand nicht gegen sie aus, und sie schauten Gott, und assen und tranken.

Viele von uns wissen, wie heilig den Juden jeder Buchstabe der Schrift ist, aber an der Stelle hat offenbar einer gemeint, das dürfe nicht so stehen bleiben. Und wenn man nur ganz wenige Buchstaben ändert, und das hat er getan, dann heisst es: sie fielen nieder vor Gott.

Nein, nein! Sie schauten Gott und assen und tranken. Raum bei Gott. Platz an seinem Tisch. Was fehlt einem Menschen noch, wenn er Raum bei Gott hat?

Und wir, liebe Freunde, haben das Mahl des Herrn in den Winkel gedrängt, ist es nicht so, an den Rand unserer Gottesdienste. Kann die Freude noch spürbar werden? Wundern wir uns, wenn unsere katholischen Schwestern und Brüder zögerlich geblieben und geworden sind mit der Gemeinschaft am Tisch des Herrn? Sind es nur die theologischen Fragen, die alten dogmatischen Fragen, die Fragen der Reformation, die uns trennen, oder müssten wir nicht zuerst die Frage hören, welchen Platz hat denn dieses Mahl in eurem Leben und Denken? Gehört es dazu oder nicht?

Könnte nicht manche Platzangst dieser Welt, die unser Herz eng macht und hart, überwunden werden, wenn wir das wüssten und praktizierten: Platz haben.

Freude an der Kirche.

7. Die teuerste Predigt, die ich bis jetzt in meinem Leben zu halten hatte, war eine Predigt im Anschluss an eine Weltkonferenz hoch droben im Norden von Finnland. Sie war deswegen so teuer, weil ich dazu 1.000 km weit fliegen musste.

Ich sehe noch das Bild vor mir nach Stunden Flug über Wälder und Seen und Seen und Wälder, der kleine Platz zum Landen und ein paar Menschen am Rand. Ich wusste, einer von denen gehört jetzt zu dir und du zu ihm. Und dann rollte das Flugzeug aus, so unweit vom nördlichen Polarkreis. Und einer von denen, in der Tat, gehörte zu mir und ich zu ihm, und wir fuhren lange durch die Wälder, durch Kiefern, Fichten und Birken, bis zu seinem Haus. Wir hatten uns noch nie gesehen, wir konnten kaum miteinander sprechen, aber ich war noch nicht lange in der Stube, da blätterte er in seinem Lexikon und fragte mich: »Bruder Askani, wollen Sie Pate werden bei meinem sechsten Kind, das morgen nach Ihrer Predigt getauft wird? Die anderen 5 warten in der Küche, was Sie antworten.« Ich habe ja gesagt. Man kann natürlich sagen: Das ist alles ja nichts besonderes. Wenn ihr zu einem Verein gehört hättet, hättet ihr euch auch verstanden. Und wieviel Streit gibt es unter Christen, wieviel Vorurteile, wie viele Zäune. Konfessionen. Ja, in der Tat, das stimmt und wir verstehen uns sicher in vielem nicht. Ich kann von der finnischen Sprache bis heute nur zwei Worte: keito, das heisst danke; karviasmariakiseli, das heisst Stachelbeergesälz. Aber wenn wir Jesus Christus sagen, dann verstehen wir uns. Jedenfalls sehen wir dann einen Weg vor uns, und das ist ja mehr als ein Wort und ein Name. Mehr auch als die Parole eines Clubs, sondern ein Anreiz, darüber nachzudenken, auch dass in ihm die Welt geliebt ist und nicht nur Christen, sondern auch andere darin etwas von der Würde und der Vertrautheit von Brüdern und Schwestern haben.

8. Das achte Bild ist erst einen Tag alt. Herr Dekan Duncker und ich waren gestern bei der Besprechung über die Telefonseelsorge Tübingen-Reutlingen. Es geht jetzt nicht um Einzelheiten. Die Telefonseelsorge Tübingen besteht seit 14 Jahren. Sie ist nicht von Pfarrern getragen, sondern von Laien. Zum ersten Mal haben sich die Mitarbeiter dieser TS an die Institution Kirche gewandt um Hilfe. 14 Jahre lang haben sie in aller Stille ihren Dienst getan. 14 Jahre lang war jeden Tag die Nummer 444 in Tübingen vom Nachmittag bis in die Nacht besetzt. Menschen [waren] bereit, Auskunft zu geben, zuzuhören, zu raten, rasch zu einem Gefährdeten zu fahren, der in Not ist. Dies sei stellvertretend gesagt für vieles, was andernorts geschieht, auch hier in Reutlingen. Etwa in der Begleitung von Gefährdeten, etwa im Gemeindedienst oder wo immer für viele Kraft, Liebe, Phantasie und Zeit drangegeben wird. Ich denke, dies sei doch ein Grund zur Freude. Wenn man näher hinsieht, sind gewiss viele Schatten zu entdecken in unserer Kirche. Die Gottseligkeit kann offenbar zu auffallend vielen Dingen nützlich sein. Es ist viel Versäumtes zu entdecken. Kraftlosigkeit in dieser Zeit. »Sie haben kein Gesicht mehr, diese Kirchen«, hat neulich einer von drüben gesagt. Wir haben es nicht vermocht zu verhindern, dass das christliche Abendland Schuld auf sich geladen hat, vor anderen unchristlichen Ländern. Die Chronique Scandaleuse hat keinen Mangel an Beispielen. Aber wenn man näher hinsieht, sieht auch manches plötzlich ein wenig anders aus. Nicht nur, dass sich etwa herausstellt, dass die Kirche in Württemberg 10mal so viel Mitarbeiter hat, bis in die Diakonischen Bereiche hinein, als Pfarrer. Vor allem aber stellt sich heraus, wie vieles ohne Aufhebens geschieht. Und wenn sich die Engel im Himmel darüber freuen, warum sollen wir es nicht auch tun.

9. Meine Frau sagt gelegentlich, man könne guten Gewissens nur verheiratet sein mit einem Menschen, mit dem man auch Streit haben könne. Um ein Missverständnis nicht erst entstehen zu lassen: Wir probieren das nicht ständig aus. Aber im Ernst, es gibt Leute, mit denen geht es nur gut, wenn es gut geht. Eine besondere Wohltat sind solche, bei denen man es sich leisten kann, dass es nicht immer gut geht.

In unserer Kirche kann man sich allerhand leisten. Um wiederum ein Missverständnis nicht erst entstehen zu lassen: Wir sollten keinen Streit provozieren. Wir werden allerhand Schaden tun können im nächsten Jahr bei der Vorbereitung der Wahlen, wenn wir die Geduld und die Liebe Christi vergessen und nicht üben. Aber man kann die Kirche hinterfragen, in die Tiefe bohren, die Kulissen abbrechen. Sie hält das aus. Man kann jahrhundertelang so sein, wie wir sind, so unvollkommen, so vermischt in Motiven, so vermischt in Angst und Mut, so töricht und so übergescheit. Sie hält das aus. Man kann sie schlagen und tot sagen, verlachen und beweinen und einfach vergessen. Sie hält das aus.

Und nun meine ich wiederum nicht unsere Landeskirche in Württemberg, nicht die Kirchengemeinden, die Pfarrämter, die Dekanate und Prälaturen. Wieviel die aushalten, weiss ich nicht. Da kann über Nacht der Wind allerhand Blätter wegblasen, wie man andernorts sieht. Aber ich meine das, was das Neue Testament den Leib Christi nennt. Es ist, so lange wir das Bild gebrauchen, ein fremdes Bild vom Leib Christi. Aber es sagt etwas, was unbegreiflich, erschütternd und tröstlich und erfreulich ist, nämlich dass das Leben der Kirche verbunden sei mit Jesus Christus dem Herrn, unauflöslich mit seinem Leben, mit seinem Sterben und mit seinem Auferstehen. Das ist nicht nur schwer zu begreifen, das ist auch tröstlich und von Herzen erfreulich. Das gibt für uns, wenn wir es ernst meinen, allerhand Zumutung gewiss, und allerhand Freiheit von uns selber. Und das tut gut.

10. Das letzte Bild. Es ist jetzt etwas über ein Jahr alt. Wachstation im Krankenhaus. Ein paar Tage nach der Operation. Der erste Gottesdienst im Kopfhörer, übertragen aus dem Kirchsaal der Diakonissen. Und dabei die vertraute Stimme von Theodor Schober, Präsident des Diakonischen Werks in Deutschland, mein Gemeindeglied in der Stuttgarter Gemeinde. Und während ich seine Stimme hörte, dachte ich, dass damals ausgemacht war, dass er alle vier Wochen im Diakonissenkrankenhaus predigen würde und so alle acht Wochen in unserer Kirche, und wie er sich vorbereitet hatte auf den Gottesdienst in meiner Stube und an manchen kurzen Weg hinüber in den Kirchenraum. Nun las er den Psalm. Manchmal muss ein anderer einen Psalm für einen lesen. Und es ist gut, wenn es nicht ein Fremder ist.

Wir sind unterwegs nach Gottes Willen zu dem Ziel, das er bereitet hat. Keiner von uns weiss, wie das morgen ist mit dem Weg und übermorgen. Wir hören das Wort Jesu: »Siehe ich bin bei euch alle Tage, bis an der Welt Ende.« Und Gott hat uns die Wohltat zugedacht, dass wir es miteinander hören und einander sagen und keiner es allein zu buchstabieren hat.

»Freude an der Kirche.«

»DIE KIRCHENWAHLEN ALS EINÜBUNG DES GLAUBENS«

Als zweites Beispiel wird der mehrfach überarbeitete und durch Publikationen in ganz Württemberg wahrgenommene Vortrag *»Die Kirchenwah-*

len als Einübung des Glaubens« dokumentiert. Dieser in einer Zeit sich vertiefender Gegensätze zwischen den einzelnen Gruppierungen in der württembergischen Landeskirche im Vorfeld der Kirchenwahlen 1977 konzipierte Vortrag ist ein solennes Beispiel für Askanis verbindende, entpolarisierende Art, ohne die Leidenschaft unserer unterschiedlichen Meinungen und die verschiedene Farbe unserer Erkenntnisse der Langeweile zu opfern, wie er es bereits sechs Jahre zuvor in seiner Ulmer Schwörsonntagspredigt vom 18. Juli 1971 betont hat.

Askani geht von der pointierten Einsicht aus: »*Gruppen sind in unserer Kirche kein Sündenfall.*« Daß es verschiedene Gruppierungen in der Kirche gebe, sei bereits in der Vielfalt des neutestamentlichen Zeugnisses angelegt. Die Vielfalt dieses Zeugnisses aber resultiere aus der Vielfalt der Zeugen. Zugleich aber stehe dieser Vielfalt die Einheit und Klarheit des Evangeliums gegenüber. Von Anfang an lebe die Christenheit in der Spannung zwischen der Vielfalt der Zeugen und der Einheit der Botschaft. Das aus dieser schon im Neuen Testament angelegten Spannung notwendigerweise erwachsende Ringen umeinander und um den Konsens sei dort verheißungsvoll, wo man sich miteinander dem *einen* Wort des Herrn aussetze. Daß also Vielfalt in der Volkskirche sichtbar werde, sei ganz natürlich und normal. Das Problem beginne dort, wo die verschiedenen Gruppierungen in die Polarisierung gerieten.[536] Die Gefahr zur Polarisierung sieht Askani an vier Stellen gegeben:

Erste Gefahrenzone: Polarisiserung entstehe, wo wir uns unserer Fixierungen nicht bewußt werden. Die particula veri von Fixierungen bestehe darin, daß jemand im Augenblick von einer Erkenntnis so festgehalten sei, daß er in diesem Moment eine weitere Erkenntnis aufzunehmen nicht in der Lage sei. Askani illustriert dies durch ein selbsterlebtes Beispiel: »*Ich denke ... an den Arzt, der unser Kind untersuchte. Es lag in Adams Kostüm auf dem Tisch, aber der Mann hatte das Röntgenbild vor Augen. Als er immer wieder von der Tochter sprach, erlaubte ich mir zu bemerken, es sei ein Sohn. Antwort: Sie haben recht, nehmen Sie sie wieder mit. Ich meine, das sei ein gutes Zeichen für den Arzt, kein schlechtes. Er war völlig in Bann genommen durch das, worauf es jetzt ankam.*« Übertragen auf die Gruppierungen der Kirche: Es könne sein, daß eine Gruppierung von einer Erkenntnis so festgehalten sei, daß es ihr unredlich erscheine, im Augenblick noch etwas dazuzutun. Es gelte, sich selbst auf solche Fixierungen zu prüfen und den anderen darin zu achten.

Zweite Gefahrenzone: Polarisierung entstehe, wo einer dem anderen die stille Korrektur nicht mehr erlaube. Es sei entscheidend, einander nicht bei allem festzuhalten, was wir sagten und täten. Denn unser theologisches Denken und kirchenpolitisches Handeln sei immer auch von unseren

Wünschen mitbestimmt, die ihre Quellen nicht nur in der Heiligen Schrift hätten.

Dritte Gefahrenzone: Polarisierung entstehe, wo man die eigene Meinung nicht mehr der Argumentation der anderen aussetze. Zwar erwecke Polarisierung gelegentlich den Anschein, als befinde man sich in besonders heftigem Streit um das, was morgen zu geschehen habe. In Wahrheit sei das Gegenteil der Fall: »*Die Gruppen sind so weit an die Pole gerückt, dass keiner den anderen mehr erreicht und jeder völlig ungefährdet ist mitten im Lärm des Kampfes ... Es kommt nichts mehr dabei heraus, weil jeder in einer anderen Ecke steht.*«

Vierte Gefahrenzone: Polarisierung entstehe, wo die Verschiedenheiten schablonisiert und dadurch die Gruppierungen unbeweglich werden. Die Gruppen erstarrten, wo die Urteile übereinander wie unumstößliche Denkmale stehenblieben. Hingegen wäre es ein Zeichen der Lebendigkeit, wenn die Gruppen beweglich wären und durchlässig blieben.

Askanis Résumée im Blick auf die bevorstehenden Kirchenwahlen lautete denn auch: »*Die Wahlen dieses Jahres werden auch eine Übung unseres Glaubens sein. Ob wir sie verlieren oder gewinnen, hängt nicht vom Ergebnis der Zahlen ab, wohl aber von unserer Bereitschaft, auszuhalten, daß wir in vielem verschiedener Meinung sind, und durchzuhalten, daß wir e i n e m Herrn gehören.*«

Liebe Synodale, verehrte Gäste!

Lassen Sie mich als Ausgangspunkt für das, was ich nun zu sagen versuche, einen Text verlesen, der 58 Jahre alt ist, aber wirkt, als sei er brandneu. Oberkirchenrat Dr. Daur, unser Referent für diese Fragen auf dem Oberkirchenrat, hat ihn neulich wieder ausgegraben und zur Ehre gebracht.

D. [Georg Heinrich] v. Planck [Prälat von Ulm, in der Evangelischen Landeskirchenversammlung vom 16. Oktober 1919]: »Meine Herren, unsere Synode wird ein Markstein sein in der Geschichte unserer württ. Landeskirche. Nicht bloss, dass wir über die künftige Gestaltung der Kirche zu beschliessen haben – wir sind auch die erste Synode, die aus Urwahlen hervorgegangen ist, die erste Synode, bei der auch das Frauenstimmrecht in Kraft getreten ist. Und, was mir bedeutsam erscheint: wir haben zum erstenmal in unserer Synode auch unterschiedene Gruppen. Fast alle Mitglieder gehören entweder der Gruppe an, die sich unter Herrn Römers Vorsitz zur Beratung sammelt, oder der andern Gruppe, die in annähernd völlig gleicher Stärke unter Herrn Prälat Schoell's Vorsitz sich zusammengefunden hat. Das ist für das Technisch-Parlamentarische ausserordentlich erwünscht und eine grosse Erleichterung für die Geschäftsführung. Aber abgesehen von andern Gefahren erschwert diese Zweiteilung, dass jemand in der Synode nun einfach als Synodale sozusagen im Namen des Ganzen reden kann.

Gestatten Sie mir, dass ich es wage, dies zu tun und hören Sie mit Nachsicht das an, was ich zu sagen habe und was wesentlich eine Bitte aus der Synode und an die Synode ist. Es kann ein kurzes und schlichtes Wort sein.

Es ist einmal das Bekenntnis, dass wir die ungeheure Verantwortung fühlen, die auf uns liegt, und dass wir derselben auch stets eingedenk bleiben wollen, auch bei all der Kleinarbeit, die uns in diesen Wochen aufgelegt sein wird. Denken Sie, wie eigentlich schon das eine Wort ›Volkskirche‹ eine Vereinigung von Grundsätzen verlangt, die mehr oder minder sich auszuschliessen scheinen; denken Sie, wie es da gilt, ebensowohl in die Breite als in die Tiefe zu schauen und zu gehen; denken Sie daran, welche Verantwortung wir haben, gegenüber dem, was an Stürmen unserer Landeskirche bevorstehen wird, in geschlossener Einheit zu bleiben. Wenn wir das bedenken, dann können wir zwar manches Mal über die Wege zu dem einen grossen Ziel, das uns vorschwebt, verschieden denken, das kann nicht anders sein. Aber in dem, was uns als Ziel vorschwebt, nämlich unserem Volk das Evangelium zu erhalten und durch den Dienst der Kirche immer fruchtbarer zu machen und dadurch auch unserem Volk zu helfen, aus dem Jammer herauszukommen, in dem es drin steckt – in diesem Ziel werden wir alle einig sein, und wir wollen's immer der eine dem andern zutrauen, dass es ihm ebenso ernst ist wie uns, dieses eine grosse Ziel zu erreichen.

Wir wissen ja wohl, und das darf ich auch noch ausdrücklich in unser aller Namen betonen: Eine Verfassung ist für die Kirche nicht das Wichtigste. Das Wichtigste ist das Leben und der Geist in ihr, und das kann nur der Herr der Kirche, der Herr, der der Geist ist, uns geben. Aber schon das ist ungeheuer verantwortungsvoll: dem Gefäss, das dazu dienen soll, den Geist aufzunehmen, die richtige Gestalt zu geben – und dazu sind wir ja zusammengekommen. So wollen wir also dieser Verantwortung stets eingedenk bleiben.

Und dann ein Zweites: Wir wollen unsere Arbeit in brüderlichem Geiste tun. Als die Gruppe, der ich mich angeschlossen habe, die um Schoell, nach einem Namen suchte, da wurde ausgesprochen, es würde vielleicht richtig sein, sie ›Volkskirchliche Gruppe‹ zu nennen. Darauf hat uns die andere Gruppe, mit der wir in beständiger Fühlung waren und sind, gebeten, diesen Namen nicht zu wählen, da ihr die Volkskirche ebenso am Herzen liege wie uns. Sie hat vorgeschlagen: Wir wollen uns einfach Gruppe Eins und Zwei nennen. Das haben wir sehr gerne angenommen. Wir werden also neidlos nun die Gruppe unter Römer als diejenige, die auch zuerst auf dem Plan war, mit ›Eins‹ benennen – und es werden jene uns und wir werden uns selbst ohne irgendwelche Nebenbedeutung mit ›Gruppe Zwei‹ bezeichnen.

Das mag im Land und noch mehr ausserhalb des Landes ein gewisses Lächeln hervorrufen; denn es ist wohl das erstemal in der Geschichte aller Parlamente, dass Gruppen sich nicht mit Schlagworten, sondern einfach mit Ziffern benennen; und doch, ich sehe darin eines vom Allerwertvollsten und Hoffnungsvollsten. Ich sehe darin unser aller, die wir dieser Versammlung angehören, Protest dagegen, die Gruppen irgendwie nach ›gläubig‹ oder ›ungläubig‹, nach Bekenntnis oder Nichtbekenntnis, nach positiv oder liberal, kurzum, nach irgendeiner Parteischablone bezeichnen zu lassen. Gewiss darf ich in unser aller Namen das aussprechen: An dieser alten württembergischen Überlieferung – dass wir unsere Kirche nicht in Parteien auflösen und uns selbst nicht in Parteischablonen einspannen lassen wollen – halten wir mit aller Entschiedenheit fest. Und ich bitte, wenn irgendwo – wie dies in der Presse allem Anschein nach unvermeidlich ist – immer wieder von ›rechts‹ und ›links‹ geredet wird, das mit aller Entschiedenheit zurückzuweisen.«

Eigentlich könnte man es bei diesem Protokoll bewenden lassen zu dem mir gestellten Thema: Gruppen, Meinungen, Umgang miteinander. Aber ich möchte doch nun einige stichwortartig skizzierte Überlegungen anschliessen.

1. Gruppen sind in unserer Kirche kein Sündenfall. Wer das Neue Testament ernst nimmt, das heisst, wer sich ihm ernstlich aussetzt, erkennt die Vielfalt des Zeugnisses. Das muss unter Menschen, die ihre Bibel lieb haben, nicht erläutert werden.

Es gibt mehrere Gründe für diese Vielfalt.

Einmal: Die Wahrheit des Evangeliums ist nicht eine Formel mit der Begrenzung von Zahlen und Begriffen, so dass man dividieren könnte und wiederum eine Verprobung machen wie im Rechenheft. Vielmehr ist die Wahrheit des Evangeliums Leben, sie begegnet uns in einer Gestalt, in einer Person. »Ich bin der Weg und die Wahrheit und das Leben«, sagt der Herr (Joh. 14,6).

Zum anderen: Die Begegnung mit dem Leben, das unsere Wahrheit ist, sprengt unsere Gedanken – hoffentlich. So kommt es, dass jede perfekte Theologie verdächtig erscheint und manche Unlogik durchaus zur Ehre theologischen Überlegens gehört. So kommt es, dass das, was eigentlich zusammen sein sollte, häufig in unserem beschränkten Verstand in verschiedene Sätze auseinanderfällt, die sich zugleich ausschliessen und bedingen. Der Landesbischof hat in seinem Bericht vor der Synode ausdrücklich darauf Bezug genommen.

Zum dritten: Auch wenn uns der Satz: »die Wahrheit ist konkret« nicht gefällt, so werden wir doch sehen, dass gerade die saubere und nützliche Ausrichtung des Evangeliums ihre Stunde und ihren Ort hat. Wir vergessen das häufig, wenn wir versuchen, Predigten zu halten, als seien sie eine Art Kompendium zum Text, und uns dann wundern, dass sich die Langeweile und die Unbetroffenheit verbreiten.

Zum vierten: Die Vielfalt des Zeugnisses hat mit der Vielfalt der Zeugen zu tun. Im Bericht aus der I. Sektion in Nairobi steht der Satz: Christus schafft keine Kopien, sondern Originale. Wenn das stimmt, dann werden wir es nicht leicht haben. Mit Originalen hat man es nicht leicht, das weiss nicht nur die Kirchenleitung. Darum sind wir alle eher geneigt, mit Kopien umzugehen. Vielfalt in der Kirche ist aber etwas anderes als die Vervielfältigung meiner Art zu glauben. Eben sind wir in der Ökumene dabei zu lernen, was es heisst, Kirchen zu begegnen, mit denen Gott offenbar seine eigenen Gedanken hat.

2. Vielfalt ist das eine, Einheit und Klarheit ist das andere. Das ist genauso von der ersten Stunde an deutlich, und von der ersten Stunde an bis heute kommt die Christenheit aus der Spannung zwischen beidem nicht heraus. Immer mehr wächst etwa die alte Erkenntnis, dass eine Forschung, die zum Auseinanderfallen der biblischen Botschaft führt, nicht nur bedauerliche Folgen hat, sondern schlicht nicht sachgemäss ist.

Die Spannung zwischen Vielfalt und Übereinstimmung ist in verschiedenen Zeiten verschieden ausgehalten und sichtbar geworden. Es hat Stunden gegeben, in denen es der Christenheit gegeben war, dies Evangelium in Einfachheit und Klarheit zu sagen. Ich würde Barmen I zu einer solchen Stunde rechnen: »Jesus Christus, wie er uns in der Heiligen Schrift bezeugt wird, ist das eine Wort Gottes, das wir zu hören, dem wir im Leben und im Sterben zu vertrauen und zu gehorchen haben.« Wollte Gott, dies Bekenntnis hätte stärker in unser Volk hineingewirkt, und in der Verwirrung jener Jahre Wahnsinn und Unsinn offenbar gemacht; wohl ein jeder von uns in diesem Raum hätte ein anderes Schicksal.

Es gibt wiederum Zeiten, in denen die Schwierigkeiten und die Spannungen sichtbar werden. Niemals sind wir davon befreit, um den Konsens und umeinander zu ringen. Darum haben wir nirgendwo sonst eine Verheissung in unserer Kirche als dort, wo wir uns dem e i n e n Wort des Herrn aussetzen.

Darum ist auch durchaus zu verstehen, dass der Begriff Pluralismus oder auch schon Pluralität für manche unter uns verdächtig ist. Er ist dort verdächtig, wo er den Geschmack des Relativen an sich hat, als komme es nicht so darauf an. Es kommt darauf an. Der Satz vom Stückwerk in 1. Korinther 13 hat eine andere Qualität. Stückwerk, das ist ein Stück vom Ganzen, und jener Spiegel in einem dunklen Wort ist eine Ahnung dessen, was gilt und eine Spur schon von dem Tag, von dem es heisst: »Dann aber von Angesicht zu Angesicht«

3. So werden uns unsere Gruppen Anlass zur Rechenschaft und Selbstprüfung sein. Denn wie wir miteinander umgehen, entscheidet sich zuerst daran, wie wir mit uns selber umgehen. Wer sich selber missversteht, wird auch einem anderen Probleme machen. Wer nicht weiss, was er gilt, wird auch einen anderen nicht gelten lassen können.

Lassen Sie mich diese glatten Sätze an einer Überlegung erläutern. In seinem Buch »Haben oder Sein« untersucht Erich Fromm die Struktur unseres Lebens bis in die Tiefe auf diese beiden Begriffe hin. Wer darin besteht, dass er »hat«, ist ein armer Mann, soviel er auch haben mag. Es droht ihm ständig der Verlust, und so muss er um sein »Haben« einen Vorhof von weiterem »Haben« errichten. Wir haben heute mehr als je, aber vielleicht kommt manche Traurigkeit, auch in der jungen Generation, aus der Erkenntnis, dass wir so nicht zum Ziel kommen.

Es ist nicht schwer, Haben oder Sein auf die Struktur theologischen Denkens zu übertragen. Leben wir vom Haben oder leben wir vom Sein? Sind wir nicht Gottes geliebte Leute? Wenn das aber so ist, wenn ich mich selber trotz aller Nervosität, Sorge und Unzulänglichkeit so sehen kann, könnte ich nicht auch den anderen so sehen? Als einen von Gott geliebten Menschen und nicht als einen, der mit seiner Art zu reden und zu denken mein »Haben« bedroht? Wenn wir Gottes Hausgenossen sind, Leute an seinem Tisch, hätte das nicht zur Folge, dass wir einander Raum geben können? Raum geben ist etwas anderes als laufen lassen, das weiss jeder von seiner Tochter oder seinem Sohn, aber vielleicht gilt das auch für unsere Gruppen. Und Raum geben und Vertrauen wachsen nicht aus dem Haben, sondern aus dem Sein.

4. Wir werden nie ganz aus der »Haben-Struktur« herauskommen, wir sind unterwegs. Aber wir werden mit besonderer Sorgfalt auch in diesem Jahr darauf achten müssen, dass sie uns nicht auseinander bringt.

Lassen Sie mich das an den interessanten und entscheidenden Stellen zeigen, an denen unsere Gruppen in Gefahr sind, in die Polarisierung zu geraten.

a) Eine Gefahr ist zweifelsohne gegeben, wo wir uns unserer Fixierungen nicht bewusst werden. Dabei haben Fixierungen durchaus ihren Sinn. Es kann sein, dass einer im Augenblick so festgehalten ist von einer Erkenntnis, dass er beim besten Willen seiner Fassungskraft nicht auch noch eine weitere Erkenntnis zumuten kann.

Ich habe zweimal in meinem Leben für eine halbe Stunde die Einstein'sche Relativitäts-Theorie begriffen, und hätte mich gegen jeden gewehrt, der mich mit der Behauptung gequält hätte, es sei alles noch ganz anders. Ich denke weiter immer noch an den Arzt, der unser Kind untersuchte. Es lag in Adams Kostüm auf dem Tisch, aber der Mann hatte das Röntgenbild vor Augen. Als er immer wieder von der Tochter sprach, erlaubte ich mir zu bemerken, es sei ein Sohn. Antwort: Sie haben recht, nehmen Sie sie wieder mit. Ich meine, das sei ein gutes Zeichen für den Arzt, kein schlechtes. Er war völlig in Bann genommen durch das, worauf es jetzt ankam.

Es kann sein, dass eine Gruppe in unserer Kirche so festgehalten ist von einer Erkenntnis, dass es ihr unredlich erscheint, das Andere im Augenblick noch dazu zu tun. Wir sollten darin uns selber prüfen und den anderen achten.

b) Niemand von uns lebt im freien Raum. Auch unser theologisches Denken und Erkennen, auch unser kirchenpolitisches Handeln ist mit von unseren Wünschen bestimmt, die wiederum ihre Quellen nicht nur in der Heiligen Schrift haben. Wir sollten das einander zugestehen und auch darin einander so achten, dass wir uns nicht bei allem festhalten und festmachen, was wir sagen und tun. Polarisierung entsteht häufig dort, wo einer dem anderen die stille Korrektur nicht mehr erlaubt.

c) Unsere Angst steht an der Schwelle zwischen Gruppenbildung und Polarisation. Gelegentlich hat es den Anschein, als bringe die Polarisation einen besonders heftigen Streit um das, was morgen zu geschehen habe. Häufig ist das Gegenteil der Fall. Die Gruppen sind so weit an die Pole gerückt, dass keiner den anderen mehr erreicht und jeder völlig ungefährdet ist mitten im Lärm des Kampfes. Zu deutsch: Es kommt nichts mehr dabei heraus, weil jeder in einer anderen Ecke steht. Testfrage: Wann haben wir zum letzten Mal einander zugegeben, dass wir nicht nur im Stil des Umganges, sondern in der Sache Unrecht hatten? Manchmal hat es den Anschein, als sei in unserer Kirche alles andere weniger schmählich, als ein theologischer Irrtum.

d) Wenn unsere Urteile übereinander wie Denkmale stehen, erstarren unsere Gruppen und verlieren sie ihren Sinn. Nicht nur junge Menschen sind zuweilen ängstlich bemüht, den Vorurteilen zu entsprechen, die man über sie hat, auch wir erwachsenen Leute laufen gerne dorthin, wo man uns vermutet oder zu finden befürchtet. Wenn unsere Gruppen beweglich wären und durchlässig blieben, wäre es kein Charakterfehler, sondern ein Zeichen der Lebendigkeit.

e) Der Umgang mit Macht und Recht in der Kirche brauchte ein eigenes Kapitel, das diesen Rahmen sprengen würde. Vielleicht prüfen wir uns selber, ob uns nun Macht zu Gebote steht oder nicht, ob wir aus dem Haben oder aus dem Sein heraus handeln.

Die Wahlen dieses Jahres werden auch eine Übung unseres Glaubens sein. Ob wir sie verlieren oder gewinnen, hängt nicht vom Ergebnis der Zahlen ab, wohl aber von unserer Bereitschaft, auszuhalten, dass wir in vielem verschiedener Meinung sind, und durchzuhalten, dass wir *einem* Herrn gehören.

KAPITEL XII

Theophil Askani – ein unvergessener Freund und Förderer der Kinderkirche in Württemberg

Leben und Mitarbeit in der Kinderkirche als roter Faden in der Biographie Askanis

Theophil Askani hat fast zwanzig Jahre lang durch seine profilierte Mitarbeit im Vorstand des Landesausschusses die württembergische Kinderkircharbeit maßgeblich mitgestaltet und das »Haus der Kinderkirche« in Beilstein engagiert mitbegleitet. Durch seine Predigten, Vorträge und Grußworte auf Landeskonferenzen und Gesamttagungen hat er viele angesprochen und bis heute bewegt. Das Mitleben und Mitarbeiten in der Kinderkirche läuft als ein roter Faden durch die gesamte Biographie Theophil Askanis.

Wir sehen zunächst vor uns das Kind Theophil Askani, das seit 1929 in der Stuttgarter Markuskirche den Kindergottesdienst besucht, der damals noch Sonntagsschule hieß. Nebenbei gesagt deutet dieser Begriff auf die ins späte 18. und frühe 19. Jahrhundert zurückreichenden englisch-amerikanischen Wurzeln der Sonntagsschulbewegung, die unter den deutschen Rahmenbedingungen sich zur Kindergottesdienstarbeit wandelte. Der Württembergische Sonntagsschul-Verband erweiterte erst 1928 seinen Namen zu »Württ. Ev. Landesverband für Kindergottesdienst und Sonntagschule«, und erst 1939 wird die Bezeichnung »Sonntagsschule« endgültig fallen gelassen. Askani schreibt denn auch: »*Die Sonntagsschule meiner Jugend hatte eine ganz schmale Bandbreite in ihrer Gestalt. Sie war im Grunde ein verkleinerter Erwachsenengottesdienst. Wir saßen immer am selben Platz, in derselben Gruppe, unmittelbar beim Harmonium. Und doch habe ich in Erinnerung bis heute, wie verschieden unsere Helfer waren. Wir haben das gespürt, und es war recht.*«[537]

Wir sehen dann den jungen Kinderkirchhelfer Theophil Askani vor uns, der gleich nach seiner Konfirmation im Frühjahr 1938 zusammen mit seinem Freund Helmut Aichelin in diese Arbeit an der Markuskirche eingestiegen ist und bis zu seinem Abitur im Frühjahr 1942 dabeibleibt. Schon damals fällt sein Erzähltalent auf, das seine Wurzel im Hören der Erzählungen seines Vaters auf den Samstagnachmittags-Spaziergängen im Wald über Stuttgart unterhalb von Degerloch hatte und das sich in der überaus anregenden Klassengemeinschaft im Eberhard-Ludwigs-Gymnasium und im Gegenüber zu dem hervorragenden Pädagogen Griesinger entfalten konnte.

Als Theophil Askani fünfzehn Jahre später in die Gemeinde seiner Jugend zurückkehrt und dritter Pfarrer an der Markuskirche wird, kann er den Faden der Jugend- und Kindergottesdienstarbeit wieder aufnehmen.[538] Den Helferinnen und Helfern im Kindergottesdienst kann er als glänzender Erzähler hilfreiche Anregungen geben. Theophil Askani war nicht in den Sog der Krisis des Erzählens biblischer Geschichten geraten, die seit Mitte der fünfziger Jahre bei den der Bultmann-Schule verpflichteten Religionspädagogen aufgebrochen war. Das Erzählen war in diesem Umfeld in die Krise geraten, weil der von dem Bultmannschüler Martin Stallmann begründete hermeneutische Religionsunterricht davon ausging, daß sich das Verständnis der neutestamentlichen Geschichten nur dem erschließe, der sie als Verkündigung verstehe. Den Kindern aber könne man diesen Verkündigungsgehalt noch nicht hinreichend deutlich machen. Da ein anschauliches Nacherzählen der biblischen Texte ihr Kerygma nicht erfasse, sondern durch die interpretationslose und unkritische Weitergabe von Mythologemen ein späteres Verstehen verstelle, habe es zu unterbleiben. Diese Krise des Erzählens unter den Bultmann verpflichteten Theologen wurde dann erst durch Dietrich Steinwedes Programm des verkündigenden Erzählens überwunden, ein Programm, in dem das Kerygma im Erzählen verständlich gemacht wurde, in dem Auslegung in Erzählung umgesetzt wurde. Steinwede gelang es, Form und Situation zu wahren, wie man es bei Bultmann gelernt hatte, und doch wirkungsvoll zu erzählen.[539]

Askani war das Erzählen biblischer Geschichten nie ein Problem; schon in seinen frühen Gemeindeblatt-Besinnungen erzählt er Evangelientexte zunächst nach, um dann auf eine überraschende Beobachtung oder eine Tiefendimension besonders einzugehen.

Im Helferkreis, wie er damals hieß, wurde neben ernsthafter Arbeit auch oft herzlich gelacht. Kinderkirch-Helferausflüge waren Höhepunkte auf dem gemeinsamen Weg im Bemühen um die Kinder.[540] Askani nahm das Amt der Helferinnen und Helfer ganz ernst, ja, er sah in ihnen »*das Lebenszeichen einer mündigen Gemeinde, dessen man sich freuen kann, und der Dienst, den sie tun, wirkt weiter, als wir uns im allgemeinen bewußt sind*«.[541] Auffallend ist, welch breiten Raum in Theophil Askanis schriftlichen Äußerungen auf dem für seine Arbeit so eminent wichtigen Feld des Kindergottesdienstes pastoraltheologische Überlegungen zum Helferamt einnehmen. Gerade weil das Engagement für den Kindergottesdienst von dem seelsorglichen Prediger Askani nicht wegzudenken ist, werde ich auf seine pastoraltheologisch und homiletisch interessanten Äußerungen und Publikationen zur Kindergottesdienstarbeit im nächsten Abschnitt kurz eingehen.

Hier in der Markuskirche wird das seelsorgliche Profil der Predigten Askanis grundgelegt, das im Laufe seines Predigerlebens immer stärker hervortritt. Die seelsorgliche Dimension der Predigten resultiert einmal aus seiner intensiven Seelsorgetätigkeit. Sie resultiert aber mindestens im gleichen Maße aus seinem starken Engagement in der Kindergottesdienstarbeit. Denn der lebendige Kontakt mit Kindergottesdienstmitarbeitenden und den Kindern selbst, so konnte Askani verschiedentlich sagen, ist eine ständige Herausforderung an die Verständlichkeit und Lebensrelevanz des eigenen theologischen Denkens und seiner sprachlichen Umsetzung: »*Der Kindergottesdienst (ist) auch eine Frage an unsere Arbeit im Studierzimmer. Wenn wir eine Theologie pflegen, die für das Verständnis des Evangeliums das Abitur voraussetzt, werden wir schwer tun. Wenn wir auf den Kindergottesdienst achthaben, kann er unsere Sprache und auch unser Denken wohltuend korrigieren.*«[542]

Auch in den sieben Jahren im Pfarramt an der Stuttgarter Brenzkirche spielt für Theophil Askani der Kindergottesdienst eine bedeutende Rolle. So sind Predigt und Kindergottesdienstarbeit Kristallisationspunkte des Gemeindeaufbaus an der Brenzkirche. Schon in einem 1965 im Helferjahrbuch »Im Glauben fest und wohlgerüst« publizierten Beitrag schreibt er: »*Wir müssen alle Möglichkeiten nutzen, um über die Kinder, die wir schon haben, an die Eltern heranzukommen. Das ist ja die große Chance des Kindergottesdienstes vor allem in der Stadt, daß wir hier einen Personenkreis und eine Generation erreichen, die uns sonst weithin verlorengehen. Wer einen Schwerpunkt seiner Gemeindearbeit auf den Kindergottesdienst legt, hat darum von vornherein einen ausgezeichneten Ansatz.*«[543] In der Einweihungsschrift für die Christophkirche und das Gemeindezentrum im Fleckenweinberg Anfang 1970 schreibt Askani zum Kindergottesdienst:

»*Der Kindergottesdienst gehört zum Sonntag wie der Gottesdienst der Gemeinde. Daß wir das immer wieder vergessen haben und vergessen, ist ein Teil der auch uns Erwachsenen gelegentlich eigenen Rücksichtslosigkeit. Wer sich selber prüft, woher er die entscheidenden, prägenden Eindrücke für sein Christenleben hat, der wird nicht selten auf die Sonntagsschule seiner Jugend kommen. Von dort her kennen wir die Geschichten der Bibel, falls wir sie kennen. Dort haben wir die erste Liebe zu David gefaßt, der den großen Goliath angeht – dort sind wir zum ersten Mal dem Herrn begegnet, wie er sich zu Kranken, Armen und Kindern neigt. Dort haben wir vielleicht auch gemerkt, daß der Sonntag ohne Singen und Beten und Hören auf Gottes Wort keinen Glanz und keine Mitte hat, und wenn er sonst auch noch so gut genützt wäre. Dort haben wir – hoffentlich! – gespürt, daß Christsein weder langweilig noch traurig ist. Daß man im Kindergottesdienst getrost lachen darf, ist gar nicht nebensächlich und zeichnet ihn vor dem Gottesdienst der Erwachsenen bemerkenswert aus.*

Eltern, die ihren Kindern den Besuch des Kindergottesdienstes ermöglichen, geben ihnen eine Hilfe, die nicht leicht anders oder später ersetzt werden kann. Unsere Eindrucksfähigkeit läßt nach, je älter wir werden – und schwerfälliger werden wir auch. Wie mit 40 das Skifahren lernen bekanntlich seine Tücken hat, so wird – der Vergleich sei erlaubt – auch das Glaubenlernen komplizierter, weil uns in beidem unser Verstand und unsere Vorsicht zu Toren macht. So bitten wir Sie, planen Sie den Kindergottesdienst Ihrer Kinder auch in Ihren eigenen Sonntag ein.

Es wird in der Christophkirche ganz leicht sein. Die Erwachsenengemeinde trifft sich um 11 Uhr zunächst mit den Kindern im Kirchenraum. Vor der Predigt werden die Kinder in die Jugendräume gebracht, wo sie ihren Gottesdienst halten. Von dort kann man sie dann um 12 Uhr mit nach Hause nehmen, und die ganze Familie ist wieder beisammen.«[544]

Auch als Dekan in Ulm brachte Theophil Askani, soweit seine veränderte Aufgabenstellung es zuließ, sich in den örtlichen Kindergottesdienst ein. Die Herbstausgabe des Ulmer Gemeindeblattes im Jahr 1974 zeigt Dekan Askani bei einem öffentlichen Kindergottesdienst im Fischergäßle in Ulm, in dem er vor Kindern und Erwachsenen zum Thema sprach: »Gott lädt alle ein«. Es ist ein sehr typisches Bild, das Askani zeigt, wie er – einzig das Mikrophon in der Hand – zu der großen Kinderschar und deren Eltern spricht. Was er sagte, war immer genau vorbereitet und durchdacht. Aber wenn er es vortrug – wir hatten das schon bei seinen Predigten beobachtet –, geschah dies Auge in Auge mit den Zuhörenden, in einem inneren Dialog, so, daß er im Angesicht eines fragenden Gesichtes auch noch etwas hinzufügen konnte.

Es war in den biographischen Kapiteln und auch jetzt viel vom Sonntagsschulkind Theophil Askani und vom Gemeindepfarrer und Dekan Askani die Rede, dem der Kindergottesdienst vor Ort sehr am Herzen lag und für den er sich leidenschaftlich einsetzte. Askani schreibt einmal: »*Wir werden – etwa als Pfarrer – immer wieder zu überlegen haben, an welche Stelle bei der kritischen Sichtung unserer Dienste im Laufe der Jahre der Kindergottesdienst gerutscht ist. Wenn man nicht darauf achtet, bewegt er sich ständig auf das letzte Drittel der Plätze zu.«*[545]

Theophil Askani hat auf den Kindergottesdienst geachtet, und sein Engagement auf Landesebene ist gar nicht denkbar ohne sein Engagement an der Basis, in der Ortsgemeinde. Er hat seine Mitarbeit auf Landesebene nicht als ein Funktionär getan, sondern mit der Freude und der Leidenschaft dessen, dem der Kindergottesdienst daheim und in den Gemeinden Württembergs ein Herzensanliegen ist. Bis in seine Vorträge und Predigten hinein spiegeln sich Kinderkirch-Erfahrungen vor allem der Markus- und der Brenzkirchenzeit.

Aber nun sein Engagement auf Landesebene. Wie kam es dazu? Zu Beginn seiner Markuskirchenzeit bekam Theophil Askani intensiven Kontakt zu seinem Kollegen auf der dritten Pfarrstelle an der Stuttgarter Leonhardskirche, Jakob Straub, der allerdings schon 1958 als Dekan nach Geislingen/Steige ging.[546] 1962 wurde Jakob Straub Erster Vorsitzender des Württembergischen Evangelischen Landesverbandes für Kindergottesdienst. Auf seine Initiative hin wurde 1962 auch Theophil Askani in den Landesausschuß des Landesverbandes für Kindergottesdienst berufen. Er war gleich von Anfang an Schriftführer und damit im Vorstand des Landesausschusses.[547] Seit 6. November 1971 war er dann Zweiter Vorsitzender des Kindergottesdienst-Landesverbandes.[548] 1976 wurde er in der Nachfolge Jakob Straubs Erster Vorsitzender, bis er 1981 krankheitsbedingt dieses Amt abgeben mußte. Fast zwanzig Jahre lang also, bis kurz vor seinem Tod, hat Theophil Askani die Kinderkircharbeit in Württemberg maßgeblich mitgestaltet.[549]

Dazu gehörte auch seine engagierte Mitsorge für und Mitfreude am »Haus der Kinderkirche« in Beilstein, jene kurz nach der Jahrhundertwende in mittelalterlichem Baustil erbaute Vollmüllersche Fabrikantenvilla, die vom Landesverband zunächst angemietet werden konnte. Als die Chance bestand, das Haus zu kaufen, gehörte Askani mit anderen zusammen zu denen, die Mittel und Wege fanden, diese einmalige Chance nicht verstreichen zu lassen. Das Haus der Kinderkirche in Beilstein war ihm so ans Herz gewachsen, daß er und seine Frau im Juli 1978 ihre Silberne Hochzeit dort feierten.

»Kindergottesdienst – Einübung ins Christenleben«
Grundlinien aus Askanis Konferenzvorträgen

Es sollen nun an dieser Stelle einige Grundlinien aus Askanis Vorträgen auf Kinderkirch-Konferenzen und deren Anregungen für die Kinderkircharbeit angedeutet werden. Jakob Straub sagte mir gegenüber einmal im Gespräch, Theophil Askani habe man gern die Hauptreferate auf Landes- und Gesamttagungen anvertraut, weil man sich bei ihm habe darauf verlassen können, daß er die Helferinnen und Helfer durch seine verständlichen und weiterführenden Ausführungen erreichen würde.[550]

So wurde ihm auf der Haupttagung des Gesamtverbandes für Kindergottesdienst in der EKD vom 2. bis 6. Juni 1966, auf der sich in Karlsruhe rund 1000 Dauerteilnehmer einfanden, eines der Hauptreferate anvertraut. Sein Vortrag »*Kindergottesdienst – Einübung ins Christenleben*« war ein voller Erfolg und hatte große Resonanz, weil er durch und durch von großer Redlichkeit und vom Hintergrund eigener Erfahrungen geprägt war.[551] Askani hob darin die Bedeutung des Kindergottesdienstes für das Hineinwachsen und Heimischwerden im Christenglauben hervor und stellte die Bedeutung des Amtes der Mitarbeiterinnen und Mitarbeiter heraus, die als erste Zeugen für das Kind nach den Eltern und der Kindergärtnerin erste Leitbilder seien, die spätere Vorstellungen prägen würden:[552]

(1) Im Kindergottesdienst können die ersten Schritte des Glaubens eingeübt werden. Gewiß, Gott ruft zu allen Zeiten und in allen Lebensstadien Menschen. Aber wer sich fragt, woher er die entscheidenden Eindrücke für sein Christenleben hat, wird nicht selten, so Askani, neben dem Elternhaus auf die Sonntagschule bzw. den Kindergottesdienst seiner Jugend kommen. Von dort her kennen wir die Geschichten der Heiligen Schrift, dort haben wir sie auch engagiert innerlich miterlebt. Diese Eindrucksfähigkeit läßt mit zunehmendem Alter nach, und das Glaubenlernen wird schwieriger. Der Kindergottesdienst kann eine Einübung ins Christenleben sein, ein Anfang, den man später nur mühsam nachzuholen vermag. Kindergottesdienst – eine Übung, im Namen Jesu zu leben.

(2) Im Kindergottesdienst wird deutlich, daß viele am Verkündigungsauftrag partizipieren, daß Kirche mehr ist als die Hauptamtlichen. Im Kindergottesdienst erlebt das Kind, daß neben dem Pfarrer noch andere Menschen aus der Gemeinde das Wort Gottes verkündigen, und es erlebt, daß es selber einbezogen ist in das Gespräch des Glaubens und Verstehens. »*Darum geht es, daß das Kind sieht, daß ein jeder Christenmensch auch in der Hauptsache etwas zu sagen hat, nicht nur in Nebensachen. Und das wirkt sich dann auch bis zum Kirchengemeinderat aus, der dann weiß: Ich habe nicht nur über die Heizung zu befinden, die in der Kirche eingebaut werden soll, sondern ich darf meinen Mund auftun, wenn's ums Evangelium geht.*«[553] Die Gruppen der Helferinnen und Helfer sind eine erste Begegnung des Kindes mit der Gemeinde. Es erfährt, daß die Verkündigung des Wortes Gottes nicht nur ein Spezialauftrag des Pfarrers ist. Wo der Kindergottesdienst recht gehalten wird, da ist er eine ständige Übung, sich später gegen den Aberglauben zu wehren, die Kirche, das seien die Hauptamtlichen. »*Die Helfer sind das Lebenszeichen einer mündigen Gemeinde*«, schreibt Askani 1966 im Gemeindeblatt.[554]

(3) Die Helferinnen und Helfer sind nach den Eltern und vielleicht der Kindergärtnerin erste Zeugen für das Kind. Sie sind erste Leitbilder, die spätere Vorstellungen prägen.

Was aber sind – bei diesem hohen Stellenwert – Voraussetzungen für das Helferamt? Theophil Askani vertieft diesen im Karlsruher Vortrag angerissenen Aspekt auf der Gesamttagung in Augsburg 1975. *»Voraussetzungen für das Helferamt«* ist das Thema seines dortigen Hauptreferates.[555] Ich deute nur die wichtigsten Voraussetzungen an, die Askani damals nannte:

(1) Wir sind von Gott bedachte und geliebte Leute; das ist vor allem anderen die eigentliche Voraus-Setzung für unseren Dienst. Jeder von uns ist ein unvergessener, unaustauschbarer Name vor Gott, ein guter Gedanke Gottes – das macht unsere Würde aus. Sie ist im voraus gesetzt, ehe einer gescheit wird oder töricht und ehe einer seinen ersten Dienst tut.

(2) Es gilt, offen zu sein für die Frage Jesu. Askani möchte die Tür bewußt weit offen halten – für den, der sich mit aller Leidenschaft und Unerbittlichkeit der Jugend ganz eindeutig entschieden hat, wie auch für den, der nicht fertig ist, der noch viele Frage hat. Es geht um das Offensein für die Frage Jesu, die er einst dem Petrus in der Morgenfrühe am See Tiberias gestellt hat: »Hast du mich lieb?« und den Auftrag: »Weide meine Schafe!« Das ist und bleibt die Voraussetzung zur Helferin und zum Helfer, daß sie durch Gottes Güte wissen: Gott will mich brauchen.

(3) Der Helfer und die Helferin sollen offen sein für die Kinder und bereit, treu zu sein. Nur, wer Kinder gar nicht mag, dem sei abgeraten. Es geht darum, Anteil zu nehmen am Weg der Kinder – und die Kinder spüren das. Schon im Vortrag von 1966 sagte Askani: *»Wir sind keine vollkommenen Leute, alle miteinander nicht, und unsere Kinder sind kritisch. Aber wir sind auch nicht nach unserer Vollkommenheit gefragt, sondern nach unserer Treue (1. Korinther 4). Auch die Kinder fragen bezeichnenderweise zuerst und zuletzt nach der Treue. Ich erinnere mich aus meiner Jugend an einen Helfer, dessen Schwächen uns auch als Kinder sehr deutlich vor Augen standen. Daß ich ohne Schaden zu nehmen an diesem Mann gelernt habe, was ein Zeuge des Evangeliums ist, schreibe ich seiner Treue zu und wundere mich immer wieder aufs Neue, daß man als Kind schon ein Gespür dafür hat. Liebe Helfer – wer wir sind und wie wir sind – spüren unsere Kinder unsere Treue?«*[556]

So setzt sich in gerader Linie auf dem Feld des Kindergottesdienstes fort, was wir bereits auf dem Feld der Predigt beobachteten: Theophil Askani ist von der festen Überzeugung getragen, daß das Evangelium nicht anders als von Person zu Person vermittelt werden kann. Deshalb braucht es den Prediger und die Predigerin, denen man bei allen persönlichen Grenzen glaubwürdig abspürt, daß sie von dem Trost und der Zuversicht des Evangeliums angerührt sind. Deshalb braucht es den Kindergottesdienstmitarbeiter und die -mitarbeiterin, denen die Kinder die Treue und das innere Engagement abspüren. Die Vermittlung des Evangeliums von Person zu Person, durch persönliche Authentizität und Überzeugung, ist eine Erkenntnis, die wir bei Askani schon finden, bevor in der homiletischen und religionspädagogischen Großwetterlage sich die empirische Wende durchgesetzt hat. Wir beobachteten es bereits im biographischen Teil, wie Askani selber von der glaubwürdigen Persönlichkeit seines Konfirmators Walther Buder einen tiefen und unauslöschlichen Eindruck empfangen hatte.

Die Fassung der Buder-Erinnerung im Vortrag »*Kindergottesdienst – Einübung ins Christenleben*« von 1966 zeigt, daß eine Wurzel von Askanis Erkenntnis der ganzheitlichen Wirkung der Person des Verkündigers seine reichhaltige Erfahrung auf dem Praxisfeld Kindergottesdienst ist: »*Der Kindergottesdienst ist eine Gelegenheit, beizeiten zu üben, im Namen Jesu zu leben. Ob die ›Hauptsache die Hauptsache bleibt‹, entscheidet sich nicht nur an der Korrektheit und an der Sorgfalt unserer Darbietung, sondern gerade bei Kindern am Ganzen, an der Atmosphäre, an der Luft, an den kleinen Dingen. ›Alle eure Dinge lasset in der Liebe geschehen.‹ Wenn ich nachforsche, was mir selber etwa von meinem Konfirmandenunterricht geblieben ist, dann ist es – jedenfalls was den Unterrichtsstoff betrifft – ganz erschütternd wenig. Geblieben ist mir, und ich habe es heute noch vor Augen, wie mein Konfirmator an seinem Pult stand und uns angeschaut hat. Es war eine christliche Art, uns anzusehen im Jahr 1938, in einer Zeit voller Uniformen, und ich glaube, daß das mit meinen Christenglauben geprägt hat, genauso wie das, was er uns gesagt hat. Bitte denken Sie nicht, das sei eine oberflächliche Vereinfachung. Ich weiß, was man dagegen halten kann. Aber ich meine, was wir zu sagen haben, werde gar nicht wahr bei unseren Kindern, wenn es nicht begleitet sei von der Übung, im Namen Jesu zu leben. Denn die Bilder leben länger als unsere Vokabeln, und das Wort Gottes umfaßt auch das Bild unseres Umgangs mit den Kindern.*«[557]

Gott habe, sagt Askani, sein Wort in Menschenhände und Menschenmund gelegt, habe es denen anvertraut, die kraft besonderer Ausbildung und besonderen Auftrags zu predigen hätten, aber auch den Eltern, Erzieherinnen und Kindergottesdienstmitarbeitenden gegenüber den ihnen anvertrauten Kindern.[558] Damit wird den das Evangelium vermittelnden Personen konstitutive Bedeutung für die Weitergabe des Glaubens an die nachwachsende Generation zuerkannt, wie es 1956 der niederländische Religionspädagoge Martinus J. Langeveld in seinem grundlegenden Werk »Das Kind und der Glaube« herausgearbeitet hat.

Predigten
auf Kinderkirch-Landeskonferenzen

Das Profil Theophil Askanis als Freund und Förderer der Kinderkircharbeit dokumentiert sich neben seinen Vorträgen am eindrücklichsten in Predigten auf den württembergischen Kinderkirch-Landeskonferenzen, die jedes Jahr im Oktober stattfinden, alle zwei Jahre in Stuttgart und in den dazwischenliegenden Jahren in einer der württembergischen Prälaturstädte. Askani gelang es, die verschiedensten Generationen von Kinderkirchmitarbeiterinnen und -mitarbeitern anzusprechen.[559]

Die Predigt vom 9. Oktober 1977 in der Stiftskirche in Stuttgart macht am Beispiel des Bergpredigttextes vom Ende der Eskalation in Matthäus 5,38–48 den seelsorglichen Gewinn deutlich, der sich einzustellen vermag, wenn der Prediger einem harten Perikopentext standhält und sich nicht in einen Konferenztext flüchtet (24–33). Der Prediger nimmt die Hörenden auf einen Weg, der mit der naheliegenden Frage »*Kann man ernsthaft so leben?*« (70f) seinen Ausgang nimmt, der die naheliegenden Ausflüchte als Irrwege aufzeigt (72–115 und dann zu der überraschenden Einsicht führt, daß die Ausgangsfrage sich umkehrt: »*Kann man denn anders leben, als so, daß einer weiß: Gott läßt seine Sonne aufgehen über Böse und Gute ... darauf kommt's an, daß wir miteinander unseren Platz haben in seinem Erbarmen.*« (149–153)

Liebe Gemeinde,
und im besonderen heute liebe Helferinnen und Helfer im Kindergottesdienst in dieser Gemeinde!

Freude ist der zarteste Beweis Gottes, den die Theologen oft darum grämlich verachten, weil er die Gedanken nicht vergewaltigt, sondern mitnimmt. So steht 5 es in einem Lehrbuch der Theologie auf der ersten Seite.[560] Wir wollen Gott um diesen zarten ›Beweis‹ bitten, jetzt für diese Stunde und für diesen Tag.

Wir denken dabei auch an die Freude aneinander; sie ist nicht verboten. Einmal im Jahr treffen sich die Kinderkirch-Helfer in der grossen Schar. Es ist gut zu sehen, dass keiner alleine ist; so wie es wahrhaftig ein Anlass zur 10 Freude ist, dass es nahezu in jeder Gemeinde unseres Landes Menschen gibt, die aus freien Stücken, in der Regel Sonntag um Sonntag, für den Gottesdienst der Kinder bereit sind.

Und wir denken an die Kindergottesdienste selber. Da ist viel Mühsal und Enttäuschung, und da sind kleiner werdende Zahlen. Aber es müsste doch 15 merkwürdig zugehen, wenn einer, der beteiligt ist an der Geschichte Gottes mit einem Menschenschicksal, und das ist er ja im Kindergottesdienst, nicht etwas spüren würde von der Freude, dabei zu sein. Unter allen Abenteuern dieser Welt ist das immer noch das eigentliche Abenteuer, um es ungeschützt

20 zu sagen: dabei zu sein, wenn Gottes Liebe um einen Menschen ringt, dabei zu sein, wenn das einem zum ersten Mal vor Augen ist, wie das im Kindergottesdienst durchaus immer noch geschieht.

Freude, der zarteste Beweis Gottes.

Nun ist der Predigttext, der uns nach der Ordnung unserer Kirche für die-
25 sen 18. Sonntag nach dem Dreieinigkeitsfest gegeben ist, kein Wort, das zur Freude lockt, jedenfalls nicht auf den ersten Blick. Es ist eines von den Worten Jesu, die eigentlich nicht zu begreifen sind, denen man am liebsten davonlaufen möchte. Aber ich meine, wir sollten dabei bleiben, und nicht davonlaufen in einen Festtags- und Konferenz-Text hinein. Wir werden nicht
30 damit zu Rande kommen, aber wir sollten dabei bleiben und darauf beharren, dass auch dies Wort Evangelium ist, Anlass zur Freude. Sollten wir etwas davon spüren, dann hätten wir es vielleicht nicht mit unserem Verstand, aber mit unserem Herzen verstanden.

Ich lese nun den Abschnitt aus der Bergpredigt, Matth. 5,38–48, das Wort
35 Jesu an das Volk und an seine Jünger:

»Ihr habt gehört, dass gesagt worden ist: ›Auge um Auge, Zahn um Zahn.‹ Ich aber sage euch, dass ihr euch dem Bösen nicht widersetzen sollt, sondern: wenn dich jemand auf deine rechte Backe schlägt, dem halte die andere auch hin. Und wenn jemand gegen dich klagen und dir deinen Rock nehmen will,
40 dem lass auch den Mantel. Und wenn dich jemand nötigt, eine Meile mitzugehen, so geh mit ihm zwei. Gib dem, der dich bittet, und wende dich nicht von dem, der etwas von dir borgen will.

Ihr habt gehört, dass gesagt worden ist: ›Du sollst deinen Nächsten lieben und deinen Feind hassen.‹ Ich aber sage euch: Liebt eure Feinde und bittet für
45 die, die euch verfolgen, damit ihr Kinder eures Vaters im Himmel seid. Denn er lässt seine Sonne aufgehen über Böse und Gute und lässt es regnen über Gerechte und Ungerechte. Denn wenn ihr die liebt, die euch lieben, was werdet ihr für Lohn haben? Tun das nicht auch die Zöllner? Und wenn ihr nur zu euren Brüdern freundlich seid, was tut ihr da Besonderes? Tun das nicht
50 auch die Heiden? Darum sollt ihr vollkommen sein, so wie euer Vater im Himmel vollkommen ist.«

Ich habe das Bild noch vor Augen, als wäre es gestern gewesen.

Es war ein Weg, wie bei uns auf der Schwäbischen Alb. Wiesen-Blumen und Klee und ein paar Steine am Rand zwischen den Hecken. Nur dort, wo
55 die Wagenfurchen hinunterführten zu den dunklen Bäumen, war es anders, dort dehnte sich schön, wie ein Märchen, der See, tiefblau, als sei er ein Inbegriff des Friedens. Kapernaum lag drüben hinter den Bäumen, und Magdala dort an der Strasse nach Tiberias.

Hier könnte es gewesen sein, sagten wir damals zueinander. Hier kann Je-
60 sus gesagt haben: »Sehet die Vögel unter dem Himmel an, sie säen nicht, sie ernten nicht, und euer himmlischer Vater ernähret sie doch.« Oder auch: »Ihr habt gehört: Auge um Auge, Zahn um Zahn, ich aber sage euch, ihr sollt dem Bösen nicht widerstehen.«

Es schien uns, als sei der Ort dazu angetan. Aber während wir so dachten, donnerten zwei Mirage-Jäger über den See. Und es fiel uns wieder ein, dass in der Nacht zuvor einige Palästinenser in Beirut in ihren Betten überfallen und erschossen wurden und ihre Wohnung in Brand stand und seitdem das Land in Alarm war: »Auge um Auge, Zahn um Zahn.« 65

Gibt es einen Ort auf dieser Erde, der dazu angetan ist: »Widerstehet dem Bösen nicht«? Gab es jemals eine Zeit, die dazu angetan war? Kann man ernsthaft so leben? 70

Die Christenheit hat viele Möglichkeiten gesucht, dem Text und dieser Frage davonzulaufen, verständlicherweise. Wenn wir dabei bleiben wollen, dann sind uns – zum Beispiel – vier Ausflüchte verwehrt:

1. Die Ausflucht, Jesus rede hier von einer Insel der Seligen, für die andere Gesetze gelten können; das wäre am bequemsten. Aber davon redet er nicht. Er redet von dieser Erde, von diesen Strassen und von diesem, unserem Herzen. 75

2. Es ist uns die Ausflucht verwehrt, die Regel »Auge um Auge, Zahn um Zahn« schlecht zu machen. Es ist keine schlechte Ordnung; sie zeigt einen Schutz an und eine Grenze. Manche erinnern sich, wie in Stuttgart einmal ein Reichsstatthalter geschrieen hat: »Jetzt geht's nicht mehr Auge um Auge, sondern Auge um Kopf.«[561] Und manche kennen auch das Lamech-Lied, das schon im 4. Kapitel des Alten Testamentes steht, als ein Lied des Schreckens für alle Zeiten: »Wenn mich einer verletzte, so erschlug ich einen Mann, und wenn mich einer schlug, so brachte ich einen Knaben um.« Nur »Auge um Auge«, nur »Zahn um Zahn«. Es war ein Jahrtausende altes Recht, das die Rache und den Zorn im Zaum hielt. 80 85

3. Es ist eine Ausflucht, wenn wir meinen, Jesus verwische böse und gut.

Nein, Unrecht ist Unrecht, Lüge ist Lüge, und Heuchelei ist Heuchelei, und Erpressung ist Erpressung und Mord ist Mord. Es ist durchaus nicht gesagt, dass es richtig sei, einem Menschen auch noch den Mantel zu nehmen, mit dem er sich allenfalls noch in der Kälte der Nacht hätte bedecken können, oder noch ärgerlicher: »Wenn dich einer nötigt, eine Meile, so gehe mit ihm zwei.« Das meint nicht, wenn einer nach Ludwigsburg mitfahren will, dann nimm ihn auch noch mit nach Heilbronn. Davon wäre so viel Aufhebens nicht zu machen. Sondern es heisst – eine andere Auslegung lassen die griechischen Worte gar nicht zu –: »Wenn dich die römischen Legionäre zu einer Stunde Geleit durch die Wüste zwingen, so lauf mit ihnen zwei.« Man muss sich überlegen, was das heisst in einer Zeit, in der viele ihr Leben gewagt haben, sich gegen das Unrecht der Römer zu erheben. 90 95 100

4. Es ist eine Ausflucht, wenn wir so tun, als gehe es nicht um harte, sondern eben um eine andere Form von Gewalt in Jesu Worten. Wir tun gerne so. Und damit wir uns ohne Umschweife verstehen, sei an jene Geschichte aus der Stuttgarter Strassenbahn erinnert, die nicht nur die schwäbischen Schlaumeier trifft: »Warum sagst du nichts«, sagt einer, »obwohl der andere dir schon so lange auf den Füssen steht?« »Merkst du denn nicht«, antwor- 105

tet der andere, »dass ich ihm schon seit einer Weile dafür mit meiner Zigarre ein Loch in den Mantel brenne?«

Nun, nicht ganz so, aber so ähnlich haben wir's gerne. Und wenn wir auch nicht zurückschlagen, wenn uns einer schlägt, so gibt es doch allerhand muntere Arten, ihn dafür auf andere Weise unter Druck zu setzen – auch in der Christenheit.

Aber dafür, und nun ist's todernst, brauchts die Bergpredigt nicht und sollen wir sie um Gottes willen nicht missbrauchen.

»Widersetzet euch nicht dem Bösen«, so hart steht das da. »Und liebet eure Feinde«, so hart und unmissverständlich geht das weiter. Was ist das für ein Leben? Antwort: Es ist ein für unseren Verstand und für unsere Angst unvorstellbar freies Leben. Ein Leben, das nicht mehr nur reagieren muss, das dem Gesetz des Handelns, das von aussen und von anderen kommt, nicht hilflos ausgeliefert ist. Ein Leben, das nicht ständig damit beschäftigt ist, heimzuzahlen. Es ist ein Leben, über dem die Sonne aufgeht, Gottes schöne, wärmende Sonne, wie sie scheint über Gerechte und Ungerechte, Böse und Gute.

Es ist ein für unseren Verstand und für unser Herz unvorstellbar freies Leben.

Es ist ein Teufelskreis durchbrochen, in dem wir normalerweise gefangen sind. Ein Teufelskreis, der ganz lächerlich beginnen kann. So, wie es bei der Mutter war, die ihr dreijähriges Kind auf der Strasse geprügelt hat, und die wir fragten, warum. Antwort: Die hat angefangen!

Ja, die hat angefangen, der hat angefangen, so lächerlich und so dumm ist das, und so schlimm zugleich. Der wird anfangen, heisst es morgen, und damit er es nicht tut, muss ich anfangen.

Wir Christen sind keine Besser-Wisser. Wir spüren am eigenen Leib und wahrhaftig im Umgang miteinander, wie wenig wir aus dem Teufelskreis herauskommen. Wir wissen auch, wie ungut es sein kann, die Dinge zu vereinfachen. Aber es gibt einem doch zu denken, dass in dieser Welt ein Vielfaches ausgegeben wird für die Erhaltung des Friedens durch Waffen, ein Vielfaches von dem, was übrig bleibt für die Förderung des Friedens und der Gerechtigkeit durch Entwicklungshilfe: 30mal soviel, hat einer ausgerechnet. Mags zu einfach sein, so zu reden. Aber manchmal sind die Dinge so kompliziert geworden, dass man nur noch durch eine einfache Frage zur Besinnung kommen kann. 30mal soviel für das Prinzip »Auge um Auge« als für den Versuch, anders zu leben. Übersetzt in unseren Geldbeutel: 3 Mark für das alte Lied und 10 Pfennig für den Versuch des neuen.

Kann man so leben, mit der Bergpredigt leben?, haben wir am Anfang gefragt. Allmählich, und das ist vielleicht das Besondere in unseren Tagen, ahnen wir, dass sich die Frage umkehren könnte: Kann man denn anders leben?

Kann man denn anders leben als so, dass einer weiss: Gott lässt seine Sonne aufgehen über Böse und Gute und regnen über Gerechte und Ungerechte. Das meint ja wahrhaftig nicht, es kommt überhaupt nicht darauf an: böse oder gut; es meint vielmehr, darauf kommt's an, dass wir miteinander unseren Platz haben in seinem Erbarmen. Darauf kommt's an, dass einer von seinem eigenen Herzen weiss und von seinem eigenen Leben, in dem ja wahrhaftig böse und gut nahe genug beieinander sind, es müssen diese, meine Jahre keine Konsequenzen der Furcht sein, sie könnten ein Zeichen der Freiheit werden.

»So werdet ihr Kinder sein eures Vaters im Himmel.« Das ist ein unvorstellbar freies Leben; kein leichtes Leben, das steht nirgendwo im Neuen Testament, aber ein Leben, das nicht aus der Schwäche, sondern aus der Stärke kommt. Hass, das ist immer die Reaktion des Schwächeren. Das weiss man von sich selber, und man sieht es, wenn man die Zeitung liest in diesen Tagen. Wer die Sonne Gottes über seinem Leben sieht, an jedem Morgen neu, unverdienterweise über dem eigenen und des Bruders Leben, wer das sieht, der hat einen guten Stand und kann – vorsichtig gesagt – vielleicht dann und wann es sich leisten, nicht zu reagieren, sondern zu handeln. Auffallenderweise spricht die Berg-Predigt nicht vom Nachgeben, sondern von der Handlungsfreiheit eines Lebens. Und vielleicht ist doch die Frage erlaubt, ob wir noch handlungsfrei sind, wenn es uns selbst in einer Kirche schwer fällt, einander zu sagen, dass es nicht nur Menschen gibt, die Terroristen sind, sondern, dass Mörder, Erpresser, Terroristen auch Menschen seien.

Aber keine grossen Worte. Viele von uns gehen mit Kindern um. Kinder sind keine Engel. Es gibt in ihrer kleinen Welt Neid und Eifersucht und Streit und Angst. Aber wahrscheinlich gibt es in jedem jungen Leben einen Augenblick, in dem es zum ersten Mal dem offenkundigen Unrecht begegnet. Es ist ein schmerzlicher Augenblick, eine Stunde, in der vieles auf dem Spiel steht. Da sitzt der Bub hilflos, von der Schule nach Hause gekommen, und weiss zu sagen vom Unrecht und von der bösen Ahnung, die für jedes Kind einmal auch unbegreiflich war, dass das Unrecht sich lohnt in dieser Welt. So ist das. Ja, so ist das, mein Bub; und ich kann's ihm nicht ausreden, denn es stimmt ja. Und ich spüre den Schmerz und Hass und Zorn, die kommen wollen.

Aber vielleicht kann ich auch den Arm um den Buben legen und ihn spüren lassen, dass ich für mich und für ihn, für das alte und das junge Leben, noch etwas anderes weiss.

Sicher kann ich es ihm jetzt nicht erklären, so wie ich es mir selber ja schwer erklären kann. Aber spüren kann ich es ihn lassen, dass ich von einem Tag zum anderen darauf trauen lerne, dass Gott, der seine Sonne aufgehen lässt über dieser Erde, stärker ist mit seinem Erbarmen als Unrecht und Gewalt, und dass das gilt in einer von Unrecht und Wahnsinn erschütterten Welt.

Es wird wohl darauf ankommen, dass wir es lernen, selber lernen. Für uns wird's darauf ankommen und für die, die morgen leben sollen. Vielleicht wird so auch wieder Platz werden für die Freude, Gottes zarten Beweis.

Amen.

Ein Jahr später, am 8. Oktober 1978, fand die Kinderkirch-Landeskonferenz in Reutlingen statt. Theophil Askani predigte in der Marienkirche über das Gleichnis vom Barmherzigen Samariter (Lukas 10,25–37):

Liebe Gemeinde der Marienkirche,
liebe Helferinnen und Helfer im Kindergottesdienst!
Müssen wir uns die Geschichte erklären, die wir soeben gehört haben? Erklärt sie sich nicht selbst?

Heute ist die Strasse nach Jericho eine breite Asphaltstrasse; aber wenn man von Jerusalem hinunterfährt nach Jericho, kann man sich noch heute ohne viel Phantasie vorstellen, wie das war.

Erst sind noch ein paar Häuser da, ein wenig Gebüsch, ein paar Bäume, noch ein Stück Leben, noch ist in der Senke drüben das schwarze Zelt der Beduinen zu sehen, und dann bleibt alles zurück. Links und rechts sind die Berge kahl und tot, einsam ist es und unheimlich in der glühenden Hitze der Strasse, die bis 400 Meter hinunterführt unter den Meeres-Spiegel, an einen der tiefsten Punkte, den die Erde auf dem Festland hat.

Meine Frau und ich kamen vor fünf Jahren mit dem Wagen von Jericho herauf. Wir sagten zueinander: hier sind die Berge noch wie zu Jesu Zeiten, es hat sich gar nichts geändert, und wenn auch die Strasse breiter ist als damals, es ist noch derselbe Weg, er kann gar nicht anders verlaufen in dem schmalen, steilen Tal.

Und dann lag auf einmal in der Hitze rechts einer am Strassengraben mit seinem Wagen. Offenbar hatte er eine Panne. Und schon waren wir vorbei. Es war alles so rasch gegangen, hinter einer Kurve. Und es hat dann beschämend lange gedauert, bis wir zueinander sagten, wir müssen umdrehen und nach dem Mann sehen, der dort mit seinem Wagen liegt; es könnte ja nicht weit von der Stelle sein, von der Jesus erzählt hat.

Wir haben dann umgedreht, und es war, fast möchte ich sagen zu unserer Erleichterung, schon ein barmherziger Samariter bei dem Mann.

Seither kann ich die Geschichte noch besser verstehen, auch den Priester und auch den Leviten: das Vorübergehen und den kleinen, grossen Bogen um den Verlorenen, von dem der griechische Urtext so deutlich spricht, jene seltsame, unheimliche Verschiedenheit in unserer Seele und in unserem Willen, dass das sein kann, dass ein normaler Mensch sehend ist und blind, hörend und taub, empfindend und hart zugleich.

Einige unter uns, die Älteren, werden jetzt an vergangene Jahre denken, daran, dass es möglich war, zu ahnen, vielleicht auch zu wissen, dass Menschen unter die Räuber fallen, dass sie verschwinden, so wie ein Stück Papier, das man wegwirft, Menschen, Nächste, so wie du und ich, dass es möglich war, dies zu ahnen und zugleich zu schlafen und aufzustehn, zu arbeiten, Geschäfte zu machen, Recht zu sprechen und zu predigen, Jahr um Jahr.

Aber vielleicht sollten wir lieber an heute denken, als an gestern. Wer ist der Nächste, und wer ist der Fernste? Es gibt gar keine Ferne mehr, hat neulich einer zu unserer Geschichte geschrieben. In der Tat, es gibt gar keine Ferne mehr in unserer klein gewordenen Welt. Nicht, weil wir in ein paar Stunden mit dem Flugzeug in Afrika sind, und nicht viel länger nach Indien brauchen, sondern weil das, was bei uns geschieht, unmittelbaren Einfluss haben kann auf das, was dort geschieht.

Immer hat es Unrecht, Gewalt und Not gegeben auf dieser Erde; aber noch gar nie in der Weltgeschichte war die Entfernung von der Strasse, auf der jeder seinen Weg zieht, zu dem, der unter die Mörder gefallen ist, so gering. Das macht uns zu schaffen, das macht unseren Kirchen zu schaffen, das macht jungen Menschen zu schaffen, und das wird die eigentliche Probe aufs Exempel sein für die Jahre, die kommen.

Aber sind wir nicht mit alledem überfordert, liebe Gemeinde, und sei es nur mit dem kurzen Schritt hinüber? Eduard Spranger, der Tübinger Philosoph, hat einmal geschrieben: Rechter Umgang mit einem Menschen heisse, dass einer an der Seele des anderen beteiligt sei. Kann ich überhaupt so an einem anderen beteiligt sein? Bin ich nicht schon von ihm getrennt, auch wenn er nur krank im Bett liegt neben mir?

Ich erinnere mich noch an die Strasse von Jericho hinauf bis Jerusalem. Merkwürdigerweise habe ich mir später eingebildet, es sei da eine Doppellinie in der Mitte gewesen, die das Umdrehen verboten hätte. Ich glaube heute nicht mehr, dass es diese Doppellinie gab, aber die Einbildung ist kein Zufall. Die Linie ist wie ein Bild für den Zwang, in dem wir leben, für die Rolle, in der wir unseren Weg haben. Wer kann denn aus seiner Rolle heraus? Wer kommt denn über seinen Schatten hinaus?

Aber genauso oder ähnlich, liebe Helferinnen und Helfer und liebe Gemeinde, wird ja der Mann gedacht haben, der da in einer so klugen und überlegten Weise mit Jesus reden will, genauso war der Mann beschaffen wie wir jetzt, voll guten Willens und voller Probleme. Und diesem Mann erzählt Jesus seine Geschichte, die im Grunde ganz einfach ist. Und darum meine ich, sollten wir es wagen, uns ganz einfach zu übersetzen, was sie meint, auch wenn wir wissen, was für problematische Leute wir sind.

Auf vier Dinge, meine ich, sollten wir achten.

1. Auf das Wörtlein »von ungefähr«, das in der alten Luther-Übersetzung steht.

»Es begab sich aber von ungefähr, dass ein Priester dieselbe Strasse hinabzog.«

Es ist eine merkwürdige Sache mit diesem »von ungefähr«. Ein paar Stunden früher wär's zu früh gewesen, ein paar Stunden später zu spät. Es will einer rasch aus dem Haus – und gerade steht die Frau vor der Tür.

Es ist eigentlich immer unbequem, dieses »von ungefähr«, es ist ärgerlich, es kostet Zeit. Das Essen wird nicht zur rechten Zeit fertig, die Stube ist nicht aufgeräumt, eine Sitzung fällt aus, meine Arbeit bleibt liegen, weil »von ungefähr!« ein Mensch am Wege ist.

Wir sollten dieses »von ungefähr« achten, auch wenn es uns drausbringt.

Fast möchte ich sagen: Wehe dem Menschen, der sich nicht drausbringen lässt. Es ist ein Wort von einer geheimen Kraft und Weisheit, ein Wort von dem, der unsere Wege lenkt, so, dass wir manchmal nicht mehr recht rechnen können. Und wir wollen doch so gerne rechnen.

Aber vielleicht werden wir einmal nicht danach gefragt, ob unsere Rechnungen aufgegangen sind.

Der Priester und der Levit sind rechtzeitig in Jericho gewesen, aber die Stunde »von ungefähr«, die sie versäumt haben, hätte mehr gewogen als viel Zeit.

»Von ungefähr«; wichtige Dinge in unserem Leben geschehen »von ungefähr«.

2. Achten wir auf den Menschen, der uns braucht.

Manchmal ist es offenkundig, wer uns braucht. Manchmal ist es nicht so sehr offenkundig, und man braucht scharfe Augen und Ohren, braucht eine aufmerksame Seele, wie einmal einer gesagt hat.

Vielleicht schreit der Mensch gar nicht mehr, den wir jahrelang übersehen haben, vielleicht ist er ganz leise geworden.

Der Nächste, das ist der, der uns braucht. Ich weiss nicht, ob irgend einer unter uns ist, der nicht einen Menschen wüsste, der ihn braucht. Nicht einen, den er gebrauchen könnte, einen, der so interessant, oder so wichtig, oder so nützlich wäre, dass er ihn gebrauchen kann, das ist nicht gemeint.

Wer nur Menschen sammelt, die er gebrauchen kann, ist arm. Wer einen Menschen hat, der ihn braucht, ist reich.

3. Es sind heute viele Helferinnen und Helfer vom Kindergottesdienst unter uns. Nicht nur mit Rücksicht auf sie, sondern im Blick auf uns alle, möchte ich unter vielen nur ein einziges Beispiel nennen für den, der uns braucht, nämlich das Kind.

Auch Kinder können Menschen am Wege sein. Menschen, die uns brauchen, Menschen, die beraubt werden und liegen gelassen, und an denen wir vorübergehen.

Fast jedes Kind wächst auf mit einem Wunder, nämlich mit einem Wunder des Vertrauens, dass diese Welt recht sei und gut darin zu leben. Es ist wie ein Gottesgeschenk, das sich – für unseren Verstand unbegreiflich – von Geboren-werden zu Geboren-werden erneuert. Gewiss, da ist auch Angst, da ist auch Sorge, da ist vieles, was uns Erwachsene zeichnet, aber da ist auch beschämenderweise für uns immer noch Zutrauen, als wäre dies der erste Tag.

Und es gehört mit zum Erschütterndsten, was in dieser Welt im Kleinen zu erleben ist – ich sage das mit Bedacht –, dabei zu sein, womöglich dabei beteiligt zu sein, wie dies Vertrauen Stück um Stück zerbrochen wird.

Da kommt das Kind nach Hause, und zum ersten Mal, abgesehen von den kindlichen Balgereien, erlebt es, ich sage es jetzt mit den Worten der Grossen, dass nicht das Recht, sondern die Fäuste gelten. Und die Mutter muss versuchen, zu sagen: Ja, so ist das.

Da sitzt der Bub und hat zum ersten Mal erfahren, mit grossen staunenden

Augen, dass der Betrug sich lohnt, dass die Lüge sich lohnt. Und der Vater muss versuchen, ihm zu bedeuten: Ja, so ist das.

Und irgend wann einmal wird der Sohn und die Tochter auch erfahren, wie der Vater und die Mutter sind: nämlich nicht nur unvollkommen, und so, dass sie nicht alles können, sondern, um es mit dem Wort der Bibel zu sagen, dass sie Sünder sind.

Es kann schon sein, dass dies jedesmal wie ein Überfall ist, wie ein Beraubtwerden, oder wie ein Liegenbleiben in Schmerzen, und manches von dem, was wir Grossen so dramatisch nehmen, ist nichts anderes als ein Nachspiel jener ersten Erschütterung.

Liebe Helferinnen und Helfer – darum ist Euer Dienst so wichtig. Darum auch halten wir Kindergottesdienst, weil wir an denen, die liegen bleiben, nicht vorübergehen wollen. Und so, wie die erste Enttäuschung einen Menschen prägen kann, jenes erste: »Ja, so ist das«, so kann auch die erste Hoffnung einen Menschen prägen: »Nein, so ist das nicht«; es ist in Jesu Namen und nach Gottes Erbarmen ganz anders – das zu sagen und das zu bezeugen, mit aller Phantasie und mit aller Liebe, ist Zeit und Kräfte wert.

Das Letzte: Eine Auslegerin sagte: »Die Geschichte vom barmherzigen Samariter ist eine schöne Geschichte; schon der dritte, der des Weges kam, war ein Mensch.«

In der Tat, das ist ja nicht wenig, liebe Gemeinde. Vielleicht sind 90 Prozent Christen in dieser Stadt, angenommen, jeder dritte wäre ein Mensch, der um den Nächsten weiss.

Jeder dritte in Südafrika wäre ein Mensch, der den Samariter ernst nimmt und nicht vorübergeht.

Jeder dritte unter uns wäre ein Mensch, der von nun an weniger oft vorübergehen will. Würde es nicht wirken?

Aber man kann es sogar noch genauer sagen, nicht jeder dritte, sondern der erste ist ein Mensch. Nun meine ich nicht den Priester und nicht den Leviten, und nicht den Samariter und nicht den Schriftgelehrten, sondern den ersten, den uns Gott in den Weg schickt, nämlich Jesus Christus, unseren Herrn.

Tröstlich und schön ist die Geschichte darum, weil wir, da er selber das so erzählt hat, wissen: Er wird uns nicht liegen lassen, und Er ist der Nächste, einem jeden, der ihn braucht.

Amen.

Die Predigt im Ulmer Münster bei der Landeskonferenz am 26. Oktober 1980 hielt Askani einen knappen Monat vor jener Ewigkeitssonntagspredigt, die wir in Kapitel 10 dokumentiert hatten. Weil es ihm auch im Oktober 1980 gesundheitlich schlecht gegangen war, hatte Landeskinderkirchpfarrer Eberhard Dieterich mit ihm ein ›Abkommen‹ geschlossen, er könne bis am Samstagmittag vor der Konferenz noch absagen, eine Entlastung, die ihm so viele Kräfte zufließen ließ, daß er vom Abkommen nicht Gebrauch machen mußte.[562] Die Predigt ist eine meines Erachtens gelungene Umsetzung einer Vision von Christian Möller, die dieser in seinem Buch »Gottesdienst als Gemeindeaufbau« unter der Überschrift »Kinder und Erwachsene einander bereichern lassen« entworfen hatte: »Werden ... die Kinder im Gottesdienst von den Erwachsenen mitsamt dem Pfarrer bewußt angenommen, so kann das allmählich dazu helfen, daß aus der Predigt als einem oft nur intellektuellen Vortrag wieder ein einfaches, elementares Zusprechen und Erzählen wird, das auch Kinder nicht mehr durch Verlassen des Gottesdienstes vor der Predigt meiden müssen.«[563] Das kann nicht immer gelingen, muß es auch gar nicht, aber vielleicht doch an besonderen Höhepunkten.

Askani erzählt in plastischen Schilderungen die Geschichte des Kranken am Teich Bethesda aus Johannes 5 und hält ein erstes Mal inne bei dem erschütternden Satz des Kranken: »Herr, ich habe niemand.«[564] (76ff). In seelsorglicher Einfühlung werden aus der Welt der Kinder Konkretionen dieses Satzes genannt: *»Das gibt es, daß ein Kind sagen muß: ich habe niemand, der mir hilft, wenn sie alle in den Schulbus drängeln. Ich habe niemand, der mit mir nach Hause geht, wenn ich eine schlechte Arbeit geschrieben habe. Ich habe niemand, der sich vor mich stellt, wenn sie mich alle auslachen.«* (79–83) In »elementarem Zusprechen«[565] gibt der Prediger Jungen und Alten zu hören: *»Einer, der um Jesus weiß, muß gar nie sagen: ›Ich habe niemand.‹ Denn Gott sucht Menschen. Er läuft durch die Welt und ... sucht vor allem solche, die niemand haben; er sucht den Menschen, der ihn nötig hat.«* (89–92)

Aus dem Erzählzug, daß der Geheilte auf Jesu Geheiß seine Matte wegträgt und so Jesu Bote wird, entwickelt Askani den zweiten elementaren Zuspruch: Gott brauche Menschen zu seinen Boten, und niemand sei dazu unnütz. (111.159.164) In einigen für Kinder anschaulichen und nachvollziehbaren Andeutungen und einem ausgeführten Beispiel, wie sie zu seiner Kinderkirchzeit im Dritten Reich die Jugendgesangbücher in der Manteltasche versteckt hätten, anstatt sie offen zu tragen und so Boten zu sein (143–165), greift Askani mögliche Einwände der Erwachsenen im Sinne eines »zu einfach!« auf: Gott wisse, was für komplizierte Menschen wir seien, aber vielleicht sei die Wirklichkeit doch einfacher als unsere Sorgen und Bedenken (166–175), und der Bote Jesu komme zu uns, und wir würden gebraucht, und sei es »nur« zum Zuhören und Zeithaben. (179–184) Auch hier begegnet uns alles andere als »Banalisierung«[566], sondern wiederum ein elementares Zusprechen, das Zukunft eröffnet.

Liebe Gemeinde aus jung und alt bei diesem gemeinsamen Gottesdienst!
Ich möchte gerne, unserem besonderen Anlass entsprechend, in der Pre-

digt jetzt eine Geschichte erzählen. Sie steht im Neuen Testament. Dort sind es nur ein paar Sätze, in denen ein Menschenschicksal gezeichnet ist. Aber wenn man näher an diese Sätze herantritt, dann öffnet sich dieses Schicksal, und man kann sich wohl vorstellen, wie das war.

Es war ein Junge, wie jeder andere auch. Er hatte viele Freunde, und sie waren fröhlich miteinander. Abends, wenn es kühler wurde und sie durch die alten Gassen von Jerusalem tollten, dann rannten sie oft um die Wette; und draussen vor dem Tor, bei den Zypressen und bei den grossen Steinen, hallte ihr Lachen weit über das Tal.

Eines Tages spürte der Junge beim Laufen seinen Fuss. Es war nicht wie sonst, und er kam als Letzter ans Ziel. Am nächsten Tag war es wieder so und am übernächsten, und in der Woche drauf war es auch nicht besser, eher schlechter. Manchmal lief er schon gar nicht mehr mit seinen Freunden, und sass nur still draussen vor den Toren auf seinem Stein, wenn sie ihre Spiele trieben. Bald lachte er auch nicht mehr mit. Er spürte schon den anderen Fuss.

Die Eltern gingen mit ihm zum Arzt – es wurde nicht anders. Sie gingen zu einem anderen Arzt, aber der schüttelte nur den Kopf. Niemand konnte ihm helfen. Allmählich waren es nicht nur die Beine, die ihren Dienst versagten, es fing auch schon mit den Armen an und mit den Händen. Unser Junge sass zuhause, und die Freunde besuchten ihn; und er sah ihnen traurig nach, wenn sie nachher wieder fröhlich auf die Strasse liefen.

So ging die Zeit dahin. Vater und Mutter wurden immer sorgenvoller. Niemand wusste Rat.

»Drunten am Teich Betesda«, sagte eines Tages einer der Freunde, »da sind die fünf grossen Hallen, und da sind Leute wie du; und ich weiss von einem, der ist ins Wasser gestiegen, wie es sich bewegt hat, und er kann jetzt wieder laufen. Sollen wir dich nicht hinuntertragen?« Erst wollte unser Junge nicht. Er meinte, er sei dann so allein dort unten. Aber dann liess er sich überreden, und sie nahmen eine Schlafmatte, legten ihn drauf und trugen ihn hinab. Man musste rechtzeitig ins Wasser kommen, wenn es aufsprudelte, denn dann hatte es die beste Kraft. Anfangs war immer einer der Freunde oder Vater und Mutter dabei und halfen zum Wasser. Aber eines Tages hatten die Freunde keine Zeit mehr, und Vater und Mutter konnten nicht immer da sein. Die Hoffnung auf Heilung wurde immer geringer. Schon war eine lange Zeit verstrichen. Tag um Tag wartete der Kranke, aber es geschah nichts.

Schliesslich hat er sich daran gewöhnt, allein zu sein. Man brachte ihm das Kranken-Essen vom Tempel, aber sonst kam niemand zu ihm. Wenn die Besucher die Treppen herunterstiegen, wusste er, keiner wendet sich zu dir. Sie sitzen bei den andern, aber ich bin allein.

Jahr um Jahr verging. Er hatte längst die Ziegel am Haus gegenüber auswendig gelernt und wusste, wann die Zypresse dort den letzten Sonnenstrahl hatte; und er dachte schon lange nicht mehr, es würde etwas anders werden. 38 Jahre lang lag er schliesslich dort in einer der fünf Hallen am Teich Betesda. Können wir uns das vorstellen? 38 Jahre! Es ist ein gutes halbes Menschenleben. Da kann die Hoffnung längst gestorben sein, und ein Leben so schmal werden, wie die Glieder des Mannes, der dort auf seiner Schlafmatte lag.

Eines Tages freilich war es ganz anders. Plötzlich fiel ein Schatten über seine Augen, jetzt um die Mittagszeit. Er blinzelte und sah einen Mann. Direkt vor ihm blieb er stehen. Er kannte ihn nicht. Warum geht er nicht weiter? Der Mann schaute ihn freundlich an. »Willst du gesund werden?« Was für eine Frage: Willst du gesund werden? Wollte er es noch? War nicht selbst der Wunsch lange gestorben? Er sah an den abgezehrten Gliedern hinunter und wollte zuerst nicht antworten. Aber dann kam es aus ihm heraus: »Herr, ich habe niemand. Ich habe niemand, der mich in den Teich bringt, wenn das Wasser sich bewegt.« Er wusste nicht recht, warum er das gesagt hatte. Aber es war sein ganzes Leben darin gefangen: »Ich habe niemand.« Und dann geschah das Unfassbare. Der andere sagte zu ihm: »Steh auf, nimm deine Schlaf-Matte und geh.« Der Kranke wusste nicht, wie ihm geschah. Seit Jahrzehnten war er nicht mehr gestanden, wusste er nicht mehr, wie das ist, wenn der Fuss den Körper hält und die Arme sich bewegten. Nun stand er, und nun beugte er sich und nahm die Matte, als sei es das Einfachste auf der Welt. Nun versuchte er den ersten Schritt, und es ging, und er kam zur Treppe, und es war ganz still, und er schritt hinauf, und nach 38 Jahren war der Platz seines Leidens leer.

Viele von uns kennen die Geschichte. Sie wissen auch, wer der ist, der da vor dem Kranken stehen geblieben war: Jesus, der Heiland und Herr. Nicht irgend einer, aber der, der in Gottes Namen helfen kann, auch dort, wo es sonst keine Hilfe mehr gibt.

Liebe Gemeinde, liebe Kinder! Gibt es eine solche Geschichte noch, oder ist sie längst vergangen?

»Herr, ich habe niemand.« Ich denke wohl, das gibt es noch. Es ist einer der erschütterndsten Sätze, die einer von seinem Leben sagen kann: »Ich habe niemand.«

»Ich habe niemand.« Das gibt es, dass ein Kind sagen muss: Ich habe niemand, der mir hilft, wenn sie alle in den Schulbus drängeln. Ich habe niemand, der mit mir nach Hause geht, wenn ich eine schlechte Arbeit geschrieben habe. Ich habe niemand, der sich vor mich stellt, wenn sie mich alle auslachen.

»Ich habe niemand« – das ist schlimmer, als wenn einer sagen muss: ich habe kein Haus, oder ich habe kein Spielzeug, oder ich habe keinen Garten. »Ich habe niemand« – wer so sagen muss, der ist ganz arm.

Nun möchte ich gerne, dass die Jungen und Alten eines von diesem Gottesdienst mit nach Hause nehmen und nicht mehr vergessen, dies nämlich: Einer, der um Jesus weiss, muss gar nie sagen: »Ich habe niemand.« Denn Gott sucht Menschen. Er läuft durch die Welt und sucht den, bei dem er stehenbleiben soll, er sucht solche, die jemand haben, und er sucht vor allem solche, die niemand haben; er sucht den Menschen, der ihn nötig hat.

Ihr sagt: Man sieht ihn ja gar nicht, wenn er bei mir stehen bleibt. Ich sage: Aber man kann es doch merken. Es kann sein, dass einem Menschen auf einmal die Augen aufgehen, weil Gott sie ihm auftut; und er sieht den Freund, den er schon lange übersehen hatte und merkt, du hast ja einen. Es kann sein, dass Gott einem Menschen das Herz auftut, dass er selber einen sucht, der einen Menschen nötig hat. Es kann auch sein, dass einer auf einmal merkt, der, der neben mir sitzt, der ist mir ja gar nicht fremd, der gehört zu mir, wie Christen zueinander gehören. Es kann auch sein, dass gar keiner zur Stube hereinkommt, und dass einer doch spürt, Gott ist bei mir in Jesu Namen – ich bin gar nicht allein.

»Ich habe niemand.« Dieses schreckliche Wort soll einer nicht mehr sagen müssen, der von Jesus weiss. Das ist eine gute Nachricht, und es kann sein, dass wir sie einmal dringend nötig haben, so nötig wie das tägliche Brot. Gott gebe, dass wir es dann erfahren, dass Gott keinen vergisst, und ganz gewiss auch dich nicht und mich nicht.

Gott sucht Menschen. Er bleibt stehen bei ihnen, er hat Zeit, und er vergisst keinen.

Das ist das erste, was wir gehört haben. Aber nun kommt das zweite dazu: Gott braucht Menschen. Er will Menschen haben, die von ihm sagen, und die die gute Nachricht weitertragen. Er will, dass das durch Menschenmund und Menschenhände geschieht, anders will er's nicht. Darum sind wir heute beieinander. Da muss einer keine Predigt halten, das kann ganz einfach sein.

Hört, wie es damals war: Der Mann, der 38 Jahre lang gelegen war, war die Treppe hinaufgestiegen, er trug sein Bett, die Schlafmatte, die er so lang gebraucht hatte. Aber es war Sabbat, und die Strassen waren ganz still. Am Sabbat läuft man nicht weit in Israel, und am Sabbat, am Feiertag Gottes, darf man nichts tragen. Laut hallte der Schritt des Mannes, der gesund geworden war, durch die stillen Gassen. Da und dort schaute einer zur Tür heraus und runzelte die Stirn. Was ist das? Da läuft einer und trägt ein Bett, und es ist doch der Tag, an dem man nicht einmal ein Feuer anzündet. Der Mann hört, wie ihm einer nachschreit; er geht weiter. Plötzlich stehen zwei vor ihm und halten ihn an. »Was tust du, weisst du nicht, dass Sabbat ist? Am Sabbat trägt man nichts, am Sabbat arbeitet man nicht – das ist Gottes heiliges Gebot.« Der Mann aber antwortet: »Der, der mich gesund gemacht hat, hat zu mir gesagt, ich soll mein Bett nehmen und soll es wegtragen.«

Mit einem Mal sind noch mehr Leute da. Der Mann will weiterlaufen, aber er kann nicht. »Du übertrittst das Sabbat-Gebot, stell dein Bett ab und geh ins Haus.« »Nein», sagt der Mann, »geht doch zu dem, der mich gesund gemacht hat, der hat mir es aufgetragen, mein Bett zu tragen.«

Liebe Gemeinde, liebe Kinder. Die Geschichte geht weiter. Der Mann, der gesund geworden war, musste keine Predigt halten, vielleicht hatte er das Reden überhaupt verlernt in 38 Jahren, in denen er niemand mehr hatte. Er

135 musste keine grossen Worte machen. Er trug nur sein Bett, und es fiel auf. Er folgte den Worten dessen, der ihn gesund gemacht hatte, und es fiel auf. Und er konnte sagen, fragt doch den, der hat es mir aufgetragen. Mit einem Mal war Jesus in aller Mund dort in den Gassen. Was ist das für einer?

So hat Gott den Menschen gebraucht, der so lange krank war. Er ist ein 140 Bote Jesu geworden.

Vielleicht will er auch uns zu seinen Boten machen, und wir merken es nur nicht.

Wenn wir einst vom Kindergottesdienst nach Hause gingen, hatten wir ganz verbeulte Taschen. Wir hatten unsere Jugend-Gesangbücher darin ver- 145 steckt, damit niemand merkte, dass wir von der Kinderkirche kamen und keiner uns auslachen konnte. Vielleicht wäre es gut gewesen, wir hätten unsere Bücher offen getragen, und es hätte einer gefragt und gemerkt, der geht dorthin, wo man von Jesus redet.

Ich kann mich kaum erinnern, dass einmal einer den andern abgeholt hat 150 in die Kinderkirche. Vielleicht wären wir Boten Jesu gewesen, wenn wir beim Fritz oder bei der Gerda geläutet hätten und gefragt: »Kommst du mit?« Denn es ist oft gar nichts Besonderes, was Gott von uns will. Gott liebt die kleinen Leute und die kleinen Dinge.

Vielleicht wäre es gut gewesen, wir hätten neulich, als es beinahe einen 155 Auto-Unfall gab, nicht nur gesagt: »Da haben wir noch einmal Glück gehabt«, sondern: »Gott sei Dank.« Vielleicht wäre es gut gewesen, wir hätten damals, als wir krank waren, nicht nur gesagt: »… und dann hat mir endlich die neue Arznei geholfen«, sondern: »Gott sei Dank.«

Denn Gott braucht Menschen – so will er es haben. Durch unsere 160 Hände und durch unseren Mund, durch unseren Umgang miteinander, soll die gute Nachricht weitergehen, und dafür ist keiner zu klein und zu ungeschickt.

Gott sucht Menschen, und niemand muss mehr sagen: ich bin allein. Das ist ein schönes Wort. Gott braucht Menschen, und niemand muss sagen: ich 165 bin unnütz. Das ist mindestens genau so schön.

Liebe erwachsene Gemeinde. Vielleicht denken manche unter uns jetzt, das ist eine Kinderpredigt, und so einfach ist es ja gar nicht. So einfach wird einer nicht gesund, so einfach wird die Einsamkeit nicht überwunden, so einfach kann man die gute Nachricht nicht weitergeben, so einfach kommt kei- 170 ner zur Türe herein.

Nun, Gott weiss, wie kompliziert wir sind. Fast möchte ich sagen, er weiss es lächelnd, wie besonders wir sind, wie unvergleichbar, und dass gerade bei uns alles gar nicht so einfach ist.

Aber vielleicht überlegen wir uns doch, ob die Wirklichkeit nicht einfacher 175 ist, als unsere Sorgen und Bedenken uns sagen.

Wenn wir für die Menschen danken, mit denen wir umgehen – vielleicht sind es gar nicht so wenige –, dann könnten wir wohl erkennen, wie reich wir sind, auch wenn die Rente knapp wird.

Vielleicht kommt doch einer zur Türe herein, und er ist ein Bote Jesu, ohne alles fromme Wort, und wir merken es nur nicht. 180

Vielleicht werden wir gebraucht, vielleicht »nur« zum Zeithaben und Zuhören, und es geschieht auch in Jesu Namen, selbst wenn es um ganz einfache Dinge geht, denn es gibt keine schönere Aufgabe für einen Menschen, als den Menschen.

Jedes Leben ist kostbar vor Gottes Angesicht, wert, dass er stehen bleibt, 185 und dass er es in seinen Dienst nimmt. Was wollen wir mehr? Wieviel Gold und Edelsteine hat einer in Händen, wenn er jetzt nach Hause geht und weiss, Gott hat mir noch Zeit gegeben für einen Menschen, für mein Kind. Wir wollen ihm dafür danken und unsere Tage nutzen.

Amen.

Bei der darauffolgenden Landeskonferenz am 18. Oktober 1981 verabschiedete sich Prälat Askani nach fast zwanzigjähriger Arbeit im Vorstand des Württembergischen Evangelischen Landesverbandes für Kindergottesdienst, davon die letzten fünf Jahre als dessen Vorsitzender. Als bereits schwer von seiner Krankheit Gezeichneter konnte er mit einem persönlichen Wort vor etwa 2000 Kindergottesdienstmitarbeitenden – einer davon der Verfasser – bei der Schlußveranstaltung im Beethoven-Saal der Stuttgarter Liederhalle Abschied nehmen. Mit Liedern, Pantomime und Erzählung wurde die »Geschichte vom Baumbaum« dargestellt. Im Anschluß an den Liedvers »Mach in mir deinem Geiste Raum« sprach Prälat Theophil Askani sein Abschiedswort, mit dem sich nun der Kreis schließt und das als Abschluß zitiert sei[567]:

Ich habe schon viele Landeskonferenzen erlebt. Selten einmal eine, die mich so beeindruckt hat wie dieser Nachmittag, an dem ich zum Teil habe noch teilnehmen können. Menschen und Bäume, Bäume und Menschen – das wird uns begleiten. Ich denke an das Lied, das sich durchgesetzt hat, vorhin so schön gegen alle Mächte und Gewalten. Es wird auch jetzt darum gehen, wenn wir nach Hause kommen, daß unser Lied nicht verklingt.

Und ich denke ein bißchen auch an die schwäbische Übersetzung dessen, was das Lied bedeutet. Wenn's ein bißchen verändert ist, werden Sie's verzeihen. Ich war ja in meinem Amt auch für den Schwarzwald zuständig und habe an meine Mitarbeiter jetzt geschrieben von dem Kirschenbäumlein, vor dem der Herr Pfarrer ungläubig stand – wie manchmal die Herren Pfarrer und auch die Herren Prälaten zu sein pflegen – und das Bäuerle gefragt hat angesichts des litzebembrigen Bäumleins: »Meinet Se denn au, daß der no Kirsche kriegt?« Daraufhin hat der Bauer gesagt: »Ha no, Herr Pfarrer! Blüht hat'r net, aber mr hofft halt!«[568]

Ja, Hoffnung, die muß ihre Quelle haben und ihre Wurzel. Und sie hat ihre Quelle und ihre Wurzel. Darum ist mir der Dienst, den ich heute abgebe, der

Kindergottesdienst und der Dienst in diesem Amt, so lieb gewesen. Und darum möchte ich Ihnen auch noch, wenn ich's jetzt übergebe – ich vertraue fest darauf, daß er in gute Hände kommen wird demnächst – mit einem Wunsch noch verbinden: Und da es das letzte Mal ist, da ich zu Ihnen rede, werden Sie mir verzeihen, wenn ich noch einmal diesen Wunsch mit einer Begebenheit verbinde, die mir eine Reutlingerin in den vergangenen zwei Wochen geschrieben hat. Sie erzählte von einem Gespräch mit ihrer kleinen Tochter. Eva hieß das Kind und sage und schreibe war es viereinhalb Jährlein alt und hat die Mutter gefragt: »Mutter, sind wir eigentlich arm oder mittel oder reich?« Die Mutter hat geantwortet: »Ha, nun, 's geht uns eigentlich ganz gut. Arm sind wir nicht. Vielleicht sind wir mittel.« Daraufhin hat die Eva geantwortet: »Nein, wir sind reich. Wir haben alles. Nur eines fehlt uns: ein Balkon.« Da hat die Mutter gefragt: »Ja warum, Eva, fehlt uns ein Balkon? Wozu braucht man unbedingt einen Balkon?« Und die Eva – ich kann's nur weitergeben, es soll so geschehen sein – hat geantwortet: »Damit man nach oben schauen kann.«[569]

Ich weiß nicht, was die viereinhalbjährige Eva sich dabei gedacht hat. Aber: Nach-oben-Schauen, das stimmt schon, und recht hat sie gehabt. Liebe Freunde, wir sind nicht arm, wir sind nicht mittel, wir sind reich, wenn wir den Balkon haben, von dem wir nach oben schauen. Und »nach oben«, das heißt ja nicht: in ferne Himmel, sondern heißt: hineinschauen in den weiten Horizont der Liebe Gottes, der uns alle umfängt, und der uns mitträgt. So nach oben schauen – das ist die oft widersinnige und unverständliche Quelle der Hoffnung. Und davon anderen weiterzusagen, das ist der schönste Dienst auf Erden. Sie dürfen ihn tun.

Und der Friede Gottes, welcher höher ist als alle Vernunft, der bewahre unsere Herzen und Sinne in Christo Jesu. Amen.

Zeittafel zur Biographie Theophil Askanis

1923–1942	* 27. April 1923 in Stuttgart als einziges Kind von Verlagsdirektor Gustav Askani (15. 05. 1877–29. 03. 1953) und seiner Frau Elsa geb. Holzäpfel (10. 06. 1889–15. 06. 1961); der Vater ist Geschäftsführer des Quell-Verlags.
1930–1934	Grundschüler an der Heusteigschule;
1934–1937	Schüler am Karlsgymnasium;
1937–1942	Schüler am Eberhard-Ludwigs-Gymnasium. 27. März 1938 Konfirmation in der Stuttgarter Markuskirche durch Pfarrer Walther Buder; danach Mitarbeit in Kinderkirche und Jugendarbeit. März 1942 Abitur.
1942–1950	1942/43 Studium in Tübingen; Askani ist Stiftler.
1943–1946	Kriegseinsatz und französische Gefangenschaft.
1946–1950	Studium in Tübingen; SS 1948 in Marburg; Juli 1950 I. Ev.-theol. Dienstprüfung.
1950–1951	Am 22. August 1950 Ordination in Stuttgart durch Stadtdekan Prälat Erwin Ißler. Stadtvikar an der Lukaskirche in Stuttgart-Ostheim; von dort aus einige Wochen zur Vertretung in Untertürkheim.
1951–1957	Hilfsberichterstatter (HBE) im Bischofsvorzimmer bei Landesbischof Haug, 1951–1953 zugleich Sekretär bei Altlandesbischof Wurm. 25. Juli 1953 Kirchliche Trauung von Theophil Askani und Lore geb. Schaefer in der Paul-Gerhardt-Kirche in Stuttgart durch Landesbischof D. Dr. Martin Haug. In der Folgezeit Predigtdienste an der Paul-Gerhardt-Kirche neben Hilmar Schieber und Albrecht Goes. 20. April 1954 Geburt des Sohnes Hans-Christoph. 20. April 1955 Geburt des Sohnes Gottfried. 1957 Geburt der Tochter Cornelie.
1957–1963	Dritter Pfarrer an der Stuttgarter Markuskirche. Seine Kollegen: Pfarrer Rudolf Daur und Bischof Franz Hein. 2. Mai 1960 Geburt des Sohnes Stephan.
1963–1970	Pfarrer in der Stuttgarter Brenzgemeinde. August 1963 mit der württembergischen Delegation auf der

	IV. Vollversammlung des Lutherischen Weltbundes in Helsinki.
	Gemeindeaufbau durch intensive Predigt- und Seelsorgearbeit sowie eine gut vorbereitete Kinderkircharbeit; seit Ende 1962 ist Askani Schriftführer im Württ. Ev. Landesverband für Kindergottesdienst und hält auf der Kindergottesdienst-Gesamttagung 1966 eines der Hauptreferate.
	8. November 1967 Geburt des Sohnes Thomas.
	Wegen ihrer unmittelbaren Nachbarschaft zum Killesberg wird beim Kirchentag 1969 in der Brenzkirche eine ökumenische Schlußabendmahlsfeier gehalten.
	Frühjahr 1970 Fertigstellung des Gemeindezentrums Fleckenweinberg incl. Christophkirche und Abschied der Pfarrfamilie Askani nach Ulm.
1970–1975	Dekan in Ulm und Prediger am Münster.
	Askani erweist sich als Brückenbauer: innerhalb einer Pfarrerschaft, die er mit erheblichen Spannungen und Verspannungen antraf; zwischen Evangelischen und Katholiken; zwischen Kirchengemeinde und Bürgergemeinde.
	Intensive Wahrnehmung des Kirchenraumes des Münsters – bis in seine Predigten hinein.
	1973 – als Geschenk seiner Frau zum 50. Geburtstag – reisen Lore und Theophil Askani nach Israel; die Reise spiegelt sich in den Predigten wider.
1975–1981	Prälat des Sprengels Reutlingen und Frühprediger an der Marienkirche.
	2. September 1975 bis Februar 1976 krankheitsbedingte Unterbrechung des Dienstes. Askani wird zu einem eminent seelsorglichen Prediger an der Marienkirche und in seinem Sprengel; hält Vorträge und verfaßt hochgeschätzte Prälatenbriefe.
1981–1982	In den letzten Monaten in Stuttgart übernimmt Theophil Askani verschiedentlich Rundfunkandachten, erhält am 25. Januar 1982 von der Ev.-theol. Fakultät Tübingen die Ehrendoktorwürde und hält drei Tage vor seinem Tod die Trauung seiner Tochter Cornelie mit Hans-Joachim Heese.
	† 2. März 1982 in Stuttgart; Beerdigung am 8. März auf dem Fangelsbachfriedhof bei der Markuskirche im elterlichen Grab.

Anmerkungen

Abkürzungen von Reihen, Zeitschriften u. dgl. erfolgen nach Siegfried M. Schwertner, IATG², Internationales Abkürzungsverzeichnis für Theologie und Grenzgebiete. Zeitschriften, Serien, Lexika, Quellenwerke mit bibliographischen Angaben. 2., überarbeitete und erweiterte Auflage, Berlin/New York 1992.
Darüber hinaus bedeuten: P = Predigt; BP = Beerdigungspredigt, LP = Lektorenpredigt; V = Vortrag, AEvST = Archiv des Evangelischen Stifts Tübingen.
Sämtliche Zitate von Theophil Askani (und seiner Angehörigen) im laufenden Text sind in *kursiver Schrift* wiedergegeben. In eckige Klammern [ ] gesetzte Worte oder Satzteile in Normalschrift sind verdeutlichende Zusätze des Verfassers. Kleinere Versehen wie Kommafehler wurden stillschweigend korrigiert, die in Askanis Skripten charakteristische Schreibung »*ss*« anstatt »ß« wurde jedoch beibehalten.
Das Kürzel ›I‹ bedeutet: Die zitierte Predigt ist veröffentlicht im Predigtband: Theophil Askani, Da es aber jetzt Morgen war, stand Jesus am Ufer. Das Kürzel ›II‹ bedeutet: Die zitierte Predigt ist veröffentlicht im Nachrufbändchen: In Memoriam Theophil Askani, Denn Du hältst mich bei meiner rechten Hand.

Einleitung

1 Stuttgarter Nachrichten 09. 03. 1982.
2 Vgl. dazu: Ev. Gdeblatt 45/1981, S. 24 (Landeskonferenz der Kinderkirche); Evangelische Kinderkirche 1982, S. 193 (Gedenken an den Tod von Prälat Askani im Vorwort des Schriftleiters Eberhard Dieterich); S. 194 (»Abschiedswort von Prälat D. Theophil Askani«).
3 Theophil Askani, Prälatenbrief September 1981, S. 4f.
4 Zitat Anfang und Ende aus: Theophil Askani, P 23. 11. 1980 (Offb 21,1–7) = I, S. 175; Zitat Mitte aus: Theophil Askani, Gedanken zum Tod, in: Stuttgarter Zeitung 19. 11. 1966, Z. 17–20; vgl. Textdokumentation in Kapitel 10.
5 Hier sind in meiner Erinnerung Askanis Predigt (23. 11. 1980) und seine geistliche Besinnung für die Stuttgarter Zeitung (19. 11. 1966) zusammengeflossen.
6 Das Thema der Hausarbeit lautete: »Kriterien seelsorgerlicher Predigt – erarbeitet am Modell der Predigten von Theophil Askani« (vgl. Themenkatalog für die wissenschaftliche Hausarbeit zur II. Evangelisch-theologischen Dienstprüfung in Württemberg 1990, in: FAB 16/1990, S. 649) Der in dieser so formulierten Themenstellung sichtbar werdende Ansatz versteht – darauf deutet die substantivische Formulierung hin – das Phänomen seelsorglichen Predigens als eigenen Predigttypus, der, innerlich konsequent, allein anhand der Texte näher bestimmt wird. M. E. hingegen zielt seelsorgliches Predigen (so die Formulierung von Christian Möller) nicht auf einen eigenen Predigttyp, ein eigenes Predigtgenus, sondern auf einen Predigtmodus, auf die seelsorgliche Dimension, die jeder evangelischen Predigt einmal mehr, einmal weniger innewohnt und neben dem Text davon abhängt, inwieweit der Prediger bzw. die Predigerin als Getröstete und Tröstende erfahren werden. Seelsorgliches Predigen kann also nur hinreichend bestimmt werden, wenn auch die historisch-biographische und die pastoraltheologische Dimension miteinbezogen werden.

7 Theophil Askani, P 15. 06. 1980 = I, S. 116.
8 Theophil Askani, Werkstatt des Predigers II, Z. 313–319.
9 Zur Formulierung vgl. Axel Denecke, Predigt und Seelsorge, S. 228.
10 Bei der Heidelberger Promotionsfeier am 12. 02. 1997 formulierte Möller in ähnlicher Weise im Referat über meine Dissertation: »Noch heute bekommen viele Württemberger glänzende Augen, wenn sie von Theophil Askani hören, der mit seinen Predigten aus der Nachkriegszeit bis 1982 ihre Seele berührt hat, weil er ein wahrhaft seelsorglicher Prediger war.« (Skript Möller)
11 Eduard Mörike, Der alte Turmhahn, S. 148.
12 Vgl. Karl Barth, KD IV/3, S. 755.758.
13 FAB 18; 15. 09. 1974, S. 13f.
14 Theophil Askani, Voraussetzungen für das Helferamt, S. 113f.

Kapitel I: Elternhaus, Kindheit und Jugend

15 Rudolf Daur, Korntal, in: In memoriam Rudolf Daur, S. 29f.
16 Zu den Personenangaben vgl. Hermann Ziegler, Fangelsbach-Friedhof, S. 165. – Sofern nicht anders vermerkt, sind die Informationen und Zitate dieses Abschnittes entnommen aus: Gustav Askani, Lebenserinnerungen, 1947 (vervielfältigtes Typoskript). Er hat darin kurz nach seiner Zurruhesetzung im Alter von 70 Jahren seinen Werdegang und seine Lebensstationen als Verlagsbuchhändler zu Papier gebracht. Da Gustav Askani diese Erinnerungen in erster Linie als Beitrag zur Verlagsgeschichte konzipiert hat, beschränkt er sich im wesentlichen auf Erinnerungen beruflicher Art. Bei aller Nüchternheit in der Darstellung sieht er all seine Lebensstationen und -entscheidungen unter einer kohärenten geistlichen Grunddimension stehen: »*Ich habe dabei den Zweck im Auge zu zeigen, wie Gott der Herr sich bei seinen Kindern, wenn sie ihm vertrauen, als der große Helfer erweist und sie nach Irrungen auch wieder zurechtbringt.*«
17 Das deutsche Grafen- und Fürstengeschlecht der Askanier, aus dem im 13. Jahrhundert das Geschlecht Anhalt hervorging, das in mehrere Linien verzweigt bis 1918 über das Gebiet zwischen Aschersleben und Dessau herrschte, hat seinen Namen von der Grafschaft Aschersleben. Deren Landschaftsbezeichnung Ascharien wurde mythologisierend Askanien genannt in Anlehnung an Ascanius, den Sohn des Äneas und der Troerin Kreusa, des Ahnherrn der gens Iulia und damit des julisch-claudischen Kaiserhauses. Vgl. BE 1/588 Anhalt; 2/171 Ascanius; 2/174 Aschersleben; 2/195 Askanier.
18 Die Festschrift »In Gottes Rüstung vorwärts« (hg. von Martin Remppis) zum 100jährigen Bestehen der Evangelischen Gesellschaft 1930 informiert auf den Seiten 5–45 über die Geschichte der Evangelischen Gesellschaft: 1780 gründete der Augsburger Pfarrer Dr. Samuel Urlsperger die Deutsche Christentumsgesellschaft mit Sitz in Basel, die gegenüber der Aufklärung die »reine Lehre und wahre Gottseligkeit befördern« wollte. Von ihr kam der Impuls zur Gründung solch großer Werke wie der Württembergischen Bibelanstalt (1812) und der Basler Missionsgesellschaft (1815). Der Sohn des Sekretärs des württ. Zweiges der Deutschen Christentumsgesellschaft und Mitbegründers der Württ. Bibelanstalt, Dr. Christoph Ulrich Hahn, der 1805 geboren wurde und aufwuchs umgeben von dem die Christentumsgesellschaft durchwehenden Geist, gilt als Gründer der Evang. Gesellschaft in Stuttgart: Auf einer Studienreise in die Schweiz mit der Lausanner Bibel- und Traktatgesell-

schaft bekanntgeworden, gründete er als Vikar im Gemeindehaus »Laterne« neben der Stadtkirche St. Dionys in Eßlingen 1830 den »Verein zur Ausbreitung kleiner religiöser Schriften in Lausanne und Eßlingen«. In den Satzungen von 1832 taucht erstmals der Name »Evangelische Gesellschaft« auf, und 1835 wird der Sitz nach Stuttgart verlegt. Zunächst widmete sich die Gesellschaft der Verbreitung christlicher Traktate, Schriften und Bücher und baute eine Leihbibliothek mit christlicher Literatur auf. Durch den Besuch Wicherns in Stuttgart 1849 verstärkte sich das missionarisch-diakonische Engagement der Stuttgarter Evang. Gesellschaft auf dem ganzen Gebiet der Inneren Mission: Seelsorge und Fürsorge, Schaffung von Heimstätten für die weibliche Jugend in Fabrik, Handel und Gewerbe, von Heimen für Mittellose und Gefährdete sowie die Verbreitung von christlichem Schrifttum durch Verlag und Buchhandel der Evangelischen Gesellschaft. Durchgeführt wurden diese Aktivitäten von Diakonissen und Stadtmissionaren, aber auch einer großen Zahl von ehrenamtlichen Mitarbeiterinnen und Mitarbeitern. 1850 wird erstmals ein Theologe als hauptamtlicher Sekretär der Evang. Gesellschaft angestellt.
1874 fusionierten der Schriftenverkauf der Evang. Gesellschaft und die Evang. Bücherstiftung – die Geburtsstunde der »Buchhandlung der Evang. Gesellschaft«! Dazuhin wurde ein evang. Verlag begonnen. 1889 bekamen Verlag und Buchhandlung je einen eigenen Leiter: den Verlag übernahm Friedrich Haap (bis 1909; abgelöst vom 1908 eingetretenen Gustav Askani), die Buchhandlung Ernst Zeller. Auf 01. 10. 1919 nennt der Verlag sich »Quell-Verlag der Evang. Gesellschaft«. 1921 übernimmt Gustav Askani die Gesamtgeschäftsführung für beide Zweige. Die Schriften- und Bücherarbeit der Evang. Gesellschaft war von Anfang an, aber auch noch im 20. Jahrhundert getrieben von einem starken missionarischen Impuls und dem Bemühen, gute bildende und orientierende Literatur unter das Volk zu bringen.

19 Vgl. dazu auch Gerhard Schäfer, Theophil Wurm, S. 161; Albrecht Kircher, August Hinderer, S. 165f.

20 Vgl. dazu auch Martin Remppis (Hg.), In Gottes Rüstung vorwärts, S. 24.30. 75–77.82.

21 Vgl. Hermann Ziegler, Fangelsbach-Friedhof, S. 165.

22 Zu Askanis Vornamen vgl. das Reifezeugnis des ELG vom 28. März 1942.

23 Kirchenbuch »Kontrollverzeichnis der Taufen 1910–1961« in der Registratur des Pfarramtes Markuskirche I, Stuttgart; der Täufling »Theophil Ascani« [sic!] ist unter der lfd. Nr. 43 des Jahres 1923 verzeichnet.

24 Theophil Askani zeichnet in P 08. 06. 1980 = I, S. 64.68f ein liebevolles Porträt seines Paten.

25 V 12. 11. 1972: Haben Vater und Mutter noch etwas zu sagen?, S. 3.

26 P 25. 12. 1981 = II, S.50.

27 PSt(S) IV/1, 1981/82, S. 37.

28 Gottes Gegenwart, in: Ev. Gdeblatt 51–52/1981, S. 4; vgl. die ähnliche Schilderung in: Ein Bild beginnt zu sprechen …, in: Ev. Gdeblatt 51–52/1976, S. 5; Fundstelle des Gerok-Gedichtes: Karl Gerok, Palmblätter, Stuttgart 18604, S. 105–108: Am heiligen Abend. Daß Theophil Askani diesen Stuttgarter Prälaten und Dichter sehr schätzte, läßt er in PB Dez. 1978, S. 1 erkennen; außerdem gehört er in die Reihe der von Askani in seiner Predigt zu Johannes 21 verarbeiteten theologischen Traditionen.

29 V 13. 02. 1980: Woran orientieren wir uns, S. 2.

30 Vgl. dazu: Helmut Aichelin, Grabrede für Theophil Askani am 08. 03. 1982, in: In memoriam Theophil Askani, S. 13.

31 Vgl. dazu Martin Remppis (Hg.), In Gottes Rüstung vorwärts, S. 34f.

32 Theophil Askani, Eine Jugend und ein Pfarramt in der Markusgemeinde, Z. 61–67, in der Festschrift: Markuskirche Stuttgart 1908–1978.

33 Theophil Askani, Eine Jugend und ein Pfarramt in der Markusgemeinde, Z. 1–14. 1978 wurde die Markuskirche nach einer Innenerneuerung mit einem Festgottesdienst am 5. Februar, in dem Prälat Askani die Festpredigt hielt, wieder in Gebrauch genommen; am 29. März jährte sich die Einweihung der Markuskirche zum siebzigsten Mal.

34 Vgl. zu diesem Abschnitt: Festschrift ›Fünfundzwanzig Jahre Markuskirche 1908–1933‹, S. 7ff; Rudolf Daur, Geschichte und Wesen der Markusgemeinde, in: Paul Lempp, Wegweiser in die Evangelische Markusgemeinde Stuttgart, S. 7–10; Hansmartin Decker-Hauff, Die Markuskirche im Stuttgarter Stadtgebiet, in: Markuskirche Stuttgart 1908–1978, S. 6–10; Hermann Ziegler, Fangelsbach-Friedhof, S. 5–29. Decker-Hauff berichtet (Markuskirche, S. 9f), man habe sich lange Gedanken über einen angemessenen Namen für die ins Auge gefaßte künftige Kirche gemacht. Da es in Stuttgart bereits die Johanneskirche (seit 1876), die Matthäuskirche (seit 1881) und die Lukaskirche (fertiggestellt 1899) gab, schlugen – mündlichen Nachrichten zufolge – Stadtdekan Prälat Theodor Traub und Stadtpfarrer Gustav Gerok den Evangelisten Markus als Namensspender für die neue Kirche vor, um die vier Evangelisten auch in Stuttgart präsent zu halten. Dieser Name galt nun bereits dem Provisorium, jener Wanderkirche, die bis zur Fertigstellung des Kirchenneubaus 1908 ihren Dienst tat, dann abgebrochen und der Rosenberggemeinde zur Verfügung gestellt wurde.

35 Vgl. Komm Herr segne uns. 100 Jahre Katharinenkirche Reutlingen, S. 8–12 (Gerhard Oehlmann, Der Bau der Katharinenkirche 1887 bis 1890); ferner: In neuem Licht. Die Marienkirche Reutlingen, S. 24–28.36.

36 Vgl. Hansmartin Decker-Hauff, a. a. O., S. 10. Norbert Bongartz, Die ›Denkmalkirche‹ im Zeichen des Ringens um einen neuen protestantischen Kirchenbaustil, in: Markuskirche Stuttgart 1908–1978, S. 11ff. Vgl. ferner: Eva-Maria Seng, Kirchenbau zwischen Politik, Kunst und Liturgie. Theorie und Wirklichkeiten im evangelischen Kirchenbau des 19. Jahrhunderts, S. 90f.244f [Abbildung des Grundrisses der Markuskirche].261–263. Tafel 17, Abb. 44 und 45.

37 Johannes Merz, Die Kirchen Stuttgarts, in: Max Mayer-List (Hg.), Aus dem Leben der Evangelischen Kirche Württembergs. Festbuch für den deutschen Pfarrertag in Stuttgart 10.–12. September 1912, S. 76.

38 Theophil Askani, Bischof Franz Hein, Pfarrer an der Markuskirche (1947–1967), Z. 30–43.

39 Hansmartin Decker-Hauff, a. a. O., S. 10.

40 Rudolf Daur, Geschichte und Wesen der Markusgemeinde, in: Wegweiser in die Evangelische Markusgemeinde Stuttgart, S. 8.

41 Interview mit einer Augenzeugin der ersten Stunde, Hildegard Mayer-List, aufgezeichnet von Helga Karbe, in: 75 Jahre Ev. Markuskirche Stuttgart, S. 12.

42 V Freude an der Kirche (Urfassung 03. 11. 1975, Ulm); vgl. auch die ähnliche Schilderung in: Eine Jugend … in der Markusgemeinde, S. 17; Paul Fischer, Erinnerungen an 50 Jahre Markusgemeinde, S. 27.

43 Die »anderen« Kinder, S. 66 (1965); Festschrift Einweihung Christophkirche, S. 14 (1970); V Freude an der Kirche (1975); Eine Jugend … in der Markusgemeinde, Z. 44–51 (1978).

44 P 26. 10. 1980, Landeskonferenz Kindergottesdienst, Ulmer Münster, Johannes 5, S. 6.

45 Theophil Askani, Bischof Franz Hein, Pfarrer an der Markuskirche in Stuttgart (1947–1967), 1976, Z. 44–53.

46 P 05. 02. 1978, S. 1 (Predigt zum 70-Jahr-Jubiläum der Markuskirche 1978).

47 Vgl. Fischer, Erinnerungen an 50 Jahre Markusgemeinde, S. 27; Buder, Unsere Markuskirche im Kirchenkampf, S. 31.34. Buder erinnert sich, daß es im Kirchengemeinderat zu einem scharfen Gegensatz zwischen Parteigängern der DC und Anhängern der sich formierenden Bekennenden Kirche gekommen ist (S. 31). Die DC-Mitglieder des KGR bemängelten im Herbst 1933, »daß man in der Markuskirche keine warme Fühlung mit der neuen Zeit spüre« (S. 39). Als im Herbst 1936 die DC-Mitglieder ausschieden, entspannte sich die Atmosphäre im KGR und kehrte Frieden ein (S. 39).

48 Vgl. 50 Jahre Markuskirche Stuttgart, S. 62.

49 Vgl. dazu Joachim Hahn/Hans Mayer, Das Evangelische Stift in Tübingen, S. 77–81.296.

50 Vgl. Schäfer, D^{1}, S. 424; D^{2}, S. 797–825.

51 Walther Buder, Unsere Markusgemeinde im Kirchenkampf, S. 30f. Askani nimmt auf die Reichsstatthaltergeschichte Bezug in P 09. 10. 1977, S. 4.

52 Für kirchengeschichtliche Details des Kirchenkampfs in Württemberg und Bischof Wurms Position verweise ich auf folgende Quellensammlungen und Darstellungen: Gerhard Schäfer, $D^{1\text{–}6.\text{Erg}}$; ders., Zu erbauen und zu erhalten das rechte Heil der Kirche, S. 288–328; Jörg Thierfelder, Das kirchliche Einigungswerk des württembergischen Landesbischofs Theophil Wurm, 1975.

53 Theophil Wurm, »Habt die Brüder lieb, fürchtet Gott, ehret den König!« Predigt am Sonntag Jubilate, 22. April 1934, über 1. Petri 2, 11–17, im Münster zu Ulm. Ein Bericht Wurms über den Ulmer Bekenntnistag findet sich in seinen Erinnerungen, S. 98. Vgl. Schäfer, D^{3}, S. 239–261; ders., Zu erbauen, S. 307.

54 Walther Buder, Um was geht es? Predigt am 22. 04. 1934 über 1. Petri 2,11–17, erschienen im Quell-Verlag. Zitiert nach: Konrad Gottschick/Gerhard Schäfer (Hg.), Lesebuch zur Geschichte der Ev. Landeskirche in Württemberg IV, Unerwartete Wege, S. 206f.

55 1934 im Quell-Verlag erschienen. Auszugsweise abgedruckt in: Schäfer, D^{3}, S. 440–442. In vielen tausend Exemplaren vertrieben und gelesen (Buder, Kirchenkampf, S. 34).

56 Vgl. Schäfer, D^{3}, S. 378ff.

57 Wurm, Erinnerungen aus meinem Leben, S. 98f.

58 Vgl. dazu: Wurm, a. a. O., S. 99–102; Buder, Kirchenkampf, S. 34.

59 Buder, a. a. O., S. 34.35.38.39.

60 Buder, a. a. O., S. 38.

61 Vgl. Wurm, a. a. O., S. 102.

62 Buder, a. a. O., S. 38f.

63 Zu Theophil Wurms Leitung der intakten württembergischen Landeskirche im weiteren Verlauf des Kirchenkampfes vgl. Wurm, Erinnerungen, S. 129–133; Schäfer, Zu erbauen, S. 309–311.

64 Nach Erinnerungen von Prälatursekretärin Lore Hagdorn gingen auf diesen Zeitungsartikel hin in der Reutlinger Prälatur aus dem Bereich der – ehemals um Hermann Diem und Paul Schempp gescharten – Kirchlich-Theologischen Sozietät und der vom Landesbruderrat unter Vorsitz von Theodor Dipper geleiteten Württembergischen Bekenntnisgemeinschaft kritische Briefe ein, die in Askanis Ausführungen zu stark den edlen Wurm, der mutige Worte zu sagen gewußt habe, dargestellt fan-

den, ohne daß die ihrer Ansicht nach aus ihren Reihen berechtigterweise erhobene scharfe Kritik an Wurms Agieren und Schweigen zur Unzeit zur Sprache gekommen sei.

65 Theophil Askani, Standhaft im Kirchenkampf. Zum 25. Todestag Theophil Wurms, in: Stuttgarter Zeitung 28. 01. 1978; die folgenden Zitate aus diesem Artikel.

66 Buder, a. a. O., S. 42f.

67 Vgl. z. B. Buders Gutachten zu Thesen eines deutsch-christlichen Pfarrers, deren Mangel er darin sah, daß das pondus peccati viel zu leicht genommen sei. Infolgedessen fehle ein klares Zeugnis vom Kreuz Christi. Die Wärme des Tons könne über die Unzulänglichkeit des Inhalts nicht weghelfen. Wo aber, so Buder, die Tragik des Menschenschicksals und der Ernst der Sünde übersehen werde, da werde unweigerlich der Kern reformatorischer Predigt verkürzt: die um Christi willen gewährte Vergebung. – Vgl. Schäfer, D[6], S. 816–818.

68 Buder, a. a. O., S. 42.

69 V 12. 11. 1972: Haben Vater und Mutter noch etwas zu sagen?, S. 7.

70 Theophil Askani, Konfirmation, in: Stuttgarter Zeitung 11. 03. 1967, S. 25.

71 P 04. 02. 1982 (gesendet 07. 03. 1982) = II, S. 62f. Vgl. Magisterbuch 45/1959, S. 217: Ernst Buder, * 1. März 1924, vermißt als Offizier in Pommern 10. Februar 1945.

72 Vgl. z. B. Ev. Gdeblatt Ulm 26. Jg., Nr. 2, 01. 02. 1974, S. 1.

73 Vgl. Gustav Askani, Lebenserinnerungen, S. 10f; Protestbrief Wurms an den Innenminister gegen die Fortdauer und Verschärfung der ihm auferlegten Schutzhaft vom 20. Oktober 1934, in: Erinnerungen aus meinem Leben, S. 111ff. Von den Markuskirchenpfarrern wurde im Quell-Verlag veröffentlicht: Buders Predigt »Um was geht es?« und Sannwalds Wort an die Gemeinden: »Warum nicht ›Deutscher Christ‹?«

74 Vgl. dazu: Das Evangelisch-theologische Seminar Urach 1818–1977, hg. vom Verein für Württ. Kirchengeschichte, Stuttgart 1991, S. 104f (Barbara Springer); zur Charakteristik Mergenthalers vgl. Theophil Wurm, Erinnerungen aus meinem Leben, S. 138f; ferner: Konrad Gottschick/Gerhard Schäfer (Hg.), Lesebuch zur Geschichte der Ev. Landeskirche in Württemberg IV, S. 239ff.
Auf der Sitzung des Beirats der Kirchenleitung am 07. 06. 1937 kritisiert der Markuskirchenpfarrer Walther Buder den jüngst ergangenen Schulerlaß von Kultminister Mergenthaler, der unter anderem die humanistischen Schulzüge an Gymnasien aufhebt: dieser Erlaß greife weitreichend in die Rechte der Kirche ein und bereite den Weg zu hemmungslosen Angriffen auf Altes Testament, Pfarrer und christliche Lehrer. Aus der Verantwortung für Volk und Staat könne dieser eingeschlagene Weg hin zur säkularisierten Schule nicht hingenommen werden, dagegen müsse von Eltern und Gemeinden gekämpft und Lehrern Beistand geleistet werden. Eine Entschließung dazu wird an die Gemeinden gegeben. (Schäfer, D[5], S. 251)

75 Theophil Askani, Voraussetzungen für das Helferamt, S. 119f.

76 Vgl. Beerdigungspredigt Dr. Peter Müller am 19. 06. 1981 = II, S. 21.

77 P 12. 11. 1972 (Dan 5,1–30), S. 1f.

78 Vgl. dazu Eberhard Röhm/Jörg Thierfelder, Juden – Christen – Deutsche, Band 1, S. 132–136; Text der »Eingabe der Pfarrer Rudolf Daur, Fritz Pfäfflin jun. und Hermann Umfrid an den württembergischen Kirchenpräsidenten Theophil Wurm« ebd., S. 372–376.

79 Vgl. Gerhard Schäfer, D[5], S. 1117f und den Abschnitt »Ein einsamer Rufer in der Wüste« in »Mit Gott für Volk und Vaterland« (Ausstellungskatalog), S. 171f; außerdem ebd., S. 187–189: »Rudolf Daur: Ein radikaler Pazifist« (Vf. beider Beiträge:

Eberhard Röhm). Vgl. außerdem Rudolf Daurs Vortrag »Gewaltlosigkeit – Utopie oder Auftrag?« (16. 03. 1970), in: Wie im Himmel, so auf Erden«, S. 157–168.

80 Vgl. auch Paul Fischer, Erinnerungen an 50 Jahre Markusgemeinde, S. 27.

81 V 08. 06. 1979: Fragen der Pfarrer an die Wirtschaft und die Unternehmer, S. 1.

82 V 12. 11. 1972: Haben Vater und Mutter noch etwas zu sagen?, S. 3f.

83 Gustav Askani, Lebenserinnerungen, S. 11f.

84 Theo Sorg, Vom Wachen und Warten, S. 329: »Karl Hartensteins Stiftskirchenpredigten am Sonntag wie seine Frühandachten an den Werktagen und Helmut Thielickes Abendvorträge zu Fragen des Glaubens in derselben Kirche bildeten damals einen Zufluchtsort für Angefochtene und eine Quelle des Trostes und der Orientierung für unzählige Menschen, denen nicht nur Krieg und Leid, sondern ebenso eine evangeliumswidrige Ideologie den Boden unter den Füßen wanken ließ.«

85 Thielicke, Meine Arbeit in der Markuskirche in Stuttgart; ders., Zu Gast auf einem schönen Stern, S. 162–164. Vgl. Wurm, Erinnerungen, S. 169f.

86 Reifezeugnis für Theophil Askani vom 28. März 1942.

Kapitel II: Studium in der Kriegs- und ersten Nachkriegszeit

87 Vgl. Öffentliche Zeugnisse und Zeugnisgitter vom Sommerhalbjahr 1942, AEvST, Schuber 420.

88 Zu den Verbindungen und Stiftskreisen vgl. Hahn/Mayer, Das Evangelische Stift, S. 206–213; Friedrich Schmid, Eine Insel des Friedens, S. 117.

89 Vgl. Werner Bauer, Die Marineärztliche Akademie im Evangelischen Stift, in: Hermle/Lächele/Nuding, S. 102f.

90 AEvST Kriegskorrespondenz Fezer; Jörg Thierfelder, Karl Fezer – Stiftsephorus in der Zeit des Nationalsozialismus, S. 154.

91 Vgl. Friedrich Schmid, »Eine Insel des Friedens«: Die Jahre 1943–1945, in: Hermle/Lächele/Nuding, S. 117–124.

92 Rudolf Otto (Das Heilige, 1917, und: Aufsätze das Numinose betreffend, 1923) erkennt das unmittelbare vor das numen, vor Gott selbst Gestelltwerden als das Spezifische im religiösen Erlebnis und fordert deshalb einen Gottesdienst, der uns vor das numen praesens stellt. – Erich Schaeder vertritt in seinem gleichnamigen Buch 1909/1914 eine »theozentrische Theologie« gegenüber ihrer anthropozentrischen Verkehrung seit Schleiermacher. Anstelle des anthropozentrischen »Gott für uns« rückt er das »Wir für Gott« in den Mittelpunkt und betont Gottes Majestät und Allmacht vor seiner Liebe. – In seiner Ansprache bei der Gedächtnisfeier für Prof. D. Adolf Schlatter am 31. Mai 1938 (abgedruckt in: Hermle/Lächele/Nuding, Im Dienst an Volk und Kirche, S. 278–283) erläutert Fezer, er habe von ihm gelernt: »Predigen ist nicht ein Fragen: was kann man aus dem oder dem Schriftwort herausnehmen, was kann man streichen oder wenden, daß es einer heutigen Gemeinde dienlich ist. Sondern predigen heißt: Hören auf den im Schriftwort mit uns handelnden Gott und versuchen, ob man die Gemeinde nicht hinweisen kann auf dieses im Text sichtbar werdende Gotteshandeln.«

93 Karl Fezer, Das Wort Gottes und die Predigt, S. 77 und 92. Vgl. auch die weiterentwickelte Predigtdefinition im RGG²-Artikel Predigt II, Sp. 1433. In diesem Artikel führt Fezer den Weg zum gemeinsamen Stillestehen vor der Gegenwartsmacht Gottes dahingehend aus, daß der Prediger nicht nur Gehorsam gegenüber dem Wort Gottes zu leisten habe, sondern davon abgeleitet und dem nachgeordnet (einen zweiten) Gehorsam auch gegenüber der Situation.

Daß Fezer damit über den Paradigmenwechsel hinweg an dem positiven liberalen Erbe festhält, die Situation der Hörenden als Konstitutivum des Predigtgeschehens ernst zu nehmen, verdient Anerkennung; daß er diesen positiven Impetus schon 1930 als »Gehorsam gegenüber der geschichtlichen Stunde« apostrophiert, anstatt ihn als empathische, aber auch zu kritischer Distanz fähige Zeitgenossenschaft weiterzuentwickeln, muß scharf kritisiert werden: Denn das Insistieren auf den Gehorsam auch gegenüber der geschichtlichen Stunde birgt die Gefahr einer Eigendynamik dieses zweiten gegenüber dem ersten Gehorsam in sich, die dann ja in der Tat drei Jahre später Fezer zu jener verhängnisvollen Fehleinschätzung der ›nationalen Stunde‹ 1933 führte.

94 Vgl. dazu Helmut Thielicke, Zu Gast auf einem schönen Stern, S. 215.

95 Vgl. dazu Karl Barth, der in seinem homiletischen Seminar im Wintersemester 1932 Fezers Bestimmung des Wesens der Predigt als »systematisch und grundsätzlich hervorragendste von allen bisher behandelten Predigttheorien« hervorhob, die zusammen mit der Definition von Leonhard Fendt »auf dem Boden einer mit Gott ernstmachenden Theologie« steht (vgl. Barth, Homiletik, S. 24–28).

96 Zum Amt des Frühpredigers vgl. die Ausführungen in Kapitel 8.

97 Vgl. Leonore Siegele-Wenschkewitz, S. 35f.

98 Vgl. Jörg Thierfelder, Karl Fezer, S. 129ff

99 Sofern man nicht seine Erklärung vom 02. 09. 1947 als solches Schuldbekenntnis werten möchte, vgl. Hermle/Lächele/Nuding, S. 308f.

100 Vgl. dazu: Friedrich Schmid, a. a. O., S. 118; AEvST, Kriegskorrespondenz Fezer; Jörg Thierfelder, Karl Fezer, S. 130f.

101 Vgl. dazu Friedrich Lang, S. 263–265.

102 Vgl. Öffentliche Zeugnisse/Zeugnisgitter vom Sommerhalbjahr 1942, AEvST, Schuber 420.

103 Privatzeugnis Theophil Askani, Sommersemester 1942, AEvST, Schuber 424.

104 Brief von stud. theol. Theophil Askani an Ephorus Fezer vom 23. 11. 1942, AEvST, Kriegskorrespondenz Fezer.

105 Studienplan von Theophil Askani für das Wintersemester 1942/43, AEvST, Schuber 533.

106 Stiftsexamina Wintersemester 1942/43, AEvST, Schuber 494.

107 Privatzeugnis Theophil Askani, Wintersemester 1942/43, AEvST, Schuber 424.

108 Brief von stud. theol. Theophil Askani an das Stiftsephorat vom 22. 3. 1942, AEvST, Kriegskorrespondenz Fezer.

109 V 13. 02. 1980 »Woran orientieren wir uns?«, S. 2

110 Vgl. dazu P 09. 03. 1975 über Joh 15,15 (»Euch aber habe ich gesagt, daß ihr Freunde seid.«).

111 Gustav Askani, Lebenserinnerungen, S. 9.11.

112 Friedrich Askani, Gottes Wege enden im Licht, S. 59f (›Gefangenschaft‹).

113 Bericht des Ephorus über das WS 1946/47 an den OKR, S. 2, AEvST, Schuber 480; Bericht des Ephorus über das SS 1947, S. 2, AEvST, Schuber 480; Friedrich Lang, S. 259.

114 Mit diesen Worten charakterisiert Askani die unmittelbare Nachkriegszeit in BP Ernst Gotthilf Gann, 06. 02. 1975, S. 3; vgl. auch P 18. 05. 1980 = I, S. 222, Z. 7–23.

115 Vgl. Studienplan des Studierenden Theophil Askani, WS 1946/47, AEvST Schuber 533; Verzeichnis über die Stiftsübungen und Arbeitsgemeinschaften im Winter-Semester 1946/47, Beilage 2 des Ephoratsberichts über das WS 1946/47, AEvST Schuber 480.

116 Vgl. Studienplan des Studierenden Theophil Askani, WS 1946/47, AEvST Schuber 533.
117 Beilage zu den öffentlichen Zeugnissen, Winterhalbjahr 1946/47, AEvST Schuber 480. Askanis drei Stiftsexamina vom WS 1946/47 finden sich in AEvST Schuber 496.
118 Privatzeugnis für Theophil Askani vom Winterhalbjahr 1946/47, AEvST Schuber 480.
119 Privatzeugnis für Theophil Askani vom Sommerhalbjahr 1947, AEvST Schuber 480; die drei Stiftsexamina samt Übersicht über die Leistungen der Studiengruppe finden sich in Schuber 497. Vgl. Berichte der Repetenten über das Sommerhalbjahr 1947, Beilage 1 zum Ephoratsbericht an den OKR, AEvST Schuber 480.
120 Privatzeugnis Sommerhalbjahr 1947, a. a. O.; vgl. Themen der Stiftsaufsätze und Seminararbeiten, Beilage 4 zum Ephoratsbericht über das Sommerhalbjahr 1947, a. a. O.
121 Privatzeugnis für Theophil Askani vom Sommerhalbjahr 1947, AEvST Schuber 480.
122 Das Wintersemester 1947/48 schloß wegen Heizungsschwierigkeiten bereits am 20. Dezember 1947. In den ersten drei Märzwochen 1948 wurde es für Stiftler geöffnet, die zu Hause nicht oder nur unter sehr erschwerten Bedingungen wissenschaftlich arbeiten konnten und darum um Arbeitsmöglichkeit im Stift nachsuchten; es waren 117 von 169 Studierenden. Vgl. Ephoratsbericht über das Winterhalbjahr an den OKR, S. 0.3, AEvST Schuber 481.
123 Vgl. Bericht der Repetenten über das Winterhalbjahr 1947/48, Beilage 1 zum Ephoratsbericht, a. a. O., S. 1.
124 Beilage zu den öffentlichen Zeugnissen im Winterhalbjahr für Theophil Askani, AEvST Schuber 481.
125 Privatzeugnis für Theophil Askani vom Wintersemester 1947/48, AEvST Schuber 481.
126 Vgl. Ephoratsbericht über das Sommerhalbjahr 1948 an den OKR, S. 4, AEvST Schuber 481; a. a. O., S. 1 sind die sieben Stiftler namentlich aufgeführt, die im SS 1948 in Marburg studierten: Theophil Askani (1923), Max Adolf Cramer, Hans Martin Freudenreich (1928), Helmut Hohl (1925), Ludwig Kreh (1925), Eberhard Mayer (1928), Riehtmüller.
127 P 01. 02. 1981 = I, S. 32–39, Zitat S. 33, Z. 32–36.
128 Vgl. dazu Ephoratsbericht über das Wintersemester 1948/49 an den OKR, AEvST Schuber 482, darin insbes.: Beilage 1 (Bericht der Repetenten), S. 1.4f; Beilage 2 (Liste der Stiftsübungen); Beilage 4 (Stiftsaufsätze und Seminararbeiten), S. 4; Beilage 5 (Öffentliche Zeugnisse), Anlage. Thema der Seminararbeit und Studienplan fehlen.
129 AEvST Schuber 482.
130 Studienplan von Theophil Askani für das Sommersemester 1949, AEvST Schuber 534.
131 AEvST Schuber »Stiftler, deren Studium durch den 2. Weltkrieg unterbrochen wurde«.
132 Vgl. Namen- und Adressliste der Kandidaten für die I. Ev.-theol. Dienstprüfung im Sommer 1950, AEvST Kasten XI/Nr. 7; und: Theophil Askani, Ansprache zum 50jährigen Meisterprüfungsjubiläum vor Altmeistern, 1978.
133 Vgl. dazu Friedrich Lang, Leben und Arbeiten im Stift nach 1945; Hans Friedrich Geißer, Barth und Bultmann im Streit um Stiftlerseelen, beide in dem Stiftsjubiläumsband von Hertel (Hg.).
134 V 13. 02. 1980: Woran orientieren wir uns?, S. 2. Das Zitat »Nicht mitzuhassen, mit-

zulieben bin ich da« stammt aus Sophokles, Antigone und findet sich bereits in Wurms Ansprache bei der Dekanskonferenz am 31. 03. 1943; vgl. Schäfer, D^{Erg}, S. 453 und Anm. 7.

135 Sämtliche Informationen über Askanis Examen sind entnommen aus AEvST Kasten XI/Nr. 7 (I. theol. Dienstprüfung Frühjahr 1950 bis Sommer 1951).

Kapitel III: Stadtvikar und Hilfsberichterstatter bei Landesbischof Haug

136 Vgl. AEvST Kasten XI/Nr. 7.

137 P 20. 06. 1971; P 01. 06. 1975; P 24. 04. 1978.

138 Vgl. Thielicke, Zu Gast auf einem schönen Stern, S. 195, der ihn als »ein[en] Fürst[en] unter den christlichen Predigern« charakterisiert, der an dem auf die Stuttgarter Bombennacht am 26. Juli 1944 folgenden Sonntag »die gewaltigste Predigt [hielt], die ich je vernommen habe«, in der Ißler die Katastrophe über Stuttgart als Gericht Gottes versteht, durch das Gott wenigstens sein quälendes Schweigen gebrochen und in Blitz und Donner geredet habe.

139 Vgl. Ev. Gdeblatt 47/1975, S. 6.

140 Vgl. Kondolenzbrief Askanis an Frau Ißler vom 24. Mai 1976 (freundlicherweise zur Verfügung gestellt von Erwin Ißlers Sohn, Dipl.-Ing. Jörg Ißler).

141 P 20. 06. 1971.

142 Kondolenzbrief an Frau Ißler; vgl. auch P 20. 06. 1971.

143 P 24. 04. 1978.

144 P 24. 04. 1978 (Württ. Mesnertag).

145 P 15. 07. 1979.

146 V 18. 08. 1977: Verantwortung in der Kirche, S. 1.

147 PSt(S) I/2, 1979, S. 9; vgl. auch: Aus der Werkstatt eines Predigers, S. 11.

148 Werkstatt des Predigers [II], Z. 223–226.

149 V 08. 06. 1979: Unternehmer und Pfarrer.

150 Vgl. dazu: Gerhard Schäfer, Zu erbauen und zu erhalten das rechte Heil der Kirche, S. 327; Hermann und Markus Hartenstein, Im Dienst des unüberwindlichen Herrn, S. 80f; Theophil Wurm, Erinnerungen aus meinem Leben, S. 200–202.

151 V 18. 08. 1977: Verantwortung in der Kirche, S. 1f.

152 Vgl. Hermann und Markus Hartenstein, Im Dienst des unüberwindlichen Herrn, S. 84–99.

153 Vgl. dazu die Berichtsbroschüre »Werfet eure Netze aus!«, hg. von Gustav Beck, wo sich auf S. 49–55 die Predigt von Landesbischof Martin Haug findet, die er unter dem Thema »Gehilfen der Freude« bei der Haupttagung des Gesamtverbandes für Kindergottesdienst und der 50-Jahrfeier des Württ. Ev. Landesverbandes für Kindergottesdienst am Sonntag, 10. Juli 1955, in Stuttgart gehalten hat.

154 P 23. 04. 1978.

155 Traupredigt für Wolfgang Palmbach und Susanne Schmid, o. J.; vgl. Traupredigt Hans Martin Pfersich und Dietgard Holverscheid, 1962: »*Vor neun Jahren ist mir bei meiner Trauung gesagt worden, auf jedem rechten Beginn einer Ehe liege noch etwas vom Glanz des Paradieses. Lore und ich haben das seither nicht mehr vergessen.*«

156 V Werkstatt des Predigers [II], Z. 31–33.

157 Magisterbuch, 45. Folge 1959, S. 171.

158 Außer wenigen Veröffentlichungen in FAB (z. B. FAB 11/1973, S. 12–19) ist kein schriftlicher Nachlaß vorhanden.

159 Auf die Christuskirche bezieht sich folgende biographische Anmerkung, die Goes in »Land aller Möglichkeiten. Die Angst der Einsamkeit«, S. 180 macht: »Ich hatte einen ständigen Predigtauftrag in der Stadt, und eine der beiden Kanzeln, auf denen ich regelmäßig zu stehen hatte, nannte ich – nicht ohne Ernst und am guten Tag nicht ohne ein Lächeln – meinen Schleudersitz; die Kirche lag in dem Rayon, in dem das hohe Konsistorium und der Bischof wohnten, die Herren waren nicht selten meine Predigthörer, und niemand läßt sich (auch im dreißigsten Predigtamtsjahr nicht) von seinen Oberen sagen, daß er in seiner Textauslegung den eigentlichen Zielpunkt, den Skopus, verfehlt habe.« Helmut Claß, württembergischer Landesbischof von 1969 bis 1979, schildert in seinem Geburtstagsbrief für die Goes-Festschrift den Prediger auf der Christuskirchenkanzel wie folgt: »Darf ich Sie an Ihren so wichtigen Predigtdienst ... in den beiden Stuttgarter Gemeinden – Paul Gerhardt- und Christusgemeinde – erinnern? Als Glied der Christusgemeinde konnte ich manche Ihrer Predigten hören. Es ist mir noch gut in Erinnerung, wie leidenschaftlich Sie bemüht waren, biblische Texte und menschliche Situationen so aufeinander zu beziehen, daß – in der Kraft des Heiligen Geistes – der Zuspruch und Anspruch Gottes ermittelt und bezeugt werden kann. Außerdem waren Ihre Predigten vom Anfang bis zum Ende sozusagen aus einem Guß. Deshalb waren sie für den Hörer gut behältlich. Ich könnte noch manches aus Ihren Predigten anführen. Aber ich möchte auf etwas anderes zu sprechen kommen. Sie waren nach jedem Gottesdienst körperlich völlig erschöpft. Sicher nicht deswegen, weil Sie dem Evangelium mit Ihrem Temperament irgendwie ›Nachhilfe‹ erteilen wollten. Vielmehr haben Sie – ganz gewiß völlig absichtslos – mit Ihrer Predigtweise den Unterschied zwischen einem theologischen Referat und einer evangelischen Predigt deutlich gemacht. Ohne Frage: Ein evangelischer Prediger soll nicht sich selber, sondern den Text predigen. Aber so, daß er den Text zuvor durch den ›Blutkreislauf der eigenen Existenz‹ hindurch geleitet hat. So wird der Prediger Zeuge. Ein Zeuge, ›von dem eine Kraft ausgegangen war‹ (Markus 5, 30). Es entsteht sicher kein geistlicher Schade, wenn die Gemeinde etwas davon merkt.« (S. 33f)

160 Vgl. Herwig Sander, Gelebte Zivilcourage, S. 198; Dem Menschen ein Helfer werden, S. 204. Vgl. ferner: Helmut Claß, Predigten, Briefe, Gemeinden, S. 33f. – Nach Konrad Gottschick (04. 07. 1995) wurde Goes 1953 pensioniert, aber mit zwei Predigtdiensten pro Monat betraut, um Ruhestandsbezüge zu bekommen.

161 Theophil Askani, Werkstatt des Predigers [II], Z. 27–33.

162 Neben vielen impliziten Bezügen auf Goes und sein Werk greift Askani in seinen Predigten mehrfach explizit auf ihn zurück: P 06. 05. 1973 = I, S. 201; P 06. 01. 1980 = I, S. 249; P 18. 05. 1980 = I, S. 223.228.

Kapitel IV: Dritter Pfarrer an der Markuskirche

163 Askani hielt seine Investiturpredigt über 1. Korinther 4,1–5.

164 Vgl. Magisterbuch, 45. Folge 1959, S. 23; ferner: Theophil Askani, Die »anderen« Kinder, S. 63.

165 Theophil Askani, Eine Jugend und ein Pfarramt in der Markusgemeinde, Z. 80–82.

166 P 05. 02. 1978, S. 2.

167 Vgl. dazu Albrecht Plag, Das Stuttgarter Schuldbekenntnis vom 19. Oktober 1945 und die Markuskirche, in: Markuskirche Stuttgart 1908/1978, S. 21–24; ferner Theophil Askani, P 05. 02. 1978, S. 2.; vgl.: Amt für Information der Ev. Landeskirche in

Württemberg (Hg.), Erinnern, Bekennen, Verantworten. »... nicht mutiger bekannt, nicht treuer gebetet, nicht fröhlicher geglaubt und nicht brennender geliebt ...« 50 Jahre Stuttgarter Schulderklärung. Eine Dokumentation. Ferner: Ev. Gdeblatt 44/1995, S. 1.7.19. Martin Greschat, Ein großes Wort mit kleiner Wirkung. Die Stuttgarter Schulderklärung der EKD, in: EK 10/1995, S. 584–587.

168 Im Festgottesdienst am 05. 02. 1978 zur Einweihung der Markuskirche nach der Innenerneuerung und ihrem 70-Jahr-Jubiläum beschrieb Askani in einem ähnlichen Geschichtsrückblick dieselben beiden Szenen mit den drastischeren Worten: »*Mancher denkt an den Juli und September 1944; fast schrecklicher noch als die Ruinen der Häuser die Bombenkrater auf dem Friedhof, als müssten die Toten noch Zeugen des Untergangs sein. Seltsam unberührt die Kirche erhalten, ein paar Löcher in Putz und Stein, und ein paar Risse freilich bis hinauf ins Gewölbe.*« Ferner: P 23. 11. 1980 (Offb 21,1–7) und ihre Besprechung in Kapitel 10.

169 Theophil Askani, Bischof Franz Hein, Pfarrer an der Markuskirche in Stuttgart, Z. 54–79.83–85.

170 Theophil Askani, P 05. 02. 1978, S. 2; Hansmartin Decker-Hauff, Die Markuskirche im Stuttgarter Stadtgebiet, in: Markuskirche Stuttgart 1908/1978, S. 10.

171 Vgl. dazu Helmut Thielicke, Zu Gast auf einem schönen Stern, S. 247–251 (Die Karfreitagspredigt von 1947), zur Vorgeschichte S. 243–247. – Vgl. zur Vorgeschichte und zur Analyse dieser Predigt Andreas Richter-Böhne, Unbekannte Schuld. Politische Predigt unter alliierter Besatzung, Stuttgart 1989.

172 Vgl. Helmut Thielicke, Meine Arbeit in der Markuskirche in Stuttgart, in: 75 Jahre Ev. Markuskirche in Stuttgart, S. 6; ferner: ders., Das Leben kann noch einmal beginnen, S. 7; ders., Das Bilderbuch Gottes, S. 7; außerdem: Paul Fischer, Erinnerungen an 50 Jahre Markusgemeinde, in: 75 Jahre Ev. Markuskirche in Stuttgart, S. 29f.

173 Theophil Askani, Bischof Franz Hein, Pfarrer an der Markuskirche in Stuttgart, Z. 80–82.

174 Aus Askanis Feder stammen folgende Ausführungen über Rudolf Daur:
1. Nachruf für Rudolf Daur namens der Ev. Landeskirche in Württemberg auf dem Waldfriedhof in Stuttgart am 22. 06. 1976.
2. Nachruf in der Stuttgarter Beilage des Evangelischen Gemeindeblattes.
3. Die unter Nr. 1 und 2 genannten Nachrufe wurden unter Anfügung einiger persönlicher Bemerkungen abgedruckt in: In memoriam Rudolf Daur, S. 19–22.
4. Eine Kompilation der unter Nr. 1–3 genannten Quellen findet sich in Askanis Beitrag zur 70-Jahres-Festschrift für die Markuskirche unter dem Titel »Eine Jugend und ein Pfarramt in der Markusgemeinde«, Z. 91–170.
5. 18. 05. 1980 (Eph 3,14–21), I, S. 226, Z. 5–16.
6. Vorwort zum Predigtband: Rudolf Daur, Wie im Himmel, so auf Erden, S. 7–9.
7. V 08. 07. 1981: Werkstatt des Predigers [II], Z. 71–95.
Theophil Askanis Sohn Gottfried Askani schrieb seine Häusliche Prüfungsarbeit zur II. Evang.-theol. Dienstprüfung (Winter 1988/89) über das Thema »Rudolf Daur als Prediger. Analyse einiger ausgewählter Predigten«. In seinem Vorwort schreibt Gottfried Askani: »*Dieses Thema klingt ein wenig wie die Ankündigung eines Konzertes, bei dem dann doch nur die einzelnen Noten mit ihren Höhen und Längen vorgelesen werden. Wer Rudolf Daur gekannt hat, der weiss, wie sehr er als Person gewirkt hat, und wie schwierig es ist, da etwas und dann auch noch durch Analyse auf Begriffe zu bringen.*« (S. 2) Und später fährt er fort, vieles lasse sich ganz einfach nicht auf den Begriff bringen, »*ohne dass es dadurch zu etwas anderem wird, das grosse, nicht auszulotende Spektrum in den Predigten und das so gar nicht in eine*

bestimmte Schule oder Richtung einzuordnende, freie, eigenständige Denken Rudolf Daurs.« (S. 2f) [Schon sein Vater hatte es so gesehen, wenn er im Vorwort zur Daurschen Predigtsammlung schreibt: »*... manches bleibt nur in Händen, wenn es eben nicht auf den Begriff gebracht ist.«* (Z. 23f)]

Was Gottfried Askani über seine eigenen Erinnerungen an Daur andeutet, zeigt, wie sehr nicht nur Lore und Theophil Askani von den Begegnungen im Hause Daur geprägt waren, sondern auch deren (ältere) Kinder: »*Rudolf Daur ist mir durch die Freundschaft meiner Eltern mit der Familie Daur sehr eindrücklich in Erinnerung. Mein Bild des Pfarrers ist durch ihn mitgeprägt. Mit dem Vikariat und dem Predigen wurden mir die beiden Predigtbände von Rudolf Daur ... zur geliebten, die eigenen Versuche begleitenden Lektüre.«* (S. 2)

175 Theophil Askani, Werkstatt des Predigers [II], Z. 71.

176 In Memoriam Rudolf Daur, S. 20f; nochmals abgedruckt in: Eine Jugend und ein Pfarramt in der Markusgemeinde, Z. 91–100.

177 In memoriam Rudolf Daur, S. 21; nochmals abgedruckt in: Eine Jugend und ein Pfarramt in der Markusgemeinde, Z. 103–119.

178 Vgl. Fritz Grünzweig, Zu rühmen Seinen Ruhm, S. 98f.13; ferner: Walter Roth, Die Evangelische Brüdergemeinde Korntal, S. 117–120.127–129.

179 Rudolf Daur, Korntal, in: In memoriam Rudolf Daur, S. 31; zu Korntal insgesamt Daurs Ausführungen a. a. O., S. 29–32; ferner: Hans Hohlwein, Korntal, in: RGG3 4, Sp. 24f.

180 Vgl. Rudolf Daur, Korntal, in: In memoriam Rudolf Daur, S. 31f. Vgl. ferner Jörg Zink, Ansprache bei der Trauerfeier für Rudolf Daur auf dem Waldfriedhof Stuttgart 22. 06. 1976: Die von Daur ausgehende Zuversicht »war ein Erbe aus seiner leiblichen und geistigen Heimat Korntal, die ihm zeitlebens viel näher war, als mancher gemeint hat«. (In: In memoriam Rudolf Daur, S. 16, vgl. S. 12)

181 Vgl. Rudolf Daur, Elmau, in: In memoriam Rudolf Daur, S. 32f.

182 Vgl. Rudolf Daur, Versöhnungsbund, in: In Memoriam Rudolf Daur, S. 34–37.

183 Vgl. Rudolf Daur, Elmau, Bund der Köngener, in: In Memoriam Rudolf Daur, S. 32–34.37ff.

184 Vgl. Rudolf Daur, Bund der Köngener, in: In Memoriam Rudolf Daur, S. 37.

185 Vgl. Magisterbuch 45. Folge 1959, S. 217: stud. theol. Fritz Daur, *21. 10. 1922 [1/2 Jahr älter als Theophil Askani] – †(gef.) 25. 12. 1941. Schon im Ersten Weltkrieg verlor Rudolf Daur drei seiner Brüder, vgl. Rudolf Daur, Elmau, in: In memoriam Rudolf Daur, S. 33.

186 In memoriam Rudolf Daur, S. 21; und: Eine Jugend und ein Pfarramt in der Markusgemeinde, Z. 143–146.150–160.

187 Nachruf 22. 06. 1976, in: In memoriam Rudolf Daur, S. 19.21; auch: Eine Jugend und ein Pfarramt in der Markusgemeinde, Z. 123–139. – Hier kommt auch Askanis eigene Haltung zum Ausdruck; und seine sprachmächtigen Wendungen vom »weiten Land des Erbarmens Gottes«, vom »weiten Horizont«, von um so größerer Nähe untereinander, je näher wir beim Herrn sind, wurzeln in dieser Erfahrung, daß sein väterlicher Freund Daur aus der Tiefe des Evangeliums ein fröhliches und weites Herz gewonnen hatte.

188 Vgl. das Vorwort von Theophil Askani im Predigtband von Rudolf Daur, Wie im Himmel, so auf Erden, Z. 14–16.

189 Vgl. Jörg Zink, Ansprache bei der Trauerfeier am 22. 06. 1976 auf dem Waldfriedhof in Stuttgart, S. 12; Rudolf Daur, Versöhnungsbund, S. 35; beide in: In Memoriam Rudolf Daur.

190 Vgl. Jörg Zink, Ansprache bei der Trauerfeier für Rudolf Daur am 22. 06. 1976, S. 13f.
191 Vgl. Rudolf Daur, Bund der Köngener, in: In memoriam Rudolf Daur, S. 37–39.
192 Vgl. Rudolf Daur, Versöhnungsbund, in: In memoriam Rudolf Daur, S. 34–37; Gewaltlosigkeit leben, in: Ev. Gdeblatt 36/1976, S. 5.
193 Vgl. dazu auch Rudolf Daur, Neue Lebensweise. Zum Thema Christentum und Vegetarismus, in: Wie im Himmel, so auf Erden, S. 177–180.
194 Vgl. dazu Schäfer, D6, S. 1349–1351 (Protokoll der Tagung vom 27.–29. 04. 1943), ferner S. 1086–1092. Vgl. zum Ganzen: Jörg Thierfelder, »Una Sancta« von Protestanten und Katholiken, Ev. Gdeblatt 9/1995, S. 4 (in ausführlicherer Form erschienen als Kapitel 5: Evangelische und Katholiken kommen sich näher, in: Jörg Thierfelder, Zusammenbruch und Neubeginn, 1995, S. 74–83). Vgl. ferner: Rudolf Daur, Wie im Himmel, so auf Erden, S. 181–188 [dort S. 186 kurzer Bericht über und Reaktionen auf die drei Vorträge des katholischen Tübinger Theologen D. Karl Adam; dazu außerdem Theophil Askani, P 05. 02. 1978, S. 2: »*... hier [in der Markuskirche] ist Karl Adam, der katholische Theologe, zum ersten Mal auf einer evangelischen Kanzel gestanden*«]; vgl. außerdem Gerhard Schäfer, Vom Wort zur Antwort, S. 104–107.
195 Vgl. Rudolf Daur, Gemeinschaft »Arzt und Seelsorger«, in: In memoriam Rudolf Daur, S. 39–42; ders.: Fünfundzwanzig Jahre »Gemeinschaft Arzt und Seelsorger«, in: Freies Christentum Nr. 10, Oktober 1974, Sp. 484–488.
196 Vgl. dazu Rudolf Daur, Arzt und Seelsorger '76, S. 40f.
197 Theophil Askani, In memoriam Rudolf Daur, S. 20 und: Eine Jugend und ein Pfarramt in der Markusgemeinde, Z. 143–146.
198 Theophil Askani, Eine Jugend ..., Z. 147–149.
199 P 06. 01. 1980 über Eph 3,2–6 = I, S. 248–250; P 18. 05. 1980 über Eph 3,14–21 = I, S. 221–228; P 02. 11. 1980 über Röm 3,21–28 = I, S. 208–212.
200 P 02. 11. 1980 über Röm 3, 21–28 = I, S. 206; vgl. auch P 07. 06. 1981 über Joh 16,12.13 = I, S. 220.
201 Die Angaben zu Bischof Franz Hein entstammen der Schrift: Bischof Franz Hein. Festschrift zum 75. Geburtstag, hg. von der Ortsgemeinschaft Franzfeld, [vervielfältigtes maschinenschriftliches Skript] Reutlingen 1976, S. 7–21.40.130–133. Theophil Askani äußert sich an zwei Stellen über seinen Amtsbruder: a) Theophil Askani, Bischof Franz Hein, Pfarrer an der Markuskirche in Stuttgart (1947–1967), in: FS Bischof Franz Hein, S. 57–63; b) Theophil Askani, Eine Jugend und ein Pfarramt in der Markusgemeinde, in: Markuskirche Stuttgart 1908–1978, S. 20f [= Exzerpt von a)].
202 Theophil Askani, Bischof Franz Hein, Z. 97–106.109–114.
203 Theophil Askani, a. a. O., Z. 131–137.
204 Vgl. dazu Theophil Askani, a. a. O., Z. 148–183.
205 Theophil Askani, a. a. O., Z. 9–13.
206 Theophil Askani, a. a. O., Z. 199–203.205–210.220–222; vgl. auch: Theophil Askani, Eine Jugend und ein Pfarramt in der Markusgemeinde, Z. 240–242.250–252.
207 So Pfarrer Roland Martin, 1984–1993 auf Askanis ehemaliger Pfarrstelle Markuskirche III, im Gespräch am 25. 04. 1994.
208 P 04. 02. 1982 (aufgenommen, gesendet 07. 03. 1982) = II, S. 63.
209 PB Dez. 1979, S. 4.
210 PB Dez. 1977, S. 1.
211 P 19. 05. 1974 = I, S. 144; vgl. ferner P 06. 11. 1977 = I, S. 192f.
212 Vgl. Paul Fischer, Erinnerungen an 50 Jahre Markusgemeinde, S. 27
213 Theophil Askani, Lebenszeichen einer mündigen Gemeinde, Ev. Gdeblatt 41/1966, S. 9.

214 Briefliche Mitteilung von Renate Krebs, Weil im Schönbuch, vom 26. 07. 1994 an den Verfasser.

215 Theophil Askani, Die »anderen« Kinder, S. 70f.

216 Es sind folgende Predigttext-Betrachtungen im Ev. Gdeblatt: 13/1957, S. 3: »Mehr als genug« (Joh 6,1–15); 5/1960, S. 3: »Der weite Horizont« (Eph 1,15–23); 51/1960, S. 3: »Den ihr nicht kennet …« (Joh 1,19–34). Bereits in seiner Ausarbeitung zu Eph 1,15–23 finden sich Sätze, die sein Trostverständnis umschreiben: »*Gott der Herr hat uns einen weiten, freien Horizont für Augen und Herz geschenkt und will, daß wir hinaussehen … Haben wir den weiten Horizont vor Augen, den Gott vor uns auftut? Es würde uns helfen, getrost an unser Werk zu gehen, auch an dem Tag, an dem der Himmel verhangen ist.*« Im V 08. 07. 1981 (Erfahrungen und Überlegungen zu unserer Predigt) heißt es: Ich meine mit Trost »*einen Horizont der Hoffnung, an dem Auge und Herz sich orientieren können*«. (S. 13)

217 LP 01. 07. 1962.

218 Mitteilung von Kurt Ströbel, Direktor im OKR i. R., und OKR i. R. D. Konrad Gottschick am 04. 07. 1995.

219 Einladungszettel für Abschiedsfeier Pfarrfamilie Askani 03. 03. 1963, gefunden im Büschel Taufansprachen.

Kapitel V: Die Stuttgarter seelsorglichen Predigttraditionen

220 Den treffenden Begriff der Grenzsituation hat Helmut Thielicke geprägt, rezipiert von Hermann Ehmer, Karl Hartenstein und Helmut Thielicke. Predigt in der Grenzsituation, in: Lächele/Thierfelder, Das evangelische Württemberg zwischen Weltkrieg und Wiederaufbau, S. 71.81.87 (Anm. 43).

221 Vgl. dazu BE 16/517 (Paradigma) sowie insbesondere Frank Jehle, Augen für das Unsichtbare. Grundfragen und Ziele religiöser Erziehung, S. 163f (dort Referat des Buches von Thomas S. Kuhn, Die Struktur wissenschaftlicher Revolutionen, 1973, und exzellente Ausführungen zum Begriff Paradigma), S. 164–200 (Aufweis verschiedener Paradigmen im religionspädagogischen Bereich).

222 Vgl. dazu Hans Martin Müller, Art. Homiletik, TRE 15, 541,57 – 543,55.

223 Vgl. dazu Wilhelm Pressel, Die Kriegspredigt 1914–1918 in der evangelischen Kirche Deutschlands, insbesondere S. 342–346.

224 Vgl. dazu Hans Martin Müller, Art. Homiletik (Abschn. 2.3.4), S. 543–546.

225 Vgl. dazu auch Christian Möller, Seelsorglich predigen, S. 69.

226 Vgl. Karl Fezer, Das Wort Gottes und die Predigt, S. 92.94f.

227 Möllers Verdacht gegenüber dem Zeugenbegriff, er sei reformiert-barthianisch vorbelastet und gestehe der mit diesem Begriff bezeichneten Person lediglich zu, nur auf etwas anderes hinzuzeigen (vgl. Seelsorglich predigen, S. 100f), erweist sich seinerseits als Engführung angesichts des gewichtigen und umfassenden Gebrauchs dieses Begriffes in dem für Askani prägenden württembergischen Traditionsraum: ›Zeuge‹ wird hier gebraucht etwa für das Wirken des Predigers Walther Buder im Kirchenkampf, in dessen pastoralem Wirken und kirchenpolitischem Engagement Gestalt gewann, was er in Vorträgen und Predigten an theologischen Grundentscheidungen bezeugte.

228 Vgl. in puncto Deutung des auf Deutschland, konkret Stuttgart zurückschlagenden Kriegsgeschehens als Gericht die bei Thielicke überlieferte Predigt des späteren Stuttgarter Stadtdekans Erwin Ißler (Thielicke, Zu Gast auf einem schönen Stern, S. 195); Wurm-Predigt in der Reutlinger Marienkirche an Kirchweih 1943.

229 Vgl. Schäfer, D^{Erg}, S. 449.

230 Wort des Landesbischofs an die Pfarrer am 01. 08. 1944, in: Schäfer, D^{Erg}, S. 461f.

231 Thielicke, Zu Gast auf einem schönen Stern, S. 162–167; Das Gebet, das die Welt umspannt, S. 6; zu den Umständen, unter denen die Auslegung gehalten wurde, vgl. S. 5f; vgl. ferner: Meine Arbeit in der Markuskirche in Stuttgart, S. 6: »Wir können es uns heute kaum noch vorstellen, … welcher Hunger nach dem Worte Gottes in dieser Kriegs- und Bombenzeit, … aufbrach. Wir wußten ja nicht, ob wir am nächsten Tage noch leben oder als Bombenflüchtlinge ohne Hab und Gut sein würden. Wie schloß das damals die Gemeinden zusammen! Unzählige Briefe gaben mir und anderen davon Zeugnis. Für mich war es die größte Zeit meines Lebens. Gewiß waren es Jahre des Schreckens. Für alle aber, denen Augen gegeben waren zu sehen, leuchtete in der Finsternis der Friedensbogen Gottes auf und überspannte alles, was uns mit Angst und Schrecken erfüllte.«

232 Thielicke, Rundbrief an Freunde und frühere Studenten, Mitte November 1944, in: Schäfer, D^6, S. 1215–1221, dort S. 1219; vgl. Thielicke, Zu Gast auf einem schönen Stern, S. 193–204. Neben die in der Tradition der Donnerstagabende in der Stiftskirche stehenden Vorträge gehört die Gottesdienstreihe »Das Gebet, das die Welt umspannt«, in dessen Vorwort ebenfalls die Situation des äußersten Ernstfalls geschildert wird.

233 Runderlaß an die Dekanatämter, in: Schäfer, D^6, S. 1358; vgl. die streng geheimen Anweisungen des Oberkirchenrats an die Dekanatämter vom 28. 09. 1938 für den Kriegsfall, die auf den rechten Gebrauch des kirchlichen Trostamtes hinweisen (in: Schäfer, D^5, S. 1115).

234 Schäfer, Zu erbauen, S. 321.

235 1. Wort zum Heldengedenktag 14. 03. 1943 (mit Datum vom 25. 02. 1943), in: Schäfer, D^{Erg}, S. 448f;

2. Ansprache bei der Dekanskonferenz am 31. 03. 1943, in: a. a. O., S. 449–453;

3. Seelsorglicher Brief an die unter den Luftangriffen schwer leidenden Gemeinden im Rheinland vom 20. 06. 1943, in: a. a. O., S. 453–456;

4. Seelsorgliches Wort an die Stuttgarter Pfarrer vom 09. 08. 1943, in: a. a. O., S. 456–459;

5. »An die Mütter, Witwen und Bräute unserer gefallenen Amtsbrüder, Theologiestudenten und Pfarrerssöhne« (16. 12. 1943), in: Schäfer, D^6, S. 1354f;

6. Rundbrief vom Februar 1944 über die Kriegsereignisse in der Heimat, in: a. a. O., S. 1207–1209 (vgl. ebd., S. 1197–1207);

7. Seelsorgliches Wort »An die Pfarrer und Gemeinden der Württ. Landeskirche in der Karwoche 1944« (30. 03. 1944), in: a. a. O., S. 1355–1357;

8. Wort an die Pfarrer nach den schweren Luftangriffen auf Stuttgart im Juli 1944 (01. 08. 1944), in: Schäfer, D^{Erg}, S. 461–464;

9. Großer Hirtenbrief an die Pfarrer vom 16. 10. 1944, in: a. a. O., S. 464–473;

10. Trostbrief an die Heilbronner Gemeinde 14. 12. 1944, in: a. a. O., S. 473f;

11. Runderlaß an die Dekanatämter »Anliegen der Kriegszeit« vom 15. 12. 1944, in: Schäfer, D^6, S. 1357–1359;

12. Trostbrief an die Ulmer Gemeinde nach dem Luftangriff am 17. 12. 1944, in: Schäfer, D^{Erg}, S. 474–476, vgl. dazu Theophil Askani, P 17. 12. 1974 (Hos 10,12), *Ulmer Brandnacht;*

13. Trostbrief an die vom Luftangriff schwer betroffene Reutlinger Gemeinde vom Januar 1945, in: Schäfer, D^{Erg}, S. 476f;

14. Ansprache auf der letzten Dekanskonferenz vor Ende des Zweiten Weltkriegs am 22. 02. 1945, in: Schäfer, D^6, S. 1359–1361;

15. Wort an die Gemeinden der Landeskirche zur Karwoche am 16. 03. 1945, in: Schäfer, D^{Erg}, S. 477f.

236 Schäfer, D^{Erg}, S. 464–473.

237 Vgl. dazu auch Christian Möller, Rezension zu Hans van der Geest, Das Wort geschieht, ThLZ 119 (1994), Nr. 12, dort Sp. 1138: »Je länger ich über ›seelsorgliches Predigen‹ nachdenke, desto wichtiger wird mir um der angefochtenen und bedrängten Menschen willen die berühmte Frage Anselm von Canterburys: ›Hast Du schon bedacht, wie schwer die Sünde wiegt?‹« – Zum großen Hirtenbrief Wurms vgl. auch David J. Diephouse, Wanderer zwischen zwei Welten? Theophil Wurm und die Konstruktion eines protestantischen Gesellschaftsbildes nach 1945, in: Rainer Lächele/Jörg Thierfelder (Hg.), Das evangelische Württemberg zwischen Weltkrieg und Wiederaufbau, S. 48–70, dort S. 54.

238 Aus der zahlreichen Hartensteinliteratur seien exemplarisch nur folgende Titel genannt: Die klassische Biographie von Hermann und Markus Hartenstein, Im Dienst des unüberwindlichen Herrn. Das Leben Karl Hartensteins, 1953. – Theo Sorg, Vom Wachen und Warten. Karl Hartenstein als Prediger und Ausleger der Heiligen Schrift, Gastvorlesung Tübingen 10. 06. 1994 (ThBeitr 5/6 1994, S. 327–337). – Karl Rennstich, Karl Hartenstein zum 100. Geburtstag, 1994; ders., Mission in der Erwartung des Reiches Gottes. Prälat Karl Hartenstein wäre am 25. Januar 100 Jahre alt, 1994. – Fritz Lamparter (Hg.), Karl Hartenstein. Leben in weltweitem Horizont. Beiträge zu seinem 100. Geburtstag, Bonn 1995. – Hermann Ehmer, Karl Hartenstein und Helmut Thielicke. Predigt in der Grenzsituation, in: Lächele/Thierfelder, Das evangelische Württemberg zwischen Weltkrieg und Wiederaufbau, 1995, S. 71–88.

239 So Altlandesbischof Helmut Claß im Gespräch mit MH am 14. 04. 1995. Claß hält die mystische Predigt als Korrektiv zu einer kalt-rationalen Predigt für unabdingbar. Vgl. zu Hartensteins johanneischer Prägung auch: Theo Sorg, Vom Wachen und Warten, S. 336. – Neben Hartensteins Arbeit über die Offenbarung Johannis sind besonders seine Bibelstudien über das Johannesevangelium zu beachten: Der Sohn Gottes, Ein Bibelstudium über das Evangelium des Johannes, Basel/Stuttgart 1938; Da es nun Morgen war. Eine Auslegung von Johannesevangelium Kapitel 21, Stuttgart 1950. Zu Hartensteins und Askanis Predigen über Texte aus der Offenbarung und zu Johannes 21, einem in der württembergischen Tradition überaus bedeutsamen Text (Claß 14. 04. 1995) vgl. die Ausführungen in Kapitel 10.

240 Vgl. Martin Haug, Grabrede am 04. 10. 1952, in: Karl Hartenstein†, S. 4.9f [sein bedeutsamstes theologisches Buch]. Hermann und Markus Hartenstein, Im Dienst des unüberwindlichen Herrn, S. 32; vgl. auch S. 55f: in der erzwungenen Muße in Korntal 1939/40 arbeitete er ebenfalls intensiv über der Offenbarung weiter. Vgl. Theo Sorg, Bibel lesen mit Karl Hartenstein, S. 8; ders., Vom Wachen und Warten, S. 328.330–334; Karl Rennstich, Mission und bekennende Kirche, S. 6.8.17f. Von Ende November 1939 bis Ende April 1940, der Zeit unmittelbar nach seinem kriegsbedingten Rücktritt vom Direktorat der Basler Mission und seiner Rückkehr nach Württemberg, erschien eine zehn Hefte umfassende Schriftenreihe »Der wiederkommende Herr« zur Erklärung der Offenbarung. Diese Auslegung erschien in dritter, völlig neu bearbeiteter Auflage posthum 1954.

241 Die Zitate sind der Ausgabe aus dem Christlichen Verlagshaus Stuttgart, 1983 (= 4., überarbeitete Auflage der 1939 im Ev. Missionsverlag erschienenen Ausgabe), dort den Seiten 18–26, entnommen.

242 Theophil Askani, P 26. 11. 1972 über Offb 22,12–17.20f im Ulmer Münster, S. 2f; P 26. 11. 1978 über denselben Text in der Marienkirche Reutlingen = I, S. 94f.

243 Karl Hartenstein, Der Kreuzweg des Herrn (dort die Abschnitte »Das heilige Abendmahl« und »Die vierfache Frucht des heiligen Abendmahls«, S. 42–50.51–61); vgl. auch P 15. 10. 1944 über Apg 2,42, (in: Schäfer, D^{6}, S. 1361–1366, dort S. 1365); Da es nun Morgen war, S. 22–27.

244 Theophil Askani, P 15. 06. 1980 (CA X/XIII) = I, S. 110f.117.

245 Helmut Thielicke, Die christliche Botschaft an den Menschen des Säkularismus. Umrisse einer neuen Predigtgestalt, in: Ders., Fragen des Christentums an die moderne Welt, Kapitel 5, S. 218–274. Wo im folgenden auf diesen Text Bezug genommen wird, ist dies mit in Klammern gesetzten Seitenzahlen markiert. Vgl. dazu auch Friedrich Langsam, Helmut Thielicke, Konkretion in Predigt und Theologie, S. 56, Anm. 273, und S. 95–97. Auch Langsam ist der Auffassung, Thielicke ziele auf eine seelsorglich ausgerichtete Verkündigung (S. 96, Anm. 455).

246 Vgl. dazu Thielicke, Zu Gast auf einem schönen Stern, S. 144–148.152–154. Nachdem Thielicke aufgrund von Schwierigkeiten mit der Partei sein Lehramt an der Universität Heidelberg verloren hatte, hatte er sich am 28. 08. 1940 an Landesbischof Wurm gewandt und um eine Verwendung in der württembergischen Landeskirche angefragt, möglichst in einem Amt, in dem er seine theologische Arbeit fortführen könne und Gelegenheit zur Verwirklichung seiner literarischen Pläne habe. (Vgl. Schäfer, D^{Erg}, S. 434f; D^{6}, S. 1183f) Am 27. 12. 1940 wurde Thielicke die Stellvertretung des zum Militärdienst einberufenen zweiten Pfarrers von Ravensburg übertragen. (D^{6}, S. 1185; vgl. zum Ganzen auch Thielicke, Zu Gast auf einem schönen Stern, S. 137–141)

247 Vgl. Schäfer, D^{Erg}, S. 434f; Wurm, Erinnerungen, S. 169f; Thielicke, Zu Gast auf einem schönen Stern, S. 160–171. Dieses Theologische Amt wurde an die zweite Pfarrstelle an der Stuttgarter Stiftskirche angegliedert; auf Ende Dezember 1943 kam noch die Stuttgarter Studentenseelsorge hinzu. (Schäfer, D^{6}, S. 1185) Thielicke schrieb nach seiner Berufung auf einen systematisch-theologischen Lehrstuhl in Tübingen am 27. 07. 1945 einen warmen Dankesbrief an den Oberkirchenrat, in dem er eine Weiterführung seines Theologischen Amtes und seiner Predigttätigkeit in Stuttgart in Aussicht stellt und die Hoffnung auf eine intensive Zusammenarbeit von Kirchenleitung und Fakultät ausspricht und in dem es rückblickend heißt: »So kann ich nur dankbar auf diese Jahre zurückblicken, die von den Menschen böse gemeint waren [1. Mose 50,20] und doch einem ganz andern Sinne dienen mußten. Ich selbst bin in diesen Jahren viel mehr in die Kirche und besonders in die Gemeinde hineingewachsen, als das vorher der Fall war; und während ich vor meiner Württemberger Zeit kaum je gepredigt habe, ist mir die Wortverkündigung, von Katheder und Kanzel, jetzt das wichtigste Geschäft.« (Schäfer, D^{6}, S. 1185f)

248 Thielicke, Fragen des Christentums an die moderne Welt, S. Xf.

249 Hermann Ehmer vertritt in seinem Beitrag »Karl Hartenstein und Helmut Thielicke. Predigt in der Grenzsituation« die Auffassung, Thielicke komme von der Ethik her und gebe, von der lutherischen Zweireichelehre her, den Christen Maßstäbe für ihr Handeln in der Welt (a. a. O., S. 84). M. E. ist die Ethik jedoch nicht der Ausgangs-, sondern der Zielpunkt der Ausführungen Thielickes, die von der seelsorglichen Solidarität Jesu Christi, der zugleich der Herr aller Lebensgebiete ist, herkommen.

250 V Werkstatt des Predigers [II], Z. 27–30.

251 V Werkstatt des Predigers [II], Z. 35–56. Nach mündlicher Information von OKR i. R. Konrad Gottschick vom 04. 07. 1995 war Hilmar Schieber nach wenigen Wochen als Dekan in Freudenstadt völlig am Boden, bekam dann zunächst eine Stuttgarter Krankenhaus-Pfarrstelle und kam dann nach Stuttgart-Sonnenberg. Trotz dortiger

anfänglicher Vorbehalte wurde es dort eine gute Zeit. Aber nach wenigen Wochen Ruhestand im Schwarzwald schied er aus dem Leben.

252 Diese Information verdanke ich dem Gespräch mit Albrecht Goes am 06. 07. 1994. Goes sagt über die prägenden Eindrücke seiner Studienzeit im Rückblick: »Ich nenne Lehrernamen: Schlatter, Heim, Fezer; könnte Schwerpunkte und Weichenstellungen nennen; einige Mitgift für das Amt, auf das wir zugingen. Sag ich zuerst: Bibelkunde, Schlatters besonderes Geschenk an uns alle; sag ich gute Nachbarschaft zur Philosophie in Karl Heims Dasein, sag ich Konzentration auf die Predigtarbeit, zu der uns Fezer mit der berühmten Skopusstrenge gerufen hat. Sag ich dies, so muß ich das, was auch mitlief, hinzufügen: eine schätzenswerte libertas, liberalitas, die zu unseren Jahren [den wenigen halbwegs beruhigten Jahren der Weimarer Republik] gehörte.« (Pfarrverein aktuell. Mitteilungen aus dem Evang. Pfarrverein in Württemberg e. V., 3/1990, S. 9; vgl. ebd., S. 12) Guardini habe er 1928 während seines Auswärtssemesters in Berlin gehört.
Seine Hochschätzung Hartensteins tritt beispielsweise zutage in der Predigt zu Offb 1,7 (in: Hagar am Brunnen, S. 188): »Mit den Texten der Offenbarung des Johannes wird es so bestellt sein, wie es ein großer Deuter dieses Buches aus unsren Tagen, wie es Karl Hartenstein gesagt hat: ›Wer dieses Buch öffnen will, der muß um drei Dinge wissen: um die Tränen, um die Schuld und um den Tod.‹«
In jenem Gespräch am 06. 07. 1994 führte Goes weiter aus, daß er durchaus auch Zugänge zum Pietismus habe: Der Pietismus gehört zu Württemberg, und in seinen edelsten Vertretern zeigt er sich mit Zivilcourage, wie etwa an Gustav Askani deutlich wird, der verbotene Schriften drucken ließ, oder an jenem leitenden Stundenbruder in seiner früheren Gemeinde Gebersheim, der hinter den Goes'schen Äußerungen gegen das Dritte Reich stand (»D' Hauptsach' isch, Herr Pfarrer, daß d' Hauptsach d' Hauptsach bleibt.«). Hiller und Bengel, Tersteegen und Zinzendorf sind für ihn beachtliche Vertreter des Pietismus, und Bengels Lied: »Du Wort des Vaters, rede du« [EG württ. Anhang 632] gehört für ihn zu einer der sprachmächtigsten Äußerungen jener Strömung.
Was Helmut Thielicke als Prediger anbelangt, so gesteht Goes ihm eine beachtliche Rhetorik zu, die er aber für sich selbst nicht übernahm, weil er eine Abneigung gegen alles Selbstdarstellerische hatte.

253 Marginalien, S. 191. Die genauen Fundstellen der Marginalien sind: Der Knecht macht keinen Lärm (1968), S. 159–173; Kanzelholz (1971), S. 178–191 (nach dieser Ausgabe zitiert). Später hat Albrecht Goes sie als selbständige kleine Schrift herausgebracht: Auf dem Weg zur Predigt. Marginalien (1993). – Barths Urteil über die Marginalien auf der Umschlagseite der Ausgaben Kanzelholz (1971) und Auf dem Weg zur Predigt (1993). Goes hatte Ende November 1968 noch eine sehr beeindruckende, zwei Stunden dauernde Begegnung mit dem alten Karl Barth in Basel; vgl. Eberhard Busch, Karl Barths Lebenslauf, S. 514; und mündliche Mitteilung von Albrecht Goes an MH am 06. 07. 1994.

254 2. Korinther 6,8. »Durch böse Gerüchte und durch gute Gerüchte« findet sich in: Kanzelholz, S. 7–11.

255 Im Gefolge der Studentenunruhen 1967–1974 kam es in Gottesdiensten mehrfach zu Störungen mit der Forderung an die Prediger, anstelle der Predigt nun Raum zu geben für Diskussionen über gesellschaftspolitisch relevante Themen.

256 Johannes 16,33.

257 Zitate vgl. Kanzelholz, S. 10. Seine Leidenschaft für den Einzelnen thematisierte Goes auch in dem Gespräch mit MH am 06. 07. 1994: Goes hat als Prediger vor allem

den Einzelnen im Blick; die Kirche, insbesondere als Institution, kommt in seinen Predigten kaum zur Sprache. Der Zugang zum Einzelnen liegt ihm von seiner Existenz als Schreiber her besonders nahe, weil eben auch der Schriftsteller ein einzelner Mensch ist, der, am Schreibtisch zurückgezogen, Ruhe und Konzentration braucht. Goes gibt freimütig zu, daß ganz im Gegensatz zur pastoralen Gepflogenheit seines Vaters Besuche zu machen während seiner Pfarrerszeit nicht seine Stärke war. Wohl führte er intensive persönliche Gespräche mit den Einzelnen, schrieb dann aber lieber einen Brief.

258 Vgl. dazu Albrecht Goes, Durch böse Gerüchte und durch gute Gerüchte, S. 8–11; Zitat S. 8.

259 Bezüge auf Goes in Askanis Predigten: P 06. 05. 1973 = I, S. 201; P 06. 01. 1980 = I, S. 249; P 18. 05. 1980 = I, S. 223.228. Goes' Auslegung von Joh 5, die sich mit der Antwort des Kranken beschäftigt: »Herr, ich habe keinen Menschen« (Land aller Möglichkeiten, S. 180.184), hat auch Askani ungemein angeregt: P 08. 06. 1980 (1. Joh 4,16b) = I, S. 66f; P 15. 06. 1980 (CA X/XIII) = I, S. 117; P 26. 10. 1980 (Joh 5, Kinderkirch-Landeskonferenz).

Vgl. Theophil Askani, Predigtmeditation über Jak 3,1–12, in: NCPh Württ. Marginalreihe B, S. 68–75.

260 V Werkstatt des Predigers [II], Z. 57–70.

261 Vgl. Theophil Askani, Vorwort zur Predigtsammlung »Wie im Himmel, so auf Erden«, Z. 47f.

262 Daur hat also seine Predigt zweimal gehalten: er hat zunächst nach der Arbeit am Text – oft auf einem Spaziergang – seine Predigt anhand seiner Stichwörter aus dem Gedächtnis aufgebaut. Auf der Kanzel dann hat er die Predigt anhand dieser Stichworte ein zweites Mal im Zwiegespräch mit der Gemeinde entwickelt und gehalten. Das entspricht seiner Struktur nach der Forderung von Wolfgang Trillhaas, der – so Prälat i. R. Heinrich Leube am 06. 04. 1995 gegenüber MH – den Predigern ans Herz legte: »Eine Predigt muß zweimal abgelegt werden: einmal beim Entstehen, ein zweites Mal auf der Kanzel.« Leube sieht genau darin auch das Herzstück der Predigtvorbereitung des Prälaten Askani. Bei der von MH durchgeführten adventlichen Gesprächsreihe »Reutlinger Prediger zum Advent« (1995) erzählte Lotte Duncker, Tocher des früheren Reutlinger Stadtpfarrers Friedrich Roos, Daurs Kollegen an der Reutlinger Katharinenkirche (*1881, 1. Stadtpfarrer an der Reutlinger Katharinenkirche 1917–1928), daß auch ihr Vater diese peripatetische (im Gehen erfolgende) Predigtvorbereitung praktiziert habe und darin möglicherweise Vorbild für seinen jüngeren Kollegen Daur gewesen sei.

263 V 08. 07. 1981: Werkstatt des Predigers [II], Z. 71–95.

264 Rudolf Daur, Die Zeit ist erfüllt, Vorwort S. 5–7; Zitat daraus S. 6f.

265 Folgende Äußerungen Daurs zur »Stuttgarter Gemeinschaft Arzt und Seelsorger« liegen vor:

1. Fünfundzwanzig Jahre »Gemeinschaft Arzt und Seelsorger«, in: Freies Christentum (26. Jg.) 10/1974, Sp. 484–488 [= Arzt und Seelsorger '74];

2. Arzt und Seelsorger, in: Rudolf Daur, Wie im Himmel, so auf Erden, S. 169–176 (zuerst abgedruckt in: Synopse, Festschrift für Ulrich Mann, Wissenschaftliche Buchgesellschaft, Darmstadt 1975) [= Arzt und Seelsorger '75];

3. Gemeinschaft »Arzt und Seelsorger«, in: In Memoriam Rudolf Daur, 1976, S. 39–42 [= Arzt und Seelsorger '76].

266 Vgl. Rudolf Daur, Arzt und Seelsorger '75, S. 173f.

267 Daur stellt das Ungenügen des Entmythologisierens für die Predigt heraus, obwohl

er beim jungen Bultmann in Marburg studiert hat. In einer Passage seiner Predigt zu Offenbarung 21,1–5 sagt er, es gelte den bild- und gleichnishaften Charakter der Verkündigung Jesu wie auch des Sehers auf Patmos ernstzunehmen, d. h. deren Verkündigung nicht wörtlich, äußerlich zu nehmen, sondern nach dem Sinn dieser Bilder zu fragen. Entmythologisieren vermeide zwar den Fehler, in oberflächlicher und blinder Weise die neutestamentliche Verkündigung wörtlich, äußerlich zu nehmen, meine aber, den Sinn dieser Bilder in das armselige Gefäß dürrer Worte und Begriffe zu fassen. Aber das sei wie bei jenem Komponisten, der auf die Frage, was er mit seinem Werk habe sagen wollen, die Antwort gegeben habe: Wenn ich das sagen könnte, hätte ich es nicht zu komponieren brauchen! Demgegenüber gelte es, vor diesen Bildern der neutestamentlichen Verkündigung zu stehen, sie anzuschauen, zu meditieren und dabei zu hören, was sie uns heute zu sagen hätten. Vgl. Rudolf Daur, P Offb 21,1–5, Wie im Himmel, so auf Erden, S. 218f.

268 Vgl. dazu Arzt und Seelsorger '76, S. 41: »Das ist mir gewiß, daß dem Theologen psychologische und tiefenpsychologische Kenntnisse dringend nottun … für Unterricht und Predigt … für das Verständnis der biblischen Überlieferung. Mit Entmythologisieren ist hier ebensowenig getan wie mit einem sogenannten gläubigen Annehmen und Weitergeben alter, bildhafter Aussagen. Mythen und Symbole, das hat uns Carl Gustav Jung nachdrücklich gelehrt, wollen angeschaut, meditiert, nacherlebt werden. Nur so gewinnen wir Zugang zu der Sache, um die es geht.«

269 Vgl. dazu Christian Möller, Psychotherapie und Seelsorge, S. 105–107.

270 Theophil Askani, Vorwort zu Rudolf Daur, Wie im Himmel, so auf Erden, S. 7.

271 Rudolf Daur, Vom rechten Trösten. Predigt zu 2. Kor 1,3–7 am 10. 09. 1970 in Stuttgart-Sonnenberg, in: Wie im Himmel, so auf Erden, S. 81–86.

272 Christian Möller, Seelsorglich predigen, S. 11.72–78.86; Volker Weymann, Trost? Orientierungsversuch zur Seelsorge, Zürich 1989.

273 Vgl. dazu Rudolf Daur, Korntal, in: In Memoriam Rudolf Daur, S. 29: Zum Auftakt einer Folge von Sendungen in der Rundfunkserie »Lebenserfahrungen« gibt Daur seinem Erstaunen Ausdruck, daß er neben einer Reihe berühmter Leute die Ehre habe zu sprechen: »Vielleicht wird gerade an einem ganz unscheinbaren Weg, der freilich über manche Höhen und auch durch Tiefen führte, der manchen Erfolg, aber auch nicht wenige Versager und Enttäuschungen in sich schloß, vielleicht wird gerade an ihm etwas deutlich von der führenden Hand, die Wünsche erfüllt und Geschenke bringt über alles Erwarten hinaus, die aber auch Hoffnungen und Illusionen zerstört, um Besseres zu geben. Mir ist jedenfalls ein Wort der mir einst befreundeten und viel gelesenen Schriftstellerin Anna Schieber oft durch den Sinn gegangen: ›Die Partitur ist schon geschrieben.‹ Sie meinte die Partitur unseres Lebens. Es schien mir mitunter wirklich mit Händen zu greifen, daß … ein Plan in meinem Leben waltete, den zu erkennen und willig zu erfüllen meine stete Aufgabe sei.« Askani greift dies auf in P 24. 05. 1981 (100 Jahre Posaunenchor Reutlingen, Ps 66,20; S. 7): *»Die Partitur ist geschrieben, hat einmal ein verehrter Freund meiner Frau in einer schweren Stunde unseres gemeinsamen Lebens gesagt. Er meinte damals, was euch jetzt trifft, ist gar nicht von ungefähr und das Rätseln ganz unnötig, Gott weiss längst, was sein soll und sein wird. Es hat uns damals sehr geholfen und aus den Zweifeln gelöst, was zu versäumen, was zu tun und zu lassen sei.«*

274 P 15. 06. 1980 (CA 10 und 13) = I, S. 116.

275 Theophil Askani, FAB 18, 15. 09. 1974, S. 13f.

Kapitel VI: Pfarrer in der Stuttgarter Brenzgemeinde

276 Der Amtsantritt in der Brenzgemeinde war am 31. März 1963 (vgl. Gemeindebrief »Die offene Tür« Nr. 7/Juni 1963; wo im folgenden auf diesen Gemeindebrief Bezug genommen wird, geschieht dies mit dem Kürzel OT. Unter Askanis Verantwortung standen die Gemeindebriefe OT 7/Juni 1963 bis OT 42/März, April 1970 [die Nummern 34–38 wurden versehentlich doppelt vergeben]).

277 Vgl. die an der Nordwestseite der Kirche angebrachte Tafel; Eberhard Röhm/Jörg Thierfelder, Juden – Christen – Deutsche; Band 2/I, S. 94f.

278 Vgl. die Einweihungsschrift »*Gemeindezentrum Fleckenweinberg. Christophkirche ... Eine Anweisung zum Gebrauch*«, hg. von Theophil Askani, S. 1.

279 Theophil Askani, Notizen zur Brenzgemeinde Stuttgart. Wiederbesetzungssitzung am 16. 02. 1970; in: Registratur Brenzgemeinde.

280 Lore Askani las dem Verfasser am 18. 06. 1993 und am 17. 10. 1997 diese Passage aus dem Lebensrückblick vor.

281 OT 10/Januar 1964. Askanis »Besuchsbuch Brenzgemeinde 1963–1965« vermerkt für den 01. 12. 1963 einen Besuch bei Heuss.

282 Vgl. OT 7/Juni 1963: »*Am Rande sei vermerkt, daß ich vor Übernahme des Amtes an der Brenzkirche zur Teilnahme an der Vollversammlung des Lutherischen Weltbundes in Helsinki bestimmt wurde. Das bedingt meine Abwesenheit von Mitte Juli bis mindestens Mitte August. Ich hoffe, daß die Arbeit in Helsinki in irgendeiner Form auch der Gemeinde zugute kommt.*« Am 26. 09. 1963 berichtete Askani in einem Gemeindeabend von der Vollversammlung (OT 8/September 1963); vgl. außerdem die Reminiszenz in OT 29/März, April 1967.

283 Theophil Askani, Auf die Hände des Vaters kommt es an, Ev. Gdeblatt Reutlingen 21/1980, S. 1.

284 Theophil Askani, ebd; vgl. ferner: Im Lichte der Reformation. Jahrbuch des Evangelischen Bundes VII, 1964, S. 48–56 (Dr. Kurt Schmidt-Clausen, damals Generalsekretär des Lutherischen Weltbundes, Vortrag »Ökumene und zweites Konzil«, gehalten am 30. September 1963 im Rahmen der 56. Generalversammlung des Evangelischen Bundes in Nürnberg).

285 Theophil Askani, PB Dezember 1975, S. 2.

286 Theophil Askani, »Auf die Hände des Vaters kommt es an«, Ev. Gdeblatt Reutlingen 21/1980, S. 1.

287 Theophil Askani, PB Dezember 1975, S. 2.

288 Theophil Askani, V Freude an der Kirche, Urfassung 03. 10. 1976, Reutlingen, 7. Bild; zur Patenschaft vgl. Kondolenzbrief-Sammlung Kasten II, Nr. 128.

289 Theophil Askani, Notizen zur Brenzgemeinde Stuttgart. Wiederbesetzungssitzung am 16. 2. 1970, S. 3 (Registratur Pfarramt Brenzkirche).

290 Vgl. Notizen zur Brenzgemeinde Stuttgart. Wiederbesetzungssitzung am 16. 2. 1970, S. 2 und den Gottesdienstanzeiger in OT. Ein regelmäßiger Gastprediger war der nunmehrige Ruhestandspfarrer Rudolf Daur. Askanis Vikare an der Brenzkirche waren: Helmut Haller (18. 09. 1962 – 09. 12. 1964), Martin Schmid (11. 12. 1964 – 13. 03. 1967), Hans Dieter Haller (Woche vor Palmsonntag 1967 – 06. 01. 1968), Gottfried Dufft (Mitte Januar 1968 – Anfang September 1969) und Stefan Strohm (Anfang September 1969 – ca. 1971).

291 OT 19/Juli, August 1965.

292 Gemeindezentrum Fleckenweinberg. Christophkirche ... Eine Anweisung zum Gebrauch, S. 10; S. 9f werden hier die einzelnen Stücke des Gottesdienstes unter der

Überschrift »Anweisung für Sonntag, 11 Uhr« für die Gemeinde einladend erläutert. – Was die Vorbereitungszeit der Predigt anlangt, so sagt Askani gut sechs Jahre später in seinem Vortrag »Aus der Werkstatt eines Predigers«, daß er *»für eine Predigt von 20 Minuten ... doch mit einer intensiven Arbeit von je nachdem 8 Stunden rechnen muß, wobei die Zeitangabe nicht am Stück und nicht generell gemeint ist, aber immerhin. Als Vikar begann ich am Samstagnachmittag mit meiner Predigtvorbereitung, später am Freitag, heute denke ich schon wesentlich früher an den Text.«*

293 P 22. 02. 1970, S. 2f.

294 Albrecht Goes, Marginalien, in: Kanzelholz, S. 183.

295 Vgl. das Vorwort zur Predigtsammlung: Da es aber jetzt Morgen war, S. 7.

296 Vgl. den Bericht von Konrad Volz über Fezers Kirchweih-Predigt von 1944, die durch Fliegeralarm unterbrochen worden war und in abendlicher Stunde in genau demselben Wortlaut wiederholt und dann zu Ende geführt wurde, ohne daß Fezer auch nur mit einer Silbe auf den morgendlichen Vorfall einging, in: Hermle/Lächele/Nuding, S. 111.

297 In Kasten I der Kondolenzbriefe fand sich eine – leider anonyme, undatierte – Nachschrift »Bibelstunde Brenzgemeinde mit Pfarrer Askani. Die Schöpfungsgeschichte.«

298 Brief an Kirchenrat Hans Stroh vom 22. 02. 1967 (Registratur Pfarramt Brenzkirche).

299 OT 29/März, April 1967.

300 Vgl. Briefwechsel Stroh–Askani 1967 (Registratur Pfarramt Brenzkirche).

301 Vgl. Askanis Notizen zur Brenzgemeinde Stuttgart. Wiederbesetzungssitzung am 16. 02. 1970: Es *»sind eine größere Anzahl interessierter Gemeindeglieder (etwa 100) gewohnt, gelegentlich zu Diskussionsabenden (auf verschiedene Termine verteilt) persönlich eingeladen zu werden.«*

302 OT 11/März, April 1964; Anschreiben an die Taufeltern, Registratur Pfarramt Brenzkirche.

303 OT 14/September, Oktober 1964.

304 OT 18/Mai, Juni 1965.

305 Vgl. OT 17/März, April 1965; OT 26/September, Oktober 1966; OT 30/Mai, Juni 1967.

306 OT 17/März, April 1965.

307 Lempp: OT 18/Mai, Juni 1965; OT 36/Mai, Juni 1968; Müller: OT 24/Mai, Juni 1966; Aichelin: OT 35/März, April 1968.

308 Vgl. Theophil Askani, Die »anderen« Kinder, S. 70f; außerdem OT 14/September, Oktober 1964; OT 15/November, Dezember 1964 bringt eine warmherzige Einladung Askanis zum Kindergottesdienst, der zum Sonntag gehört wie der Gottesdienst der Gemeinde.

309 Theophil Askani, Kindergottesdienst – Einübung ins Christenleben, S. 59.

310 Ev.Gdeblatt 33/1965, S. 3, Es geht um mehr; Ev. Gdeblatt 21/1967, S. 3, Nikodemus; Ev. Gdeblatt 2/1969, S. 3, Unsere Unruhe lebt tiefer.

311 LP 1. Advent, 01. 12. 1963, 1. Thess 5,1–11; LP Invokavit, 07. 03. 1965, Mk 9,14–29; LP 6. So. n. Tr., 02. 07. 1967, Mt 5,17–22; LP Ewigkeitssonntag, 23. 11. 1969, Lk 12,35–40.

312 Theophil Askani, Gedanken zum Tod, in: Stuttgarter Zeitung, 19. 11. 1966, S. 25, vgl. Kapitel 10.

313 Theophil Askani, Konfirmation, in: Stuttgarter Zeitung, 11. 03. 1967, S. 25; Zitat daraus Kap. 1. Im Zusammenhang mit dem StZ-Artikel ist die erhaltene Konfirmationspredigt vom 12. 03. 1967 zu beachten.

314 Theophil Askani, Karfreitag, in: Stuttgarter Zeitung, 11. 04. 1968, S. 25.

315 Theo Sorg (Hg.), Rogate. Gebete für den Gottesdienst, München 1970[2] ; leider sind die Gebete nicht namentlich gekennzeichnet, so daß nur aufgrund des Mitarbeiterverzeichnisses S. 282f das Daß der Mitarbeit Askanis überliefert ist. Vorbildlich aufgeschlüsselt ist hingegen Kirchenbuch I für die Evangelische Landeskirche in Württemberg, Ausgabe 1988: die Gebete Nr. 150, 152 und 180 stammen von Theophil Askani (aus dem Nachrufbändchen: Denn du hältst mich bei meiner rechten Hand).

316 OT 12/Mai, Juni 1964: 28. 05. 1964 Sonderzugreise Amorbach/Miltenberg; OT 18/Mai, Juni 1965: 17. 06. 1965 Sonderzugreise Freudenstadt/Nagoldtal; OT 24/Mai, Juni 1966: 09. 06. 1966 Bahnreise Bad Friedrichshall/ Neckarschiffahrt; OT 30/Mai, Juni 1967: 25. 05. 1967 Busreise Freudenstadt/Triberger Wasserfälle/Schramberg; OT 36/Mai, Juni 1968: 13. 06. 1968 Tübingen/Haigerloch/Onstmettingen/ Zollernalb; OT 37/Mai, Juni 1969: 05. 06. 1969 Bartholomä, Wental/Heidenheim/Hornberg.

317 OT 35/März, April 1968 zeigt die Taufe von Thomas Askani an.

318 OT 38/Juli,August 1969.

319 Vgl. dazu den Artikel »Einigung über ökumenischen Gottesdienst« in: Stuttgarter Zeitung 19. 07. 1969, Sonderseite »Hungern nach Gerechtigkeit. 14. Deutscher Evangelischer Kirchentag.« und die Akte »Kirchentag« in der Registratur Pfarramt Brenzkirche. Dort Briefwechsel Klijn–Askani und Boelens–Askani; handschriftliche Liste der Mitwirkenden; »Ordnung für den Oekumenischen Gottesdienst der holländischen Teilnehmer am Stuttgarter Kirchentag am Sonntag, den 20. Juli 1969 in der Brenzkirche«; Predigt von Dr. W. L. Boelens SJ über Matthäus 5,13–16. Im Dankesschreiben Askanis für diese Predigt heißt es: *»Der Gottesdienst am 20. 7. in unserer Brenzkirche war für viele ein Höhepunkt des Kirchentages. Ich denke sehr gerne an die gute Gemeinschaft zurück, die wir miteinander hatten, und es ist diese Stunde für mich und meine Gemeinde eine Ermutigung für die Schritte, die zu tun sind.«*

320 Vgl. OT 39/September, Oktober 1969; P 15. 06. 1980, I, S. 110f; vgl. ferner Einweihungsschrift Christophkirche, S. 10. Zum Kirchentag ferner OT 37+38.

321 OT 40/November, Dezember 1969.

322 Vgl. Askanis Notizen zur Brenzgemeinde Stuttgart: *»Der Anteil der Gemeinde an den Baukosten des Gemeindezentrums in Höhe von ca. 280 000 DM wird in Folge einer Erbschaft und der Spendenwilligkeit der Gemeinde ohne Schuldaufnahme bezahlt werden können.«*

323 Artikel »Prediger im Münster«, Sp. 2; vgl. ferner: Aus der Werkstatt eines Predigers, S. 2; Werkstatt des Predigers [II], Z. 116–118. – Askani schreibt in der Einweihungsschrift: *»Die Kirche im Fleckenweinberg, die zweite Predigtstelle neben der Brenzkirche in der Brenzgemeinde, heißt Christophkirche. Gemeint ist Herzog Christoph [von Württemberg], der mit Johannes Brenz zusammen die wesentlichen Entscheidungen in der Reformationszeit in unserem Land getroffen hat. Beide Männer waren eng miteinander verbunden, und wir meinten, daß, wenn eine unserer Kirchen an Johannes Brenz erinnert, es das Sinnvollste sei, wenn die andere den Namen Christophs trägt. Wir stehen mitten im Umbruch der Struktur unserer Kirche, und wenn wir mit beiden Namen des Vergangenen gedenken, dann so, daß wir dabei kritisch prüfen, welches die Anstöße zu Leben und Gestalt der Gemeinde Jesu in unserem Land in Zukunft sein sollen.«*

324 Theophil Askani, P 15. 03. 1970, Ps 31,16, S. 2f. Die offizielle Einweihung der Christophkirche fand am Sonntag Kantate, 26. April 1970, statt (vgl. Brenzgemeindebrief

3/1995, S. 4). Aber bereits seit der Konfirmation am 15. 03. 1970 fanden regelmäßige Gottesdienste statt (OT 42, März, April 1970). Zum zehnjährigen Jubiläum der Christophkirche hielt Prälat Askani am 20. 04. 1980 die Festpredigt, in deren Einleitung er feststellt: »*Es ist schon ein Stück Lebensgeschichte von manchem von uns hineinverwoben in diesen Raum*« (S. 1), begannen doch die ersten Überlegungen zum Bau von Kirche und Gemeindezentrum im Februar 1963, noch vor Askanis Aufzug in der Brenzgemeinde. – Die Festpredigt zum zwanzigjährigen Jubiläum 1990 hielt Theophil Askanis ältester Sohn Hans-Christoph Askani (mdl. Mitteilung von Lore Askani am 24. 06. 1995 [25-Jahr-Feier der Christophkirche!]).

325 OT 42/März, April 1970.

Kapitel VII: Dekan in Ulm und Prediger im Münster

326 Der Landeskirchenausschuß (LKA) der württembergischen Landeskirche besteht aus fünf Mitgliedern: dem Landesbischof als Vorsitzendem, dem Präsidenten der Landessynode und drei weiteren Mitgliedern der Landessynode. (Diese werden von der Landessynode aus deren Mitte gewählt. Von den fünf LKA-Mitgliedern müssen mindestens zwei Nichttheologen sein.) Der LKA entscheidet letztgültig darüber, wer Prälat und wer Oberkirchenrat wird. Ohne seine Zustimmung kann niemand zum Dekan gewählt bzw. ernannt werden. Das gleiche gilt für andere landeskirchliche Schlüsselstellen (z. B. Schuldekane, Stiftsephorus, Leiter des Pfarrseminars etc.). Der LKA beschließt auf Antrag oder nach Anhörung des OKR. Der OKR steht unter der Dienstaufsicht des LKA. (Vgl. Hans-Karl Henne [Hg.], Handbuch für Kirchengemeinderäte, Stuttgart 1989, S. 214.) – 1970, d. h. in der Zeit der Siebten Landessynode (1966–1971), gehörten dem Landeskirchenausschuß an: Landesbischof Helmut Claß, der Präsident der Landessynode Pfarrer Hans von Keler (Herrenberg), Landgerichtsdirektor Dr. Kurt Knoll (Ravensburg), Abteilungsdirektor Ernst Kammerer (Stuttgart-Feuerbach) und Prof. Dr. Otto Dürr (Reutlingen); vgl. Magisterbuch 47. Folge 1971, S. 13.

327 Vgl. Stuttgarter Zeitung 12. 02. 1970; Schwäbische Zeitung 05. 03. 1982 (»Theophil Askani ist gestorben. Als Dekan in Ulm unvergessen«).

328 Ev. Gdeblatt Ulm 3/1970, S. 8 (»Dekan Theophil Askani wird im April in sein Amt eingeführt«, »Personalien«).

329 Ev. Gdeblatt Ulm 3/1970, S. 8.

330 Ev. Gdeblatt Ulm 4/1970; 5/1970, S. 1.

331 Zitiert nach Schwäbische Zeitung 05. 03. 1982, vgl. ferner Brenzgemeindebrief OT 43/Mai, Juni 1970: »Zur Verabschiedung von Pfarrer Askani in Stuttgart« und »Zur Investitur von Dekan Askani im Münster in Ulm das Grußwort eines Zeugen aus der Brenzgemeinde«.

332 Vgl. Magisterbuch 47. Folge 1971, S. 202–206; Ev. Gdeblatt Ulm 3/1970, S. 8 (nach dem Kirchlichen Adressbuch 1996 noch 58 352 Evangelische).

333 Vgl. Wolfgang Lipp, Begleiter durch das Ulmer Münster, S. 7. Henning Petershagen, »Reichen und Armen ein gemeiner Mann zu sein«. 600 Jahre Ulmer Schwörbrief: Vom Rechtsakt zum Volksfest. Beilage »Südwest-Magazin« zur Südwestpresse vom 19. 07. 1997.

334 Vgl. Julius Endriß, Das Ulmer Reformationsjahr 1531 in seinen entscheidenden Vorgängen, Ulm 1931; Heinrich Fausel, Wie Geislingen [zur Reichsstadt Ulm gehörig] evangelisch wurde, Vortrag am 31. 10. 1957; Helmut Aichelin, In Ulm, um Ulm und

um Ulm herum, in: Das Evangelische Württemberg, S. 103–107; zu Konrad Sam vgl. auch Ev. Gdeblatt 4/1995, S. 12.

335 Fünfmal hielt Askani Konfirmation im Ulmer Münster: am 14. 03. 1971 (zu dieser Konfirmandengruppe gehörte auch seine Tochter Cornelie; vgl. Ev. Gdeblatt Ulm 3/1971, S. 15); am 12. 03. 1972 (vgl. Ev. Gdeblatt Ulm 3/1972, S. 12; P Jes 49,16); am 25. 03. 1973 (P Röm 8,38f); am 24. 03. 1974 (P Joh 8,31f) und am 09. 03. 1975 (P Joh 15,15).

336 Brief von Pfr. i. R. Werner Dierlamm an MH vom 22. 01. 1996.

337 Vgl. Ev. Gdeblatt 16/1975, S. 6 (Porträt der Woche: der neue Reutlinger Prälat Theophil Askani); Schwäbische Zeitung 05. 03. 1982; Ev. Gdeblatt Ulm 10/1974, S. 2; Ev. Gdeblatt Ulm 4/1975, S. 4.

338 Mündliche Information von Maria Hermann am 16. 05. 1995.

339 Dr. Reinhart Meyer, Viele Herzen gewonnen. Zum Abschied von Dekan Askani, in: Ev. Gdeblatt Ulm 4/1975, S. 4.

340 P 18. 07. 1971 (Jes 43,1–7) = I, S. 103.106; auszugsweise abgedruckt in: Ev. Gdeblatt Ulm 9/1971, S. 3.

341 Dekan Theophil Askani, Zum Ulmer Gemeindeblatt, in: Ev. Gdeblatt Ulm 2/1974, S. 1.

342 Vgl. Südwest Presse (Schwäbische Donauzeitung/Ulm) 29. 02. 1972. Am Sonntag Exaudi, 23. Mai 1971, hatte der erste ökumenische Abend-Gebetsgottesdienst im Chor des Münsters stattgefunden, an dessen Beginn der evangelische Dekan Theophil Askani und der katholische Dekan und nachmalige Prälat Josef Gantert Grußworte sprachen, die diese Stunde als Auftakt zur intensiven Begegnung beider Konfessionen in Ulm charakterisierten und die am Pfingstfest den evangelischen und katholischen Gemeindegliedern vervielfältigt übergeben wurden. Vgl. Gemeindebrief Münstergemeinde Nr. 2 / Juni 1971.

343 Informationen von Irmgard Schmeichel am 03. 01. 1998; vgl. ihren Artikel »Begegnung Ulm – Tourcoing« im Ev. Gdeblatt Ulm 6/1972, S. 12; erste Briefkontakte wurden im Jahr 1969 geknüpft. Theophil Askani, Besuch aus Frankreich, in Gemeindebrief der Münstergemeinde Nr. 3 / Februar 1972; Ev. Gemeinde in Tourcoing/Frankreich. Erlebnis einer Partnerschaft, in: Gemeindebrief der Münstergemeinde Ulm/Donau Nr. 4, März 1974, Spalte 3. Vom frère du fonds erzählt Askani im Kinderkirch-Vortrag »Voraussetzungen für das Helferamt« (1975), S. 121f und in P 25. 03. 1979 = I, S. 26f. Sein Name ist Jean-Michel Bauw, ehemaliger Pfadfinder und damaliger Verantwortlicher der Gruppe »Blaues Kreuz«. Sein Vater war in Buchenwald umgekommen. (Unterlagen Partnerschaft Tourcoing von Irmgard Schmeichel)

344 »Theophil Askani ist gestorben. Als Dekan in Ulm unvergessen«, Schwäbische Zeitung vom 05. 03. 1982.

345 Theophil Askani, Kirche ohne die Statistik der Sorge. Zum Evangelium des 20. Sonntags nach dem Dreieinigkeitsfest, Ev. Gdeblatt 24. 10. 1971, S. 3.

346 P 20. 06. 1971, S. 6.

347 P 18. 07. 1971 (Schwörsonntag) = I, S. 105. Vgl. ferner: FAB 25 (1971), Nr. 17, S. 373.376f (Das Ende der Eskalation); dazu P 09. 10. 1977 (Mt 5,38–48).

348 *»Prediger im Münster«* (Südwest Presse, Sonderbeilage 600 Jahre Ulmer Münster, 08. 06. 1977). Wo nicht ausdrücklich anders vermerkt, sind die Zitate dieses Abschnittes diesem Essay entnommen.

349 Aus der Werkstatt eines Predigers, S. 2f; vgl. Prediger im Münster, Sp. 2; ferner: Werkstatt des Predigers [II], Z. 114–122.

350 Vgl. auch Werkstatt S. 3; ferner Werkstatt des Predigers [II], Z. 122–128.

351 Vgl. auch Werkstatt des Predigers [II], Z. 122–128.

352 Vgl. auch P 19. 05. 1974 (Posaunentag) = I, S. 146.
353 Vgl. dazu Axel Denecke, Predigt und Seelsorge, S. 228.
354 Vgl. Werkstatt S. 3; in Prediger im Münster ist diese Erfahrung nurmehr angedeutet in Sp. 7.
355 Vgl. dazu Wolfgang Lipp, Begleiter durch das Münster, S. 13.
356 Vgl. dazu P 17. 12. 1974, Zitat daraus I, S. 30.
357 In den Opera Ascania finden sich folgende Bezüge auf Kunstwerke des Ulmer Münsters:
1. Das Tympanon am Hauptportal mit Darstellung der Schöpfungs- und Urgeschichte: EvGdeblatt 45/1977, S. 3 (»Die Wahrheit, die frei macht«); PB Dezember 1978, 5f.
2. Der Schmerzensmann von Hans Multscher am Hauptportal des Münsters: P 09. 03. 1975, S. 6; P 13. 04. 1975, S. 9f = I, S. 301.
3. Das Gründungsrelief des Ulmer Münsters: Ev. Gdeblatt 24. 10. 1971, S. 3 (»Kirche ohne die Statistik der Sorge«), FAB 28 (1974), Nr. 18, S. 13 (»Wer ist das, die Kirche?«)
4. Der Chorbogen mit dem Weltgericht: P 18. 11. 1979 = I, S. 118–125.
5. Das Chorgestühl von Jörg Syrlin: Gedanken zur Jahreslosung 1977 im Gdebrief RT-Ohmenhausen, Prediger im Münster, Sp. 7.
6. Der Choraltar von Martin Schaffner: P 26. 11. 1972, S. 8, Prediger im Münster, Sp. 8.
7. Die Glasmalereien in der Bessererkapelle und im Münsterchor: P 10. 06. 1973 = I, S. 293, Z. 24–31, Ev. Gdeblatt Reutlingen 19/1976, S. 77 (»Vom Wunder der Liebe Gottes zehren«), Kommentar zur Darstellung Jesu auf dem von der Kramerzunft gestifteten Chorfenster (für ein Transparent, das der Ulmer Unternehmer und KGR Theodor Wölpert hatte herstellen und vervielfältigen lassen).
358 Exemplarisch werden wir in Kapitel 10 an der von Hans Multscher 1429 geschaffenen Hauptportalsfigur des sog. Schmerzensmannes aufzeigen, wie Askani das stein- und bildgewordene Glaubenszeugnis der Vorfahren in seine Predigt über Johannes 21 einbezieht.
359 Christian Möller, 18. Brief. Die Predigt der Steine oder: Kirchen erzählen vom Glauben, in: »Wenn der Herr nicht das Haus baut …«, S. 110–114, dort S. 114; vgl. ferner ders., Offenheit und Verbindlichkeit der Kirche, in: Seelsorglich predigen, S. 151–155.
360 Theophil Askani, Haben Vater und Mutter noch etwas zu sagen? Vortrag beim Bezirksfrauentag am Sonntag, 12. 11. 1972, im Gemeindehaus Schaffnerstraße 17 in Ulm.
361 Vgl. Ev. Kinderkirche 4/1971, S. 285 und Ev. Kinderkirche 1/1972, S. 66.
362 Vgl. dazu: FAB 9/1963, S. 198; Hermann Mittendorf (Hg.), »Gottes gesammelte Stückwerke«, S. 172 (sein Nachfolger im stellvertretenden Vorsitzendenamt wurde Pfarrer Claus Maier aus Maulbronn, sein späterer Nach-Nachfolger auf der Prälatur Reutlingen); Nachruf für Prälat Theophil Askani am 08. 03. 1982 von Pfarrer Heiner Hägele, S. 1. – Aufgrund seiner Pfarrvereinsmitarbeit an dieser exponierten Stelle wurde er auch um zwei Predigtmeditationen für das Deutsche Pfarrerblatt gebeten.
363 Bischof Jung von der Ev. Kirche von Kurhessen-Waldeck, in: Kondolenzbriefe Kasten II, Nr. 6 vom 09. 03. 1982. Ferner: Redebeitrag von Prälat Askani auf der 21. Sitzung der 9. Ev. Landessynode in Württemberg am 26. 11. 1980; Nachruf für Prälat Theophil Askani am 08. 03. 1982 von Pfarrer Heiner Hägele, S. 1; Kondolenzbrief Nr. I, 91 (Militärbischof Sigo Lehming, Pinneberg).

364 Vgl. Nachruf für Prälat Theophil Askani am 08. 03. 1982 von Pfarrer Heiner Hägele, S. 1

365 FAB 17 (1974), S. 35f (»Prälatenwechsel in Reutlingen. Th. Askani Nachfolger von H. Pfeiffer«).

366 Vgl. dazu: brücke. Ev. Gdeblatt Ulm 10/1974, S. 2: »Zum Amtswechsel von Dekan Askani«; 4/1975, S. 4: »Zum Abschied von Dekan Askani«.

367 Vgl. dazu Reutlinger Ev. Gdeblatt 5/1975 (9. März), S. 18; 7/1975 (6. April), S. 25. Der Amtsantritt in Reutlingen erfolgte nach der Investitur, also ab dem 20. April 1975.

368 Sämtliche Zitate dieses Abschnitts nach dem Tonbandmitschnitt vom 12. 04. 1975 (im Besitz von Lore Askani). Vgl. brücke 4/1975, S. 4. Vgl. weiter: »Dem katholischen Dekan war's schon lange klar: Aus dem Askani, da wird noch was. Freundschaftlich-heitere Atmosphäre zeichnete den Abschiedsabend aus«, in: Südwest Presse Ulm 14. 04. 1975; »Theophil Askani ist gestorben. Als Dekan in Ulm unvergessen«, in: Schwäbische Zeitung vom 05. 03. 1982.

369 »Aus dem Askani, da wird noch was«, in: Südwest Presse Ulm 14. 04. 1975; P 13. 04. 1975, ausführlich besprochen in Kapitel 10. Schwäbische Zeitung 05. 03. 1982. Am Montag, 14. 04. 1975, lautete die Schlagzeile der Schwäbischen Zeitung: »Zum Abschied ein tolles Fest für den Dekan – 1100 hörten die letzte Predigt von Askani«.

Kapitel VIII: Prälat in Reutlingen

370 Vgl. epd-Württemberg Nr. 87 (29. 08. 1974): »Prälatenwechsel in Reutlingen. Theophil Askani wird Nachfolger von Helmut Pfeiffer«; Stuttgarter Nachrichten 31. 08. 1974: »In Reutlingen. Theophil Askani wird neuer Prälat«; FAB 17 (1974), S. 35f: »Prälatenwechsel in Reutlingen. Th. Askani Nachfolger von H. Pfeiffer«. Vgl. Martin Mayer, »meine meinung. Zum Amtswechsel von Dekan Askani«, in: brücke 10/1974, S. 2.

371 Vgl. dazu Ev. Gdeblatt Reutlingen Nr. 5 (09. 03. 1975), S. 18 und Nr. 7 (06. 04. 1975), S. 28.

372 Pressemitteilung Nr. 39 (21. 04. 1975) des Evangelischen Pressedienstes/Landesdienst Württemberg. P 20. 04. 1975 über Jes 40,27–31.

373 Diesem kurzgefaßten historischen Abriß liegen folgende Arbeiten zugrunde: Württembergische Große Kirchenordnung 1559, S. 143–161.232–242; Gustav Lang, Geschichte der württembergischen Klosterschulen, S. 1–79.253f.277–319.319–328; Das Evangelisch-theologische Seminar Urach 1818–1977; Kloster Blaubeuren 1085–1985; Von der evangelischen Kirche Württembergs. Bilder aus Geschichte und Gegenwart, hg. vom Ev. Volksbund für Württemberg; Martin Brecht/Hermann Ehmer, Südwestdeutsche Reformationsgeschichte; Gerhard Schäfer, Zu erbauen und zu erhalten das rechte Heil der Kirche, S. 59f.203–206.372f.

374 Der Kirchenrat der ersten Stunde bestand aus drei geistlichen Räten (Matthäus Alber [ehemals Prädikant zu Reutlingen, 1549–1563 Stiftsprediger in Stuttgart und Mitglied der württ. Kirchenleitung], Kaspar Gräter, Johann Engelmann), drei, später vier weltlichen Räten (aus dieser weltlichen Bank heraus der Direktor des Kirchenrats, Sebastian Hornmold, Vogt zu Bietigheim). Die vier ersten Generalsuperintendenten waren Jakob Andreae, Eberhard Bidembach, Valentin Vannius und Georg Udal. Vorsitzender des aus Kirchenrat und den vier Generalsuperintendenten gebildeten Synodus war der Landespropst, Johannes Brenz. Brenz war am 10. 01. 1553

zum herzoglichen Rat, Stifts- und Landespropst und Erstem Prediger an der Stuttgarter Stiftskirche ernannt worden und übte diese Ämter bis zu seinem Tod 1570 aus. (Vgl. dazu Martin Brecht/Hermann Ehmer, a. a. O., S. 246–250.260–266; Gustav Lang, a. a. O., S. 44.)

375 Hans von Keler im Rahmen der Kandidatenvorstellung für das Bischofsamt in der 11. Sitzung der 9. Evangelischen Landessynode am 29. 06. 1979 (Protokoll S. 414). Vgl. als eine Stimme zum Prälatenamt der zwanziger Jahre Theophil Wurm, Erinnerungen aus meinem Leben, S. 75f (Kapitel Prälatur Heilbronn 1927–1929).

376 Entnommen aus: Das evangelische Württemberg. Seine Kirchenstellen und Geistlichen von der Reformation an bis auf die Gegenwart. Ein Nachschlagewerk. Erster Band, enthaltend die ersten drei Hauptteile. Gesammelt und bearbeitet von Christian Sigel, Pfarrer in Gebersheim. 1910, Nr. 34 u. 35 Gen.sup. Reutlingen und Tübingen; § 4 Reutlingen seit 1823; MH zur Verfügung gestellt vom derzeitigen Reutlinger Prälaten Claus Maier am 20. 12. 1995.

377 Vgl. »Zum Gedächtnis Jakob Schoell 9. 11. 1866 – 2. 5. 1950«, Metzingen 1950, S. 13–15.

378 Veröffentlichungen (Auswahl): Evangelische Gemeindepflege. Handbuch für evangelisch-kirchliche Gemeindearbeit, 1911; Sittenlehre, 1911[2]; vgl. ferner die Besprechung von Schoells homiletischen Äußerungen während des Ersten Weltkriegs in: Wilhelm Pressel, Die Kriegspredigt 1914–1918 in der evangelischen Kirche Deutschlands, S. 51.55.133.179.228–230.232f.233.237.372 [Bibliographie Schoells]. Vgl. außerdem das Predigtbeispiel und die Kurzbiographie von Jakob Schoell in: Gerhard Schäfer, Vom Wort zur Antwort, S. 144–146.

379 Vgl. »Zum Gedächtnis Jakob Schoell«, S. 4.

380 Vgl. dazu das aufschlußreiche und umfängliche Quellenmaterial unter der Überschrift »Die Zurruhesetzung von Prälat D. Schoell« in: Schäfer, D[2], S. 797–825.

381 Zur Aufhebung der Prälatur Reutlingen 1933/34–1956 vgl. Schäfer, D[2], S. 820, Anm. 101. Vgl. ferner Theo Sorg, Evangelische Gemeinde in der Großstadt und im industriellen Ballungsraum. Ein Porträt der Prälatur Stuttgart, in: Ulrich Fick (Hg.), Das evangelische Württemberg, S. 75–90, dort S. 82.
Die Prälaten des Sprengels Stuttgart und zugleich Stiftsprediger sind: Theodor Schrenk (ein Sohn Elias Schrenks) 1934–1941; Karl Hartenstein 1941–1952; Immanuel Pfizenmaier 1953–1958; Friedrich Höltzel 1958–1968; Helmut Claß 1968–1969; Hermann Rieß 1969–1980; Theo Sorg 1980–1988; Gerhard Röckle 1988–1998; Martin Klumpp (seit 1998).

382 P 18. 05. 1980 = I, S. 226.

383 Vgl. Askanis Redebeitrag in der 47. Sitzung der 8. Ev. Landessynode am 03. 06. 1977, Protokollband S. 1955, wo Askani dafür votiert, die Neubildung des Dekanates Ditzingen nicht hinauszuzögern.

384 Vgl. zur Reutlinger Kirchenordnung: »Ordnung der Kirchenpreuch und Cerimony halb durch die Prädicanten zu Reutlingen gestellt«, zitiert »nach dem ziemlich schadhaften Original in dem Archiv der Marienkirche zu Reutlingen«, abgedruckt bei Julius Hartmann, Matthäus Alber, der Reformator der Reichsstadt Reutlingen, Tübingen 1863, S. 176–192.

385 Theophil Wurm, Erinnerungen aus meinem Leben, S. 68.

386 Korntal gehörte bis 1978 zur Prälatur Reutlingen, dann als Gemeinde des neugebildeten Dekanates Ditzingen 1978–1992 zur Prälatur Stuttgart, seit 1992 zur Prälatur Ludwigsburg.

387 Vgl. dazu das aufschlußreiche Kapitel »David Friedrich Strauß – Sixt Karl von Kapff.

Der breite und der schmale Weg« in: Gerhard Schäfer, Zu erbauen ... das rechte Heil der Kirche, S. 223–259; Rolf Scheffbuch, Sixt Carl Kapff, BWKG 1994, S. 122–148.

388 Vgl. folgende Prälaturbeschreibungen: Heinrich Leube, Vereinigung von Gegensätzen. Die Prälatur Reutlingen, in: Ulrich Fick (Hg.), Das evangelische Württemberg, S. 91–102; ferner: Johannes Eißler, Der Reiz der Vielfalt. Selbstbewußt präsentiert sich die Prälatur Reutlingen, in: Evangelischer Digest, Sammelreihe Band I, Juni 1994, Evangelische Landeskirche in Württemberg, S. 11–13 (Beschreibung der 1992 neu abgesteckten Prälatur).

389 Theophil Askani, Verschiedene Welten, Beilage Ev. Gdeblatt 39/1978, S. 1; weitere Beiträge vgl. Opera Ascania.

390 So in Reutlingen, Ulm, Heilbronn und (seit 1992 wiedererrichtet) Ludwigsburg. Dem Prälaten des zum 01. 01. 1934 gebildeten Sprengels Stuttgart wurde zugleich die Stuttgarter Stiftspredigerstelle übertragen, weshalb er nicht Früh-, sondern Stiftsprediger genannt wird. Der Stuttgarter Prälat Gerhard Röckle stellte in einem Positionspapier »Funktionen eines Prälaten« die Predigtaufgabe an erste Stelle und schreibt dazu: »Der Stuttgarter Prälat ist zugleich Stiftsprediger. In diesem Amt bin ich seit der Reformation der 45. Nachfolger. Von Anfang an wird also der Verkündigungsdienst an einer zentralen Kirche des Landes als eine wichtige Aufgabe angesehen.« (Schriftstück zur Einsicht gewährt von Prälat Claus Maier, Reutlingen, am 20. 12. 1995)

391 Außer den Prälaten-Frühpredigern haben drei Professoren der Evangelisch-theologischen Fakultät Tübingen in den Gottesdiensten der Stiftskirchengemeinde das Frühpredigeramt inne; da sie weniger als einmal monatlich predigen, sind sie nicht im Tübinger Stiftskirchengemeinderat.

392 Vgl. dazu Julius Rauscher, Die Prädikaturen in Württemberg vor der Reformation, S. 156.

393 Vgl. dazu Julius Rauscher, a. a. O., S. 161–165.

394 Vgl. dazu Julius Rauscher, a. a. O., S. 152.186.

395 Vgl. dazu: Heinrich Hermelink, Die Eigenart der Reformation in Württemberg, Vortrag zum 400. Reformationsjubiläum in Württemberg 1934, Stiftskirche Tübingen; aufgenommen bei Theo Sorg, Mit Gottes Wort leben, in: Rommel, S. 13–15. Außerdem: Theo Sorg, Zum Geleit, in: Schäfer, Vom Wort zur Antwort, S. 5f. Zur Verbreitung der mit gebildeten Theologen besetzten Prädikantenstellen in Württemberg (deren Inhaber dann ob ihrer theologischen Bildung, die sie von den »Meßpfaffen« unterschied, zu einem überwiegenden Teil zu Trägern der reformatorischen Bewegung wurden) vgl. Julius Rauscher, Die Prädikaturen in Württemberg vor der Reformation, in: Württembergische Jahrbücher für Statistik und Landeskunde, Jg. 1908, Heft 2, S. 152–211.

396 Vgl. dazu Julius Rauscher, a. a. O., S. 167. Die dort angedeutete, allerdings von Rauscher nicht näher erläuterte Identifikation des Frühpredigers mit dem Prädikanten des Spätmittelalters wird dann plausibel, wenn man einen etymologischen Hinweis des ehemaligen (1983–1992) Prälaten von Heilbronn Walter Bilger hinzunimmt, der in einem Brief über die Stellung des württembergischen Prälatenamtes zum Begriff »Frühprediger« anmerkt: »Dies meint nicht, daß der Prälat den Frühgottesdienst hält, sondern ›früh‹ ist die mittelhochdeutsche Bezeichnung für ›Erst‹- oder ›Hauptprediger‹.« (Brief von Prälat Walter Bilger an OKR Dr. Roland Tompert vom 17. 12. 1990, freundlicherweise zur Verfügung gestellt von Prälat Claus Maier, Reutlingen, am 20. 12. 1995). Der Duden Bd. 7 (Herkunftswörterbuch) leitet ›früh‹ von griechisch: proi und indogermanisch *pro her, was »früh(morgens)« heiße, in der Grundbedeutung eigentlich »(zeitlich) vorn, voran«. (S. 189)

397 Vgl. dazu G. M. Dinkelaker, Alber-Brevier, S. 7: »Während in anderen schwäbischen Reichsstädten die Prädikanten am Nachmittag ihre Predigten hielten, war Alber und mit ihm die Predigthörer in Reutlingen regelmäßig schon früh am Morgen auf den Beinen und in der Kirche. In der Stellenbeschreibung für Alber heißt es: ›Die Pflichten des Prädikanten sind auf einstündige Predigten beschränkt an Sonntagen und Kirchlichen Feiertagen, insbesondere Marien- und Apostelfeiertagen sowie in der Fastenzeit mittwochs, und zwar morgens im Sommer von 1/2 6 Uhr bis 1/2 7 Uhr, winters von 6 bis 7 Uhr.‹«

398 Vgl. dazu Julius Rauscher, a. a. O., S. 169.

399 Vgl. Julius Rauscher, a. a. O., S. 167.

400 Brief von Prälat Walter Bilger vom 17. 12. 1990 (s. Anm. 396).

401 Wesentliche Anstöße und Hinweise für diesen Abschnitt verdanke ich Gottfried M. Dinkelaker, einmal aus mündlichen Gesprächen 1993–1996, sodann seinen beiden Essays »650 Jahre Marienkirche. Kapelle, Stadtkirche, Kathedrale – und jetzt?« in: Reutlinger Ev. Gdeblatt 8. Jg., Juli/August 1993, S. 1f [eigenständiger, die Geschichte der Marienkirche in drei Epochen gliedernder Entwurf unter Berücksichtigung der gesamten lokalen Literatur]; »Alber-Brevier 1495–1995. Zum Gedenken an die 500. Wiederkehr des Geburtstages von Matthäus Alber, Reformator der einstigen Freien Reichsstadt Reutlingen«, Reutlingen 1995.

402 So Julius Rauscher, Die Prädikaturen in Württemberg vor der Reformation, S. 156f.162 (»Der junge Alber, der nach Erlangung der Magisterwürde in Tübingen im Jahr 1518 die neugegründete Predigerstelle seiner Vaterstadt Reutlingen erhalten hatte, nahm sofort 3 Jahre Urlaub, um theologischen Studien in Tübingen und späterhin in Freiburg sich zu widmen. Diese Zeit war zu kurz, um die theologische Dr.-Würde sich zu erwerben, immerhin mag er in dieser Absicht fortgegangen sein; zunächst aber kehrte er 1521 oder 1522 ohne sie auf die Prädikatur zurück und erst 1539 ward er Dr. der hl. Schrift in Tübingen.«) 164.192.202.
Anders Hans-Christoph Rublack, Art. Alber, in: TRE 2, 28–34: Die Prädikatur an der Marienkirche sei am 07. 01. 1521 gestiftet worden, Alber sei darauf am 08. 11. 1521 investiert und gleichzeitig zum Priester geweiht worden. Aber indem auch Rublack von einem Vorgänger Albers (Mag. Georg Schütz) spricht, wird deutlich, daß die Prädikatur schon vor 1521 bestanden haben muß.

403 Mit der Marienkirche als neogotischer Kathedrale befaßt sich die Arbeit von Veit Dinkelaker, Die Theologie des Raumes seit dem 19. Jahrhundert – Problematik und Chance für den Gemeindeaufbau, Heidelberg, im Februar 1993. Dinkelaker arbeitet eindrucksvoll heraus, wie das wiedererwachende Interesse an der Gotik in der zweiten Hälfte des 19. Jahrhunderts stark interessengeleitet ist und instrumentalisiert wird: Gotik wird als die germanische Baukunst verstanden und bekommt dadurch eine stark nationale Komponente (S. 11ff). Und: Neogotische Kathedralbauten führen die jahrhundertealte Verbindung von »Thron und Altar« vor Augen und dokumentieren den Anspruch der Volkskirche auch als politischer Faktor in der Öffentlichkeit, ein Anspruch, dem die Kirche im 19. Jahrhundert nur unzureichend nachgekommen ist (z. B. Abwehr der Säkularisierung und Technisierung, Aufnahme von Symbolen nationalstaatlicher Propaganda) (S. 12f.22–24). Den Umgang mit dem vom 19. Jahrhundert überformten Kirchenraum der Marienkirche umreißt Dinkelaker mit den Worten: »Es geht darum, verantwortlich mit der steingewordenen Geschichte eines Kirchenbaus umzugehen. Eine nur religiöse Relevanz für einen Kirchenbau, den das 19. Jahrhundert überformt hat, anzunehmen, ist unverantwortlich: Nationalismus und weltlicher Machtanspruch haben hier mitgebaut, die uns heute

fremd, wenn nicht gefährlich erscheinen. Mit der religiösen Verbrämung ist der Zugriff auf diesen – damals selbstverständlichen – Anspruch erschwert. Heute gilt es, ihn aufzudecken und sich mit ihm auseinanderzusetzen, evtl. ihn zu widerlegen und zu ersetzen. Dabei können uns die erhaltenen Denkmäler dieser Zeit nur behilflich sein! Sie machen eine Auseinandersetzung möglich und auch die Überwindung, indem sie als Raum der Gemeinde in anderem, jedoch verantwortlichem Sinne genutzt werden.« (S. 33)

404 Vgl. dazu in »In neuem Licht. Die Marienkirche Reutlingen« die Übersichtstafel auf S. 66f. Der 4. Pfarrer, zu Askanis Zeit Hartmut Fritz, hat hauptsächlich an der Predigtstätte des IV. Bezirks der Marienkirche, dem Johannes-Brenz-Gemeindehaus, Predigtdienst, gehört aber ebenfalls zum Marienkirchenkonvent. Askani hatte die Festpredigt bei der Einweihung des neuen Brenzgemeindehauses am 24. 04. 1977 und predigte noch viermal dort.

405 In Askanis Predigtnachlaß fand sich der Aufriß eines Reformationsschulgottesdienstes vom 31. 10. 1958 mitsamt der Skizze einer Ansprache zum Ersten Gebot. Askani vergegenwärtigt darin den Schülerinnen und Schülern pädagogisch geschickt die Zeit der Reformation, indem er exemplarisch von den Vorgängen in Reutlingen erzählt: vom Reutlinger Markteid im Mai 1524, zu dem es durch die Predigt des von Melanchthon und Luther beeinflußten Prädikanten Matthäus Alber gekommen war, und von Albers gefährlichem Gang zum Reichsregiment in Esslingen 1525.

406 Theophil Wurm schreibt in seiner Biographie über seine Kollegen in seiner Reutlinger Zeit (1920–1927): »Ich hatte hier sehr tüchtige Kollegen an der Marienkirche, Stadtpfarrer Baur und Stadtpfarrer Stahl. Jeder von uns Dreien gab sein Bestes in der Predigt, und die Reutlinger Bevölkerung machte keinen Unterschied, wer auch auf der Kanzel stand. Auch mit den Kollegen an den anderen Kirchen, mit meinem Altersgenossen Finckh an der Leonhardskirche und mit meinem Vetter Friedrich Roos an der Katharinenkirche, bestand ein gutes Verhältnis … Das kirchliche Leben in Reutlingen war in der ganzen Zeit lebendig und fruchtbar, besonders auch durch die Mithilfe der beiden Pfarrer an der Katharinenkirche, des Stadtpfarrers Roos, später Dekan in Cannstatt, und des Pfarrers Daur, jetzt an der Markuskirche in Stuttgart. Roos hielt vor allem den Volksbund in lebendiger Bewegung, und Daur nahm sich der Jugend an, die ihm teilweise begeistert folgte.« (Erinnerungen aus meinem Leben, S. 69.71)

407 Hier greife ich wieder diesen mir wichtigen Begriff von Axel Denecke (Predigt und Seelsorge, S. 228) auf.

408 Vgl. dazu Reutlinger Ev. Gdeblatt 8. Jg., Juli–August 1993, Blatt 6. Die Vorträge zur Geschichte der Marienkirche und die Predigt von Landesbischof D. Theophil Wurm konnten erst 1946 veröffentlicht werden in dem von Dekan Friedrich Keppler herausgegebenen Sammelband: Die Marienkirche in Reutlingen. Bedeutung, Geschichte, Kunstwerke.

409 Zitiert nach: Theophil Wurm, Gott, dein Weg ist heilig, Predigt über Psalm 77,6–14 anläßlich der 600-Jahr-Feier der Vollendung der Marienkirche in Reutlingen am Kirchweihsonntag, 17. 10. 1943, Sonderdruck aus: Die Marienkirche in Reutlingen, hg. v. Friedrich Keppler, Reutlingen 1946, S. 13f. – Die Predigt ist ferner ausschnittweise abgedruckt in: Schäfer, DErg, S. 143f (im Abschnitt: Die Vernichtung des »lebensunwerten Lebens«) und S. 169 (im Abschnitt: Die Judenfrage). Theophil Wurm, Gott, dein Weg ist heilig, P 17. 10. 1943, in: Friedrich Keppler (Hg.), Die Marienkirche in Reutlingen, S. 13f.

410 Theophil Askani, P 18. 11. 1979 = I, S. 121. Bereits eindreiviertel Jahre zuvor hatte Askani diese Predigt Wurms in seinem Wurm-Artikel in der Stuttgarter Zeitung als

Beispiel für Wurms öffentliche Kritik an der Vernichtung sog. »lebensunwerten Lebens« angeführt (Standhaft im Kirchenkampf. Zum 25. Todestag Theophil Wurms, StZ 28. 01. 1978, Sp. 3): »*[Wurm] hat sich vom Juli 1940 an unter tapferer Unterstützung seiner Oberkirchenräte in immer schärferer Weise an den Reichsgesundheitsführer und an Hitler gewandt, und er hat, was noch schwerer wog, in der Reutlinger Marienkirche in aller Öffentlichkeit der Gemeinde gesagt, die Vernichtung sogenannten ›unwerten Lebens‹ in unserem Lande stehe in unmittelbarem Zusammenhang mit der Vernichtung ›werten Lebens‹ an der Front.*
Auch wenn man im Rückblick die Trauer darüber nicht los wird, daß bei allem Eintreten für die Juden und der Zuflucht, die einige in manchen Pfarrhäusern fanden, der öffentliche Widerstand der Kirche hier längst nicht in derselben Weise sichtbar wurde, wird man doch mit Achtung an den Mut jener Tage denken.« (A. a. O., Sp. 4) Vgl. ferner: Schäfer, DErg, S. 113–146 (Die Vernichtung des »lebensunwerten Lebens«), woraus Askani Informationen entnommen hat, insbesondere aus S. 113.118ff.143f.

411 Brief von Georg Schindlers Witwe Else Schindler an den Verfasser vom 17. 01. 1996.

412 Vgl. PB Dezember 1975, S. 1.

413 Brief von Prälat Dr. Albrecht Hege an den Verfasser vom 17. 09. 1997.

414 Vgl. PB Dezember 1975, S. 1.4.5. Ferner: Ev. Gdeblatt Reutlingen Nr. 18 (21. 09. 1975), S. 70 (»Zum Drandenken«).

415 PB Dezember 1975, S. 4.

416 P 07. 03. 1976 über Jakobus 4,6b–10, S. 2.

417 Brief von Theophil Askani an Familie Wendler, Reutlingen, vom 17. 08. 1979 (mit Federzeichnung).

418 So der ehemalige Direktor des OKR, Kurt Ströbel (†), im Gespräch mit MH am 04. 07. 1995. In ähnlicher Weise äußerte sich OKR i.R. Konrad Gottschick im Gespräch mit MH am 04. 07. 1995 (»Als Askani in Ulm angefragt wurde, für die ›Offene Kirche‹ zu kandidieren, und als er mit mir darüber sprach, habe ich ihm dringend davon abgeraten im Blick auf eine spätere weitergehende Verwendung.«). Ferner Lore Hagdorn im Gespräch mit MH am 15. 03. 1994.

419 Ev.Gdeblatt 22/1979, S. 5 (»Drei Kandidaten für die Bischofswahl. Pfarrer Aichelin, Prälat von Keler und Oberkirchenrat Sorg nominiert«). Die Nominierung fand am 22. 05. 1979 statt, die Vorstellung der Kandidaten in der 11. Sitzung der 9. Evangelischen Landessynode (28.–30. 06. 1976) am Nachmittag des Freitag, 29. 06. 1979 (Vgl. Protokoll der 9. Ev. Landessynode, S. 411–415). Gewählt wurde Hans von Keler.

420 So Lore Hagdorn im Gespräch mit MH am 15. 03. 1994. Der Stuttgarter Prälat Hermann Rieß ging 1980 in den Ruhestand, sein Nachfolger wurde OKR Theo Sorg, der bei der Bischofswahl 1979 nicht zum Zuge gekommen war.

421 Lore Askani im Gespräch mit MH am 15. 11. 1994 (»Ich weiß noch genau, wo der Kampf aufgegeben wurde und wo es nur noch galt, sich dreinzuschicken.« Sie bestätigte mir, daß die Predigt über Offenbarung 21,1–7 in seinem Predigerwirken diese Zäsur markiere.). Ebenso Lore Hagdorn am 15. 03. 1994. Diese lebensgeschichtlich so entscheidende Predigt wird in Kapitel 10 besprochen.

422 Vgl. Kondolenzbrief von Eberhard Dieterich.

423 Theophil Askani, Werkstatt des Predigers [II], Z. 97–105.

424 Vgl. Helmut Tacke, Glaubenshilfe als Lebenshilfe, S. 98–100; Volker Weymann, Trost?, S. 68.75–77.98f.

425 Der bäumepflanzende Franzose bezieht sich auf die Erzählung von Jean Giono, Der Mann mit den Bäumen, Zürich 19856.

426 Theophil Askani, Die Verbindlichkeit des Textes für die Predigt, S. 1.4.
427 Vgl. z. B. V Freude an der Kirche, Bild 9.
428 Vgl. Ansprache des Prälaten bei der Bezirks-Synode Sulz am 24. 02. 1979, S. 1.
429 V Auftrag und Erwartung. Bemerkungen zu aktuellen Problemen der Volkskirche.
430 Zitat aus Brief von Altlandesbischof D. Theo Sorg an MH vom 28. 04. 1994.
431 Theo Sorg, Wir Pfarrer und Pfarrerinnen heute, in: Hermann Mittendorf (Hg.), »Gottes gesammelte Stückwerke«, S. 9–15.
432 Theo Sorg, a. a. O., S. 15; zugleich Zitat auf der Umschlagrückseite der Jubiläumsschrift. Dieser Titel »Gottes gesammelte Stückwerke« ist ein Zitat aus Theophil Askanis Prälatenbrief vom Dezember 1979, S. 6: »*Gottes gesammelte Stückwerke. So könnte man unsere Gemeinden nennen. Gewiss, es gibt bessere und schönere Bilder im Neuen Testament für die Kirche Jesu Christi, und Gott schafft kein Stückwerk, sondern Ganzes. Aber das Stückwerk ist vor unseren Augen und in unseren Händen, und es wird uns schmerzlicher bewusst als vielleicht in früheren Jahren … vielleicht ist das eine Lehre, in die wir geschickt werden, und die uns zeigen soll, welchen Glanz vor Gottes Augen das Stückwerk hat. Der Glanz kommt nicht von uns, aber gerade darum können wir uns daran freuen. Niemand von uns muss satt werden an seinen Erfolgen, und keiner soll darben an seinen Misserfolgen … Und immer noch ist beim Wort vom Stückwerk ganz nahe das … Wort, das zu den unglaublichsten und schönsten des Neuen Testaments gehört. Entweder muss einer ganz von Sinnen sein, wenn er so etwas sagt, oder aber er hat in Jesus Christus, seinem Herrn, etwas von der Seligkeit der ganzen Wahrheit gespürt. Ich meine, was 1. Korinther 13 steht: ›Dann aber von Angesicht zu Angesicht‹. Wenn das so ist, können wir getrost miteinander unterwegs sein, im Stückwerk und in mancher Armseligkeit und doch in der weiten, seligen Hoffnung unseres Glaubens. Es ist so!*«
433 Vgl. Redebeitrag von Theophil Askani bei der 48. Sitzung der 8. Ev. Landessynode (1972–1977) am Samstag, dem 04. 06. 1977, Protokollband S. 2012. In diesem Redebeitrag, in dem Askani für die Wahrnehmung von und für das Achten auf Fixierungen plädiert (inklusive des Beispiels des auf das Röntgenbild fixierten Arztes, der von dem auf dem Tisch im Adamskostüm liegenden Sohn ständig als von der Tochter sprach), spiegelt sich Askanis Vortrag »Kirchenwahlen als Einübung des Glaubens« wider, den er in eben jener Zeit verschiedentlich hielt und den wir in Kapitel 11 im Wortlaut dokumentieren.
434 An diesen beiden lateinischen Zitaten wird Askanis Prägung durch Theophil Wurm sichtbar. Das ›Cui bono?‹ spielt auf Wurms Denkschrift vom 28. 08. 1938 an, in der dieser seine Fragen an die nationalsozialistische Kirchenpolitik zusammenstellt und die mit den Worten beginnt: »Cui bono? Wem nützt die heutige Kirchenpolitik? Die Kirchenpolitik des Staates darf nicht an irgend einem kirchlichen Maßstab gemessen werden. Sie muß sich dadurch rechtfertigen, daß sie dem Staat Gewinn bringt. Dieser Gewinn kann ein innenpolitischer oder ein außenpolitischer sein oder auch beides. Wenn eine Kirchenpolitik aber gar keinen Gewinn bringt, dann ist es Zeit, sie abzubrechen.« (Vgl. Schäfer, D5, S. 1046–1052) – Mit ›dixi et animam meam salvavi‹ schloß Wurm seine Briefe an die Repräsentanten des NS-Staates, etwa seine Protestschreiben gegen die sog. Euthanasie.
435 Redebeitrag von Theophil Askani bei der 50. Sitzung der 8. Ev. Landessynode (1972–1977) am Dienstag, 25. 10. 1977, Protokollband S. 2105f.
436 Vgl. Protokollband 9. Ev. Landessynode, 25. Sitzung (25. 06. 1981), S. 978f (Landesbischof Hans von Keler gibt vorzeitigen Ruhestand Askanis auf 01. 09. 1981 be-

kannt); vgl. ferner Reutlinger Generalanzeiger 31. 08. 1981 (Durch Dialog vermitteln lernen. Prälat Theophil Askani in den offiziellen Ruhestand).

437 Vgl P 14. 06. 1981 = I, S. 9–18.

438 Reutlinger Generalanzeiger 15. 06. 1981 (Von der Gemeinde verabschiedet).

439 Theophil Askani, Abschiedsandacht vor der Württ. Ev. Landessynode am 27. 06. 1981, Protokollband der 9. Ev. Landessynode, 27. Sitzung, S. 1088–1090 (1090 folgt: offizielle Verabschiedung durch Synodalpräsident Holland); abgedruckt in Auszügen im Ev. Gdeblatt 12/1982 (21. 03. 1982), S. 10 und vollständig in II, S. 26–32.

440 Vgl. Ev. Gdeblatt Reutlingen Nr. 14/1981 (12. 07. 1981), S. 57f.

441 Theophil Askani, Werkstatt des Predigers [II], Z. 5–8; dieser homiletische Beitrag wird im übernächsten Kapitel eingehend besprochen.

Kapitel IX: Letzte Monate in Stuttgart

442 Mitteilung der Stuttgarter Adresse an die Freunde, Faltkarte A6 quer mit Federzeichnung des Hauses im Wildermuthweg 25 und Anfahrtskizze, auf den beiden Innenseiten das vierstrophige Gedicht.

443 Abschiedswort von Prälat D.Theophil Askani, Ev. Kinderkirche 3/1982, S. 194.

444 Diese Rundfunkandachten finden sich sämtlich im Nachruf-Predigtbändchen: Denn Du hältst mich bei meiner rechten Hand.

445 Ich danke Frau Prof. Dr. Luise Abramowski für die Erlaubnis, ihre Ansprache zur Ehrenpromotion Askanis einzusehen; ebenso Frau Anneliese Ziessow vom Dekanat der Evangelisch-Theologischen Fakultät Tübingen für die Einsicht in die dort gesammelten Pressenotizen zur Ehrenpromotion Askanis.

446 Vgl. dazu epd-Württemberg Nr.3/1982 (11. 01.), S. 2 (»Theologischer Ehrendoktor für Theophil Askani«); Pressemitteilung der Eberhard-Karls-Universität vom 12. 01. 1982 (»Prälat Askani und Pfarrer Grünzweig neue Ehrendoktoren der Evangelisch-Theologischen Fakultät«). In der Presse: Reutlinger Generalanzeiger 12. 01. 1982, Südwest-Presse 12. 01. 1982, Schwäbisches Tagblatt/Tübinger Chronik 14. 01. 1982. Vgl. ferner Ev. Gdeblatt Reutlingen Nr. 2, 24. 01. 1982, S. 1 und Ev. Gdeblatt 6/1982, S. 5.

447 Die Söhne Hans-Christoph und Gottfried Askani hatten für die Tübinger Fakultät eine Liste mit den Lebensstationen ihres Vaters und den ihnen in der dafür kurzen Zeit zugänglichen Veröffentlichungen zusammengestellt.

448 Ansprache von Prof. Dr. Luise Abramowski zur Eröffnung der Ehrenpromotion von Theophil Askani; Registratur Dekanat der Ev.-Theol. Fakultät Tübingen.

449 Bericht von der vollzogenen Ehrenpromotion: Ev. Gdeblatt 6/1982, S. 5 (»Ehren-Doktoren der Theologie« [mit Bild]). Im Nachrufband »Denn Du hältst mich bei meiner rechten Hand« ist in der vorderen Einbandklappe Prälat D. Theophil Askani abgebildet, wie er am 23. 01. 1982 sich der überreichten Urkunde freut.

450 Morgenfeier von Theophil Askani über Jes 40,30f am 07. 03. 1982 in SDR I (aufgenommen 04. 02. 1982, abgedruckt in II, S. 60–68).

451 Helmut Aichelin, Grabrede für Theophil Askani am 08. 03. 1982, in: II, S. 9–16, Zitat aus S. 13.

452 Vgl. dazu Reutlinger Generalanzeiger 09. 03. 1982 (»Künder des Christusgeheimnisses«).

453 Nachruf von Dekan Eberhard Lempp, Nagold, als Vertreter der Dekane, am 08. 03. 1982.

454 Nachruf Heiner Hägele für Theophil Askani am 08. 03. 1982.
455 Stuttgarter Nachrichten 09. 03. 1982, »Prälat Theophil Askani war vielen Menschen ein guter Freund. Prediger von hohen Graden. Der Rundfunk sendete am Sonntag seine letzte Predigt. Von unserem Redaktionsmitglied Rüdiger Matt.«
456 Bernhard Lang, Pressemitteilung betreffend Askanis Tod (undatiertes, handschriftlich ergänztes Skript).
457 Nachruf von Prälatur und Dekanat Reutlingen, in: Reutlinger Generalanzeiger 05. 03. 1982.

Kapitel X: »... ein wahrhaft seelsorglicher Prediger!«

458 Vgl. dazu: Theophil Askani, Prediger im Münster, Sp. 2f; Die Verbindlichkeit des Textes für die Predigt, S. 1 [dort Hinweis auf den sich selbst wandelnden Prediger unter Anspielung auf Verse von Albrecht Goes, die Tübingen und den Neckar vor Augen malen: »Im halben Licht des Nachmittages / Flußaufwärts rudernd und allein – / Du Spiegelglanz der Silberweide, / Ihr vielvertrauten Häuserreihn, / Mein Fenster dort, Torhof und Leben, / Sturmweg der Nächte, Jahr um Jahr. / Sind zwei im Boot: der, der ich wurde, / Und jener andre, der ich war?« (abgedruckt in II, S. 31)]; Werkstatt des Predigers [II], Z. 97–99.
459 Theophil Askani, Da es aber jetzt Morgen war, S. 7.
460 P 08. 11. 1981 über Ps 73,23–24 in: Johannes Kuhn (Hg.), Wer ist Gott?, Stuttgart 1982, S. 123–130; P 07. 03. 1982 über Jesaja 40,30.31 in: Johannes Kuhn (Hg.), Lebenserfahrungen mit Worten der Bibel, Stuttgart 1983, S. 7–14.
461 Gerhard Schäfer, Vom Wort zur Antwort, S. 114–117 (»Vom Umgang mit Zeitfragen und mit dem Nächsten. Eine Bußtagspredigt von Theophil Askani« = P 19. 11. 1980, Bußtag, in: I, S. 183–190).
462 Gott dienen ist höchste Freiheit, Heft III/2, S. 91.
463 Calwer Predigtbibliothek Band 1, S. 164–169 (P 25. 03. 1979, Joh 12,20–26); Band 2, S. 221–226 (P 18. 11. 1979, Mt 25,31–46).
464 Evangelisches Gesangbuch, Ausgabe für die Evangelische Landeskirche in Württemberg, Stuttgart 1996, S. 1169.
465 Vgl. Theophil Askani, P 19. 11. 1980, Tübingen, über Lk 6,36–42 = I, S. 183–190; Felix Huby (Eberhard Hungerbühler), Oh Gott, Herr Pfarrer. Ernste und heitere Pfarrhausgeschichten von heute, Stuttgart 1988, S. 55–58.
466 Es handelt sich um P 04. 04. 1980, 2. Kor 5,14–21 = I, S. 77–84. Ausführlich untersucht in: Steffen Bauer, Karfreitag predigen. Wirklichkeit und Möglichkeit der Karfreitagspredigt in unserer Zeit, dargestellt an exemplarischen Predigten über 2. Korinther 5,14b–21. Inauguraldissertation ..., vorgelegt Heidelberg Februar 1994, S. 37.138–156.162–165.204–207.237–240. Die kritischen Anmerkungen finden sich S. 144ff.150f.155.
467 Zur Reutlinger Homiletik gehören im weiteren Sinn auch die beiden in Reutlingen niedergeschriebenen und in Kapitel 5 und 7 bereits angesprochenen Beiträge Askanis: Vorwort zum Predigtband von Rudolf Daur (†), Wie im Himmel, so auf Erden (1977); Prediger im Münster (anläßlich des 600-Jahr-Jubiläums des Ulmer Münsters 1977).
468 Vgl. Eberhard Jüngel, Was hat die Predigt mit dem Text zu tun?, in: Ders., Predigten, München 1968, S. 126–143, dort S. 138.
469 Askani, Verbindlichkeit, S. 4. Seitenangabe nach dem MH in Kopie vorliegenden Skript.
470 Askani, Werkstatt I, S. 9f.

471 Askani, Verbindlichkeit, S. 8.
472 Eberhard Jüngel, Was hat die Predigt mit dem Text zu tun?, S. 134. Askani hat seine Thesen in intensivem Gespräch mit den in jenem Essay artikulierten Thesen Jüngels aufgestellt.
473 Askani, Verbindlichkeit, S. 8.
474 Askani, Verbindlichkeit, S. 8.
475 Werkstatt, S. 10; Werkstatt [II], Z. 309f.
476 Askani, Verbindlichkeit, S. 9.
477 Askani Verbindlichkeit, S. 9f.
478 Verbindlichkeit, S. 10. Vgl. dazu Jüngel, a. a. O., S. 141: These III/5: »Die Predigt muß als Übersetzung des Textes zugleich den Hörer übersetzen, so daß der Hörer sich von Gottes zuvorkommendem Wort erreicht und bestimmt erfährt.«
479 Askani, Verbindlichkeit, S. 10.
480 Vgl. Prediger im Münster, Sp. 3.
481 Askani, Werkstatt [I], S. 4; Werkstatt II, Z. 153–157.
482 Askani, Verbindlichkeit, S. 1.
483 Askani, Werkstatt, S. 8.
484 Werkstatt II, Z. 160–168.
485 Askani, Werkstatt [I], S. 4; vgl. auch Prediger im Münster, Sp. 3.
486 Vgl. Eberhard Jüngel, Was hat die Predigt mit dem Text zu tun?, S. 137.
487 Zum gesamten Absatz vgl. Werkstatt [I], S. 6.
488 Werkstatt, S. 7.
489 Werkstatt II, Z. 272–275.
490 Werkstatt II, Z. 284–294 i. A.
491 Werkstatt, S. 8.
492 Rudolf Bohren, Predigtlehre, S. 17f, von Askani aufgenommen in: Werkstatt [I], S. 1f; Verbindlichkeit [Anf. Okt. 1977], S. 2; P 09. 10. 1977 (Landeskonferenz Kindergottesdienst Stuttgart), vgl. Kapitel XII.
493 Werkstatt [I], S. 11.
494 Werkstatt II, Z. 317–319.
495 Werkstatt II, Z. 321–327 i. A. Dieses biblisch gesättigte Trostverständnis findet sich neben und nach Askani in den praktisch-theologischen Arbeiten von Helmut Tacke, Christian Möller und Volker Weymann. Wider alle Trostvergessenheit in gegenwärtigen Seelsorgekonzeptionen halten sie »Trost« als Perspektive christlicher Seelsorge und als Leitbegriff seelsorgerlichen Predigens fest. Vgl. Tacke, Glaubenshilfe als Lebenshilfe, S. 98-100; Möller, Seelsorglich predigen, S. 97-108; ders., Luthers Seelsorge und die neueren Seelsorgekonzepte, S. 87; Weymann, Trost?, passim. Eine systematische Zusammenstellung wichtiger Aspekte des Trostes aus diesen Arbeiten findet sich in: Martin Hauff, Theophil Askani als Paradigma eines seelsorglichen Predigers, Diss. Heidelberg 1996, S. 16f.
496 Vgl. P 01. 02. 1981 über Matthäus 14,22–33 = I, S. 32–39, dort S. 33.
497 Theophil Askani, Vorwort zum Predigtband »Wie im Himmel, so auf Erden« von Rudolf Daur, Z. 47–49.
498 P 15. 06. 1980.
499 In der neueren Homiletik wird die seelsorg(er)liche Dimension der Predigt in markanter Weise vertreten von Wolfgang Trillhaas, Evangelische Predigtlehre, 1948[3], 1964[5] (spezielle Behandlung der seelsorgerlichen Dimension der Predigt als »pastorale Homiletik«); Axel Denecke, Predigt und Seelsorge. Die seelsorgerliche Dimension der Predigt und derer, die predigen, 1992; Ryszard Hajduk, Die seelsorgliche Dimension

der Predigt, 1995. – Seit Christian Möllers Buch »Seelsorglich predigen« werden in der homiletischen Diskussion beide Adverbformen – seelsorglich und seelsorgerlich – nebeneinander verwendet. In unserem Fall ist strenggenommen die ältere Form (seelsorgerlich) die angemessenere, da die seelsorgerliche Dimension der Askanischen Predigten sich wesentlich der Erfahrung verdankt, einem passionierten und profilierten Seelsorger auf der Kanzel begegnet zu sein.

500 Dennecke, Predigt und Seelsorge, S. 228.

501 Mit diesem Terminus greife ich einen Begriff des Deuterojesaja-Exegeten Werner Grimm auf, den dieser erstmals bei der Exegese der deuterojesajanischen »Fürchte dich nicht«-Worte eingeführt hat (Fürchte dich nicht. Ein exegetischer Zugang zum Seelsorgepotential einer deuterojesajanischen Gattung, Frankfurt 1986).
An der Paraklese ausgerichtete Seelsorge und Predigt gehen also nicht davon aus, »die verschütteten psychischen Kräfte im Partner wachzurufen und Hilfe zur Selbsthilfe zu ermöglichen, wobei das Potential zur Selbsthilfe im Seelsorgepartner selber gesucht und angesprochen wird. Die zugrundeliegende optimistische Anthropologie ist mit evangelischer Erkenntnis nicht zu vereinbaren.« (Helmut Tacke, Thesen zur Situation der Seelsorge 9 [Kritik an der das Leitbild Arzt – Patient auf die kirchliche Seelsorge übertragenden therapeutischen Seelsorgebewegung]) Vielmehr gehen parakletische Seelsorge und Predigt vom Trostpotential biblischer Texte aus, das den Menschen heilsam auf den Christus extra nos anspricht, der vom Drang zur Selbsterlösung und vom Zwang zur Selbstproduktion von Lebenssinn befreit (vgl. Lauther/Möller, Helmut Tacke, 357f).

502 Die mit der zweiten Grundfrage gegebene Alternative arbeitet Axel Denecke in seinem Aufsatz »Predigt und Seelsorge. Die seelsorgerliche Dimension der Predigt und derer, die predigen« (1992) heraus. Er vertritt entschieden die Auffassung, die seelsorgerliche Dimension der Predigt werde wesentlich durch die seelsorgerliche Wirkung des Predigers bestimmt, sofern dieser für die Hörenden als Diener Christi und der Gemeinde glaubwürdig erkennbar und erfahrbar werde. Denecke stützt seine Position mit einem empirischen und einem theologischen Argument: Er verweist einmal auf die konkrete Erfahrung der »seelsorgerlichen Langzeitwirkung« der Predigten seines eigenen Vorgängers in Osnabrück, des Barthianers Richard Karwehl; dessen Predigten seien durch die Integrität seiner Person bewahrheitet gewesen. Sodann stützt er sich auf die Exegese von 2. Korinther 4,5: »Wir predigen nicht uns selbst als Herren, sondern wir predigen Jesus Christus als den Herrn, uns selbst aber predigen wir als eure Knechte um Jesu willen.« Daraus sei zu entnehmen, daß der Prediger seinen eigenen Glaubensweg, seinen Zweifel, seine innere Gewißheit wie selbstverständlich mitpredige. Entscheidend sei, daß der Prediger nicht sich selbst zum Herrn aufspiele, sondern Diener Christi und der Gemeinde bleibe.
In der Wort-Gottes-Homiletik des kirchlichen Paradigmas, so Denecke, sei das zum Schlagwort verkürzte Pauluszitat »Wir predigen nicht uns selbst, sondern Christus« zur dogmatischen Abwehr jeder Subjektivität des Predigers in der Predigt mißbraucht worden. In der Tat behauptet etwa Rudolf Bultmann in seinem Vortrag »Kirche und Lehre im Neuen Testament« von 1929 in aller Schärfe: »Der Prediger verkündigt ja nicht sich selbst (2 Kor 4,5) und kommt deshalb in seinem persönlichen Verhalten, seiner Glaubensstärke oder ethischen Qualität nicht in Frage; er geht als religiöse oder ethische Persönlichkeit den Hörer nichts an.« (Glaube und Verstehen I, S. 183) Diese zugespitzte Formulierung ist zwar verständlich in der Anfangszeit des kirchlichen Paradigmas, als die Abgrenzung von der liberalen Theologie im Vordergrund stand, aber schon beim mittleren und ganz deutlich beim späten Barth – darauf weist Denecke hin

– gibt es Äußerungen, die dem Prediger Relevanz für die Übersetzung des Evangeliums zuerkennen, wenn Barth etwa formuliert, des Predigers Aufgabe bestehe darin, »seinem Herrn zu assistieren, daß er ... sein Freudenwort durch das, was er sagen, sein und tun kann, in seinen Grenzen, bescheiden oder bestimmt bestätigt«. (KD IV/3, S. 758)

Von meinen eigenen Wahrnehmungen des Predigers Askani her stimme ich Denecke insoweit zu, als der Person des Predigers für die seelsorgerliche Dimension der Predigt ein hoher Stellenwert zukommt. Zugleich ist mir jedoch Christian Möllers Einsicht wichtig, daß das biblische Trostwort (2. Korinther 1,4) einen Mehrwert vor der Person des Predigers hat. Dieser Mehrwert des Wortes vor der Person entlastet und begrenzt den Prediger auf heilsame Weise, insofern er sich gegen alle Selbstüberschätzung und in allem Zweifel von einem Text tragen lassen und auf ein Wort berufen kann, das die Verheißung hat, nicht leer zurückzukommen. Eben diesen Konnex von 2. Kor 4,5 mit 2. Kor 1,4 hat Christian Möller (Zwischen »Amt« und »Kompetenz«, S. 473, Anm. 24) im Blick, wenn er betont, ein seelsorglicher Prediger könne nur mit dem Trost trösten, mit dem er selbst getröstet worden sei, und deshalb sei es unabdingbar, daß sich der Prediger in den seelsorglichen Ruf der Paraklese selbst mit einschließe.

503 Theophil Askani, Investiturpredigt 3. Advent, 15. Dezember 1957 über 1. Korinther 4,1–5, S. 1f.

504 Theophil Askani, Predigtmeditation »Wer ist das, die Kirche?«, in: FAB 18/1974, S. 11–16, dort S. 13f.

505 Vgl. Christian Möller, Seelsorglich predigen, S. 18–22.23–29.

506 Zur Textfassung: Ausgangsbasis ist das von Lore Hagdorn getippte Skript. Wichtige Zusätze in der Rundfunkversion sind mit eckigen Klammern gekennzeichnet: [ ]. Der in der Rundfunkversion fehlende Abschnitt ist mit den Winkelklammern ⌈ ⌋ markiert; Zusätze im von Lipp und Zink herausgegebenen Predigtband mit | |. Bibeltext nach der Luther-Revision 1975.

507 Theophil Askani, Predigtmeditation zu Offb 22,12–17.20.21, in FAB 32 (1978), S. 779.

508 Christian Möller, Seelsorglich predigen, S. 50f.

509 Vgl. P 04. 02. 1982 = II, S. 63.

510 Theophil Askani, Prälatenbrief vom September 1981, S. 3f.

511 Vgl. Karl Hartenstein, Der wiederkommende Herr, Ausgabe 1939 (Heft 1, Einführung in die Grundgedanken der Offenbarung, S. 13–16). Daß dieses eschatologische Hoffen ein entschiedenes Handeln im Vorletzten, unter den Bedingungen der vergehenden Welt, nicht ausschließt, zeigt sein Wirken als Stuttgarter Prälat seit 1941, der nach der Evakuierung des Oberkirchenrats nach Großheppach ins Remstal (1944) als einziger Vertreter der Kirchenleitung in der Stadt blieb und als Seelsorger auch ganz konkrete Fürsorge in den letzten Kriegsmonaten und der allerersten Nachkriegszeit leistete; vgl. Hermann und Markus Hartenstein, »Im Dienst des unüberwindlichen Herrn«, S. 58–69

512 Vgl. Rudolf Daur, Ewigkeit in der Zeit. P 1. Joh 2,18 (Ewigkeitssonntag 1944), in: Die Zeit ist erfüllt, S. 252–258.

513 Jakob Schoell, Ist mit dem Tode alles aus?, S. 23.

514 Rudolf Daur, Wie im Himmel, so auf Erden, S. 213–222 (Neuer Himmel, neue Erde, P 30. 01. 1966 über Offb 21,1–5). Vgl. dazu das von Theophil Askani verfaßte Vorwort für den posthum herausgegebenen Daur-Predigtband »Wie im Himmel, so auf Erden«, dessen letzte abgedruckte Predigt diejenige zu Offenbarung 21,1–5 ist. Diese Predigt hat Askani im besonderen im Blick, wenn er sein Vorwort mit den Zeilen schließt: »*Manche Predigt hört auf mit einem Ton und Amen, in dem man gerne ge-*

borgen sein kann. Und vieles, was in diesem Band gesammelt ist, läßt einen auf den Weg treten mit der Frage: und jetzt? Da ist … ein Locken, das Abenteuer zu wagen, in Jesu Namen auf Gottes guten Willen sich zu verlassen und seinen guten Willen zu tun. Das Abenteuer lohnt sich, wie die letzte Predigt dieses Bandes sagt, heute morgen und morgen früh und noch, wenn die Schatten länger werden.« (S. 9)

515 Rudolf Daur, a. a. O., S. 220

516 Frühere schriftliche Belege der Fangelsbachfriedhof-Erzählung: Geistliche Besinnung Gedanken zum Tod, Stuttgarter Zeitung 19. 11. 1966, S. 25; nochmals abgedruckt unter dem Titel: Christen wissen mehr. Besinnung zum Ewigkeitssonntag, in: Ev. Gemeindeblatt für Ulm und Neu-Ulm, 24. Jg., Nr. 11/November 1972, S. 1. Eine Jugend und ein Pfarramt in der Markusgemeinde, Z. 52–61. Einzelne Erzählzüge: Bischof Franz Hein – Pfarrer an der Markuskirche in Stuttgart (1947–1967), S. 58, Z. 55–60. Und: P 05. 02. 1978, S. 2.

517 Vgl. Volker Weymann, Bilder der Hoffnung angesichts von Sterben und Tod, S. 506–509. Der Gedanke der Treue taucht in Askanis letzter Rundfunkandacht über Jes 40, 30f noch einmal an prominenter Stellung am Ende seiner Andacht auf: *»Es mag sein, daß wir einander einmal nicht mehr so recht verstehen, mein Text und ich, und daß das Meer der Sorgen und Fragen steigt. Das ist die Stunde der Treue, wie Bonhoeffer einmal sagt. Die Stunde der Treue aber ist die Stunde Gottes, denn Gott ist treu.«* (II, S. 68)

518 Brief von Theophil Askani an Richard Glaser vom 15. 11. 1966, Z. 8–11. Die Anlage zu diesem Schreiben ist das maschinenschriftliche Skript für die Samstagsausgabe der Stuttgarter Zeitung (19. 11. 1966) mit der Überschrift: Zum Totensonntag. In seinem Brief hat Askani sein Einverständnis mit einer eventuellen Änderung der Überschrift bekundet. Glaser änderte ab in den Titel: Gedanken zum Tod.

519 Helmut Sigloch, LP [für die Reihe ohne Punkt] 18. 04. 1993 (Quasimodogeniti, Johannes 21,1–14), S. 2.

520 So Altlandesbischof D. Helmut Claß im Gespräch mit MH am 14. 04. 1995. Seiner Meinung nach ist der ganze Askani in den Predigten zu Johannes 21 (P 13. 04. 1975/P 26. 04. 1981), in der Bußtagspredigt 1980 (P 19. 11. 1980) und in der Reutlinger Abschiedspredigt (P 14. 06. 1981) enthalten.
Als eine Stimme aus der Reutlinger Marienkirchengemeinde sei die Äußerung von Evmarie Ziekur in der von MH 1995 durchgeführten Gesprächsreihe »Reutlinger Prediger zum Advent – (IV) Theophil Askani« am 21. 12. 1995 zitiert: »Es hat sich eine ganz intensive Beziehung zum Prediger über die Predigt entwickelt, da man um den ganzen biographischen Hintergrund wußte. Diese Beziehung war so intensiv, daß für mich bei den letzten Predigten in Reutlingen unausgesprochen immer das Wort über dem Prediger stand: ›Da es aber jetzt Morgen war, stand Jesus am Ufer.‹ Darin steckt der ganze Askani. Dieses Wort habe ich immer mitgehört und mitverbunden beim Prediger Askani, ohne daß ich zunächst wußte, daß dieses Wort den – treffenden – Titel für den Predigtband abgeben würde.«

521 So Helmut Claß im Gespräch mit MH am 14. 04. 1995.

522 Konrad Gottschick im Gespräch mit MH am 04. 07. 1995.

523 Hermann und Markus Hartenstein, Im Dienst des unüberwindlichen Herrn, S. 85.

524 Karl Hartenstein, Da es nun Morgen war, S. 15.

525 Vgl. Albrecht Goes, Hagar am Brunnen, S. 149–156; die in diesem Band abgedruckten Predigten sind sämtlich ohne Datumsangabe, weil sie keine Kanzelmanuskripte sind, sondern als gedruckte opera ein Konzentrat der freien Rede bilden. Lediglich

der Einbandtext der Predigtsammlung gibt die Auskunft, daß die darin vorliegenden Predigten aus den Jahren 1954 bis 1957 stammen.

526 Goes, a. a. O., S. 152.

527 Goes, a. a. O., S. 155f.

528 Der Schmerzensmann entstand 1429 als eines der Frühwerke des Künstlers und ist – auf Askanis Initiative zurückgehend – seit 1976 an seiner ursprünglichen Stelle am Hauptportal des Münsters durch eine Kopie ersetzt; das Original fand Aufstellung im Kircheninnern an der Stelle, wo der Chorbogen über dem Kreuzaltar beginnt. Hans Multscher, einer der bedeutendsten deutschen Künstler an der Wende zum spätgotischen Realismus, geboren um 1400 in Reichenhofen (heute zu Leutkirch im Allgäu), wirkte seit 1427 in Ulm, wo er eine große Werkstatt leitete und 1467 starb (vgl. Brockhaus Enzyklopädie 15, S. 183). Vgl. den Ausstellungskatalog: Hans Multscher, Bildhauer der Spätgotik in Ulm. Eine Ausstellung des Ulmer Museums und des Württembergischen Landesmuseums Stuttgart im Ulmer Museum 7. September bis 16. November 1997, S. 300-302.

529 Vgl. Rudolf Bohren, Mission und Gemeinde. Mit einer Anmerkung zur seelsorgerlichen Predigt (TEH NF 102, 1962, dort S. 15–20): Bohren warnt vor drei Gefahren der seelsorgerlichen Predigt: (a) der Individualisierung und damit des Verlustes der Dimension der Gemeinde, (b) der Psychologisierung und damit privatisierenden Uminterpretation von dem Volk als ganzem geltenden Texten sowie (c) der Ausklammerung der in der durchschnittlichen Seelsorgepraxis des Pfarrers nicht vorkommenden Lebensgebiete (z. B. Arbeitswelt). Den Einwand (a), auf den es mir hier ankommt, hat bereits Thielicke in seinem systematisch-homiletischen Aufsatz »Die christliche Botschaft an den Menschen des Säkularismus« im Blick, wenn er vor der Verzerrung seelsorglicher Predigt in die ungeschichtliche Innerlichkeit warnt (a. a. O., S. 242–246).

530 Dieser Wert ergab sich beim Abstoppen der als Kassette vorliegenden Rundfunkaufzeichnung. Die genau bemessene Sendezeit erforderte ein exaktes Ablesen des Manuskriptes; insgesamt las Askani zügig, das erste Drittel sogar sehr zügig, mit nur geringfügigen Abweichungen vom Manuskript.

531 Karl Gerok, Palmblätter, Stuttgart 1860, S. 53f, Strophe 1 und 4; Sperrung MH.

532 Theophil Askani, Abschiedsandacht über Spr 3,34 am 27. 06. 1981 = II, S. 31 – Stenographie-Fassung.

533 Dekan Eberhard Lempp, Nachruf im Namen der Dekane des Sprengels Reutlingen bei der Beerdigung von Prälat D. Theophil Askani am 08. 03. 1982, Kopie im Besitz von MH, vgl. oben Kapitel 9.

534 Neben dieser Erfahrung in der Brenzgemeinde hat zum einen der durch Rudolf Daur und sein Engagement in der Una-Sancta-Bewegung geprägte Festcharakter des Abendmahls in der Markuskirche (vgl. 183–186) Askanis Abendmahlsverständnis beeinflußt, zum anderen nimmt Askani Impulse aus Hartensteins aus der Erfahrung in der Ökumene und in den Kriegsjahren neugewonnenem Verständnis des Mahls als Trost- und Freudenmahl auf, wie dieser es gegen die Geringschätzung in Württemberg seit der Aufklärung insbesondere in seiner Kreuzwegsbetrachtung 1944/45 (S. 42–50.51–61) und in der Schrift: Da es nun Morgen war (S. 22–27) pointiert zur Geltung gebracht hatte.

535 Vgl. Andreas Richter-Böhne, Unbekannte Schuld: die politische Predigt der Kirche darf die seelsorgerliche und die prophetische Dimension ihres Auftrags nicht als Alternativen verstehen, sondern muß sie in ihrer Dialektik aufrechterhalten (S. 169, These 5.2, ferner S. 135–139).

Kapitel XI: Vorträge

536 Über die verschiedenen Gruppierungen als Ausdruck der Vielfalt der Kirche und das Problem der Polarisierung sprach Askani auch als Redaktionsgast bei der Südwest Presse Tübingen, vgl. Artikel »Nicht als Zensor« vom 06. 04. 1978.

Kapitel XII: Freund und Förderer der Kinderkirche

537 Theophil Askani, Voraussetzungen für das Helferamt, S. 107.

538 Vgl. Paul Fischer, Erinnerungen an 50 Jahre Markusgemeinde, S. 27.

539 Vgl. dazu: Martin Hauff, Das Erzählen biblischer Geschichten im Kindergottesdienst. Eine historisch-systematische Untersuchung. Hausarbeit für die I. Evangelisch-theologische Dienstprüfung im WS 1989/90 bei Prof. Dr. Karl Ernst Nipkow, Tübingen (maschinenschriftliches Skript).

540 Briefliche Mitteilung von Renate Krebs, Weil im Schönbuch, vom 26. 07. 1994 an den Verfasser.

541 Theophil Askani, Lebenszeichen einer mündigen Gemeinde, Ev. Gdeblatt 41/1966, S. 9.

542 Theophil Askani, Die »anderen« Kinder, S. 64.

543 Theophil Askani, Die »anderen« Kinder, S. 67.

544 »Gemeindezentrum Fleckenweinberg ... – Eine Anweisung zum Gebrauch«, hg. vom Pfarramt der Brenzkirche Stuttgart, 1970, S. 19.

545 Theophil Askani, Die »anderen« Kinder, S. 63.

546 Mündliche Mitteilung von Dekan i. R. Jakob Straub an den Vf. am 06. 12. 1994. Zur Person Jakob Straubs vgl. Eberhard Dieterich, Abschied von Jakob Straub (1913–1997), in: Ev. Kinderkirche 4/1997, S. 297; Schäfer, D[6], S. 1462.

547 Ev. Kinderkirche 35/1963, Nr. 1, S. 57.59. Auf der Landeskonferenz am 13. Oktober 1963 in der Stiftskirche in Stuttgart hatte Askani das »Wort des Dankes und des Abschlusses der Konferenz« (Ev. Kinderkirche 3+4/1963, jeweils letzte Umschlagseite). 1967 schrieb Askani das Manuskript zu einer Geschenk-Schallplatte für Kinder und Erwachsene mit dem Titel »Die Kunst, Weihnachten zu feiern« (Ev. Kinderkirche 4/1967, 3. Umschlagseite).

548 Vgl. Ev. Kinderkirche 4/1971, S. 285 und Ev. Kinderkirche 1/1972, S. 66. – Auf der Regionaltagung über Fragen der Kindergottesdienstarbeit für Pfarrer aus den Landeskirchen Baden, Bayern und Württemberg vom 10. bis 12. 06. 1974 im Haus der Kinderkirche in Beilstein hielt er am 11. 06. 1974 das Referat »Neue Kindergottesdienstformen – eine Herausforderung an den Erwachsenengottesdienst« (Ev. Kinderkirche 2/1974, S. 126).

549 Wie Heinrich Hägele (württ. Landeskinderkirchpfarrer 1967–1974) dem Vf. am 04. 07. 1994 mitteilte, brachte Askani sich ein durch intensive Mitarbeit im Landesausschuß, in späteren Jahren durch Predigten bei Landeskonferenzen, Vorträge auf Gesamttagungen und Abschiedsworte. Dagegen habe er sich aus Zeitmangel trotz mehrmaliger Bitte nicht dafür gewinnen lassen, Bearbeitungen für die Zeitschrift »Evangelische Kinderkirche« zu übernehmen, was bei seinem Erzähltalent die Zeitschrift mit Sicherheit bereichert hätte.

550 Dekan i. R. Jakob Straub, 1. Vorsitzender des Württ. Ev. Landesverbandes für KGD Nov. 1962–1976, im Gespräch mit MH am 06. 12. 1994.

551 Diesen Hinweis verdanke ich Dekan Eberhard Dieterich, Calw, württembergischer Kinderkirchpfarrer 1974–1991. Der Vortrag ist abgedruckt in dem Berichtsband: Ich

sende euch. Bericht der Haupttagung des Gesamtverbandes für Kindergottesdienst in der EKD vom 2. bis 6. Juni 1966 in Karlsruhe, S. 52–63.

552 Theophil Askani, Kindergottesdienst – Einübung ins Christenleben, S. 57.

553 Theophil Askani, Kindergottesdienst – Einübung ins Christenleben, S. 56.

554 Theophil Askani, Lebenszeichen einer mündigen Gemeinde, Ev. Gdeblatt 61 (1966), Nr. 41, S. 9.

555 Theophil Askani, Voraussetzungen für das Helferamt, in: Kirche für Kinder – Augsburg 1975, S. 104–122.

556 Theophil Askani, Kindergottesdienst – Einübung ins Christenleben, S. 57.

557 Theophil Askani, Kindergottesdienst – Einübung ins Christenleben, S. 62.

558 Vgl. dazu Theophil Askani, Investiturpredigt am 3. Advent 1957 in der Markuskirche über 1. Kor 4,1–5.

559 Walter Ortwein, seit 1981 Mitglied im Landesausschuß des Württ. Ev. Landesverbandes für KGD, teilte dem Vf. am 13. 11. 1993 mit, daß Askani für die württembergischen KGD-Mitarbeiterinnen und -Mitarbeiter geradezu zu einer Integrationsfigur geworden sei, die alle angesprochen habe, trotz unterschiedlichster Glaubensausprägung und Altersstufe.

560 Rudolf Bohren, Predigtlehre, S. 17.

561 Vgl. Kapitel 1, Abschnitt »Kirchenkampf ...«, o. S. 34f.

562 Mündliche Information von Dekan Eberhard Dieterich am 21. 11. 1994.

563 Christian Möller, Gottesdienst als Gemeindeaufbau, S. 176.

564 Das Innehalten vor Joh 5,7 (»Herr, ich habe keinen Menschen«) ist möglicherweise angeregt durch Albrecht Goes. Dieser berichtet in seinem Essay »Land aller Möglichkeiten. Die Angst der Einsamkeit«, wie er sich einmal in einer Predigt über Johannes 5 ganz auf den einen Halbsatz, mit dem der Kranke seine Antwort beginnt, konzentriert habe: »Herr, ich habe keinen Menschen.« (S. 180) Bemerkenswerterweise kommt Goes am Schluß seiner Ausführungen auf die persönliche Dimension zu sprechen: »Wer den großen Gegenstand ›Angst der Einsamkeit‹ bedenkt, muß ja zuletzt persönlich sprechen ... Der Urlaut, der mich aus dem Bibelwort anfiel, dieses ›Ich habe keinen Menschen‹, ist nicht zu allen Zeiten eines Menschen bestimmend, er stellt sich unerwartet ein ... aber ich glaube für mich und stellvertretend für mein Gegenüber an den Gott, der, wie es im achtundsechzigsten Psalm heißt, ›die Einsamen nach Hause bringt‹ in eben das Haus, in dem sie bei sich und – um des göttlichen Geleitsmanns willen – nicht ganz einsam sind.« (S. 183f)

565 Christian Möller, Gottesdienst als Gemeindeaufbau, S. 176.

566 Christian Möller, a. a. O., S. 177.

567 Abgedruckt in: Ev. Kinderkirche 54 (1982), Nr. 3, S. 194. Zum Programm der Landeskonferenz vgl. Ev. Kinderkirche 53 (1981), Nr. 3, S. 283.

568 Vgl. dieselbe Geschichte im Vortrag vor den Altmeistern, die 1928 ihre Meisterprüfung abgelegt hatten, 1978: »*Neulich erzählte mir ein Kollege die Geschichte von jenem Pfarrer, der einen Bauern auf dem kargen Schwarzwaldboden gefragt hatte, ob der Kirschenbaum wohl Frucht bringe: ›Hano, Herr Pfarrer‹, war die Antwort, ›blüht hat er net', aber m'r hofft halt.‹ In allem Ernste, liebe Meister, für manche unter Ihnen wird solche Hoffnung gelegentlich zum täglichen Pensum gehört haben.*« Vgl. ferner den im Anfangsabschnitt »Prälat Theophil Askani wirkt über den Tod hinaus« zitierten Prälatenbrief vom September 1981.
Vgl. ferner den Nachruf des neuen 1. Vorsitzenden des Württ. Ev. Landesverbandes für Kindergottesdienst an Askanis Beerdigung am 08. 03. 1982, Pfarrer Heiner Hägele: » ... er vermittelte den Eindruck, als traute er einem immer das Beste zu und

meistens mehr, als man sich selbst zuzutrauen wagte. Mir scheint, er tat dies bis zum Erweis des Gegenteils. Fast wie jener Bauer vom Schwarzwald, von dessen Kirschbäumchen er in seinem Abschiedswort an die Kinderkirchhelfer bei unserer letzten Landeskonferenz im Herbst erzählte … Dabei erwies sich, daß dieses große Vertrauen, das Prälat Askani anderen entgegenbrachte, ebenso wie die Weite seines Herzens und seine Toleranz anderen Meinungen gegenüber ihre tiefsten Wurzeln in seinem Glauben hatte und im Vertrauen auf Gottes Möglichkeiten.«

569 Zu dieser Szene vgl. Brief von Theophil Askani an Jakob Straub, Bad Boll, vom 14. 01. 1982: *»Lieber Jakob! … Daß Du die kleine Begebenheit, die ich bei der Landeskonferenz erzählt habe, selber benützt hast, hat mich besonders gefreut. Es war eine Geschichte, die mir die Geigen-Lehrerin unseres Sohnes Stephan ganz frisch als Echo aus Reutlingen mitgeteilt hatte.«*

Quellen- und Literaturverzeichnis

I. Opera Ascania

1. Predigten

Predigtbände:

Theophil Askani, Da es aber jetzt Morgen war, stand Jesus am Ufer. Predigten, hg. von Wolfgang Lipp und Jörg Zink, Reutlingen 1981 (= I)

In memoriam Theophil Askani. Denn Du hältst mich bei meiner rechten Hand. Predigten, hg. von Wolfgang Lipp und Jörg Zink, Reutlingen 1982 (= II)

Einzelveröffentlichungen (mit Ausnahme der Nachdrucke in Deo servire und Calwer Predigtbibliothek):

Biblischer Text	*Kasus*	*Überschrift*	*Fundstelle*
Ps 73,23–24	Morgenfeier in SDR I am 08. 11. 1981		Johannes Kuhn (Hg.), Wer ist Gott?, Stuttgart 1982, S. 123–130 (= II, 41–48)
Spr 3,34	Abschiedsandacht vor der Landessynode am 27. 06. 1981	Vom Glanz der Gnade	EvGdebl 12/1982, S. 10 (= II, 26–32)
Jes 6,1–13	Abschiedspredigt 14. 06. 1981, Marienkirche Reutlingen		EvGdebl Reutlingen, Nr. 16 (23. 08. 1981), S. 68–70 (= I, 9–18)
Jes 40,30.31	Morgenfeier in SDR I, aufgenommen 04. 02. 1982, gesendet 07. 03. 1982	»Mein Lieblingstext«	FAB 36 (1982), S. 267–270; Johannes Kuhn (Hg.), Lebenserfahrungen mit Worten der Bibel, Stuttgart 1983, S. 7–14 (= II, 60–68)
Jes 43,1–7	Schwörmontag, 19. 07. 1971, Ulmer Münster	Fürchte dich nicht	EvGdebl Ulm 23. Jg., 9/1971, S. 3; brücke 2/1982, S. 3 (Auszug) (= I, 103–109)
Hos 10,12 (Tageslosung)	Gottesdienst am 17. 12. 1974 aus Anlaß der 30. Wiederkehr der Zerstörung Ulms am 17. 12. 1944	Brand-Nacht in Ulm	konsequenzen 3/82, S. 23–25 (= I, 28–31); vgl. dazu Eugen Sauter, Niederschrift der Geschichte mit dem angesengten Bibelblatt (1994)

Mt 28,1–10	Ostersonntag, 19. 04. 1981, Marienkirche Reutlingen	Was unser Herz ängstigt	brücke 4/1982, S. 3 (Auszug) (= I, 267–274)
Lk 6,36–42	Buß- und Bettag, 19. 11. 1980, Stiftskirche Tübingen	Vom Umgang mit Zeitfragen und mit dem Nächsten	auszugsweise veröffentlicht in: Gerhard Schäfer (Hg.), Vom Wort zur Antwort, S. 114–117 (= I, 183–190)
1. Kor 15,50–58	Ostersonntag, 14. 04. 1974, Ulmer Münster	Ostern – Gottes Ja	Weg und Wagnis der Kirche heute. Festschrift zum 80. Geburtstag von Herrn Altlandesbischof D. Dr. Martin Haug am 14. Dezember 1975, überreicht vom Kollegium des Evangelischen Oberkirchenrats in Stuttgart, S. 45–48 (= I, 281–287)
1. Petr 5,7	Besinnung bei der Mitgliederversammlung des Diak. Werks Württemberg am 17. 09. 1980 in Stuttgart	Wegwerf-Sache	konsequenzen 5/80, S. 4–6

Hier dokumentierte Predigten (Textgrundlage: getippte Predigtmanuskripte Theophil Askanis; in der Reutlinger Zeit von Lore Hagdorn angefertigt)**:**

Biblischer Text	*Kasus*	*Ort*	*Veröffentlicht in:*
Jes 30,15–17	Altjahrsabend, 31. 12. 1980	Marienkirche Reutlingen	I, 40–47; Deo servire III/1, 35–37
Jes 50,4–9a	Karfreitag, 08. 04. 1977	Christuskirche Reutlingen	Rundfunkübertragung
Mt 5,38–48	18. So. n. Trin., 09. 10. 1977, KGD-Landeskonferenz	Stiftskirche Stuttgart	
Lk 10,25–37	20. So. n. Trin., 08. 10. 1978, KGD-Landeskonferenz	Marienkirche Reutlingen	
Joh 5,1–16	21. So. n. Trin., 26. 10. 1980, KGD-Landeskonferenz	Ulmer Münster	
Joh 21,1–14	Quasimodogeniti, 26. 04. 1981	Morgenandacht in SWF I	I, 261–266; Deo servire III/2, 38f

Joh 21,15–19	Misericordias Domini, 13. 04. 1975	Ulmer Münster, Abschiedspredigt	I, 295–301
1. Kor 4,1–5	3. Advent, 15. 12. 1957	Markuskirche Stuttgart, Investiturpredigt	
Offb 21,1–7	Ewigkeitssonntag, 23. 11. 1980	Brenzgemeindehaus und Marienkirche Reutlingen, Morgenfeier in SWF I, noch einmal gesendet am Ewigkeitssonntag, 22. 11. 1981	I, 175–182
Augsburger Bek., Art.10+13	2. So. n. Trin., 15. 06. 1980	Marienkirche Reutlingen (Einstimmung auf die Landeskirchliche Festwoche 17.–25. 06. 1980 in RT »450 Jahre Augsburger Bekenntnis«)	I, 110–117

2. Predigtmeditationen, Lektorenpredigten, biblische Besinnungen

Veröffentlicht in den Zeitschriften »Für Arbeit und Besinnung« (FAB), »Deutsches Pfarrerblatt« (DtPfrBl), »Neue Calwer Predigthilfen« (NCPH) und »Predigtstudien Stuttgart« (PSt[S] – in Zusammenarbeit mit Peter Kreyssig); im Evangelischen Gemeindeblatt für Württemberg (= EvGdebl [Nr./Jahr]), im Ulmer Gemeindeblatt/brücke, im Reutlinger Gemeindeblatt (EGRT) und in regionalen Gemeindeblättern – nach Bibelstellen geordnet:

Biblischer Text	*Kasus*	*Überschrift*	*Fundstelle*
1. Mose 8,15–22	Erntedankfest 1976	Vom Wunder der Liebe Gottes zehren	EGRT Nr. 19 (03. 10. 1976), S. 77
2. Mose 20,8–11		Das dritte Gebot	NCPH-Erg.bd. Dekalog heute, S. 61–70
Jes 9,1–2	Heiligabend	Ansprache zum Heiligen Abend	FAB 27 (1973), Nr. 23, S. 2–5
Jes 9,1–6	Heiligabend	Der Stecken des Treibers zerbricht	PSt(S) IV,1 1981/82, S. 41–45 (B)
Jes 50,4–11	Karfreitag 1977	Tod und Gewißheit	FAB 31 (1977), S. 169–174 *(+P 08. 04. 1977)*
Mt 5,17–22	6. So. n. Trin. 1967		LP 02. 07. 1967
Mt 5,38–48	18. So. n. Trin. 1971	Das Ende der Eskalation	FAB 25 (1971), S. 373–377 *(+P 09. 10. 1977)*
Mt 9,35–10,5a	12. So. n. Trin. 1977		DtPfrBl 77 (1977), S. 305f

Mt 11,25–30	1. So. n. Epiph. 1969	Unsere Unruhe lebt tiefer	EvGdebl 2/1969, S. 3
Mt 12,33–35	Buß- und Bettag 1981	Selbstverwirklichung – der Baum der Erkenntnis	PSt(S) III,2 1981, S. 268–272 (A)
Mt 13,44–46	9. So. n. Trin. 1965	Es geht um mehr	EvGdebl 33/1965, S. 3
Mk 7,31–37	12. So. n. Trin. 1979	»Er hat alles gut gemacht«	EvGdebl 35/1979, S. 3
Mk 9,14–29	Invokavit 1965		LP 07. 03. 1965
Mk 14,3–9	Palmarum 1981	Heilige Verschwendung	PSt(S) III,1 1980/81, S. 171–174 (A)
Mk 16,1–8	Ostersonntag 1979	Du mußt weiterkommen	PSt(S) I,2 1979, S. 9–13 (A)
(+P 15. 04. 1979)			
Lk 12,35–40	Letzter So. i. Kj. 1969	–	LP 23. 11. 1969
Lk 24,1–12	Ostersonntag 1971	Was suchet ihr den Lebendigen bei den Toten?	FAB 25 (1971), S. 122–125
Joh 1,19–34	4. Advent 1960	Den ihr nicht kennet …	EvGdebl 51/1960, S. 3
Joh 3,1–15	Trinitatis 1967	Nikodemus	EvGdebl 21/1967, S. 3
Joh 3,1–15	Trinitatis 1973	Gottes Geist und unsere Weisheit	FAB 27 (1973), Nr. 11, S. 2–7
Joh 3,16	Heiligabend 1980	Ansprache	FAB 34 (1980), S. 849–852 *(+P 24. 12. 1980)*
Joh 6,1–15	Laetare 1957	Mehr als genug	EvGdebl 13/1957, S. 3
Joh 6,37–44	20. So. n. Trin. 1971	Kirche ohne die Statistik der Sorge	EvGdebl 43/1971, S. 3
Joh 8,31–38	Reformationsfest 1977	»Die Wahrheit, die frei macht«	EvGdebl 45/1977, S. 3
Apg 10,34a.36–43	Ostermontag 1974	–	DtPfrBl 74 (1974),
Apg 14,8–18	Erntedankfest 1972	Speise und Freude	FAB 26 (1972), Nr. 18, S. 2–7 *(+P 01. 10. 1972)*
Röm 2,4	Jahreslosung 1975	Weißt du nicht, daß Gottes Güte dich zur Umkehr treibt?	brücke 1/1975, S. 3
Röm 3,21–28	Reformationsfest 1980	»Auf die Hände des Vaters kommt es an«	EGRT Nr. 21 (02. 11. 1980)
Röm 8,1–11	Pfingstfest 1976	Freiheit, die Gott meint	FAB 30 (1976), S. 358–363
Röm 14,17–19	Erntedankfest 1980	Dank als brüderliches Teilen	PSt(S) II,2 1980, S. 230–234 (B)
1. Kor 3,9–11.16.17	Kirchweihfest 1974	Wer ist das, die Kirche?	FAB 28 (1974), Nr. 18, S. 11–16

2. Kor 4,7–18	Exaudi 1978	–	LP 07. 05. 1978
2. Kor 5,14–21	Karfreitag 1980	Alle fordern – Gott läßt bitten	PSt(S) II,1 1979/80, S. 201–204 *(+P 04. 04. 1980)*
Eph 1,15–23	4. So. n. Epiph. 1960	Der weite Horizont	EvGdebl 5/1960, S. 3
Kol 2,3	Jahreslosung 1977	–	Gemeindebrief Reutlingen-Ohmenhausen, Januar 1977
1. Thess 5,1–11	1. Advent 1963	–	LP 01. 12. 1963
1. Joh 3,13–18	2. So. n. Trin. 1962	–	LP 01. 07. 1962
Hebr 12,12–17	Bußtag 1970	Welche Chance hat die müde Christenheit?	FAB 24 (1970), S. 469–473 *(+P 17. 11. 1976)*
Jak 3,1–12	4. So. n. Trin.	–	NCPH (WR), Band B, S. 68–75
Offb 22,12–17.20 21	Letzter So. i. Kj. 1978	Ja, ich komme bald. Amen, ja komm, Herr Jesus!	FAB 32 (1978), S. 778–783 *(+P 26. 11. 1978, vgl. 26. 11. 1972)*

3. Weitere Publikationen in kirchlichen Blättern

Redaktion und Leitartikel von »Die offene Tür. Nachrichten aus der Brenzgemeinde« (= OT) von Nr. 7/Juni 1963 bis Nr. 42/März/April 1970
Leitartikel in »Evangelisches Gemeindeblatt für Ulm und Neu-Ulm« (ab 3/1974 »brücke. Evangelisches Gemeindeblatt für Ulm, Neu-Ulm und Umgebung«): Tag der Diakonie (7/1971); Christen wissen mehr – Besinnung zum Ewigkeitssonntag, Nachdruck der geistlichen Besinnung »Gedanken zum Tod« in SZ 19. 11. 1966 (11/1972); Zur Umgestaltung des Gemeindeblattes (2+3/1974).
Ev. Gdeblatt für Württemberg: Ein Bild beginnt zu sprechen … 24. Dezember: Adam und Eva (51-52/1976, 5); Gottes Gegenwart (51-52/1981, 4); Leitartikel zur Sonderbeilage des Gemeindeblattes »Streiflichter. Berichte und Erfahrungen aus der Prälatur Reutlingen«: Verschiedene Welten (39/1978); Gestern und heute (34/1979); Blumhardts Erbe (35/1980); Land unter dem Regenbogen (35/1981).
Kraft für den Tag, hg. von der Bibel- und Missionsstiftung Metzingen in ihrem Brunnquell-Verlag: Die selige Stunde, da Gott seine Türe auftut (30. Jg. Nr. 2; 06. 02. 1977, S. 2f); Was ist an unserem Leben? (31. Jg. Weihnachtsnummer, Dez. 1978, S. 2)

4. Geistliche Besinnungen und Beiträge in der säkularen Presse

– »Gedanken zum Tod«, Geistliche Besinnung für die Stuttgarter Zeitung Nr. 266 vom Samstag, 19. 11. 1966, S. 25
– »Konfirmation«, Geistliche Besinnung für die Stuttgarter Zeitung Nr. 59 vom Samstag, 11. 03. 1967, S. 25
– »Karfreitag«, Geistliche Besinnung für die Stuttgarter Zeitung Nr. 86 vom Donnerstag, 11. 04. 1968, S. 25
– »Prediger im Münster«, Artikel für die Sonderbeilage der Südwest Presse 08. 06. 1977 »1377–1977 600 Jahre Ulmer Münster«, Blätter 14 und 15

– »Zum 25. Todestag Theophil Wurms. Standhaft im Kirchenkampf. Unerschrocken vor allem gegen die Vernichtung ›unwerten Lebens‹.«, Artikel für die Stuttgarter Zeitung vom 28. 01. 1978

5. Vorträge

Homiletische Rechenschaften

– »Aus der Werkstatt eines Predigers« [I], Vortrag beim Rotary-Treffen am 29. 11. 1976 (maschinenschriftliches Skript, 1 Titelblatt + 11 Blätter DIN A5)
– »Die Verbindlichkeit des Textes für die Predigt«, Referat für die Kirchlich-Theologische Arbeitsgemeinschaft Reutlingen, Oktober 1977, 10 DIN A4-Seiten mit maschinenschriftlichen Notizen.
– »Werkstatt des Predigers« [II], Referat auf der Sprengelkonferenz der Dekane des Sprengels Reutlingen am 08. 07. 1981 (= Askanis Abschieds-Sprengelkonferenz), 1 Titelblatt +13 Blätter DIN A5)

Kirchenvorträge (Auswahl; dokumentiert in Kapitel 11)

– »Freude an der Kirche«: gehalten in Reutlingen am 03. 10. 1976, in Calw am 28. 01. 1977, in Freudenstadt Ende August 1977, in Rottenburg am Neckar 06. 11. 1977, in Nagold Anfang November 1977; in Sindelfingen am 31. 10. 1978 in leicht überarbeiteter Fassung: »Streit um die Kirche – Freude an der Kirche«.
– »Die Kirchenwahlen als Einübung des Glaubens«: gehalten auf der Tagung für Kirchengemeinderätinnen in Herrenberg am 23. 11. 1976 (»Überlegungen zu den Kirchengemeinderats- und Synodalwahlen 1977«); auf der Außerordentlichen Bezirkssynode des Kirchenbezirks Leonberg in Ditzingen am 05. 02. 1977 (»Kirchenwahlen 1977. Gruppen – Meinungen – Umgang miteinander«); in Nagold am 18. 06. 1977; auf der öffentlichen Sitzung der Kirchenbezirkssynode in Herrenberg am 17. 08. 1977; in Böblingen am 24. 08. 1977. Veröffentlicht: 1. im Ev. Gdeblatt, Ortsbeilage Kirchenbezirk Leonberg zum 20. 03. 1977, 2. unter dem Titel »Gruppen sind kein Sündenfall. Aus einem Vortrag von Theophil Askani vor der Leonberger Bezirkssynode«, in: konsequenzen 2/1977, S. 4–9.

6. Kindergottesdienst-Publikationen

– Die »anderen« Kinder, in: Im Glauben fest und wohlgerüst – Den Helfern in Kirche und Kindergottesdienst – Achte Folge, Stuttgart 1965, S. 63–71
– Kindergottesdienst – Einübung ins Christenleben (Vortrag auf der Kindergottesdienst-Gesamttagung in Karlsruhe 1966), in: »Ich sende Euch«, Bericht der Haupttagung des Gesamtverbandes für Kindergottesdienst in der Evangelischen Kirche in Deutschland vom 2. bis 6. Juni 1966 in Karlsruhe, hg. vom Gesamtverband für Kindergottesdienst in der EKD, S. 52–63
– Lebenszeichen einer mündigen Gemeinde [Einstimmung auf die Kinderkirchlandeskonferenz am 09. 10. 1966 in Stuttgart], in: Ev. Gdeblatt 61 (1966), Nr. 41, S. 9
– Die Kunst, Weihnachten zu feiern, Geschenkplatte zum Christfest für Kinder und Erwachsene, Stuttgart o. J.
– Voraussetzungen für das Helferamt, in: Kirche für Kinder – Augsburg '75 [Berichtsband von der Gesamttagung für Kindergottesdienste in der Evang. Kirche in Deutschland vom 8. bis 12. Mai 1975 in Augsburg], Heft 7 der Reihe ›Kindergottesdienst heute‹, im Auftrag der Arbeitsgruppe ›Kindergottesdienst und Helferamt‹ hg. vom Comenius-Institut (Red.: W. J. Stark, H. B. Kaufmann), Münster/W., September 1975, S. 104–122

– Grußwort im Katalog »Medien für den Kindergottesdienst«, hg. vom Württ. Ev. Landesverband für Kindergottesdienst und der Ev. Medienzentrale in Württemberg, März 1978, S. 5
– Landeskonferenz der Kinderkirche [18. 10. 1981; Kurzbericht über die Konferenz mit einem Hinweis auf die Verabschiedung von Theophil Askani – mit Bild], in: Ev. Gdeblatt 45/1981, S. 24
– Abschiedswort von Prälat D. Theophil Askani auf der Landeskonferenz in Stuttgart am 18. 10. 1981, in: Evangelische Kinderkirche 3/1982, S. 194

7. Prälatenbriefe

Prälatenbriefe Dezember 1975, 1976, 1977, 1978, 1979, 1980; September 1981

8. Wichtige Beiträge für Fest- und Gedenkschriften

– Karl Kässbohrer sen.†, Nachruf und Bestattungspredigt, in: Karl Kässbohrer sen. zum Gedenken, Karl Kässbohrer Fahrzeugwerke GmbH Ulm/Donau, im Juli 1973
– Nachruf für Rudolf Daur†, in: In Memoriam Rudolf Daur, hg. im Auftrag des Bundes der Köngener, des Bundes für freies Christentum und des Internationalen Versöhnungsbundes, Deutscher Zweig von Willy Collmer, Stuttgart 1976, S. 19–22
– Vorwort zum Predigtband: Rudolf Daur, Wie im Himmel, so auf Erden. Predigten und Ansprachen. Aus dem Nachlaß hg. von Elisabeth Daur und den Freunden im Bund der Köngener, Stuttgart/Reutlingen [1977], S. 7–9
– Bischof Franz Hein – Pfarrer an der Markuskirche in Stuttgart (1947–1967), in: Bischof Franz Hein, Festschrift zum 75. Geburtstag, hg. von der Ortsgemeinschaft Franzfeld, Reutlingen 1976, S. 57–63
– Eine Jugend und ein Pfarramt in der Markusgemeinde, in: Markuskirche Stuttgart 1908/1978, hg. zum 70jährigen Kirchjubiläum vom Kirchengemeinderat der Markusgemeinde Stuttgart 1978, S. 16–21
– Gemeindezentrum Fleckenweinberg. Christophkirche, Gemeinde-Jugendräume, Kindergarten, Serenadenhof. Eine Anweisung zum Gebrauch. Hg. vom Ev. Pfarramt der Brenzkirche Stuttgart, Stuttgart 1970

9. Archivalien

Akten zu Askanis Theologiestudium im Archiv des Evang. Stifts in Tübingen (= AEvST): Schuber 420, 424, 480, 481, 482, 494, 496, 497, 498, 533, 534, »Stiftler, deren Studium durch den 2. Weltkrieg unterbrochen wurde«, Kasten: XI/Nr. 7, Briefsammlung »Kriegskorrespondenz Ephorus Fezer«.
Redebeiträge in der Landessynode:
Protokollband der 8. Ev. Landessynode 1972–1977
27. Sitzung, 12. 05. 1975, S. 1095 (Begrüßung von Prälat Askani durch Synodalpräsident Eißler);
30. Sitzung, 11. 09. 1975, S. 1204 (Mitteilung der bevorstehenden schweren Operation Askanis durch Synodalpräsident Eißler);
36. Sitzung, 17. 02. 1976, S. 1478f (Konfirmandenunterricht ist pädagogische Seelsorge und seelsorgerliche Pädagogik);
40. Sitzung, 22. 11. 1976, S. 1636f (Eröffnungspredigt in der Stuttgarter Hospitalkirche über Tageslosung 5. Mose 7,7f);

43. Sitzung, 25. 11. 1976, S. 1785f (Visitation einer Gesamtkirchengemeinde durch den Prälaten);
45. Sitzung, 19. 02. 1977, S. 1881 (Seminar der »Christen für den Sozialismus« im Tübinger Stift, ESG Tübingen);
47. Sitzung, 03. 06. 1977, S. 1955 (Neubildung des Dekanates Ditzingen nicht hinauszögern);
48. Sitzung, 04. 06. 1977, S. 2012 (Sowohl Studentengemeinde wie Synodale sind in Fixierungen verfangen);
50. Sitzung, 25. 10. 1977, S. 2105f (Cui bono? Wie wird der Haushaltskürzungsbeschluß auf die Studenten wirken?)
Protokollband der 9. Ev. Landessynode 1978–1983
21. Sitzung, 26. 11. 1980, S. 824 (Militär-Seelsorge; Gespräch Zivildienstleistende – Soldaten);
23. Sitzung, 27. 02. 1981, S. 944.946f (umstrittene Veröffentlichung in der Zeitschrift »Evangelische Kinderkirche« [Abendmahl mit Kindern]);
25. Sitzung, 25. 06. 1981, S. 978f (Mitteilung der vorzeitigen Zurruhesetzung Prälat Askanis durch Landesbischof von Keler);
27. Sitzung, 27. 06. 1981, S. 1088–1090 (Abschiedsandacht über die Tageslosung Spr 3,34 und Verabschiedung Askanis durch Synodalpräsident Holland).

Berichte in der kirchlichen und säkularen Presse über Theophil Askani (in den Anmerkungen nachgewiesen).

II. Werke anderer Autoren

1. Kirchengeschichtliche Literatur

60 Jahre Brenzkirche, hg. vom Ev. Pfarramt der Brenzgemeinde Stuttgart, redaktionelle Bearbeitung: Dr. K. Roll und H. Söhner, Stuttgart 1993
Walther Buder, Unsere Markusgemeinde im Kirchenkampf, in: 50 Jahre Markuskirche Stuttgart 1908–1958, S. 30–43
Gottfried M. Dinkelaker, 650 Jahre Marienkirche. Kapelle, Stadtkirche, Kathedrale – und jetzt?, in: Reutlinger Evangelisches Gemeindeblatt, 8. Jg. Juli/August 1993
Christoph Duncker, Die Marienkirche zu Reutlingen. Ein Wegweiser durch Geschichte, Architektur und Kunst, Reutlingen o. J.
Ders. (Hg.), Gewonnene Freiheit – verlorene Einheit? Festschrift der Württembergischen Evangelischen Landeskirche zur 450-Jahrfeier des Augsburger Bekenntnisses vom 17.–25. Juni 1980 in Reutlingen, Stuttgart 1980
Evangelisches Gemeindeblatt für Württemberg, hg. von der Evangelischen Gesellschaft Stuttgart e. V., Stuttgart, (1905–1941), 41. Jg. 1946 – 90. Jg. 1995
Ulrich Fick (Hg.), Das evangelische Württemberg. Gestalt und Geschichte der Landeskirche, Stuttgart 1983
Konrad Gottschick/Gerhard Schäfer (Hg.), Lesebuch zur Geschichte der Evangelischen Landeskirche in Württemberg, Stuttgart, Band 1–4, 1988–1992
Joachim Hahn/Hans Mayer, Das Evangelische Stift in Tübingen. Geschichte und Gegenwart – Zwischen Weltgeist und Frömmigkeit, Stuttgart 1985

Siegfried Hermle/Rainer Lächele/Albrecht Nuding (Hg.), Im Dienst an Volk und Kirche. Theologiestudium im Nationalsozialismus. Erinnerungen, Darstellungen, Dokumente und Reflexionen zum Tübinger Stift 1930 bis 1950, Stuttgart 1988 (= Hermle/Lächele/Nuding).

Friedrich Hertel (Hg.), In Wahrheit und Freiheit. 450 Jahre Evangelisches Stift in Tübingen (Quellen und Forschungen zur württembergischen Kirchengeschichte Band 8, hg. von Martin Brecht und Gerhard Schäfer), Stuttgart 1986 (= Hertel)

Friedrich Keppler (Hg.), Die Marienkirche in Reutlingen. Bedeutung. Geschichte. Kunstwerke, Reutlingen 1946

Christian Kolb, Die Geschichte des Gottesdienstes in der evangelischen Kirche Württembergs, Stuttgart 1913

Ders., Zur Geschichte der Generalsuperintendenturen und des Synodus, in: BWKG 1924, S. 49ff

Ders., Zur Geschichte der Prälaturen, BWKG 1925, S. 22ff

Gustav Lang, Geschichte der württembergischen Klosterschulen von ihrer Stiftung bis zu ihrer endgültigen Verwandlung in Evangelisch-theologische Seminare. Mit einer Karte der 14 großen Mannsklöster Württembergs. Stuttgart 1938

In neuem Licht. Die Marienkirche Reutlingen. Zur Innenerneuerung 1985–1987, hg. von der Evangelischen Gesamtkirchengemeinde und der Marienkirchengemeinde Reutlingen, 1987

›Fünfundzwanzig Jahre Markuskirche 1908–1933‹, hg. von Walther Buder mit einem Beitrag von Max Mayer-List, Stuttgart 1933

50 Jahre Markuskirche Stuttgart 1908–1958, hg. vom I. Ev. Pfarramt der Markuskirche, Stuttgart 1958

Markuskirche Stuttgart 1908–1978, hg. vom Kirchengemeinderat der Markusgemeinde Stuttgart zum 70jährigen Jubiläum der Markuskirche, Stuttgart 1978

75 Jahre Ev. Markuskirche Stuttgart, hg. vom Kirchengemeinderat der Markusgemeinde Stuttgart zum 75jährigen Jubiläum der Markuskirche, Stuttgart 1983.

Wegweiser in die Evangelische Markusgemeinde Stuttgart, hg. vom (I.) Evang. Pfarramt der Markuskirche Stuttgart, Februar 1969

Max Mayer(-List) (Hg.), Aus dem Leben der Evangelischen Kirche Württembergs. Festbuch für den deutschen Pfarrertag in Stuttgart 10.–12. 09. 1912. Herausgegeben im Auftrag des Evang. Pfarrvereins in Württemberg, Stuttgart 1912 (= Mayer)

Hermann Mittendorf (Hg.), »Gottes gesammelte Stückwerke«, Hundert Jahre Evangelischer Pfarrverein in Württemberg, Stuttgart 1991

Julius Rauscher, Die Prädikaturen in Württemberg vor der Reformation. Ein Beitrag zur Predigt- und Pfründengeschichte am Ausgang des Mittelalters, in: Württembergische Jahrbücher für Statistik und Landeskunde. Herausgegeben von dem Königlichen Statistischen Landesamt. Jg. 1908, Stuttgart 1909, Zweites Heft, S. 152–211

Martin Remppis (Hg.), In Gottes Rüstung vorwärts. Aus hundertjähriger Geschichte der Evang. Gesellschaft in Stuttgart 1830–1930. Im Auftrag der Evang. Gesellschaft herausgegeben, Stuttgart 1930

Kurt Rommel (Hg.), Unsere Kirche unter Gottes Wort. Die evangelische Landeskirche in Württemberg einst und heute in Geschichten und Gestalten, Stuttgart 1985 (= Rommel)

Adolf Sannwald, Warum nicht »Deutscher Christ«. Ein Wort an die Gemeinde zur Auseinandersetzung mit der Lehre der »Deutschen Christen«, Stuttgart 1934

Gerhard Schäfer (Hg.), Landesbischof D. Wurm und der nationalsozialistische Staat 1940–1945. Eine Dokumentation. In Verbindung mit Richard Fischer zusammengestellt von Gerhard Schäfer, Stuttgart 1968 (= D^{Erg})

Ders., Die Evangelische Landeskirche in Württemberg und der Nationalsozialismus. Eine Dokumentation zum Kirchenkampf (=D^{1-6}):
Band 1 Um das politische Engagement der Kirche 1932–1933, Stuttgart 1971
Band 2 Um eine deutsche Reichskirche 1933, Stuttgart 1972
Band 3 Der Einbruch des Reichsbischofs in die Württembergische Landeskirche 1934, Stuttgart 1974
Band 4 Die intakte Landeskirche 1935–1936, Stuttgart 1977
Band 5 Babylonische Gefangenschaft 1937–1938, Stuttgart 1982
Band 6 Von der Reichskirche zur Evangelischen Kirche in Deutschland 1938–1945, Stuttgart 1986
Ders., Zu erbauen und zu erhalten das rechte Heil der Kirche. Eine Geschichte der Evangelischen Landeskirche in Württemberg, Stuttgart 1984 (= Zu erbauen)
Leonore Siegele-Wenschkewitz, Die Evangelisch-theologische Fakultät Tübingen in den Anfangsjahren des Dritten Reichs. I. Karl Fezer und die Deutschen Christen, in: ZThK Beiheft 4: Tübinger Theologie im 20. Jahrhundert, Tübingen 1978, S. 34–52 (= Siegele-Wenschkewitz)
Jörg Thierfelder, Zusammenbruch und Neubeginn. Die evangelische Kirche nach 1945 am Beispiel Württembergs, Stuttgart 1995
Hermann Ziegler, Fangelsbach-Friedhof (Reihe Friedhöfe in Stuttgart 5. Band; Veröffentlichungen des Archivs der Stadt Stuttgart, Band 61), Stuttgart 1994

2. Werke und Würdigungen der für Askanis Biographie wichtigen Prediger

Magisterbuch, hg. vom Evangelischen Oberkirchenrat in Stuttgart; 39. Folge 1925, 41. Folge 1932, 42. Folge 1937, 43. Folge 1948, 45. Folge 1959, 46. Folge 1966, 47. [und letzte] Folge 1971
Württembergisches Pfarrerverzeichnis, hg. vom Ev. Pfarrverein in Württemberg, Ausgaben 1974, 1977, 1979/80, 1982, 1985, 1988 [Untertitel: Liste evangelischer Pfarrerinnen und Pfarrer in Württemberg], 1992 [ab dieser Ausgabe: Verzeichnis evangelischer Pfarrerinnen und Pfarrer in Württemberg]; 1996
Gerhard Schäfer, Vom Wort zur Antwort. Dialog zwischen Kirche und Welt in 5 Jahrhunderten. Mit einem Geleitwort von Landesbischof D. Theo Sorg, Stuttgart 1991
Walter Schlenker (Hg.), Gott dienen ist höchste Freiheit, Deo servire summa libertas, Ausgewählte Predigten zu den Sonntagen des Kirchenjahres, hg. im Auftrag der Kirchlichen Bruderschaft, Tuttlingen 1990ff (= Deo servire)

Friedrich Askani, Gottes Wege enden im Licht. Erinnerungen aus 60 Jahren Seelsorgedienst (Schriftenreihe: Erlebt und geschaut, Nr. 712), Verlag der St.-Johannis-Druckerei C. Schweickhardt, Lahr-Dinglingen (Baden), o. J.

Walther Buder, Um was geht es? Predigt über 1. Petri 2,11–17 am Sonntag Jubilate, 22. April 1934, Stuttgart 1934, auszugsweise abgedruckt in: Gottschick/Schäfer, Lesebuch zur Geschichte der Ev. Landeskirche in Württemberg, Band 4, S. 206f
Zum Gedenken an Prälat D. Walther Buder, in: Evangelisches Gemeindeblatt Ulm 11/1961, S. 18

Rudolf Daur, Die Zeit ist erfüllt. Predigten, Stuttgart 1964
Ders., Wie im Himmel so auf Erden. Predigten und Ansprachen. Aus dem Nachlaß herausgegeben von Elisabeth Daur und den Freunden im Bund der Köngener, Stuttgart o. J. [1977]

In Memoriam Rudolf Daur. 26. Januar 1892 – 17. Juni 1976. Herausgegeben im Auftrag des Bundes der Köngener, des Bundes für Freies Christentum und des Internationalen Versöhnungsbundes, Deutscher Zweig, von Willy Collmer, Stuttgart 1976

Rudolf Daur, Lebenserfahrungen. 5 Ansprachen im Süddeutschen Rundfunk im Juni 1976, für seine Freunde als Zeichen des Dankes herausgebracht vom Bund der Köngener (Schallplatte), Stuttgart 1976

Karl Fezer, Das Wort Gottes und die Predigt. Eine Weiterführung der prinzipiellen Homiletik auf Grund der Ergebnisse der neuen religionspsychologischen und systematischen Forschung (Handreichung für das geistliche Amt, Zweites Heft), Stuttgart 1925

Ders., Art. Homiletik, in: RGG2 2, Sp. 2004–2006, Tübingen 1928

Ders., Art. Predigt. II. Grundsätzliches, in: RGG2 4, Sp. 1431–1435, Tübingen 1930

Kurt Hennig, Der Chef. In Memoriam Karl Fezer, in: Rundbrief Evangelische Sammlung in Württemberg, Nr. 22, August 1986, auszugsweise abgedruckt in: Ev. Gemeindeblatt für Württemberg 18/1991, S. 10

Karl Gerok, Palmblätter, 4., vermehrte Auflage Stuttgart 1860

Albrecht Goes, Hagar am Brunnen. Dreißig Predigten, Frankfurt 1958

Ders., Der Knecht macht keinen Lärm. Dreißig Predigten, Hamburg 1968

Ders., Kanzelholz. Dreißig Predigten, Hamburg 1971

Ders., Gruß- und Dankeswort für die Jubilare des Examens- und Ordinationsjahrgangs 1930 auf dem Tag der württembergischen Pfarrerinnen und Pfarrer am 15. Oktober 1990 in Ludwigsburg, in: Pfarrverein aktuell, 3/90, S. 9–12; unter dem Titel »Der Talar ist noch immer unverstaubt« in: FAB 44 (1990), S. 984–986

Ders., Auf dem Weg zur Predigt. Marginalien, Hamburg 1993 (separater Neuabdruck der »Marginalien als Nachwort« in der Predigtsammlung »Der Knecht macht keinen Lärm«, 1968, S. 161–173; ebenfalls abgedruckt in der Predigtsammlung »Kanzelholz«, 1971, S. 178–191)

Ders., Land aller Möglichkeiten. Die Angst der Einsamkeit, in: Albrecht Goes, Vierfalt. Wagnis und Erfahrung (zum 85. Geburtstag des Dichters), Frankfurt 1993

Stefan Teppert, Das Schweigen umgibt, aber das Wort erreicht. Besuch beim Dichterpfarrer: Ein Gespräch mit Albrecht Goes. In: Rheinischer Merkur/Christ und Welt, Nr. 13, 25. 03. 1988

Festschrift zum 85. Geburtstag von Albrecht Goes: Oliver Kohler (Hg.), Aller Worte verschwiegenes Rot. Albrecht Goes zu Ehren. Hünfelden 1993

Herwig Sander, Dichterpfarrer und behutsamer Seelsorger. Albrecht Goes wird 85 Jahre alt, in: Evangelisches Gemeindeblatt für Württemberg Nr. 12 (21. 03. 1993), S. 5

Karl-Friedrich Wiggermann, Zum Hören eingeladen. Wirkendes Wort bei Albrecht Goes, in: DtPfrbl 4/1993, S. 180–182

Karl Hartenstein, Der wiederkommende Herr. Eine Auslegung der Offenbarung des Johannes für die Gemeinde, Stuttgart 1939/40 (Heft 1, 2, 3/4, 5/6, 7/8, 9/10), (19543), 4., überarbeitete Auflage Stuttgart 1983

Ders., Der Kreuzweg des Herrn. Meditationen über die Passion des Herrn Jesus Christus [gehalten Winter 1944/45], Stuttgart 1948

Ders., Da es nun Morgen war. Eine Auslegung von Johannesevangelium Kapitel 21 (Kronbüchlein/Neue Folge 1), Stuttgart 1950

Vom Wachen und Warten. Ein Jahrgang Predigten von Karl Hartenstein† [aus den Jahren 1944–1952 zusammengestellt], mit einem Vorwort von Landesbischof D. Haug, Stuttgart 1953

Karl Hartenstein†, Ein Rückblick auf sein Leben und Werk, Stuttgart 1952

Karl Hartenstein – Ein Leben für Kirche und Mission. In Gemeinschaft mit einem Kreis von Freunden hg. von Wolfgang Metzger, Stuttgart 1953; die Seiten 9–99 erschienen auch separat unter dem Titel: Hermann und Markus Hartenstein, Im Dienst des unüberwindlichen Herrn. Das Leben Karl Hartensteins, Stuttgart 1953

Theo Sorg, Bibel lesen mit Karl Hartenstein. Ausgewählte Bibelarbeiten, Stuttgart 1982

Ders., Jesus am Ufer. Predigt im Trauergottesdienst für Oberkirchenrat i. R. Walter Arnold am 14. April 1994 in der Stiftskirche Stuttgart (Johannes 21,4) (maschinenschriftlich, Kopie im Besitz des Vf.)

Ders., Vom Wachen und Warten. Karl Hartenstein als Prediger und Ausleger der Heiligen Schrift. Gastvorlesung vor der Evangelisch-theologischen Fakultät der Universität Tübingen am 10. Juni 1994, in: ThBeitr 5/6 (November) 1994, S. 327–337

Karl Rennstich, Karl Hartenstein zum 100. Geburtstag, in: FAB 2/1994, S. 78–80

Ders., Mission in der Erwartung des Reiches Gottes. Prälat Karl Hartenstein wäre am 25. Januar 100 Jahre alt, in: Ev. Gdeblatt 4/1994, S. 11

Fritz H. Lamparter (Hg.), Karl Hartenstein – Leben in weltweitem Horizont. Beiträge zu seinem 100. Geburtstag. Mit einem Vorwort von Landesbischof Eberhardt Renz (edition afem, mission scripts Band 9), Bonn 1995

Hermann Ehmer, Karl Hartenstein und Helmut Thielicke. Predigt in der Grenzsituation. In: Rainer Lächele/Jörg Thierfelder (Hg.), Das evangelische Württemberg zwischen Weltkrieg und Wiederaufbau (Quellen und Forschungen zur württembergischen Kirchengeschichte, Band 13), Stuttgart 1995, S. 71–88

Bischof Franz Hein, Festschrift zum 75. Geburtstag, hg. von der Ortsgemeinschaft Franzfeld, Reutlingen 1976

Reinhold Rieger, Georg Cunrad Riegers Predigten nach Form und Inhalt untersucht. Ein Beitrag zur Geschichte der evangelischen Predigt in Württemberg (Inauguraldissertation, der ev.-theol. Fakultät der Eberhard-Karls-Universität Tübingen 1952 vorgelegt; Berichterstatter: Hermann Faber, Mitberichterstatter: Karl Fezer)

Jakob Schoell, Fromm und frei. Religiöse Vorträge für Suchende und Denkende, Reutlingen 1900

Ders., Evangelische Gemeindepflege. Handbuch für evangelisch-kirchliche Gemeindearbeit, Heilbronn 1911

Ders., Ist mit dem Tode alles aus?, Berlin o. J. [ca. 1920]

Jakob Schoell zum Gedächtnis, Metzingen 1952

Helmut Thielicke, Die christliche Botschaft an den Menschen des Säkularismus. Umrisse einer neuen Predigtgestalt, in: Fragen des Christentums an die moderne Welt. Untersuchungen zur geistigen und religiösen Krise des Abendlandes, Tübingen 1948[3], ([anonym] Genf 1944[1], Tübingen 1947[2]), S. 218–274

Ders., Das Gebet, das die Welt umspannt. Reden über das Vaterunser, Stuttgart (1953) 1963[11]

Ders., Das Leben kann noch einmal beginnen. Ein Gang durch die Bergpredigt, Stuttgart (1956) 1965[8]

Ders., Zu Gast auf einem schönen Stern. Erinnerungen, Hamburg, 1985[5] (1984[1])

Friedrich Langsam, Helmut Thielicke – Konkretion in Predigt und Theologie (Calwer Theol. Monographien, Reihe C, Band 26), Stuttgart 1996

Theophil Wurm, »Habt die Brüder lieb, fürchtet Gott, ehret den König!«. Predigt am

Sonntag Jubilate, 22. April 1934, über 1. Petri 2, 11–17, im Münster zu Ulm, Stuttgart 1934
Ders., Gott, dein Weg ist heilig. Predigt über Psalm 77, 6–14 anläßlich der 600-Jahr-Feier der Vollendung der Marienkirche in Reutlingen, gehalten am Kirchweihsonntag, 17.10.1943, Sonderdruck aus: Friedrich Keppler (Hg.), Die Marienkirche in Reutlingen, Reutlingen 1946
Ders., Erinnerungen aus meinem Leben. Ein Beitrag zur neuesten Kirchengeschichte, Stuttgart 1953
Festschrift Theophil Wurm, Getrost und freudig. Eine kleine Festgabe des Evang. Pfarrvereins für Württemberg an Landesbischof D. Theophil Wurm zum 80. Geburtstag am 7. Dezember 1948, Stuttgart 1948
Gerhard Schäfer, Kampfbereit und auf Ausgleich bedacht. Vor 40 Jahren starb Bischof Theophil Wurm. In: Ev. Gdeblatt 3/1993, S. 11

3. Praktisch-theologische Literatur zu Predigt und Seelsorge

Ernst Christian Achelis, Lehrbuch der Praktischen Theologie, Band I und II, Leipzig 1898[2]
Steffen Bauer, Karfreitag predigen. Wirklichkeit und Möglichkeit der Karfreitagspredigt in unserer Zeit dargestellt an exemplarischen Predigten über 2. Kor 5,14b–21. Inauguraldissertation zur Erlangung des Doktorgrades der Theologischen Fakultät der Ruprecht-Karls-Universität Heidelberg. Heidelberg Februar 1994 (Skript)
Karl-Heinrich Bieritz und andere, Handbuch der Predigt, Berlin 1990 (darin: Gottfried Kretzschmar und Eberhard Winkler, Die Gemeinde, mit Unterabschnitt 6.4. Predigt und Seelsorge, S. 191–194)
Rudolf Bohren, Mission und Gemeinde. Mit einer Anmerkung zur seelsorgerlichen Predigt (Theologische Existenz heute, Neue Folge 102), München 1962
Ders., Predigtlehre (Einführung in die evangelische Theologie Bd. 4), München, (1971) 4., veränderte und erweiterte Auflage 1980
Axel Denecke, Predigt und Seelsorge. Die seelsorgerliche Dimension der Predigt und derer, die predigen. In: PTh 81/1992, S. 224–239
Hans van der Geest, Du hast mich angesprochen. Die Wirkung von Gottesdienst und Predigt, Zürich 1978
Ders., Das Wort geschieht. Wege zur seelsorgerlichen Predigt. Mit 25 Skizzen, Zürich 1991
Werner Grimm, Fürchte dich nicht. Ein exegetischer Zugang zum Seelsorgepotential einer deuterojesajanischen Gattung, Frankfurt 1986
Ryszard Hajduk, Die seelsorgliche Dimension der Predigt, EOS-Verlag Erzabtei St. Ottilien (Dissertationen Theologische Reihe Band 73), St. Ottilien 1995
Werner Jentsch, Prediger und Predigt. Zur seelsorgerlich-missionarischen Verkündigung heute. Gütersloh 1978
Eberhard Jüngel, Was hat die Predigt mit dem Text zu tun?, in: Ders., Predigten, München 1968, S. 126–143
Martinus J. Langeveld, Das Kind und der Glaube. Einige Vorfragen zu einer Religions-Pädagogik, Utrecht 1956, dt.: Braunschweig 1964[2]
Christian Möller, Seelsorglich predigen. Die parakletische Dimension von Predigt, Seelsorge und Gemeinde, Göttingen (1983), 2., durchgesehene und erweiterte Auflage 1990
Ders., Gottesdienst als Gemeindeaufbau. Ein Werkstattbericht, Göttingen 19881, zweite, durchgesehene Auflage 1990
Ders., Rezension zu Helmut Tacke, Mit den Müden zur rechten Zeit zu reden, in: ThLZ 115/1990

Ders., Zwischen ›Amt‹ und ›Kompetenz‹. Ortsbestimmung pastoraler Existenz heute. Manfred Seitz zum 65. Geburtstag, in: PTh 82/1993, S. 460–475

Ders., Rezension zu: Hans van der Geest, Das Wort geschieht, in: ThLZ 119/1994, Nr. 12, Sp. 1136–1138

Hans Martin Müller, Art. Homiletik, in: TRE 15, Berlin 1986, S. 526–565

Ders., Homiletik. Eine evangelische Predigtlehre (de Gruyter Lehrbuch). Berlin/New York 1996

Andreas Richter-Böhne, Unbekannte Schuld. Politische Predigt unter alliierter Besatzung (Calwer Theologische Monographien, Reihe C, Band 14), Stuttgart 1989

Werner Schmückle, Kirchenleitung durch das verkündigte Wort. Die seelsorgerliche Predigt der württembergischen Prälaten Karl Hartenstein und Theophil Askani. Rudolf Landau zum 50. Geburtstag am 26. 6. 1996 (Typoskript, Kopie im Besitz von MH):

Theo Sorg, Grundlinien biblischer Verkündigung (Theologie und Dienst Heft 38), Gießen 1984

Dietrich Stollberg, Homiletisches Stichwort. Sechster Artikel. Seelsorglich predigen? in: ZGP 7/1989, S. 28–31

Helmut Tacke, Glaubenshilfe als Lebenshilfe. Probleme und Chancen heutiger Seelsorge. Neukirchen-Vluyn (1975), 3., durch ein Nachwort von Christian Möller und um ein Register erweiterte Auflage 1993

Ders., Thesen zur Situation der Seelsorge, im Anschluß an sein Buch »Glaubenshilfe als Lebenshilfe« verfaßt 1976 (veröffentlicht von Christa Lauther/Christian Möller, Art. Helmut Tacke, in: Chr. Möller (Hg.), Geschichte der Seelsorge Band 3, S. 341–358, dort S. 349–351)

Ders., Mit den Müden zur rechten Zeit zu reden. Beiträge zu einer bibelorientierten Seelsorge, Neukirchen-Vluyn 1989

Wolfgang Trillhaas, Evangelische Predigtlehre, München 1935[1], 1948[3] (stark verändert), 1964[5] (neubearbeitet)

Volker Weymann, Trost? Orientierungsversuch zur Seelsorge, Zürich 1989

Ders., Bilder der Hoffnung angesichts von Sterben und Tod?, in: EvTh 54/1994, Heft 6, S. 501–519

Personenregister

Bildnachweis

Abb. 1: Lore Askani
Abb. 2: aus: M. Remppis (Hg.), In Gottes Rüstung vorwärts. 100 Jahre Evang. Gesellschaft, Stuttgart 1930, S. 23
Abb. 3: Sabine Buder-Rasch / Alfred Hirrlinger, Stuttgart
Abb. 4: Lore Askani
Abb. 5: Alfred Grieger
Abb. 6: Photohaus Jäggle, Tübingen
Abb. 7: Martin Geiger, Ulm
Abb. 8: Theophil Askani (aus: Theophil Wurm, Erinnerungen aus meinem Leben, Stuttgart 1953)
Abb. 9: Lore Askani
Abb. 10: Lore Askani
Abb. 11: Lore Askani
Abb 12: Ev. Pfarramt Markuskirche I, Stuttgart (Foto Kilgus, Stuttgart)
Abb. 13: Lore Askani (Foto: Jörg Zink)
Abb. 14: aus: Bischof Franz Hein. Festschrift zum 75. Geburtstag, Reutlingen 1976
Abb. 15: Lore Askani
Abb. 16: Renate Krebs geb. Roll
Abb. 17: Lore Askani
Abb. 18: Lore Askani
Abb. 19: Ev. Pfarramt Brenzgemeinde Stuttgart (Foto: Lachmann)
Abb 20: Ev. Kirchengemeinde Ulm (aus: EvGdebl für Ulm/Neu-Ulm 5/1970)
Abb. 21: Lore Askani
Abb. 22: Südwest Presse Ulm (Simon Resch)
Abb. 23: Lotte Duncker, Reutlingen
Abb. 24: aus: Handbuch für Kirchengemeinderäte, Stuttgart 1989
Abb. 25: Lore Askani
Abb. 26: Irmgard Baron, Reutlingen
Abb. 27: Foto Kirschner, Ostfildern-Nellingen
Abb. 28: Martin Hauff
Abb. 29: Lore Askani

Dank

Albrecht Goes schrieb einmal, er wolle den Predigtband von Theophil Askani »Da es aber jetzt Morgen war« als ein wichtiges Lehrbuch für junge Prediger verstehen, auch wenn es weit mehr das Lebensbuch eines gereiften Predigers sei. In der Tat wurde mir persönlich für mein eigenes Predigen dieser Band ein wichtiges Lehrbuch, und die Gestalt des Predigers, den ich zehn Jahre zuvor noch selbst auf jener bewegenden Kinderkirch-Landeskonferenz erlebt hatte, weckte mein Interesse. Stück um Stück erwuchs in der Folgezeit wie ein Mosaik die Biographie des Predigers Theophil Askani. Für alle Förderung und Unterstützung, die ich auf diesem Weg bis zum vorliegenden Buch erfahren habe, danke ich an dieser Stelle ganz herzlich.

Ich danke Frau Lore Askani und ihrer Familie ganz herzlich für die große Offenheit und das Vertrauen, das sie mir in vielen Gesprächen und Begegnungen entgegengebracht haben, ebenso für alle Einblicke in den Nachlaß ihres Mannes und Vaters und mancherlei Zusammentreffen mit seinen engen Freunden. Ich danke Frau Lore Hagdorn, der langjährigen Reutlinger Prälatursekretärin, die mir den großen Schatz an Predigten, Prälaturbriefen und Vorträgen aus der Reutlinger Zeit, die sie getippt und verschickt hatte, zur Verfügung stellte.

Meinem Doktorvater Prof. Dr. Christian Möller, Heidelberg, danke ich für die gute Betreuung der Dissertationsfassung, für alle Ermutigung und alle Anregungen in unvergeßlichen persönlichen Gesprächen. Ich danke Dekan Gottfried Dinkelaker in Reutlingen, dem ich von 1993 bis 1996 für dreieinhalb Jahre als Pfarrvikar zur Dienstaushilfe zugeordnet war, für alles persönliche Interesse – er ist der einzige württembergische Theologe, der gleich zweimal von Askani investiert wurde: von Dekan Askani 1973 ins Ulmer Pfarramt an der Martin-Luther-Kirche, und von Prälat Askani 1979 ins Freudenstädter Schuldekansamt –, für alle Freiräume und alle Ermutigung, auch für alle Chancen, das Askani-Projekt in der Reutlinger Marienkirchengemeinde und der Reutlinger Pfarrerschaft einzubringen. Der Dank gilt auch seiner Frau Gertrud Dinkelaker, deren wöchentliche Einladung zum Mittagstisch immer wieder die Gelegenheit bot, über den Stand der Arbeit zu sprechen. Ein herzlicher Dank auch dem Kirchengemeinderat der Reutlinger Marienkirchengemeinde, der sich in regelmäßigen Abständen in eigens dafür reservierten Tagesordnungspunkten den aktuellen Forschungsstand über Leben und Werk ihres unvergessenen Frühpredigers an der Marienkirche vortragen ließ.

Ich danke Lektor Hans-Joachim Pagel vom Quell Verlag, der mit großer Sorgfalt und Umsicht das Lektorat für dieses Buch übernommen hat.

Ich danke meiner lieben Frau Cornelia Mutschler-Hauff, die mit mir die Höhen und Tiefen auf dem Weg zur Dissertation und zum Buch durchlebt und alle Fortschritte und jeden Stillstand bei der Bewältigung dieser Arbeit mitgetragen hat. Ihr und unserem Sohn Markus Theophil, der kurz nach Abschluß des Dissertations-Skriptes zur Welt kam, sei das Buch gewidmet.

Dank der Bereitschaft vieler Zeitzeuginnen und -zeugen, sich für ein Gespräch Zeit zu nehmen oder mir Text- und Bildmaterial zur Verfügung zu stellen, konnten wertvolle Reminiszenzen neben dem archivalisch vorhandenen schriftlichen Material in die Biographie einfließen. Ich möchte insbesondere danken:

Prof. Dr. Luise Abramowski, Tübingen
Irmgard Baron (†), Reutlingen
Prof. Dr. Erich Bochinger, Reutlingen

Sabine Buder-Rasch, Reutlingen
Altlandesbischof D. Helmut Claß und Hilde Claß, Stuttgart-Möhringen
Direktor Hans Dick und Erika Dick, Reutlingen
Dekan Eberhard Dieterich, Calw
Dekan i. R. Christoph Duncker und Lotte Duncker geb. Roos, Reutlingen
Dipl.-Ing. Paul Fischer, Stuttgart
Frau Fischer, Stuttgart-Ostheim
Pfarrer i. R. Martin Geiger, Ulm/Donau
Alfred Grieger, Stuttgart-Sillenbuch
Prof. D. Albrecht Goes, Stuttgart-Rohr
OKR i. R. D. Konrad Gottschick, Stuttgart
Pfarrer i. R. Heiner Hägele, Eningen u.A.
Prälat i. R. Dr. Albrecht Hege, Heilbronn
Pfarrerin i. R. Maria Hermann, Herrenberg
Dekan i. R. Reinhard Hermann, Tübingen
Dipl.-Ing. Jörg Ißler, Stuttgart
Altlandesbischof D. Hans von Keler und Brigitte von Keler, Herrenberg
Pfarrer Hermann Kiedaisch, Landeslektorenpfarramt, Neuffen
Textilingenieur Hermann Kinzler, Reutlingen
Pfarrer Gottfried Kleinknecht, Riederich
Dres. med. Ursula und Gerhard Kost, Reutlingen
Renate Krebs, Weil im Schönbuch
Prälat i. R. Heinrich und Ute Leube, Eningen u. A.
Prälat Claus Maier, Reutlingen
Pfarrer Roland Martin, Markuskirche Stuttgart
Dekan i. R. Martin Mayer, Bad Urach
Pfarrer Gottfried Mohr, Württembergischer Evang. Landesverband für Kindergottesdienst, Stuttgart
Dr. Gerda Ott, Stuttgart
Dr. jur. Hans-Martin Pfersich, Stuttgart
Margarethe Rodermund, Ulm/Donau
Prälat i. R. Rolf Scheffbuch, Korntal
Else Schindler, Reutlingen
Irmgard Schmeichel, Ulm/Donau
Familie Schütz, Reutlingen
Direktor Dr. Eberhard Sehmsdorf, Pfarrseminar Stuttgart-Birkach
Pfarrer Hermann Söhner, Brenzkirche Stuttgart
Altlandesbischof D. Theo Sorg, Ostfildern-Kemnat
Dekan i. R. Jakob Straub (†), Boll
Direktor des OKR i. R. Kurt Ströbel (†), Stuttgart-Heumaden
Kinder- und Jugendpsychologin Renate Tietzen, Stuttgart
Ursula und Hugo (†) Wendler, Reutlingen
Evmarie Ziekur, Reutlingen

Bad Urach, im Januar 1998,
dem Jahr, in dem Theophil Askani 75 Jahre alt geworden wäre
Martin Hauff